U0936128

1997-1998 IMI消费行为与生活形态年鉴

北京·上海·广州·重庆

IMI（创研）市场信息研究所　　北京广告艺术集团

北京广播学院广告学系

上

册

中国物价出版社

图书在版编目（CIP）数据

1997－1998 IMI 消费行为与生活形态年鉴／-北京：中国物价出版社，1997.12
ISBN 7-80070-766-0

Ⅰ.19… Ⅱ.刘… Ⅲ.①消费－行为－调查报告－中国－城市－1997－1998 ②生活－现状－调查报告－中国－城市－1997-1998 Ⅳ.F126.1

中国版本图书馆 CIP 数据核字（97）第 23019 号

1997-1998IMI 消费行为与生活形态年鉴
（上下册）
中国物价出版社出版发行
新华书店 经销
中国青年出版社印刷厂印刷
889 × 1194 毫米 16 开 86.5 印张 2300 千字
1997 年 12 月第 1 版 1997 年 12 月第 1 次印刷
印数：1 － 3000 册
ISBN7 － 80070 － 766 － 0/F.569
定价：980.00 元

《1997-1998 IMI 消费行为与生活形态年鉴》

研究机构、研究编辑人员

研究机构	IMI（创研）市场信息研究所 北京广告艺术集团 北京广播学院广告学系
项目总负责	王建琪（北京广告艺术集团总经理）
项目策划	黄升民（北京广播学院广告学系教授） 丁俊杰（北京广播学院广告学系副教授） 刘立宾（国际广告杂志社社长兼主编）
编委会成员	王建琪　黄升民　丁俊杰　刘立宾　陈鹤彪　姜建秋　王增林 刘　旭　王　林
研究人员	黄升民　丁俊杰　刘　旭　黄京华　王　冰　钟　静　康　瑾 李彩云　文春英　杜　蕾　袭淑娟　王晋丽　黄　滨　林　琳 孙　奕　刘　静　张　津

《1997-1998 IMI 消费行为与生活形态年鉴》编辑部

编辑部主任	刘　旭
编辑部副主任	王　林
编辑部成员	刘　旭　王　林　黄京华　钟　静　康　瑾　李彩云　文春英 杜　蕾　袭淑娟　王晋丽　黄　滨　林　琳　孙　奕　刘　静 张　津　敖文惠　陈　玮

序　言

（一）

以“ IMI ”命名的年鉴再次呈现在读者面前。

每到此时，作为年鉴生产者的 IMI 同仁都怀有一种忐忑不安的心情：我们所采集的数据能够客观准确地反映社会生活的真实吗？年鉴所提供的信息是否有助于企业商家的市场管理和营销运作？同行和用户将如何看待我们的产品？

1996 年春天，我们本着“信息开发，资源共享”的初衷，向社会呈献了中国第一部对终端消费者（ End-user ）进行研究的成果：《 1995 IMI 消费行为与生活形态年鉴》。经过一年多的实践检验，我们惊喜地发现，我们的初衷和时代的发展是合拍的，而我们的成果也是得到了社会的认同。记得在一年前，一些好心人对我们编辑消费年鉴的行动怀有不少顾虑，担心我们的行动有点超前，怀疑用户接受和使用信息的能力。一年多的事实证明，社会经济发展的步伐远远超过了人们的预想。对于当今在中国市场运作的企业而言，绝不是市场信息过多而是信息太少。经营环境变幻莫测，企业竞争愈演愈烈，有人叹惜资金的短缺，有人埋怨技术的落后，也有人指责力量的分散，然而，更多的企业家从市场竞争的教训中醒悟，市场数据不足，信息短缺，才是导致上层决策错误的问题所在。其实，在过去一年的 IMI 年鉴推介过程中我们也发现了这样一个事实：越是经营卓越的企业，越是具有国际经验的公司，越会对我们的年鉴产生强烈的兴趣。许多平淡无奇的消费者生活数据经过精心的选择和重组，也能够成为杀伤力极强的营销武器。

其实这正是信息化时代的一个特点。随经济的发展和市场的成熟，数据信息对于市场营销的作用越来越显著。这不只是一个市场操作规范化和程序化的问题，更重要的是事关战略决策的核心问题。现代的市场营销运作，需要数据的支持。在一个瞬息万变的时代，要把握现状，预测将来，如果缺少足够的数据信息，所谓的“科学决策”也就无从谈起。套用一句熟语，数据信息不是万能的，但缺少了数据信息万万不能。我们也正是本着这种精神开始从事有关信息的数据收集和整理，用科学的方法研究和分析各种消费者的衣食住行，喜怒哀乐，尽力每年向社会提供一部数据化的市场信息集成—— IMI 年鉴。

（二）

1997 年春天，在 1995 年的基础上我们开始了第二期年鉴的准备工作。当时 IMI 的研究人员感受到的压力甚至强过了拥有的自信，因为进行这项工作的意义不只在于延续，更在于提高。

为了全面提升第二期年鉴的水准，从 1996 年秋天开始的半年多时间里，我们对 1995 年的工作进行了全面仔细的整理、总结。参与的除了 IMI 的研究人员，还有广播学院广告学系的师生，境内外的部分研究学者，也有不少使用年鉴的国内外公司提出中肯的改进意见。在这个过程中，确立 IMI 年鉴要从当初的学术研究范围，全面扩充到作为信息产品开发的领域。而严谨、实用作为方针使所有围绕年鉴展开的工作既理性又富于创建。

作为“年鉴”，必须保持同 1995 年版 IMI 年鉴的延续比较， 1997 年总的研究方法没有作根本调整。主要的改进在以下几个方面：

1. 研究地域增加，强调地域之间的横向比较

在 1995 年北京市、上海市、广州市三个研究地区的基础上，今年增加了刚设立直辖市的重庆市。研究地域从沿海到内地， IMI 年鉴形成对中国城市消费更完整的描述。虽然目前重庆市的消费的能

力及辐射面尚有限，但作为国内最大城市，拥有众多的农业人口和国有企业，国家给予机会，人民寄予厚望，这个城市更大程度地体现了中国的现状特质。IMI年鉴从1997年开始跟踪重庆市的消费生活，其发展变迁的记录必然意义非常。

除了增加重庆市，今年强调四个研究城市消费生活的横向比较。今年数据资料不再以城市作划分标准，而是在消费品分类的基础上进行四个城市的并列比较。联系、比较使本来孤立的数据具备对市场纵深的概括力。

2. 商品研究总类调整为44类，增加热点商品和产业

1995年年鉴商品研究总类达到52类。今年则删减了电饭煲、自行车等难以体现当前消费走势的商品种类，增加了对VCD、照相机、电脑、通讯工具、住房、旅游等商品和服务的市场分析或描述，商品研究总类调整为44类。

在消费者媒介接触的分析研究方面，明确了媒介的频段、时段等重要参数，增强了实用性。今年更把“电影”作为重要的媒介和产业作了初步的研究，提醒读者以科技、信息为基础的媒体市场化运作绝不容忽视。我们坚持IMI年鉴的研究触角必须体现与时并进的特质，对未来的敏感。

3. 改进消费群划分，生动准确地描述消费群特征

消费群划分作为IMI年鉴的一个重要特点，使本来冷冰冰的数据产生关联，形成对消费个体的生动描述。1995年我们以态度变量作基础上用因子分析方法进行了消费群划分的尝试，研究成果得到广泛肯定，但相当多的用户感觉在应用中有困难。今年不仅对问卷态度变量的设置作了调整，还在态度变量因子分析的基础上，增加了人口变量、行为变量一同作聚类分析，最终得到了有区隔、特征明确的消费群划分。

新的消费群划分以了解消费群的人口构成——“谁”、生活态度——“怎么想”、行为方式——“做什么”为线索，精练立体地反映消费群完整的人格特征。IMI年鉴正在完成从研究“消费者”到“生活者”转化过程，这是对社会消费生活全面关注的必经阶段。IMI消费群已经成为探究中国城市消费人群的最重要的指标之一。

4. 年鉴描述格式改进，部分内容中英文对照

在本年鉴中，数据表格的格式更美观易用。为了方便以英文作为工作语言的用户，年鉴的目录部分，以及主要的表格标签都附有英文相对照。年鉴中出现的商品品牌也都有英文对应，这样也避免了大陆、港台不同译名可能带来的误解。

所有这些努力都为了让读者能够更充分地运用这套年鉴，在使用过程中大家一定能体会到其中的用心。

（三）

未来学者把21世纪喻为“信息产业”的世纪。人类从农耕时代进入工业时代，而又凭藉着电子工业的进步和网络技术的成熟，向信息时代飞跃。我们通过第二期的年鉴工作，实实在在感受到信息时代跳动的脉搏，而我们自身的工作方式和思维方法也得到深刻的变化。

年鉴的工作，实际是一种最为基础的信息采集，信息加工的工作。如果我们依然是孤军作战且把数据置身于封闭的状态，说到头来，年鉴不过是一部具有商业价值的普通的信息集成而已。在第二期的年鉴工程中，我们引入了两个信息产业至关重要的概念：“NETWORK”和“OPENSYSTEM”。

“ NETWORK ”也就是网络组织系统。最具代表性的就是当今世界盛行的“互联网”概念。个体与个体，或个人与组织，通过网络相互沟通，达到信息共享的目的。网络组织的概念给予我们一种启发：个体的努力总有一种极限，而个体之间一旦形成网络，形成互动协调的关系，就会产生巨大的效能。在 1995 年版的年鉴编辑过程中，我们已经感受到这种网络式的社会协助的价值和意义。在年鉴编辑过程中不少的专家学者给予我们极大的帮助，成为年鉴事业的一个“外脑”，同样，年鉴所提供的信息数据又推动了专家学者不同领域的学术研究。

“ OPENSYSTEM ”—— 即开放系统，其概念和网络概念是紧密相连的。在产业融合和网络沟通的时代背景之下，我们努力打破信息封闭的状态，通过年鉴建立一个开放的系统。

第一，年鉴所反映的知识体系本身就是一个开放的体系。我们非常乐于将国内外各种新的市场研究理论和社会调查方法应用到年鉴的信息收集和研究过程中，在实践建构一个开放式的理论框架。

第二，年鉴的研究对象是社会生活者的消费行为。在社会变动的诸种因素之中，人总是最为活跃的因素。我们努力追踪生活者的变化样态，积极调整研究的内容，力求准确反映社会生活者的实态－－从生活表层乃至心理深层。

第三，年鉴的信息数据来源于社会，当然应该还原于社会。与社会经济的发展的相比，我国的信息开发和信息利用相当滞后。近年来，社会各界都在推行“现代营销”的观念，不少大学开设“ MBA ”教育课程，然而，这一切必需详细而系统的市场数据。我们决定，在第二期年鉴出版发行之后，向社会的学术机构和大学教育机构无偿公开有关的市场数据。

在 1995 年版年鉴的前言中，我们曾向社会宣称“出版 IMI 消费行为与生活形态年鉴，将是我们永久性的事业”。年鉴事业发展至今，我们才深知此话的份量有多重，而为其付出的心血，努力乃至代价又有多大。

值得庆贺的是，在 1997 年春天，当我们为新的年鉴进行准备工作的时候，北京广告艺术集团（ BAAG ）毅然决然，加盟于我们的年鉴事业。 在广告行业之中，北广艺是一个颇具实力的大型广告公司，它不但拥有北京地区最多的户外广告媒体， 而且在大型活动和大型展示方面运作管理独具优势。北广艺的加盟，给予年鉴事业的管理和经营注入了新的活力。而加盟年鉴事业对于北广艺来说同样具有深远意义。北广艺所看中的不只是年鉴出版中隐含的商机，更重要的是借助年鉴的事业，进入信息产业领域同时提升企业自身的信息化经营质素。正如北广艺的一位主管所说：进入 21 世纪的广告公司，无论大小，都会面临经营上的彻底革新。谁能坐上信息产业的快车，谁就有生存的可能。北广艺的行动让我们想起了日本的电通。这家世界最大的广告公司从九十年代起，已经把自己定位于“信息开发与信息传播的专业公司”，力图从旧有的经营领域中脱胎换骨。电通社长在 97 年的新年谈话时说，所谓的 21 世纪，其实就是信息产业的世纪。跨入这个世纪，有两个关键：一是数据化，一是国际化。以数据化为代表的信息产业的发展进程，必然冲破种种人为的疆界和旧有的藩篱，跨州越国的贸易，不同产业的融合，必然产生出崭新的国际化市场。

的确，代表 21 世纪的信息产业浪潮扑面而来，这绝不仅是信息量的增加和沟通手段的变化而已，它将会深刻地改变人类的生产手段，社会结构乃至思维方式。站在市场前沿以“时代风向标”自称的广告行业已经开始积极调整自身经营战略以适应环境变化，难道其它行业就会无动于衷吗？

在本文结束之际，我们衷心感谢为《 1997-1998 IMI 消费行为与生活形态年鉴 》提供帮助的各界人士：

作为北京广播学院新闻传播学院的院长，曹璐教授促成了广告学系同北京广告艺术集团的合作，才使得新的 IMI 年鉴拥有良好的地基。

香港中文大学的潘忠党博士根据多年的研究经验，为 IMI 年鉴的研究思路和方法提供了多方面的指导。平成广告公司的王奕先生为年鉴问卷的设计和技术处理提供了必要的帮助。

在年鉴实地执行过程中，上海的张子羿先生、重庆的粟时伟小姐、成都的刘庆东先生都不遗余力地予以支持，使实地调查项目得以顺利完成，特此鸣谢。

参加年鉴基础资料收集工作的有：在 IMI 实习的江西财经大学赖剑飞同学、北京广播学院广告学系 95 级本科班畅榕、周崧韬、李永山同学。

为年鉴付出辛苦劳动的北京广告艺术集团成员还有：

李铁铸、石京生、李均衡、杨军、徐允萍、宁莹、王海燕、曾未、杨玲、林曼星、马遥、韩芳、冯宝君。

感谢所有为 IMI 年鉴付出关心和帮助的各界朋友，希望今后能继续获得大家的支持。作为年鉴的编辑者，我们也一定竭尽全力，不辱使命。

抽 样 说 明

【1】**抽样方法**：多级混合随机抽样

【2】**调查区域**：北京、上海、广州、重庆四城市主要城区。每城市所调查的城区如下：

城 市	调查城区数	调 查 城 区
北 京	8	东城区、西城区、崇文区、宣武区、朝阳区、海淀区、丰台区、石景山区
上 海	10	黄浦区、南市区、卢湾区、徐汇区、长宁区、静安区、普陀区、闸北区、虹口区、杨浦区
广 州	5	东山区、荔湾区、越秀区、海珠区、天河区
重 庆	6	渝中区、大渡口区、江北区、沙坪坝区、九龙坡区、南岸区

【3】**调查对象**：北京、上海、广州、重庆四城市被抽取的城区中，有该城市户口的16-60岁的居民。
以国家统计局提供的四城市 1996 年百分之一人口抽样调查结果为基础，抽样时以性别和年龄作为控制变量，按照每个城区和居委会的人口比例抽取样本，先抽取到街道，再抽取到居委会，到户，最后用随机数字表确定调查对象。

【4】**访问方式**：入户留置式问卷访问
（访问员在三日内完成问卷的入户发送与回收，其中态度性问题面访完成）

【5】**执行时间**： 1997年7月10日—1997年8月15日（四城市同期执行）

【6】**有效样本量**：四城市城市各选取有效问卷600份，四城市总有效样本量为2400。

数据说明

本年鉴数据结果多以表格形式出现。为方便读者查阅，大多数表格形式相似，数据分析结果的表示方法也力求统一。在这里给出一般的解读方法，那些形式或内容比较特别的表格在书中已经加了注解。

【1】本书以商品为主要分类项，每类商品的每一项具体内容下都分列北京、上海、广州、重庆四城市各自的数据结果，以"● 北京（Beijing）"、"● 上海（Shanghai）"、"广州（Guangzhou）"、"重庆（Chongqing）"作为区别标志，如下表所示。

【2】书中表格的标题一般就是调查时问卷所问的问题，表头所列的项目即该问题的所有可能选项。比如"饮料与酒类市场"的表 1-5，问卷中的问题是最近三个月有无购买过碳酸饮料，供选择的答案是 1. 买过，2. 没买过。表格的标题和表头对此做了提示。

1-5 样本总体、男性各年龄层、女性各年龄层最近三个月有无购买的比例

● 北京（Beijing）

	人数	买过	没买过
样本	**599**	**72.6**	**27.4**
男性	**298**	**70.8**	**29.2**
16-19 岁	26	84.6	15.4
20-24 岁	36	83.3	16.7
25-29 岁	41	73.2	26.8
30-34 岁	47	68.1	31.9
35-39 岁	43	67.4	32.6
40-44 岁	42	61.9	38.1
45-49 岁	24	79.2	20.8
50 岁以上	39	59.0	41.0
女性	**301**	**74.4**	**25.6**
16-19 岁	23	95.7	4.3
20-24 岁	34	82.4	17.6
25-29 岁	36	80.6	19.4
30-34 岁	49	71.4	28.6
35-39 岁	45	73.3	26.7
40-44 岁	40	72.5	27.5
45-49 岁	26	65.4	34.6
50 岁以上	48	64.6	35.4

【3】表 1-5 中的数据是该问题与年龄和性别作交互分析的结果。表中除人数（人次）对应的数字以外的数都是百分比，为了简洁易读，都没有标上百分号。如果没有特别注明，百分比都是指的行百分比（对左边数字而言的百分比）。上表中的最后一行数字表示，50 岁以上的女性中，64.6%的人最近三个月买过碳酸饮料，35.4%的人没有买过，与样本总体中买过和没有买过的百分比（72.6%和 27.4%）相比，50 岁以上的女性购买碳酸饮料的比例比样本总体要低。书中其他表格的分析类似。

【4】有些问题不是所有被访者都做了回答，对于没有回答该题的人分析时做缺失处理，人数和百分比的计算只对回答该问题的人进行。比如对碳酸饮料的品牌习惯的分析，只有 465 人填答了此题，所以分析是对这 465 个人进行的。见下表。

1-8 样本总体、男性各年龄层、女性各年龄层的品牌习惯

注： 1=平时固定饮用一个牌子，从不更改；2=比较固定饮用一两个牌子，有时会变一下；
3=基本上没有固定哪个牌子，随机购买/饮用

● 北京（Beijing）

	人数	1	2	3
样本	**465**	**17.8**	**66.9**	**15.3**
男性	**230**	**18.3**	**69.1**	**12.6**
16-19岁	22	22.7	72.7	4.5
20-24岁	31	25.8	67.7	6.5
25-29岁	35	20.0	60.0	20.0
30-34岁	37	16.2	73.0	10.8
35-39岁	31	12.9	77.4	9.7
40-44岁	29	17.2	69.0	13.8
45-49岁	20	15.0	70.0	15.0
50岁以上	25	16.0	64.0	20.0
女性	**235**	**17.4**	**64.7**	**17.9**
16-19岁	23	21.7	52.2	26.1
20-24岁	30	20.0	70.0	10.0
25-29岁	30	16.7	70.0	13.3
30-34岁	41	7.3	68.3	24.4
35-39岁	36	11.1	72.2	16.7
40-44岁	31	29.0	61.3	9.7
45-49岁	15	13.3	53.3	33.3
50岁以上	29	24.1	58.6	17.2

【5】问卷中有一部分题目是多选题，对于多选题，根据题目的不同，百分比的算法也不同。有的百分比是对填选该题的有效人数计算的，这样计算得到的所有选项的百分比之和有可能超过 100%；有的百分比是对总人次计算的，这样计算得到的所有选项的百分比之和仍然等于 100%。对于多选题，在分析时一般都加注了有效样本量或百分比的计算方法，请读者在阅读表格时注意注解。例如“饮食与购物场所”的表 1-1 中北京的数据，第一行数字表示，在回答了该题的 498 人中，西单购物中心被选为最常去的百货公司之一的有 151 人次，占有效样本量的 30.3%（表末的“ n=498 ”为有效样本量）。

1-1 最常去的百货公司/购物中心排名

注：本题为多选题，合计百分比超过 100%

● 北京（Beijing）

排名	品牌	人次	百分比
1	西单购物中心	151	30.3
2	蓝岛大厦	149	29.9
3	西单商场	139	27.9
4	长安商场	68	13.7
5	城乡贸易中心	61	12.2
5	王府井百货大楼	61	12.2
7	双安商场	59	11.8
8	复兴商业城	57	11.4
9	百盛购物中心	48	9.6
10	燕莎友谊商城	45	9.0

n=498

● 上海（Shanghai）

排名	品牌	人次	百分比
1	一百	197	38.5
2	华联商厦	183	35.7
3	新世界	124	24.2
4	太平洋百货	78	15.2
5	东方商厦	69	13.5
6	七百	65	12.7
7	八佰伴	54	10.5
8	豫园	51	10.0
9	六百	49	9.6
10	九百	38	7.4

n=512

【6】本年鉴的显著特色之一是将北京、上海、广州、重庆四城市的数据按题目放在了一起，以方便读者对四个城市进行比较分析，找到各个城市的位置和差异。

如“家用电器市场”的5-5-4题，北京消费者现用空调机的类型以单冷窗机和单冷壁挂分体机居多，分别占有效样本量的34.9%和31.7%，上海则以冷暖壁挂分体机为主（49.7%），在广州排名第一的是单冷壁挂分体机（38.4%），其次是单冷窗机（36.0%），而重庆则是单冷窗机占显著优势（67.2%），详见下表。

注：对于某些有效样本量太少，或四城市有效样本量相对悬殊的题目，请读者在对比百分比数据时注意样本量的差异。

5-5-4 该空调机的类型

	北京（Beijing）	上海（Shanghai）	广州（Guangzhou）	重庆（Chongqing）
单冷窗机	34.9	25.6	36.0	67.2
冷暖窗机	5.4	12.5	11.1	16.7
单冷壁挂分体机	31.7	8.8	38.4	4.3
冷暖壁挂分体机	25.8	49.7	10.5	9.0
单冷柜机	0.0	0.3	2.7	1.0
冷暖柜机	0.0	2.8	0.9	1.0
其他	2.2	0.3	0.3	0.7
有效样本量	**186**	**352**	**333**	**299**

Beijing

东城区
23.5万户
64.1万人

西城区
28.2万户
79.7万人

崇文区
15.8万户
43.1万人

宣武区
19.9万户
56.8万人

朝阳区
49.7万户
140.5万人

海淀区
45.5万户
146.3万人

丰台区
26.5万户
76.6万人

石景山区
10.5万户
31.6万人

人口概况

总人口　1259.4万人
总户数　370.9万户
平均每户　3.06人
男女性别比　1.03

经济发展

国内生产总值　1607亿元
对外贸易出口　23.5亿美元
工业企业个数　40517个
职工年平均工资　9550元

居民生活

城市居民平均每人居住面积　13.8平方米
城市居民燃气用户　227.6万户
城市居民每人每天生活用水　250.1公斤
城市每年平均生活用水　158474万千瓦/小时

消费情况

社会消费品零售额　969.7亿元
城市居民人均生活费收入　6885.48元
城市居民人均生活费支出　5729.45元
城市居民储蓄存款余额　1707亿元

★以上均为1996年统计数据

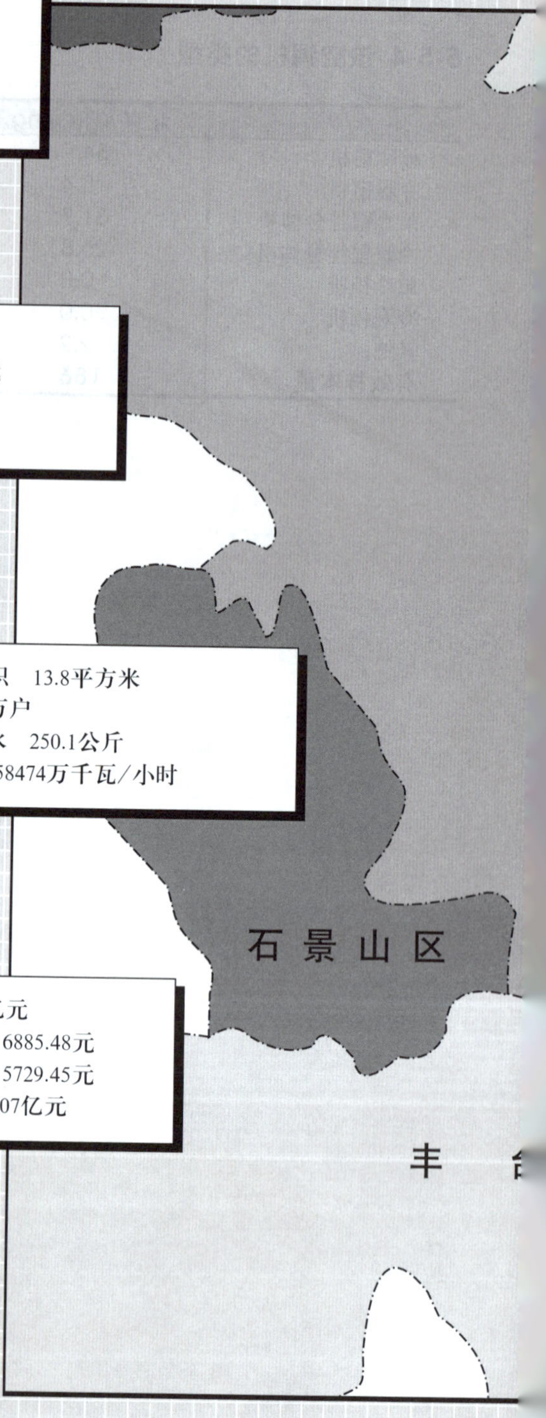

石景山区
丰

北京地区 图例

区县界　北京市区　总户数　总人口

北京地区概况图

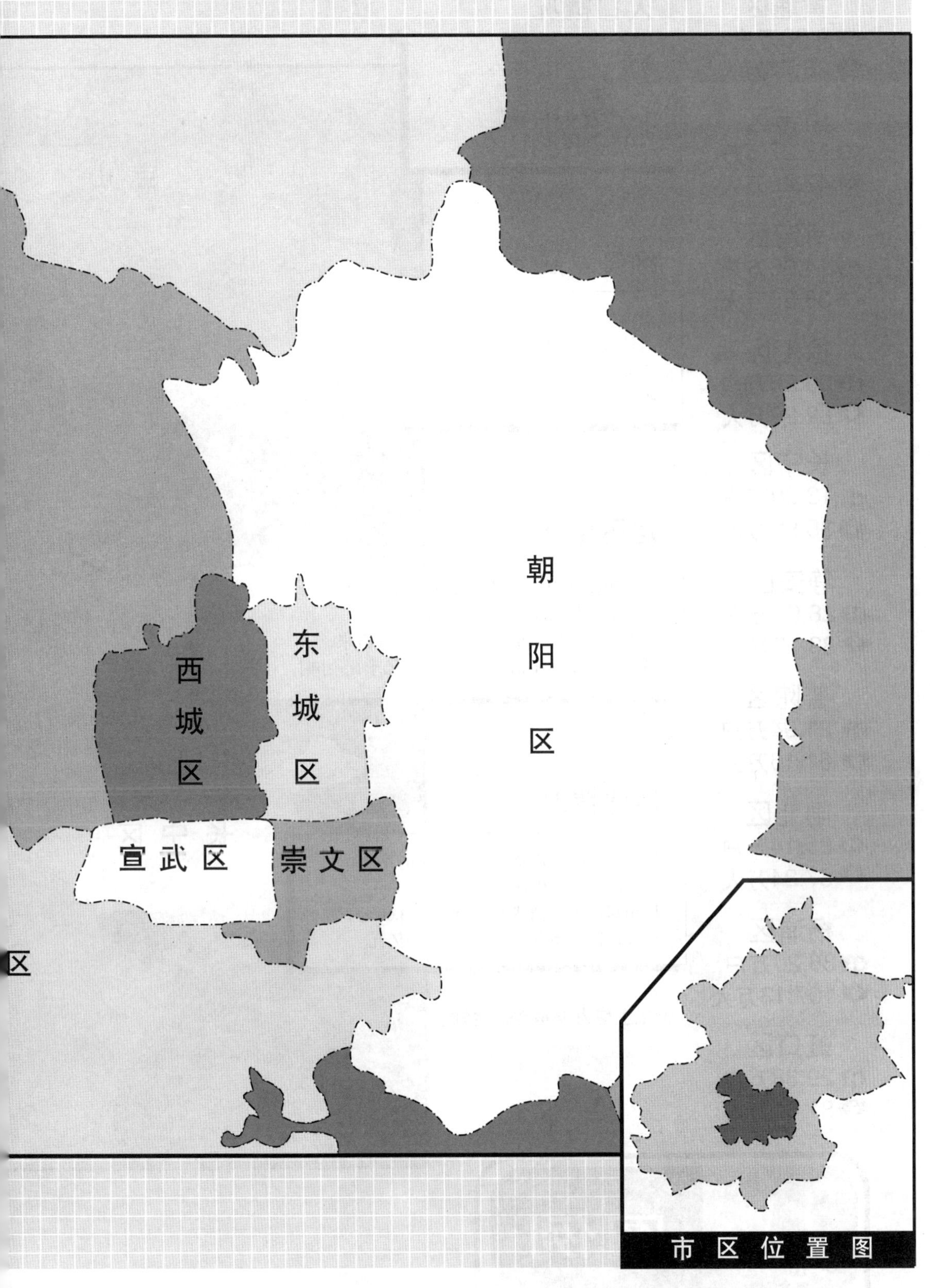

Shanghai

黄浦区
9.00万户
26.77万人
南市区
17.27万户
47.26万人
卢湾区
14.08万户
38.50万人
徐汇区
29.26万户
82.29万人
长宁区
13.80万户
38.92万人
静安区
28.67万户
83.15万人
普陀区
21.94万户
61.16万人
闸北区
25.14万户
67.24万人
杨浦区
36.20万户
107.13万人
虹口区
29.38万户
81.51万人
人口概况
总人口 1304.43万人
总户数 457.49万户
平均每户人口 2.9人
男女性别比 1.02
经济发展
国内生产总值 2902.20亿元
对外贸易出口 132.38亿美元
工业企业个数 41993个
职工年平均工资 10663元
居民生活
城市居民平均每人居住面积 8.7平方米
城市居民燃气用户 206.69万户
城市居民年生活用水量 10.77亿立方米
城市每年平均生活用电量 34.80亿千瓦/小时
消费情况
社会消费品零售总额 1161.30亿元
城市居民人均生活费收入 7721.40元
城市居民人均消费性支出 6763.08元
城乡居民储蓄存款余额 1718.56亿元
★以上均为1996年统计数据
宝 山
普 陀 区
长 宁 区
上海地区
图例
区县界
上海市区
总户数
总人口

上海地区概况图

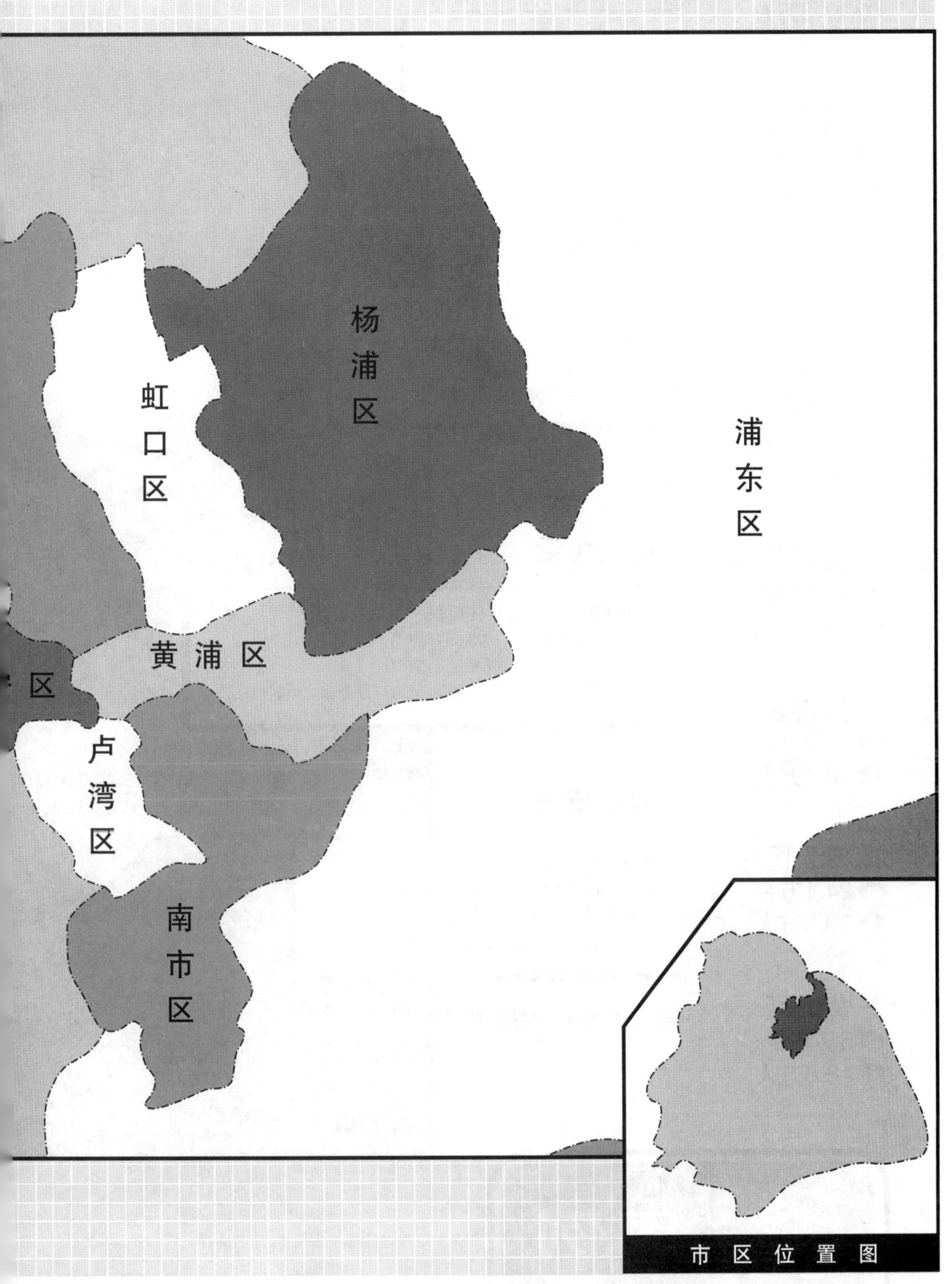

Guangzhou

东山区
17.3万户
58.2万人
荔湾区
17.0万户
52.7万人
越秀区
14.4万户
45.4万人
海珠区
23.1万户
75.1万人
天河区
12.5万户
44.4万人
芳村区
5.2万户
16.4万人
白云区
24.1万户
79.5万人
黄埔区
5.7万户
18.5万人
人口概况
总人口 656.05万人
总户数 190.53万户
平均每户人口 3.4人
男女性别比 1.06
经济发展
国内生产总值 1444.94亿元
对外贸易出口 65.14亿美元
工业企业个数 33745个
职工年平均工资 11813元
居民生活
城市居民平均每人居住面积 10.08平方米
城市居民燃气用户 28.05万户
城市居民每人每天用水量 554升
城市每年平均生活用电量 163437万千瓦/小时
消费情况
社会消费品零售总额 686.44亿元
城市居民人均生活费收入 9379元
城市居民人均生活费支出 8093元
城乡居民储蓄存款余额 1084.6亿元
★以上均为1996年统计数据
白云区
荔湾区
越秀区
东山
芳村区
广州地区
图例
区县界
广州市区
总户数
总人口

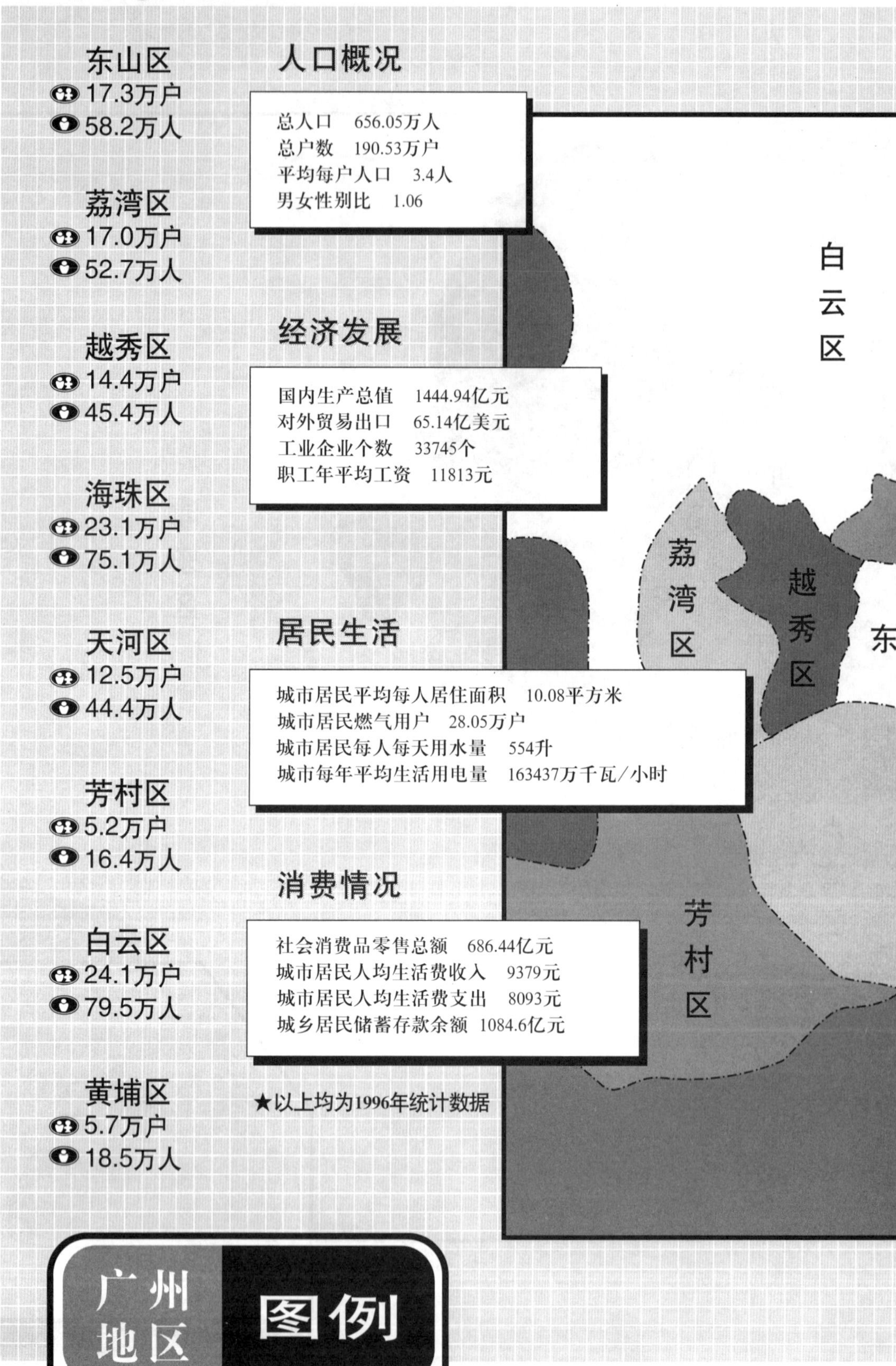

广州地区概况图

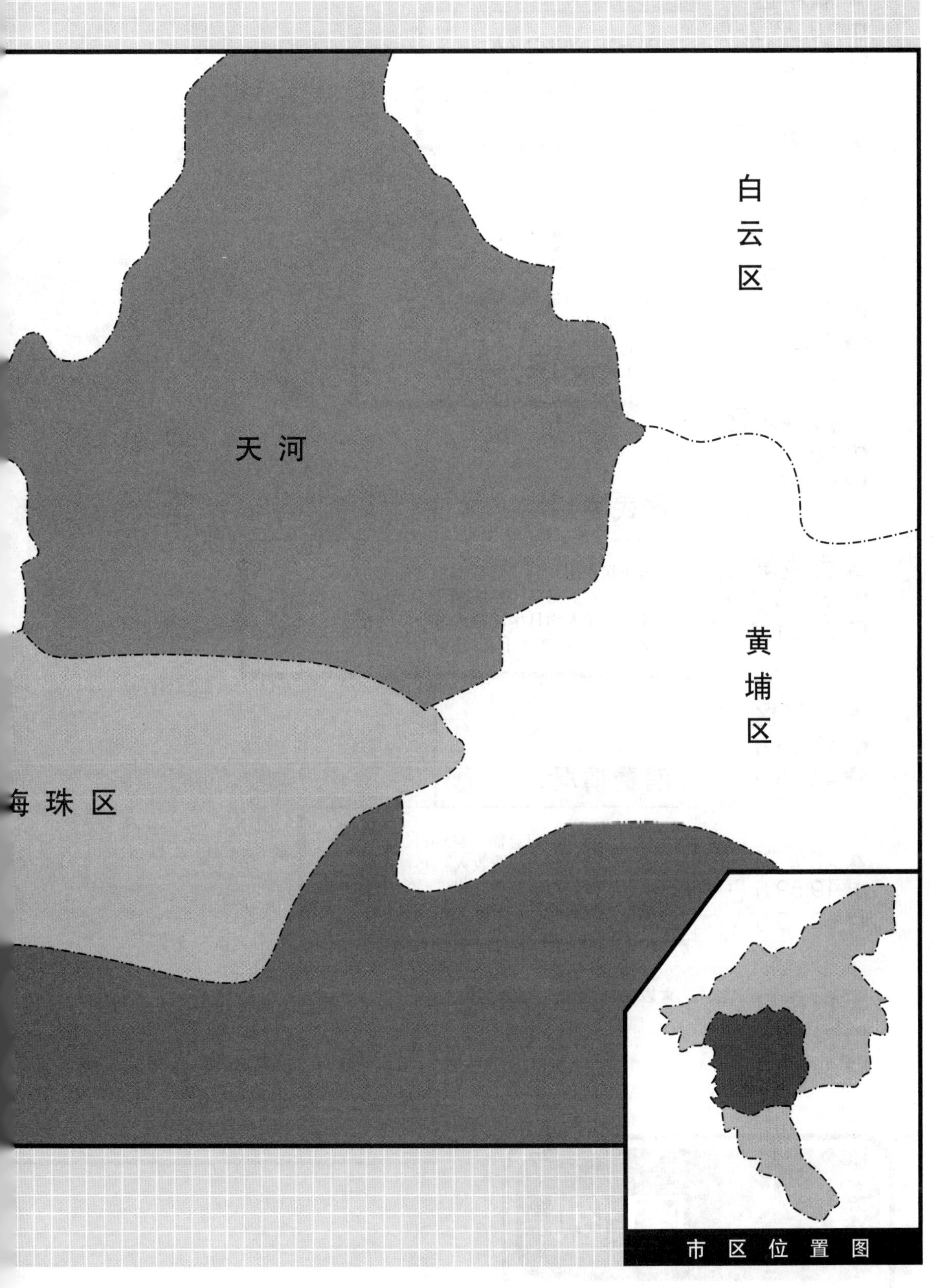

Chongqing

▲ 渝中区
19.06万户
57.58万人

▲ 大渡口区
6.67万户
20.24万人

▲ 江北区
14.47万户
44.28万人

▲ 沙坪坝区
19.41万户
63.32万人

▲ 九龙坡区
21.18万户
67.61万人

▲ 南岸区
14.05万户
42.85万人

▲ 北碚区
19.59万户
62.15万人

▲ 巴南区
26.29万户
84.98万人

人口概况

总人口 3022.77万人
总户数 889.35万户
平均每户人口 3.41人
男女性别比 1.09

经济发展

国内生产总值 1179.09亿元
对外贸易出口 6.4亿美元
独立核算工业企业个数 11077个
职工年平均工资 5010元

居民生活

城市居民平均每人居住面积 7.5平方米
天然气家庭用量 23383万立方米
城市居民人均日生活用水量 153.6升
发电量 143.70亿千瓦/小时

消费情况

社会消费品零售总额 445.48亿元
城市居民人均生活费收入 4642元
城市居民人均消费性支出 4403.62元
城市居民储蓄存款余额 503.35亿元

★以上均为1996年统计数据

重庆地区 图例

区县界　　总户数
重庆市区　　总人口

重庆地区概况图

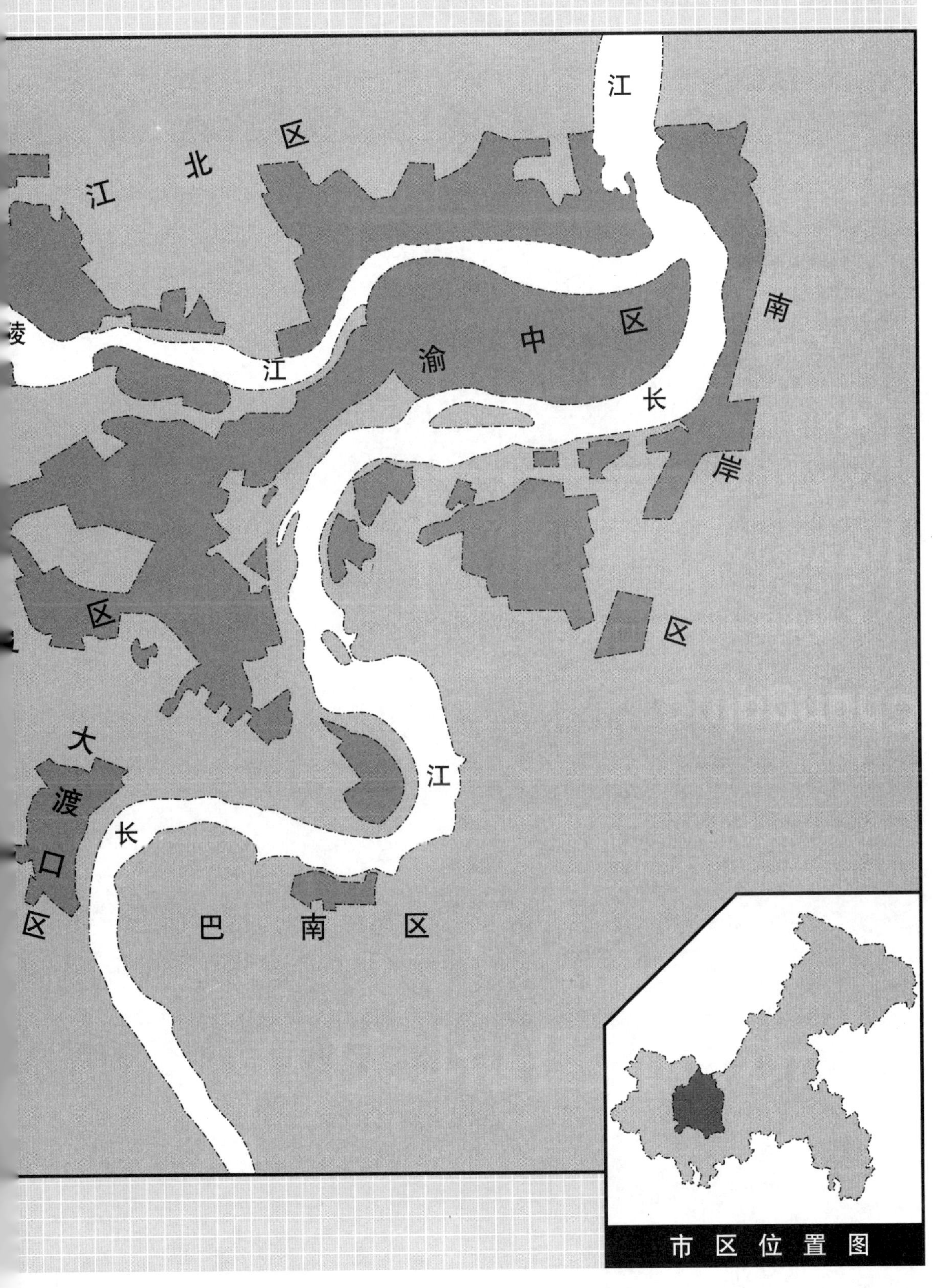

目　　录

第一篇　四城市基本情况与样本结构

第二篇　消费者分析

第三篇　消费者日常生活形态

第四篇　媒介分析

第五篇　食品、营养保健品

第六篇 饮料、酒类

第七篇　日用品

第八篇　家用电器、照相器材

第九篇　电脑、通讯工具

第十篇 饮食、购物场所

第十一篇　住房、汽车、旅游

Contents

Part I The General Market Conditions of the Four Cities and Sample Compositions

Part II Consumer Analysis

Part III Consumers' Everyday Life

Part IV Media Exposure

Part VIII Home Electronic Products and Photographic Equipment

Part IX Personal Computer and Telecommunications

Part IX Housing, Automobile, and Travel

第一篇　四城市基本状况与样本结构

Part I　The General Market Conditions of the Four Cities and Sample Composition

- 基本状况　The General Market Conditions
  - 北京　Beijing
  - 上海　Shanghai
  - 广州　Guangzhou
  - 重庆　Chongqing
- 样本结构　Sample Compositions
  - 北京　Beijing
  - 上海　Shanghai
  - 广州　Guangzhou
  - 重庆　Chongqing

1 北京市基本情况
The General Market Conditions of Beijing

1-1 人口概况 / General Demographic Characteristics

据公安部门统计，北京市 1996 年末户籍人口为 1077.7 万人，比上年增长 0.7%。据人口抽样调查统计，全市现有常住人口（在京居住半年以上） 1259.4 万人，比上年增长 0.7%。人口出生率为 8.02 ‰，比上年上升 0.10 个千分点；人口死亡率为 5.34 ‰，比上年上升 0.22 个千分点；人口自然增长率为 2.68 ‰，比上年下降 0.12 个千分点。

据北京市人口抽样调查统计， 60 岁以上人口已占调查人口的 13.13%，比 1990 年第四次人口普查时高 3.02 个百分点，比人口老龄化标准高 3.13 个百分点。

1996 年末北京市有职工 465 万人，比上年末减少 5.9 万人。市政府妥善安置失业和下岗待工人员，有 3 万人参加了职工技能培训， 4.39 万失业人员和 3.8 万下岗待工人员得到安置。社会保障体系逐步完善，全市已有 266.8 万职工和退休人员参加了养老保险，覆盖面达 80.6%。 216 万职工参加了失业保险，覆盖面达 85%。1.1 万名失业人员领到失业救济金和医疗补助费。参加大病医疗费用社会统筹的职工和退休人员达 180.3 万人，覆盖面 70%。

北京地区历年人口变动图（‰）

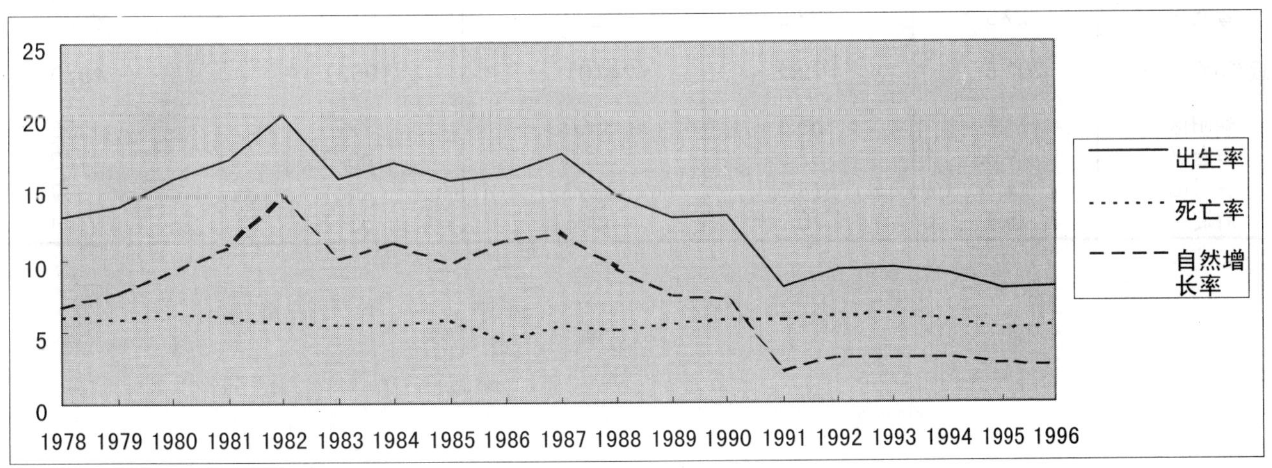

注：本章数据全部摘自《北京统计年鉴 1997》

1-1-1 北京市 1996 年人口情况一览表 / List of Population in 1996 of Beijing City

地　区	土地面积（平方公里）	人口密度（人/平方公里）	常住人口（万人）	非农业户（万人）	总户数（万户）	非农业户（万户）
全市	**16807.8**	**639**	**1077.7**	**709.7**	**370.9**	**245.6**
城区	87.1	27707	243.7	243.7	87.4	87.4
东城区	24.7	25940	64.1	64.1	23.5	23.5
西城区	30.0	26586	79.7	79.7	28.2	28.2
崇文区	15.9	27090	43.1	43.1	15.8	15.8
宣武区	16.5	34441	56.8	56.8	19.9	19.9
近郊区	1282.8	3071	395.0	343.4	132.2	111.7
朝阳区	470.8	2984	140.5	119.5	49.7	41.0
丰台区	304.2	2519	76.6	61.4	26.5	20.8
石景山区	81.8	3732	31.6	30.0	10.5	9.8
海淀区	426.0	3434	146.3	132.5	45.5	40.1

续上表（continued）

地　区	常住人口男（万人）	常住人口女（万人）	1996 年出生人数（人）	1996 年死亡人数（人）	1996 自然增加人数（人）
全市	**546.8**	**530.9**	**78329**	**66762**	**11567**
城区	123.2	120.5	10571	15594	－5023
东城区	32.1	32.0	2968	3987	－1019
西城区	40.0	39.7	3797	4653	－856
崇文区	21.6	21.5	1597	2705	－1108
宣武区	29.5	27.3	2209	4249	－2040
近郊区	202.8	192.2	24101	19531	4570
朝阳区	71.7	68.8	8590	7295	1295
丰台区	39.0	37.6	5115	4373	742
石景山区	16.7	14.9	1890	1551	339
海淀区	75.4	70.9	8506	6312	2194

1-1-2 北京市人口年龄构成及性别比(人口变动情况抽样调查资料) / Age and Gender Composition (From the Result of the Migration Survey)

年龄段	抽样人口数(人)			占抽样人口数的比重(%)			性别比(女=100)
	合计	男	女	合计	男	女	
总计	**69521**	**34130**	**35391**	**100**	**49.09**	**50.91**	**96.44**
0-4 岁	2899	1519	1380	4.17	2.18	1.99	110.07
5-9 岁	4640	2380	2260	6.67	3.42	3.25	105.31
10-14 岁	4863	2497	2366	6.99	3.59	3.40	105.54
15-19 岁	4696	2013	2683	6.76	2.90	3.86	75.03
20-24 岁	4866	2388	2478	7.00	3.43	3.56	96.37
25-29 岁	6728	3298	3430	9.67	4.74	4.93	96.15
30-34 岁	7935	3974	3961	11.42	5.72	5.70	100.33
35-39 岁	6670	3394	3276	9.59	4.88	4.71	103.60
40-44 岁	5895	2867	3028	8.48	4.12	4.36	94.68
45-49 岁	3861	1809	2052	5.55	2.60	2.95	88.16
50-54 岁	3235	1550	1685	4.65	2.23	2.42	91.99
55-59 岁	4110	1881	2229	5.92	2.71	3.21	84.39
60-64 岁	3732	1892	1840	5.37	2.72	2.65	102.83
65-69 岁	2422	1291	1131	3.49	1.86	1.63	114.15
70-74 岁	1467	728	739	2.11	1.05	1.06	98.51
75-79 岁	856	386	470	1.24	0.56	0.68	82.13
80-84 岁	422	185	237	0.61	0.27	0.34	78.06
85-89 岁	163	63	100	0.23	0.09	0.14	63.00
90 岁及以上	61	15	46	0.09	0.02	0.07	32.61

1-1-3 北京市历年人口变动情况 / Migration of Beijing City

年份	年底总人口(万人)	按性别分		按农业、非农业分		人口出生率(‰)	人口死亡率(‰)	人口自然增长率(‰)
		男	女	农业人口	非农业人口			
1978	872	443	429	393	479	12.93	6.12	6.81
1979	897	455	442	387	510	13.67	5.92	7.75
1980	904	458	446	383	521	15.56	6.30	9.26
1981	919	466	453	386	533	16.93	6.02	10.91
1982	935	474	461	391	544	20.04	5.68	14.36
1983	950	483	467	393	557	15.63	5.49	10.14
1984	965	491	474	395	570	16.74	5.53	11.21
1985	981	500	481	395	586	15.45	5.75	9.70
1986	1028	524	504	407	621	15.82	4.47	11.35
1987	1047	525	522	410	637	17.29	5.40	11.89
1988	1061	534	527	411	650	14.43	5.08	9.35
1989	1075	538	537	431	664	12.84	5.53	7.49
1990	1086	545	541	413	673	13.04	5.75	7.23
1991	1094	547	547	411	683	8.03	5.82	2.21
1992	1102	554	548	410	692	9.22	6.11	3.11
1993	1112	559	553	405	707	9.35	6.16	3.19
1994	1125	564	561	400	725	8.96	5.76	3.20
1995	1251	627	624	436	815	7.92	5.12	2.80
1996	1259	639	620	430	829	8.02	5.34	2.68

注: 1982-1989 年数据是根据 1982 、 1990 两年人口普查数据调整的, 1990 年以后数据是人口变动抽样调查数,其余年份数据为户籍统计数。

1-2 经济发展 / Economic Development

1996 年北京市继续全面、认真贯彻中央宏观调控措施，较好地处理了降低物价涨幅和保持经济稳定增长之间的关系，既有效地抑制了通货膨胀，又保持了全年经济的稳定增长。初步统计全市国内生产总值达到 1607.3 亿元，按可比价格计算，比上年增长 9.1%，达到了预定的经济增长目标。

第三产业保持率先增长。从各次产业来看，第一产业实现增加值 85 亿元，比上年下降 3.0%；第二产业 704.7 亿元，增长 7.8%，其中工业增加值 569.7 亿元，增长 6.8%，国有工业占主导地位，全市乡以上工业增加值中，国有工业占 54%；第三产业 817.6 亿元，增长 11.9%，增速据各产业之首。全市经济增长量中，第三产业贡献率最大，为 56.4%，其次是第二产业，为 41.8%。一、二、三产业所占比重分别为 5.3%、 43.8%、 50.9%。

社会商品零售价格上涨 7.3%，比上年回落 5.3 个百分点。 1996 年，北京市物价上涨幅度得到有效控制，物价指数逐月回落。从 3 月份开始，社会商品零售物价上涨率连续 10 个月保持在一位数水平。全年为 7.3%，比年初预期的 9%低 1.7 个百分点。 1993 年实施宏观调控措施以来，首次实现了零售物价涨幅明显低于经济增长率，这是宏观调控取得成功的重要标志。城镇居民消费物价上涨 11.6%，比上年回落 5.7 个百分点。城镇居民消费价格指数涨幅明显回落，全年为 11.6%，分别比前三年的 19.0%、 24.9%和 17.3%低 7.4 个、 13.3 个和 5.7 个百分点。价格改革进展顺利。 1996 年北京市在完成国家调价任务的同时，经批准，调整了公交地铁票价，电、燃料、民用自来水、鲜奶等价格。 12 月初，国家和北京市又调整了电信、邮政和民用燃料价格。

消费市场繁荣稳定。 1996 年，消费品市场购销活跃，居民消费心理稳定，零售额保持了平稳的增长态势。受市场物价涨幅回落、消费支出多元化和非商品性支出比重上升的影响，零售额增幅虽有所减缓，但扣除价格因素后的实际增幅与上年接近，高于 1993 年和 1994 年的实际涨幅。初步统计全年社会消费品零售额 969.7 亿元，扣除价格因素，实际增长 9.3%。食品、穿着和日用类商品零售额分别比上年增长 17.0%、 17.5%和 17.7%。

全年国内贸易业实现增加值 212.9 亿元，比上年增长 12.5%。市场规模不断扩大，便民商业迅速发展。销售额超亿元的大型商场达到 68 家，比上年增加 14 家，消费品零售额占全市商业的比重达到 20.7%。城乡各类集贸市场 1032 个，工业品生产资料市场 75 个。以经营食品、副食品、日用百货为主的超级市场发展较快，年末达到 82 家，比上年增加 24 家；便民连锁店总部 33 家，比上年增加 10 家，下设分店 613 家；仓储商场已发展到 75 家。对繁荣市场、方便群众生活发挥了积极作用。

国际旅游业稳步发展。全年接待海外旅游者 218.9 万人次，比上年增长 5.8%。其中外国人 176.16 万人次，增长 5.8%；港澳台同胞、侨胞 42.73 万人次，增长 5.9%。全年旅游外汇收入 22.5 亿美元，比上年增长 3.2%。国内旅游业发展势头良好。全年接待国内游客 7683 万人次，国内旅游收入 359.6 亿元人民币。

1-2-1 主要年份国内生产总值 / Gross National Product in Main Years

单位：亿元

年份	国内生产总值	第一产业	第二产业			第三产业			人均国内生产总值（元）
				工业	建筑业		运输邮电业	商业	
1978	108.84	5.63	77.43	70.22	7.21	25.78	7.00	8.28	1290
1979	120.11	5.17	85.18	77.37	7.81	29.76	6.55	8.79	1391
1980	139.07	6.07	95.79	86.94	8.85	37.21	6.96	11.01	1582
1981	139.15	6.61	92.52	82.71	9.81	40.02	7.60	11.86	1558
1982	154.94	10.34	99.79	89.30	10.49	44.81	8.25	11.05	1704
1983	183.13	12.85	112.65	98.76	13.89	57.63	9.06	13.63	1977
1984	216.61	14.85	130.68	113.99	16.69	71.08	10.43	18.37	2308
1985	257.12	17.81	153.66	130.65	23.01	85.65	12.74	25.89	2704
1986	284.86	19.14	165.75	141.17	24.58	99.97	14.98	27.99	2955
1987	326.82	24.31	182.59	154.54	28.05	119.92	17.70	27.21	3338
1988	410.22	37.07	221.27	189.48	31.79	151.88	19.03	39.07	4125
1989	455.96	38.53	252.23	212.83	39.40	165.20	18.72	34.77	4499
1990	500.82	43.88	262.39	219.27	43.12	194.55	23.96	43.85	3224
1991	598.89	45.52	291.53	255.59	35.94	261.84	29.61	65.65	5781
1992	709.10	48.67	345.91	292.97	52.94	314.52	35.49	85.41	6805
1993	863.53	53.57	414.79	334.00	80.79	395.17	37.58	113.88	8240
1994	1084.03	74.77	499.84	405.11	94.73	509.42	61.55	146.62	10265
1995	1394.89	81.44	615.17	503.71	111.46	698.28	83.55	174.70	13073
1996	1615.73	83.46	683.14	541.41	141.73	849.13	113.78	187.59	15044

1-2-2 社会消费品零售总额 / Retail Sales of Consumer Goods

单位：亿元

年份	社会消费品零售额	按行业分				按类别分			
		批发零售贸易业	餐饮业	制造业	其它行业	食品类	衣着类	日用品类	燃料类
1978	44.17	40.67	1.73	1.24	0.52	18.03	8.86	12.41	1.34
1979	52.20	47.34	2.11	2.10	0.53	20.38	11.08	15.67	1.46
1980	61.32	53.48	2.73	3.52	1.15	24.36	12.94	18.78	1.59
1981	68.82	57.83	3.53	5.10	1.70	27.19	14.08	21.86	1.72
1982	73.31	61.41	3.72	5.45	1.98	28.94	13.29	24.21	1.70
1983	83.57	70.40	4.01	5.98	2.33	32.89	15.17	27.89	1.85
1984	101.66	85.61	4.72	7.76	2.68	38.05	18.00	36.96	2.18
1985	127.90	106.47	6.00	9.58	3.08	47.15	21.40	50.30	2.82
1986	146.46	119.28	8.11	8.90	3.90	57.38	21.59	57.06	3.32
1987	176.59	140.24	10.68	11.96	5.46	72.37	25.59	67.32	3.68
1988	234.30	186.36	16.10	13.87	7.16	92.04	32.99	93.88	4.11
1989	266.73	213.06	16.50	15.43	9.04	108.06	31.58	106.27	5.81
1990	307.66	247.72	19.30	14.31	10.19	121.96	40.62	123.27	7.18
1991	357.75	286.21	22.89	16.75	11.91	138.51	47.06	146.62	7.72
1992	430.01	333.71	30.82	19.41	17.07	165.49	57.19	174.81	10.28
1993	531.79	393.00	44.62	28.65	22.29	192.01	84.00	241.50	14.28
1994	666.98	481.49	54.20	25.33	11.79	246.42	108.99	294.58	16.99
1995	826.98	584.86	63.04	29.57	8.09	353.01	120.90	337.48	15.59
1996	969.66	691.23	71.92	38.09	29.27	413.06	142.03	397.30	17.27

注：1993 年以前是社会商品零售总额，1993 年以后是社会消费品零售总额。

1-2-3 各城区国民经济主要指标一览表 / List of Major Economic Indicators in Districts of Beijing

项目		东城区	西城区	崇文区	宣武区	朝阳区	丰台区	石景山区	海淀区
常住户籍人口（人）		640726	797570	430734	544076	1413614	766393	315473	1462839
人口自然增长率（‰）		－2.0	－1	－2.33	－3.3	0.95	1.35	1.0	1.86
职工平均工资（元）		8893	9713	8016.0	8384	9306	8584	8591	10044
社会消费品零售总额（万元）		680615	963139	294809	367501	917652	345674	237779	165700
按类别分	食品类（万元）	281884	350135	142508	164994	283808	146167	144656	506867
	衣着类（万元）	125867	220982	57949	24168	161130	38867	12285	124746
	日用品类（万元）	52225	161335	74668	26723	256934	122938		68308
	房屋、建筑材料类（万元）	2599	8256	864	1850	102714			32960
	文化娱乐品类（元）	38459	32886	11772	25786	62249		77633	21647
	书报杂志类（元）	34013	1105		756	689			7769
	药及医疗用品类（万元）	21704	36550	5256	16831	15944	14354		17365
	燃料类（万元）	2471	191	1792	2449	32044	17386	3205	11809
文化馆、站（个）		11	11	9	9	43	19	6	27
公共图书馆（个）		1	1	1	1	1	1	2	1
公共图书馆藏书（万册）		32	33	36	21.4	39.1	19.8	29	22
电影放映单位（个）		6	6	5	6	16	2	1	50
区级以上公园（个）		7	10	4	4	20	6	10	3
体育场馆（个）		9	1	6	2	10	5	4	2
医院（个）		19	21	9	10	104	50	22	89
医生（人）		1690	5530	958	1037	7466	4061	2458	7204
平均每千人拥有床位数（张）		3	9.5	1.9	1.6	6.30	6.96	12.7	6.6

1-3 人民生活 / Living Conditions of the Residents

城乡人民生活收入水平进一步提高。全市职工平均工资 9550 元，比上年增长 17.3%，扣除价格因素影响，实际增长 5.1%。城镇居民人均生活费收入 6885.5 元，比上年增长 17.3%，农民人均纯收入 3600 元，比上年增长 11.7%，扣除价格因素，分别实际增长 5.1%和 5%。城乡居民储蓄继续增加。到年末，城乡居民储蓄存款余额达 1707 亿元，比年初增加 451.9 亿元，增加额比上年增长 12.8%。其中城镇居民储蓄存款余额 1528.4 亿元，比年初增加 415.8 亿元，增长 13.7%；农民储蓄存款余额 178.6 亿元，比年初增加 36.1 亿元，增长 2.8%。居民居住条件进一步改善。城镇居民人均住房使用面积 13.8 平方米，比上年增加 0.6 平方米；农民人均生活用房面积 25 平方米，比上年增加 0.3 平方米。

1-3-1 居民消费及生活情况 / Living Standards in Beijing

项目		单位	1996 年	1995 年	1996 年为 1995 年的百分比
社会消费品零售总额		元	8997.5	7726.6	116.4
食品		元	3832.8	3298.2	116.2
衣着		元	1317.9	1129.6	116.7
用品		元	3686.5	3153.1	116.9
主要消费品零售量	粮食	公斤	163.0	165.2	98.7
	食用植物油	公斤	15.2	20.2	75.2
	猪肉	公斤	17.5	16.0	109.4
	鲜蛋	公斤	8.2	8.4	97.6
	水产品	公斤	22.4	14.9	150.3
	棉布	米	0.5	0.8	62.5
邮电	邮寄函件	件	53.7	56.1	95.7
城市公用事业	日生活用水量	公斤	237.3	219.2	108.3
	城市居民居住面积	平方米	9.33	9.03	103.3
	平均每千人拥有公共交通车量	辆	0.64	0.5	128.0
	乘坐公共电汽车次数	次	324.6	347.2	93.5
	公共绿地面积	平方米	7.54	7.08	106.5
卫生	平均每千人拥有医生	人	5.02	5.1	98.4
	平均每千人拥有医院床位	张	6.02	6.0	100.3
人民生活	职工年平均工资	元	9579	8144	117.6
	居民家庭生活费收入	元	6885.48	5868.36	117.3
	农民家庭纯收入	元	3580.16	3223.82	111.1
	城市居民储蓄存款余额	元	4203.9	3744.2	112.3
	城镇居民	元	5874.3	5246.3	112.0
	农村居民	元	982.1	940.7	104.4

1-3-2 历年职工年平均工资变化情况 / Changes in the Average Annual Wage for Staff and Workers in Main Years

职工平均工资（单位：元）

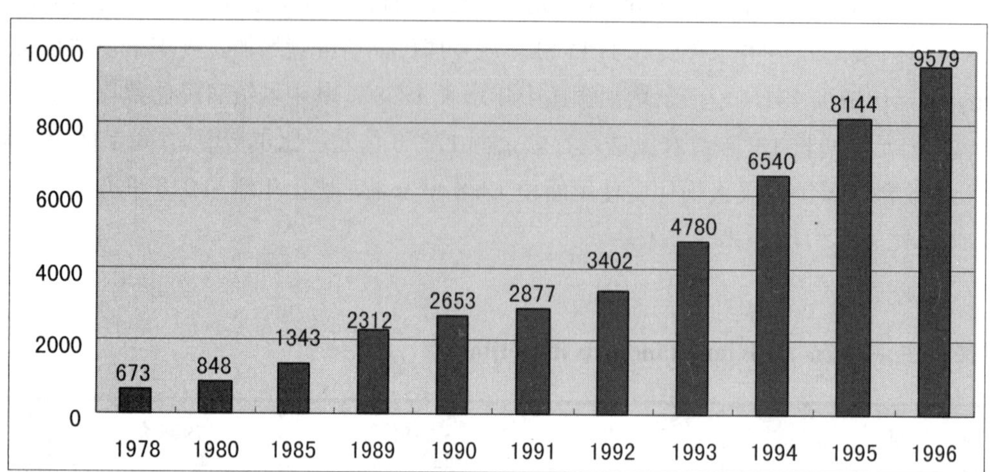

1-3-3 1000 户居民家庭平均每百户耐用消费品年末拥有情况一览表 / List of Urban Household Year-end Possession of Durable Consumer Goods Per 100 Households

项　目	单位	总平均	低收入户	中等偏下收入户	中等收入户	中等偏上收入户	高收入户	1996 年为 1995 年%
自行车	辆	249	212	238	257	258	280	102.22
电风扇	台	138.8	126	123	134	143	168	100.87
电冰箱	台	105.4	97	102	105	109	114	100.96
冰柜	台	13.6	20	3	15	12	18	115.25
洗衣机	台	101.4	88	102	103	106	108	101.00
彩电	台	119.2	103	113	116	129	135	104.93
录放像机	台	57.8	38	56	59	68	68	106.64
游戏机	台	37.6	30	34	43	43	38	109.94
组合音响	套	16.6	7	8	14	17	37	112.16
收录机	台	113.8	99	107	129	113	121	103.27
照相机	架	87.2	70	87	84	92	103	100.46
空调器	台	14.2	5	8	9	27	22	120.34
淋浴热水器	个	52	39	44	50	54	73	114.54
排油烟机	台	47.2	33	36	51	54	62	109.77
吸尘器	台	20.4	8	14	14	27	39	100.00
电炊具	台	46.6	27	34	45	51	76	137.06
摩托车	辆	3.4	4		6	4	3	141.67

1-3-4 居民收入、支出、储蓄情况一览表 / List of Income, Expenditure and Savings Deposit of Urban Household

年 份	城镇居民家庭平均每人每年（元）			农村居民家庭平均每人每年（元）			城镇储蓄（亿元）	农户储蓄（亿元）	人均储蓄（元）
	全部收入	生活费收入	生活消费支出	纯收入	总支出	生活消费支出			
1978	450.18	365.40	359.86	225	219	185	8.90	0.43	107.09
1979	491.54	414.95	408.66	250	235	205	10.44	0.63	123.04
1980	599.40	501.36	490.44	308	290	257	13.33	1.06	159.20
1981	619.57	514.14	511.43	361	351	307	15.74	1.65	189.23
1982	668.06	561.05	534.82	430	411	346	19.19	2.58	232.55
1983	716.60	590.47	574.06	519	499	384	25.11	4.70	312.49
1984	837.65	693.70	666.75	664	559	435	32.14	6.67	401.42
1985	1158.84	907.72	923.32	775	726	510	42.24	9.45	522.70
1986	1317.33	1067.52	1067.38	823	857	645	55.62	12.95	664.52
1987	1413.24	1181.87	1147.60	916	943	706	75.19	17.79	871.38
1988	1767.67	1436.97	1455.55	1063	1246	883	90.55	21.09	1032.98
1989	1899.57	1787.08	1520.41	1231	1356	976	133.75	28.26	1597.76
1990	2067.33	1787.08	1646.05	1297	1372	981	188.03	38.59	2208.73
1991	2359.88	2040.43	1860.17	1422	1585	1100	249.88	48.30	2878.21
1992	2813.10	2363.68	2134.65	1569	1684	1179	328.21	59.61	3721.93
1993	3935.39	3296.04	2939.60	1855	1714	1309	482.48	78.18	5349.78
1994	5585.88	4731.24	4134.12	2422	2175	1676	745.88	107.33	8079.62
1995	6748.68	5868.36	5019.76	3224	3080	2433	1111.50	142.46	11757.61
1996	7945.78	6885.48	5729.45	3580		2656	1528.41	178.56	15839.09

2 上海市基本情况
The General Market Conditions of Shanghai

2-1 人口概况 / General Demographic Characteristics

1996 年末上海市总人口（户籍人口）为 1304.43 万人，比上年增长 2.3%。全市人口出生率为 5.2‰，死亡率为 7.5‰，自然增长率为-2.3‰。1996 年上海人口占全国总人口的 1.1%。在全市总人口中，男性为 657.86 万人，占 50.4%，农业人口为 372.29 万人，占 28.5%。

1996 年末上海市家庭总户数 457.49 万户，平均每户家庭人口 2.9 人。全市人口密度每平方公里为 2057 人，其中市区每平方公里为 4672 人，郊县每平方公里为 802 人。人口分布继续由中心城区向边缘地区转移。全市人口密度最高的南市区达每平方公里 60049 人，比上年减少 1480 人。

上海人口平均寿命男性为 74.07 岁，女性为 78.21 岁，分别比 1978 年提高 3.38 岁和 3.43 岁，高于世界平均水平和中收入国家水平，接近主要发达国家水平。

1996 年末上海全社会从业人员为 792.93 万人，比上年减少 1.26 万人。年末全市职工人数 456.75 万人，比上年减少 13.81 万人，其中国有单位职工 67.32 万人，减少 11.66 万人；集体单位职工 76.9 万人，减少 4.03 万人；其他所有制单位职工 312.53 万人，减少 1.88 万人；城镇个体劳动者 7.74 万人，比上年增加 0.2 万人。全年全市城镇新安置就业人员 29.94 万人。城镇失业人数 14.54 万人，城镇登记失业率 2.7%，与上年持平。

从业人员三次产业结构发生变化。从业人员主要向第三产业转移，全年比重上升到 38%，比上年增加 2.3 个百分点；第一产业从业人员比重比上一年略有增加，达 10%；而第二产业从业人员比重比上一年减少 2.5 个百分点，为 52%。

上海历年人口变动图（‰）

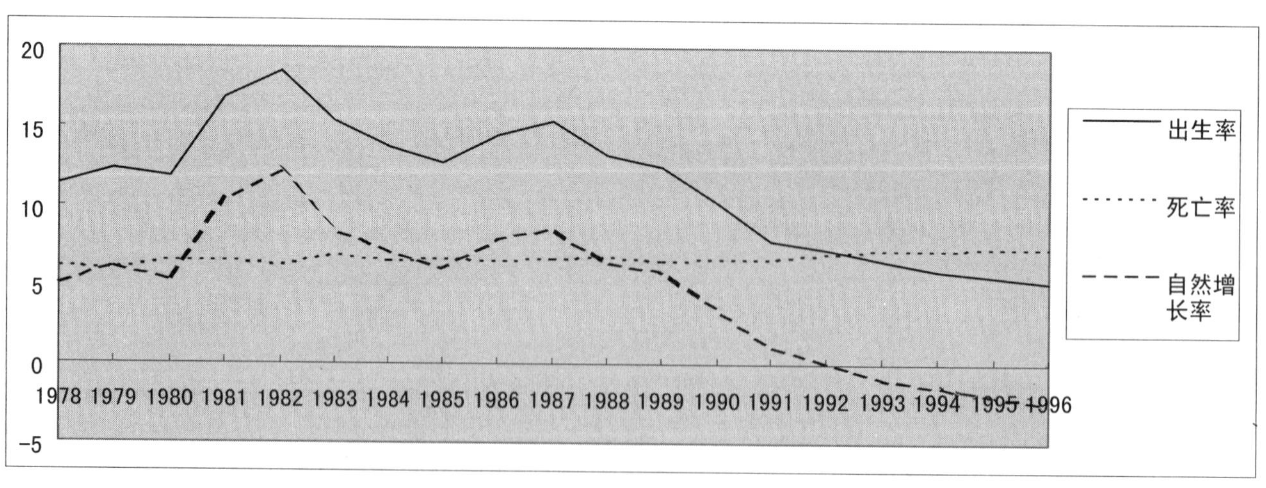

注：本章数据全部摘自《上海统计年鉴 1997》

2-1-1 上海市1996年人口情况一览表 / List of Population in 1996 of Shanghai City

地　区	土地面积（平方公里）	户　数（万户）	年末人口（万人）	平均每户人口（人）	人口密度（人/平方公里）	自然增长率（‰）
全市	**6340.50**	**457.49**	**1304.43**	**2.9**	**2057**	**－2.3**
市区	**2057.01**	**336.30**	**961.02**	**2.9**	**4672**	**－3.1**
黄浦区	4.54	9.00	26.77	3.0	58964	－5.2
南市区	7.87	17.27	47.26	2.7	60049	－4.4
浦东新区	522.75	53.04	151.11	2.8	2891	－1.9
卢湾区	8.05	14.08	38.50	2.7	47823	－5.6
徐汇区	54.76	29.26	82.29	2.8	15028	－3.0
闵行区	370.75	18.95	55.96	3.0	1509	－0.3
静安区	7.62	13.80	38.92	2.8	51082	－5.0
普陀区	54.83	28.67	83.15	2.9	15166	－3.8
长宁区	38.30	21.94	61.16	2.8	15968	－3.0
嘉定区	458.80	14.70	47.74	3.2	1041	－0.6
虹口区	23.48	29.38	81.51	2.8	34713	－4.6
杨浦区	52.13	36.20	107.13	3.0	20550	－3.0
闸北区	28.50	25.14	67.24	2.7	23593	－4.6
宝山区	424.63	24.87	72.28	2.9	1702	－1.7

2-1-2 上海市历年人口变动情况 / Migration of Shanghai in Main Years

年　份	总人口（万人）		总户数（万户）		平均每户人口（人）		人口密度（人/平方公里）	
		市区		市区		市区		市区
1978	1098.28	557.38	291.69	151.84	3.8	3.7	1776	35153
1979	1132.14	591.45	296.71	154.58	3.8	3.8	1830	37301
1980	1146.52	601.29	303.87	157.96	3.8	3.8	1854	37922
1981	1162.84	613.39	314.56	162.68	3.7	3.8	1880	27520
1982	1180.51	626.84	321.71	167.54	3.7	3.7	1908	27230
1983	1194.01	639.07	330.60	173.03	3.6	3.7	1930	27762
1984	1204.78	688.13	340.78	189.72	3.5	3.6	1948	19716
1985	1216.69	698.30	351.72	197.39	3.5	3.5	1967	19889
1986	1232.33	710.16	364.92	206.47	3.4	3.4	1944	18915
1987	1249.51	721.77	380.19	216.25	3.3	3.3	1971	19225
1988	1262.42	732.65	394.95	226.11	3.2	3.2	1991	19514
1989	1276.45	777.79	406.82	244.41	3.1	3.2	2013	10388
1990	1283.35	783.48	415.28	250.71	3.1	3.1	2024	10464
1991	1287.20	786.18	425.84	259.19	3.0	3.0	2030	10483
1992	1289.37	792.75	431.67	265.70	3.0	3.0	2034	10003
1993	1294.74	948.01	438.69	318.56	3.0	3.0	2042	4609
1994	1298.81	953.04	444.38	323.79	2.9	2.9	2048	4633
1995	1301.37	956.66	450.76	329.88	2.9	2.9	2052	4651
1996	1304.43	961.02	457.49	336.30	2.9	2.9	2057	4672

2-1-3 上海市历年人口出生率、死亡率及自然增长率 / Birth Rate, Death Rate and National Growth Rate of Population

年　份	出生人数（万人）	出生率（‰）	死亡人数（万人）	死亡率（‰）	自然增长人数（万人）	自然增长率（‰）
1978	12.36	11.3	6.82	6.2	5.54	5.1
1979	13.76	12.3	6.81	6.1	6.95	6.2
1980	14.31	11.8	7.39	6.5	6.92	5.3
1981	19.38	16.8	7.44	6.5	11.94	10.3
1982	21.68	18.5	7.35	6.3	14.33	12.2
1983	17.80	15.4	8.19	6.9	9.61	8.5
1984	16.38	13.7	7.82	6.5	8.56	7.2
1985	15.43	12.7	8.10	6.7	7.33	6.0
1986	17.75	14.5	7.93	6.5	9.81	8.0
1987	19.02	15.3	8.27	6.7	10.75	8.6
1988	16.53	13.2	8.47	6.8	8.06	6.4
1989	15.91	12.5	8.43	6.6	7.48	5.9
1990	13.12	10.2	8.63	6.7	4.49	3.5
1991	10.08	7.8	8.56	6.7	1.52	1.1
1992	9.37	7.3	9.10	7.1	0.27	0.2
1993	8.40	6.5	9.40	7.3	－1.00	－0.8
1994	7.63	5.9	9.42	7.3	－1.79	－1.4
1995	7.11	5.5	9.79	7.5	－2.68	－2.0
1996	6.79	5.2	9.77	7.5	－2.98	－2.3

2-2 经济发展 / Economic Development

1996 年上海工业经济保持了较快的增长速度，生产、销售、出口和工业增加值均达到了两位数的增长。全市工业总产值完成 5126.22 亿元，比上年增长 15.5%。乡及乡以上工业总产值 4329.52 亿元，比上年增长 12%，其中国有全资工业企业完成产值 1678.62 亿元，与上年持平。工业生产产销衔接良好，全年实现工业销售产值 4256 亿元，比上年增长 11.2%；工业产销率达 98.3%。

1996 年，上海全年物价涨幅得到有效控制，物价上涨率明显低于经济增长速度。全年商品零售价格指数 105.0，比上年回落 8 个百分点；居民消费价格指数 109.2，比上年回落 9.5 个百分点。在居民消费价格指数中，食品类指数 109.7，衣着类 108.8，家庭设备及用品类 99.9，医疗保健类 107.6，交通和通讯工具类 98.6，娱乐、教育、文化用品类 105.3，居住类 109.7，服务项目类 118.9。在商品零售价格指数中，绝大部分大类商品价格涨幅比上年有明显回落。1996 年物价回落的主要原因是：第一，国家实行适度从紧的宏观调控政策，经济环境进一步改善；第二，农业基础设施建设投入加大，农业生产获得大丰收，主要农副产品供应充足；第三，工业消费品市场处于供大于求或供求基本平衡状态，部分家电、通讯工具、机电产品降价刺激消费需求；第四，居民消费心态平稳，市场运行平稳有序。

固定资产投资总量继续扩大，投资结构进一步改善。全年完成全社会固定资产投资总额 1952.05 亿元，比上年增长 21.9%，其中，基本建设投资 651.28 亿元，增长 18%；更新改造投资 415.73 亿元，增长 6.8%；房地产开发建设投资 657.79 亿元，增长 41.1%；城乡私人建房投资 21.08 亿元，增长 52.5%。

商贸系统不断深化改革，国内贸易稳步发展，消费品市场繁荣活跃。全年社会消费品零售总额 1161.30 亿元，比上年增长 19.7%。在社会消费品零售总额中，市区零售额 925.68 亿元，比上年增长 20.8%。国有、集体、个体商业全面发展，国有商业企业商品零售额 454.28 亿元，比上年增长 10.8%；集体所有制商业企业商品零售额 350.15 亿元，增长 15.6%；个体商业商品零售额 67.04 亿元，增长 21.2%。高档、耐用消费品和小型家用电器销售量均有不同幅度的增长。全年摄像机销量比上年增长 4.7%，房间空调器增长 15.3%，微波炉增长 27.8%。上海商业以大力发展连锁商业、兴建连锁超市为契机，调整、充实、提高了商业网点的数量和质量，至 1996 年末，全市批发零售贸易业、餐饮业网点数为 19.64 万个。

2-2-1 社会经济主要指标平均每人水平 / Per Capita Main Social and Economic Indicators

年 份	国内生产总值（元）	社会消费品零售总额（元）	职工年平均工资（元）	城市居民家庭生活费收入（元）	城市居民消费性支出（元）
1978	2498	495	672		
1979	2568	612	784		
1980	2738	706	873	560	553
1981	2813	768	870	589	585
1982	2877	766	883	606	576
1983	2963	848	897	641	615
1984	3259	1032	1110	787	726
1985	3855	1432	1416	1012	992
1986	4008	1608	1689	1215	1170
1987	4396	1815	1893	1347	1282
1988	5161	2355	2277	1616	1648
1989	5489	2610	2608	1860	1812
1990	5910	2608	2917	2050	1936
1991	6955	2973	3375	2334	2167
1992	8652	3608	4273	2842	2509
1993	11700	4814	5650	4057	3530
1994	15204	5944	7401	5566	4669
1995	18943	7461	9279	6822	5868
1996	22275	8913	10663	7721	6763

续上表（ continued ）

年 份	市区居住面积（平方米）	生活用水量（立方米/天）	每万人拥有		
			公共车辆（辆）	大学生（人）	医院床位（张）
1978	4.5	176	2.7	46	43
1979	4.3	170	3.1	60	43
1980	4.4	156	3.2	67	43
1981	4.5	156	3.4	78	43
1982	4.7	154	3.6	71	44
1983	4.9	155	3.7	66	44
1984	4.7	159	3.9	75	44
1985	5.4	165	4.2	89	44
1986	6.0	176	4.5	95	44
1987	6.2	197	4.7	98	45
1988	6.3	205	4.8	102	47
1989	6.4	212	4.8	99	48
1990	6.6	224	4.9	94	48
1991	6.7	195	5.1	91	49
1992	6.9	234	5.3	93	50
1993	7.3	206	5.4	101	52
1994	7.5	224	5.7	108	52
1995	8.0	295	8.9	110	51
1996	8.7	308	10.2	113	52

2-2-2 主要年份国内生产总值 / Gross Domestic Product in Main Years

单位：亿元

年　份	国内生产总值	第一产业	第二产业	第三产业	人均国内生产总值
1978	272.81	11.00	211.05	50.76	2498
1979	286.43	11.39	221.21	53.83	2568
1980	311.89	10.10	236.10	65.69	2738
1981	324.76	10.58	244.34	69.84	2813
1982	337.07	13.31	249.32	74.44	2877
1983	351.81	13.52	255.32	82.97	2963
1984	390.85	17.26	275.37	98.22	3259
1985	466.75	19.53	325.63	121.59	3855
1986	490.83	19.69	336.02	135.12	4008
1987	545.46	21.60	364.38	159.48	4396
1988	648.30	27.36	433.05	187.89	5161
1989	696.54	29.63	466.18	200.73	5489
1990	756.45	32.60	482.68	241.17	5910
1991	893.77	33.36	551.34	309.07	6955
1992	1114.32	34.16	677.39	402.77	8652
1993	1511.61	38.21	900.33	573.07	11700
1994	1971.92	48.59	1143.24	780.09	15204
1995	2462.57	61.68	1409.85	991.04	18943
1996	2902.20	71.58	1582.50	1248.12	22275

2-2-3 社会消费品零售总额 / Retail Sales of Consumer Goods

单位：亿元

年　份	社会消费品零售总额	按商品用途分			
		食品类	衣着类	用品类	燃料类
1978	54.10	26.51	11.60	15.16	0.83
1979	68.28	30.05	16.07	21.28	0.88
1980	80.43	34.30	19.75	25.44	0.94
1981	88.73	38.78	21.27	27.73	0.95
1982	89.80	40.72	19.57	28.52	0.99
1983	100.68	44.21	22.31	33.17	0.99
1984	123.72	50.18	27.71	44.81	1.02
1985	173.39	64.08	35.51	72.70	1.10
1986	196.84	76.99	39.38	79.31	1.16
1987	225.25	91.01	42.52	90.41	1.31
1988	295.83	119.36	53.66	121.17	1.64
1989	331.38	140.03	51.95	137.70	1.70
1990	333.86	142.15	52.33	137.23	2.15
1991	382.06	162.82	52.91	163.30	3.03
1992	464.82	190.70	67.04	202.83	4.25
1993	624.30	254.13	93.90	280.42	4.85
1994	770.74	306.85	114.84	343.18	5.87
1995	970.04	384.08	142.58	436.40	6.98
1996	1161.30	462.71	165.76	524.69	8.14

2-3 居民生活 / Living Conditions of the Residents

城乡人民生活继续得到改善，居民收入稳定增长。1996 年，上海市从业人员报酬达到 521.63 亿元，其中，国有经济单位从业人员为 359.56 亿元。1996 年，上海市职工工资总额达到 492.7 亿元，比上年增长 11.8%；全市职工年平均工资为 10663 元，增长 14.9%。在职工工资总额中，国有经济单位工资总额为 348.96 亿元，增长 10.9%；“三资”企业工资总额为 50.61 亿元，增长 33.5%。

据抽样调查统计，1996 年，市区居民家庭人均年生活费收入 7721.42 元，比上年增长 13.2%。按收入水平分组，年人均生活费收入在 2000-3000 元之间的家庭，占总户数的比重为 1.0%；收入在 3000-4000 元之间的占 4.0%；收入在 4000-5000 元之间的占 13.4%；收入在 5000-6000 元之间的占 15.0%；收入在 6000-7000 元之间的占 13.6%；收入在 7000-8000 元之间的占 12.4%；收入在 8000-9000 元之间的占 18.8%。伴随着收入水平的稳步提高，上海居民家庭年人均消费性支出的水平和结构也得到了改善，1996 年，城市居民家庭年人均消费性支出为 6763.08 元，比上年增长 15.3%。从结构来看，食品类支出为 3415.56 元，占总支出的比重为 50.5%，比上年下降了 2.7 个百分点。

1996 年，上海郊县农民家庭年人均纯收入为 4846.13 元，比上年增长 14.1%；农民家庭年人均生活消费支出 3867.86 元，比 1995 年增长 14.8%。

城乡居民储蓄存款继续增加。至 1996 年年末上海市城乡居民储蓄存款余额 1868.34 亿元，比年初增加 472.21 亿元。

上海地区主要年份职工工资收入（单位：元）

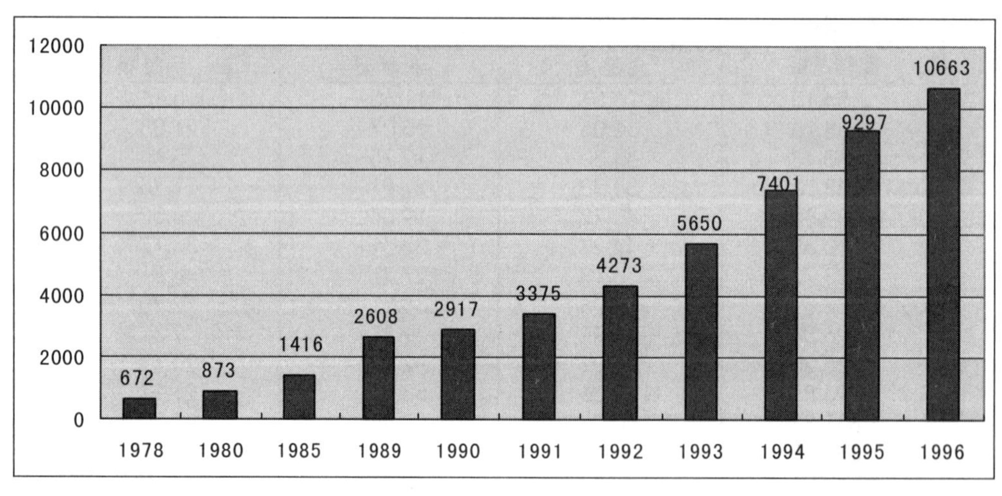

2-3-1 主要年份居民家庭年人均消费性支出 / Urban Household Per Capita Annual Consumer Expenditures in Main Years

指　标	1990 年	1994 年	1995 年	1996 年
消费性支出合计	1936.20	4668.96	5868.12	6763.08
食品	1094.28	2492.04	3120.36	3415.56
粮食	35.52	210.24	282.84	294.12
副食	606.60	1340.16	1693.92	2085.84
烟、酒、茶	85.80	204.84	240.48	258.96
其他食品	231.84	457.32	540.60	613.20
在外用餐	134.52	279.49	362.52	431.40
衣着	211.08	483.36	561.12	589.68
家庭设备、用品及服务	177.96	460.08	673.44	637.32
日用、耐用消费品	58.08	300.24	463.44	417.60
医疗保健	11.40	83.76	112.80	147.72
交通和通讯	51.00	281.40	301.44	467.88
交通费	46.20	84.72	97.92	125.52
邮电费	4.80	40.92	62.64	90.96
娱乐、教育、文化服务	231.12	351.00	465.84	779.28
文娱耐用消费品	153.48	95.52	143.40	327.48
学杂费	12.12	72.48	101.76	159.24
托幼费	10.92	15.72	17.88	12.12
文娱用品	22.08	45.00	51.12	61.44
书报杂志	21.96	29.16	37.44	45.96
文化娱乐费	10.56	45.12	57.72	63.84
居住	89.88	299.88	365.04	392.64
房租	16.92	41.40	38.76	50.52
水费	6.24	22.44	26.04	31.32
电费	30.48	87.96	124.32	153.12
燃料费	6.00	78.84	99.36	109.92
杂项商品和服务	69.48	217.44	268.08	333.24

2-3-2 主要年份平均每百户城市居民家中耐用消费品年末拥有情况一览表 / List of Urban Household Year-end Possession of Durable Consumer Goods Per 100 Households in Main Years

商品名称	单位	1990 年	1993 年	1994 年	1995 年	1996 年
自行车	辆	114	107	107	115	124
缝纫机	架	87	78	75	73	73
黑白电视机	台	65	45	36	29	27
彩色电视机	台	77	94	101	109	113
电风扇	台	187	204	204	216	224
电冰箱	台	88	92	95	98	101
冰柜	台			1.2	1.6	1.6
洗衣机	台	72	76	73	78	82
录音机	台	100	96	91	89	99
组合音响	台	1	7	11	13	15
照相机	架	44	46	54	52	52
录像机	台	14	38	48	49	51
家用空调器	台		5	20	33	50
取暖器	台		44	51	58	59
热水淋浴器	台		15	29	37	42
微波炉	台		8	21	33	45
电烤箱	台		6	7	7	7
摩托车	辆		0.4	0.6	0.8	1.0
家用电脑	台			1.0	2.2	5.2

2-3-3 自来水、煤（液化）气供应和交通情况 / Tap Water, Gas and Liquefied Petroleum Supply and Public Transportation

		单位	1991	1992	1993	1994	1995	1996
煤气	销售量	亿立方米	12.42	13.82	14.73	14.88	15.83	17.07
	生活用	亿立方米	7.82	9.10	10.29	10.91	12.10	13.60
	家庭用气户数	万户	126.02	141.68	151.58	169.10	192.69	206.69
	家用煤气普及率	%	62.0	67.3	67.1	77.3	86.6	90.8
液化石油气	销售量	吨	64329	68991	78943	122801	205460	231807
	家庭用气	吨	49303	47888	51880	65392	166912	191929
	家庭用气户数	万户	31.77	32.51	43.25	55.77	153.93	174.14
自来水	售水总量	亿立方米	12.41	12.90	13.51	14.18	19.04	19.79
	生活用水	亿立方米	6.28	6.56	7.14	7.78	10.28	10.77
	平均每日用水量	万立方米	340.00	352.46	370.14	388.49	521.64	540.71
公共交通	年末营运公共车辆	辆	6562	6837	7037	7415	11637	13323
	公共汽车	辆	5628	5960	6184	6617	10884	12715
	无轨电车	辆	934	877	853	798	753	608
	全年运客总量	亿人次	56.95	58.68	55.98	52.37	51.35	23.07
出租汽车	年末营运车辆数	辆	12308	17951	28969	33875	36991	38554
	服务车次	万次	2781.08	5421.12	8881.99	14207.67	15536.35	18613.04

2-3-4 文化卫生事业情况一览表 / List of the Culture and Health Facilities in Shanghai

指　标	单位	数量	指　标	单位	数量
一、电影放映单位	个	488	五、电视台	座	10
影剧院	个	280	自办节目	套	11
剧院	个	38	平均每周播出时间	小时	662
艺术表演团体	个	31	电视人口覆盖率	%	100
二、群众艺术馆	个	3	六、广播电台	座	10
文化馆	个	43	自办节目	套	20
			平均每周播出时间	小时	298
三、图书馆	个	32	广播人口覆盖率	%	100
总藏书量	万册、件	1653			
读者人数	万人次	879	七、医疗卫生机构数	个	5200
			床位数	张	70003
四、博物馆、纪念馆	个	12	卫生技术人员	人	109457

3 广州市基本情况
The General Market Conditions of Guangzhou

3-1 人口概况 / General Demographic Characteristics

广州市下辖八个区，四个县级市，土地面积 7434.4 平方公里，1996 年总人口 656.05 万人，比 1995 年增长了 9.34 万人，增长率为 1.44%，增幅比上年的 1.52%略有减少。其中，市区人口增幅比上年下降 0.08 个百分点。四个县级市增幅比上年下降 0.07 个百分点，广州市人口增长速度已呈下降趋势。

从城乡人口结构看，广州市城市化水平进一步提高。1996 年末，全市非农业人口 403.27 万人，比 1995 年增长了 7.99 万人，增长率为 2.02%，比总人口增长率高出 0.58 个百分点。天河区、芳村区、白云区及四个县级市非农业人口增长率均超过了 3.0%。1996 年，广州市总人口中，市区人口占总人口的比重为 59.47%，比上年下降了 0.12 个百分点，四个县级市人口增长比市区快。

1996 年，市区总人口增长有两个特点：一是地处城乡结合部的新四区人口增长比老四区快。其中，作为新城区的天河区人口增长速度继续排全市首位，1996 年比上年增长了 1.75 万人，增长率为 4.10%，占市区人口的比重由上年的 11.06%上升为 11.37%。二是地处闹市的老四区，因兴建地铁、城区改造等市政建设，人口向他区迁移。其中，荔湾区、越秀区人口逐年减少，但人口密度仍排全市前两位。

广州市人口自然增长速度减慢，人口出生率不断下降，主要原因是各级领导加强了对计划生育工作的力度，措施得力，成效显著。随着广州市的改革开放与经济发展，人口机械增长相对较快。1996 年末，全市迁入人口 14.17 万人，比上年增加 0.99 万人，增长 7.47%；迁出人口 8.41 万人，比上年增加 0.62 万人，增长 8.01%。人口机械增长的主要原因是经济的发展，相应扩大了对各种专业劳动力的需求；其次是中、高等院校的发展，扩大了招生对象。

广州经济的繁荣及其宽松的大环境，吸引了大量的外来人口。1996 年末，全市共有暂住人口 170.85 万人。从来自地区看，省内占 38.13%，省外占 60.88%，港澳台、国外占 0.99%；从暂住目的看，务工务农占 53.34%，经商占 6.83%，从事服务业占 7.72%，投靠探访亲友和旅游观光占 19.10%，其他占 13.01%。据测算，今后若干年内，广州市的外来人口仍将保持一个较大的规模。

广州主要年份总人口自然变动情况（‰）

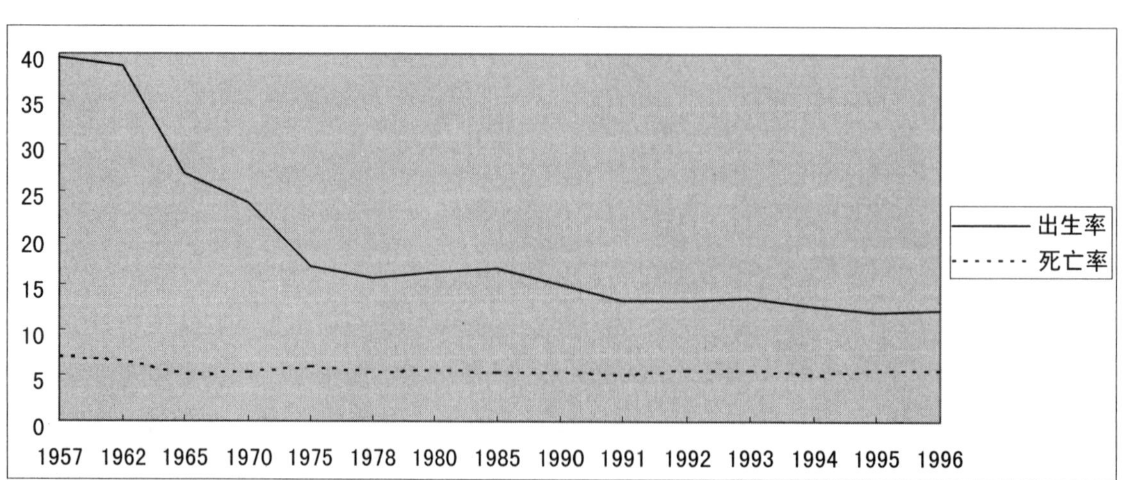

注：本章数据全部摘自《广州统计年鉴 1997》

3-1-1 广州市1996年人口情况一览表 / List of Population in 1996 of Guamgzhou City

地　区	土地面积（平方公里）	年末总人口（人）	非农业人口（人）	年末总户数（户）	非农业户（户）	人口密度（人/平方公里）
全市	**7434.4**	**6560508**	**4032704**	**1905305**	**1274665**	**882**
市区	1443.6	3901840	3221410	1192970	1004880	2703
东山区	17.2	582144	580795	172668	172494	33846
荔湾区	11.8	527115	524949	170240	169339	44671
越秀区	8.9	453778	452565	144322	144322	50986
海珠区	90.4	751486	682406	230882	211020	8313
天河区	108.3	443528	384678	125081	106430	4095
芳村区	42.6	163938	127193	51766	41330	3848
白云区	1042.7	794525	331837	240895	119155	762
黄埔区	121.7	185326	136987	57116	40790	1523

续上表（continued）

地　区	出生率（‰）	死亡率（‰）	自然增长率（‰）	男性（人）	女性（人）
全市	**13.25**	**5.71**	**7.54**	**3380751**	**3179757**
市区	10.60	6.00	4.60	2037940	1863900
东山区	8.27	5.51	2.76	300325	281819
荔湾区	8.27	8.05	0.22	269024	258091
越秀区	7.61	7.67	－0.06	229552	224226
海珠区	9.66	6.02	3.64	397854	353632
天河区	11.23	4.11	7.12	241217	202311
芳村区	12.24	7.37	4.87	86916	77022
白云区	15.00	5.13	9.87	412153	382372
黄埔区	14.00	4.34	9.66	100899	84427

3-1-2 广州市历年人口变动情况 / Migration of Guangzhou in Main Years

年　份	年末户数（户）	非农业户数（户）	总人口（人）	非农业人口（人）	出生率（‰）	死亡率（‰）
1952	678722	302173	2719141	1348971		
1957	811439	424157	3377586	1864029	39.49	7.12
1962	864664	460369	3702454	2114263	38.78	6.80
1965	888576	476709	3985070	2189776	27.01	5.25
1970	979764	514287	4185363	2089540	23.79	5.46
1975	1071998	552155	4591000	2182326	16.94	5.95
1978	1145925	597366	4828961	2321421	15.46	5.32
1980	1162717	637899	5018638	2560391	16.25	5.57
1985	1369170	813157	5449820	2956158	16.59	5.36
1990	1641063	1028780	5942534	3413860	14.97	5.49
1991	1674843	1058625	6022186	3482920	13.15	5.09
1992	1721098	1098388	6122016	3558383	13.11	5.53
1993	1824611	1219882	6236647	3753872	13.35	5.60
1994	1831663	1219312	6370241	3872396	12.47	5.29
1995	1871173	1246205	6467115	3952759	11.82	5.57
1996	1905305	1274665	6560508	4032704	12.03	5.71

3-2 经济发展 / Economic Development

1996 年广州市国内生产总值 1445.84 亿元，比上年增长 13.1%。其中：第一产业增加值 80.75 亿元，比上年增长 4.0%；第二产业增加值 668.63 亿元，比上年增长 14.4%；第三产业增加值 696.46 亿元，比上年增长 12.4%。第一、第二、第三产业增加值占国内生产总值的比重分别为 5.6%、 46.2%和 48.2%，第三产业的比重超过了第二产业的比重。人均国内生产总值达 2.22 万元，比上年增长 11.5%。

1996 年，广州市农业和农村经济保持了良好的发展势头，乡镇企业持续快速发展，发挥了农村经济的支柱作用。农业生产结构逐步优化，投入增加，生产条件进一步改善。工业生产稳定增长，轻工业增长快于重工业增长，三资企业增加值为 246.15 亿元，比上年增长 17.3%。大中型工业企业增加值为 216.61 亿元，比上年增长 4.2%，大中型企业增加值占全市工业增加值比重为 37.8%。 1996 年，广州市固定资产投资规模得到控制，投资结构得到改善。房地产开发稳步发展，商品住宅建设成为 1996 年房地产开发业的主体，全市商品房施工面积 2593.18 万平方米，其中住宅施工面积 1636.14 万平方米，占全市商品房施工面积的 63.1%。

1996 年，广州市全市铁路、公路、水运、航空等专业运输部门货运总量 1.18 亿吨，比上年增长 0.1%；客运量 9045 万人，比上年下降 3.4%。广州白云机场旅客吞吐量 1264 万人次，比上年增长 0.6%，飞机起降架次比上年增长 3.8%；南方航空公司目前拥有客运航线 242 条，比上年新增航线 29 条。邮电通信事业发展迅速，综合通信能力显著增强。市话交换机新增容量 22 万门；无线寻呼机用户新增 35.7 万户；移动电话用户新增 13.7 万户；市话普及率 48 部/百人，在全国十大城市中居于前列。

旅游业稳步发展，全年主要宾馆接待旅游人数 1553 万人次，比上年增长 18.4%。其中接待国际旅客 226 万人次，国内旅客 1327 万人次，分别比上年增长 8.9%和 20.1%。保险业迅速发展，全市有 10.18 万户次企业参加财产保险，有 76.98 万户次居民参加了家庭财产保险，有 473.05 万人次参加了人身保险。在广州设立的外资保险机构有 19 家。

3-2-1 主要年份国内生产总值（按当年价格计算） / Gross Domestic Products in Main Years （Calculated from the Price of 1996 ）

单位：万元

年份	国内生产总值	第一产业	第二产业			第三产业
				工业	建筑业	
1952	53910	10787	16940	16434	506	26183
1957	111836	14952	51153	46088	5065	45731
1962	124147	20314	61196	56196	5000	42637
1965	180348	25033	101444	93401	8043	53871
1970	266600	31234	170872	164979	5893	64494
1975	366351	44318	227351	219739	7612	94682
1978	430947	50287	252479	243585	8894	128181
1980	575497	62438	313734	295337	18397	199325
1985	1243623	120449	658130	577048	81082	465044
1990	3195952	257288	1362975	1180978	181997	1575689
1991	3866741	281734	1799166	1582970	216196	1785841
1992	5107027	356399	2413129	2120096	293033	2337499
1993	7408369	475960	3517151	3055304	461847	3415258
1994	9761829	606222	4567537	3883405	684132	4588070
1995	12430697	734606	5801945	4959398	842547	5894146
1996	14449358	811630	6753844	5814566	939278	6883884

3-2-2 各城区国民经济主要指标一览表 / List of Major Economic Indicators in Districts of Guangzhou

项　目	单位	东山区	荔湾区	越秀区	海珠区	天河区	芳村区	白云区	黄埔区
年末总人口	万人	58.22	52.71	45.38	75.15	44.35	16.39	79.45	18.53
国内生产总值（当年价）	亿元	20.66	27.50	19.74	36.01	41.17	13.05	81.62	17.55
财政收入	亿元	3.13	2.81	2.77	3.07	2.97	1.47	4.11	3.15
年末职工人数	万人	5.23	7.78	6.13	8.49	2.95	2.27	3.68	2.92
全年工资总额	亿元	5.05	6.82	5.52	7.06	2.86	2.21	3.81	2.80
职工年人均工资	元	9673	8713	9002	8294	9829	9906	10289	9939
社会消费品零售总额	亿元	42.38	55.96	21.60	29.97	52.27	7.87	41.37	10.23
实际利用外资	万美元	2624	1343	6150	3096	5307	1469	11900	8062
外贸出口总值	万美元	6051	5168	4000	15024	21761	10938	46907	31371
小学在校学生数	万人	4.46	4.20	3.50	6.04	3.95	1.54	10.65	1.95
幼儿园在园人数	万人	2.10	1.43	1.29	2.96	1.84	0.77	3.30	0.96
医院数	个	6	9	10	8	4	3	3	4
私营个体经济企业户数	户	8758	11395	13175	12115	18980	5234	34530	7936
私营个体经济营业总额	亿元	7.26	20.27	6.56	6.73	5.67	3.77	12.07	3.60
乡镇企业总收入	亿元				34.20	61.91	17.98	166.01	38.49
乡镇企业总产值（当年价）	亿元				26.18	34.29	14.83	120.52	27.75

3-3 居民生活 / Living Conditions of the Residents

1996 年末，全市总人口 656.05 万人，全年人口出生率 13.3 ‰，死亡率 5.7 ‰，自然增长率 7.6 ‰。全市职工总人数 202 万人，比上年末减少 6.24 万人；城镇私营从业人员和个体劳动者 32.65 万人，比上年增加 5.2 万人；全年城镇安置待业人员 7.85 万人。

职工工资水平有所提高，全市职工工资总额 233.63 亿元，比上年增长 8.9%；职工年平均工资 11659 元，增长 13.0%，扣除居民消费价格上升因素，实际增长 4.5%；农民人均纯收入 5163.48 元，增长 15.2%，扣除价格上升因素，实际增长 9.7%。

城乡居民居住条件有所改善，城市居民人均居住面积从上年的 9.61 平方米提高到本年的 10.08 平方米；农村居民人均居住面积由上年的 27.59 平方米提高到本年的 31.63 平方米。城乡居民储蓄存款增加，年末城乡居民储蓄存款余额 1259.17 亿元，比上年增长 33.5%，比上年末增加 316.17 亿元。

1996 年，广州市消费品市场繁荣畅旺，全市社会消费品零售总额 644.32 亿元，比上年增长 17.2%，扣除商品零售价格上升因素，实际增长 12.3%。其中城镇消费品零售额为 575.99 亿元，增长 17.6%；农村消费品零售额为 68.33 亿元，增长 13.5%。市场各大类商品供应丰富，零售量均有不同程度的增加，全市批发零售贸易业零售食品、饮料、烟酒类商品比上年增长 21.2%，服装鞋帽类商品增长 29.9%，家用电器类商品增长 16.0%，中西药品类商品增长 38.4%，化妆品类商品增长 33.8%。市场物价得到有效控制，全年商品零售价格总水平比上年上升 4.3%，这一升幅不仅低于全国和全省平均升幅，而且在国内 35 个主要城市中，升幅也是处于较低位次的。

3-3-1 城市居民家庭平均每人每月生活费收入和消费性支出情况 / Urban Household Monthly Income Available for Living Standards and Consumer Expenditures

单位：元

项　目	1978 年	1980 年	1985 年	1990 年	1995 年	1996 年
期初手存现金		**12.05**	**34.21**	**283.96**	**530.44**	**549.86**
生活费收入	**36.84**	**46.21**	**87.21**	**216.09**	**712.77**	**781.59**
消费性支出	**36.65**	**43.42**	**84.29**	**200.80**	**633.48**	**674.40**
购买商品支出	**32.65**	**40.19**	**76.14**	**176.27**	**514.32**	**543.12**
食品	22.73	30.81	53.13	122.83	321.25	342.08
衣着	3.47	4.48	5.94	13.94	44.77	51.09
日用品		2.05	9.24	17.16	70.88	63.25
文化娱乐用品		1.04	4.19	8.79	28.53	39.03
书报杂志		0.30	0.85	1.83	5.03	6.18
药品及医疗用品		0.31	0.88	2.54	17.21	20.33
房屋及建筑材料			0.39	4.13	13.97	11.58
燃料	1.24	0.63	0.89	3.21	7.22	6.27
其他商品		0.57	0.63	1.84	5.46	3.31
非商品支出	**4.00**	**3.23**	**8.15**	**24.53**	**119.16**	**131.28**
房租		0.70	0.92	1.37	4.82	12.13
水费			0.35	0.82	2.71	3.48
电费			1.54	5.09	15.91	18.72
煤气费				0.21	3.49	5.61
市内交通费			0.84	1.64	9.14	9.65
其他交通费			0.58	1.74	7.24	6.57
邮电费		0.03	0.11	0.68	10.34	10.84
医疗保健费		0.22	0.22	0.80	3.18	2.86
学杂费		0.15	0.70	2.61	16.82	24.46
保育费		0.32	0.43	1.19	3.85	3.95
文娱费		0.21	0.61	2.03	8.15	7.54
修理服务费		0.36	1.15	5.18	28.51	20.16
其他支出		0.25	0.70	1.17	5.00	5.31
期末手存现金		**15.20**	**74.02**	**386.10**	**1122.55**	**1053.68**

3-3-2 主要年份平均每百户城市居民家中耐用消费品年末拥有情况一览表 / List of Urban Household Year-end Possession of Durable Consumer Goods Per 100 Households in Main Years

项　目	单位	1985年	1990年	1995年	1996年
组合家具	套		51.7	55.0	63.0
自行车	辆	165.7	191.7	190.7	200.7
电风扇	台	235.3	335.7	326.0	312.7
洗衣机	台	62.3	87.3	105.0	103.0
电冰箱	台	42.7	87.3	102.3	100.3
摩托车	台	1.0	4.0	12.7	14.3
彩色电视机	台	35.7	88.7	111.0	116.3
黑白电视机	台	70.3	36.7	16.7	14.3
立体声收录机	台	42.0	44.7	36.0	29.7
照相机	架	14.0	33.7	66.0	71.3
中高档乐器	件		8.3	13.7	12.3
空调机	台		1.3	57.3	78.7
电炊具	台		128.3	160.3	163.7
高级音响	套		17.3	40.7	48.7
录放像机	台		31.0	63.0	68.7

3-3-3 基础服务事业主要指标一览表 / List of Major Indicators of the Basic Service Facilities

	项　目	单位	1990年（市区）	1995年（市区）	1996年（市区）
交通	铁路客运量（发送量）	万人	1705	2306	1922
	公路客运量	万人	2750	5074	4889
	水路客运量	万人	585	378	270
	航空客运量	万人	443	480	460
邮电	年末邮电局所数	处	179	328	400
	邮电业务总量	万元	64096	363243	461431
	报纸发行量	万份	100873	175583	183893
	杂志发行量	万份	4165	4837	4905
	年末电话机数	部	329315	1589281	1595191
	市话	部	329315	1589281	1595191
	移动电话期末户数	户	5246	227985	347474
	无线寻呼期末户数	户	75193	844200	971164
服务	每千人拥有的零售贸易网点数	个	17	35	48
	每千人拥有的餐饮网点数	个	2	3	4
	每千人拥有的服务网点数	个	4	5	6

3-3-4 城市公共事业主要指标一览表 / List of Major Indicators of the Public Service

	项　目	单位	1990 年	1995 年	1996 年
城市供水	全年供水量	立方万米	86136	124184	124121
	全年售水量	立方万米	82307	110899	109993
	生活用水	立方万米	54405	73522	74798
	年末用水人数	万人	328	372	378
	用水普及率	%	100.0	98.20	98.63
	平均每人每天用水量（按市区用水人口）	升	419	544	554
	平均每人每天用水量（按市区用水人口）	升	460	541	542
城市用电	全市供电总量	万千瓦·时	527670	1329050	144425
	城乡居民生活用电	万千瓦·时	81301	252491	285839
	城市居民生活用电	万千瓦·时	57250	177549	198218
	市区供电总量	万千瓦·时	428107	958143	1043862
	城乡居民生活用电	万千瓦·时	60192	189711	211369
	城市居民生活用电	万千瓦·时	49013	147861	163437
城市用气	液化气供应量	吨	52204	127334	148701
	家庭使用	吨	49928	102818	112000
	居民液化气使用户数	户	305352	448295	433995
	煤气销售量	立方万米	397	7078	13781
	家庭使用	立方万米	388	6724	7289
	居民煤气使用户数	户	24708	256705	280540
	按人口计算气化率	%	40.90	86.60	88.70
住宅	年末实有住宅居住面积	平方万米	2327.55	3043.65	3246.39
	平均每人居住面积	平方米	7.99	9.61	10.08

3-3-5 文化、娱乐事业主要指标一览表 / List of Major Indicators of the Culture and Entertainment Facilities

	项　目	单位	1995 年（市区）	1996 年（市区）
电影艺术	电影院	间	27	27
	电影映出场次	场	49638	54188
	电影观众人数	万人次	999	163
	艺术表演团体	个	18	18
	艺术表演场所	间	34	35
	艺术表演演出场次	场	4637	5838
	艺术表演观众人次	万人次	276	372
广播电视	广播电台	座	4	4
	广播节目套数	套	12	12
	平均日播音	小时:分	184:50	191:55
	广播覆盖人口率	%	100	100
	电视台	座	3	3
	电视节目套数	套	6	6
	平均周播放时间	小时:分	508:50	390:08
	电视覆盖人口率	%	100	100
社会群众文化	公共图书馆	间	11	11
	公共图书馆藏书	万册	581	632
	群众艺术馆、文化馆	间	10	10
	图书发行量	万册	6337	8764
	博物馆	个	19	22
	纪念馆	个	12	13
	文物单位	个	3	4
	卡拉 OK	间	526	614
	音乐茶座	间	63	45
	歌舞厅	间	273	54
出版	全年出版报纸	种	73	74
	全年出版报纸	万份	174109	165660
	全年出版图书	种	2513	3562
	全年出版图书	万册	36633	40328
	全年出版杂志刊物	种	260	262
	全年出版杂志刊物	万册	19882	19633

4 重庆市基本情况
The General Market Conditions of Chongqing

4-1 人口概况 / General Demographic Characteristics

1996 年，重庆全市年末总户数 889.35 万户，总人口 3022.77 万人，比上年增加 21 万人，增长 0.7%。其中，农业人口占 80.9%，非农业人口占 19.1%；市镇人口占 77.5%，乡村人口占 22.5%。人口出生率为 13.6 ‰，死亡率为 7.2 ‰，自然增长率为 6.4 ‰。1996 年，全市社会从业人员 1755.20 万人，其中职工人数 294.63 万人；乡镇从业人员报酬 146.84 亿元，其中职工工资总额 145.49 亿元；职工年平均货币工资 5010 元。全市城镇新增就业者 24.32 万人；城镇登记失业人员 10.95 万人，失业率 2.98%。1996 年，全市城镇离退休退职人数 85.55 万人，保险福利费用达到 42.99 亿元。

4-1-1 重庆市 1996 年人口情况一览表 / List of Population in 1996 of Chongqing City

地　区	土地面积（平方公里）	人口密度（人/平方公里）	出生率（‰）	死亡率（‰）	自然增长率（‰）
全市总计	**82402.95**	**367**	**13.6**	**7.2**	**6.4**
原重庆	**23113.95**	**662**	**11.4**	**6.8**	**4.6**
渝中区	21.90	26292	5.4	7.6	－2.2
大渡口区	94.39	2144	8.4	6.9	1.5
江北区	213.52	2074	6.8	6.6	0.2
沙平坝区	383.45	1651	7.8	5.1	2.7
九龙坡区	443.03	1526	8.4	5.9	2.5
南岸区	278.78	1537	7.5	5.9	1.6
北碚区	755.42	823	8.7	6.5	2.2
万盛区	565.58	468	14.7	5.6	9.1
双桥区	37.48	1075	17.5	5.0	12.5
渝北区	1452.03	536	9.8	6.8	3.0
巴南区	1830.30	464	11.2	7.1	4.1

续上表（ continued ）

地　区	年末总人口（万人）	男性占人口比重（%）	女性占人口比重（%）	户数（万户）	平均每户人口（人）
全市总计	**3022.77**	**52.1**	**47.9**	**889.35**	**3.41**
原重庆	**1529.71**	**52.0**	**48.0**	**460.84**	**3.32**
渝中区	57.58	50.6	49.4	19.06	3.02
大渡口区	20.24	50.5	49.5	6.67	3.03
江北区	44.28	51.1	48.9	14.47	3.06
沙平坝区	63.32	51.5	48.5	19.41	3.26
九龙坡区	67.61	51.3	48.7	21.18	3.19
南岸区	42.85	51.2	48.8	14.05	3.05
北碚区	62.15	51.4	48.6	19.59	3.17
万盛区	26.48	50.6	49.4	7.19	3.69
双桥区	4.03	52.5	47.5	1.10	3.65
渝北区	77.84	51.9	48.1	25.03	3.11
巴南区	84.98	52.0	48.0	26.29	3.23

4-2 经济发展 / Economic Development

1996 年全市人民以推进两个转变为主线，上下一心，使全市经济保持了较快增长，社会事业取得了新的成绩，年初确定的社会经济发展目标任务基本完成。初步统计，全市实现国内生产总值 1175 亿元，按可比价格计算比上年增长 10.7%，其中：第一产业增加值 280 亿元，增长 4.0%；第二产业增加值 493 亿元，增长 11.6%；第三产业增加值 402 亿元，增长 14.7%。人均实现国内生产总值 3900 元。

1996 年重庆市农业克服了多种自然灾害的影响，取得了粮食连续四年增产，多种经营持续增长的好成绩。粮食总产量达到 1172 万吨，比上年增产 1.6%；出槽肥猪 1988 万头，比上年增长 2.8%；油、蔗、烟、茶、果等农牧产品有增有减，乡镇企业持续发展。全市乡镇企业总产值达 895 亿元（90 年不变价），同口径计算比上年增长 25.0%；营业收入 879 亿元，比上年增长 26.5%；实现利税 62 亿元，比上年增长 12.8%。

1996 年重庆市工业保持了适度增长，全年完成工业增加值 423 亿元，按可比价格计算比上年增长 11.5%。其中：重工业增加值 253 亿元，比上年增长 10.7%；轻工业经过调整，逐渐形成一批新的增长点，增加值 170 亿元，增幅比重工业高 1.9 个百分点。国有工业企业生产增长较慢，全年完成增加值 177 亿元，比上年增长 7.1%，增幅比全市水平低 4.4 个百分点。工业经济运行质量不高。全市独立核算工业企业产销率为 95.6%，比上年下降 1.3 个百分点，工业经济效益综合指数 63.4%，比上年下降了 9.6 个百分点。工业企业亏损面达 43%。

1996 年重庆市邮电通信继续保持迅猛发展势头，全年完成业务总量 15.8 亿元，比上年增长 40.0%。汉渝干线光缆、福杭贵成光缆相继投入运行，移动通信模拟网实现全国联网漫游，增强了全市综合通信能力。

1996 年重庆市城乡市场繁荣活跃，全年实现社会消费品零售总额 449 亿元，比上年增长 20.6%。农村市场好于城市市场，城市消费品零售额 256 亿元，增长 18.9%，农村消费品零售额 193 亿元，增长 23.0%。公有制商业实现消费品零售额 179 亿元，比上年增长 13.9%，非公有制经济实现消费品零售额 270 亿元，比上年增长 25.5%。

1996 年重庆市确保市场低价位运行的措施取得了积极成果。全市城市商品零售价格总指数为 106.1%，比上年回落了 10.2 个百分点，居民价格总指数为 109.7%，比上年回落 9.7 个百分点，实现了物价涨幅明显低于上年的工作目标任务。

4-2-1 国民经济主要指标 / Major Indicators of National Economics

指　　标	单位	1995 年	1996 年	指数 1995=100
年末总人口	万人	3001.78	3022.77	100.7
非农业人口	万人	559.43	577.11	103.2
社会从业人员	万人	1712.15	1755.20	102.5
国内生产总值（当年价）	亿元	1009.47	1179.09	111.2
第一产业	亿元	261.52	284.89	105.0
第二产业	亿元	427.19	493.21	112.1
第三产业	亿元	320.76	400.99	114.9
人均国内生产总值	元	3372	3914	110.6
工农业总产值（1990 年不变价）	亿元	1103.60	1292.26	117.1
农林牧副渔业总产值（1990 年不变价）	亿元	228.08	236.60	103.7
工业总产值（当年价）	亿元	1053.10	1216.07	115.5
全社会固定资产投资总额	亿元	269.06	320.73	119.2
全社会房屋竣工面积	万平方米	3223.10	4208.66	130.6
住宅	万平方米	2422.01	3313.31	136.8
社会消费品零售总额	万元	3718064	4454766	119.8
外贸进出口总值	万美元	149970	140266	93.5
旅游人数	万人次	1230.27	1416.18	115.1
全部职工平均货币工资	元	4508	5010	111.1
城市居民人均可支配收入	元	4412.96	5054.86	114.5
医院	个	2585	2567	99.3
医院病床数	张	58766	58595	99.7
卫生技术人员	个	86041	87542	101.7

4-2-2 主要国民经济指标平均每人水平 / Per Capita Main Indicators of National Economics

指　　标	单位	1995 年	1996 年	指　　标	单位	1995 年	1996 年
国内生产总值(当年价)	元	**3372**	**3914**	罐头	公斤		1.0
				机制纸及纸板	公斤		9.6
工农业总产值(当年价)	元	**4875**	**5538**	发电量	千瓦时		477.0
工业总产值	元	3518	4037	原　煤	公斤		1044.1
农业总产值	元	1357	1501	钢	公斤		53.4
				钢材	公斤		42.8
地方预算内财政收入	元	**154**	**182**	水泥	公斤		259.1
主要农产品产量				**社会消费品零售总额**	元	**1242**	**1479**
粮食	公斤	397	389				
油料	公斤	8.4	7.8	**职工平均货币工资**	元	**4508**	**5010**
猪肉	公斤	45.0	46.0	城镇居民家庭可支配收入	元	4413	5055
水果	公斤	19.8	18.8	农村居民人均纯收入	元	1167	1435
主要工业产品产量				**城乡居民储蓄存款**	元	**1352**	**1671**
布	米		16.6	城镇	元	1011	1161
饮料、酒	公斤		14.8	农村	元	341	510

4-3 人民生活 / Living Conditions of the Residents

1996 年末，重庆市职工人数为 294.6 万人，与上年持平，职工平均工资为 5010 元，比上年增长 11.1%，扣除物价上涨因素，实际增长 1.3%。城镇居民人均生活费收入 4642 元，比上年增长 14.6%，农民人均纯收入 1430 元，比上年增长 22.5%，扣除物价上涨因素，城乡居民实际收入分别增长 4.4%和 6.6%。居民储蓄增长较快，存款余额 503 亿元，比上年增加 24.7%。

1996 年，市人民政府适当提高了职工最低工资标准和城镇居民最低生活线标准。年内给 9 万多城镇居民发放了扶困补助金，帮助 90 万农民摆脱了贫困。1996 年，全市有 167.3 万职工参加基本养老保险，有 182.1 万职工参加失业保险，有 54.4 万离退休人员参加离退休社会统筹，有 1.8 万失业职工领取了失业救济金。城乡各种福利院、休养院发展到 3419 个，床位 2.8 万张。全市民政福利企业安置残疾人就业 1.5 万人，提高了社会保障水平。

4-3-1 人民物质文化生活情况一览表 / List of the Living Standards of Residents Material and Culture Life

指　　标	单位	1995 年	1996 年	指数 1995=100
城乡居民收入				
职工平均工资	元	4058	5010	111.1
城镇居民人均可支配收入	元	4413	5055	114.5
农民人均纯收入	元	1167	1435	122.9
每人每年生活消费				
城乡居民消费水平（现价）	元	1669	2052	122.9
农业居民	元	1068	1328	124.3
非农业居民	元	4311	5167	119.9
粮食	公斤	219.00	198.44	91.6
食用植物油	公斤	5.76	6.40	111.1
猪肉	公斤	24.76	24.57	99.2
食糖	公斤	1.85	2.18	117.8
家禽	公斤	3.56	3.09	86.8
鲜蛋	公斤	5.99	5.21	87.0
蔬菜	公斤	151.00	139.49	92.4
布（含化纤布）	米	1.50	1.19	79.3
消费品零售总额	元	1242	1479	119.1
平均每人居住面积（抽样调查）				
城镇住房面积	平方米	8.13	8.00	98.4
农村住房面积	平方米	23.50	24.44	104.00
邮电				
每万人拥有电话	部	129	256	198.4
每人平均交寄函件	件	4.89	4.68	95.7
储蓄				
城乡居民储蓄存款余额	亿元	404.89	503.35	124.3
平均每人储蓄存款余额	元	1352	1671	123.6
教育、生活				
每万人拥有大学生	人		27	
每百户城市家庭拥有电视机	台	122.70	126.60	103.2
每百户城市家庭拥有收录机	台	70.30	64.70	92.0
每百户农村家庭拥有电视机	台	68.40	74.27	108.6
每百户农村家庭拥有收录机	台	19.20	19.33	100.8
卫生				
每万人拥有医院病床	张	19.63	19.45	99.1
每万人拥有医生	人	14.02	14.06	100.3
就业（抽样调查）				
城镇居民平均每户就业人数	人	1.87	2.00	107.0

4-3-2 城镇居民家庭平均每人全年消费支出及构成 / Urban Household Per Capita Annual Consumer Expenditures

项 目	总平均	最低收入户	低收入户	中等偏下户
一、消费支出（元）	**4403.62**	**2568.36**	**3305.82**	**3702.06**
1.食品	2158.22	1621.31	1910.15	1946.83
#粮食	216.96	196.97	222.71	211.65
油脂	98.47	86.27	96.27	89.20
肉禽及制品	522.05	417.44	481.11	480.32
蛋类	10.74	75.92	88.69	92.54
菜类	234.52	228.10	218.50	221.45
奶及奶制品类	58.43	26.80	62.84	42.10
2.衣着	636.93	271.72	422.30	508.59
#服装	437.75	185.19	276.55	351.09
3.家庭设备及服务	380.28	90.20	129.73	241.08
4.医疗保健	137.15	72.26	88.83	114.54
5.交通及通讯	235.70	69.27	123.76	170.11
6.娱乐、教育文化服务	431.75	150.52	291.99	382.20
7.居住	240.48	227.72	222.79	188.39
8.杂项商品与服务	183.11	65.36	116.27	150.32
二、消费支出构成	**100.0**	**100.0**	**100.0**	**100.0**
食品	49.0	63.1	57.8	52.6
衣着	14.5	10.6	12.9	13.7
家庭设备及服务	8.6	3.5	3.9	6.5
医疗保健	3.1	2.8	2.7	3.1
交通与通讯	5.4	2.7	3.7	4.6
娱乐教育文化服务	9.8	5.9	8.8	10.3
居住	5.4	8.9	6.7	5.1
杂项商品与服务	4.2	2.5	3.5	4.1

续上表（continued）

项　目	中等收入户	中等偏上户	高收入户	最高收入户
一、消费支出（元）	**4539.47**	**4762.75**	**5436.61**	**7074.5**
1.食品	2222.76	2291.58	2454.24	2730.44
#粮食	219.62	214.03	220.19	241.99
油脂	107.28	95.71	106.96	112.17
肉禽及制品	554.03	552.25	554.17	604.96
蛋类	104.63	103.25	104.06	94.72
菜类	232.02	248.05	245.51	251.70
奶及奶制品类	61.64	73.26	64.91	79.54
2.衣着	630.86	665.24	933.08	1215.75
#服装	419.57	448.30	627.48	915.84
3.家庭设备及服务	449.27	469.03	603.87	715.36
4.医疗保健	168.93	164.88	155.35	165.59
5.交通及通讯	228.31	280.91	345.13	497.40
6.娱乐、教育文化服务	396.00	470.36	470.90	978.69
7.居住	251.93	232.35	255.44	370.58
8.杂项商品与服务	191.41	188.40	218.60	400.64
二、消费支出构成	**100.0**	**100.0**	**100.0**	**100.0**
食品	49.0	48.1	45.1	38.6
衣着	13.9	14.0	17.1	17.2
家庭设备及服务	9.9	9.8	11.1	10.1
医疗保健	3.7	3.5	3.0	2.3
交通与通讯	5.1	5.9	6.3	7.0
娱乐教育文化服务	8.7	9.8	8.7	13.8
居住	5.5	4.9	4.7	5.2
杂项商品与服务	4.2	4.0	4.0	5.8

4-3-3 主要年份平均每百户城镇居民家中耐用消费品年末拥有情况一览表 / List of Urban Household Year-end Possession of Durable Consumer Goods Per 100 Households in Main Years

品　名	单位	1995 年	1996 年	指数 1995=100
缝纫机	架	57.3	49.3	86.0
洗衣机	台	91.7	94.0	102.5
电风扇	台	215.7	211.0	97.8
电冰箱	台	93.3	96.7	103.6
彩色电视机	台	98.7	107.3	108.7
黑白电视机	台	24.0	19.3	80.4
组合音响	套	11.7	17.0	145.3
收录机	台	70.3	64.7	92.0
照相机	架	37.7	48.7	129.2
中高档乐器	件	7.0	8.3	118.6
空调器	台	29.3	52.0	177.5

4-3-4 交通、邮电情况一览表 / Transportation and Postal Communications

项　　目	1995 年	1996 年	指数 1995=100
民用车辆拥有量（辆）	211370	254406	120.4
#私人拥有量（辆）	22785	26556	116.6
民用船舶拥有量（艘）	6330	6153	97.2
#私人拥有量（艘）	2670	3887	145.6
旅客周转量总计（万人次）	1987336	2272533	114.4
铁路（万人次）	532000	457000	85.9
公路（万人次）	881317	1132396	128.5
水路（万人次）	465610	575212	123.5
民航（万人次）	108409	107925	99.6
年末市内电话（户）	320966	563330	175.5
#住宅电话（户）	286416	502691	175.5
年末无线寻呼用户（户）	220606	335292	152.0
年末移动电话用户（户）	36180	89950	248.6
平均每百人邮电业务量（元）	3662	5309	145.0
平均每人每年发函件数（件）	4.9	4.7	95.9
平均每人每年定报刊数（份）	5.5	5.2	94.5
平均每百人拥有电话机部数（部）	1.3	2.6	200.0

附表：

四城市国民经济主要指标
（1996 年）

项　目	单位	北 京（Beijing）	上 海（Shanghai）	广 州（Guangzhou）	重 庆（Chongqing）
年末总人口	万人	1184.00	1304.43	656.05	3022.77
年末从业人数	万人	660.20	792.93	392.89	1753.70
职工人数	万人	460.60	456.75	202.89	294.63
国内生产总值(当年价)	亿元	1615.73	2877.76	1444.94	1175.00
社会消费品零售总额	亿元	969.66	1161.30	686.44	445.48
客运量	万人次	9799	5055	15638	42211
邮电业务总量(90 年不变价)	亿元	72.90	76.02	57.85	15.80
外贸出口总值	亿美元	23.53	132.28	65.14	6.44
实际利用外资	亿美元	15.53	75.10	26.00	4.24
财政收入	亿元	150.90	288.49	85.24	54.83
财政支出	亿元	187.45	342.66	121.91	80.92
职工年平均工资	元/人	9579	10626	11813	5010
城镇居民年人均生活费收入	元/人	6886	7721	9379	4643
高等学校在校学生数	万人	19.00	14.79	9.92	7.99
中等专业学校在校学生数	万人	8.82	9.92	10.99	6.95
普通中学在校学生数	万人	17.10	76.23	33.88	101.27
小学在校学生数	万人	16.20	106.46	70.51	273.71
医院个数	个	405	477	222	2567
医院病床数	万张	6.68	6.73	2.97	5.86
医生	万人	5.41	5.24	2.24	4.25

5 北京市样本结构 / Sample Compositions of Beijing

5-1 性别构成 / Gender Composition

	有效样本量	男性	女性
人数	600	298	302
百分比	100.0	49.7	50.3

5-2 年龄构成（%） / Age Composition

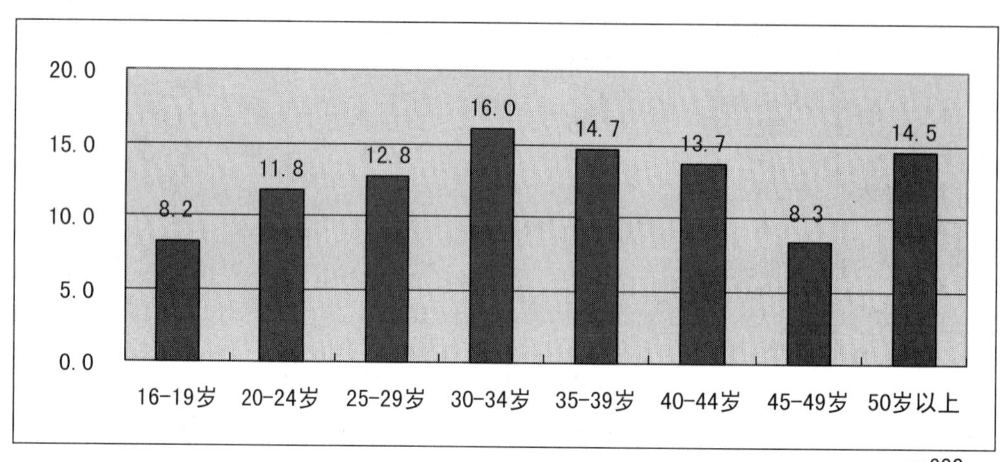

n=600

5-3 学历构成 / Educational Composition

	有效样本量	小学及以下	初中	高中/中专/技校	大学专科	大学本科	研究生及以上
人数	600	14	122	273	92	84	15
百分比	100.0	2.3	20.3	45.5	15.3	14.0	2.5

5-4 职业构成 / Occupational Composition

	有效样本量	普通工人	一般企业职员	行政管理人员	工商管理人员	服务人员	科教卫生人员	文化艺术工作者
人数	600	149	88	62	8	32	49	11
百分比	100.0	24.8	14.7	10.3	1.3	5.3	8.2	1.8

续上表（ continued ）

	军警	个体劳动者/私营企业主	专门职业从事者	待业/下岗人员	学生	离退休人员	家庭主妇	其他
人数	10	22	27	24	61	41	2	14
百分比	1.7	3.7	4.5	4.0	10.2	6.8	0.3	2.3

5-5 婚姻状况 / Marital Status Composition

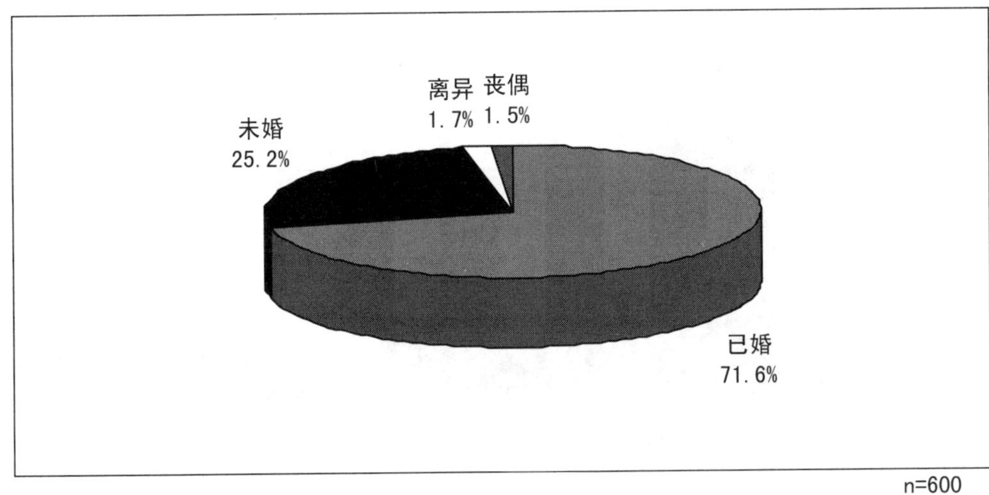

n=600

5-6 家庭常住人口数 / Number of Regular Household Members

	有效样本量	1人	2人	3人	4人	5人	6人	7人及以上
人数	600	13	54	286	122	89	20	16
百分比	100.0	2.2	9.0	47.7	20.3	14.8	3.3	2.7

5-7 住房来源 / Source of the Current Residence

	有效样本量	租的	私款购买	家族继承的	单位分房	单位集资购房	其他
人数	600	82	51	67	358	20	22
百分比	100.0	13.7	8.5	11.2	59.7	3.3	3.7

5-8 住房面积（指使用面积） / Size of the Living Quarters

	有效样本量	$10m^2$	$10\text{-}19m^2$	$20\text{-}29m^2$	$30\text{-}39m^2$
人数	593	6	108	67	86
百分比	100.0	1.0	18.2	11.3	14.5

续上表（ continued ）

	$40\text{-}49m^2$	$50\text{-}59m^2$	$60\text{-}79m^2$	$80\text{-}99m^2$	$100m^2$及以上
人数	122	82	78	29	15
百分比	20.6	13.8	13.2	4.9	2.5

5-9 住房类型（%） / Type of the Current Residence

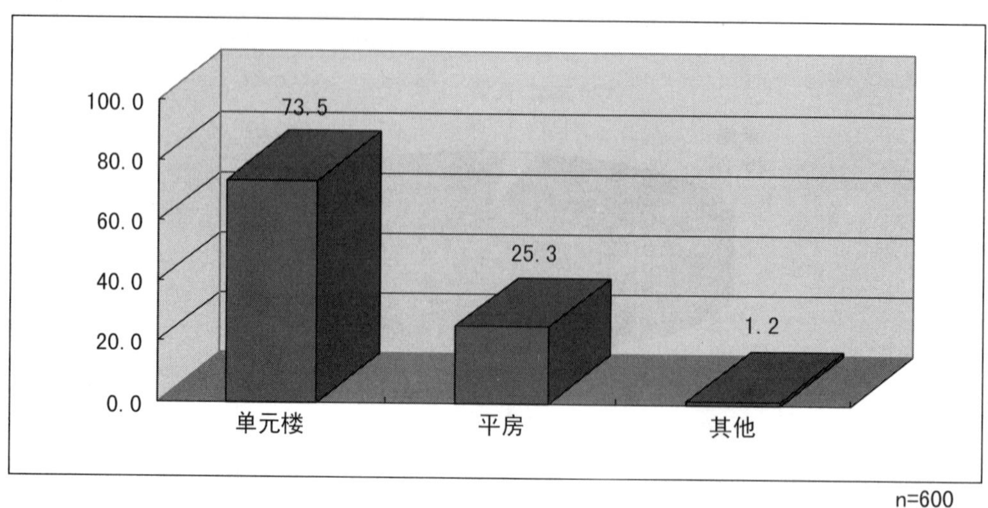

n=600

5-10 个人平均月收入 / Individual Monthly Income

	有效样本量	无收入	500 元以下	501-800 元	801-1000 元
人数	600	73	90	163	112
百分比	100.0	12.2	15.0	27.2	18.7

续上表（ continued ）

	1001-1500 元	1501-2000 元	2001-3000 元	3001-4000 元	4000 元以上
人数	99	28	22	6	7
百分比	16.5	4.7	3.7	1.0	1.2

5-11 家庭平均月总收入 / Household Monthly Income

	有效样本量	500 元以下	501-1000 元	1001-1500 元	1501-2000 元
人数	595	10	56	123	134
百分比	100.0	1.7	9.4	20.7	22.5

续上表（ continued ）

	2001-3000 元	3001-4000 元	4001-6000 元	6001-8000 元	8000 元以上
人数	154	65	38	9	6
百分比	25.9	10.9	6.4	1.5	1.0

6 上海市样本结构 / Sample Compositions of Shanghai

6-1 性别构成 / Gender Composition

	有效样本量	男性	女性
人数	600	307	293
百分比	100.0	51.2	48.8

6-2 年龄构成（%） / Age Composition

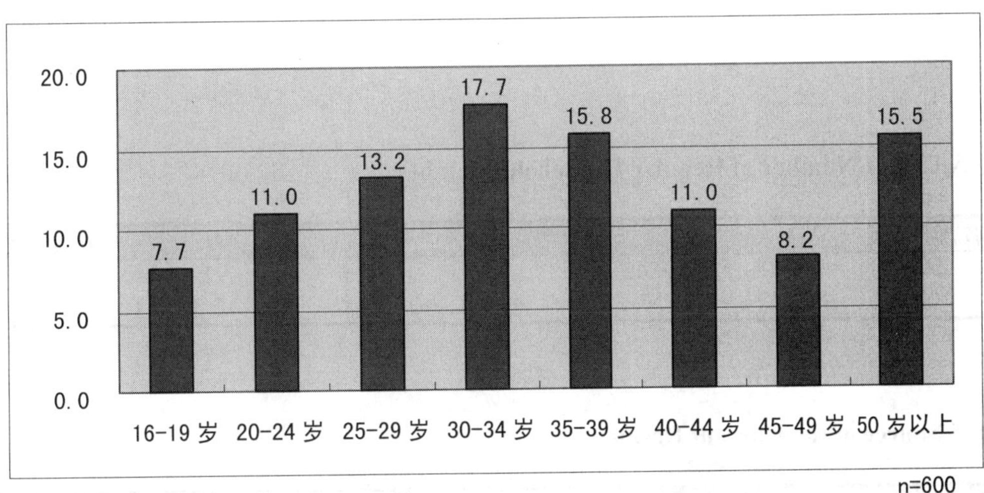

n=600

6-3 学历构成 / Educational Composition

	有效样本量	小学及以下	初中	高中/中专/技校	大学专科	大学本科	研究生及以上
人数	600	9	153	320	68	47	3
百分比	100.0	1.5	25.5	53.3	11.3	7.8	0.5

6-4 职业构成 / Occupational Composition

	有效样本量	普通工人	一般企业职员	行政管理人员	工商管理人员	服务人员	科教卫生人员	文化艺术工作者
人数	597	163	96	42	4	30	55	1
百分比	100.0	27.3	16.1	7.0	0.7	5.0	9.2	0.2

续上表（ continued ）

	军警	个体劳动者/私营企业主	专门职业从事者	待业/下岗人员	学生	离退休人员	家庭主妇	其他
人数	3	33	16	38	61	35	6	14
百分比	0.5	5.5	2.7	6.4	10.2	5.9	1.0	2.3

6-5 婚姻状况 / Marital Status Composition

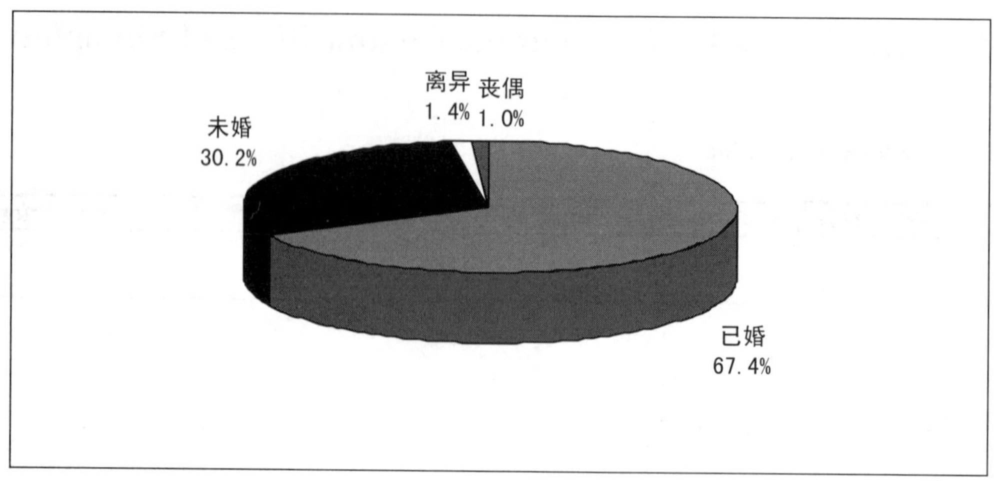

6-6 家庭常住人口数 / Number of Regular Household Members

	有效样本量	1 人	2 人	3 人	4 人	5 人	6 人	7 人及以上
人数	596	12	45	292	124	91	22	10
百分比	100.0	2.0	7.6	49.0	20.8	15.3	3.7	1.7

6-7 住房来源 / Source of the Current Residence

	有效样本量	租的	私款购买	家族继承的	单位分房	单位集资购房	其他
人数	600	135	100	146	183	11	25
百分比	100.0	22.5	16.7	24.3	30.5	1.8	4.2

6-8 住房面积（指使用面积） / Size of the Living Quarters

	有效样本量	$10m^2$	$10\text{-}19m^2$	$20\text{-}29m^2$	$30\text{-}39m^2$
人数	568	21	184	183	84
百分比	100.0	3.7	32.4	32.2	14.8

续上表（ continued ）

	$40\text{-}49m^2$	$50\text{-}59m^2$	$60\text{-}79m^2$	$80\text{-}99m^2$	$100m^2$ 及以上
人数	46	17	21	6	6
百分比	8.1	3.0	3.7	1.1	1.1

6-9 住房类型（%） / Type of the Current Residence

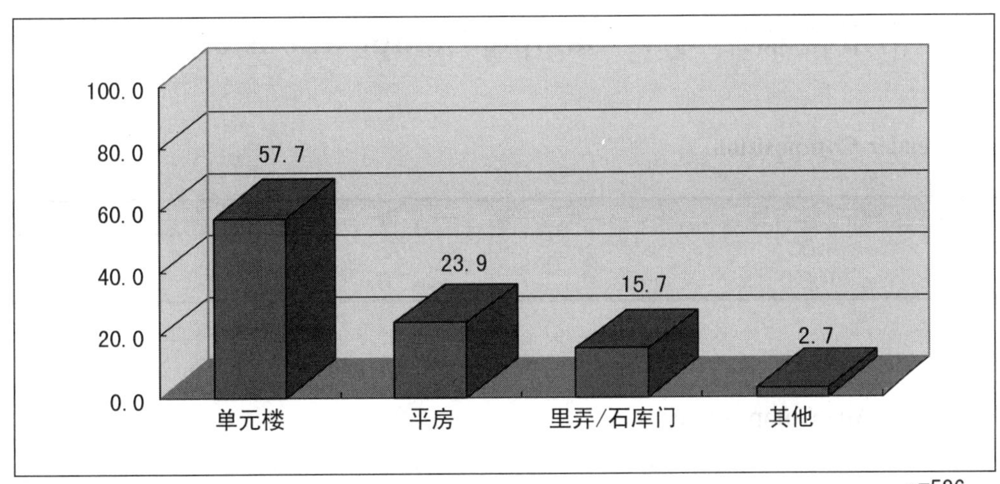

n=586

6-10 个人平均月收入 / Individual Monthly Income

	有效样本量	无收入	500 元以下	501-800 元	801-1000 元
人数	600	84	76	118	106
百分比	100.0	14.0	12.7	19.7	17.7

续上表（ continued ）

	1001-1500 元	1501-2000 元	2001-3000 元	3001-4000 元	4000 元以上
人数	132	44	25	10	5
百分比	22.0	7.3	4.2	1.7	0.8

6-11 家庭平均月总收入 / Household Monthly Income

	有效样本量	500 元以下	501-1000 元	1001-1500 元	1501-2000 元
人数	599	9	63	101	121
百分比	100.0	1.5	10.5	16.9	20.2

续上表（ continued ）

	2001-3000 元	3001-4000 元	4001-6000 元	6001-8000 元	8000 元以上
人数	148	73	57	17	10
百分比	24.7	12.2	9.5	2.8	1.7

7　广州市样本结构 / Sample Compositions of Guangzhou

7-1 性别构成 / Gender Composition

	有效样本量	男性	女性
人数	600	282	318
百分比	100.0	47.0	53.0

7-2 年龄构成（%） / Age Composition

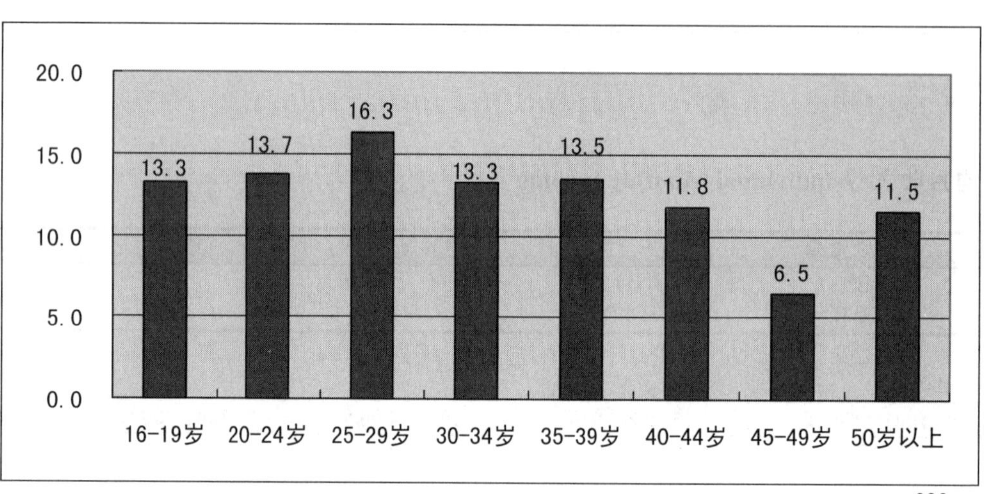

n=600

7-3 学历构成 / Educational Composition

	有效样本量	小学及以下	初中	高中/中专/技校	大学专科	大学本科	研究生及以上
人数	597	27	164	307	50	47	2
百分比	100.0	4.5	27.5	51.4	8.4	7.9	0.3

7-4 职业构成 / Occupational Composition

	有效样本量	普通工人	一般企业职员	行政管理人员	工商管理人员	服务人员	科教卫生人员	文化艺术工作者
人数	599	107	78	46	14	41	27	5
百分比	100.0	17.9	13.0	7.7	2.3	6.8	4.5	0.8

续上表（ continued ）

	军警	个体劳动者/私营企业主	专门职业从事者	待业/下岗人员	学生	离退休人员	家庭主妇	其他
人数	3	61	18	43	84	19	29	24
百分比	0.5	10.2	3.0	7.2	14.0	3.2	4.8	4.0

7-5 婚姻状况 / Marital Status Composition

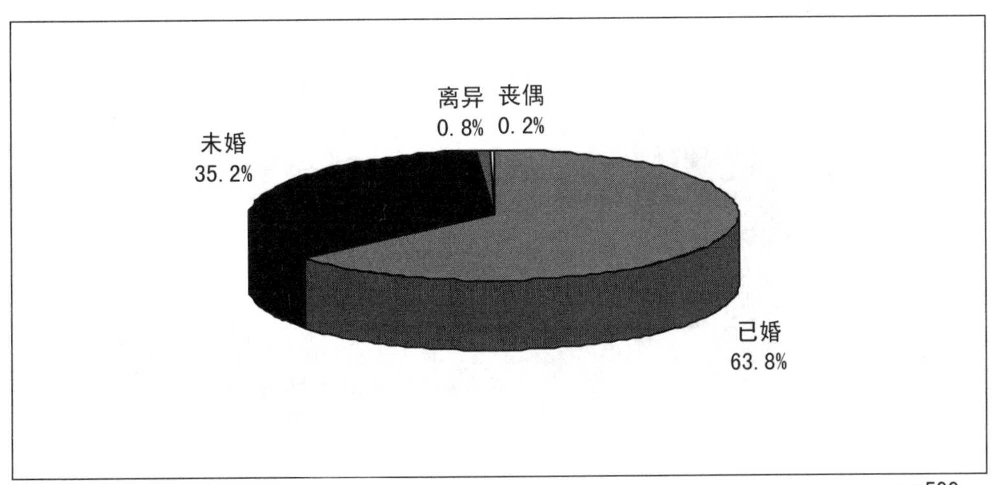

n=599

7-6 家庭常住人口数 / Number of Regular Household Members

	有效样本量	1人	2人	3人	4人	5人	6人	7人及以上
人数	555	18	29	199	169	78	27	35
百分比	100.0	3.2	5.2	35.9	30.5	14.1	4.9	6.3

7-7 住房来源 / Source of the Current Residence

	有效样本量	租的	私款购买	家族继承的	单位分房	单位集资购房	其他
人数	597	163	70	107	210	27	20
百分比	100.0	27.3	11.7	17.9	35.2	4.5	3.4

7-8 住房面积（指使用面积） / Size of the Living Quarters

	有效样本量	$10m^2$	$10\text{-}19m^2$	$20\text{-}29m^2$	$30\text{-}39m^2$
人数	565	9	65	84	84
百分比	100.0	1.6	11.5	14.9	14.9

续上表（continued）

	$40\text{-}49m^2$	$50\text{-}59m^2$	$60\text{-}79m^2$	$80\text{-}99m^2$	$100m^2$及以上
人数	89	66	101	40	27
百分比	15.8	11.7	17.9	7.1	4.8

7-9 住房类型（%） / Type of the Current Residence

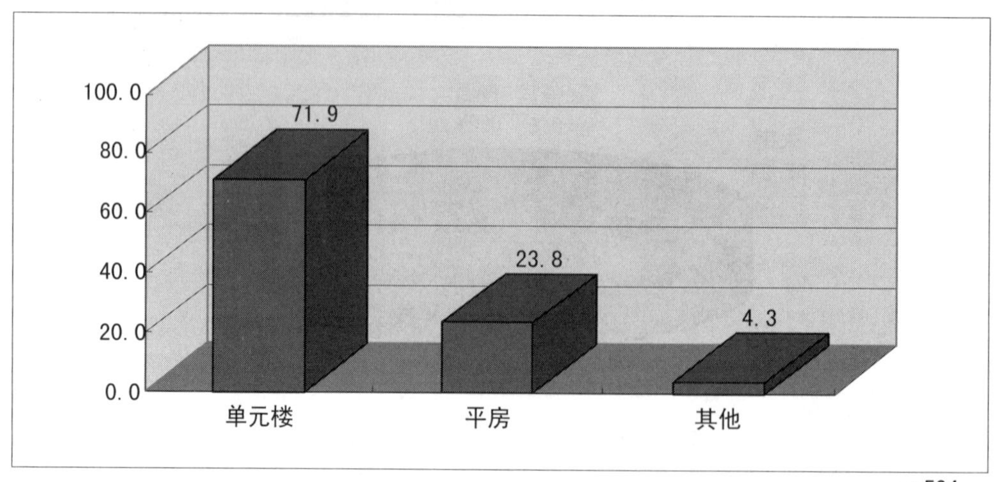

n=584

7-10 个人平均月收入 / Individual Monthly Income

	有效样本量	无收入	500 元以下	501-800 元	801-1000 元
人数	598	128	53	87	101
百分比	100.0	21.4	8.9	14.5	16.9

续上表（ continued ）

	1001-1500 元	1501-2000 元	2001-3000 元	3001-4000 元	4000 元以上
人数	109	53	40	12	15
百分比	18.2	8.9	6.7	2.0	2.5

7-11 家庭平均月总收入 / Household Monthly Income

	有效样本量	500 元以下	501-1000 元	1001-1500 元	1501-2000 元
人数	592	6	38	74	108
百分比	100.0	1.0	6.4	12.5	18.2

续上表（ continued ）

	2001-3000 元	3001-4000 元	4001-6000 元	6001-8000 元	8000 元以上
人数	162	76	84	19	25
百分比	27.4	12.8	14.2	3.2	4.2

8 重庆市样本结构 / Sample Compositions of Chongqing

8-1 性别构成 / Gender Composition

	有效样本量	男性	女性
人数	600	308	292
百分比	100.0	51.3	48.7

8-2 年龄构成（%） / Age Composition

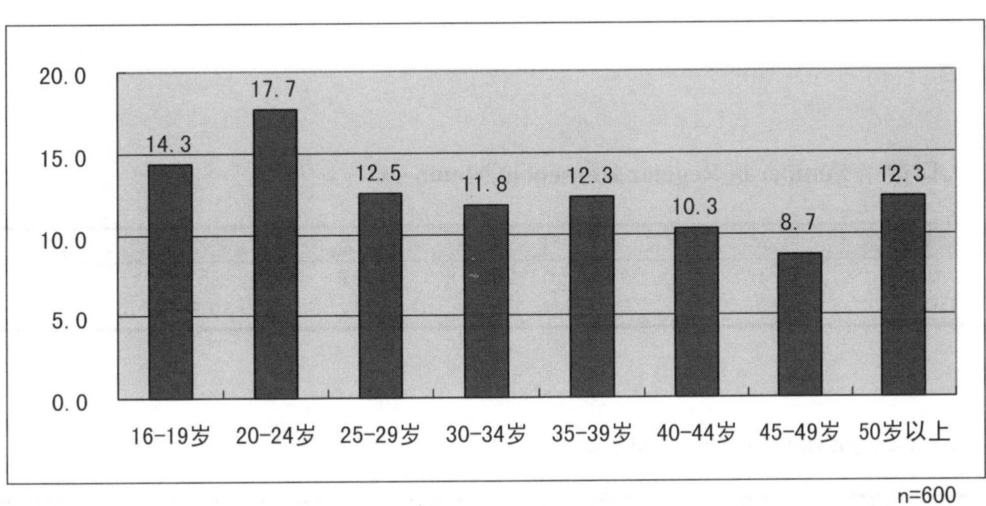

n=600

8-3 学历构成 / Educational Composition

	有效样本量	小学及以下	初中	高中/中专/技校	大学专科	大学本科	研究生及以上
人数	600	19	192	273	79	33	4
百分比	100.0	3.2	32.0	45.5	13.2	5.5	0.7

8-4 职业构成 / Occupational Composition

	有效样本量	普通工人	一般企业职员	行政管理人员	工商管理人员	服务人员	科教卫生人员	文化艺术工作者
人数	599	157	64	40	5	24	34	3
百分比	100.0	26.2	10.7	6.7	0.8	4.0	5.7	0.5

续上表（continued）

	军警	个体劳动者/私营企业主	专门职业从事者	待业/下岗人员	学生	离退休人员	家庭主妇	其他
人数	5	66	13	46	86	34	4	18
百分比	0.8	11.0	2.2	7.7	14.4	5.7	0.7	3.0

8-5 婚姻状况 / Marital Status Composition

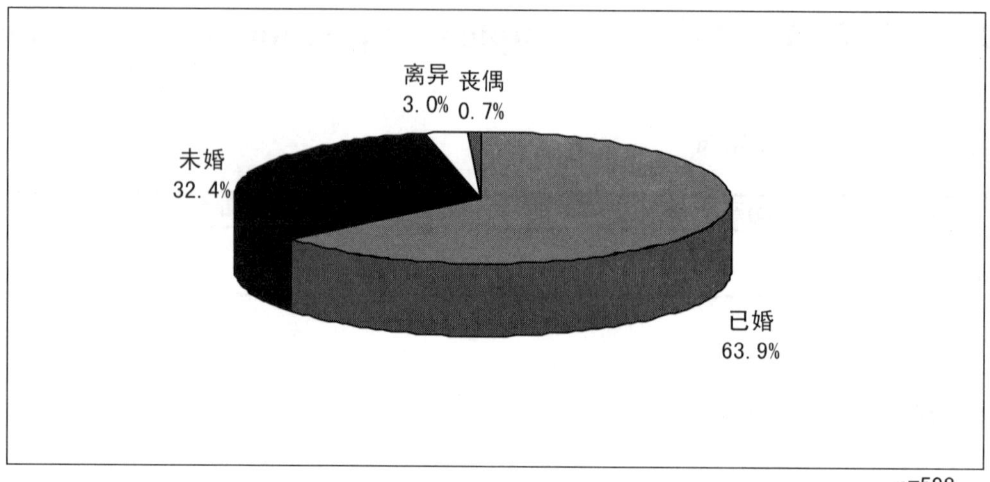

n=598

8-6 家庭常住人口数 / Number of Regular Household Members

	有效样本量	1人	2人	3人	4人	5人	6人	7人及以上
人数	588	23	54	259	132	75	21	24
百分比	100.0	3.9	9.2	44.0	22.4	12.8	3.6	4.1

8-7 住房来源 / Source of the Current Residence

	有效样本量	租的	私款购买	家族继承的	单位分房	单位集资购房	其他
人数	600	66	85	62	293	72	22
百分比	100.0	11.0	14.2	10.3	48.8	12.0	3.7

8-8 住房面积（指使用面积） / Size of the Living Quarters

	有效样本量	$10m^2$	$10\text{-}19m^2$	$20\text{-}29m^2$	$30\text{-}39m^2$
人数	596	7	31	98	116
百分比	100.0	1.2	5.2	16.4	19.5

续上表（ continued ）

	$40\text{-}49m^2$	$50\text{-}59m^2$	$60\text{-}79m^2$	$80\text{-}99m^2$	$100m^2$ 及以上
人数	110	89	96	24	25
百分比	18.5	14.9	16.1	4.0	4.2

8-9 住房类型（%） / Type of the Current Residence

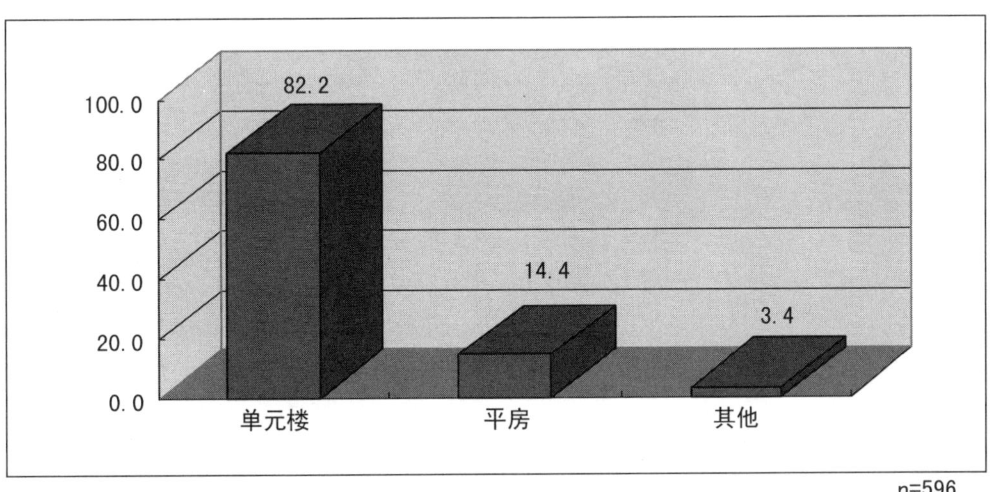

8-10 个人平均月收入 / Individual Monthly Income

	有效样本量	无收入	500 元以下	501-800 元	801-1000 元
人数	600	114	227	152	48
百分比	100.0	19.0	37.8	25.3	8.0

续上表（ continued ）

	1001-1500 元	1501-2000 元	2001-3000 元	3001-4000 元	4000 元以上
人数	32	12	12	1	2
百分比	5.3	2.0	2.0	0.2	0.3

8-11 家庭平均月总收入 / Household Monthly Income

	有效样本量	500 元以下	501-1000 元	1001-1500 元	1501-2000 元
人数	596	46	214	142	80
百分比	100.0	7.7	35.9	23.8	13.4

续上表（ continued ）

	2001-3000 元	3001-4000 元	4001-6000 元	6001-8000 元	8000 元以上
人数	79	22	7	4	2
百分比	13.3	3.7	1.2	0.7	0.3

第二篇　消费者分析
Part II　Consumer Analysis

- 消费群划分方法
  Method Used for the Consumer Segmentation
- 北京消费群　Market Segmentation in Beijing
- 上海消费群　Market Segmentation in Shanghai
- 广州消费群　Market Segmentation in Guangzhou
- 重庆消费群　Market Segmentation in Chongqing

1 消费群划分方法概述
Method Used for the Consumer Segmentation

在对 44 种商品进行调查的同时，我们还对消费者的基本情况、生活态度以及日常活动进行了调查。为了从整体上对消费者有一个把握，我们通过统计分析方法中的聚类分析将消费者划分成不同的群体。划分的依据主要是消费者在三个方面的特征：人口构成，即他们是什么人；生活态度，即他们怎么想；日常行为，即他们做什么。通过对消费群的研究，读者可以从一个更科学、更综合、更生动的角度去考察潜在的市场信息。

消费群的划分过程如下图所示：

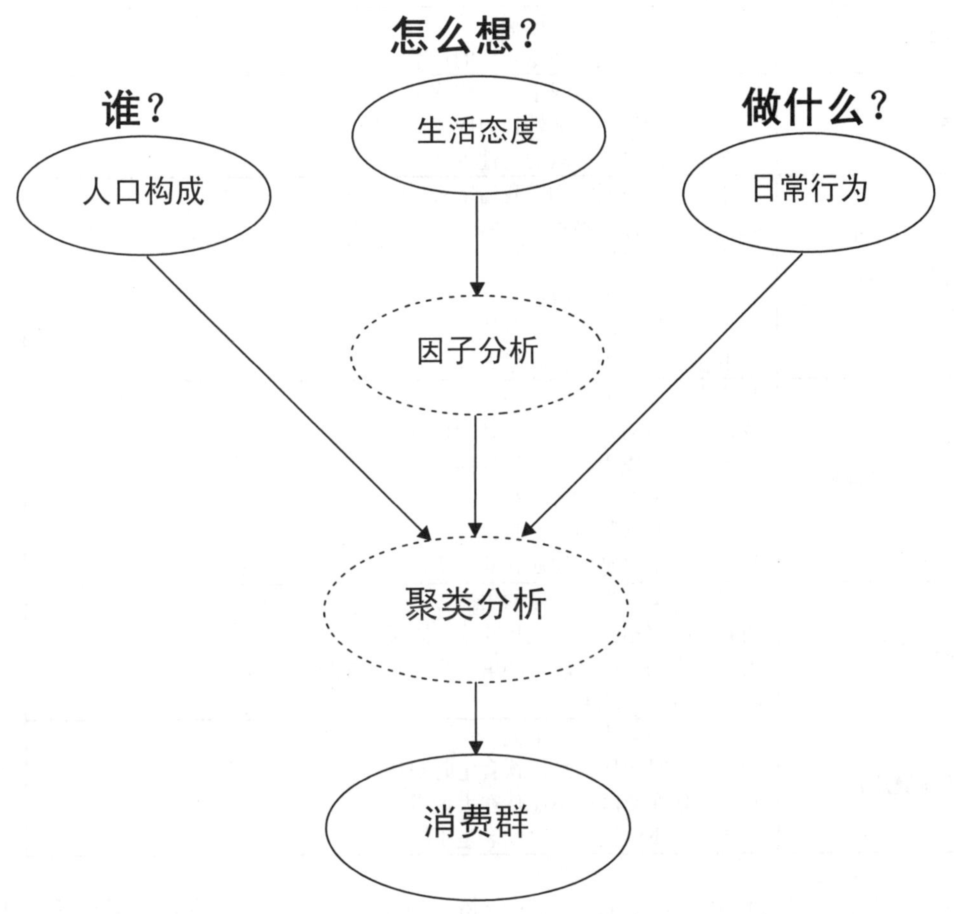

具体用于聚类的变量包括：

谁？ ——— **1. 人口变量：**性别、年龄、教育程度、职业、婚姻状况、个人月平均收入

怎么想？ — **2. 态度变量：**

在问卷中设计了 38 个关于各种生活态度的问题，每个题目用 1 分至 5 分表示“非常不同意”到“非常同意”五种态度，被访者所答的分值越高表明越同意该项说法。这 38 个问题大致分为以下几类：

家庭观：	家庭是我生活的重心 家庭生活不一定要有小孩 女人的主要任务是给家人一个快乐的家 男人应比女人能干 我可以接受女方比男方学历高的婚姻观念 男性也应该做家务 夫妻应各自拥有生活
工作观：	为了前途，我会辛苦进修某些课程或训练 工作的最佳报酬应该是成就感 工作上只要能获得好评价，不轻易换工作 我喜欢安定有保障的工作 社会经验比学历重要多了 学历只是证件，真正的学习是在就业以后
金钱观：	为了挣更多的钱我宁愿牺牲休闲 在社会中，金钱是衡量一切的标准
两性观：	吸引异性的注目是我很喜欢的感觉 只要双方同意，婚前性行为应该被允许 女性可以向自己喜欢的男性主动表示好感
流行与休闲：	当作者成为新闻人物时我通常买他们的书 我很注意流行的趋势 我经常注意畅销书排行榜 我喜欢在大城市中渡假 为了享受休闲，多花一些钱也是值得的 看电视是我最主要的娱乐方式
自我期待与评价：	我希望过非常浪漫的生活 我很注意我的外表及言行是否优雅 我希望自己成为有独特风格的人 我对我将来的成就寄以很大的希望 人生应该时常冒险去接受挑战 社交活动中我是比较活跃的分子
传统与西化：	我向往欧美等先进国家的生活方式 西餐与中餐相比，我更喜欢吃中国菜 当我使用外国产品时，心里多少会有满足感 我喜欢看传统戏剧
起居与健康：	我对自己的健康没有把握 我一向按时起居作息，饮食定时定量 我宁愿住在郊区而不愿住在大城市 我要做的事情很多，时间老是不够分配

由于 38 个变量过于繁杂，所以我们对它们进行了因子分析，用简化后的因子再进行聚类分析。具体每个城市的因子构成及因子命名在各城市消费群描述中有详细说明。

做什么？— 3. 行为变量：三个月内常去的场所；

家电及耐用消费品拥有情况；
日常用品使用方式；
本人外出使用的交通工具；
平时最喜欢看的电视节目。

聚类是分城市进行的，每个城市都有自己不同的消费群（城市之间不存在一对一的对比关系），下面分别对北京消费群、上海消费群、广州消费群和重庆消费群进行特征描述。

2 北京消费群 / Market Segmentation in Beijing

聚类分析的结果，北京消费者被划分为六大消费群。以下分别从人口特征、心理特征和行为特征三方面对这六大消费群进行描述。

注：以下所有描述都是针对每一消费群相对于其他消费群较为明显的特征而言的，对于那些没有区别力的、普遍存在的情况文中没有进行额外说明。

2-1 六大消费群人口基本情况构成 / Demographic Measures of the Six Market Segments

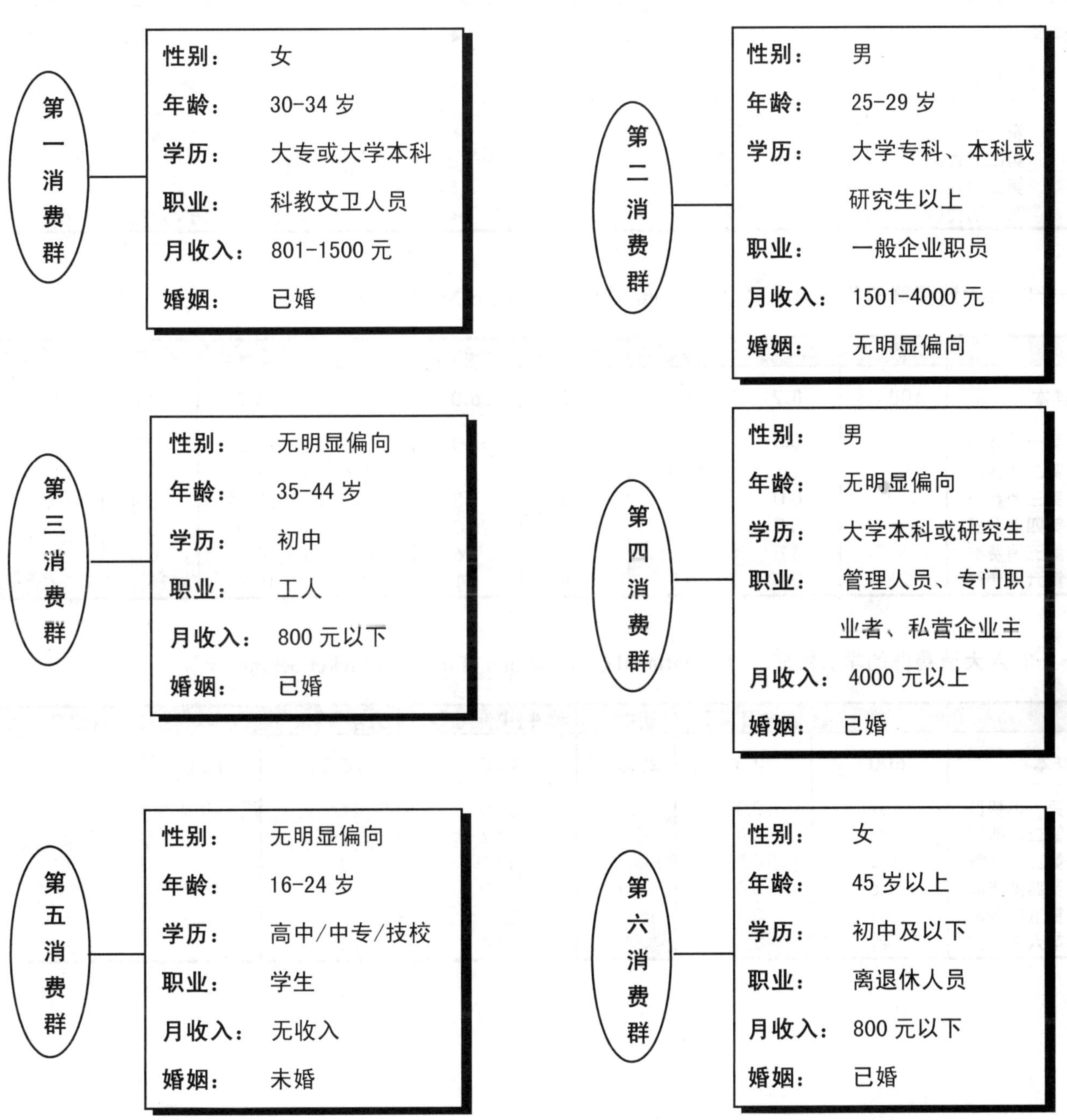

附：六大消费群与人口变量交互分析表 / Appendix: Cross Tabulations between Market Segments and Demographic Variables

表中阴影表示高出样本百分比最多或较多的数值，如下表 2-1-1 ：男性占 67.0%的一群比样本比例 49.7%高出最多，在表格的左列找到它对应的是第二消费群，说明第二消费群中男性的分布比其它群更集中，即这群人以男性居多。

注：由于第四消费群只有 5 人，所以与第四消费群对应的百分比只能作为参考。

2-1-1 六大消费群的性别构成 / Gender Composition of the Six Market Segments

	人数	男性	女性
样本	**600**	**49.7**	**50.3**
第一消费群	137	39.4	60.6
第二消费群	94	67.0	33.0
第三消费群	112	50.9	49.1
第四消费群	5	60.0	40.0
第五消费群	131	52.7	47.3
第六消费群	121	43.0	57.0

2-1-2 六大消费群的年龄构成 / Age Composition of the Six Market Segments

	人数	16-19 岁	20-24 岁	25-29 岁	30-34 岁	35-39 岁	40-44 岁	45-49 岁	50 岁以上
样本	**600**	**8.2**	**11.8**	**12.8**	**16.0**	**14.7**	**13.7**	**8.3**	**14.5**
第一消费群	137	0.0	2.2	5.1	35.0	19.7	19.0	8.8	10.2
第二消费群	94	1.1	17.0	35.1	16.0	21.3	5.3	3.2	1.1
第三消费群	112	0.0	0.9	9.8	15.2	22.3	27.7	13.4	10.7
第四消费群	5	0.0	20.0	20.0	20.0	20.0	20.0	0.0	0.0
第五消费群	131	36.6	37.4	18.3	7.6	0.0	0.0	0.0	0.0
第六消费群	121	0.0	0.8	0.8	4.1	12.4	15.7	16.5	49.6

2-1-3 六大消费群的学历构成 / Educational Composition of the Six Market Segments

	人数	小学及以下	初中	高中/中专/技校	大学专科	大学本科	研究生及以上
样本	**600**	**2.3**	**20.3**	**45.5**	**15.3**	**14.0**	**2.5**
第一消费群	137	0.0	1.5	38.0	29.2	28.5	2.9
第二消费群	94	0.0	0.0	27.7	26.6	35.1	10.6
第三消费群	112	4.5	46.4	49.1	0.0	0.0	0.0
第四消费群	5	0.0	20.0	20.0	0.0	40.0	20.0
第五消费群	131	0.8	18.3	65.6	10.7	4.6	0.0
第六消费群	121	6.6	35.5	43.8	10.7	3.3	0.0

2-1-4 六大消费群的职业构成 / Occupational Composition of the Six Market Segments

	人数	普通工人	一般企业职员	行政管理人员	工商管理人员	服务人员	科教卫生人员	文化艺术工作者
样本	600	24.8	14.7	10.3	1.3	5.3	8.2	1.8
第一消费群	137	18.2	19.0	13.9	0.7	4.4	21.9	1.5
第二消费群	94	10.6	29.8	13.8	2.1	2.1	8.5	3.2
第三消费群	112	54.5	10.7	6.3	0.9	5.4	1.8	0.9
第四消费群	5	0.0	0.0	0.0	40.0	0.0	0.0	0.0
第五消费群	131	12.2	12.2	3.1	0.0	9.2	3.1	1.5
第六消费群	121	30.6	5.0	15.7	1.7	5.0	4.1	2.5

续上表（continued）

	军警	个体劳动者/私营企业主	专门职业从事者	待业/下岗人员	学生	离退休人员	家庭主妇	其他
样本	1.7	3.7	4.5	4.0	10.2	6.8	0.3	2.3
第一消费群	5.1	0.7	5.8	2.2	1.5	3.6	0.0	1.5
第二消费群	1.1	8.5	8.5	2.1	4.3	0.0	0.0	5.3
第三消费群	0.0	1.8	0.9	6.3	0.0	8.0	1.8	0.9
第四消费群	0.0	40.0	20.0	0.0	0.0	0.0	0.0	0.0
第五消费群	0.8	4.6	3.1	6.1	42.0	0.0	0.0	2.3
第六消费群	0.8	2.5	4.1	3.3	0.0	22.3	0.0	2.5

2-1-5 六大消费群的个人月平均收入 / Individual Monthly Income of the Six Market Segments

	人数	无收入	500 元以下	501-800 元	801-1000 元
样本	600	12.2	15.0	27.2	18.7
第一消费群	137	1.5	5.8	27.0	28.5
第二消费群	94	5.3	1.1	17.0	20.2
第三消费群	112	6.3	27.7	41.1	17.0
第四消费群	5	0.0	0.0	0.0	0.0
第五消费群	131	44.3	13.7	14.5	13.7
第六消费群	121	0.8	26.4	37.2	14.0

续上表（continued）

	1001-1500 元	1501-2000 元	2001-3000 元	3001-4000 元	4000 元以上
样本	16.5	4.7	3.7	1.0	1.2
第一消费群	27.7	5.8	2.9	0.7	0.0
第二消费群	21.3	12.8	14.9	5.3	2.1
第三消费群	7.1	0.0	0.9	0.0	0.0
第四消费群	0.0	0.0	0.0	0.0	100.0
第五消费群	9.9	2.3	1.5	0.0	0.0
第六消费群	16.5	4.1	0.8	0.0	0.0

2-1-6 六大消费群的婚姻状况 / Marital Status of the Six Market Segments

	人数	已婚	未婚	离异	丧偶
样本	**600**	**71.7**	**25.2**	**1.7**	**1.5**
第一消费群	137	93.4	5.1	1.5	0.0
第二消费群	94	72.3	26.6	1.1	0.0
第三消费群	112	95.5	0.9	1.8	1.8
第四消费群	5	60.0	20.0	20.0	0.0
第五消费群	131	9.2	88.5	2.3	0.0
第六消费群	121	92.6	0.8	0.8	5.8

2-2 六大消费群的生活态度比较 / An Attitudinal Comparison of the Six Market Segments

利用 38 个态度变量进行因子分析，得到简化了的 12 个因子（因子构成及命名如右页表 2-2-1 所示），比较六大消费群的因子得分，可以看出他们在生活态度上的差别。

2-2-1 因子构成及因子命名 / Factor Analysis and Naming of the Six Market Segments

因子及命名	变　量	因子负荷	方差贡献率（100%）	累计方差贡献率（100%）
因子 1：浪漫新潮	我向往欧美等先进国家的生活方式 我希望过非常浪漫的生活 吸引异性的注目是我很喜欢的感觉 为了享受休闲，多花一些钱也是值得的 只要双方同意，婚前性行为应该被允许	.69502 .62373 .61092 .58793 .45617	10.5	10.5
因子 2：积极进取	为了前途，我会辛苦进修某些课程或训练 人生应该时常冒险去接受挑战 我对我将来的成就寄以很大的希望 社交活动中我是比较活跃的分子 我要做的事情很多，时间老是不够分配 工作的最佳报酬应该是成就感	.59857 .59673 .57274 .56693 .43038 .37463	8.1	18.7
因子 3：保守稳定	工作上只要能获得好评价，不轻易换工作 我喜欢安定有保障的工作 家庭是我生活的重心 西餐与中餐相比，我更喜欢吃中国菜	.73421 .72490 .46228 .37699	6.2	24.9
因子 4：注重经验	社会经验比学历重要多了 学历只是证件，真正的学习是在就业以后 我希望自己成为有独特风格的人	.72675 .60566 .46401	4.3	29.2
因子 5：大男子主义	女人的主要任务是给家人一个快乐的家 男人应比女人能干	.68256 .68110	3.8	33.0
因子 6：追随流行	当作者成为新闻人物时我通常买他们的书 我很注意流行的趋势 当我使用外国产品时，心里多少会有满足感	.64975 .56705 .46535	3.6	36.6
因子 7：新女性主张	我可以接受女方比男方学历高的婚姻观念 女性可以向自己喜欢的男性主动表示好感 男性也应该做家务 我很注意我的外表及言行是否优雅	.76916 .45714 .41257 .33144	3.3	39.8
因子 8：循规传统	我喜欢看传统戏剧 我经常注意畅销书排行榜 我一向按时起居作息，饮食定时定量	.65319 .61333 .40916	3.0	42.9
因子 9：单一电视娱乐	看电视是我最主要的娱乐方式 我喜欢在大城市中渡假	.62589 .50467	2.9	45.8
因子 10：田园倾向	我宁愿住在郊区而不愿住在大城市 夫妻应各自拥有生活	.71115 .62131	2.9	48.7
因子 11：金钱本位	为了挣更多的钱我宁愿牺牲休闲 在社会中，金钱是衡量一切的标准	.83217 .42799	2.8	51.5
因子 12：关注自我	我对自己的健康没有把握 家庭生活不一定要有小孩	.68530 .46605	2.7	54.1

2-2-2 六大消费群在 12 个因子上得分的均值比较 / A Comparison of Market Segments' Average Factor Score

均值为正表示该消费群同意此因子的说法，均值为负表示不同意此因子的说法；正分越高表示越同意，负分越低表示越反对。下表中加深色底纹的是六个消费群在某因子上均值的最高分，加浅色底纹的是最低分，这些得分反映了各消费群的特点，这些特点解决了"他们怎样想"的问题。

		第一消费群	第二消费群	第三消费群	第四消费群	第五消费群	第六消费群
人数		133	93	109	5	125	115
均值	因子 1：浪漫新潮	.3070	.3324	-.3699	.3455	.2464	-.5562
	因子 2：积极进取	-.4980	.6266	-.4373	.9468	.3278	.0863
	因子 3：保守稳定	.1262	.0274	.0901	-1.8604	-.4834	.3528
	因子 4：注重经验	-.6086	.3076	.4883	1.0752	-.0163	-.0368
	因子 5：大男子主义	-.3337	.6605	.3126	1.0638	-.5828	.1427
	因子 6：追随流行	.0135	-.0936	.0834	-.4334	.1029	-.1120
	因子 7：新女性主张	-.1467	.1871	.4012	-.2319	.1971	-.5660
	因子 8：循规传统	-.0342	-.4140	.2147	-.2921	-.2211	.4239
	因子 9：单一电视娱乐	-.1768	-.3608	.2352	-.2492	-.1848	.4850
	因子 10：田园倾向	-.1270	.3957	-.7260	-.5289	.0548	.4784
	因子 11：金钱本位	-.1411	.0149	.3466	-.5098	.1188	-.2844
	因子 12：关注自我	.0481	-.0922	.0277	.1911	-.0503	.0390

2-2-3 六大消费群的生活态度 / An Attitudinal Comparison of the Six Market Segments

	生活态度概述
第一消费群	生活已安定，自身缺乏积极进取的精神，但对学历对于前途的重要性非常认同
第二消费群	生活丰富多姿，传统文化观念淡薄
第三消费群	比较现实，喜欢大都市生活，主张男女平等
第四消费群	新潮浪漫、积极进取，注重社会经验，有"大男子主义"倾向，关注自我，思想开放
第五消费群	追随流行，反对"大男子主义"
第六消费群	习惯于保守稳定的生活，秉持传统的女性观，看电视是其主要的娱乐方式

2-3 六大消费群的行为特征比较 / A Behavioral Comparison of the Six Market Segments

	行为特征概述
第一消费群	经常逛街购物；常跳交际舞；爱看综艺节目，读人物专访
第二消费群	常做运动，打网球；常去餐馆、酒吧、唱卡拉 OK；炒股；爱看体育节目、外国电影；追求高品质消费方式
第三消费群	常烹饪、种花；留心天气预报，爱看国内影片、常读热点追踪；价格是购物的重点考虑因素
第四消费群	常打网球、保龄球；常听音乐、玩电脑；去餐馆吃饭；炒股；.爱看综艺节目；购物不在乎价钱而注重品质及格调
第五消费群	典型的学生生活；看书、打球、听音乐、聚会等；爱看港台剧、MTV；关注流行趋势
第六消费群	爱好种花；爱看新闻、曲艺节目；爱读生活、健康方面的内容；购物习惯货比三家；价格是主要考虑因素

附：六大消费群与行为变量交互分析表 / Appendix: Cross Tabulations between Market Segments and Behavior Measures

2-3-1 不同消费群常做的活动 / The Frequently Engaged Activities of the Different Market Segments

注：本题为多选题，合计百分比超过 100%（Multiple answers）

	人数	到现场看球赛	打网球	打羽毛球	保龄球	打乒乓球	打篮球
样本	**600**	**8.0**	**4.5**	**32.5**	**8.7**	**20.5**	**10.2**
第一消费群	137	5.8	2.9	27.7	7.3	17.5	5.1
第二消费群	94	12.8	8.5	35.1	22.3	26.6	10.6
第三消费群	112	6.3	2.7	32.1	1.8	18.8	7.1
第四消费群	5	0.0	40.0	40.0	40.0	60.0	0.0
第五消费群	31	12.2	6.9	44.3	9.9	26.0	24.4
第六消费群	121	4.1	0.8	23.1	3.3	13.2	3.3

续上表（continued）

	人数	跳交际舞	跳迪斯科	打麻将	玩纸牌	游泳	健身房运动
样本	**600**	**9.0**	**6.7**	**24.0**	**38.3**	**31.2**	**4.3**
第一消费群	137	13.1	3.6	18.2	29.9	35.8	3.6
第二消费群	94	6.4	6.4	31.9	45.7	36.2	7.4
第三消费群	112	5.4	2.7	27.7	35.7	21.4	2.7
第四消费群	5	20.0	20.0	0.0	20.0	40.0	0.0
第五消费群	131	7.6	16.0	26.0	58.8	48.9	6.1
第六消费群	121	10.7	3.3	19.8	23.1	11.6	2.5

续上表（continued）

	人数	听音乐	烹饪	种花/盆栽	看书	炒股	滑冰
样本	**600**	**65.0**	**44.5**	**20.2**	**76.0**	**7.0**	**5.5**
第一消费群	137	68.6	53.3	16.1	86.9	8.8	1.5
第二消费群	94	68.1	38.3	13.8	77.7	12.8	6.4
第三消费群	112	54.5	53.6	27.7	66.1	7.1	4.5
第四消费群	5	100.0	80.0	60.0	60.0	40.0	20.0
第五消费群	131	73.3	26.7	7.6	79.4	2.3	12.2
第六消费群	121	57.9	48.8	34.7	68.6	4.1	2.5

续上表（continued）

	人数	玩电脑	聚会聊天	逛街购物	国内旅行	开汽车兜风
样本	600	21.2	54.3	53.7	8.0	11.8
第一消费群	137	29.2	48.2	59.9	10.9	10.9
第二消费群	94	40.4	60.6	41.5	14.9	22.3
第三消费群	112	7.1	53.6	54.5	1.8	8.9
第四消费群	5	80.0	60.0	40.0	40.0	20.0
第五消费群	131	23.7	61.8	56.5	4.6	13.7
第六消费群	121	5.0	48.8	52.9	7.4	5.0

2-3-2 不同消费群常去的场所 / The Places Visited Frequently of the Different Market Segments

	人数	中式餐馆	西式餐馆	健身房	酒吧	迪斯科舞厅
样本	600	42.3	8.3	3.5	3.7	4.3
第一消费群	137	40.1	8.8	2.2	4.4	4.4
第二消费群	94	74.5	6.4	9.6	7.4	3.2
第三消费群	112	25.0	4.5	0.9	0.9	0.0
第四消费群	5	80.0	80.0	40.0	20.0	0.0
第五消费群	131	52.7	14.5	3.8	5.3	13.0
第六消费群	121	23.1	3.3	0.8	0.0	0.0

续上表（continued）

	人数	卡拉 OK	电影院	书店	图书馆	体育场馆
样本	600	6.8	41.0	11.5	13.0	12.5
第一消费群	137	5.8	43.1	6.6	16.1	10.2
第二消费群	94	13.8	34.0	11.7	11.7	23.4
第三消费群	112	3.6	47.3	9.8	8.9	6.3
第四消费群	5	20.0	60.0	20.0	20.0	20.0
第五消费群	131	10.7	37.4	22.9	19.8	19.1
第六消费群	121	0.8	41.3	5.8	6.6	5.0

2-3-3 不同消费群家电拥有情况及购买打算 / Electronic Home Products: Possessions and Purchasing Plans of the Different Market Segments

	VCD		空调		录放像机		音响		照相机	
	现有	打算买	现有	打算买	现有	打算买	现有	打算买	现有	打算买
样本	17.2	13.0	31.0	20.0	63.3	4.3	33.2	10.0	80.0	6.7
第一消费群	16.1	13.1	35.0	19.7	64.2	3.6	34.3	7.3	87.6	6.6
第二消费群	28.7	16.0	39.4	29.0	77.7	3.2	51.1	14.0	86.2	8.6
第三消费群	11.6	7.1	25.0	17.9	63.4	1.8	22.3	6.3	67.9	7.3
第四消费群	20.0	0.0	60.0	20.0	100.0	0.0	80.0	20.0	80.0	0.0
第五消费群	13.7	23.7	22.1	19.8	58.0	9.9	32.8	16.8	77.9	8.5
第六消费群	18.2	5.0	33.9	15.7	55.4	2.5	26.4	5.8	80.2	3.3

续上表（continued）

	饮水机		抽油烟机		微波炉		电热水壶		加湿器	
	现有	打算买	现有	打算买	现有	打算买	现有	打算买	现有	打算买
样本	**8.8**	**9.0**	**64.7**	**9.0**	**23.8**	**13.9**	**23.0**	**7.3**	**18.7**	**10.5**
第一消费群	5.8	8.8	75.2	7.3	30.7	13.1	23.4	4.4	20.4	13.1
第二消费群	11.7	11.7	71.3	5.3	26.6	15.2	28.7	13.8	30.9	10.6
第三消费群	2.7	5.4	42.0	17.0	16.1	9.0	14.3	8.9	5.4	7.1
第四消费群	0.0	20.0	60.0	20.0	60.0	0.0	60.0	0.0	20.0	0.0
第五消费群	12.2	9.2	67.2	9.2	26.7	15.3	26.7	6.9	22.9	13.0
第六消费群	12.4	9.9	66.1	5.8	16.5	17.4	20.7	5.0	14.9	8.3

续上表（continued）

	磁带随身听		CD 随身听		摄像机		电子游戏机		钢琴	
	现有	打算买	现有	打算买	现有	打算买	现有	打算买	现有	打算买
样本	**69.8**	**2.3**	**12.2**	**7.3**	**10.8**	**11.3**	**54.8**	**1.0**	**5.7**	**2.5**
第一消费群	68.6	1.5	9.5	2.2	14.6	6.6	48.2	1.5	4.4	2.9
第二消费群	81.9	0.0	17.0	9.6	18.1	17.0	55.3	0.0	4.3	6.4
第三消费群	57.1	2.7	10.7	6.3	8.0	6.3	58.0	0.9	1.8	0.9
第四消费群	80.0	0.0	40.0	0.0	40.0	40.0	100.0	0.0	60.0	0.0
第五消费群	83.2	5.3	13.0	16.8	3.8	23.7	63.4	2.3	4.6	3.1
第六消费群	58.7	1.7	10.7	2.5	9.9	2.5	47.9	0.0	10.7	0.0

n>=596

2-3-4 不同消费群收看电视节目的比较 / TV Programs Watched of the Different Market Segments

注：本题为多选题，合计百分比超过 100%（Multiple answers）

	人数	新闻节目	天气预报	体育节目	综艺节目	国外电影片
样本	**588**	**70.4**	**48.1**	**44.7**	**38.9**	**38.9**
第一消费群	137	75.9	57.7	44.5	42.3	48.2
第二消费群	93	64.5	37.6	57.0	35.5	54.8
第三消费群	111	76.6	60.4	39.6	37.8	20.0
第四消费群	5	60.0	40.0	40.0	60.0	40.0
第五消费群	124	50.0	29.0	50.8	33.1	48.4
第六消费群	118	84.7	54.2	33.9	44.1	15.3

续上表（continued）

	人数	港台电视剧	曲艺节目	国内电影片	国内电视剧	MTV
样本	**588**	**30.1**	**22.3**	**20.6**	**20.7**	**20.4**
第一消费群	137	20.4	13.9	12.4	21.2	12.4
第二消费群	93	22.6	17.2	14.0	9.7	33.3
第三消费群	111	34.2	28.8	28.8	27.0	9.0
第四消费群	5	40.0	0.0	40.0	40.0	20.0
第五消费群	124	46.0	16.1	22.6	9.7	45.2
第六消费群	118	26.3	37.3	24.6	33.9	4.2

2-3-5 不同消费群经常阅读的报纸的内容比较 / Newspapers Frequently Read of the Different Market Segments

注：本题为多选题，合计百分比超过 100%（Multiple answers）

	人数	新闻报道	热点追踪	生活常识	体育
样本	**583**	**69.6**	**41.0**	**37.2**	**35.0**
第一消费群	134	71.6	43.3	36.6	33.6
第二消费群	93	69.9	45.2	31.2	41.9
第三消费群	108	75.9	50.0	45.4	25.9
第四消费群	5	60.0	20.0	40.0	0.0
第五消费群	125	50.4	29.6	27.2	49.6
第六消费群	118	82.2	39.8	45.8	25.4

续上表（continued）

	人数	健康医疗	消费指南	节目预告	人物专访
样本	**583**	**33.4**	**23.0**	**21.3**	**20.4**
第一消费群	134	39.6	22.4	13.4	29.1
第二消费群	93	21.5	31.2	15.1	18.3
第三消费群	108	37.0	21.3	27.8	19.4
第四消费群	5	40.0	40.0	20.0	0.0
第五消费群	125	21.6	23.2	23.2	16.8
第六消费群	118	44.9	17.8	27.1	17.8

2-3-6 不同消费群对有关广告看法的比较 / Perceptions of Advertisement of the Different Market Segments

注：对于每一个观点，以 1 代表“非常不同意”，2 代表“比较不同意”，3 代表“不一定”，4 代表“比较同意”，5 代表“非常同意”；均值即根据每一个样本的回答情况计算出来的平均值。

	真正的好产品不需要作广告		广告格调低的产品我不会去买		广告是生活中必不可少的	
	均值	样本量	均值	样本量	均值	样本量
样本	**3.29**	**600**	**3.67**	**598**	**3.84**	**597**
第一消费群	3.16	137	3.78	137	3.71	137
第二消费群	2.87	94	4.09	94	4.16	93
第三消费群	3.60	112	3.37	112	3.82	111
第四消费群	1.60	5	3.20	5	4.80	5
第五消费群	3.07	131	3.45	130	3.82	130
第六消费群	3.76	121	3.78	120	3.74	121
显著度	0.0000		0.0000		0.0105	

2-3-7 不同消费群在各种消费观念上的态度的比较 / Consumer Values of the Different Market Segments

	我喜欢购买具有独特风格的产品		我买东西时主要考虑的因素是价钱		买东西时我经常货比三家		流行与实用之间我比较看重流行		与其把旧的东西拿去修理不如买新的	
	均值	样本量	均值	样本量	均值	样本量	均值	样本量	均值	样本量
样本	**3.81**	**598**	**3.26**	**599**	**3.93**	**598**	**2.49**	**596**	**3.28**	**597**
第一消费群	3.61	137	3.19	137	3.81	137	2.30	135	3.39	137
第二消费群	4.02	94	3.03	94	3.59	94	2.44	94	3.57	94
第三消费群	3.75	111	3.45	112	4.05	112	2.48	112	3.25	112
第四消费群	4.60	5	2.40	5	3.20	5	2.20	5	3.20	5
第五消费群	4.05	131	3.15	130	3.84	130	2.78	129	2.96	128
第六消费群	3.62	120	3.47	121	4.33	120	2.46	121	3.32	121
显著度	0.0000		0.0002		0.0000		0.0159		0.0004	

2-4 六大消费群综合特征示意图 / Illustration of the Comprehensive Characteristics of the Six Market Segments

生活已安定，自身缺乏积极进取的精神，但对学历对于前途的重要性非常认同

第一消费群

女，30-34 岁，已婚，大专或大学本科学历，职业为科教卫生人员，月收入为 801 — 1500 元

经常逛街购物；常跳交际舞；爱看综艺节目、读人物专访

生活丰富多姿，传统文化观念淡薄

第二消费群

男，25-29 岁，婚姻无名显偏向，大学专科、本科或研究生学历，职业为一般企业职员，月收入为 1501 — 4000 元

常做运动，如打网球等；常去餐饮娱乐场所，如餐馆，酒吧，卡拉 OK 厅；炒股；爱看体育节目和外国电影；追求高品质消费方式

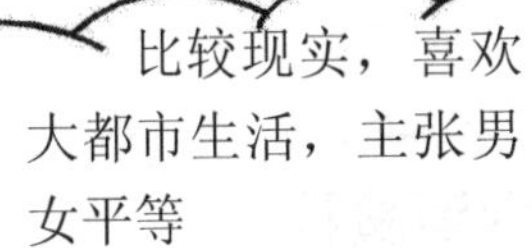

比较现实，喜欢大都市生活，主张男女平等

第三消费群

性别无名显偏向，35-44 岁，已婚，初中学历，职业为工人，月收入在 800 元以下

常烹饪，种花；留心天气预报，爱看国内影片，常读热点追踪；价格是购物重点考虑因素

新潮浪漫，积极进取，注重社会经验有“大男子主义”倾向

第四消费群

男，年龄无明显偏向，已婚，大学本科或研究生以上学历，职业为管理人员、专门职业从事者或私营企业主，月收入在 4000 元以上

常打网球、保龄球；常听音乐、玩电脑、去餐馆吃饭；炒股；爱看综艺节目；购物不在乎价钱而注重品质及格调

追随流行，反对“大男子主义”

第五消费群

性别无明显偏向， 16-24 岁，未婚，高中/中专/技校学历，学生，无收入

典型的学生生活：看书、打球、听音乐、聚会等；爱看港台剧、 MTV ；关注流行趋势

习惯于保守稳定的生活，秉持传统的女性观念，看电视是其主要娱乐方式

第六消费群

女， 45 岁以上，已婚，初中及以下学历，离退休人员，月收入 800 元以下

爱好种花；爱看新闻、曲艺节目；常阅读生活、健康方面的内容；买东西时习惯于货比三家，价格是主要考虑因素

3 上海消费群 / Market Segmentation in Shanghai

聚类分析的结果，上海消费者被划分为六大消费群。以下分别从人口特征、心理特征和行为特征三方面对这六大消费群进行描述。

注：以下所有描述都是针对每一消费群相对于其他消费群较为明显的特征而言的，对于那些没有区别力的、普遍存在的情况文中没有进行额外说明。

3-1 六大消费群人口基本情况构成 / Demographic Measures of the Six Market Segments

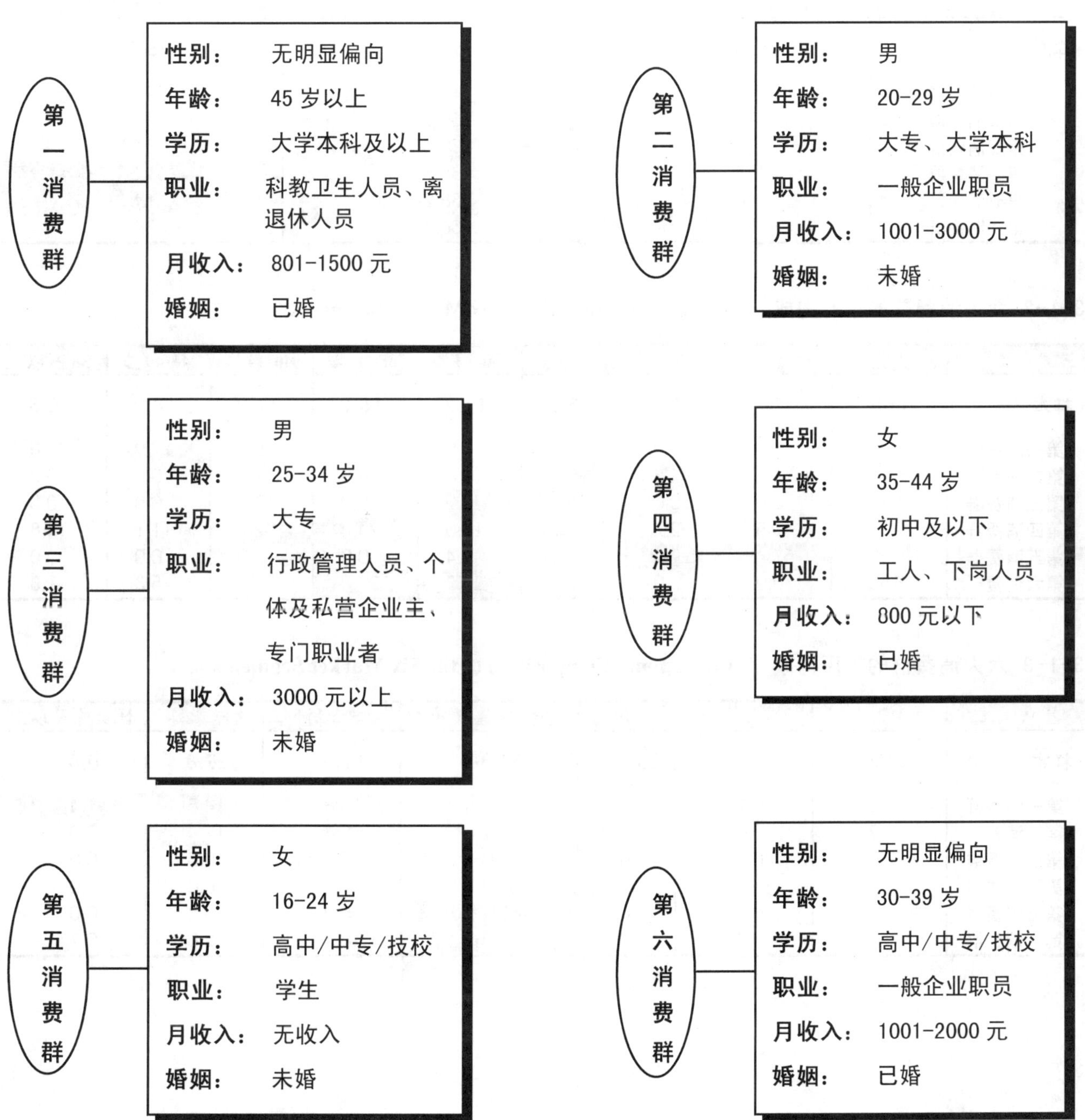

附：六大消费群与人口变量交互分析表 / Appendix: Cross Tabulations between Market Segments and Demographic Variables

表中阴影表示高出样本百分比最多或较多的数值，如下表 3-1-1 ：男性占 80.0%的一群比样本比例 51.2%高出最多，在表格的左列找到它对应的是第三消费群，这就说明第三消费群中男性的分布比其它群更集中，即这群人以男性居多。我们还可以看到男性占 69.6%的一群，高出样本百分比也较多，在表格的左列找到它对应的是第二消费群，这就说明第二消费群中男性的分布也较集中。

注：由于第三消费群只有 10 人，所以与第三群消费者对应的百分比只能作为参考。

3-1-1 六大消费群的性别构成 / Gender Composition of the Six Market Segments

	人数	男性	女性
样本	**600**	**51.2**	**48.8**
第一消费群	145	49.7	50.3
第二消费群	92	69.6	30.4
第三消费群	10	80.0	20.0
第四消费群	135	38.5	61.5
第五消费群	68	38.2	61.8
第六消费群	150	56.7	43.3

3-1-2 六大消费群的年龄构成 / Age Composition of the Six Market Segments

	人数	16-19 岁	20-24 岁	25-29 岁	30-34 岁	35-39 岁	40-44 岁	45-49 岁	50 岁以上
样本	**600**	**7.7**	**11.0**	**13.2**	**17.7**	**15.8**	**11.0**	**8.2**	**15.5**
第一消费群	145	0.0	0.0	0.0	6.2	11.7	15.2	17.9	49.0
第二消费群	92	5.4	34.8	29.3	19.6	9.8	1.1	0.0	0.0
第三消费群	10	0.0	20.0	30.0	30.0	10.0	10.0	0.0	0.0
第四消费群	135	1.5	2.2	6.7	17.0	24.4	22.2	11.1	14.8
第五消费群	68	57.4	29.4	8.8	4.4	0.0	0.0	0.0	0.0
第六消费群	150	0.0	6.0	22.7	33.3	23.3	8.0	5.3	1.3

3-1-3 六大消费群的学历构成 / Educational Composition of the Six Market Segments

	人数	小学及以下	初中	高中/中专/技校	大学专科	大学本科	研究生及以上
样本	**600**	**1.5**	**25.5**	**53.3**	**11.3**	**7.8**	**0.5**
第一消费群	145	0.7	22.1	47.6	13.8	14.5	1.4
第二消费群	92	0.0	3.3	51.1	28.3	17.4	0.0
第三消费群	10	0.0	30.0	40.0	20.0	10.0	0.0
第四消费群	135	5.2	49.6	43.0	2.2	0.0	0.0
第五消费群	68	0.0	25.0	60.3	5.9	8.8	0.0
第六消费群	150	0.7	20.7	67.3	8.7	2.0	0.7

3-1-4 六大消费群的职业构成 / Occupational Composition of the Six Market Segments

	人数	普通工人	一般企业职员	行政管理人员	工商管理人员	服务人员	科教卫生人员	文化艺术工作者
样本	**597**	**27.3**	**16.1**	**7.0**	**0.7**	**5.0**	**9.2**	**0.2**
第一消费群	145	20.7	14.5	11.0	0.0	2.1	22.1	0.7
第二消费群	91	13.2	24.2	12.1	2.2	7.7	9.9	0.0
第三消费群	10	0.0	20.0	20.0	0.0	0.0	0.0	0.0
第四消费群	135	45.2	9.6	3.7	0.0	4.4	3.7	0.0
第五消费群	68	14.7	4.4	1.5	0.0	4.4	2.9	0.0
第六消费群	148	33.8	23.6	4.7	1.4	7.4	4.7	0.0

续上表（continued）

	军警	个体劳动者/私营企业主	专门职业从事者	待业/下岗人员	学生	离退休人员	家庭主妇	其他
样本	**0.5**	**5.5**	**2.7**	**6.4**	**10.2**	**5.9**	**1.0**	**2.3**
第一消费群	0.0	3.4	2.8	2.1	0.0	17.2	0.7	2.8
第二消费群	1.1	3.3	8.8	1.1	14.3	0.0	0.0	2.2
第三消费群	0.0	40.0	10.0	0.0	0.0	0.0	0.0	10.0
第四消费群	0.7	8.1	0.0	14.1	0.0	6.7	2.2	1.5
第五消费群	0.0	0.0	0.0.	0.0	70.6	0.0	1.5	0.0
第六消费群	0.7	6.8	2.0	10.1	0.0	0.7	0.7	3.4

3-1-5 六大消费群的个人月平均收入 / Individual Monthly Income of the Six Market Segments

	人数	无收入	500 元以下	501-800 元	801-1000 元
样本	**600**	**14.0**	**12.7**	**19.7**	**17.7**
第一消费群	145	2.1	11.0	22.8	22.8
第二消费群	92	14.1	2.2	12.0	18.5
第三消费群	10	0.0	0.0	0.0	0.0
第四消费群	135	10.4	28.1	30.4	17.0
第五消费群	68	69.1	10.3	10.3	5.9
第六消费群	150	4.7	8.7	17.3	19.3

续上表（continued）

	1001-1500 元	1501-2000 元	2001-3000 元	3001-4000 元	4000 元以上
样本	**22.0**	**7.3**	**4.2**	**1.7**	**0.8**
第一消费群	33.1	6.2	0.7	1.4	0.0
第二消费群	28.3	13.0	9.8	2.2	0.0
第三消费群	0.0	0.0	10.0	40.0	50.0
第四消费群	10.4	3.0	0.7	0.0	0.0
第五消费群	4.4	0.0	0.0	0.0	0.0
第六消费群	27.3	12.7	8.7	1.3	0.0

3-1-6 六大消费群的婚姻状况 / Marital Status of the Six Market Segments

	人数	已婚	未婚	离异	丧偶
样本	**592**	**67.4**	**30.2**	**1.4**	**1.0**
第一消费群	143	96.5	0.7	2.1	0.7
第二消费群	91	20.9	79.1	0.0	0.0
第三消费群	10	40.0	60.0	0.0	0.0
第四消费群	133	88.0	6.0	3.0	3.0
第五消费群	67	9.0	91.0	0.0	0.0
第六消费群	148	77.7	20.9	0.7	0.7

3-2 六大消费群的生活态度比较 / An Attitudinal Comparison of the Six Market Segments

利用 38 个态度变量进行因子分析，得到简化了的 11 个因子（因子构成及命名如表 3-2-1 所示），比较六大消费群的因子得分，可以看出他们在生活态度上的差别。

3-2-1 因子构成及因子命名 / Factor Analysis and Naming of the Six Market Segments

因子及命名	变　量	因子负荷	方差贡献率（100%）	累计方差贡献率（100%）
因子 1：浪漫时尚	只要双方同意，婚前性行为应该被允许	.67652	9.3	9.3
	我希望过非常浪漫的生活	.64853		
	女性可以向自己喜欢的男性主动表示好感	.62872		
	吸引异性的注目是我很喜欢的感觉	.61907		
	我喜欢看传统戏剧	-.46208		
	我向往欧美等先进国家的生活方式	.45590		
	我很注意流行的趋势	.36925		
因子 2：积极进取	我对我将来的成就寄以很大的希望	.62109	8.6	17.9
	我希望自己成为有独特风格的人	.60858		
	人生应该时常冒险去接受挑战	.59545		
	为了前途，我会辛苦进修某些课程或训练	.57267		
	社交活动中我是比较活跃的分子	.49757		
	我很注意我的外表及言行是否优雅	.42991		
因子 3：保守稳定	工作上只要能获得好评价，不轻易换工作	.75522	6.6	24.5
	我喜欢安定有保障的工作	.68797		
	当我使用外国产品时，心里多少会有满足感	.42366		
	工作的最佳报酬应该是成就感	.34053		
因子 4：家庭重心	家庭是我生活的重心	.67977	4.4	28.9
	看电视是我最主要的娱乐方式	.52002		
	男性也应该做家务	.48459		
	西餐与中餐相比，我更喜欢吃中国菜	.42563		
因子 5：传统家庭观	男人应比女人能干	.71115	4.2	33.1
	女人的主要任务是给家人一个快乐的家	.58989		
	家庭生活不一定要有小孩	-.40532		
	我可以接受女方比男方学历高的婚姻观念	-.35853		
因子 6：金钱本位	为了挣更多的钱我宁愿牺牲休闲	.76810	3.8	36.9
	在社会中，金钱是衡量一切的标准	.61219		
	我喜欢在大城市中渡假	.38938		
因子 7：注重经验	学历只是证件，真正的学习是在就业以后	.67351	3.5	40.4
	社会经验比学历重要多了	.60940		
因子 8：关注热点	我经常注意畅销书排行榜	.75582	3.4	43.8
	当作者成为新闻人物时我通常买他们的书	.61727		
因子 9：休闲独立	为了享受休闲，多花一些钱也是值得的	.68136	3.1	46.9
	夫妻应各自拥有生活	.46792		
因子 10：田园倾向	我宁愿住在郊区而不愿住在大城市	.72815	3.1	50.0
	我一向按时起居作息，饮食定时定量	.47428		
因子 11：奔波忙碌	我要做的事情很多，时间老是不够分配	.74960	2.8	52.8
	我对自己的健康没有把握	.57496		

3-2-2 六大消费群在 11 个因子上得分的均值比较 / A Comparison of Market Segments' Average Factor Score

均值为正表示该消费群同意此因子的说法，均值为负表示不同意此因子的说法；正分越高表示越同意，负分越低表示越反对。下表中加深色底纹的是六个消费群在某因子上均值的最高分，加浅色底纹的是最低分，这些得分反映了各消费群的特点，这些特点解决了“他们怎么想”的问题。

		第一消费群	第二消费群	第三消费群	第四消费群	第五消费群	第六消费群
人数		137	87	10	118	65	137
均值	因子 1：浪漫时尚	-.7324	.5350	.8234	-.4524	.1224	.6512
	因子 2：积极进取	.0798	.5113	.7020	-.3080	.6363	-.4694
	因子 3：保守稳定	.3731	-.1773	-1.4021	-.1884	-.4372	.2182
	因子 4：家庭重心	-.1859	-.5653	.1652	.4379	-.0012	.1763
	因子 5：传统家庭观	.1084	.1986	.3846	.2086	-1.0079	.0143
	因子 6：金钱本位	-.4805	-.0987	.4818	.7566	-.3153	.0258
	因子 7：注重经验	.2887	.1901	.2166	-.2877	-.0547	-.1155
	因子 8：关注热点	.2287	-.2858	.1802	-.2812	-.0545	.2048
	因子 9：休闲独立	.0833	.1314	.0177	.0960	-.5700	.0220
	因子 10：田园倾向	.0329	.5080	-.7235	.1251	-.0663	-.3717
	因子 11：奔波忙碌	.2277	-.3774	1.0779	.1862	.2727	-.3863

3-2-3 六大消费群的生活态度 / An Attitudinal Comparison of the Six Market Segments

	生活态度概述
第一消费群	心态保守稳定，远离浪漫时尚，淡漠金钱，推崇社会经验，关注文化热点
第二消费群	追求休闲独立，向往田园生活，家庭观念淡泊，漠视文化热点
第三消费群	积极进取，奔波忙碌，追求浪漫时尚的生活，同时秉持传统的家庭观念
第四消费群	现实的金钱观，家庭是生活的重心，注重学历对于前途的重要性
第五消费群	具有反传统的家庭观念，休闲方面较为克制
第六消费群	缺乏积极进取的精神，习惯清闲安逸

3-3 六大消费群的行为特征比较 / A Behavioral Comparison of the Six Market Segments

	行为特征概述
第一消费群	爱好种花，看展览；常看新闻、国内连续剧、天气预报，常读健康医疗、生活常识；买东西习惯货比三家
第二消费群	热心社团活动、经常打网球；常去迪斯科舞厅；爱看体育节目，读海外见闻；认为好产品也需要做广告
第三消费群	常打保龄球、旅行、开车兜风；常去餐馆、卡拉 OK；爱读新闻报道；可以接受广告，青睐舶来品
第四消费群	常做的活动无明显特征；留心天气预报；认为好产品不需要做广告，价格和品质相比，更重视价格
第五消费群	常运动、聚会聊天；常去书店、体育场馆；爱看港台剧、综艺节目和国外影片；注重品质和实用
第六消费群	常打麻将、游泳等；爱看体育节目，喜欢读热点追踪；不喜欢看广告

附：六大消费群与行为变量交互分析表 / Appendix: Cross Tabulations between Market Segments and Behavior Measures

3-3-1 不同消费者常做的活动 / The Frequently Engaged Activities of the Different Market Segments

注：本题为多选题，合计百分比超过 100%（Multiple answers）

	人数	打网球	保龄球	踢足球	跳迪斯科	跳韵律操	打篮球
样本	**600**	**2.7**	**18.2**	**8.7**	**8.3**	**3.5**	**7.3**
第一消费群	145	1.4	7.6	2.8	4.8	4.8	3.4
第二消费群	92	6.5	39.1	15.2	14.1	4.3	12.0
第三消费群	10	0.0	40.0	0.0	20.0	0.0	0.0
第四消费群	135	1.5	3.7	3.7	4.4	0.7	3.0
第五消费群	68	5.9	5.9	23.5	0.0	7.4	26.5
第六消费群	150	1.3	32.7	8.7	14.7	2.7	4.0

续上表（continued）

	人数	打麻将	玩纸牌	游泳	滑冰	种花/盆栽	国内旅行
样本	**600**	**23.8**	**31.2**	**19.3**	**5.7**	**18.0**	**14.2**
第一消费群	145	16.6	23.4	12.4	2.1	31.7	24.1
第二消费群	92	17.4	44.6	21.7	6.5	10.9	16.3
第三消费群	10	10.0	50.0	20.0	10.0	0.0	50.0
第四消费群	135	25.2	27.4	13.3	3.0	17.8	11.9
第五消费群	68	11.8	45.6	26.5	17.6	8.8	2.9
第六消费群	150	40.0	26.0	26.7	5.3	14.7	8.0

续上表（continued）

	人数	玩电脑	吃零食	聚会聊天	参加社团活动	开汽车兜风	骑摩托车兜风
样本	**600**	**17.0**	**30.7**	**52.0**	**16.3**	**4.3**	**4.7**
第一消费群	145	11.7	24.8	48.3	20.0	2.1	4.8
第二消费群	92	31.5	22.8	59.8	26.1	7.6	4.3
第三消费群	10	30.0	10.0	60.0	0.0	10.0	10.0
第四消费群	135	4.4	31.1	43.7	11.1	3.7	5.2
第五消费群	68	39.7	52.9	64.7	23.5	2.9	1.5
第六消费群	150	13.3	32.0	52.0	9.3	5.3	5.3

续上表（continued）

	人数	看书画展	看展览会	听演唱会	炒股	吃早茶
样本	**600**	**10.2**	**9.0**	**9.5**	**23.3**	**14.2**
第一消费群	145	13.1	14.5	6.2	33.1	12.4
第二消费群	92	12.0	13.0	6.5	16.3	13.0
第三消费群	10	10.0	10.0	10.0	30.0	30.0
第四消费群	135	6.7	4.4	8.9	20.7	13.3
第五消费群	68	7.4	8.8	4.4	8.8	7.4
第六消费群	150	10.7	5.3	17.3	26.7	19.3

3-3-2 不同消费群常去的场所 / The Places Visited Frequently of the Different Market Segments

注：本题为多选题，合计百分比超过 100%（Multiple answers）

	人数	中式餐馆	外国餐馆	卡拉 OK	迪斯科舞厅
样本	**600**	**28.5**	**5.0**	**12.3**	**5.8**
第一消费群	145	28.3	4.1	6.2	2.1
第二消费群	92	40.2	5.4	23.9	13.0
第三消费群	10	70.0	20.0	30.0	0.0
第四消费群	135	15.6	3.0	9.6	4.4
第五消费群	68	13.2	5.9	4.4	1.5
第六消费群	150	37.3	6.0	16.0	8.7

续上表（continued）

	人数	电影院	书店	图书馆	体育场馆
样本	**600**	**20.0**	**38.0**	**16.3**	**9.0**
第一消费群	145	17.9	40.0	19.3	4.1
第二消费群	92	26.1	44.6	26.1	9.8
第三消费群	10	30.0	60.0	40.0	0.0
第四消费群	135	17.0	28.1	10.4	8.9
第五消费群	68	14.7	60.3	29.4	17.6
第六消费群	150	22.7	29.3	5.3	10.0

3-3-3 不同消费群家电拥有情况及购买打算 / Electronic Home Products: Possessions and Purchasing Plans of the Different Market Segments

	微波炉		洗衣机		VCD		空调		录放像机	
	现有	打算买	现有	打算买	现有	打算买	现有	打算买	现有	打算买
样本	**58.8**	**10.4**	**86.7**	**11.1**	**33.0**	**11.9**	**58.7**	**15.8**	**63.3**	**3.6**
第一消费群	70.3	3.5	90.3	10.4	29.0	13.1	63.4	16.7	64.2	3.2
第二消费群	51.1	11.1	87.0	16.3	27.2	17.4	59.8	19.6	77.7	1.8
第三消费群	50.0	10.0	80.0	20.0	60.0	20.0	80.0	20.0	63.4	0.0
第四消费群	51.9	10.4	81.5	9.7	25.9	8.1	44.4	15.6	100.0	9.9
第五消费群	58.8	10.3	89.7	7.5	26.5	7.5	58.8	10.4	58.0	2.5
第六消费群	59.3	16.8	86.7	10.8	48.0	12.1	64.7	15.0	55.4	4.3

续上表（ continued ）

	音响		照相机		磁带随身听		CD 随身听		钢琴	
	现有	打算买	现有	打算买	现有	打算买	现有	打算买	现有	打算买
样本	**32.3**	**10.5**	**60.5**	**8.0**	59.8	3.8	13.3	7.7	3.0	3.5
第一消费群	35.2	9.7	61.4	10.3	64.1	3.4	17.9	5.5	1.4	2.8
第二消费群	31.5	10.9	65.2	10.9	73.9	3.3	8.7	13.0	4.3	2.2
第三消费群	40.0	20.0	70.0	10.0	80.0	0.0	10.0	0.0	20.0	0.0
第四消费群	27.4	9.6	53.3	5.2	38.5	5.9	12.6	3.7	3.0	3.7
第五消费群	20.6	10.3	63.2	5.9	76.5	2.9	14.7	16.2	4.4	5.9
第六消费群	39.3	11.5	61.3	7.5	57.3	3.3	12.0	6.7	2.0	4.0

n>=595

3-3-4 不同消费群收看电视节目的比较 / TV Programs Watched of the Different Market Segments

注：本题为多选题，合计百分比超过 100%（ Multiple answers ）

	人数	新闻节目	港台电视剧	体育节目	综艺节目	国外电影片	天气预报	国内电视剧
样本	**591**	**74.5**	**49.1**	**48.1**	**37.6**	**32.5**	**28.3**	**26.4**
第一消费群	143	93.7	39.9	49.7	44.1	29.4	36.4	37.8
第二消费群	91	70.3	51.6	54.9	31.9	50.5	18.7	15.4
第三消费群	10	70.0	50.0	10.0	20.0	30.0	40.0	10.0
第四消费群	132	78.0	55.3	36.4	38.6	11.4	36.4	33.3
第五消费群	68	39.7	55.9	50.0	45.6	58.8	8.8	16.2
第六消费群	147	71.4	47.6	54.4	31.3	31.3	27.2	21.8

3-3-5 不同消费群经常阅读的报纸内容的比较 / Newspapers Frequently Read of the Different Market Segments

注：本题为多选题，合计百分比超过 100%（ Multiple answers ）

	人数	新闻报道	热点追踪	体育	健康医疗	生活常识	海外见闻
样本	**574**	**76.3**	**43.9**	**37.1**	**33.1**	**27.0**	**22.1**
第一消费群	141	85.8	49.6	35.5	48.2	36.2	24.1
第二消费群	86	72.1	40.7	43.0	26.7	20.9	27.9
第三消费群	10	90.0	50.0	10.0	20.0	20.0	20.0
第四消费群	128	79.7	38.3	23.4	32.0	30.5	13.3
第五消费群	64	50.0	31.3	46.9	17.2	15.6	26.6
第六消费群	145	77.2	50.3	44.8	31.0	24.1	22.8

3-3-6 不同消费群对有关广告看法的比较 / Perceptions of Advertisement of the Different Market Segments

注：对于每一个观点，以 1 代表“非常不同意”，2 代表“比较不同意”，3 代表“不一定”，4 代表“比较同意”，5 代表“非常同意”，均值即根据每一个样本的回答情况计算出来的平均值。

	当电视出现广告时，我通常会换台		真正的好产品不需要作广告		广告格调低的产品我不会去买		广告是生活中必不可少的	
	均值	样本量	均值	样本量	均值	样本量	均值	样本量
样本	**3.33**	**596**	**3.32**	**598**	**3.67**	**598**	**3.92**	**600**
第一消费群	3.41	145	3.30	145	3.81	144	3.89	145
第二消费群	3.26	91	2.76	92	3.76	92	4.11	92
第三消费群	2.56	9	2.90	10	3.80	10	4.50	10
第四消费群	3.34	135	3.72	133	3.70	135	3.69	135
第五消费群	3.01	67	3.07	68	3.16	68	4.07	68
第六消费群	3.46	149	3.45	150	3.68	149	3.91	150
显著度	0.0066		0.0000		0.0031		0.0170	

3-3-7 不同消费群在各种消费观念上的态度比较 / Consumer Values of the Different Market Segments

	纵使价钱贵一些，我还是喜欢买外国产品		我买东西时主要考虑的因素是价钱		买东西时我经常货比三家	
	均值	样本量	均值	样本量	均值	样本量
样本	**2.96**	**597**	**3.38**	**598**	**3.87**	**598**
第一消费群	3.00	145	3.33	144	4.14	145
第二消费群	3.00	91	3.20	92	3.67	91
第三消费群	3.40	10	3.30	10	3.80	10
第四消费群	2.76	134	3.65	135	4.04	135
第五消费群	2.71	68	3.33	67	3.57	68
第六消费群	3.16	149	3.31	150	3.72	149
显著度	0.0050		0.0056		0.0002	

续上表（continued）

	我宁愿多花一点钱购买品质较好的东西		流行与实用之间我比较看重流行		我常寻求亲友的意见来决定品牌	
	均值	样本量	均值	样本量	均值	样本量
样本	**4.30**	**599**	**2.59**	**592**	**2.80**	**598**
第一消费群	4.38	145	2.57	143	2.56	144
第二消费群	4.41	91	2.63	91	2.79	92
第三消费群	4.20	10	2.90	10	2.10	10
第四消费群	4.10	135	2.55	132	2.92	135
第五消费群	4.50	68	2.26	68	2.94	68
第六消费群	4.24	150	2.76	148	2.90	149
显著度	0.0023		0.0216		0.0041	

3-4 六大消费群综合特征示意图 / Illustration of the Comprehensive Characteristics of the Six Market Segments

心态保守稳定，远离浪漫时尚，淡漠金钱，推崇社会经验，关注文化热点

第一消费群

性别无明显偏向，45岁以上，已婚，大学本科及以上学历，职业为科教卫生人员或离退休人员，月收入为801-1500元

爱好种花，爱看展览；常看新闻、国内连续剧、天气预报；常读健康医疗、生活常识栏目；买东西惯于货比三家

追求休闲独立，向往田园生活，家庭观念淡泊，漠视文化热点

第二消费群

男，20-29岁，未婚，大专或大学本科学历，职业为一般企业职员，月收入为1001-3000元

热心社团活动，经常打网球；频繁光顾迪斯科舞厅；爱看体育节目，爱读海外见闻；认为好产品也要做广告

积极进取，奔波忙碌，追求浪漫时尚的生活，同时秉持传统家庭观念

第三消费群

男，25-34岁，未婚，大专学历，职业为行政管理人员、个体或私营企业主、专门职业者，月收入在3000元以上

“高尚”娱乐：打保龄球、开车兜风、旅行；频繁光顾餐馆和卡拉OK厅；留意新闻报道；可以接受广告，青睐舶来品

家庭重心，金钱本位，重学历轻经验

第四消费群

女，35-44 岁，已婚，初中及以下学历，职业为工人或下岗人员，月收入在 800 元以下

常做的活动没有明显特征；留意收看天气预报；认为是好产品便无须广告；购买行为受制于价格

具有反传统的家庭观念，休闲方面较为克制

第五消费群

女，16-24 岁，未婚，高中/中专/技校学历，学生，无收入

常做运动、聚会聊天；常去书店、体育馆；爱看港台剧、综艺节目和国外影片；注重品质与实用

缺乏进取精神，习惯清闲安逸

第六消费群

性别无明显偏向，30-39 岁，已婚，高中/中专/技校学历，职业为一般企业职员，月收入 1001-2000 元

常打麻将，游泳；爱看体育节目；爱读热点追踪；回避广告

4 广州消费群 / Market Segmentation in Guangzhou

聚类分析的结果，广州消费者被划分为六大消费群。以下分别从人口特征、心理特征和行为特征三方面对这六大消费群进行描述。

注：以下所有描述都是针对每一消费群相对于其他消费群较为明显的特征而言的，对于那些没有区别力的、普遍存在的情况文中没有进行额外说明。

4-1 六大消费群人口基本情况构成 / Demographic Measures of the Six Market Segments

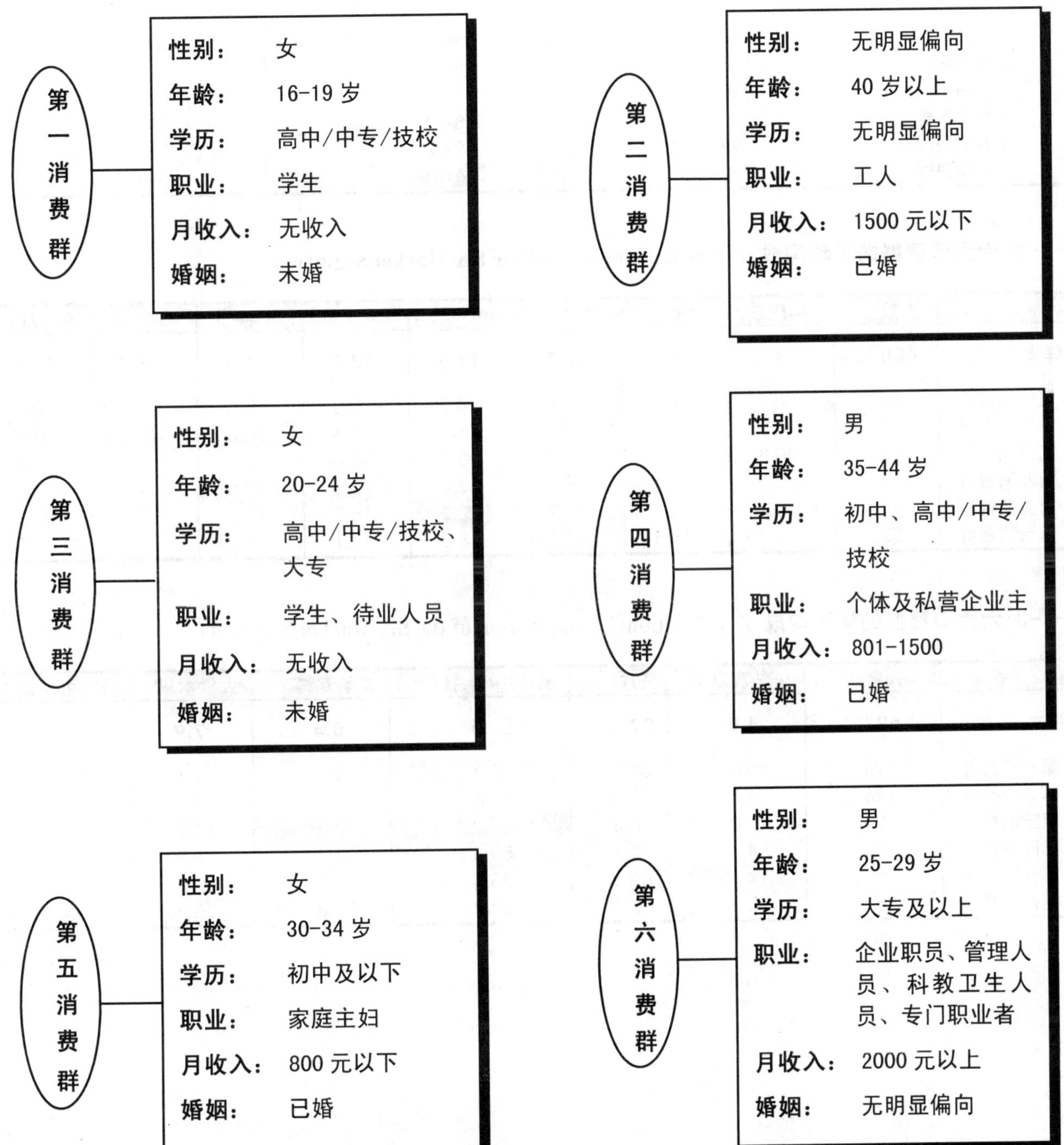

附：六大消费群与人口变量交互分析表 / Appendix: Cross Tabulations between Market Segments and Demographic Variables

表中阴影表示高出样本百分比最多或较多的数值，如下表 4-1-1 ：男性占 81.0%的一群比样本比例 47.0%高出最多，在表格的左列找到它对应的是第四消费群，这就说明第四消费群中男性的分布比其它群更集中，即这群人以男性居多。

4-1-1 六大消费群的性别构成 / Gender Composition of the Six Market Segments

	人数	男性	女性
样本	**600**	**47.0**	**53.0**
第一消费群	94	30.9	69.1
第二消费群	126	50.8	49.2
第三消费群	99	36.4	63.6
第四消费群	100	81.0	19.0
第五消费群	99	22.2	77.8
第六消费群	82	61.0	39.0

4-1-2 六大消费群的年龄构成 / Age Composition of the Six Market Segments

	人数	16-19 岁	20-24 岁	25-29 岁	30-34 岁	35-39 岁	40-44 岁	45-49 岁	50 岁以上
样本	**600**	**13.3**	**13.7**	**16.3**	**13.3**	**13.5**	**11.8**	**6.5**	**11.5**
第一消费群	94	50.0	31.9	13.8	4.3	0.0	0.0	0.0	0.0
第二消费群	126	0.0	0.0	2.4	11.1	19.8	20.6	15.1	31.0
第三消费群	99	30.3	34.3	24.2	8.1	3.0	0.0	0.0	0.0
第四消费群	100	0.0	2.0	8.0	17.0	23.0	23.0	9.0	18.0
第五消费群	99	0.0	1.0	24.2	22.2	16.2	18.2	7.1	11.1
第六消费群	82	3.7	18.3	31.7	18.3	17.1	4.9	4.9	1.2

4-1-3 六大消费群的学历构成 / Educational Composition of the Six Market Segments

	人数	小学及以下	初中	高中/中专/技校	大学专科	大学本科	研究生及以上
样本	**597**	**4.5**	**27.5**	**51.4**	**8.4**	**7.9**	**0.3**
第一消费群	94	0.0	34.0	62.8	2.1	1.1	0.0
第二消费群	126	6.3	31.0	52.4	6.3	4.0	0.0
第三消费群	98	1.0	10.2	61.2	16.3	11.2	0.0
第四消费群	98	4.1	35.7	58.2	1.0	1.0	0.0
第五消费群	99	14.1	46.5	38.4	1.0	0.0	0.0
第六消费群	82	0.0	2.4	32.9	26.8	35.4	2.4

4-1-4 六大消费群的职业构成 / Occupational Composition of the Six Market Segments

	人数	普通工人	一般企业职员	行政管理人员	工商管理人员	服务人员	科教卫生人员	文化艺术工作者
样本	**599**	**17.9**	**13.0**	**7.7**	**2.3**	**6.8**	**4.5**	**0.8**
第一消费群	94	5.3	13.8	3.2	0.0	7.4	2.1	0.0
第二消费群	126	31.0	9.5	9.5	0.8	6.3	7.9	0.8
第三消费群	99	8.1	10.1	7.1	1.0	9.1	1.0	0.0
第四消费群	99	27.3	14.1	12.1	0.0	5.1	2.0	0.0
第五消费群	99	26.3	15.2	1.0	2.0	8.1	1.0	1.0
第六消费群	82	2.4	17.1	13.4	12.2	4.9	13.4	3.7

续上表（continued）

	军警	个体劳动者/私营企业主	专门职业从事者	待业/下岗人员	学生	离退休人员	家庭主妇	其他
样本	**0.5**	**10.2**	**3.0**	**7.2**	**14.0**	**3.2**	**4.8**	**4.0**
第一消费群	0.0	10.6	1.1	4.3	48.9	0.0	1.1	2.1
第二消费群	0.0	8.7	0.0	9.5	0.0	7.1	3.2	5.6
第三消费群	0.0	4.0	3.0	11.1	35.4	0.0	5.1	5.1
第四消费群	1.0	18.2	4.0	9.1	0.0	4.0	0.0	3.0
第五消费群	0.0	11.1	2.0	5.1	0.0	6.1	18.2	3.0
第六消费群	2.4	8.5	9.8	2.4	3.7	0.0	1.2	4.9

4-1-5 六大消费群的个人月平均收入 / Individual Monthly Income of the Six Market Segments

	人数	无收入	500 元以下	501-800 元	801-1000 元
样本	**598**	**21.4**	**8.9**	**14.5**	**16.9**
第一消费群	94	51.1	4.3	11.7	8.5
第二消费群	125	10.4	15.2	20.0	22.4
第三消费群	98	42.9	9.2	4.1	11.2
第四消费群	100	5.0	4.0	15.0	26.0
第五消费群	99	15.2	16.2	29.3	20.2
第六消费群	82	6.1	1.2	3.7	9.8

续上表（continued）

	1001-1500 元	1501-2000 元	2001-3000 元	3001-4000 元	4000 元以上
样本	**18.2**	**8.9**	**6.7**	**2.0**	**2.5**
第一消费群	9.6	9.6	3.2	0.0	2.1
第二消费群	25.6	4.8	1.6	0.0	0.0
第三消费群	11.2	14.3	6.1	1.0	0.0
第四消费群	26.0	10.0	11.0	3.0	0.0
第五消费群	10.1	4.0	4.0	1.0	0.0
第六消费群	25.6	12.2	17.1	8.5	15.9

4-1-6 六大消费群的婚姻状况 / Marital Status of the Six Market Segments

	人数	已婚	未婚	离异	丧偶
样本	**599**	**63.8**	**35.2**	**0.8**	**0.2**
第一消费群	94	7.4	91.5	1.1	0.0
第二消费群	126	96.0	4.0	0.0	0.0
第三消费群	99	24.2	74.7	1.0	0.0
第四消费群	99	88.9	9.1	1.0	1.0
第五消费群	99	94.9	5.1	0.0	0.0
第六消费群	82	58.5	39.0	2.4	0.0

4-2 六大消费群的生活态度比较 / An Attitudinal Comparison of the Six Market Segments

利用 38 个态度变量进行因子分析，得到简化了的 12 个因子（因子构成及命名如表 4-2-1 所示），比较六大消费群的因子得分，可以看出他们在生活态度上的差别。

4-2-1 因子构成及因子命名 / Factor Analysis and Naming of the Six Market Segments

因子及命名	变　　量	因子负荷	方差贡献率（100%）	累计方差贡献率（100%）
因子1：积极进取	我对我将来的成就寄以很大的希望	.66318	11.5	11.5
	社交活动中我是比较活跃的分子	.62325		
	人生应该时常冒险去接受挑战	.56025		
	我希望自己成为有独特风格的人	.51856		
	为了前途，我会辛苦进修某些课程或训练	.49997		
	工作的最佳报酬应该是成就感	.47794		
因子2：大男子主义	男人应比女人能干	.67221	6.7	18.2
	女人的主要任务是给家人一个快乐的家	.65876		
	在社会中，金钱是衡量一切的标准	.55259		
	只要双方同意，婚前性行为应该被允许	.50476		
	当我使用外国产品时，心里多少会有满足感	.49385		
因子3：追随流行	我很注意流行的趋势	.65749	6.6	24.8
	我很注意我的外表及言行是否优雅	.64503		
	吸引异性的注目是我很喜欢的感觉	.49065		
	我希望过非常浪漫的生活	.43878		
	为了享受休闲，多花一些钱也是值得的	.43421		
因子4：保守稳定	工作上只要能获得好评价，不轻易换工作	.72917	4.4	29.3
	我喜欢安定有保障的工作	.68526		
	社会经验比学历重要多了	.36422		
因子5：传统节制	我喜欢看传统戏剧	.68667	4.0	33.3
	我经常注意畅销书排行榜	.62948		
	我一向按时起居作息，饮食定时定量	.59102		
	当作者成为新闻人物时我通常买他们的书	.44585		
因子6：家庭重心	家庭是我生活的重心	.66150	3.7	36.9
	家庭生活不一定要有小孩	-.56030		
	男性也应该做家务	.52136		
因子7：新女性主张	我可以接受女方比男方学历高的婚姻观念	.74559	3.6	40.5
	女性可以向自己喜欢的男性主动表示好感	.69952		
因子8：独立自主	夫妻应各自拥有生活	.68866	3.3	43.7
因子9：中式生活	西餐与中餐相比，我更喜欢吃中国菜	.67563	3.2	46.9
	我向往欧美等先进国家的生活方式	-.52105		
因子10：奔波忙碌	我对自己的健康没有把握	.71625	3.1	50.0
	我要做的事情很多，时间老是不够分配	.47612		
	学历只是证件，真正的学习是在就业以后	.37131		
	为了挣更多的钱我宁愿牺牲休闲	.36808		
因子11：田园倾向	我喜欢在大城市中渡假	-.72862	2.9	52.8
	我宁愿住在郊区而不愿住在大城市	.69181		
因子12：单一电视娱乐	看电视是我最主要的娱乐方式	.70080	2.7	55.5

4-2-2 六大消费群在 12 个因子上得分的均值比较 / A comparison of Market Segments' Average Factor Score of the Six Market Segments

均值为正表示该消费群同意此因子的说法，均值为负表示不同意此因子的说法；正分越高表示越同意，负分越低表示越反对。下表中加深色底纹的是六个消费群在某因子上均值的最高分，加浅色底纹的是最低分，这些得分反映了各消费群的特点，这些特点解决了“他们怎么想”的问题。

		第一消费群	第二消费群	第三消费群	第四消费群	第五消费群	第六消费群
人数		83	113	89	85	87	79
均值	因子 1：积极进取	.5776	-.8131	.0777	.6456	-.4667	.2880
	因子 2：大男子主义	-.4072	-.2091	-.2829	.4930	.1567	.3425
	因子 3：追随流行	-.1801	-.4744	.5508	-.2269	.3064	.1541
	因子 4：保守稳定	.0384	-.1081	-.2886	-.1445	.5015	.0426
	因子 5：传统节制	-.1453	.2784	-.5154	.4404	.1769	-.3336
	因子 6：家庭重心	-.1895	-.1685	.1089	.2447	.3340	-.3136
	因子 7：新女性主张	-.1748	-.4946	.3538	.1025	.1797	.1845
	因子 8：独立自主	-.3792	.1181	.6871	.2966	-.6447	-.1538
	因子 9：中式生活	-.5868	.0875	-.3283	.4571	.0865	.2740
	因子 10：奔波忙碌	.2762	-.1346	-.3736	.4246	-.0182	-.1135
	因子 11：田园倾向	.4033	.0392	-.2240	-.2467	-.0051	.0435
	因子 12：单一电视娱乐	.1660	-.1925	.0873	.1829	.7011	-.9663

4-2-3 六大消费群生活态度 / An Attitudinal Comparison of the Six Market Segments

	生活态度概述
第一消费群	向往西方生活方式，主张男女平等，喜欢在郊区渡假
第二消费群	不追随流行，缺乏积极进取的精神，秉持传统的女性观
第三消费群	追随流行，关注自我形象，向往独立自主，秉持新女性主张，非保守稳定
第四消费群	积极进取，奔波忙碌，有“大男子主义”倾向，爱好中式生活方式，习惯于都市生活
第五消费群	心态保守，追求稳定，以家庭为生活重心，看电视是主要的娱乐方式
第六消费群	娱乐丰富，家庭观念淡薄

4-3 六大消费群的行为特征比较 / A Behavioral Comparison of the Six Market Segments

	行为特征概述
第一消费群	常运动、聚会、逛街；常去健身房；爱看港台剧；注重广告格调，乐于尝试新品牌
第二消费群	常散步；留心天气预报；认为好产品不需要做广告，
第三消费群	常跳迪斯科；常去舞厅及书店；爱看国外电影，港台剧，喜欢读海外见闻；确认广告的作用，喜欢风格独特的产品；对促销敏感
第四消费群	常骑摩托车兜风；热衷于体育节目；喜欢买进口产品
第五消费群	常去公园；爱看港台剧，喜欢读生活常识、健康医疗；购物审慎，注重实用与价格，对促销敏感
第六消费群	常打球、看书、玩电脑、炒股；常去餐馆、卡拉 OK 、电影院；爱看新闻节目、热点追踪；受广告影响，但不喜欢看广告，注重购物场所的格调，较少受价格制约

附：六大消费群与行为变量交互分析表 / Appendix: Cross Tabulations between Market Segments and Behavior Measures

4-3-1 不同消费群常做的活动 / The Frequently Engaged Activities of the Different Market Segments

	人数	到现场看球赛	打网球	保龄球	散步	跳交际舞	跳迪斯科	打篮球
样本	**600**	**9.5**	**7.0**	**10.0**	**53.2**	**7.2**	**5.5**	**12.5**
第一消费群	94	7.4	7.4	7.4	57.4	6.4	6.4	25.5
第二消费群	126	7.1	4.8	3.2	61.9	6.3	4.0	7.1
第三消费群	99	9.1	8.1	16.2	44.4	6.1	12.1	19.2
第四消费群	100	10.0	6.0	9.0	49.0	9.0	4.0	6.0
第五消费群	99	5.1	1.0	2.0	53.5	3.0	1.0	8.1
第六消费群	82	20.7	17.1	26.8	50.0	13.4	6.1	11.0

续上表（ continued ）

	游泳	看书	玩电脑	聚会聊天	骑摩托车兜风	逛街购物	炒股	滑冰
样本	**23.8**	**66.3**	**21.2**	**55.2**	**17.7**	**56.2**	**8.7**	**4.5**
第一消费群	34.0	70.2	33.0	64.9	14.9	68.1	4.3	12.8
第二消费群	16.7	56.3	7.9	46.0	10.3	45.2	5.6	0.0
第三消费群	23.2	75.8	33.3	60.6	15.2	62.6	11.1	10.1
第四消费群	20.0	62.0	15.0	47.0	30.0	54.0	14.0	2.0
第五消费群	24.2	55.6	5.1	52.5	15.2	60.6	2.0	1.0
第六消费群	28.0	84.1	40.2	64.6	23.2	48.8	17.1	2.4

4-3-2 不同消费群常去的场所 / The Places Visited Frequently of the Different Market Segments

	人数	中式餐馆	健身房	迪斯科舞厅	卡拉 OK
样本	**600**	**49.3**	**6.2**	**5.8**	**20.7**
第一消费群	94	34.0	11.7	8.5	22.3
第二消费群	126	28.6	2.4	1.6	4.8
第三消费群	99	62.6	11.1	13.1	22.2
第四消费群	100	66.0	6.0	4.0	28.0
第五消费群	99	42.4	1.0	0.0	13.1
第六消费群	82	70.7	6.1	9.8	41.5

续上表（continued）

	人数	公园	电影院	书店	图书馆
样本	**600**	**41.5**	**11.5**	**40.0**	**17.3**
第一消费群	94	20.2	10.6	36.2	16.0
第二消费群	126	40.5	7.9	34.9	12.7
第三消费群	99	36.4	14.1	58.6	33.3
第四消费群	100	51.0	8.0	31.0	13.0
第五消费群	99	53.5	10.1	32.3	12.1
第六消费群	82	47.6	20.7	50.0	18.3

4-3-3 不同消费群家电拥有情况及购买打算 / Electronic Home Products: Possessions and Purchasing Plans of the Different Market Segments

	冰箱		微波炉		VCD		空调		录放像机	
	现有	打算买	现有	打算买	现有	打算买	现有	打算买	现有	打算买
样本	**89.3**	**8.5**	**22.2**	**6.7**	**38.7**	**8.9**	**56.0**	**8.2**	**48.3**	**3.2**
第一消费群	85.1	8.6	18.1	4.3	39.4	10.6	44.7	10.6	55.3	4.3
第二消费群	89.7	7.9	16.7	6.3	31.7	5.6	50.8	7.1	42.9	0.8
第三消费群	93.9	4.0	29.3	8.1	38.4	12.2	59.6	12.1	49.5	4.0
第四消费群	91.0	9.0	24.0	9.0	48.0	7.0	68.0	8.1	53.0	4.0
第五消费群	88.9	7.1	16.2	3.0	36.4	4.1	50.5	3.0	42.4	1.0
第六消费群	86.6	15.9	31.7	9.9	40.2	15.9	64.6	8.5	48.8	6.1

续上表（continued）

	音响		照相机		电热水壶		磁带随身听		CD 随身听	
	现有	打算买	现有	打算买	现有	打算买	现有	打算买	现有	打算买
样本	**50.8**	**7.2**	**55.5**	**6.4**	**55.2**	**2.3**	**43.8**	**1.3**	**14.5**	**8.2**
第一消费群	48.9	8.5	50.0	6.5	46.8	4.3	55.3	4.3	13.8	17.0
第二消费群	46.8	2.4	49.2	5.6	46.0	1.6	34.1	0.0	6.3	2.4
第三消费群	50.5	10.1	63.6	13.1	60.6	3.0	67.7	2.0	20.2	14.1
第四消费群	58.0	11.0	61.0	5.0	61.0	2.0	34.0	0.0	13.0	6.0
第五消费群	47.5	3.0	48.5	1.0	53.5	1.0	29.3	2.0	10.1	5.1
第六消费群	54.9	9.8	63.4	7.3	67.1	2.4	46.3	0.0	28.0	6.1

续上表（continued）

	摄像机		摩托车		钢琴	
	现有	打算买	现有	打算买	现有	打算买
样本	**9.8**	**6.8**	**38.0**	**10.3**	**3.0**	**4.5**
第一消费群	13.8	13.8	31.9	12.8	1.1	8.5
第二消费群	2.4	3.2	21.4	6.3	0.8	2.4
第三消费群	13.1	5.1	36.4	13.1	5.1	6.1
第四消费群	13.0	7.0	56.0	9.0	4.0	3.0
第五消费群	8.1	4.0	37.4	9.1	1.0	3.0
第六消费群	11.0	9.8	51.2	13.4	7.3	4.9

n>=593

4-3-4 不同消费群收看电视节目的比较 / TV Programs Watched of the Different Market Segments

注：本题为多选题，合计百分比超过 100%（Multiple answers）

	人数	新闻节目	体育节目	港台电视剧	国外电影片	天气预报
样本	**589**	**70.1**	**35.5**	**75.8**	**27.6**	**24.9**
第一消费群	91	54.9	18.7	84.6	24.2	25.3
第二消费群	125	80.8	37.6	66.4	15.2	32.0
第三消费群	98	59.2	33.7	85.7	44.9	15.3
第四消费群	98	79.6	58.2	77.6	37.8	27.6
第五消费群	98	60.2	17.3	86.7	20.4	26.5
第六消费群	79	84.8	49.4	53.2	25.3	21.5

4-3-5 不同消费者经常阅读的报纸内容的比较 / Newspapers Frequently Read of the Different Market Segments

注：本题为多选题，合计百分比超过 100%（Multiple answers）

	人数	新闻报道	生活常识	体育	健康医疗	热点追踪	海外见闻
样本	**562**	**76.9**	**34.0**	**29.2**	**28.5**	**27.6**	**20.1**
第一消费群	88	58.0	31.8	15.9	23.9	26.1	22.7
第二消费群	119	89.9	42.0	27.7	31.9	30.3	16.0
第三消费群	92	63.0	25.0	31.5	25.0	26.1	25.0
第四消费群	91	86.8	31.9	50.5	28.6	30.8	22.0
第五消费群	91	70.3	47.3	16.5	42.9	18.7	18.7
第六消费群	81	90.1	22.2	33.3	16.0	33.3	17.3

4-3-6 不同消费群对有关广告看法的比较 / Perceptions of Advertisement of the Different Market Segments

注：对于每一个观点，以 1 代表“非常不同意”，2 代表“比较不同意”，3 代表“不一定”，4 代表“比较同意”，5 代表“非常同意”；均值即根据每一个样本的回答情况计算出来的平均值。

	许多产品的广告都很落俗套		真正的好产品不需要作广告		广告格调低的产品我不会去买		广告是生活中必不可少的	
	均值	样本量	均值	样本量	均值	样本量	均值	样本量
样本	**3.37**	**590**	**3.26**	**588**	**3.26**	**591**	**3.78**	**595**
第一消费群	3.01	93	2.96	92	2.91	93	3.71	93
第二消费群	3.41	125	3.58	125	3.24	124	3.51	125
第三消费群	3.55	97	3.07	99	3.16	99	3.97	99
第四消费群	3.27	99	3.48	97	3.48	100	3.84	100
第五消费群	3.44	94	3.45	96	3.20	93	3.78	96
第六消费群	3.56	82	2.85	79	3.57	82	3.94	82
显著度	0.0007		0.0000		0.0002		0.0166	

4-3-7 不同消费群在各种消费观念上的态度比较 / Consumer Values of the Different Market Segments

	我喜欢购买具有独特风格的产品		纵使价钱贵一些，我还是喜欢买外国产品		我用信用卡购买许多东西		我买东西时主要考虑的因素是价钱	
	均值	样本量	均值	样本量	均值	样本量	均值	样本量
样本	**3.76**	**596**	**3.01**	**597**	**2.32**	**590**	**3.41**	**597**
第一消费群	3.80	93	2.81	93	2.30	92	3.32	93
第二消费群	3.42	125	2.88	126	2.32	123	3.34	126
第三消费群	4.04	98	3.19	97	2.24	98	3.46	98
第四消费群	3.95	100	3.39	100	2.39	98	3.55	99
第五消费群	3.47	98	2.80	99	2.21	99	3.70	99
第六消费群	3.99	82	3.05	82	2.50	80	3.02	82
显著度	0.0000		0.0000		0.5432		0.0000	

续上表（continued）

	选购物品时，我喜欢尝试新品牌		我非常注重商店的气氛、布置及格调		选购物品时，我会详细阅读包装上的资料		除了汽车、房子，买任何东西贷款都不明智	
	均值	样本量	均值	样本量	均值	样本量	均值	样本量
样本	**3.22**	**593**	**3.49**	**595**	**4.12**	**594**	**3.34**	**595**
第一消费群	3.38	91	3.41	93	4.02	92	3.02	93
第二消费群	3.06	126	3.21	126	3.91	126	3.25	126
第三消费群	3.37	98	3.71	97	4.21	96	3.35	98
第四消费群	3.28	99	3.54	99	4.13	100	3.60	99
第五消费群	3.11	98	3.44	99	4.35	98	3.53	97
第六消费群	3.17	81	3.77	81	4.13	82	3.30	82
显著度	0.0472		0.0001		0.0046		0.0098	

续上表（continued）

	买东西时我经常货比三家		促销期间我会比平常买更多的东西		流行与实用之间我比较看重流行		我常寻求亲友的意见来决定品牌	
	均值	样本量	均值	样本量	均值	样本量	均值	样本量
样本	**3.72**	**596**	**3.18**	**598**	**2.63**	**595**	**2.83**	**596**
第一消费群	3.30	93	3.11	93	2.63	92	2.60	93
第二消费群	3.79	126	3.08	126	2.52	126	3.00	126
第三消费群	3.72	98	3.37	98	2.94	97	2.90	97
第四消费群	3.95	99	3.21	100	2.75	99	2.88	100
第五消费群	3.98	98	3.37	99	2.38	99	2.89	98
第六消费群	3.51	82	2.89	82	2.60	82	2.62	82
显著度	0.0000		0.0018		0.0024		0.0243	

4-4 六大消费群综合特征示意图 / Illustration of the Comprehensive Characteristics of the Six Market Segments

第一消费群

女，16-19 岁，未婚，高中/中专/技校学历，学生，无收入

追求西式生活，向往田园，主张男女平等

经常游泳、打篮球、聚会、逛街；常去健身房；爱看港台剧；注重广告格调；乐于尝试新品牌

淡漠流行，缺乏积极进取精神，秉持传统的女性观

第二消费群

性别无明显偏向，40 岁以上，已婚，学历无明显偏向，职业为工人，月收入为 1500 元以下

常去散步；留心天气预报；坚持"好产品便无须广告"

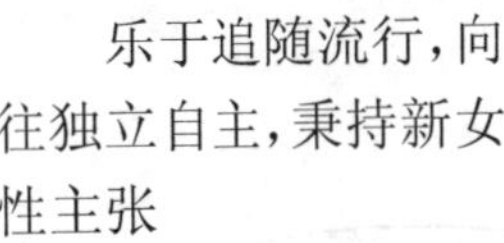

乐于追随流行，向往独立自主，秉持新女性主张

第三消费群

女，20-24 岁，未婚，高中/中专/技校或大专学历，学生或待业人员，无收入

常跳迪斯科；频繁光顾舞厅及书店；爱看国外电影、港台剧，读海外见闻；认为广告必不可少；偏爱风格独特的产品；对促销敏感

积极进取，奔波忙碌，推崇中式生活，带有“大男子”倾向，惯于都市生活

第四消费群

男， 35-44 岁，已婚，初中、高中/中专/技校学历，职业为个体及私营企业主，月收入在 801-1500 元

常骑摩托车兜风；热衷于体育报道；青睐舶来品

心态保守，追求稳定，以家庭为中心，看电视是主要娱乐

第五消费群

女， 30-34 岁，已婚，初中及以下学历，家庭主妇，月收入 800 元以下

常去公园，爱看港台剧；经常阅读生活常识和医疗保健栏目；购物审慎，对促销敏感，购买受制于价格

娱乐丰富，家庭观念淡薄

第六消费群

男， 25-29 岁，婚姻状况无明显偏向，大专及以上学历，职业为企业职员、管理人员、科教卫生人员或专门职业者，月收入 2000 元以上

常打球、看书、玩电脑、炒股；频繁光顾餐馆、卡拉 OK 厅及电影院；爱看新闻及热点节目；承认广告作用，但对广告作品评价不高；注意售点格调，消费较少受价格影响

5 重庆消费群 / Market Segmentation in Chongqing

聚类分析的结果，重庆消费者被划分为六大消费群。以下分别从人口特征、心理特征和行为特征三方面对这六大消费群进行描述。

注：以下所有描述都是针对每一消费群相对于其他消费群较为明显的特征而言的，对于那些没有区别力的、普遍存在的情况文中没有进行额外说明。

5-1 六大消费群人口基本情况构成 / Demographic Measures of the Six Market Segments

附：六大消费群与人口变量交互分析表 / Appendix: Cross Tabulations between Market Segments and Demographic Variables

表中阴影表示高出样本百分比最多（或较多）的数值，如下表 5-1-1 ：男性占 56.5%的一群比样本比例 51.3%高出最多，在表格的左列找到它对应的是第三消费群，这就说明第三消费群中男性的分布比其它群更集中，即这群人以男性居多。

5-1-1 六大消费群的性别构成 / Gender Composition of the Six Market Segments

	人数	男性	女性
样本	**600**	**51.3**	**48.7**
第一消费群	133	54.9	45.1
第二消费群	123	52.0	48.0
第三消费群	124	56.5	43.5
第四消费群	24	50.0	50.0
第五消费群	162	48.1	51.9
第六消费群	34	32.4	67.6

5-1-2 六大消费群的年龄构成 / Age Composition of the Six Market Segments

	人数	16-19 岁	20-24 岁	25-29 岁	30-34 岁	35-39 岁	40-44 岁	45-49 岁	50 岁以上
样本	**600**	**14.3**	**17.7**	**12.5**	**11.8**	**12.3**	**10.3**	**8.7**	**12.3**
第一消费群	133	56.4	34.6	8.3	0.0	0.8	0.0	0.0	0.0
第二消费群	123	0.8	0.8	4.9	13.0	18.7	14.6	18.7	28.5
第三消费群	124	6.5	36.3	25.8	16.9	12.1	2.4	0.0	0.0
第四消费群	24	0.0	20.8	8.3	37.5	16.7	4.2	4.2	8.3
第五消费群	162	0.0	1.2	9.9	11.1	16.0	22.8	16.0	22.8
第六消费群	34	5.9	20.6	23.5	20.6	14.7	8.8	5.9	0.0

5-1-3 六大消费群的学历构成 / Educational Composition of the Six Market Segments

	人数	小学及以下	初中	高中/中专/技校	大学专科	大学本科	研究生及以上
样本	**600**	**3.2**	**32.0**	**45.5**	**13.2**	**5.5**	**0.7**
第一消费群	133	0.0	30.8	57.9	8.3	3.0	0.0
第二消费群	123	0.8	22.0	56.1	18.7	2.4	0.0
第三消费群	124	0.0	2.4	46.0	31.5	18.5	1.6
第四消费群	24	0.0	8.3	58.3	12.5	12.5	8.3
第五消费群	162	11.1	63.6	25.3	0.0	0.0	0.0
第六消费群	34	0.0	47.1	44.1	8.8	0.0	0.0

5-1-4 六大消费群的职业构成 / Occupational Composition of the Six Market Segments

	人数	普通工人	一般企业职员	行政管理人员	工商管理人员	服务人员	科教卫生人员	文化艺术工作者
样本	**599**	**26.2**	**10.7**	**6.7**	**0.8**	**4.0**	**5.7**	**0.5**
第一消费群	133	14.3	7.5	0.8	0.0	4.5	3.0	0.0
第二消费群	123	26.8	11.4	17.9	0.0	3.3	6.5	0.8
第三消费群	124	17.7	24.2	8.1	3.2	5.6	12.9	1.6
第四消费群	24	4.2	8.3	4.2	4.2	4.2	12.5	0.0
第五消费群	161	43.5	5.0	3.7	0.0	3.1	1.9	0.0
第六消费群	34	35.3	0.0	0.0	0.0	2.9	0.0	0.0

续上表（continued）

	军警	个体劳动者/私营企业主	专门职业从事者	待业/下岗人员	学生	离退休人员	家庭主妇	其他
样本	**0.8**	**11.0**	**2.2**	**7.7**	**14.4**	**5.7**	**0.7**	**3.0**
第一消费群	0.0	9.0	0.8	3.8	54.9	0.0	0.0	1.5
第二消费群	1.6	4.1	4.1	8.1	0.0	13.8	0.0	1.6
第三消费群	2.4	5.6	1.6	2.4	9.7	0.0	0.8	4.0
第四消费群	0.0	45.8	4.2	4.2	4.2	0.0	0.0	4.2
第五消费群	0.0	14.3	0.6	13.0	0.0	10.6	1.9	2.5
第六消费群	0.0	23.5	8.8	17.6	0.0	0.0	0.0	11.8

5-1-5 六大消费群的个人月平均收入 / Individual Monthly Income of the Six Market Segments

	人数	无收入	500 元以下	501-800 元	801-1000 元
样本	**600**	**19.0**	**37.8**	**25.3**	**8.0**
第一消费群	133	59.4	21.8	18.0	0.8
第二消费群	123	3.3	40.7	38.2	11.4
第三消费群	124	10.5	27.4	29.8	18.5
第四消费群	24	0.0	0.0	0.0	0.0
第五消费群	162	8.6	63.6	21.6	3.7
第六消费群	34	11.8	32.4	26.5	11.8

续上表（continued）

	1001-1500 元	1501-2000 元	2001-3000 元	3001-4000 元	4000 元以上
样本	**5.3**	**2.0**	**2.0**	**0.2**	**0.3**
第一消费群	0.0	0.0	0.0	0.0	0.0
第二消费群	5.7	0.8	0.0	0.0	0.0
第三消费群	13.7	0.0	0.0	0.0	0.0
第四消费群	0.0	45.8	41.7	4.2	8.3
第五消费群	2.5	0.0	0.0	0.0	0.0
第六消费群	11.8	0.0	5.9	0.0	0.0

5-1-6 六大消费群的婚姻状况 / Marital Status of the Six Market Segments

	人数	已婚	未婚	离异	丧偶
样本	**598**	**63.9**	**32.4**	**3.0**	**0.7**
第一消费群	132	10.6	89.4	0.0	0.0
第二消费群	123	91.1	3.3	3.3	2.4
第三消费群	124	50.8	45.2	4.0	0.0
第四消费群	24	66.7	25.0	8.3	0.0
第五消费群	162	95.7	1.9	1.9	0.6
第六消费群	33	66.7	21.2	12.1	0.0

5-2 六大消费群的生活态度比较 / An Attitudinal Comparison of the Six Market Segments

利用 38 个态度变量进行因子分析，得到简化了的 11 个因子（因子构成及命名如表 5-2-1 所示），比较六大消费群的因子得分，可以看出他们在生活态度上的差别。

5-2-1 因子构成及因子命名 / Factor Analysis and Naming of the Six Market Segments

因子及命名	变　　量	因子负荷	方差贡献率（100%）	累计方差贡献率（100%）
因子 1：浪漫新潮	我很注意流行的趋势 我希望过非常浪漫的生活 我向往欧美等先进国家的生活方式 我对我将来的成就寄以很大的希望 吸引异性的注目是我很喜欢的感觉	.69254 .66920 .54674 .45405 .43068	11.2	11.2
因子 2：注重经验	社会经验比学历重要多了 男性也应该做家务 学历只是证件，真正的学习是在就业以后 人生应该时常冒险去接受挑战 西餐与中餐相比，我更喜欢吃中国菜	.66847 .49177 .48873 .45823 .38438	7.2	18.5
因子 3：保守稳定	我喜欢安定有保障的工作 工作上只要能获得好评价，不轻易换工作 家庭是我生活的重心	.74511 .69528 .53416	6.3	24.8
因子 4：现实家庭观	男人应比女人能干 只要双方同意，婚前性行为应该被允许 在社会中，金钱是衡量一切的标准 家庭生活不一定要有小孩	.72552 .60040 .39337 .38964	4.8	29.5
因子 5：独立休闲	夫妻应各自拥有生活 为了享受休闲，多花一些钱也是值得的 我希望自己成为有独特风格的人 社交活动中我是比较活跃的分子	.71678 .52984 .45788 .44565	4.3	33.8
因子 6：循规传统	我一向按时起居作息，饮食定时定量 我喜欢看传统戏剧 我经常注意畅销书排行榜 工作的最佳报酬应该是成就感	.62127 .57426 .54385 .46516	3.6	37.4
因子 7：不确定自己	我对自己的健康没有把握 看电视是我最主要的娱乐方式 当我使用外国产品时，心里多少会有满足感	.70146 .48044 .38170	3.3	40.7
因子 8：都市情结	我喜欢在大城市中渡假 我宁愿住在郊区而不愿住在大城市 我很注意我的外表及言行是否优雅	.64793 -.58804 .36190	3.0	43.7
因子 9：功利心态	为了挣更多的钱我宁愿牺牲休闲 当作者成为新闻人物时我通常买他们的书 女人的主要任务是给家人一个快乐的家	.56327 .47707 .47427	3.0	46.6
因子 10：奔波忙碌	我要做的事情很多，时间老是不够分配 为了前途，我会辛苦进修某些课程或训练	.71842 .50781	2.9	49.5
因子 11：新女性主张	我可以接受女方比男方学历高的婚姻观念 女性可以向自己喜欢的男性主动表示好感	.70075 .43022	2.7	52.2

5-2-2 六大消费群在 11 个因子上得分的均值比较 / A Comparison of Market Segments' Average Factor Score

均值为正表示该消费群同意此因子的说法，均值为负表示不同意此因子的说法；正分越高表示越同意，负分越低表示越反对。下表中加深色底纹的是六个消费群在某因子上均值的最高分，加浅色底纹的是最低分，这些得分反映了各消费群的特点，这些特点解决了“他们怎么想”的问题。

		第一消费群	第二消费群	第三消费群	第四消费群	第五消费群	第六消费群
人数		123	117	123	23	156	30
均值	因子 1： 浪漫新潮	.6125	.0158	.2838	.1356	-.8237	.4429
	因子 2： 注重经验	-.3109	-.1057	.3911	-.0169	-.0770	.4966
	因子 3： 保守稳定	-.4168	.3733	-.1686	.1259	.2460	-.4315
	因子 4： 现实家庭观	-.2377	-.2051	.2724	.4880	.0588	-.0219
	因子 5： 独立休闲	-.1736	.4894	-.0349	.6261	-.4295	.6994
	因子 6： 循规传统	.1697	.6133	-.3305	-.3190	-.1177	-.8759
	因子 7： 不确定自己	-.2040	.1663	-.2964	-.1123	.1830	.5378
	因子 8： 都市情结	-.0508	.0431	-.0356	.2099	-.0202	.1302
	因子 9： 功利心态	.0712	.0252	-.4153	.5824	.1751	-.0443
	因子 10：奔波忙碌	-.2386	.6029	.4381	.0273	-.4835	-.6760
	因子 11：新女性主张	.0489	-.3349	.4836	.3532	.0341	-1.3250

5-2-3 六大消费群生活态度 / An Attitudinal Comparison of the Six Market Segments

	生活态度概述
第一消费群	追求浪漫新潮，确认学历的重要性，秉持男女平等的家庭观念
第二消费群	生活忙碌，但起居有序，心态保守，追求工作的稳定感
第三消费群	秉持新型的女性观，重视休闲，对自己的健康没有把握
第四消费群	在金钱观和家庭观、两性观上都比较现实，习惯于都市生活
第五消费群	不追求浪漫、新潮、流行，忽视休闲享受，不同意夫妻各自拥有生活
第六消费群	向往独立休闲，不安于现状，但对于女性地位观念比较保守，认为社会经验比学历重要

5-3 六大消费群的行为特征比较 / A Behavioral Comparison of the Six Market Segments

	行为特征概述
第一消费群	常运动、看电影、看书；常去图书馆；爱看体育、港台剧、MTV；喜欢尝试新品牌
第二消费群	常散步、钓鱼；常去体育场馆；留意新闻；认为好产品不需要做广告，买东西货比三家，对促销敏感
第三消费群	常跳交际舞；常去餐馆、书店；爱看国外电影，读热点追踪；选购物品时会仔细阅读产品说明
第四消费群	常游泳、聚会；常去餐馆、护肤中心、酒吧；爱看综艺节目；受广告影响，买东西追求品质及风格，注重商店气氛
第五消费群	常做的活动无明显特征；留意天气预报、常看国内影视剧，爱读生活常识、健康医疗；购物很注意价格
第六消费群	常散步、跳健美操；常去美容院、卡拉OK厅、迪斯科厅；相信专家推荐，注重流行趋势，消费品更换意识强

附：六大消费群与行为变量交互分析表 / Appendix: Cross Tabulations between Market Segments and Behavior Measures

5-3-1 不同消费群常做的活动 / The Frequently Engaged Activities of the Different Market Segments

注：本题为多选题，合计百分比超过100%（Multiple answers）

	人数	到现场看球赛	打网球	打羽毛球	保龄球	踢足球	跳韵律操	打篮球
样本	**600**	**13.3**	**4.2**	**16.7**	**3.8**	**11.5**	**3.7**	**10.3**
第一消费群	133	18.0	3.8	30.1	3.8	30.1	6.8	26.3
第二消费群	123	16.3	6.5	14.6	3.3	5.7	3.3	6.5
第三消费群	124	16.9	4.8	14.5	6.5	14.5	4.8	8.1
第四消费群	24	20.8	12.5	25.0	12.5	8.3	0.0	12.5
第五消费群	162	4.3	0.0	6.8	0.0	1.2	0.0	2.5
第六消费群	34	8.8	8.8	20.6	8.8	0.0	8.8	5.9

续上表（continued）

	人数	打乒乓球	散步	跳交际舞	游泳	滑冰	钓鱼	跳迪斯科
样本	**600**	**17.2**	**61.2**	**11.3**	**30.8**	**7.2**	**11.3**	**6.7**
第一消费群	133	34.6	53.4	4.5	44.4	18.0	11.3	9.0
第二消费群	123	17.1	71.5	11.4	29.3	6.5	19.5	5.7
第三消费群	124	16.1	56.5	22.6	33.9	6.5	6.5	8.1
第四消费群	24	16.7	66.7	16.7	45.8	0.0	16.7	20.8
第五消费群	162	4.3	61.1	5.6	18.5	0.6	9.3	1.9
第六消费群	34	14.7	67.6	20.6	20.6	5.9	5.9	8.8

续上表（continued）

	人数	看电影	打游戏机	看书	聚会聊天	参加社团活动
样本	**600**	**30.0**	**19.5**	**70.3**	**57.3**	**16.8**
第一消费群	133	45.1	28.6	78.2	49.6	13.5
第二消费群	123	22.8	10.6	74.8	61.0	23.6
第三消费群	124	42.7	24.2	77.4	58.9	21.8
第四消费群	24	29.2	33.3	70.8	75.0	29.2
第五消费群	162	14.8	13.6	56.2	56.2	11.1
第六消费群	34	23.5	17.6	64.7	61.8	5.9

5-3-2 不同消费群常去的场所 / The Places Visited Frequently of the Different Market Segments

注：本题为多选题，合计百分比超过 100%（Multiple answers）

	人数	中式餐馆	健身房	美容护肤中心	酒吧
样本	600	34.3	4.0	5.5	4.3
第一消费群	133	29.3	7.5	5.3	3.0
第二消费群	123	33.3	3.3	4.9	3.3
第三消费群	124	53.2	5.6	6.5	8.9
第四消费群	24	66.7	0.0	29.2	20.8
第五消费群	162	16.7	0.6	0.0	0.6
第六消费群	34	50.0	5.9	14.7	2.9

续上表（continued）

	人数	迪斯科舞厅	卡拉 OK	录像厅	电影院
样本	600	5.3	14.5	7.3	20.5
第一消费群	133	4.5	17.3	10.5	30.1
第二消费群	123	4.9	9.8	5.7	15.4
第三消费群	124	8.9	21.8	10.5	29.8
第四消费群	24	16.7	41.7	16.7	33.3
第五消费群	162	0.6	3.1	1.9	8.6
第六消费群	34	11.8	29.4	8.8	14.7

续上表（continued）

	人数	书店	图书馆	体育场馆
样本	600	41.0	16.5	15.2
第一消费群	133	47.4	26.3	18.8
第二消费群	123	49.6	26.0	19.5
第三消费群	124	55.6	16.9	16.1
第四消费群	24	41.7	12.5	8.3
第五消费群	162	22.2	4.3	9.9
第六消费群	34	20.6	2.9	11.8

5-3-3 不同消费群家电拥有情况及购买打算 / Electronic Home Products: Possessions and Purchasing Plans of the Different Market Segments

	饮水机		电暖器		磁带随身听		VCD	
	现有	打算买	现有	打算买	现有	打算买	现有	打算买
样本	19.8	12.0	42.2	3.8	50.3	2.8	24.8	13.5
第一消费群	21.8	11.3	39.1	3.8	61.7	5.3	25.6	10.5
第二消费群	22.0	8.1	43.9	4.1	49.6	3.3	24.4	13.0
第三消费群	24.2	21.0	50.8	4.0	63.7	0.8	33.1	16.1
第四消费群	29.2	16.7	70.8	0.0	62.5	0.0	37.5	25.0
第五消费群	13.0	9.3	34.6	4.3	32.1	2.5	16.7	12.3
第六消费群	14.7	5.9	32.4	2.9	38.2	2.9	23.5	14.7

续上表（continued）

	空调		录放像机		音响		照相机	
	现有	打算买	现有	打算买	现有	打算买	现有	打算买
样本	**49.8**	**13.8**	**29.7**	**3.8**	**23.8**	**6.8**	**44.5**	**7.0**
第一消费群	50.4	10.5	32.3	5.3	27.1	7.5	44.4	6.8
第二消费群	61.0	13.8	34.1	4.9	23.6	8.1	52.0	9.8
第三消费群	60.5	18.5	34.7	3.2	23.4	8.1	56.5	7.3
第四消费群	79.2	16.7	45.8	4.2	50.0	4.2	66.7	16.7
第五消费群	32.1	12.3	19.8	3.1	17.3	4.9	27.8	4.3
第六消费群	32.4	14.7	20.6	0.0	26.5	5.9	38.2	2.9

续上表（continued）

	CD 随身听		微波炉		摄像机		电子游戏机	
	现有	打算买	现有	打算买	现有	打算买	现有	打算买
样本	**8.0**	**5.3**	**7.3**	**7.5**	**4.0**	**9.3**	**40.3**	**3.0**
第一消费群	6.8	12.8	8.3	5.3	3.0	15.0	49.6	4.5
第二消费群	8.1	4.1	13.8	6.5	4.9	5.7	40.7	1.6
第三消费群	9.7	4.8	6.5	10.5	3.2	15.3	46.8	2.4
第四消费群	16.7	4.2	29.2	16.7	16.7	16.7	62.5	0.0
第五消费群	7.4	1.2	0.6	5.6	1.9	2.5	24.7	2.5
第六消费群	2.9	2.9	0.0	11.8	8.8	5.9	38.2	8.8

n>=598

5-3-4 不同消费群收看电视节目的比较 / TV Programs Watched of the Different Market Segments

注：本题为多选题，合计百分比超过 100%（Multiple answers）

	人数	新闻节目	体育节目	综艺节目	港台电视剧
样本	**593**	**65.8**	**41.0**	**36.3**	**37.8**
第一消费群	132	48.5	50.0	35.6	55.3
第二消费群	121	86.8	47.1	33.9	24.0
第三消费群	123	71.5	48.0	40.7	28.5
第四消费群	24	66.7	29.2	58.3	37.5
第五消费群	159	67.3	29.6	30.8	38.4
第六消费群	34	29.4	20.6	41.2	50.0

续上表（continued）

	人数	国外电影片	天气预报	MTV	国内电视剧	国内电影片
样本	**593**	**28.3**	**25.1**	**24.5**	**23.4**	**21.2**
第一消费群	132	35.6	5.3	48.5	11.4	20.5
第二消费群	121	21.5	32.2	9.1	23.1	21.5
第三消费群	123	45.5	21.1	39.8	13.0	15.4
第四消费群	24	25.0	16.7	29.2	29.2	4.2
第五消费群	159	15.7	40.3	3.1	41.5	29.6
第六消费群	34	23.5	26.5	26.5	20.6	17.6

5-3-5 不同消费群经常阅读的报纸的内容比较 / Newspapers Frequently Read of the Different Market Segments

注：本题为多选题，合计百分比超过 100%（Multiple answers）

	人数	新闻报道	热点追踪	生活常识	体育	健康医疗
样本	**576**	**66.7**	**43.8**	**34.0**	**32.1**	**24.7**
第一消费群	129	41.9	34.1	25.6	45.7	16.3
第二消费群	121	85.1	43.8	35.5	30.6	27.3
第三消费群	123	69.9	52.0	36.6	37.4	28.5
第四消费群	23	69.6	47.8	21.7	26.1	8.7
第五消费群	149	73.2	45.0	40.9	21.5	29.5
第六消费群	31	51.6	41.9	29.0	16.1	22.6

5-3-6 不同消费群对有关广告看法的比较 / Perceptions of Advertisement of the Different Market Segments

注：对于每一个观点，以 1 代表“非常不同意”， 2 代表“比较不同意”， 3 代表“不一定”， 4 代表“比较同意”， 5 代表“非常同意”；均值即根据每一个样本的回答情况计算出来的平均值。

	购买商品时，还是以有广告的厂牌比较可靠		广告是可以信赖的		许多产品的广告都很落俗套		专家推荐的产品应该不会有错	
	均值	样本量	均值	样本量	均值	样本量	均值	样本量
样本	**3.24**	**600**	**2.86**	**598**	**3.40**	**598**	**3.09**	**600**
第一消费群	3.44	133	2.91	133	3.34	133	3.11	133
第二消费群	3.18	123	2.93	122	3.33	123	3.16	123
第三消费群	3.23	124	2.75	124	3.54	124	3.03	124
第四消费群	3.46	24	3.25	24	3.79	24	2.92	24
第五消费群	3.14	162	2.76	161	3.39	160	3.05	162
第六消费群	3.03	34	3.00	34	3.18	34	3.21	34
显著度	0.0274		0.0228		0.1144		0.6136	

续上表（continued）

	当电视出现广告时，我通常会换台		真正的好产品不需要作广告		广告格调低的产品我不会去买		广告是生活中必不可少的	
	均值	样本量	均值	样本量	均值	样本量	均值	样本量
样本	**3.38**	**598**	**3.21**	**599**	**3.54**	**600**	**3.82**	**600**
第一消费群	3.20	133	2.96	132	3.20	133	3.86	133
第二消费群	3.49	122	3.68	123	3.66	123	3.88	123
第三消费群	3.35	124	2.67	124	3.51	124	4.10	124
第四消费群	3.71	24	3.13	24	4.08	24	3.88	24
第五消费群	3.40	162	3.49	162	3.69	162	3.59	162
第六消费群	3.58	33	3.12	34	3.53	34	3.53	34
显著度	0.1313		0.0000		0.0002		0.0026	

5-3-7 不同消费群在各种消费观念上的态度比较 / Consumer Values of the Different Market Segments

	我喜欢购买具有独特风格的产品		纵使价钱贵一些，我还是喜欢买外国产品		我用信用卡购买许多东西		我买东西时主要考虑的因素是价钱		选购物品时，我喜欢尝试新品牌	
	均值	样本量	均值	样本量	均值	样本量	均值	样本量	均值	样本量
样本	**3.71**	**600**	**2.59**	**599**	**2.25**	**595**	**3.27**	**600**	**3.29**	**598**
第一消费群	3.90	133	2.68	133	2.38	133	3.11	133	3.57	133
第二消费群	3.80	123	2.82	122	2.27	122	3.26	123	3.43	122
第三消费群	3.91	124	2.57	124	2.18	122	3.03	124	3.27	124
第四消费群	3.96	24	2.79	24	2.63	24	3.21	24	3.50	24
第五消费群	3.31	162	2.27	162	2.06	160	3.66	162	2.96	161
第六消费群	3.71	34	2.76	34	2.59	34	3.06	34	3.12	34
显著度	0.0000		0.0007		0.0398		0.0000		0.0000	

续上表（continued）

	我非常注重商店的气氛、布置及格调		选购物品时，我会详细阅读包装上的资料		除了汽车、房子，买任何东西贷款都不明智		买东西时我经常货比三家		促销期间我会比平常买更多的东西	
	均值	样本量	均值	样本量	均值	样本量	均值	样本量	均值	样本量
样本	**3.50**	**600**	**4.06**	**599**	**3.29**	**599**	**3.91**	**598**	**2.86**	**597**
第一消费群	3.54	133	3.83	132	2.96	133	3.53	133	2.89	132
第二消费群	3.70	123	4.21	123	3.57	123	4.31	123	3.12	123
第三消费群	3.59	124	4.22	124	3.28	124	3.81	124	2.61	124
第四消费群	3.79	24	3.83	24	3.79	24	3.92	24	2.58	24
第五消费群	3.14	162	4.10	162	3.33	161	4.07	160	2.84	160
第六消费群	3.74	34	3.74	34	3.12	34	3.53	34	2.88	34
显著度	0.0000		0.0009		0.0009		0.0000		0.0011	

续上表（continued）

	我宁愿多花一点钱购买品质较好的东西		流行与实用之间我比较看重流行		我常寻求亲友的意见来决定品牌		与其把旧的东西拿去修理，不如买新的		我信得过电话购物的方式	
	均值	样本量	均值	样本量	均值	样本量	均值	样本量	均值	样本量
样本	**4.19**	**600**	**2.57**	**598**	**2.90**	**599**	**2.89**	**598**	**2.42**	**598**
第一消费群	4.20	133	2.93	132	2.85	132	2.90	132	2.68	132
第二消费群	4.32	123	2.64	123	3.03	123	3.14	123	2.42	123
第三消费群	4.32	124	2.36	123	2.83	124	2.80	124	2.42	124
第四消费群	4.33	24	2.54	24	2.79	24	3.38	24	2.46	24
第五消费群	4.00	162	2.25	162	2.94	162	2.59	161	2.21	161
第六消费群	4.09	34	3.12	34	2.71	34	3.38	34	2.44	34
显著度	0.0149		0.0000		0.4607		0.0000		0.0102	

5-4 六大消费群综合特征示意图 / Illustration of the Comprehensive Characteristics of the Six Market Segments

追求浪漫新潮，看重学历，秉持平等的家庭观

第一消费群

性别无明显偏向，16-19 岁，未婚，高中/中专/技校学历，学生，无收入

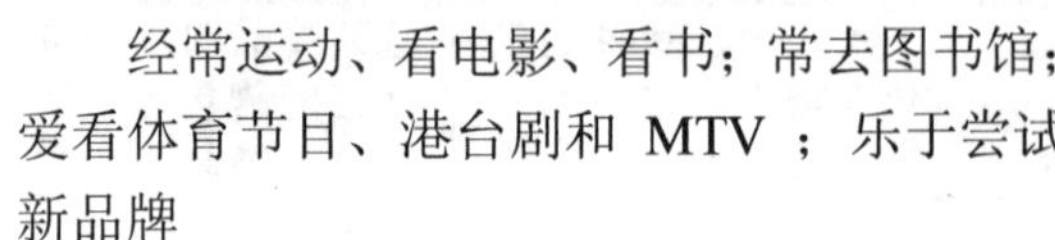

经常运动、看电影、看书；常去图书馆；爱看体育节目、港台剧和 MTV ；乐于尝试新品牌

生活忙碌，但起居有序，心态保守，追求工作的稳定感

第二消费群

性别无明显偏向，45 岁以上，已婚，学历为高中/中专/技校，职业为行政管理人员或离退休人员，月收入为 501-800 元

经常散步、钓鱼；常去体育场馆；留意新闻；坚持“好产品便无须广告”；购物时货比三家，依赖亲友意见并且对促销敏感

秉持新女性主张，注重休闲

第三消费群

性别无明显偏向，20-29 岁，婚姻状况无明显偏向，大专或大本学历，科教卫生人员或一般企业人员，月收入 801-1500 元

常跳交际舞；频繁光顾餐馆及书店；爱看国外电影，读热点追踪；认可广告的必要性；购物审慎

在家庭、金钱及两性关系上都现实而功利，惯于都市生活

第四消费群

性别无明显偏向，30-34 岁，已婚，高中/中专/技校或大学本科以上学历，职业为个体及私营企业主，月收入在 1500 元以上

常游泳、聚会；常去餐馆、护肤中心和酒吧；爱看综艺节目；承认广告的作用但回避广告；追求产品风格，重视售点格调

远离浪漫新潮，忽视休闲享受，不同意夫妇各自拥有独立的生活

第五消费群

性别无明显偏向，40 岁以上，已婚，初中及以下学历，职业为工人，月收入 500 元以下

常做的活动没有明显特征；留意天气预报，常看国内影视剧；经常阅读生活常识和医疗保健栏目；购物受制于价格

向往休闲与独立，注重经验，不安于现状

第六消费群

女，25-29 岁，已婚或离异，初中学历，职业为专门职业者、下岗或其他，月收入 1001-1500 元

常散步、跳韵律操；频繁光顾美容院、卡拉 OK 厅、迪斯科舞厅；相信专家推荐；注重流行，消费品更换意识强

第三篇　消费者日常生活形态
Part III　Consumers' Everyday Life

- 电器及耐用消费品拥有情况
  Possession of Home Electronic and Durable Products
- 光顾场所　Locations Visited
- 消费观点　Values of Consuming
- 休闲活动　Leisure Activities
- 交通工具　Transportation
- 社会、生活态度　Attitudes and Values

1 电器及耐用消费品拥有情况
Possession of Home Electronic and Durable Products

1-1 家中现在拥有电器及耐用消费品排名 / Ranking of the Home Electronic and Durable Products Presently Possessed

注：本题为多选题，合计百分比超过 100%（Multiple answers）

● 北京（Beijing）

排名	电器种类	人次	百分比
1	彩电	594	99.0
2	电风扇	580	96.7
3	冰箱	577	96.2
4	洗衣机	563	93.8
5	录音机	554	92.3
6	照相机	480	80.0
7	磁带随身听	419	69.8
8	抽油烟机	388	64.7
9	录/放像机	380	63.3
10	电子游戏机	329	54.8
11	音响	199	33.2
12	空调	186	31.0
13	微波炉	143	23.8
14	电热水壶	138	23.0
15	电暖器	117	19.5
16	加湿器	112	18.7
17	VCD / DVD	103	17.2
18	CD 随身听	73	12.2
19	摄像机	65	10.8
20	饮水机	53	8.8
21	摩托车	52	8.7
22	LD / 影碟机	41	6.8
23	钢琴	34	5.7
24	快译通	32	5.3
25	传真机	28	4.7
26	消毒碗柜	19	3.2

n=600

● 上海（Shanghai）

排名	电器种类	人次	百分比
1	电风扇	588	98.0
2	彩电	578	96.3
3	冰箱	575	95.8
4	录音机	532	88.7
5	洗衣机	520	86.7
6	电暖器	397	66.2
7	照相机	363	60.5
8	磁带随身听	359	59.8
9	录/放像机	358	59.7
10	微波炉	353	58.8
11	空调	352	58.7
12	抽油烟机	319	53.2
13	电子游戏机	310	51.7
14	电热水壶	198	33.0
14	VCD / DVD	198	33.0
16	音响	194	32.3
17	饮水机	152	25.3
18	CD 随身听	80	13.3
19	LD / 影碟机	63	10.5
20	摩托车	40	6.7
21	摄像机	33	5.5
22	消毒碗柜	21	3.5
23	加湿器	18	3.0
23	快译通	18	3.0
23	钢琴	18	3.0
26	传真机	15	2.5

n=600

● 广州（Guangzhou）

排名	电器种类	人次	百分比
1	电风扇	594	99.0
2	彩电	588	98.0
3	冰箱	536	89.3
4	洗衣机	534	89.0
5	录音机	530	88.3
6	抽油烟机	386	64.3
7	空调	336	56.0
7	消毒碗柜	336	56.0
9	照相机	333	55.5
10	电热水壶	331	55.2
11	音响	305	50.8
12	录/放像机	290	48.3
13	电子游戏机	271	45.2
14	磁带随身听	263	43.8
15	VCD / DVD	232	38.7
16	摩托车	228	38.0
17	LD / 影碟机	145	24.4
18	微波炉	133	22.2
19	电暖器	107	17.8
20	CD 随身听	87	14.5
21	饮水机	66	11.0
22	摄像机	59	9.8
23	快译通	52	8.7
24	传真机	25	4.2
25	钢琴	18	3.0
26	加湿器	7	1.2

n=600

● 重庆（Chongqing）

排名	电器种类	人次	百分比
1	电风扇	586	97.7
2	彩电	559	93.2
3	冰箱	534	89.0
4	洗衣机	522	87.0
5	录音机	411	68.5
6	磁带随身听	302	50.3
7	空调	299	49.8
8	电热水壶	291	48.5
9	照相机	267	44.5
10	抽油烟机	262	43.7
11	电暖器	253	42.2
12	电子游戏机	242	40.3
13	录/放像机	178	29.7
14	VCD / DVD	149	24.8
15	音响	143	23.8
16	饮水机	119	19.8
17	CD 随身听	48	8.0
18	微波炉	44	7.3
19	LD / 影碟机	39	6.5
20	消毒碗柜	31	5.2
21	摄像机	24	4.0
21	摩托车	24	4.0
23	加湿器	15	2.5
24	传真机	11	1.8
25	快译通	5	0.8
25	钢琴	5	0.8

n=600

1-2 计划未来一年内购买的电器及耐用消费品排名 / Ranking of the Home Electronic and Durable Products to Be Purchased Next Year

注：本题为多选题，合计百分比超过 100%（Multiple answers）

● 北京（Beijing）

排名	电器种类	人次	百分比	有效样本量
1	空调	120	20.2	595
2	彩电	88	14.7	599
3	微波炉	83	13.9	597
4	VCD / DVD	78	13.0	600
5	摄像机	68	11.3	600
6	加湿器	63	10.5	600
7	音响	60	10.0	599
8	消毒碗柜	59	9.8	600
9	洗衣机	56	9.4	598
10	冰箱	55	9.2	598
11	饮水机	54	9.0	600
11	抽油烟机	54	9.0	600
13	电热水壶	44	7.3	600
13	CD 随身听	44	7.3	600
15	照相机	40	6.7	596
16	LD / 影碟机	30	5.0	599
16	摩托车	30	5.0	600
18	录/放像机	26	4.3	599
19	电暖器	23	3.8	600
20	传真机	19	3.2	600
21	快译通	18	3.0	600
22	钢琴	15	2.5	600
23	磁带随身听	14	2.3	600
24	录音机	6	1.0	600
24	电子游戏机	6	1.0	600
26	电风扇	4	0.7	600

● 上海（Shanghai）

排名	电器种类	人次	百分比	有效样本量
1	饮水机	199	33.2	600
2	空调	94	15.8	595
3	彩电	88	14.7	597
4	VCD / DVD	71	11.9	598
5	摄像机	67	11.2	600
6	洗衣机	66	11.1	595
7	冰箱	63	10.6	597
8	音响	63	10.5	598
9	微波炉	62	10.4	596
10	抽油烟机	60	10.0	600
10	消毒碗柜	60	10.0	600
12	照相机	48	8.0	597
13	CD 随身听	46	7.7	600
14	摩托车	44	7.3	600
15	电热水壶	33	5.5	600
16	LD / 影碟机	31	5.2	595
17	电暖器	27	4.5	600
18	快译通	24	4.0	600
19	磁带随身听	23	3.8	600
20	录/放像机	21	3.5	597
20	钢琴	21	3.5	600
22	传真机	15	2.5	600
23	录音机	13	2.2	600
24	加湿器	12	2.0	600
24	电子游戏机	12	2.0	600
26	电风扇	1	0.2	600

● 广州（Guangzhou）

排名	电器种类	人次	百分比	有效样本量
1	消毒碗柜	74	12.3	600
2	彩电	67	11.2	600
3	摩托车	62	10.3	600
4	VCD / DVD	53	8.9	598
5	冰箱	51	8.5	598
6	空调	49	8.2	599
6	CD 随身听	49	8.2	600
8	音响	43	7.2	600
9	洗衣机	42	7.0	600
10	摄像机	41	6.8	600
11	微波炉	40	6.7	599
11	抽油烟机	40	6.7	600
13	照相机	38	6.4	598
14	饮水机	36	6.0	600
15	传真机	28	4.7	600
16	钢琴	27	4.5	600
17	LD / 影碟机	25	4.2	593
18	快译通	20	3.3	600
19	录/放像机	19	3.2	599
20	电暖器	16	2.7	600
21	电热水壶	14	2.3	600
21	电子游戏机	14	2.3	600
23	加湿器	9	1.5	600
24	磁带随身听	8	1.3	600
25	电风扇	2	0.3	600
25	录音机	2	0.3	600

● 重庆（Chongqing）

排名	电器种类	人次	百分比	有效样本量
1	彩电	91	15.2	599
2	空调	83	13.8	600
3	VCD / DVD	81	13.5	600
4	消毒碗柜	79	13.2	600
5	饮水机	72	12.0	600
5	洗衣机	72	12.0	600
7	抽油烟机	64	10.7	600
8	冰箱	56	9.3	600
8	摄像机	56	9.3	600
10	微波炉	45	7.5	600
11	照相机	42	7.0	600
12	音响	41	6.8	600
13	电热水壶	34	5.7	600
14	CD 随身听	32	5.3	600
15	摩托车	30	5.0	600
16	传真机	26	4.3	600
17	电暖器	23	3.8	600
17	录/放像机	23	3.8	600
19	钢琴	20	3.3	600
20	电子游戏机	18	3.0	600
21	磁带随身听	17	2.8	600
22	录音机	15	2.5	600
23	快译通	12	2.0	600
23	LD / 影碟机	12	2.0	598
25	加湿器	9	1.5	600
26	电风扇	1	0.2	600

2 光顾场所 / Locations Visited

2-1 光顾各场所的比例 / Different Locations by the Proportions of Consumer Visits

注：本题为多选题，合计百分比超过 100%（Multiple answers）

● 北京（Beijing）

排名	场所	人次	百分比
1	公园	431	71.8
2	中式餐馆	399	66.5
3	书店	396	66.0
4	电影院	233	38.8
5	展览会	184	30.7
6	体育场馆	171	28.5
7	图书馆	135	22.5
8	外国餐馆	123	20.5
9	卡拉 OK	111	18.5
10	迪斯科舞厅	70	11.7
11	美术馆	62	10.3
12	美容护肤中心	55	9.2
13	健身房	53	8.8
13	录像厅	53	8.8
15	酒吧	49	8.2
16	剧院 / 戏院	48	8.0
17	音乐厅	42	7.0
18	茶馆	27	4.5

n=600

● 上海（Shanghai）

排名	场所	人次	百分比
1	书店	384	64.0
2	公园	362	60.3
3	中式餐馆	361	60.2
4	电影院	342	57.0
5	图书馆	181	30.2
6	卡拉 OK	160	26.7
7	展览会	137	22.8
8	体育场馆	128	21.3
9	外国餐馆	89	14.8
10	迪斯科舞厅	83	13.8
11	茶馆	76	12.7
12	健身房	63	10.5
13	录像厅	58	9.7
14	酒吧	50	8.3
15	剧院 / 戏院	46	7.7
16	美术馆	45	7.5
17	美容护肤中心	36	6.0
18	音乐厅	34	5.7

n=600

● 广州（Guangzhou）

排名	场所	人次	百分比
1	中式餐馆	422	70.3
1	公园	422	70.3
3	书店	401	66.8
4	茶馆	355	59.2
5	卡拉 OK	283	47.2
6	体育场馆	170	28.3
7	图书馆	169	28.2
8	电影院	167	27.8
9	酒吧	119	19.8
10	展览会	115	19.2
11	外国餐馆	109	18.2
12	迪斯科舞厅	82	13.7
13	健身房	72	12.0
14	剧院 / 戏院	63	10.5
15	美容护肤中心	59	9.8
16	录像厅	58	9.7
17	音乐厅	49	8.2
18	美术馆	32	5.3

n=600

● 重庆（Chongqing）

排名	场所	人次	百分比
1	公园	400	66.7
2	书店	376	62.7
3	中式餐馆	341	56.8
4	电影院	270	45.0
5	卡拉 OK	192	32.0
6	体育场馆	177	29.5
7	图书馆	156	26.0
8	茶馆	137	22.8
9	录像厅	91	15.2
10	迪斯科舞厅	69	11.5
11	酒吧	61	10.2
12	美容护肤中心	60	10.0
13	展览会	54	9.0
14	音乐厅	40	6.7
15	健身房	36	6.0
16	外国餐馆	35	5.8
17	美术馆	28	4.7
18	剧院/戏院	24	4.0

n=600

2-2 样本总体、男性各年龄层、女性各年龄层光顾的场所 / Visits to Different Locations by the Whole Sample, Age and Gender Groups

● 北京（Beijing）

	人数	中式餐馆	外国餐馆	健身房	美容护肤中心	酒吧	DISCO舞厅	卡拉OK	录像厅	茶馆
样本	**600**	**66.5**	**20.5**	**8.8**	**9.2**	**8.2**	**11.7**	**18.5**	**8.8**	**4.5**
男性	**298**	**70.5**	**16.8**	**10.4**	**3.4**	**11.4**	**10.7**	**19.1**	**9.7**	**4.4**
16-19岁	26	80.8	26.9	7.7	0.0	7.7	7.7	3.8	19.2	3.8
20-24岁	36	91.7	25.0	13.9	8.3	41.7	38.9	27.8	11.1	8.3
25-29岁	41	85.4	9.8	22.0	7.3	17.1	12.2	34.1	22.0	0.0
30-34岁	47	68.1	19.1	12.8	6.4	10.6	12.8	31.9	6.4	0.0
35-39岁	43	69.8	20.9	4.7	2.3	7.0	9.3	23.3	9.3	4.7
40-44岁	42	54.8	14.3	4.8	0.0	2.4	0.0	9.5	7.1	2.4
45-49岁	24	62.5	20.8	12.5	0.0	4.2	0.0	4.2	4.2	12.5
50岁以上	39	53.8	2.6	5.1	0.0	0.0	2.6	5.1	0.0	7.7
女性	**302**	**62.6**	**24.2**	**7.3**	**14.9**	**5.0**	**12.6**	**17.9**	**7.9**	**4.6**
16-19岁	23	78.3	39.1	0.0	0.0	8.7	26.1	8.7	21.7	4.3
20-24岁	35	85.7	25.7	17.1	20.0	11.4	37.1	40.0	25.7	5.7
25-29岁	36	72.2	27.8	8.3	33.3	11.1	22.2	38.9	5.6	11.1
30-34岁	49	75.5	28.6	12.2	30.6	2.0	8.2	16.3	6.1	4.1
35-39岁	45	53.3	24.4	11.1	11.1	4.4	6.7	11.1	6.7	0.0
40-44岁	40	50.0	25.0	2.5	7.5	2.5	2.5	12.5	5.0	2.5
45-49岁	26	46.2	19.2	0.0	3.8	3.8	7.7	11.5	0.0	3.8
50岁以上	48	45.8	10.4	2.1	4.2	0.0	2.1	6.3	0.0	6.3

续上表（continued）

	人数	公园	电影院	书店	图书馆	音乐厅	剧院/戏院	美术馆	展览会	体育场馆
样本	**600**	**71.8**	**38.8**	**66.0**	**22.5**	**7.0**	**8.0**	**10.3**	**30.7**	**28.5**
男性	**298**	**65.8**	**36.9**	**61.7**	**22.8**	**5.4**	**9.7**	**9.4**	**28.2**	**34.9**
16-19岁	26	80.8	46.2	73.1	26.9	3.8	7.7	15.4	23.1	53.8
20-24岁	36	52.8	58.3	61.1	38.9	2.8	8.3	19.4	38.9	47.2
25-29岁	41	56.1	61.0	65.9	24.4	9.8	4.9	4.9	24.4	53.7
30-34岁	47	76.6	19.1	55.3	17.0	8.5	6.4	6.4	29.8	29.8
35-39岁	43	72.1	25.6	60.5	20.9	4.7	11.6	9.3	30.2	32.6
40-44岁	42	57.1	28.6	54.8	21.4	2.4	7.1	.0	28.6	21.4
45-49岁	24	54.2	45.8	70.8	29.2	12.5	16.7	25.0	20.8	20.8
50岁以上	39	74.4	23.1	61.5	10.3	0.0	17.9	5.1	25.6	23.1
女性	**302**	**77.8**	**40.7**	**70.2**	**22.2**	**8.6**	**6.3**	**11.3**	**33.1**	**22.2**
16-19岁	23	78.3	69.6	82.6	39.1	17.4	4.3	4.3	26.1	47.8
20-24岁	35	65.7	65.7	80.0	40.0	22.9	8.6	11.4	37.1	25.7
25-29岁	36	91.7	38.9	66.7	25.0	8.3	11.1	11.1	33.3	36.1
30-34岁	49	79.6	32.7	81.6	12.2	10.2	6.1	18.4	42.9	26.5
35-39岁	45	80.0	42.2	71.1	20.0	2.2	4.4	8.9	26.7	15.6
40-44岁	40	70.0	40.0	60.0	20.0	10.0	5.0	5.0	27.5	7.5
45-49岁	26	88.5	38.5	88.5	19.2	3.8	7.7	15.4	38.5	15.4
50岁以上	48	72.9	18.8	45.8	14.6	0.0	4.2	12.5	31.3	14.6

● 上海（Shanghai）

	人数	中式餐馆	外国餐馆	健身房	美容护肤中心	酒吧	DISCO 舞厅	卡拉 OK	录像厅	茶馆
样本	**600**	**60.2**	**14.8**	**10.5**	**6.0**	**8.3**	**13.8**	**26.7**	**9.7**	**12.7**
男性	**307**	**62.5**	**15.6**	**11.4**	**1.6**	**11.1**	**15.6**	**27.4**	**10.7**	**14.7**
16-19 岁	22	59.1	18.2	27.3	0.0	4.5	4.5	13.6	18.2	9.1
20-24 岁	34	64.7	20.6	14.7	2.9	14.7	17.6	38.2	8.8	23.5
25-29 岁	42	78.6	16.7	11.9	2.4	38.1	31.0	45.2	14.3	14.3
30-34 岁	56	67.9	17.9	7.1	1.8	12.5	21.4	37.5	7.1	21.4
35-39 岁	51	66.7	15.7	7.8	0.0	3.9	17.6	29.4	9.8	13.7
40-44 岁	31	38.7	3.2	3.2	0.0	3.2	9.7	6.5	6.5	12.9
45-49 岁	26	57.7	26.9	23.1	7.7	7.7	7.7	23.1	26.9	15.4
50 岁以上	45	55.6	8.9	8.9	0.0	0.0	4.4	11.1	4.4	4.4
女性	**293**	**57.7**	**14.0**	**9.6**	**10.6**	**5.5**	**11.9**	**25.9**	**8.5**	**10.6**
16-19 岁	24	54.2	20.8	12.5	0.0	0.0	4.2	20.8	12.5	8.3
20-24 岁	32	65.6	34.4	12.5	15.6	9.4	25.0	37.5	18.8	25.0
25-29 岁	37	70.3	8.1	5.4	18.9	10.8	18.9	37.8	8.1	5.4
30-34 岁	50	62.0	12.0	14.0	18.0	8.0	20.0	26.0	12.0	14.0
35-39 岁	44	56.8	6.8	11.4	9.1	4.5	11.4	31.8	4.5	11.4
40-44 岁	35	42.9	8.6	2.9	0.0	0.0	2.9	22.9	5.7	8.6
45-49 岁	23	52.2	13.0	8.7	8.7	0.0	4.3	13.0	8.7	13.0
50 岁以上	48	54.2	14.6	8.3	8.3	6.3	4.2	14.6	2.1	2.1

续上表（continued）

	人数	公园	电影院	书店	图书馆	音乐厅	剧院/戏院	美术馆	展览会	体育场馆
样本	**600**	**60.3**	**57.0**	**64.0**	**30.2**	**5.7**	**7.7**	**7.5**	**22.8**	**21.3**
男性	**307**	**54.7**	**55.0**	**61.2**	**30.3**	**6.2**	**6.2**	**7.8**	**22.5**	**27.0**
16-19 岁	22	59.1	81.8	86.4	54.5	9.1	4.5	13.6	13.6	54.5
20-24 岁	34	44.1	61.8	67.6	47.1	8.8	0.0	5.9	26.5	41.2
25-29 岁	42	54.8	57.1	69.0	21.4	7.1	0.0	7.1	31.0	21.4
30-34 岁	56	53.6	46.4	37.5	19.6	1.8	1.8	7.1	21.4	23.2
35-39 岁	51	72.5	56.9	66.7	29.4	15.7	9.8	7.8	23.5	23.5
40-44 岁	31	51.6	45.2	61.3	19.4	0.0	16.1	12.9	16.1	19.4
45-49 岁	26	61.5	57.7	76.9	46.2	3.8	11.5	3.8	23.1	46.2
50 岁以上	45	40.0	48.9	51.1	26.7	2.2	8.9	6.7	20.0	11.1
女性	**293**	**66.2**	**59.0**	**66.9**	**30.0**	**5.1**	**9.2**	**7.2**	**23.2**	**15.4**
16-19 岁	24	70.8	83.3	87.5	54.2	0.0	8.3	12.5	45.8	33.3
20-24 岁	32	62.5	71.9	87.5	46.9	12.5	9.4	25.0	34.4	21.9
25-29 岁	37	62.2	51.4	64.9	16.2	0.0	5.4	5.4	27.0	18.9
30-34 岁	50	70.0	60.0	54.0	22.0	6.0	10.0	0.0	12.0	6.0
35-39 岁	44	72.7	63.6	72.7	25.0	6.8	6.8	4.5	13.6	9.1
40-44 岁	35	62.9	51.4	60.0	31.4	5.7	8.6	0.0	14.3	11.4
45-49 岁	23	60.9	52.2	65.2	39.1	4.3	13.0	4.3	21.7	21.7
50 岁以上	48	64.6	47.9	58.3	25.0	4.2	12.5	10.4	29.2	14.6

● 广州（Guangzhou）

	人数	中式餐馆	外国餐馆	健身房	美容护肤中心	酒吧	DISCO舞厅	卡拉OK	录像厅	茶馆
样本	**600**	**70.3**	**18.2**	**12.0**	**9.8**	**19.8**	**13.7**	**47.2**	**9.7**	**59.2**
男性	**282**	**75.2**	**16.0**	**12.1**	**5.3**	**28.0**	**15.2**	**51.8**	**11.0**	**60.3**
16-19岁	30	63.3	10.0	23.3	3.3	16.7	16.7	46.7	30.0	46.7
20-24岁	36	86.1	25.0	16.7	8.3	58.3	38.9	88.9	16.7	50.0
25-29岁	35	80.0	22.9	11.4	5.7	37.1	28.6	65.7	11.4	54.3
30-34岁	34	82.4	11.8	20.6	8.8	32.4	14.7	47.1	5.9	55.9
35-39岁	40	80.0	27.5	15.0	10.0	30.0	10.0	57.5	12.5	62.5
40-44岁	41	68.3	14.6	4.9	0.0	22.0	2.4	43.9	2.4	65.9
45-49岁	26	65.4	7.7	3.8	0.0	15.4	3.8	34.6	7.7	76.9
50岁以上	40	72.5	5.0	2.5	5.0	10.0	7.5	27.5	5.0	70.0
女性	**318**	**66.0**	**20.1**	**11.9**	**13.8**	**12.6**	**12.3**	**43.1**	**8.5**	**58.2**
16-19岁	50	70.0	32.0	22.0	10.0	22.0	20.0	48.0	14.0	56.0
20-24岁	46	67.4	19.6	21.7	15.2	19.6	19.6	52.2	13.0	56.5
25-29岁	63	71.4	20.6	14.3	23.8	17.5	15.9	49.2	7.9	61.9
30-34岁	46	60.9	26.1	4.3	17.4	10.9	13.0	41.3	4.3	63.0
35-39岁	41	63.4	17.1	12.2	12.2	7.3	7.3	39.0	4.9	51.2
40-44岁	30	66.7	6.7	3.3	6.7	0.0	0.0	33.3	10.0	63.3
45-49岁	13	76.9	23.1	0.0	15.4	0.0	0.0	46.2	7.7	46.2
50岁以上	29	51.7	6.9	0.0	0.0	3.4	3.4	24.1	3.4	58.6

续上表（continued）

	人数	公园	电影院	书店	图书馆	音乐厅	剧院/戏院	美术馆	展览会	体育场馆
样本	**600**	**70.3**	**27.8**	**66.8**	**28.2**	**8.2**	**10.5**	**5.3**	**19.2**	**28.3**
男性	**282**	**67.4**	**25.9**	**63.8**	**25.9**	**6.7**	**9.9**	**4.6**	**19.5**	**35.1**
16-19岁	30	43.3	26.7	76.7	43.3	6.7	10.0	6.7	30.0	40.0
20-24岁	36	50.0	38.9	66.7	33.3	13.9	5.6	2.8	38.9	38.9
25-29岁	35	62.9	51.4	77.1	28.6	8.6	11.4	5.7	22.9	48.6
30-34岁	34	94.1	32.4	44.1	23.5	2.9	5.9	0.0	8.8	35.3
35-39岁	40	80.0	20.0	67.5	22.5	10.0	15.0	5.0	12.5	30.0
40-44岁	41	70.7	12.2	51.2	17.1	7.3	9.8	2.4	12.2	24.4
45-49岁	26	50.0	7.7	69.2	38.5	0.0	15.4	7.7	26.9	30.8
50岁以上	40	77.5	17.5	62.5	10.0	2.5	7.5	7.5	10.0	35.0
女性	**318**	**73.0**	**29.6**	**69.5**	**30.2**	**9.4**	**11.0**	**6.0**	**18.9**	**22.3**
16-19岁	50	68.0	24.0	90.0	50.0	10.0	8.0	12.0	26.0	38.0
20-24岁	46	65.2	41.3	73.9	34.8	15.2	17.4	4.3	26.1	37.0
25-29岁	63	74.6	38.1	71.4	25.4	7.9	14.3	3.2	14.3	19.0
30-34岁	46	76.1	21.7	60.9	28.3	10.9	13.0	10.9	21.7	10.9
35-39岁	41	80.5	26.8	78.0	26.8	12.2	4.9	4.9	19.5	19.5
40-44岁	30	60.0	23.3	56.7	16.7	3.3	0.0	0.0	6.7	6.7
45-49岁	13	84.6	30.8	46.2	23.1	15.4	23.1	7.7	15.4	23.1
50岁以上	29	82.8	24.1	48.3	24.1	0.0	10.3	3.4	13.8	17.2

● 重庆（Chongqing）

	人数	中式餐馆	外国餐馆	健身房	美容护肤中心	酒吧	DISCO舞厅	卡拉OK	录像厅	茶馆
样本	**600**	**56.8**	**5.8**	**6.0**	**10.0**	**10.2**	**11.5**	**32.0**	**15.2**	**22.8**
男性	**308**	**59.7**	**6.8**	**6.8**	**3.6**	**14.0**	**12.7**	**34.1**	**21.8**	**29.2**
16-19 岁	43	41.9	4.7	7.0	2.3	9.3	11.6	37.2	18.6	23.3
20-24 岁	53	77.4	11.3	7.5	1.9	26.4	18.9	60.4	41.5	20.8
25-29 岁	43	58.1	4.7	4.7	2.3	18.6	20.9	46.5	37.2	32.6
30-34 岁	38	68.4	10.5	7.9	7.9	10.5	15.8	34.2	13.2	18.4
35-39 岁	39	56.4	10.3	10.3	5.1	7.7	7.7	20.5	15.4	25.6
40-44 岁	30	40.0	6.7	6.7	10.0	10.0	13.3	26.7	13.3	40.0
45-49 岁	25	56.0	4.0	4.0	0.0	8.0	0.0	8.0	8.0	44.0
50 岁以上	37	70.3	0.0	5.4	0.0	13.5	5.4	16.2	10.8	40.5
女性	**292**	**53.8**	**4.8**	**5.1**	**16.8**	**6.2**	**10.3**	**29.8**	**8.2**	**16.1**
16-19 岁	43	53.5	4.7	9.3	14.0	11.6	11.6	32.6	9.3	9.3
20-24 岁	53	67.9	7.5	9.4	28.3	9.4	22.6	45.3	11.3	22.6
25-29 岁	32	43.8	3.1	9.4	21.9	12.5	9.4	25.0	9.4	21.9
30-34 岁	33	57.6	6.1	0.0	21.2	3.0	3.0	45.5	18.2	9.1
35-39 岁	35	57.1	11.4	2.9	25.7	5.7	11.4	28.6	5.7	14.3
40-44 岁	32	46.9	0.0	3.1	6.3	3.1	6.3	18.8	6.3	15.6
45-49 岁	27	51.9	3.7	3.7	7.4	0.0	7.4	29.6	3.7	14.8
50 岁以上	37	43.2	0.0	0.0	2.7	0.0	2.7	5.4	0.0	18.9

续上表（continued）

	人数	公园	电影院	书店	图书馆	音乐厅	剧院/戏院	美术馆	展览会	体育场馆
样本	**600**	**66.7**	**45.0**	**62.7**	**26.0**	**6.7**	**4.0**	**4.7**	**9.0**	**29.5**
男性	**308**	**62.7**	**48.1**	**62.0**	**27.6**	**7.5**	**5.5**	**5.2**	**11.0**	**37.0**
16-19 岁	43	65.1	60.5	69.8	30.2	4.7	4.7	9.3	9.3	48.8
20-24 岁	53	62.3	73.6	67.9	43.4	15.1	3.8	3.8	15.1	43.4
25-29 岁	43	62.8	58.1	62.8	23.3	4.7	9.3	2.3	11.6	41.9
30-34 岁	38	57.9	42.1	60.5	26.3	10.5	5.3	5.3	10.5	31.6
35-39 岁	39	59.0	33.3	56.4	20.5	5.1	5.1	7.7	2.6	33.3
40-44 岁	30	60.0	40.0	50.0	16.7	6.7	6.7	10.0	10.0	20.0
45-49 岁	25	52.0	36.0	64.0	20.0	0.0	0.0	0.0	12.0	40.0
50 岁以上	37	78.4	21.6	59.5	29.7	8.1	8.1	2.7	16.2	29.7
女性	**292**	**70.9**	**41.8**	**63.4**	**24.3**	**5.8**	**2.4**	**4.1**	**6.8**	**21.6**
16-19 岁	43	81.4	46.5	76.7	53.5	9.3	7.0	9.3	23.3	27.9
20-24 岁	53	66.0	60.4	71.7	34.0	13.2	1.9	3.8	5.7	30.2
25-29 岁	32	71.9	46.9	56.3	9.4	3.1	0.0	0.0	3.1	25.0
30-34 岁	33	81.8	42.4	63.6	18.2	6.1	0.0	12.1	0.0	21.2
35-39 岁	35	62.9	34.3	62.9	17.1	5.7	2.9	0.0	0.0	14.3
40-44 岁	32	53.1	40.6	75.0	21.9	0.0	0.0	0.0	6.3	15.6
45-49 岁	27	70.4	37.0	48.1	7.4	3.7	3.7	7.4	7.4	25.9
50 岁以上	37	78.4	16.2	43.2	16.2	0.0	2.7	0.0	5.4	8.1

2-3 光顾各场所频度的比例 / Frequencies of Visiting Different Locations

● 北京（Beijing）

场所	最近3个月去过3次以上	最近3个月去过2到3次	最近3个月去过1次	最近3个月1次没去
中式餐馆	42.3	12.5	11.3	33.8
外国餐馆	8.3	5.2	6.8	79.7
健身房	3.5	1.7	3.7	91.2
美容护肤中心	3.7	1.7	3.8	90.8
酒吧	3.3	1.8	3.0	91.8
迪斯科舞厅	4.3	3.3	4.0	88.3
卡拉OK	6.8	6.0	5.7	81.5
录像厅	2.3	2.8	3.7	91.2
茶馆	1.5	0.7	2.3	95.5
公园	41.0	16.0	14.5	28.5
电影院	11.5	9.7	17.5	61.3
书店	37.5	17.7	10.7	34.2
图书馆	13.0	4.5	5.0	77.5
音乐厅	1.8	1.2	4.0	93.0
剧院 / 戏院	1.8	2.8	3.3	92.0
美术馆	3.3	2.8	4.2	89.7
展览会	9.2	7.7	13.8	69.3
体育场馆	12.5	6.0	9.8	71.7

n=600

● 上海（Shanghai）

场所	最近3个月去过3次以上	最近3个月去过2到3次	最近3个月去过1次	最近3个月1次没去
中式餐馆	28.5	14.3	16.7	40.5
外国餐馆	5.0	4.5	5.3	85.2
健身房	4.2	1.2	5.0	89.7
美容护肤中心	2.7	1.2	2.2	94.0
酒吧	3.8	2.0	2.5	91.7
迪斯科舞厅	5.8	3.0	5.0	86.2
卡拉OK	12.3	5.3	8.8	73.5
录像厅	3.3	2.2	4.2	90.3
茶馆	5.5	4.0	3.0	87.5
公园	32.0	12.2	15.8	40.0
电影院	20.0	13.7	22.8	43.5
书店	38.0	15.2	10.8	36.0
图书馆	16.3	6.3	7.3	70.0
音乐厅	1.8	1.2	2.7	94.3
剧院 / 戏院	1.5	1.5	4.7	92.3
美术馆	1.7	0.5	5.3	92.5
展览会	5.0	4.8	13.0	77.2
体育场馆	9.0	4.8	7.3	78.8

n=600

● 广州（Guangzhou）

场所	最近3个月去过3次以上	最近3个月去过2到3次	最近3个月去过1次	最近3个月1次没去
中式餐馆	49.3	10.8	9.7	30.2
外国餐馆	8.3	3.3	6.5	81.8
健身房	6.2	2.7	3.2	88.0
美容护肤中心	5.2	1.8	2.8	90.2
酒吧	10.5	2.7	6.5	80.3
迪斯科舞厅	5.8	2.8	4.8	86.5
卡拉 OK	20.7	11.0	15.2	53.2
录像厅	4.3	1.5	3.8	90.3
茶馆	43.8	7.3	7.5	41.3
公园	41.5	12.5	15.7	30.3
电影院	11.5	5.7	10.7	72.2
书店	40.0	11.7	14.8	33.5
图书馆	17.3	6.2	4.5	72.0
音乐厅	3.2	1.3	3.7	91.8
剧院 / 戏院	4.3	2.0	4.2	89.5
美术馆	1.8	0.7	2.8	94.7
展览会	5.3	3.7	10.2	80.8
体育场馆	13.7	5.7	9.0	71.7

n=600

● 重庆（Chongqing）

场所	最近3个月去过3次以上	最近3个月去过2到3次	最近3个月去过1次	最近3个月1次没去
中式餐馆	34.3	9.7	12.7	43.3
外国餐馆	2.0	0.5	3.3	94.2
健身房	4.0	0.3	1.7	94.0
美容护肤中心	5.5	1.5	3.0	90.0
酒吧	4.3	2.8	3.0	89.8
迪斯科舞厅	5.3	2.8	3.2	88.7
卡拉 OK	14.5	7.0	10.3	68.2
录像厅	7.3	3.8	4.0	84.8
茶馆	13.3	4.5	5.0	77.2
公园	34.2	14.2	18.3	33.3
电影院	20.5	10.3	13.8	55.3
书店	41.0	11.5	10.2	37.3
图书馆	16.5	5.2	4.3	74.0
音乐厅	3.0	1.0	2.7	93.3
剧院 / 戏院	1.7	1.2	1.2	96.0
美术馆	2.0	0.7	2.0	95.3
展览会	2.7	1.7	4.7	91.0
体育场馆	15.2	5.7	8.5	70.7

n=600

2-4 北京消费群光顾不同场所的比例 / Proportions of Beijing Consumers Visiting Different Locations

2-4-1 不同消费群光顾中式餐馆的比例 / Visiting Chinese Restaurants by Market Segments

	人数	最近3个月去过3次以上	最近3个月去过2到3次	最近3个月去过1次	最近3个月1次没去过
样本	**600**	**42.3**	**12.5**	**11.3**	**33.8**
第一消费群	137	40.1	13.9	16.1	29.9
第二消费群	94	74.5	11.7	5.3	8.5
第三消费群	112	25.0	10.7	10.7	53.6
第四消费群	5	80.0	0.0	0.0	20.0
第五消费群	131	52.7	17.6	9.9	19.8
第六消费群	121	23.1	8.3	13.2	55.4

2-4-2 不同消费群光顾外国餐馆的比例 / Visiting Foreign Restaurants by Market Segments

	人数	最近3个月去过3次以上	最近3个月去过2到3次	最近3个月去过1次	最近3个月1次没去过
样本	**600**	**8.3**	**5.2**	**6.8**	**79.7**
第一消费群	137	8.8	8.0	7.3	75.9
第二消费群	94	6.4	7.4	11.7	74.5
第三消费群	112	4.5	4.5	3.6	87.5
第四消费群	5	80.0	0.0	0.0	20.0
第五消费群	131	14.5	3.1	8.4	74.0
第六消费群	121	3.3	3.3	4.1	89.3

2-4-3 不同消费群光顾健身房的比例 / Visiting Health Clubs by Market Segments

	人数	最近3个月去过3次以上	最近3个月去过2到3次	最近3个月去过1次	最近3个月1次没去过
样本	**600**	**3.5**	**1.7**	**3.7**	**91.2**
第一消费群	137	2.2	0.7	4.4	92.7
第二消费群	94	9.6	5.3	3.2	81.9
第三消费群	112	0.9	1.8	2.7	94.6
第四消费群	5	40.0	0.0	0.0	60.0
第五消费群	131	3.8	1.5	4.6	90.1
第六消费群	121	0.8	0.0	3.3	95.9

2-4-4 不同消费群光顾美容护肤中心的比例 / Visiting Beauty Salons by Market Segments

	人数	最近 3 个月去过 3 次以上	最近 3 个月去过 2 到 3 次	最近 3 个月去过 1 次	最近 3 个月 1 次没去过
样本	**600**	**3.7**	**1.7**	**3.8**	**90.8**
第一消费群	137	4.4	1.5	7.3	86.9
第二消费群	94	7.4	1.1	4.3	87.2
第三消费群	112	0.9	1.8	0.9	96.4
第四消费群	5	20.0	0.0	0.0	80.0
第五消费群	131	5.3	3.1	5.3	86.3
第六消费群	121	0.0	0.8	0.8	98.3

2-4-5 不同消费群光顾酒吧的比例 / Visiting Bars/Pubs by Market Segments

	人数	最近 3 个月去过 3 次以上	最近 3 个月去过 2 到 3 次	最近 3 个月去过 1 次	最近 3 个月 1 次没去过
样本	**600**	**3.3**	**1.8**	**3.0**	**91.8**
第一消费群	137	2.2	0.7	0.7	96.4
第二消费群	94	5.3	5.3	4.3	85.1
第三消费群	112	0.9	1.8	0.9	96.4
第四消费群	5	20.0	0.0	0.0	80.0
第五消费群	131	7.6	2.3	8.4	81.7
第六消费群	121	0.0	0.0	0.8	99.2

2-4-6 不同消费群光顾迪斯科舞厅的比例 / Visiting Disco Clubs by Market Segments

	人数	最近 3 个月去过 3 次以上	最近 3 个月去过 2 到 3 次	最近 3 个月去过 1 次	最近 3 个月 1 次没去过
样本	**600**	**4.3**	**3.3**	**4.0**	**88.3**
第一消费群	137	4.4	1.5	2.2	92.0
第二消费群	94	3.2	3.2	7.4	86.2
第三消费群	112	0.0	3.6	0.9	95.5
第四消费群	5	0.0	0.0	20.0	80.0
第五消费群	131	13.0	7.6	7.6	71.8
第六消费群	121	0.0	0.8	1.7	97.5

2-4-7 不同消费群光顾卡拉 OK 的比例 / Visiting Karaoke by Market Segments

	人数	最近 3 个月去过 3 次以上	最近 3 个月去过 2 到 3 次	最近 3 个月去过 1 次	最近 3 个月 1 次没去过
样本	**600**	**6.8**	**6.0**	**5.7**	**81.5**
第一消费群	137	5.8	2.9	2.9	88.3
第二消费群	94	13.8	12.8	8.5	64.9
第三消费群	112	3.6	3.6	5.4	87.5
第四消费群	5	20.0	20.0	0.0	60.0
第五消费群	131	10.7	8.4	7.6	73.3
第六消费群	121	0.8	3.3	5.0	90.9

2-4-8 不同消费群光顾录像厅的比例 / Visiting Video Halls by Market Segments

	人数	最近 3 个月去过 3 次以上	最近 3 个月去过 2 到 3 次	最近 3 个月去过 1 次	最近 3 个月 1 次没去过
样本	**600**	**2.3**	**2.8**	**3.7**	**91.2**
第一消费群	137	0.7	2.2	2.2	94.9
第二消费群	94	2.1	4.3	4.3	89.4
第三消费群	112	1.8	2.7	3.6	92.0
第四消费群	5	0.0	0.0	0.0	100.0
第五消费群	131	6.9	5.3	7.6	80.2
第六消费群	121	0.0	0.0	0.8	99.2

2-4-9 不同消费群光顾茶馆的比例 / Visiting Tea Houses by Market Segments

	人数	最近 3 个月去过 3 次以上	最近 3 个月去过 2 到 3 次	最近 3 个月去过 1 次	最近 3 个月 1 次没去过
样本	**600**	**1.5**	**0.7**	**2.3**	**95.5**
第一消费群	137	0.7	0.7	0.0	98.5
第二消费群	94	1.1	1.1	3.2	94.7
第三消费群	112	0.9	0.9	3.6	94.6
第四消费群	5	0.0	0.0	0.0	100.0
第五消费群	131	1.5	0.8	3.8	93.9
第六消费群	121	3.3	0.0	1.7	95.0

2-4-10 不同消费群光顾公园的比例 / Visiting Parks by Market Segments

	人数	最近3个月去过3次以上	最近3个月去过2到3次	最近3个月去过1次	最近3个月1次没去过
样本	**600**	**41.0**	**16.0**	**14.5**	**28.5**
第一消费群	137	43.1	21.2	11.7	24.1
第二消费群	94	34.0	7.4	19.1	39.4
第三消费群	112	47.3	10.7	17.0	25.0
第四消费群	5	60.0	0.0	0.0	40.0
第五消费群	131	37.4	20.6	15.3	26.7
第六消费群	121	41.3	17.4	11.6	29.8

2-4-11 不同消费群光顾电影院的比例 / Visiting Movie Theaters by Market Segments

	人数	最近3个月去过3次以上	最近3个月去过2到3次	最近3个月去过1次	最近3个月1次没去过
样本	**600**	**11.5**	**9.7**	**17.5**	**61.3**
第一消费群	137	6.6	12.4	18.2	62.8
第二消费群	94	11.7	9.6	18.1	60.6
第三消费群	112	9.8	4.5	14.3	71.4
第四消费群	5	20.0	0.0	20.0	60.0
第五消费群	131	22.9	12.2	25.2	39.7
第六消费群	121	5.8	9.1	10.7	74.4

2-4-12 不同消费群光顾书店的比例 / Visiting Bookstores by Market Segments

	人数	最近3个月去过3次以上	最近3个月去过2到3次	最近3个月去过1次	最近3个月1次没去过
样本	**600**	**37.5**	**17.7**	**10.7**	**34.2**
第一消费群	137	46.7	21.2	13.1	19.0
第二消费群	94	44.7	20.2	11.7	23.4
第三消费群	112	25.0	16.1	9.8	49.1
第四消费群	5	80.0	0.0	20.0	0.0
第五消费群	131	38.2	19.8	9.2	32.8
第六消费群	121	30.6	11.6	9.1	48.8

2-4-13 不同消费群光顾图书馆的比例 / Visiting Libraries by Market Segments

	人数	最近 3 个月去过 3 次以上	最近 3 个月去过 2 到 3 次	最近 3 个月去过 1 次	最近 3 个月 1 次没去过
样本	**600**	**13.0**	**4.5**	**5.0**	**77.5**
第一消费群	137	16.1	2.9	5.8	75.2
第二消费群	94	11.7	6.4	8.5	73.4
第三消费群	112	8.9	3.6	7.1	80.4
第四消费群	5	20.0	0.0	0.0	80.0
第五消费群	131	19.8	9.2	2.3	68.7
第六消费群	121	6.6	0.8	2.5	90.1

2-4-14 不同消费群光顾音乐厅的比例 / Visiting Music Halls by Market Segments

	人数	最近 3 个月去过 3 次以上	最近 3 个月去过 2 到 3 次	最近 3 个月去过 1 次	最近 3 个月 1 次没去过
样本	**600**	**1.8**	**1.2**	**4.0**	**93.0**
第一消费群	137	0.0	0.7	5.1	94.2
第二消费群	94	4.3	2.1	8.5	85.1
第三消费群	112	0.9	0.0	1.8	97.3
第四消费群	5	20.0	0.0	0.0	80.0
第五消费群	131	3.1	1.5	4.6	90.8
第六消费群	121	0.8	1.7	0.8	96.7

2-4-15 不同消费群光顾剧院 / 戏院的比例 / Visiting Theaters by Market Segments

	人数	最近 3 个月去过 3 次以上	最近 3 个月去过 2 到 3 次	最近 3 个月去过 1 次	最近 3 个月 1 次没去过
样本	**600**	**1.8**	**2.8**	**3.3**	**92.0**
第一消费群	137	2.2	2.2	4.4	91.2
第二消费群	94	0.0	2.1	6.4	91.5
第三消费群	112	1.8	5.4	2.7	90.2
第四消费群	5	0.0	0.0	0.0	100.0
第五消费群	131	0.8	3.1	3.8	92.4
第六消费群	121	4.1	1.7	0.0	94.2

2-4-16 不同消费群光顾美术馆的比例 / Visiting Art Museum by Market Segments

	人数	最近3个月去过3次以上	最近3个月去过2到3次	最近3个月去过1次	最近3个月1次没去过
样本	**600**	**3.3**	**2.8**	**4.2**	**89.7**
第一消费群	137	2.2	2.2	2.9	92.7
第二消费群	94	4.3	5.3	5.3	85.1
第三消费群	112	5.4	0.9	4.5	89.3
第四消费群	5	20.0	0.0	0.0	80.0
第五消费群	131	2.3	3.8	4.6	89.3
第六消费群	121	2.5	2.5	4.1	90.9

2-4-17 不同消费群光顾展览会的比例 / Visiting Exhibitions by Market Segments

	人数	最近3个月去过3次以上	最近3个月去过2到3次	最近3个月去过1次	最近3个月1次没去过
样本	**600**	**9.2**	**7.7**	**13.8**	**69.3**
第一消费群	137	10.2	7.3	18.2	64.2
第二消费群	94	14.9	9.6	17.0	58.5
第三消费群	112	6.3	4.5	8.0	81.3
第四消费群	5	40.0	0.0	0.0	60.0
第五消费群	131	6.1	6.1	13.7	74.0
第六消费群	121	8.3	11.6	12.4	67.8

2-4-18 不同消费群光顾体育场馆的比例 / Visiting Sports Facilities by Market Segments

	人数	最近3个月去过3次以上	最近3个月去过2到3次	最近3个月去过1次	最近3个月1次没去过
样本	**600**	**12.5**	**6.0**	**9.8**	**71.7**
第一消费群	137	10.2	5.8	8.0	75.9
第二消费群	94	23.4	2.1	18.1	56.4
第三消费群	112	6.3	7.1	7.1	79.5
第四消费群	5	20.0	0.0	0.0	80.0
第五消费群	131	19.1	9.9	13.7	57.3
第六消费群	121	5.0	4.1	4.1	86.8

注：北京消费群的代表特征 / Characteristics of the Beijing Market Segments

		第一消费群	第二消费群	第三消费群	第四消费群	第五消费群	第六消费群
基本情况	性别	女	男	无明显偏向	男	无明显偏向	女
	年龄	30 — 34 岁	25 — 29 岁	35 — 44 岁	无明显偏向	16 — 24 岁	45 岁以上
	学历	大专/大本	大本	初中	大本及研究生	高中/中专/技校	初中及以下
	职业	科教卫生人员	一般企业职员	工人	管理人员/专门职业从事者/个体及私营企业主	学生	离退休人员
	月均收入	801 — 1500 元	1501 — 4000 元	800 元以下	4000 元以上	无收入	800 元以下
	婚姻	已婚	无明显偏向	已婚	已婚或离异	未婚	已婚
心理取向		注重学历 非积极进取	不循规传统 非单一电视娱乐	非田园倾向 新女性主张 金钱本位	注重经验 大男子主义 不保守稳定	非“大男子主义” 追随流行	非“新女性主张” 非浪漫新潮 单一电视娱乐

2-5 上海消费群光顾不同场所的比例 / Proportions of Shanghai Consumers Visiting Different Locations

2-5-1 不同消费群光顾中式餐馆的比例 / Visiting Chinese Restaurants by Market Segments

	人数	最近3个月去过3次以上	最近3个月去过2到3次	最近3个月去过1次	最近3个月1次没去过
样本	**600**	**28.5**	**14.3**	**16.7**	**40.5**
第一消费群	145	28.3	11.7	17.2	42.8
第二消费群	92	40.2	16.3	21.7	21.7
第三消费群	10	70.0	10.0	10.0	10.0
第四消费群	135	15.6	12.6	16.3	55.6
第五消费群	68	13.2	16.2	19.1	51.5
第六消费群	150	37.3	16.7	12.7	33.3

2-5-2 不同消费群光顾外国餐馆的比例 / Visiting Foreign Restaurants by Market Segments

	人数	最近3个月去过3次以上	最近3个月去过2到3次	最近3个月去过1次	最近3个月1次没去过
样本	**600**	**5.0**	**4.5**	**5.3**	**85.2**
第一消费群	145	4.1	4.1	5.5	86.2
第二消费群	92	5.4	5.4	3.3	85.9
第三消费群	10	20.0	10.0	10.0	60.0
第四消费群	135	3.0	3.7	0.7	92.6
第五消费群	68	5.9	4.4	13.2	76.5
第六消费群	150	6.0	4.7	6.7	82.7

2-5-3 不同消费群光顾健身房的比例 / Visiting Health Clubs by Market Segments

	人数	最近3个月去过3次以上	最近3个月去过2到3次	最近3个月去过1次	最近3个月1次没去过
样本	**600**	**4.2**	**1.2**	**5.0**	**89.7**
第一消费群	145	4.8	0.7	3.4	91.0
第二消费群	92	5.4	1.1	6.5	87.0
第三消费群	10	0.0	0.0	0.0	100.0
第四消费群	135	3.7	0.0	3.0	93.3
第五消费群	68	4.4	1.5	10.3	83.8
第六消费群	150	3.3	2.7	5.3	88.7

2-5-4 不同消费群光顾美容护肤中心的比例 / Visiting Beauty Salons by Market Segments

	人数	最近 3 个月去过 3 次以上	最近 3 个月去过 2 到 3 次	最近 3 个月去过 1 次	最近 3 个月 1 次没去过
样本	**600**	**2.7**	**1.2**	**2.2**	**94.0**
第一消费群	145	1.4	1.4	2.8	94.5
第二消费群	92	1.1	3.3	3.3	92.4
第三消费群	10	0.0	0.0	0.0	100.0
第四消费群	135	1.5	0.0	1.5	97.0
第五消费群	68	2.9	1.5	0.0	95.6
第六消费群	150	6.0	0.7	2.7	90.7

2-5-5 不同消费群光顾酒吧的比例 / Visiting Bars/Pubs by Market Segments

	人数	最近 3 个月去过 3 次以上	最近 3 个月去过 2 到 3 次	最近 3 个月去过 1 次	最近 3 个月 1 次没去过
样本	**600**	**3.8**	**2.0**	**2.5**	**91.7**
第一消费群	145	0.7	0.0	1.4	97.9
第二消费群	92	7.6	4.3	4.3	83.7
第三消费群	10	0.0	20.0	20.0	60.0
第四消费群	135	3.0	2.2	0.0	94.8
第五消费群	68	0.0	0.0	1.5	98.5
第六消费群	150	7.3	2.0	4.0	86.7

2-5-6 不同消费群光顾迪斯科舞厅的比例 / Visiting Disco Clubs by Market Segments

	人数	最近 3 个月去过 3 次以上	最近 3 个月去过 2 到 3 次	最近 3 个月去过 1 次	最近 3 个月 1 次没去过
样本	**600**	**5.8**	**3.0**	**5.0**	**86.2**
第一消费群	145	2.1	1.4	2.1	94.5
第二消费群	92	13.0	4.3	7.6	75.0
第三消费群	10	0.0	10.0	10.0	80.0
第四消费群	135	4.4	3.0	3.0	89.6
第五消费群	68	1.5	2.9	2.9	92.6
第六消费群	150	8.7	3.3	8.7	79.3

2-5-7 不同消费群光顾卡拉 OK 的比例 / Visiting Karaoke by Market Segments

	人数	最近 3 个月去过 3 次以上	最近 3 个月去过 2 到 3 次	最近 3 个月去过 1 次	最近 3 个月 1 次没去过
样本	**600**	**12.3**	**5.3**	**8.8**	**73.5**
第一消费群	145	6.2	3.4	9.0	81.4
第二消费群	92	23.9	6.5	12.0	57.6
第三消费群	10	30.0	10.0	0.0	60.0
第四消费群	135	9.6	5.9	6.7	77.8
第五消费群	68	4.4	2.9	7.4	85.3
第六消费群	150	16.0	6.7	10.0	67.3

2-5-8 不同消费群光顾录像厅的比例 / Visiting Video Halls by Market Segments

	人数	最近 3 个月去过 3 次以上	最近 3 个月去过 2 到 3 次	最近 3 个月去过 1 次	最近 3 个月 1 次没去过
样本	**600**	**3.3**	**2.2**	**4.2**	**90.3**
第一消费群	145	3.4	0.7	4.1	91.7
第二消费群	92	5.4	1.1	2.2	91.3
第三消费群	10	0.0	0.0	0.0	100.0
第四消费群	135	4.4	0.7	1.5	93.3
第五消费群	68	0.0	4.4	11.8	83.8
第六消费群	150	2.7	4.7	4.7	88.0

2-5-9 不同消费群光顾茶馆的比例 / Visiting Tea Houses by Market Segments

	人数	最近 3 个月去过 3 次以上	最近 3 个月去过 2 到 3 次	最近 3 个月去过 1 次	最近 3 个月 1 次没去过
样本	**600**	**5.5**	**4.0**	**3.0**	**87.5**
第一消费群	145	4.8	0.7	1.4	93.1
第二消费群	92	7.6	5.4	3.3	83.7
第三消费群	10	0.0	0.0	20.0	80.0
第四消费群	135	5.9	4.4	1.5	88.1
第五消费群	68	0.0	5.9	2.9	91.2
第六消费群	150	7.3	5.3	4.7	82.7

2-5-10 不同消费群光顾公园的比例 / Visiting Parks by Market Segments

	人数	最近3个月去过3次以上	最近3个月去过2到3次	最近3个月去过1次	最近3个月1次没去过
样本	**600**	**32.0**	**12.2**	**15.8**	**40.0**
第一消费群	145	34.5	8.3	16.6	40.7
第二消费群	92	22.8	14.1	9.8	53.3
第三消费群	10	20.0	20.0	20.0	40.0
第四消费群	135	34.8	10.4	18.5	36.3
第五消费群	68	35.3	10.3	13.2	41.2
第六消费群	150	32.0	16.7	17.3	34.0

2-5-11 不同消费群光顾电影院的比例 / Visiting Movie Theaters by Market Segments

	人数	最近3个月去过3次以上	最近3个月去过2到3次	最近3个月去过1次	最近3个月1次没去过
样本	**600**	**20.0**	**13.7**	**22.8**	**43.5**
第一消费群	145	17.9	11.0	25.5	45.5
第二消费群	92	26.1	16.3	18.5	39.1
第三消费群	10	30.0	0.0	10.0	60.0
第四消费群	135	17.0	10.4	18.5	54.1
第五消费群	68	14.7	27.9	36.8	20.6
第六消费群	150	22.7	12.0	21.3	44.0

2-5-12 不同消费群光顾书店的比例 / Visiting Bookstores by Market Segments

	人数	最近3个月去过3次以上	最近3个月去过2到3次	最近3个月去过1次	最近3个月1次没去过
样本	**600**	**38.0**	**15.2**	**10.8**	**36.0**
第一消费群	145	40.0	16.6	13.1	30.3
第二消费群	92	44.6	18.5	12.0	25.0
第三消费群	10	60.0	0.0	0.0	40.0
第四消费群	135	28.1	11.1	6.7	54.1
第五消费群	68	60.3	17.6	7.4	14.7
第六消费群	150	29.3	15.3	14.0	41.3

2-5-13 不同消费群光顾图书馆的比例 / Visiting Libraries by Market Segments

	人数	最近3个月去过3次以上	最近3个月去过2到3次	最近3个月去过1次	最近3个月1次没去过
样本	**600**	**16.3**	**6.3**	**7.3**	**70.0**
第一消费群	145	19.3	11.7	6.2	62.8
第二消费群	92	26.1	5.4	8.7	59.8
第三消费群	10	40.0	0.0	0.0	60.0
第四消费群	135	10.4	3.0	5.2	81.5
第五消费群	68	29.4	8.8	8.8	52.9
第六消费群	150	5.3	4.0	9.3	81.3

2-5-14 不同消费群光顾音乐厅的比例 / Visiting Music Halls by Market Segments

	人数	最近3个月去过3次以上	最近3个月去过2到3次	最近3个月去过1次	最近3个月1次没去过
样本	**600**	**1.8**	**1.2**	**2.7**	**94.3**
第一消费群	145	1.4	1.4	2.1	95.2
第二消费群	92	3.3	1.1	3.3	92.4
第三消费群	10	0.0	0.0	10.0	90.0
第四消费群	135	2.2	0.0	0.7	97.0
第五消费群	68	0.0	0.0	4.4	95.6
第六消费群	150	2.0	2.7	3.3	92.0

2-5-15 不同消费群光顾剧院 / 戏院的比例 / Visiting Theaters by Market Segments

	人数	最近3个月去过3次以上	最近3个月去过2到3次	最近3个月去过1次	最近3个月1次没去过
样本	**600**	**1.5**	**1.5**	**4.7**	**92.3**
第一消费群	145	1.4	1.4	7.6	89.7
第二消费群	92	0.0	1.1	2.2	96.7
第三消费群	10	0.0	0.0	0.0	100.0
第四消费群	135	1.5	1.5	3.7	93.3
第五消费群	68	1.5	1.5	4.4	92.6
第六消费群	150	2.7	2.0	4.7	90.7

2-5-16 不同消费群光顾美术馆的比例 / Visiting Art Museum by Market Segments

	人数	最近3个月去过3次以上	最近3个月去过2到3次	最近3个月去过1次	最近3个月1次没去过
样本	**600**	**1.7**	**0.5**	**5.3**	**92.5**
第一消费群	145	3.4	0.0	4.8	91.7
第二消费群	92	3.3	0.0	8.7	88.0
第三消费群	10	0.0	0.0	0.0	100.0
第四消费群	135	0.7	0.7	3.0	95.6
第五消费群	68	0.0	0.0	11.8	88.2
第六消费群	150	0.7	1.3	3.3	94.7

2-5-17 不同消费群光顾展览会的比例 / Visiting Exhibitions by Market Segments

	人数	最近3个月去过3次以上	最近3个月去过2到3次	最近3个月去过1次	最近3个月1次没去过
样本	**600**	**5.0**	**4.8**	**13.0**	**77.2**
第一消费群	145	6.9	6.2	15.9	71.0
第二消费群	92	8.7	5.4	19.6	66.3
第三消费群	10	10.0	10.0	0.0	80.0
第四消费群	135	2.2	2.2	7.4	88.1
第五消费群	68	1.5	7.4	22.1	69.1
第六消费群	150	4.7	4.0	8.0	83.3

2-5-18 不同消费群光顾体育场馆的比例 / Visiting Sports Facilities by Market Segments

	人数	最近3个月去过3次以上	最近3个月去过2到3次	最近3个月去过1次	最近3个月1次没去过
样本	**600**	**9.0**	**4.8**	**7.3**	**78.8**
第一消费群	145	4.1	3.4	6.2	86.2
第二消费群	92	9.8	7.6	13.0	69.6
第三消费群	10	0.0	0.0	0.0	100.0
第四消费群	135	8.9	3.0	3.7	84.4
第五消费群	68	17.6	8.8	10.3	63.2
第六消费群	150	10.0	4.7	7.3	78.0

注：上海消费群的代表特征 / Characteristics of the Shanghai Market Segments

		第一消费群	第二消费群	第三消费群	第四消费群	第五消费群	第六消费群
基本情况	性别	无明显偏向	男	男	女	女	无明显偏向
	年龄	45岁以上	20－29岁	25－34岁	35－44岁	16－24岁	30－39岁
	学历	大本及以上	大专/大本	大专	初中及以下	高中/中专/技校	高中/中专/技校
	职业	科教卫生人员/离退休人员	一般企业职员	行政管理人员/个体及私营企业主/专门职业从事者	工人/下岗人员	学生	一般企业职员
	月均收入	801－1500元	1001－3000元	3000元以上	800元以下	无收入	1001－2000元
	婚姻	已婚	未婚	未婚	已婚	未婚	已婚
心理取向		非浪漫时尚 非金钱本位 保守稳定	非家庭重心 田园倾向 休闲独立	不保守稳定 奔波忙碌 浪漫时尚	金钱本位 家庭重心 注重学历	新家庭观念 非休闲独立	不积极进取 不奔波忙碌

2-6 广州消费群光顾不同场所的比例 / Proportions of Guangzhou Consumers Visiting Different Locations

2-6-1 不同消费群光顾中式餐馆的比例 / Visiting Chinese Restaurants by Market Segments

	人数	最近3个月去过3次以上	最近3个月去过2到3次	最近3个月去过1次	最近3个月1次没去过
样本	**600**	**49.3**	**10.8**	**9.7**	**30.2**
第一消费群	94	34.0	9.6	19.1	37.2
第二消费群	126	28.6	11.1	11.1	49.2
第三消费群	99	62.6	10.1	9.1	18.2
第四消费群	100	66.0	11.0	8.0	15.0
第五消费群	99	42.4	8.1	8.1	41.4
第六消费群	82	70.7	15.9	1.2	12.2

2-6-2 不同消费群光顾外国餐馆的比例 / Visiting Foreign Restaurants by Market Segments

	人数	最近3个月去过3次以上	最近3个月去过2到3次	最近3个月去过1次	最近3个月1次没去过
样本	**600**	**8.3**	**3.3**	**6.5**	**81.8**
第一消费群	94	7.4	3.2	7.4	81.9
第二消费群	126	4.0	0.8	2.4	92.9
第三消费群	99	13.1	5.1	7.1	74.7
第四消费群	100	9.0	4.0	7.0	80.0
第五消费群	99	5.1	2.0	4.0	88.9
第六消费群	82	13.4	6.1	13.4	67.1

2-6-3 不同消费群光顾健身房的比例 / Visiting Health Clubs by Market Segments

	人数	最近3个月去过3次以上	最近3个月去过2到3次	最近3个月去过1次	最近3个月1次没去过
样本	**600**	**6.2**	**2.7**	**3.2**	**88.0**
第一消费群	94	11.7	5.3	2.1	80.9
第二消费群	126	2.4	0.8	1.6	95.2
第三消费群	99	11.1	5.1	4.0	79.8
第四消费群	100	6.0	2.0	1.0	91.0
第五消费群	99	1.0	0.0	4.0	94.9
第六消费群	82	6.1	3.7	7.3	82.9

2-6-4 不同消费群光顾美容护肤中心的比例 / Visiting Beauty Salons by Market Segments

	人数	最近 3 个月去过 3 次以上	最近 3 个月去过 2 到 3 次	最近 3 个月去过 1 次	最近 3 个月 1 次没去过
样本	**600**	**5.2**	**1.8**	**2.8**	**90.2**
第一消费群	94	4.3	2.1	5.3	88.3
第二消费群	126	2.4	0.8	1.6	95.2
第三消费群	99	6.1	3.0	5.1	85.9
第四消费群	100	8.0	0.0	0.0	92.0
第五消费群	99	1.0	2.0	2.0	94.9
第六消费群	82	11.0	3.7	3.7	81.7

2-6-5 不同消费群光顾酒吧的比例 / Visiting Bars/Pubs by Market Segments

	人数	最近 3 个月去过 3 次以上	最近 3 个月去过 2 到 3 次	最近 3 个月去过 1 次	最近 3 个月 1 次没去过
样本	**600**	**10.5**	**2.7**	**6.5**	**80.3**
第一消费群	94	9.6	4.3	8.5	77.7
第二消费群	126	4.0	1.6	0.0	94.4
第三消费群	99	18.2	3.0	9.1	69.7
第四消费群	100	13.0	3.0	8.0	76.0
第五消费群	99	6.1	2.0	2.0	89.9
第六消费群	82	14.6	2.4	14.6	68.3

2-6-6 不同消费群光顾迪斯科舞厅的比例 / Visiting Disco Clubs by Market Segments

	人数	最近 3 个月去过 3 次以上	最近 3 个月去过 2 到 3 次	最近 3 个月去过 1 次	最近 3 个月 1 次没去过
样本	**600**	**5.8**	**2.8**	**4.8**	**86.5**
第一消费群	94	8.5	5.3	8.5	77.7
第二消费群	126	1.6	1.6	3.2	93.7
第三消费群	99	13.1	5.1	10.1	71.7
第四消费群	100	4.0	2.0	2.0	92.0
第五消费群	99	0.0	1.0	3.0	96.0
第六消费群	82	9.8	2.4	2.4	85.4

2-6-7 不同消费群光顾卡拉 OK 的比例 / Visiting Karaoke by Market Segments

	人数	最近 3 个月去过 3 次以上	最近 3 个月去过 2 到 3 次	最近 3 个月去过 1 次	最近 3 个月 1 次没去过
样本	**600**	**20.7**	**11.0**	**15.2**	**53.2**
第一消费群	94	22.3	10.6	20.2	46.8
第二消费群	126	4.8	7.9	15.9	71.4
第三消费群	99	22.2	16.2	23.2	38.4
第四消费群	100	28.0	13.0	10.0	49.0
第五消费群	99	13.1	10.1	14.1	62.6
第六消费群	82	41.5	8.5	6.1	43.9

2-6-8 不同消费群光顾录像厅的比例 / Visiting Video Halls by Market Segments

	人数	最近 3 个月去过 3 次以上	最近 3 个月去过 2 到 3 次	最近 3 个月去过 1 次	最近 3 个月 1 次没去过
样本	**600**	**4.3**	**1.5**	**3.8**	**90.3**
第一消费群	94	5.3	2.1	5.3	87.2
第二消费群	126	1.6	1.6	1.6	95.2
第三消费群	99	7.1	3.0	6.1	83.8
第四消费群	100	4.0	0.0	3.0	93.0
第五消费群	99	2.0	1.0	1.0	96.0
第六消费群	82	7.3	1.2	7.3	84.1

2-6-9 不同消费群光顾茶馆的比例 / Visiting Tea Houses by Market Segments

	人数	最近 3 个月去过 3 次以上	最近 3 个月去过 2 到 3 次	最近 3 个月去过 1 次	最近 3 个月 1 次没去过
样本	**600**	**43.8**	**7.3**	**7.5**	**41.3**
第一消费群	94	39.4	7.4	9.6	43.6
第二消费群	126	46.8	6.3	10.3	36.5
第三消费群	99	38.4	6.1	5.1	50.5
第四消费群	100	49.0	7.0	7.0	37.0
第五消费群	99	45.5	9.1	4.0	41.4
第六消费群	82	42.7	8.5	8.5	40.2

2-6-10 不同消费群光顾公园的比例 / Visiting Parks By Market Segments

	人数	最近3个月去过3次以上	最近3个月去过2到3次	最近3个月去过1次	最近3个月1次没去过
样本	**600**	**41.5**	**12.5**	**15.7**	**30.3**
第一消费群	94	20.2	16.0	26.6	37.2
第二消费群	126	40.5	12.7	16.7	30.2
第三消费群	99	36.4	6.1	15.2	42.4
第四消费群	100	51.0	17.0	12.0	20.0
第五消费群	99	53.5	16.2	10.1	20.2
第六消费群	82	47.6	6.1	13.4	32.9

2-6-11 不同消费群光顾电影院的比例 / Visiting Movie Theaters by Market Segments

	人数	最近3个月去过3次以上	最近3个月去过2到3次	最近3个月去过1次	最近3个月1次没去过
样本	**600**	**11.5**	**5.7**	**10.7**	**72.2**
第一消费群	94	10.6	7.4	11.7	70.2
第二消费群	126	7.9	2.4	8.7	81.0
第三消费群	99	14.1	5.1	20.2	60.6
第四消费群	100	8.0	7.0	7.0	78.0
第五消费群	99	10.1	5.1	4.0	80.8
第六消费群	82	20.7	8.5	13.4	57.3

2-6-12 不同消费群光顾书店的比例 / Visiting Bookstores by Market Segments

	人数	最近3个月去过3次以上	最近3个月去过2到3次	最近3个月去过1次	最近3个月1次没去过
样本	**600**	**40.0**	**11.7**	**14.8**	**33.5**
第一消费群	94	36.2	18.1	18.1	27.7
第二消费群	126	34.9	6.3	19.8	38.9
第三消费群	99	58.6	9.1	11.1	21.2
第四消费群	100	31.0	13.0	11.0	45.0
第五消费群	99	32.3	9.1	15.2	43.4
第六消费群	82	50.0	17.1	12.2	20.7

2-6-13 不同消费群光顾图书馆的比例 / Visiting Libraries by Market Segments

	人数	最近3个月去过3次以上	最近3个月去过2到3次	最近3个月去过1次	最近3个月1次没去过
样本	**600**	**17.3**	**6.2**	**4.5**	**72.0**
第一消费群	94	16.0	8.5	5.3	70.2
第二消费群	126	12.7	4.8	4.8	77.8
第三消费群	99	33.3	6.1	2.0	58.6
第四消费群	100	13.0	6.0	2.0	79.0
第五消费群	99	12.1	4.0	5.1	78.8
第六消费群	82	18.3	8.5	8.5	64.6

2-6-14 不同消费群光顾音乐厅的比例 / Visiting Music Halls by Market Segments

	人数	最近3个月去过3次以上	最近3个月去过2到3次	最近3个月去过1次	最近3个月1次没去过
样本	**600**	**3.2**	**1.3**	**3.7**	**91.8**
第一消费群	94	1.1	0.0	8.5	90.4
第二消费群	126	2.4	0.8	0.8	96.0
第三消费群	99	4.0	4.0	5.1	86.9
第四消费群	100	5.0	0.0	4.0	91.0
第五消费群	99	1.0	0.0	0.0	99.0
第六消费群	82	6.1	3.7	4.9	85.4

2-6-15 不同消费群光顾剧院 / 戏院的比例 / Visiting Theaters by Market Segments

	人数	最近3个月去过3次以上	最近3个月去过2到3次	最近3个月去过1次	最近3个月1次没去过
样本	**600**	**4.3**	**2.0**	**4.2**	**89.5**
第一消费群	94	2.1	1.1	7.4	89.4
第二消费群	126	4.0	0.0	4.8	91.3
第三消费群	99	2.0	4.0	4.0	89.9
第四消费群	100	5.0	1.0	1.0	93.0
第五消费群	99	4.0	3.0	3.0	89.9
第六消费群	82	9.8	3.7	4.9	81.7

2-6-16 不同消费群光顾美术馆的比例 / Visiting Art Museum by Market Segments

	人数	最近 3 个月去过 3 次以上	最近 3 个月去过 2 到 3 次	最近 3 个月去过 1 次	最近 3 个月 1 次没去过
样本	**600**	**1.8**	**0.7**	**2.8**	**94.7**
第一消费群	94	0.0	0.0	6.4	93.6
第二消费群	126	2.4	0.8	0.8	96.0
第三消费群	99	1.0	2.0	4.0	92.9
第四消费群	100	2.0	0.0	1.0	97.0
第五消费群	99	1.0	0.0	1.0	98.0
第六消费群	82	4.9	1.2	4.9	89.0

2-6-17 不同消费群光顾展览会的比例 / Visiting Exhibitions by Market Segments

	人数	最近 3 个月去过 3 次以上	最近 3 个月去过 2 到 3 次	最近 3 个月去过 1 次	最近 3 个月 1 次没去过
样本	**600**	**5.3**	**3.7**	**10.2**	**80.8**
第一消费群	94	8.5	4.3	16.0	71.3
第二消费群	126	3.2	1.6	4.0	91.3
第三消费群	99	4.0	5.1	13.1	77.8
第四消费群	100	6.0	4.0	7.0	83.0
第五消费群	99	4.0	2.0	6.1	87.9
第六消费群	82	7.3	6.1	18.3	68.3

2-6-18 不同消费群光顾体育场馆的比例 / Visiting Sports Facilities by Market Segments

	人数	最近 3 个月去过 3 次以上	最近 3 个月去过 2 到 3 次	最近 3 个月去过 1 次	最近 3 个月 1 次没去过
样本	**600**	**13.7**	**5.7**	**9.0**	**71.7**
第一消费群	94	14.9	6.4	10.6	68.1
第二消费群	126	7.9	5.6	8.7	77.8
第三消费群	99	15.2	4.0	11.1	69.7
第四消费群	100	15.0	6.0	5.0	74.0
第五消费群	99	8.1	1.0	1.0	89.9
第六消费群	82	24.4	12.2	19.5	43.9

注：广州消费群的代表特征 / Characteristics of the Guangzhou Market Segments

		第一消费群	第二消费群	第三消费群	第四消费群	第五消费群	第六消费群
基本情况	性别	女	无明显偏向	女	男	女	男
	年龄	16 — 19 岁	40 岁以上	20 — 24 岁	35 — 44 岁	30 — 34 岁	25 — 29 岁
	学历	高中/中专/技校	无明显偏向	高中/中专/技校/大专	初中/高中/中专/技校	初中及以下	大专及以上
	职业	学生	工人	学生/待业人员	个体及私营企业主	家庭主妇	企业职员/管理人员/科教卫生人员/专门职业者
	月均收入	无收入	1500 元以下	无收入	801 — 1500 元	800 元以下	2000 元以上
	婚姻	未婚	已婚	未婚	已婚	已婚	无明显偏向
心理取向		不固守中式生活 田园倾向 非大男子主义	非新女性主张 不追随流行 非积极进取	独立自主 追随流行	积极进取 大男子主义 中式生活	单一电视娱乐 非独立自主 保守稳定	非单一电视娱乐 非家庭重心

2-7 重庆消费群光顾不同场所的比例 / Proportions of Chongqing Consumers Visiting Different Locations

2-7-1 不同消费群光顾的中式餐馆比例 / Visiting Chinese Restaurants by Market Segments

	人数	最近3个月去过3次以上	最近3个月去过2到3次	最近3个月去过1次	最近3个月1次没去过
样本	**600**	**34.3**	**9.7**	**12.7**	**43.3**
第一消费群	133	29.3	9.0	15.0	46.6
第二消费群	123	33.3	8.1	10.6	48.0
第三消费群	124	53.2	13.7	10.5	22.6
第四消费群	24	66.7	8.3	8.3	16.7
第五消费群	162	16.7	8.6	16.7	58.0
第六消费群	34	50.0	8.8	2.9	38.2

2-7-2 不同消费群光顾外国餐馆的比例 / Visiting Foreign Restaurants by Market Segments

	人数	最近3个月去过3次以上	最近3个月去过2到3次	最近3个月去过1次	最近3个月1次没去过
样本	**600**	**2.0**	**0.5**	**3.3**	**94.2**
第一消费群	133	0.8	0.8	3.0	95.5
第二消费群	123	1.6	0.0	2.4	95.9
第三消费群	124	5.6	0.0	7.3	87.1
第四消费群	24	0.0	4.2	12.5	83.3
第五消费群	162	0.0	0.6	0.0	99.4
第六消费群	34	5.9	0.0	2.9	91.2

2-7-3 不同消费群光顾健身房的比例 / Visiting Health Clubs by Market Segments

	人数	最近3个月去过3次以上	最近3个月去过2到3次	最近3个月去过1次	最近3个月1次没去过
样本	**600**	**4.0**	**0.3**	**1.7**	**94.0**
第一消费群	133	7.5	0.8	0.8	91.0
第二消费群	123	3.3	0.0	2.4	94.3
第三消费群	124	5.6	0.0	3.2	91.1
第四消费群	24	0.0	0.0	0.0	100.0
第五消费群	162	0.6	0.0	1.2	98.1
第六消费群	34	5.9	2.9	0.0	91.2

2-7-4 不同消费群光顾美容护肤中心的比例 / Visiting Beauty Salons by Market Segments

	人数	最近 3 个月去过 3 次以上	最近 3 个月去过 2 到 3 次	最近 3 个月去过 1 次	最近 3 个月 1 次没去过
样本	**600**	**5.5**	**1.5**	**3.0**	**90.0**
第一消费群	133	5.3	3.0	0.8	91.0
第二消费群	123	4.9	0.8	1.6	92.7
第三消费群	124	6.5	0.8	5.6	87.1
第四消费群	24	29.2	4.2	8.3	58.3
第五消费群	162	0.0	0.6	1.2	98.1
第六消费群	34	14.7	2.9	11.8	70.6

2-7-5 不同消费群光顾酒吧的比例 / Visiting Bars/Pubs by Market Segments

	人数	最近 3 个月去过 3 次以上	最近 3 个月去过 2 到 3 次	最近 3 个月去过 1 次	最近 3 个月 1 次没去过
样本	**600**	**4.3**	**2.8**	**3.0**	**89.8**
第一消费群	133	3.0	6.0	3.8	87.2
第二消费群	123	3.3	0.8	2.4	93.5
第三消费群	124	8.9	4.8	4.0	82.3
第四消费群	24	20.8	0.0	0.0	79.2
第五消费群	162	0.6	0.6	0.6	98.1
第六消费群	34	2.9	2.9	11.8	82.4

2-7-6 不同消费群光顾迪斯科舞厅的比例 / Visiting Disco Clubs by Market Segments

	人数	最近 3 个月去过 3 次以上	最近 3 个月去过 2 到 3 次	最近 3 个月去过 1 次	最近 3 个月 1 次没去过
样本	**600**	**5.3**	**2.8**	**3.2**	**88.7**
第一消费群	133	4.5	3.8	4.5	87.2
第二消费群	123	4.9	0.8	1.6	92.7
第三消费群	124	8.9	4.8	4.8	81.5
第四消费群	24	16.7	0.0	0.0	83.3
第五消费群	162	0.6	1.2	2.5	95.7
第六消费群	34	11.8	8.8	2.9	76.5

2-7-7 不同消费群光顾卡拉 OK 的比例 / Visiting Karaoke by Market Segments

	人数	最近 3 个月去过 3 次以上	最近 3 个月去过 2 到 3 次	最近 3 个月去过 1 次	最近 3 个月 1 次没去过
样本	**600**	**14.5**	**7.0**	**10.3**	**68.2**
第一消费群	133	17.3	10.5	9.8	62.4
第二消费群	123	9.8	4.9	5.7	79.7
第三消费群	124	21.8	12.1	16.9	49.2
第四消费群	24	41.7	8.3	8.3	41.7
第五消费群	162	3.1	1.9	8.6	86.4
第六消费群	34	29.4	5.9	14.7	50.0

2-7-8 不同消费群光顾录像厅的比例 / Visiting Video Halls by Market Segments

	人数	最近 3 个月去过 3 次以上	最近 3 个月去过 2 到 3 次	最近 3 个月去过 1 次	最近 3 个月 1 次没去过
样本	**600**	**7.3**	**3.8**	**4.0**	**84.8**
第一消费群	133	10.5	6.0	6.8	76.7
第二消费群	123	5.7	3.3	1.6	89.4
第三消费群	124	10.5	3.2	5.6	80.6
第四消费群	24	16.7	8.3	4.2	70.8
第五消费群	162	1.9	3.1	2.5	92.6
第六消费群	34	8.8	0.0	2.9	88.2

2-7-9 不同消费群光顾茶馆的比例 / Visiting Tea Houses by Market Segments

	人数	最近 3 个月去过 3 次以上	最近 3 个月去过 2 到 3 次	最近 3 个月去过 1 次	最近 3 个月 1 次没去过
样本	**600**	**13.3**	**4.5**	**5.0**	**77.2**
第一消费群	133	15.0	1.5	4.5	78.9
第二消费群	123	14.6	4.9	1.6	78.9
第三消费群	124	7.3	2.4	8.9	81.5
第四消费群	24	16.7	8.3	4.2	70.8
第五消费群	162	14.8	8.0	4.9	72.2
第六消费群	34	14.7	2.9	5.9	76.5

2-7-10 不同消费群光顾公园的比例 / Visiting Parks By Market Segments

	人数	最近 3 个月去过 3 次以上	最近 3 个月去过 2 到 3 次	最近 3 个月去过 1 次	最近 3 个月 1 次没去过
样本	**600**	**34.2**	**14.2**	**18.3**	**33.3**
第一消费群	133	40.6	15.0	14.3	30.1
第二消费群	123	41.5	18.7	13.0	26.8
第三消费群	124	25.8	15.3	18.5	40.3
第四消费群	24	37.5	8.3	25.0	29.2
第五消费群	162	25.9	11.1	26.5	36.4
第六消费群	34	50.0	8.8	8.8	32.4

2-7-11 不同消费群光顾电影院的比例 / Visiting Movie Theaters by Market Segments

	人数	最近 3 个月去过 3 次以上	最近 3 个月去过 2 到 3 次	最近 3 个月去过 1 次	最近 3 个月 1 次没去过
样本	**600**	**20.5**	**10.3**	**13.8**	**55.3**
第一消费群	133	30.1	15.0	13.5	41.4
第二消费群	123	15.4	10.6	10.6	63.4
第三消费群	124	29.8	12.9	18.5	38.7
第四消费群	24	33.3	12.5	4.2	50.0
第五消费群	162	8.6	4.3	13.6	73.5
第六消费群	34	14.7	8.8	17.6	58.8

2-7-12 不同消费群光顾书店的比例 / Visiting Bookstores by Market Segments

	人数	最近 3 个月去过 3 次以上	最近 3 个月去过 2 到 3 次	最近 3 个月去过 1 次	最近 3 个月 1 次没去过
样本	**600**	**41.0**	**11.5**	**10.2**	**37.3**
第一消费群	133	47.4	12.0	7.5	33.1
第二消费群	123	49.6	11.4	10.6	28.5
第三消费群	124	55.6	14.5	10.5	19.4
第四消费群	24	41.7	12.5	4.2	41.7
第五消费群	162	22.2	8.6	12.3	56.8
第六消费群	34	20.6	11.8	11.8	55.9

2-7-13 不同消费群光顾图书馆的比例 / Visiting Libraries by Market Segments

	人数	最近3个月去过3次以上	最近3个月去过2到3次	最近3个月去过1次	最近3个月1次没去过
样本	**600**	**16.5**	**5.2**	**4.3**	**74.0**
第一消费群	133	26.3	7.5	6.0	60.2
第二消费群	123	26.0	4.1	1.6	68.3
第三消费群	124	16.9	8.1	8.1	66.9
第四消费群	24	12.5	4.2	0.0	83.3
第五消费群	162	4.3	1.2	2.5	92.0
第六消费群	34	2.9	8.8	5.9	82.4

2-7-14 不同消费群光顾音乐厅的比例 / Visiting Music Halls by Market Segments

	人数	最近3个月去过3次以上	最近3个月去过2到3次	最近3个月去过1次	最近3个月1次没去过
样本	**600**	**3.0**	**1.0**	**2.7**	**93.3**
第一消费群	133	5.3	1.5	4.5	88.7
第二消费群	123	3.3	0.0	4.1	92.7
第三消费群	124	3.2	2.4	1.6	92.7
第四消费群	24	8.3	4.2	0.0	87.5
第五消费群	162	0.0	0.0	1.9	98.1
第六消费群	34	2.9	0.0	0.0	97.1

2-7-15 不同消费群光顾剧院 / 戏院的比例 / Visiting Theaters by Market Segments

	人数	最近3个月去过3次以上	最近3个月去过2到3次	最近3个月去过1次	最近3个月1次没去过
样本	**600**	**1.7**	**1.2**	**1.2**	**96.0**
第一消费群	133	0.8	2.3	1.5	95.5
第二消费群	123	3.3	0.8	0.0	95.9
第三消费群	124	1.6	0.8	1.6	96.0
第四消费群	24	4.2	4.2	0.0	91.7
第五消费群	162	1.2	0.0	0.6	98.1
第六消费群	34	0.0	2.9	5.9	91.2

2-7-16 不同消费群光顾美术馆的比例 / Visiting Art Museum by Market Segments

	人数	最近 3 个月去过 3 次以上	最近 3 个月去过 2 到 3 次	最近 3 个月去过 1 次	最近 3 个月 1 次没去过
样本	**600**	**2.0**	**0.7**	**2.0**	**95.3**
第一消费群	133	1.5	1.5	4.5	92.5
第二消费群	123	2.4	0.8	2.4	94.3
第三消费群	124	2.4	0.8	0.8	96.0
第四消费群	24	8.3	0.0	0.0	91.7
第五消费群	162	0.6	0.0	0.6	98.8
第六消费群	34	2.9	0.0	2.9	94.1

2-7-17 不同消费群光顾展览会的比例 / Visiting Exhibitions by Market Segments

	人数	最近 3 个月去过 3 次以上	最近 3 个月去过 2 到 3 次	最近 3 个月去过 1 次	最近 3 个月 1 次没去过
样本	**600**	**2.7**	**1.7**	**4.7**	**91.0**
第一消费群	133	1.5	6.0	6.0	86.5
第二消费群	123	6.5	0.8	5.7	87.0
第三消费群	124	3.2	0.0	7.3	89.5
第四消费群	24	0.0	4.2	4.2	91.7
第五消费群	162	0.0	0.0	1.9	98.1
第六消费群	34	5.9	0.0	0.0	94.1

2-7-18 不同消费群光顾体育场馆的比例 / Visiting Sports Facilities by Market Segments

	人数	最近 3 个月去过 3 次以上	最近 3 个月去过 2 到 3 次	最近 3 个月去过 1 次	最近 3 个月 1 次没去过
样本	**600**	**15.2**	**5.7**	**8.5**	**70.7**
第一消费群	133	18.8	9.0	9.0	63.2
第二消费群	123	19.5	5.7	4.9	69.9
第三消费群	124	16.1	8.1	16.1	59.7
第四消费群	24	8.3	8.3	12.5	70.8
第五消费群	162	9.9	1.9	4.3	84.0
第六消费群	34	11.8	0.0	8.8	79.4

注：重庆消费群的代表特征 / Characteristics of the Chongqing Market Segments

		第一消费群	第二消费群	第三消费群	第四消费群	第五消费群	第六消费群
基本情况	性别	无明显偏向	无明显偏向	无明显偏向	无明显偏向	无明显偏向	女
	年龄	16 — 19 岁	45 岁以上	20 — 29 岁	30 — 34 岁	40 岁以上	25 — 29 岁
	学历	高中/中专/技校	高中/中专/技校	大专/大本	高中/中专/技校/大本以上	初中及以下	初中
	职业	学生	行政管理人员/离退休人员	科教卫生人员/一般企业职员	个体及私营企业主	工人	专门职业从事者下岗及其他
	月均收入	无收入	501 — 800 元	801 — 1500 元	1500 元以上	500 元以下	1001 — 1500 元
	婚姻	未婚	已婚	无明显偏向	已婚	已婚	已婚或离异
心理取向		浪漫新潮 注重学历 非现实家庭观	循规传统 奔波忙碌 保守稳定	新女性主张 非功利心态	功利心态 现实家庭观 都市情结	非浪漫新潮 非独立休闲	非新女性主张 不循规传统 独立休闲

3 消费观点 / Values of Consuming

问卷中列举了 9 类商品和 10 种选择商品时的观点。假定每类商品由被访者自己购买，被访者对于每类商品就 10 种观点进行选择。

3-1 选购不同类别商品时关注点的侧重 / Emphasis in Selecting Different Kinds of Products

注：本题为多选题，合计百分比超过 100%（Multiple answers）

● 北京（Beijing）

商品种类	人数	会按外观（或气氛）的好坏选择	会依厂家的信用程度选择	会看是否会成为现在的流行趋势	会尽量选择较便宜的	会看是否跟自己的品味或感觉一样
食品类	597	18.3	39.4	2.7	21.8	56.3
饮料类	591	13.2	40.3	7.3	17.8	51.4
日用品	599	23.0	37.4	9.2	29.2	12.2
家用电器	596	17.1	62.8	14.8	8.6	6.5
服装/服饰	585	46.3	12.6	44.8	28.2	36.6
餐饮场所	573	41.5	7.7	3.1	25.5	42.1
家用汽车	513	30.8	44.8	14.8	19.1	12.1
化妆品	529	7.8	34.0	12.1	9.5	31.6
保健品	526	4.8	42.0	5.1	6.5	18.8

续上表（continued）

商品种类	人数	会比较品质及功能	会依广告印象	会靠别人的推荐	会考虑商场的服务和信誉	会考虑购买地点是否离家很近
食品类	597	22.6	14.1	11.6	21.4	31.7
饮料类	591	22.0	19.5	6.9	15.2	24.9
日用品	599	37.6	14.4	14.0	20.5	24.5
家用电器	596	56.7	11.9	10.4	44.0	9.6
服装/服饰	585	14.5	2.7	7.2	18.6	6.8
餐饮场所	573	6.6	3.3	24.1	20.2	22.5
家用汽车	513	50.5	8.8	8.0	15.4	1.0
化妆品	529	37.2	26.3	19.1	16.3	6.4
保健品	526	47.7	18.4	23.8	17.5	4.9

● 上海（Shanghai）

商品种类	人数	会按外观（或气氛）的好坏选择	会依厂家的信用程度选择	会看是否会成为现在的流行趋势	会尽量选择较便宜的	会看是否跟自己的品味或感觉一样
食品类	595	16.0	41.0	3.2	22.7	50.8
饮料类	591	9.0	39.9	6.9	17.4	49.9
日用品	596	14.8	36.2	9.2	31.5	12.1
家用电器	593	15.2	62.2	12.0	11.6	6.1
服装/服饰	593	32.0	14.8	42.5	21.8	38.4
餐饮场所	588	45.2	8.0	4.1	20.9	30.3
家用汽车	543	25.0	44.0	11.0	13.6	15.1
化妆品	578	6.4	34.9	13.0	9.9	25.3
保健品	585	3.6	45.6	4.8	8.5	14.5

续上表（continued）

商品种类	人数	会比较品质及功能	会依广告印象	会靠别人的推荐	会考虑商场的服务和信誉	会考虑购买地点是否离家很近
食品类	595	19.5	13.3	11.9	16.5	35.0
饮料类	591	17.3	19.0	9.0	9.8	29.8
日用品	596	35.9	12.6	9.6	14.8	29.7
家用电器	593	52.1	10.6	10.8	37.1	8.9
服装/服饰	593	12.1	6.7	9.1	18.5	5.2
餐饮场所	588	6.8	4.9	20.7	25.3	15.6
家用汽车	543	37.8	9.9	6.3	17.3	2.4
化妆品	578	32.4	26.5	18.9	14.7	6.2
保健品	585	42.9	15.4	23.2	17.1	5.3

● 广州（Guangzhou）

商品种类	人数	会按外观（或气氛）的好坏选择	会依厂家的信用程度选择	会看是否会成为现在的流行趋势	会尽量选择较便宜的	会看是否跟自己的品味或感觉一样
食品类	586	18.1	33.6	4.3	26.3	49.5
饮料类	584	13.2	28.6	7.4	19.2	50.7
日用品	588	16.2	35.0	7.8	31.0	16.2
家用电器	577	13.3	58.8	12.0	13.5	7.1
服装/服饰	579	38.2	10.7	44.6	18.0	47.7
餐饮场所	564	40.1	7.3	3.9	23.0	30.3
家用汽车	457	24.5	48.6	10.3	9.2	12.3
化妆品	507	9.5	31.8	15.2	5.9	32.1
保健品	520	5.4	37.9	5.4	6.5	21.5

续上表（continued）

商品种类	人数	会比较品质及功能	会依广告印象	会靠别人的推荐	会考虑商场的服务和信誉	会考虑购买地点是否离家很近
食品类	586	25.8	10.4	8.7	16.4	28.8
饮料类	584	22.3	16.1	7.9	10.4	26.0
日用品	588	37.2	15.0	9.2	17.7	21.6
家用电器	577	59.4	10.9	10.1	26.0	6.4
服装/服饰	579	13.0	4.7	5.5	13.5	4.7
餐饮场所	564	7.4	4.3	14.5	26.1	26.4
家用汽车	457	46.4	10.7	10.5	11.2	1.8
化妆品	507	32.5	23.1	17.4	13.4	3.6
保健品	520	44.4	19.2	18.8	13.1	4.0

● 重庆（Chongqing）

商品种类	人数	会按外观（或气氛）的好坏选择	会依厂家的信用程度选择	会看是否会成为现在的流行趋势	会尽量选择较便宜的	会看是否跟自己的品味或感觉一样
食品类	598	23.6	26.4	4.5	25.1	53.7
饮料类	587	14.1	27.3	7.5	17.2	54.7
日用品	597	16.4	32.0	9.4	27.3	15.2
家用电器	588	14.1	58.7	10.4	10.7	5.6
服装/服饰	587	37.8	7.2	43.8	26.1	35.3
餐饮场所	569	42.9	5.3	2.8	19.5	36.2
家用汽车	474	27.6	39.5	11.4	13.3	9.9
化妆品	511	7.2	33.1	11.7	8.0	27.6
保健品	515	5.8	31.1	4.5	7.2	16.9

续上表（continued）

商品种类	人数	会比较品质及功能	会依广告印象	会靠别人的推荐	会考虑商场的服务和信誉	会考虑购买地点是否离家很近
食品类	598	24.2	11.9	9.9	18.9	26.6
饮料类	587	21.8	14.7	9.5	11.9	18.9
日用品	597	37.4	14.9	11.7	19.3	21.9
家用电器	588	56.0	12.1	10.4	38.8	5.3
服装/服饰	587	10.1	4.9	7.3	15.0	2.0
餐饮场所	569	5.1	3.5	15.5	20.4	15.8
家用汽车	474	43.9	11.6	6.1	12.9	1.5
化妆品	511	35.4	20.7	15.7	18.4	2.2
保健品	515	47.0	17.5	19.6	18.8	3.7

3-2 北京消费群选择不同类别商品时所持的观点 / Beijing Consumers' Values in Selecting Different Kinds of Products

注：本题为多选题，合计百分比超过 100%（Multiple answers）

3-2-1 不同消费群选择食品时所持的观点 / Values in Selecting Food Products by Market Segments

商品种类	人数	会按外观（或气氛）的好坏选择	会依厂家的信用程度选择	会看是否会成为现在的流行趋势	会尽量选择较便宜的	会看是否跟自己的品味或感觉一样
样本	**597**	**18.3**	**39.4**	**2.7**	**21.8**	**56.3**
第一消费群	137	21.2	50.4	0.7	15.3	55.5
第二消费群	94	18.1	34.0	1.1	10.6	70.2
第三消费群	111	14.4	36.9	2.7	21.6	48.6
第四消费群	5	40.0	40.0	0.0	40.0	60.0
第五消费群	130	16.2	30.8	6.9	19.2	65.4
第六消费群	120	20.0	42.5	1.7	40.0	43.3

续上表（continued）

商品种类	人数	会比较品质及功能	会依广告印象	会靠别人的推荐	会考虑商场的服务和信誉	会考虑购买地点是否离家很近
样本	**597**	**22.6**	**14.1**	**11.6**	**21.4**	**31.7**
第一消费群	137	27.7	7.3	16.1	19.7	30.7
第二消费群	94	24.5	17.0	8.5	18.1	35.1
第三消费群	111	20.7	14.4	10.8	27.9	35.1
第四消费群	5	40.0	20.0	0.0	0.0	20.0
第五消费群	130	18.5	23.8	12.3	16.2	23.1
第六消费群	120	20.8	8.3	9.2	26.7	36.7

3-2-2 不同消费群选择饮料时所持的观点 / Values in Selecting Beverage by Market Segments

商品种类	人数	会按外观（或气氛）的好坏选择	会依厂家的信用程度选择	会看是否会成为现在的流行趋势	会尽量选择较便宜的	会看是否跟自己的品味或感觉一样
样本	**591**	**13.2**	**40.3**	**7.3**	**17.8**	**51.4**
第一消费群	137	12.4	43.1	9.5	12.4	53.3
第二消费群	91	9.9	38.5	5.5	6.6	60.4
第三消费群	111	14.4	43.2	6.3	19.8	36.9
第四消费群	5	40.0	20.0	0.0	40.0	80.0
第五消费群	131	16.0	29.0	9.9	19.8	58.8
第六消费群	116	11.2	49.1	4.3	27.6	46.6

续上表（continued）

商品种类	人数	会比较品质及功能	会依广告印象	会靠别人的推荐	会考虑商场的服务和信誉	会考虑购买地点是否离家很近
样本	**591**	**22.0**	**19.5**	**6.9**	**15.2**	**24.9**
第一消费群	137	27.0	17.5	7.3	14.6	25.5
第二消费群	91	26.4	31.9	7.7	9.9	25.3
第三消费群	111	18.9	14.4	5.4	20.7	28.8
第四消费群	5	40.0	20.0	0.0	0.0	20.0
第五消费群	131	19.1	24.4	7.6	8.4	16.0
第六消费群	116	18.1	11.2	6.9	23.3	30.2

3-2-3 不同消费群选择日用品时所持的观点 / Values in Selecting Daily Necessities by Market Segments

商品种类	人数	会按外观（或气氛）的好坏选择	会依厂家的信用程度选择	会看是否会成为现在的流行趋势	会尽量选择较便宜的	会看是否跟自己的品味或感觉一样
样本	**599**	**23.0**	**37.4**	**9.2**	**29.2**	**12.2**
第一消费群	137	27.7	32.8	8.8	24.8	13.9
第二消费群	94	27.7	38.3	7.4	25.5	13.8
第三消费群	112	14.3	42.0	8.0	31.3	8.0
第四消费群	5	60.0	40.0	0.0	0.0	40.0
第五消费群	131	19.8	34.4	13.7	34.4	11.5
第六消费群	120	24.2	40.8	7.5	30.8	12.5

续上表（continued）

商品种类	人数	会比较品质及功能	会依广告印象	会靠别人的推荐	会考虑商场的服务和信誉	会考虑购买地点是否离家很近
样本	**599**	**37.6**	**14.4**	**14.0**	**20.5**	**24.5**
第一消费群	137	49.6	9.5	15.3	21.2	27.7
第二消费群	94	36.2	12.8	16.0	19.1	27.7
第三消费群	112	28.6	17.0	11.6	25.0	28.6
第四消费群	5	40.0	40.0	0.0	0.0	0.0
第五消费群	131	32.1	23.7	16.0	15.3	17.6
第六消费群	120	39.2	7.5	11.7	23.3	23.3

3-2-4 不同消费群选择家用电器时所持的观点 / Values in Selecting Home Electronic Products by Market Segments

商品种类	人数	会按外观（或气氛）的好坏选择	会依厂家的信用程度选择	会看是否会成为现在的流行趋势	会尽量选择较便宜的	会看是否跟自己的品味或感觉一样
样本	**596**	**17.1**	**62.8**	**14.8**	**8.6**	**6.5**
第一消费群	136	16.2	67.6	12.5	5.9	4.4
第二消费群	94	19.1	68.1	17.0	5.3	9.6
第三消费群	111	14.4	51.4	17.1	5.4	3.6
第四消费群	5	20.0	40.0	40.0	20.0	60.0
第五消费群	130	19.2	66.2	12.3	10.0	8.5
第六消费群	120	16.7	60.8	15.0	15.0	5.0

续上表（continued）

商品种类	人数	会比较品质及功能	会依广告印象	会靠别人的推荐	会考虑商场的服务和信誉	会考虑购买地点是否离家很近
样本	**596**	**56.7**	**11.9**	**10.4**	**44.0**	**9.6**
第一消费群	136	61.8	10.3	15.4	38.2	6.6
第二消费群	94	61.7	16.0	8.5	43.6	8.5
第三消费群	111	50.5	12.6	12.6	46.8	11.7
第四消费群	5	20.0	20.0	0.0	20.0	0.0
第五消费群	130	57.7	11.5	7.7	46.2	6.9
第六消费群	120	53.3	10.0	7.5	46.7	15.0

3-2-5 不同消费群选择服装/服饰时所持的观点 / Values in Selecting Clothing by Market Segments

商品种类	人数	会按外观（或气氛）的好坏选择	会依厂家的信用程度选择	会看是否会成为现在的流行趋势	会尽量选择较便宜的	会看是否跟自己的品味或感觉一样
样本	**585**	**46.3**	**12.6**	**44.8**	**28.2**	**36.6**
第一消费群	133	49.6	11.3	42.9	27.1	36.8
第二消费群	92	45.7	13.0	43.5	13.0	46.7
第三消费群	108	48.1	14.8	38.9	28.7	22.2
第四消费群	5	40.0	20.0	20.0	0.0	80.0
第五消费群	131	44.3	9.2	58.8	26.0	48.9
第六消费群	116	44.0	15.5	38.8	44.8	25.9

续上表（continued）

商品种类	人数	会比较品质及功能	会依广告印象	会靠别人的推荐	会考虑商场的服务和信誉	会考虑购买地点是否离家很近
样本	**585**	**14.5**	**2.7**	**7.2**	**18.6**	**6.8**
第一消费群	133	16.5	2.3	6.8	21.8	8.3
第二消费群	92	18.5	4.3	3.3	22.8	5.4
第三消费群	108	13.0	1.9	10.2	16.7	12.0
第四消费群	5	40.0	0.0	20.0	40.0	0.0
第五消费群	131	9.2	3.1	9.2	12.2	3.1
第六消费群	116	15.5	2.6	5.2	19.8	6.0

3-2-6 不同消费群选择餐饮场所时所持的观点 / Values in Selecting Eat-out Places by Market Segments

商品种类	人数	会按外观（或气氛）的好坏选择	会依厂家的信用程度选择	会看是否会成为现在的流行趋势	会尽量选择较便宜的	会看是否跟自己的品味或感觉一样
样本	**573**	**41.5**	**7.7**	**3.1**	**25.5**	**42.1**
第一消费群	132	41.7	3.0	3.0	22.7	55.3
第二消费群	93	47.3	7.5	2.2	23.7	39.8
第三消费群	108	35.2	8.3	3.7	30.6	34.3
第四消费群	5	60.0	20.0	20.0	40.0	20.0
第五消费群	129	48.8	7.8	4.7	23.3	36.4
第六消费群	106	33.0	12.3	0.9	27.4	43.4

续上表（continued）

商品种类	人数	会比较品质及功能	会依广告印象	会靠别人的推荐	会考虑商场的服务和信誉	会考虑购买地点是否离家很近
样本	**573**	**6.6**	**3.3**	**24.1**	**20.2**	**22.5**
第一消费群	132	5.3	2.3	22.7	18.2	20.5
第二消费群	93	9.7	1.1	29.0	17.2	16.1
第三消费群	108	6.5	4.6	24.1	23.1	25.0
第四消费群	5	20.0	0.0	40.0	20.0	0.0
第五消费群	129	5.4	5.4	29.5	17.8	14.7
第六消费群	106	6.6	2.8	14.2	25.5	38.7

3-2-7 不同消费群选择家用汽车时所持的观点 / Values in Selecting Automobiles by Market Segments

商品种类	人数	会按外观（或气氛）的好坏选择	会依厂家的信用程度选择	会看是否会成为现在的流行趋势	会尽量选择较便宜的	会看是否跟自己的品味或感觉一样
样本	**513**	**30.8**	**44.8**	**14.8**	**19.1**	**12.1**
第一消费群	114	28.9	45.6	8.8	18.4	7.9
第二消费群	84	23.8	52.4	13.1	26.2	15.5
第三消费群	96	31.3	37.5	16.7	20.8	8.3
第四消费群	5	40.0	40.0	0.0	0.0	40.0
第五消费群	122	36.1	38.5	18.9	12.3	22.1
第六消费群	92	31.5	53.3	17.4	21.7	3.3

续上表（continued）

商品种类	人数	会比较品质及功能	会依广告印象	会靠别人的推荐	会考虑商场的服务和信誉	会考虑购买地点是否离家很近
样本	**513**	**50.5**	**8.8**	**8.0**	**15.4**	**1.0**
第一消费群	114	58.8	7.0	7.9	17.5	0.9
第二消费群	84	53.6	7.1	9.5	9.5	0.0
第三消费群	96	43.8	13.5	7.3	11.5	2.1
第四消费群	5	60.0	0.0	0.0	20.0	0.0
第五消费群	122	50.0	7.4	5.7	14.8	0.0
第六消费群	92	44.6	9.8	10.9	22.8	2.2

3-2-8 不同消费群选择化妆品时所持的观点 / Values in Selecting Cosmetic Products by Market Segments

商品种类	人数	会按外观（或气氛）的好坏选择	会依厂家的信用程度选择	会看是否会成为现在的流行趋势	会尽量选择较便宜的	会看是否跟自己的品味或感觉一样
样本	**529**	**7.8**	**34.0**	**12.1**	**9.5**	**31.6**
第一消费群	122	7.4	36.1	13.1	3.3	38.5
第二消费群	79	10.1	34.2	15.2	5.1	36.7
第三消费群	104	6.7	30.8	9.6	13.5	19.2
第四消费群	4	25.0	50.0	0.0	0.0	50.0
第五消费群	123	9.8	33.3	13.8	4.1	34.1
第六消费群	97	4.1	35.1	9.3	23.7	27.8

续上表（continued）

商品种类	人数	会比较品质及功能	会依广告印象	会靠别人的推荐	会考虑商场的服务和信誉	会考虑购买地点是否离家很近
样本	**529**	**37.2**	**26.3**	**19.1**	**16.3**	**6.4**
第一消费群	122	44.3	18.0	23.0	10.7	4.1
第二消费群	79	29.1	34.2	16.5	16.5	5.1
第三消费群	104	35.6	28.8	17.3	19.2	9.6
第四消费群	4	25.0	0.0	0.0	25.0	0.0
第五消费群	123	38.2	29.3	20.3	16.3	2.4
第六消费群	97	36.1	24.7	17.5	19.6	12.4

3-2-9 不同消费群选择保健品时所持的观点 / Values in Selecting Health-Related Products by Market Segments

商品种类	人数	会按外观（或气氛）的好坏选择	会依厂家的信用程度选择	会看是否会成为现在的流行趋势	会尽量选择较便宜的	会看是否跟自己的品味或感觉一样
样本	**526**	**4.8**	**42.0**	**5.1**	**6.5**	**18.8**
第一消费群	122	2.5	46.7	7.4	3.3	18.9
第二消费群	83	4.8	41.0	4.8	1.2	18.1
第三消费群	99	6.1	32.3	5.1	9.1	23.2
第四消费群	4	25.0	50.0	0.0	0.0	75.0
第五消费群	119	4.2	44.5	3.4	4.2	15.1
第六消费群	99	6.1	43.4	5.1	15.2	17.2

续上表（ continued ）

商品种类	人数	会比较品质及功能	会依广告印象	会靠别人的推荐	会考虑商场的服务和信誉	会考虑购买地点是否离家很近
样本	**526**	**47.7**	**18.4**	**23.8**	**17.5**	**4.9**
第一消费群	122	50.0	17.2	27.9	14.8	4.1
第二消费群	83	51.8	21.7	26.5	16.9	3.6
第三消费群	99	43.4	18.2	21.2	20.2	11.1
第四消费群	4	50.0	0.0	0.0	0.0	0.0
第五消费群	119	48.7	20.2	21.0	20.2	0.8
第六消费群	99	44.4	16.2	23.2	16.2	6.1

注：北京消费群的代表特征 / Characteristics of the Beijing Market Segments

		第一消费群	第二消费群	第三消费群	第四消费群	第五消费群	第六消费群
基本情况	性别	女	男	无明显偏向	男	无明显偏向	女
	年龄	30 — 34 岁	25 — 29 岁	35 — 44 岁	无明显偏向	16 — 24 岁	45 岁以上
	学历	大专/大本	大本	初中	大本及研究生	高中/中专/技校	初中及以下
	职业	科教卫生人员	一般企业职员	工人	管理人员/专门职业从事者/个体及私营企业主	学生	离退休人员
	月均收入	801 — 1500 元	1501 — 4000 元	800 元以下	4000 元以上	无收入	800 元以下
	婚姻	已婚	无明显偏向	已婚	已婚或离异	未婚	已婚
心理取向		注重学历 非积极进取	不循规传统 非单一电视娱乐	非田园倾向 新女性主张 金钱本位	注重经验 大男子主义 不保守稳定	非“大男子主义” 追随流行	非“新女性主张” 非浪漫新潮 单一电视娱乐

3-3 上海消费群选择不同类别商品时所持的观点 / Shanghai Consumers' Values in Selecting Different Kinds of Products

注：本题为多选题，合计百分比超过 100%（Multiple answers）

3-3-1 不同消费群选择食品时所持的观点 / Values in Selecting Food Products by Market Segments

商品种类	人数	会按外观（或气氛）的好坏选择	会依厂家的信用程度选择	会看是否会成为现在的流行趋势	会尽量选择较便宜的	会看是否跟自己的品味或感觉一样
样本	**595**	**16.0**	**41.0**	**3.2**	**22.7**	**50.8**
第一消费群	145	11.0	49.7	0.7	26.9	48.3
第二消费群	91	17.6	38.5	5.5	20.9	51.6
第三消费群	10	20.0	20.0	0.0	0.0	70.0
第四消费群	135	17.0	35.6	2.2	34.8	48.9
第五消费群	68	11.8	33.8	4.4	10.3	69.1
第六消费群	146	20.5	43.8	4.8	15.8	44.5

续上表（continued）

商品种类	人数	会比较品质及功能	会依广告印象	会靠别人的推荐	会考虑商场的服务和信誉	会考虑购买地点是否离家很近
样本	**595**	**19.5**	**13.3**	**11.9**	**16.5**	**35.0**
第一消费群	145	17.9	6.9	11.0	17.9	41.4
第二消费群	91	27.5	16.5	8.8	15.4	27.5
第三消费群	10	30.0	30.0	30.0	0.0	30.0
第四消费群	135	20.7	11.1	13.3	17.0	37.0
第五消费群	68	16.2	20.6	14.7	13.2	26.5
第六消费群	146	15.8	15.1	11.0	17.8	35.6

3-3-2 不同消费群选择饮料时所持的观点 / Values in Selecting Beverage by Market Segments

商品种类	人数	会按外观（或气氛）的好坏选择	会依厂家的信用程度选择	会看是否会成为现在的流行趋势	会尽量选择较便宜的	会看是否跟自己的品味或感觉一样
样本	**591**	**9.0**	**39.9**	**6.9**	**17.4**	**49.9**
第一消费群	143	8.4	49.0	4.9	17.5	49.7
第二消费群	91	7.7	42.9	8.8	11.0	52.7
第三消费群	10	10.0	30.0	10.0	0.0	50.0
第四消费群	132	9.1	38.6	4.5	27.3	47.7
第五消费群	68	5.9	23.5	10.3	11.8	64.7
第六消费群	147	11.6	38.8	8.2	16.3	43.5

续上表（continued）

商品种类	人数	会比较品质及功能	会依广告印象	会靠别人的推荐	会考虑商场的服务和信誉	会考虑购买地点是否离家很近
样本	**591**	**17.3**	**19.0**	**9.0**	**9.8**	**29.8**
第一消费群	143	18.9	14.0	10.5	11.2	31.5
第二消费群	91	24.2	18.7	8.8	6.6	24.2
第三消费群	10	30.0	40.0	10.0	0.0	40.0
第四消费群	132	18.9	15.9	6.1	9.8	35.6
第五消费群	68	13.2	25.0	13.2	5.9	17.6
第六消费群	147	10.9	22.4	8.2	12.9	31.3

3-3-3 不同消费群选择日用品时所持的观点 / Values in Selecting Daily Necessities by Market Segments

商品种类	人数	会按外观（或气氛）的好坏选择	会依厂家的信用程度选择	会看是否会成为现在的流行趋势	会尽量选择较便宜的	会看是否跟自己的品味或感觉一样
样本	**596**	**14.8**	**36.2**	**9.2**	**31.5**	**12.1**
第一消费群	145	15.2	33.1	6.9	37.2	10.3
第二消费群	91	18.7	37.4	12.1	18.7	12.1
第三消费群	10	10.0	40.0	10.0	20.0	40.0
第四消费群	133	12.8	33.8	9.0	42.1	13.5
第五消费群	68	7.4	35.3	7.4	27.9	17.6
第六消费群	149	17.4	40.9	10.7	26.8	8.1

续上表（ continued ）

商品种类	人数	会比较品质及功能	会依广告印象	会靠别人的推荐	会考虑商场的服务和信誉	会考虑购买地点是否离家很近
样本	**596**	**35.9**	**12.6**	**9.6**	**14.8**	**29.7**
第一消费群	145	46.9	9.7	5.5	17.9	33.1
第二消费群	91	44.0	15.4	6.6	14.3	26.4
第三消费群	10	50.0	20.0	0.0	0.0	40.0
第四消费群	133	27.8	10.5	12.8	14.3	32.3
第五消费群	68	32.4	16.2	16.2	11.8	27.9
第六消费群	149	28.2	13.4	10.1	14.8	26.2

3-3-4 不同消费群选择家用电器时所持的观点 / Values in Selecting Home Electronic Products by Market Segments

商品种类	人数	会按外观（或气氛）的好坏选择	会依厂家的信用程度选择	会看是否会成为现在的流行趋势	会尽量选择较便宜的	会看是否跟自己的品味或感觉一样
样本	**593**	**15.2**	**62.2**	**12.0**	**11.6**	**6.1**
第一消费群	145	16.6	71.0	11.0	12.4	6.2
第二消费群	90	13.3	58.9	18.9	8.9	4.4
第三消费群	10	10.0	60.0	20.0	0.0	10.0
第四消费群	133	18.8	54.9	14.3	14.3	3.8
第五消费群	68	8.8	58.8	5.9	11.8	13.2
第六消费群	147	15.0	63.9	8.8	10.9	5.4

续上表（ continued ）

商品种类	人数	会比较品质及功能	会依广告印象	会靠别人的推荐	会考虑商场的服务和信誉	会考虑购买地点是否离家很近
样本	**593**	**52.1**	**10.6**	**10.8**	**37.1**	**8.9**
第一消费群	145	61.4	7.6	9.0	32.4	4.8
第二消费群	90	52.2	8.9	14.4	35.6	4.4
第三消费群	10	40.0	30.0	10.0	60.0	0.0
第四消费群	133	43.6	13.5	14.3	36.1	10.5
第五消费群	68	61.8	11.8	2.9	51.5	13.2
第六消费群	147	46.9	10.2	10.9	35.4	12.9

3-3-5 不同消费群选择服装/服饰时所持的观点 / Values in Selecting Clothing by Market Segments

商品种类	人数	会按外观（或气氛）的好坏选择	会依厂家的信用程度选择	会看是否会成为现在的流行趋势	会尽量选择较便宜的	会看是否跟自己的品味或感觉一样
样本	**593**	**32.0**	**14.8**	**42.5**	**21.8**	**38.4**
第一消费群	142	32.4	14.8	44.4	28.2	33.1
第二消费群	91	30.8	13.2	34.1	12.1	50.5
第三消费群	10	30.0	0.0	60.0	20.0	30.0
第四消费群	134	26.9	17.9	32.1	31.3	27.6
第五消费群	68	47.1	7.4	51.5	17.6	45.6
第六消费群	148	30.4	17.6	50.0	14.9	43.2

续上表（continued）

商品种类	人数	会比较品质及功能	会依广告印象	会靠别人的推荐	会考虑商场的服务和信誉	会考虑购买地点是否离家很近
样本	**593**	**12.1**	**6.7**	**9.1**	**18.5**	**5.2**
第一消费群	142	11.3	5.6	12.7	23.9	4.9
第二消费群	91	18.7	7.7	13.2	22.0	1.1
第三消费群	10	10.0	0.0	10.0	30.0	0.0
第四消费群	134	12.7	3.0	8.2	17.9	9.7
第五消费群	68	11.8	11.8	5.9	10.3	4.4
第六消费群	148	8.8	8.8	5.4	14.9	4.7

3-3-6 不同消费群选择餐饮场所时所持的观点 / Values in Selecting Eat-out Places by Market Segments

商品种类	人数	会按外观（或气氛）的好坏选择	会依厂家的信用程度选择	会看是否会成为现在的流行趋势	会尽量选择较便宜的	会看是否跟自己的品味或感觉一样
样本	**588**	**45.2**	**8.0**	**4.1**	**20.9**	**30.3**
第一消费群	144	44.4	9.7	4.9	24.3	31.9
第二消费群	90	55.6	5.6	4.4	14.4	38.9
第三消费群	10	80.0	0.0	0.0	20.0	40.0
第四消费群	129	30.2	8.5	5.4	24.8	29.5
第五消费群	68	50.0	5.9	4.4	20.6	22.1
第六消费群	147	48.3	8.8	2.0	18.4	27.2

续上表（continued）

商品种类	人数	会比较品质及功能	会依广告印象	会靠别人的推荐	会考虑商场的服务和信誉	会考虑购买地点是否离家很近
样本	**588**	**6.8**	**4.9**	**20.7**	**25.3**	**15.6**
第一消费群	144	7.6	4.9	19.4	26.4	11.8
第二消费群	90	5.6	5.6	22.2	23.3	10.0
第三消费群	10	10.0	0.0	50.0	40.0	0.0
第四消费群	129	6.2	3.9	16.3	25.6	26.4
第五消费群	68	8.8	7.4	17.6	30.9	13.2
第六消费群	147	6.1	4.8	24.5	21.8	15.6

3-3-7 不同消费群选择家用汽车时所持的观点 / Values in Selecting Automobiles by Market Segments

商品种类	人数	会按外观（或气氛）的好坏选择	会依厂家的信用程度选择	会看是否会成为现在的流行趋势	会尽量选择较便宜的	会看是否跟自己的品味或感觉一样
样本	**543**	**25.0**	**44.0**	**11.0**	**13.6**	**15.1**
第一消费群	130	20.8	52.3	11.5	16.2	14.6
第二消费群	87	29.9	42.5	9.2	2.3	11.5
第三消费群	10	10.0	50.0	10.0	10.0	10.0
第四消费群	116	25.0	36.2	10.3	20.7	14.7
第五消费群	64	32.8	43.8	15.6	12.5	21.9
第六消费群	136	23.5	43.4	10.3	13.2	15.4

续上表（continued）

商品种类	人数	会比较品质及功能	会依广告印象	会靠别人的推荐	会考虑商场的服务和信誉	会考虑购买地点是否离家很近
样本	**543**	**37.8**	**9.9**	**6.3**	**17.3**	**2.4**
第一消费群	130	39.2	6.9	3.8	11.5	0.8
第二消费群	87	41.4	11.5	8.0	24.1	0.0
第三消费群	10	40.0	30.0	20.0	10.0	0.0
第四消费群	116	28.4	12.9	5.2	18.1	5.2
第五消费群	64	37.5	4.7	3.1	20.3	1.6
第六消费群	136	41.9	10.3	8.8	16.9	3.7

3-3-8 不同消费群选择化妆品时所持的观点 / Values in Selecting Cosmetic Products by Market Segments

商品种类	人数	会按外观（或气氛）的好坏选择	会依厂家的信用程度选择	会看是否会成为现在的流行趋势	会尽量选择较便宜的	会看是否跟自己的品味或感觉一样
样本	**578**	**6.4**	**34.9**	**13.0**	**9.9**	**25.3**
第一消费群	140	4.3	38.6	14.3	7.9	25.0
第二消费群	88	8.0	40.9	11.4	5.7	34.1
第三消费群	10	10.0	30.0	0.0	0.0	60.0
第四消费群	130	6.2	31.5	9.2	18.5	20.0
第五消费群	65	3.1	40.0	20.0	12.3	27.7
第六消费群	145	9.0	29.0	13.8	6.2	21.4

续上表（continued）

商品种类	人数	会比较品质及功能	会依广告印象	会靠别人的推荐	会考虑商场的服务和信誉	会考虑购买地点是否离家很近
样本	**578**	**32.4**	**26.5**	**18.9**	**14.7**	**6.2**
第一消费群	140	38.6	23.6	20.0	17.9	3.6
第二消费群	88	38.6	25.0	17.0	10.2	2.3
第三消费群	10	10.0	30.0	30.0	10.0	0.0
第四消费群	130	28.5	20.0	22.3	12.3	13.8
第五消费群	65	26.2	27.7	10.8	18.5	6.2
第六消费群	145	30.3	35.2	18.6	15.2	4.8

3-3-9 不同消费群选择保健品时所持的观点 / Values in Selecting Health-Related Products by Market Segments

商品种类	人数	会按外观（或气氛）的好坏选择	会依厂家的信用程度选择	会看是否会成为现在的流行趋势	会尽量选择较便宜的	会看是否跟自己的品味或感觉一样
样本	**585**	**3.6**	**45.6**	**4.8**	**8.5**	**14.5**
第一消费群	142	6.3	50.0	5.6	6.3	17.6
第二消费群	90	3.3	42.2	3.3	8.9	21.1
第三消费群	10	10.0	50.0	0.0	10.0	30.0
第四消费群	127	1.6	39.4	6.3	13.4	14.2
第五消费群	66	1.5	47.0	1.5	4.5	13.6
第六消费群	150	3.3	48.0	5.3	8.0	7.3

续上表（ continued ）

商品种类	人数	会比较品质及功能	会依广告印象	会靠别人的推荐	会考虑商场的服务和信誉	会考虑购买地点是否离家很近
样本	**585**	**42.9**	**15.4**	**23.2**	**17.1**	**5.3**
第一消费群	142	43.7	14.1	23.9	18.3	2.8
第二消费群	90	42.2	15.6	24.4	8.9	3.3
第三消费群	10	50.0	0.0	40.0	0.0	0.0
第四消费群	127	39.4	15.0	29.1	19.7	9.4
第五消费群	66	48.5	15.2	15.2	19.7	9.1
第六消费群	150	42.7	18.0	19.3	18.7	4.0

注：上海消费群的代表特征 / Characteristics of the Shanghai Market Segments

		第一消费群	第二消费群	第三消费群	第四消费群	第五消费群	第六消费群
基本情况	性别	无明显偏向	男	男	女	女	无明显偏向
	年龄	45 岁以上	20 － 29 岁	25 － 34 岁	35 － 44 岁	16 － 24 岁	30 － 39 岁
	学历	大本及以上	大专/大本	大专	初中及以下	高中/中专/技校	高中/中专/技校
	职业	科教卫生人员/离退休人员	一般企业职员	行政管理人员/个体及私营企业主/专门职业从事者	工人/下岗人员	学生	一般企业职员
	月均收入	801 － 1500 元	1001 － 3000 元	3000 元以上	800 元以下	无收入	1001 － 2000 元
	婚姻	已婚	未婚	未婚	已婚	未婚	已婚
心理取向		非浪漫时尚 非金钱本位 保守稳定	非家庭重心 田园倾向 休闲独立	不保守稳定 奔波忙碌 浪漫时尚	金钱本位 家庭重心 注重学历	新家庭观念 非休闲独立	不积极进取 不奔波忙碌

3-4 广州消费群选择不同类别商品时所持的观点 / Guangzhou Consumers' Values in Selecting Different Kinds of Products

注：本题为多选题，合计百分比超过 100%（Multiple answers）

3-4-1 不同消费群选择食品时所持的观点 / Values in Selecting Food Products by Market Segments

商品种类	人数	会按外观（或气氛）的好坏选择	会依厂家的信用程度选择	会看是否会成为现在的流行趋势	会尽量选择较便宜的	会看是否跟自己的品味或感觉一样
样本	**586**	**18.1**	**33.6**	**4.3**	**26.3**	**49.5**
第一消费群	93	19.4	23.7	6.5	19.4	58.1
第二消费群	123	19.5	32.5	4.1	30.1	45.5
第三消费群	94	12.8	36.2	4.3	17.0	54.3
第四消费群	97	17.5	37.1	3.1	29.9	47.4
第五消费群	97	22.7	35.1	2.1	43.3	44.3
第六消费群	82	15.9	37.8	6.1	14.6	48.8

续上表（continued）

商品种类	人数	会比较品质及功能	会依广告印象	会靠别人的推荐	会考虑商场的服务和信誉	会考虑购买地点是否离家很近
样本	**586**	**25.8**	**10.4**	**8.7**	**16.4**	**28.8**
第一消费群	93	25.8	15.1	6.5	14.0	29.0
第二消费群	123	24.4	8.1	10.6	14.6	20.3
第三消费群	94	25.5	9.6	9.6	20.2	34.0
第四消费群	97	30.9	5.2	7.2	17.5	25.8
第五消费群	97	20.6	14.4	11.3	18.6	28.9
第六消费群	82	28.0	11.0	6.1	13.4	39.0

3-4-2 不同消费群选择饮料时所持的观点 / Values in Selecting Beverage by Market Segments

商品种类	人数	会按外观（或气氛）的好坏选择	会依厂家的信用程度选择	会看是否会成为现在的流行趋势	会尽量选择较便宜的	会看是否跟自己的品味或感觉一样
样本	**584**	**13.2**	**28.6**	**7.4**	**19.2**	**50.7**
第一消费群	93	9.7	25.8	14.0	16.1	48.4
第二消费群	123	9.8	26.0	6.5	24.4	48.0
第三消费群	97	8.2	23.7	8.2	15.5	48.5
第四消费群	97	19.6	29.9	7.2	23.7	55.7
第五消费群	93	21.5	32.3	4.3	21.5	47.3
第六消费群	81	11.1	35.8	3.7	11.1	58.0

续上表（continued）

商品种类	人数	会比较品质及功能	会依广告印象	会靠别人的推荐	会考虑商场的服务和信誉	会考虑购买地点是否离家很近
样本	**584**	**22.3**	**16.1**	**7.9**	**10.4**	**26.0**
第一消费群	93	15.1	22.6	10.8	8.6	29.0
第二消费群	123	22.0	11.4	8.9	10.6	18.7
第三消费群	97	18.6	23.7	8.2	15.5	38.1
第四消费群	97	26.8	8.2	6.2	7.2	24.7
第五消费群	93	20.4	18.3	8.6	12.9	20.4
第六消费群	81	32.1	13.6	3.7	7.4	27.2

3-4-3 不同消费群选择日用品时所持的观点 / Values in Selecting Daily Necessities by Market Segments

商品种类	人数	会按外观（或气氛）的好坏选择	会依厂家的信用程度选择	会看是否会成为现在的流行趋势	会尽量选择较便宜的	会看是否跟自己的品味或感觉一样
样本	**588**	**16.2**	**35.0**	**7.8**	**31.0**	**16.2**
第一消费群	91	12.1	38.5	5.5	29.7	11.0
第二消费群	125	14.4	33.6	8.0	32.8	17.6
第三消费群	97	12.4	32.0	7.2	26.8	21.6
第四消费群	98	21.4	37.8	10.2	30.6	17.3
第五消费群	96	24.0	36.5	8.3	36.5	15.6
第六消费群	81	12.3	32.1	7.4	28.4	12.3

续上表（continued）

商品种类	人数	会比较品质及功能	会依广告印象	会靠别人的推荐	会考虑商场的服务和信誉	会考虑购买地点是否离家很近
样本	**588**	**37.2**	**15.0**	**9.2**	**17.7**	**21.6**
第一消费群	91	33.0	22.0	15.4	18.7	23.1
第二消费群	125	33.6	10.4	4.8	16.0	20.8
第三消费群	97	40.2	22.7	8.2	18.6	25.8
第四消费群	98	41.8	8.2	11.2	21.4	14.3
第五消费群	96	31.3	13.5	11.5	13.5	25.0
第六消费群	81	45.7	14.8	4.9	18.5	21.0

3-4-4 不同消费群选择家用电器时所持的观点 / Values in Selecting Home Electronic Products by Market Segments

商品种类	人数	会按外观（或气氛）的好坏选择	会依厂家的信用程度选择	会看是否会成为现在的流行趋势	会尽量选择较便宜的	会看是否跟自己的品味或感觉一样
样本	**577**	**13.3**	**58.8**	**12.0**	**13.5**	**7.1**
第一消费群	90	5.6	56.7	8.9	11.1	12.2
第二消费群	124	16.1	54.8	8.9	12.9	4.8
第三消费群	95	11.6	61.1	18.9	10.5	10.5
第四消费群	97	13.4	59.8	13.4	18.6	7.2
第五消费群	93	20.4	61.3	12.9	18.3	3.2
第六消费群	78	11.5	60.3	9.0	9.0	5.1

续上表（continued）

商品种类	人数	会比较品质及功能	会依广告印象	会靠别人的推荐	会考虑商场的服务和信誉	会考虑购买地点是否离家很近
样本	**577**	**59.4**	**10.9**	**10.1**	**26.0**	**6.4**
第一消费群	90	61.1	17.8	6.7	31.1	7.8
第二消费群	124	49.2	8.9	8.9	22.6	9.7
第三消费群	95	65.3	9.5	9.5	26.3	5.3
第四消费群	97	58.8	8.2	10.3	26.8	7.2
第五消费群	93	61.3	9.7	12.9	24.7	4.3
第六消费群	78	65.4	12.8	12.8	25.6	2.6

3-4-5 不同消费群选择服装/服饰时所持的观点 / Values in Selecting Clothing by Market Segments

商品种类	人数	会按外观（或气氛）的好坏选择	会依厂家的信用程度选择	会看是否会成为现在的流行趋势	会尽量选择较便宜的	会看是否跟自己的品味或感觉一样
样本	**579**	**38.2**	**10.7**	**44.6**	**18.0**	**47.7**
第一消费群	90	35.6	6.7	50.0	20.0	57.8
第二消费群	123	27.6	13.0	29.3	25.2	39.8
第三消费群	96	41.7	9.4	59.4	9.4	58.3
第四消费群	94	41.5	14.9	50.0	14.9	33.0
第五消费群	94	47.9	7.4	51.1	26.6	42.6
第六消费群	82	37.8	12.2	30.5	8.5	58.5

续上表（continued）

商品种类	人数	会比较品质及功能	会依广告印象	会靠别人的推荐	会考虑商场的服务和信誉	会考虑购买地点是否离家很近
样本	**579**	**13.0**	**4.7**	**5.5**	**13.5**	**4.7**
第一消费群	90	11.1	2.2	6.7	16.7	4.4
第二消费群	123	13.0	7.3	8.1	12.2	6.5
第三消费群	96	13.5	2.1	7.3	9.4	6.3
第四消费群	94	14.9	7.4	3.2	22.3	2.1
第五消费群	94	9.6	4.3	2.1	9.6	3.2
第六消费群	82	15.9	3.7	4.9	11.0	4.9

3-4-6 不同消费群选择餐饮场所时所持的观点 / Values in Selecting Eat-out Places by Market Segments

商品种类	人数	会按外观（或气氛）的好坏选择	会依厂家的信用程度选择	会看是否会成为现在的流行趋势	会尽量选择较便宜的	会看是否跟自己的品味或感觉一样
样本	**564**	**40.1**	**7.3**	**3.9**	**23.0**	**30.3**
第一消费群	91	49.5	7.7	7.7	18.7	33.0
第二消费群	117	31.6	6.0	5.1	25.6	28.2
第三消费群	93	49.5	6.5	1.1	19.4	25.8
第四消费群	89	42.7	10.1	3.4	28.1	37.1
第五消费群	96	34.4	7.3	3.1	28.1	28.1
第六消费群	78	34.6	6.4	2.6	16.7	30.8

续上表（continued）

商品种类	人数	会比较品质及功能	会依广告印象	会靠别人的推荐	会考虑商场的服务和信誉	会考虑购买地点是否离家很近
样本	**564**	**7.4**	**4.3**	**14.5**	**26.1**	**26.4**
第一消费群	91	6.6	5.5	8.8	31.9	18.7
第二消费群	117	10.3	2.6	13.7	22.2	29.9
第三消费群	93	5.4	7.5	18.3	30.1	25.8
第四消费群	89	7.9	3.4	18.0	20.2	28.1
第五消费群	96	5.2	4.2	12.5	29.2	29.2
第六消费群	78	9.0	2.6	16.7	23.1	25.6

3-4-7 不同消费群选择家用汽车时所持的观点 / Values in Selecting Automobiles by Market Segments

商品种类	人数	会按外观（或气氛）的好坏选择	会依厂家的信用程度选择	会看是否会成为现在的流行趋势	会尽量选择较便宜的	会看是否跟自己的品味或感觉一样
样本	**457**	**24.5**	**48.6**	**10.3**	**9.2**	**12.3**
第一消费群	79	26.6	43.0	20.3	8.9	19.0
第二消费群	89	18.0	55.1	3.4	7.9	4.5
第三消费群	77	24.7	61.0	10.4	6.5	20.8
第四消费群	75	33.3	42.7	13.3	12.0	5.3
第五消费群	73	28.8	37.0	8.2	9.6	12.3
第六消费群	64	15.6	51.6	6.3	10.9	12.5

续上表（ continued ）

商品种类	人数	会比较品质及功能	会依广告印象	会靠别人的推荐	会考虑商场的服务和信誉	会考虑购买地点是否离家很近
样本	**457**	**46.4**	**10.7**	**10.5**	**11.2**	**1.8**
第一消费群	79	35.4	13.9	6.3	12.7	2.5
第二消费群	89	42.7	15.7	10.1	10.1	4.5
第三消费群	77	53.2	7.8	6.5	14.3	1.3
第四消费群	75	56.0	6.7	10.7	8.0	0.0
第五消费群	73	45.2	9.6	12.3	8.2	0.0
第六消费群	64	46.9	9.4	18.8	14.1	1.6

3-4-8 不同消费群选择化妆品时所持的观点 / Values in Selecting Cosmetic Products by Market Segments

商品种类	人数	会按外观（或气氛）的好坏选择	会依厂家的信用程度选择	会看是否会成为现在的流行趋势	会尽量选择较便宜的	会看是否跟自己的品味或感觉一样
样本	**507**	**9.5**	**31.8**	**15.2**	**5.9**	**32.1**
第一消费群	88	9.1	29.5	19.3	3.4	30.7
第二消费群	97	10.3	28.9	12.4	7.2	34.0
第三消费群	85	7.1	32.9	23.5	3.5	42.4
第四消费群	76	11.8	34.2	13.2	15.8	31.6
第五消费群	88	12.5	35.2	8.0	4.5	30.7
第六消费群	73	5.5	30.1	15.1	1.4	21.9

续上表（ continued ）

商品种类	人数	会比较品质及功能	会依广告印象	会靠别人的推荐	会考虑商场的服务和信誉	会考虑购买地点是否离家很近
样本	**507**	**32.5**	**23.1**	**17.4**	**13.4**	**3.6**
第一消费群	88	33.0	27.3	21.6	14.8	4.5
第二消费群	97	20.6	19.6	13.4	11.3	5.2
第三消费群	85	40.0	22.4	15.3	10.6	4.7
第四消费群	76	31.6	21.1	15.8	13.2	2.6
第五消费群	88	31.8	27.3	20.5	15.9	2.3
第六消费群	73	41.1	20.5	17.8	15.1	1.4

3-4-9 不同消费群选择保健品时所持的观点 / Values in Selecting Health-Related Products by Market Segments

商品种类	人数	会按外观（或气氛）的好坏选择	会依厂家的信用程度选择	会看是否会成为现在的流行趋势	会尽量选择较便宜的	会看是否跟自己的品味或感觉一样
样本	**520**	**5.4**	**37.9**	**5.4**	**6.5**	**21.5**
第一消费群	89	6.7	38.2	6.7	2.2	18.0
第二消费群	106	4.7	37.7	4.7	6.6	26.4
第三消费群	85	2.4	41.2	4.7	8.2	24.7
第四消费群	82	6.1	36.6	6.1	11.0	28.0
第五消费群	87	9.2	36.8	6.9	6.9	14.9
第六消费群	71	2.8	36.6	2.8	4.2	15.5

续上表（continued）

商品种类	人数	会比较品质及功能	会依广告印象	会靠别人的推荐	会考虑商场的服务和信誉	会考虑购买地点是否离家很近
样本	**520**	**44.4**	**19.2**	**18.8**	**13.1**	**4.0**
第一消费群	89	44.9	27.0	19.1	15.7	4.5
第二消费群	106	40.6	17.0	15.1	11.3	4.7
第三消费群	85	42.4	21.2	20.0	16.5	3.5
第四消费群	82	45.1	9.8	20.7	13.4	3.7
第五消费群	87	51.7	23.0	19.5	8.0	5.7
第六消费群	71	42.3	16.9	19.7	14.1	1.4

注：广州消费群的代表特征 / Characteristics of the Guangzhou Market Segments

		第一消费群	第二消费群	第三消费群	第四消费群	第五消费群	第六消费群
基本情况	性别	女	无明显偏向	女	男	女	男
	年龄	16 — 19 岁	40 岁以上	20 — 24 岁	35 — 44 岁	30 — 34 岁	25 — 29 岁
	学历	高中/中专/技校	无明显偏向	高中/中专/技校/大专	初中/高中/中专/技校	初中及以下	大专及以上
	职业	学生	工人	学生/待业人员	个体及私营企业主	家庭主妇	企业职员/管理人员/科教卫生人员/专门职业者
	月均收入	无收入	1500 元以下	无收入	801 — 1500 元	800 元以下	2000 元以上
	婚姻	未婚	已婚	未婚	已婚	已婚	无明显偏向
心理取向		不固守中式生活 田园倾向 非大男子主义	非新女性主张 不追随流行 非积极进取	独立自主 追随流行	积极进取 大男子主义 中式生活	单一电视娱乐 非独立自主 保守稳定	非单一电视娱乐 非家庭重心

3-5 重庆消费群选择不同类别商品时所持的观点 / Chongqing Consumers' Values in Selecting Different Kinds of Products

注：本题为多选题，合计百分比超过 100%（Multiple answers）

3-5-1 不同消费群选择食品时所持的观点 / Values in Selecting Food Products by Market Segments

商品种类	人数	会按外观（或气氛）的好坏选择	会依厂家的信用程度选择	会看是否会成为现在的流行趋势	会尽量选择较便宜的	会看是否跟自己的品味或感觉一样
样本	**598**	**23.6**	**26.4**	**4.5**	**25.1**	**53.7**
第一消费群	133	24.1	22.6	11.3	18.8	62.4
第二消费群	121	23.1	28.9	4.1	33.1	41.3
第三消费群	124	25.8	30.6	0.8	8.9	66.9
第四消费群	24	29.2	25.0	8.3	8.3	58.3
第五消费群	162	19.8	24.7	0.6	42.6	45.1
第六消费群	34	29.4	26.5	8.8	8.8	52.9

续上表（continued）

商品种类	人数	会比较品质及功能	会依广告印象	会靠别人的推荐	会考虑商场的服务和信誉	会考虑购买地点是否离家很近
样本	**598**	**24.2**	**11.9**	**9.9**	**18.9**	**26.6**
第一消费群	133	20.3	17.3	9.0	14.3	23.3
第二消费群	121	28.9	12.4	9.9	22.3	26.4
第三消费群	124	25.0	13.7	11.3	21.8	27.4
第四消费群	24	29.2	16.7	8.3	25.0	12.5
第五消费群	162	24.7	5.6	9.9	17.3	32.7
第六消费群	34	14.7	8.8	8.8	17.6	17.6

3-5-2 不同消费群选择饮料时所持的观点 / Values in Selecting Beverage by Market Segments

商品种类	人数	会按外观（或气氛）的好坏选择	会依厂家的信用程度选择	会看是否会成为现在的流行趋势	会尽量选择较便宜的	会看是否跟自己的品味或感觉一样
样本	**587**	**14.1**	**27.3**	**7.5**	**17.2**	**54.7**
第一消费群	132	19.7	23.5	8.3	15.2	56.8
第二消费群	122	17.2	30.3	5.7	22.1	49.2
第三消费群	121	13.2	26.4	10.7	5.0	60.3
第四消费群	24	8.3	25.0	12.5	8.3	70.8
第五消费群	156	9.6	26.9	5.8	27.6	51.9
第六消费群	32	9.4	37.5	3.1	9.4	46.9

续上表（continued）

商品种类	人数	会比较品质及功能	会依广告印象	会靠别人的推荐	会考虑商场的服务和信誉	会考虑购买地点是否离家很近
样本	**587**	**21.8**	**14.7**	**9.5**	**11.9**	**18.9**
第一消费群	132	16.7	13.6	13.6	8.3	18.2
第二消费群	122	19.7	16.4	10.7	13.9	20.5
第三消费群	121	21.5	22.3	9.9	10.7	16.5
第四消费群	24	29.2	8.3	12.5	12.5	12.5
第五消费群	156	27.6	9.0	4.5	14.1	20.5
第六消费群	32	18.8	15.6	9.4	12.5	21.9

3-5-3 不同消费群选择日用品时所持的观点 / Values in Selecting Daily Necessities by Market Segments

商品种类	人数	会按外观（或气氛）的好坏选择	会依厂家的信用程度选择	会看是否会成为现在的流行趋势	会尽量选择较便宜的	会看是否跟自己的品味或感觉一样
样本	**597**	**16.4**	**32.0**	**9.4**	**27.3**	**15.2**
第一消费群	131	18.3	29.8	10.7	22.1	19.8
第二消费群	122	19.7	26.2	10.7	27.0	14.8
第三消费群	124	12.1	42.7	14.5	20.2	12.9
第四消费群	24	25.0	33.3	20.8	16.7	20.8
第五消费群	162	16.0	28.4	2.5	41.4	11.1
第六消费群	34	8.8	38.2	5.9	14.7	23.5

续上表（ continued ）

商品种类	人数	会比较品质及功能	会依广告印象	会靠别人的推荐	会考虑商场的服务和信誉	会考虑购买地点是否离家很近
样本	**597**	**37.4**	**14.9**	**11.7**	**19.3**	**21.9**
第一消费群	131	35.9	21.4	13.0	16.0	17.6
第二消费群	122	41.0	9.8	12.3	23.8	16.4
第三消费群	124	35.5	20.2	15.3	23.4	25.0
第四消费群	24	41.7	29.2	8.3	4.2	20.8
第五消费群	162	37.7	9.3	6.2	17.9	29.0
第六消费群	34	32.4	5.9	20.6	17.6	14.7

3-5-4 不同消费群选择家用电器时所持的观点 / Values in Selecting Daily Necessities by Market Segments

商品种类	人数	会按外观（或气氛）的好坏选择	会依厂家的信用程度选择	会看是否会成为现在的流行趋势	会尽量选择较便宜的	会看是否跟自己的品味或感觉一样
样本	**588**	**14.1**	**58.7**	**10.4**	**10.7**	**5.6**
第一消费群	129	16.3	61.2	9.3	10.9	9.3
第二消费群	121	14.9	45.5	15.7	13.2	3.3
第三消费群	122	12.3	72.1	12.3	5.7	4.1
第四消费群	23	17.4	60.9	8.7	4.3	0.0
第五消费群	159	10.7	57.9	5.7	13.2	5.7
第六消费群	34	23.5	50.0	11.8	11.8	8.8

续上表（ continued ）

商品种类	人数	会比较品质及功能	会依广告印象	会靠别人的推荐	会考虑商场的服务和信誉	会考虑购买地点是否离家很近
样本	**588**	**56.0**	**12.1**	**10.4**	**38.8**	**5.3**
第一消费群	129	48.8	13.2	8.5	38.0	4.7
第二消费群	121	62.8	10.7	11.6	32.2	7.4
第三消费群	122	60.7	13.9	12.3	45.9	2.5
第四消费群	23	65.2	8.7	4.3	21.7	8.7
第五消费群	159	54.7	11.9	10.1	42.8	6.9
第六消费群	34	41.2	8.8	11.8	32.4	0.0

3-5-5 不同消费群选择服装/服饰时所持的观点 / Values in Selecting Clothing by Market Segments

商品种类	人数	会按外观（或气氛）的好坏选择	会依厂家的信用程度选择	会看是否会成为现在的流行趋势	会尽量选择较便宜的	会看是否跟自己的品味或感觉一样
样本	**587**	**37.8**	**7.2**	**43.8**	**26.1**	**35.3**
第一消费群	130	39.2	11.5	56.2	13.1	38.5
第二消费群	121	33.1	8.3	38.8	33.9	32.2
第三消费群	123	39.0	4.1	44.7	22.8	48.8
第四消费群	23	39.1	4.3	52.2	8.7	47.8
第五消费群	156	42.9	5.1	31.4	39.1	21.8
第六消费群	34	20.6	8.8	61.8	11.8	38.2

续上表（ continued ）

商品种类	人数	会比较品质及功能	会依广告印象	会靠别人的推荐	会考虑商场的服务和信誉	会考虑购买地点是否离家很近
样本	**587**	**10.1**	**4.9**	**7.3**	**15.0**	**2.0**
第一消费群	130	4.6	9.2	5.4	12.3	1.5
第二消费群	121	11.6	4.1	7.4	20.7	1.7
第三消费群	123	9.8	4.9	10.6	17.1	0.0
第四消费群	23	17.4	8.7	4.3	8.7	0.0
第五消费群	156	13.5	1.3	6.4	11.5	5.1
第六消费群	34	5.9	5.9	8.8	17.6	0.0

3-5-6 不同消费群选择餐饮场所时所持的观点 / Values in Selecting Eat-out Places by Market Segments

商品种类	人数	会按外观（或气氛）的好坏选择	会依厂家的信用程度选择	会看是否会成为现在的流行趋势	会尽量选择较便宜的	会看是否跟自己的品味或感觉一样
样本	**569**	**42.9**	**5.3**	**2.8**	**19.5**	**36.2**
第一消费群	126	45.2	7.1	4.8	15.1	37.3
第二消费群	112	36.6	3.6	0.0	17.9	42.0
第三消费群	121	52.9	2.5	3.3	15.7	32.2
第四消费群	24	66.7	0.0	4.2	12.5	37.5
第五消费群	155	34.8	5.8	2.6	30.3	32.3
第六消费群	31	38.7	16.1	3.2	9.7	45.2

续上表（ continued ）

商品种类	人数	会比较品质及功能	会依广告印象	会靠别人的推荐	会考虑商场的服务和信誉	会考虑购买地点是否离家很近
样本	**569**	**5.1**	**3.5**	**15.5**	**20.4**	**15.8**
第一消费群	126	3.2	6.3	16.7	15.1	19.8
第二消费群	112	5.4	2.7	24.1	23.2	14.3
第三消费群	121	7.4	1.7	16.5	22.3	12.4
第四消费群	24	8.3	4.2	16.7	25.0	20.8
第五消费群	155	3.9	1.9	7.1	20.6	17.4
第六消费群	31	6.5	9.7	16.1	19.4	6.5

3-5-7 不同消费群选择家用汽车时所持的观点 / Values in Selecting Automobiles by Market Segments

商品种类	人数	会按外观（或气氛）的好坏选择	会依厂家的信用程度选择	会看是否会成为现在的流行趋势	会尽量选择较便宜的	会看是否跟自己的品味或感觉一样
样本	**474**	**27.6**	**39.5**	**11.4**	**13.3**	**9.9**
第一消费群	112	26.8	34.8	13.4	17.0	17.0
第二消费群	97	22.7	36.1	14.4	16.5	4.1
第三消费群	92	34.8	41.3	12.0	10.9	8.7
第四消费群	18	22.2	50.0	0.0	5.6	16.7
第五消费群	128	26.6	43.8	9.4	10.9	6.3
第六消费群	27	33.3	37.0	7.4	11.1	18.5

续上表（continued）

商品种类	人数	会比较品质及功能	会依广告印象	会靠别人的推荐	会考虑商场的服务和信誉	会考虑购买地点是否离家很近
样本	**474**	**43.9**	**11.6**	**6.1**	**12.9**	**1.5**
第一消费群	112	42.9	12.5	0.9	14.3	4.5
第二消费群	97	46.4	7.2	8.2	13.4	1.0
第三消费群	92	50.0	7.6	5.4	9.8	0.0
第四消费群	18	55.6	5.6	16.7	16.7	0.0
第五消费群	128	38.3	15.6	7.0	13.3	0.8
第六消费群	27	37.0	22.2	11.1	11.1	0.0

3-5-8 不同消费群选择化妆品时所持的观点 / Values in Selecting Cosmetic Products by Market Segments

商品种类	人数	会按外观（或气氛）的好坏选择	会依厂家的信用程度选择	会看是否会成为现在的流行趋势	会尽量选择较便宜的	会看是否跟自己的品味或感觉一样
样本	**511**	**7.2**	**33.1**	**11.7**	**8.0**	**27.6**
第一消费群	114	9.6	28.9	18.4	6.1	29.8
第二消费群	109	10.1	33.0	11.0	12.8	23.9
第三消费群	107	3.7	35.5	15.0	2.8	31.8
第四消费群	19	10.5	42.1	5.3	0.0	47.4
第五消费群	130	5.4	31.5	5.4	9.2	22.3
第六消费群	32	6.3	40.6	9.4	15.6	28.1

续上表（continued）

商品种类	人数	会比较品质及功能	会依广告印象	会靠别人的推荐	会考虑商场的服务和信誉	会考虑购买地点是否离家很近
样本	**511**	**35.4**	**20.7**	**15.7**	**18.4**	**2.2**
第一消费群	114	29.8	25.4	16.7	13.2	2.6
第二消费群	109	30.3	18.3	16.5	18.3	1.8
第三消费群	107	45.8	21.5	15.0	28.0	0.9
第四消费群	19	36.8	26.3	21.1	0.0	5.3
第五消费群	130	37.7	20.8	15.4	17.7	3.1
第六消费群	32	28.1	6.3	9.4	18.8	0.0

3-5-9 不同消费群选择保健品时所持的观点 / Values in Selecting Health-Related Products by Market Segments

商品种类	人数	会按外观（或气氛）的好坏选择	会依厂家的信用程度选择	会看是否会成为现在的流行趋势	会尽量选择较便宜的	会看是否跟自己的品味或感觉一样
样本	**515**	**5.8**	**31.1**	**4.5**	**7.2**	**16.9**
第一消费群	114	3.5	31.6	7.0	7.9	16.7
第二消费群	110	9.1	24.5	4.5	10.9	16.4
第三消费群	107	5.6	39.3	5.6	3.7	17.8
第四消费群	18	0.0	22.2	0.0	0.0	44.4
第五消费群	136	5.9	33.1	2.9	6.6	11.8
第六消费群	30	6.7	20.0	0.0	10.0	23.3

续上表（ continued ）

商品种类	人数	会比较品质及功能	会依广告印象	会靠别人的推荐	会考虑商场的服务和信誉	会考虑购买地点是否离家很近
样本	**515**	**47.0**	**17.5**	**19.6**	**18.8**	**3.7**
第一消费群	114	48.2	13.2	18.4	21.9	6.1
第二消费群	110	47.3	18.2	23.6	18.2	1.8
第三消费群	107	49.5	18.7	17.8	25.2	4.7
第四消费群	18	44.4	16.7	11.1	5.6	5.6
第五消费群	136	47.8	20.6	16.9	14.7	2.9
第六消费群	30	30.0	13.3	33.3	13.3	0.0

注：重庆消费群的代表特征 / Characteristics of the Chongqing Market Segments

		第一消费群	第二消费群	第三消费群	第四消费群	第五消费群	第六消费群
基本情况	性别	分散	分散	分散	分散	分散	女
	年龄	16 — 19 岁	45 岁以上	20 — 29 岁	30 — 34 岁	40 岁以上	25 — 29 岁
	学历	高中/中专/技校	高中/中专/技校	大专/大本	高中/中专/技校/大本以上	初中及以下	初中
	职业	学生	行政管理人员/离退休人员	科教文卫人员/一般企业职员	个体及私营企业主	工人	专门职业从事者，下岗及其他
	月均收入	无收入	501 — 800 元	801 — 1500 元	1500 元以上	500 元以下	1001 — 1500 元
	婚姻	未婚	已婚	分散	已婚	已婚	已婚或离异
心理		浪漫新潮 注重学历 非现实家庭观	循规传统 奔波忙碌 保守稳定	新女性主张 非功利心态	功利心态 现实家庭观 都市情结	非浪漫新潮 非独立休闲	非新女性主张 不循规传统 独立休闲

3-6 对有关广告看法的均值比较 / Mean Comparisons of Attitudes toward Advertisement

注：对于每一个观点，以 1 代表“非常不同意”， 2 代表“不同意”， 3 代表“不一定”， 4 代表“同意”， 5 代表“非常同意”。均值即根据每个样本的回答情况计算出来的平均值。（下同）

	北京 (Beijing)		上海 (Shanghai)		广州 (Guangzhou)		重庆 (Chongqing)		显著度
	均值	样本量	均值	样本量	均值	样本量	均值	样本量	
购买商品时，还是以有广告的厂牌比较可靠	3.23	599	3.42	600	3.35	595	3.24	600	0.0002
广告是可以信赖的	2.83	597	2.89	598	2.89	595	2.86	598	0.5409
许多产品的广告都很落俗套	3.57	599	3.41	596	3.37	590	3.40	598	0.0018
专家推荐的产品应该不会有错	3.18	599	3.17	596	3.03	591	3.08	600	0.0039
当电视出现广告时，我通常会换台	3.41	599	3.33	596	3.33	595	3.38	598	0.4342
真正的好产品不需要作广告	3.28	600	3.32	598	3.26	588	3.21	599	0.5176
广告格调低的产品我不会去买	3.67	598	3.67	598	3.26	591	3.54	600	0.0000
广告是生活中必不可少的	3.84	597	3.92	600	3.78	595	3.82	600	0.1656

3-7 北京消费群对有关广告看法的均值比较 / Beijing Consumers' Attitudes toward Advertisement by Market Segments

	购买商品时，还是以有广告的厂牌比较可靠		广告是可以信赖的		许多产品的广告都很落俗套		专家推荐的产品应该不会有错	
	均值	样本量	均值	样本量	均值	样本量	均值	样本量
样本	**3.23**	**599**	**2.83**	**597**	**3.57**	**599**	**3.18**	**599**
第一消费群	3.22	137	2.74	136	3.56	137	3.16	137
第二消费群	3.37	94	2.81	94	3.74	94	3.18	94
第三消费群	3.24	111	2.96	111	3.59	112	3.29	112
第四消费群	3.20	5	3.00	5	3.40	5	3.00	5
第五消费群	3.27	131	2.79	131	3.61	130	3.06	131
第六消费群	3.07	121	2.88	120	3.41	121	3.26	120
显著度	0.1954		0.3054		0.2654		0.3103	

续上表（continued）

	当电视出现广告时，我通常会换台		真正的好产品不需要作广告		广告格调低的产品我不会去买		广告是生活中必不可少的	
	均值	样本量	均值	样本量	均值	样本量	均值	样本量
样本	**3.41**	**599**	**3.29**	**600**	**3.67**	**598**	**3.84**	**597**
第一消费群	3.40	137	3.16	137	3.78	137	3.71	137
第二消费群	3.40	94	2.87	94	4.09	94	4.16	93
第三消费群	3.48	111	3.60	112	3.37	112	3.82	111
第四消费群	3.40	5	1.60	5	3.20	5	4.80	5
第五消费群	3.23	131	3.07	131	3.45	130	3.82	130
第六消费群	3.56	121	3.76	121	3.78	120	3.74	121
显著度	0.2297		0.0000		0.0000		0.0105	

注：北京消费群的代表特征 / Characteristics of the Beijing Market Segments

		第一消费群	第二消费群	第三消费群	第四消费群	第五消费群	第六消费群
基本情况	性别	女	男	无明显偏向	男	无明显偏向	女
	年龄	30 — 34 岁	25 — 29 岁	35 — 44 岁	无明显偏向	16 — 24 岁	45 岁以上
	学历	大专/大本	大本	初中	大本及研究生	高中/中专/技校	初中及以下
	职业	科教卫生人员	一般企业职员	工人	管理人员/专门职业从事者/个体及私营企业主	学生	离退休人员
	月均收入	801 — 1500 元	1501 — 4000 元	800 元以下	4000 元以上	无收入	800 元以下
	婚姻	已婚	无明显偏向	已婚	已婚或离异	未婚	已婚
心理取向		注重学历 非积极进取	不循规传统 非单一电视娱乐	非田园倾向 新女性主张 金钱本位	注重经验 大男子主义 不保守稳定	非“大男子主义” 追随流行	非“新女性主张” 非浪漫新潮 单一电视娱乐

3-8 上海消费群对有关广告看法的均值比较 / Shanghai Consumers' Attitudes toward Advertisement by Market Segments

	购买商品时，还是以有广告的厂牌比较可靠		广告是可以信赖的		许多产品的广告都很落俗套		专家推荐的产品应该不会有错	
	均值	样本量	均值	样本量	均值	样本量	均值	样本量
样本	**3.42**	**600**	**2.89**	**598**	**3.41**	**596**	**3.17**	**596**
第一消费群	3.39	145	2.86	145	3.34	144	3.18	145
第二消费群	3.46	92	2.87	92	3.54	92	3.08	92
第三消费群	3.30	10	3.10	10	3.30	10	2.90	10
第四消费群	3.52	135	2.93	134	3.32	134	3.26	133
第五消费群	3.24	68	2.81	68	3.37	68	2.96	68
第六消费群	3.43	150	2.93	149	3.51	148	3.26	148
显著度	0.3294		0.8313		0.3807		0.1083	

续上表（continued）

	当电视出现广告时，我通常会换台		真正的好产品不需要作广告		广告格调低的产品我不会去买		广告是生活中必不可少的	
	均值	样本量	均值	样本量	均值	样本量	均值	样本量
样本	**3.33**	**596**	**3.32**	**598**	**3.67**	**598**	**3.92**	**600**
第一消费群	3.41	145	3.30	145	3.81	144	3.89	145
第二消费群	3.26	91	2.76	92	3.76	92	4.11	92
第三消费群	2.56	9	2.90	10	3.80	10	4.50	10
第四消费群	3.34	135	3.72	133	3.70	135	3.69	135
第五消费群	3.01	67	3.07	68	3.16	68	4.07	68
第六消费群	3.46	149	3.45	150	3.68	149	3.91	150
显著度	0.0066		0.0000		0.0031		0.0170	

注：上海消费群的代表特征 / Characteristics of the Shanghai Market Segments

		第一消费群	第二消费群	第三消费群	第四消费群	第五消费群	第六消费群
基本情况	性别	无明显偏向	男	男	女	女	无明显偏向
	年龄	45 岁以上	20 — 29 岁	25 — 34 岁	35 — 44 岁	16 — 24 岁	30 — 39 岁
	学历	大本及以上	大专/大本	大专	初中及以下	高中/中专/技校	高中/中专/技校
	职业	科教卫生人员/离退休人员	一般企业职员	行政管理人员/个体及私营企业主/专门职业从事者	工人/下岗人员	学生	一般企业职员
	月均收入	801 — 1500 元	1001 — 3000 元	3000 元以上	800 元以下	无收入	1001 2000 元
	婚姻	已婚	未婚	未婚	已婚	未婚	已婚
心理取向		非浪漫时尚 非金钱本位 保守稳定	非家庭重心 田园倾向 休闲独立	不保守稳定 奔波忙碌 浪漫时尚	金钱本位 家庭重心 注重学历	新家庭观念 非休闲独立	不积极进取 不奔波忙碌

3-9 广州消费群对有关广告看法的均值比较 / Guangzhou Consumers' Attitudes toward Advertisement by Market Segments

	购买商品时，还是以有广告的厂牌比较可靠		广告是可以信赖的		许多产品的广告都很落俗套		专家推荐的产品应该不会有错	
	均值	样本量	均值	样本量	均值	样本量	均值	样本量
样本	**3.35**	**595**	**2.89**	**595**	**3.37**	**590**	**3.03**	**591**
第一消费群	3.41	93	2.81	93	3.01	93	3.01	93
第二消费群	3.26	125	2.94	125	3.41	125	3.06	125
第三消费群	3.32	99	2.84	99	3.55	97	3.04	99
第四消费群	3.36	100	2.94	100	3.27	99	3.00	99
第五消费群	3.45	97	2.91	97	3.44	94	3.09	95
第六消费群	3.30	81	2.90	81	3.56	82	2.95	80
显著度	0.5871		0.8189		0.0007		0.8770	

续上表（ continued ）

	当电视出现广告时，我通常会换台		真正的好产品不需要作广告		广告格调低的产品我不会去买		广告是生活中必不可少的	
	均值	样本量	均值	样本量	均值	样本量	均值	样本量
样本	**3.33**	**595**	**3.26**	**588**	**3.26**	**591**	**3.78**	**595**
第一消费群	3.38	93	2.96	92	2.91	93	3.71	93
第二消费群	3.26	125	3.58	125	3.24	124	3.51	125
第三消费群	3.40	99	3.07	99	3.16	99	3.97	99
第四消费群	3.50	100	3.48	97	3.48	100	3.84	100
第五消费群	3.18	96	3.45	96	3.20	93	3.78	96
第六消费群	3.27	82	2.85	79	3.57	82	3.94	82
显著度	0.2703		0.0000		0.0002		0.0166	

注：广州消费群的代表特征 / Characteristics of the Guangzhou Market Segments

		第一消费群	第二消费群	第三消费群	第四消费群	第五消费群	第六消费群
基本情况	性别	女	分散	女	男	女	男
	年龄	16 — 19 岁	40 岁以上	20 — 24 岁	35 — 44 岁	30 — 34 岁	25 — 29 岁
	学历	高中/中专/技校	分散	高中/中专/技校/大专	初中/高中/中专/技校	初中及以下	大专及以上
	职业	学生	工人	学生，待业人员	个体及私营企业主	家庭主妇	企业职员/管理人员/科教文卫人员/专门职业者
	月均收入	无收入	1500 元以下	无收入	801 — 1500 元	800 元以下	2000 元以上
	婚姻	未婚	已婚	未婚	已婚	已婚	分散
心理		不固守中式生活 田园倾向 非大男子主义	非新女性主张 不追随流行 非积极进取	独立自主 追随流行	积极进取 大男子主义 中式生活	单一电视娱乐 非独立自主 保守稳定	非单一电视娱乐 非家庭重心

3-10 重庆消费群对有关广告看法的均值比较 / Chongqing Consumers' Attitudes toward Advertisement by Market Segments

	购买商品时，还是以有广告的厂牌比较可靠		广告是可以信赖的		许多产品的广告都很落俗套		专家推荐的产品应该不会有错	
	均值	样本量	均值	样本量	均值	样本量	均值	样本量
样本	**3.24**	**600**	**2.86**	**598**	**3.40**	**598**	**3.09**	**600**
第一消费群	3.44	133	2.91	133	3.34	133	3.11	133
第二消费群	3.18	123	2.93	122	3.33	123	3.16	123
第三消费群	3.23	124	2.75	124	3.54	124	3.03	124
第四消费群	3.46	24	3.25	24	3.79	24	2.92	24
第五消费群	3.14	162	2.76	161	3.39	160	3.05	162
第六消费群	3.03	34	3.00	34	3.18	34	3.21	34
显著度	0.0274		0.0228		0.1144		0.6136	

续上表（continued）

	当电视出现广告时，我通常会换台		真正的好产品不需要作广告		广告格调低的产品我不会去买		广告是生活中必不可少的	
	均值	样本量	均值	样本量	均值	样本量	均值	样本量
样本	**3.38**	**598**	**3.21**	**599**	**3.54**	**600**	**3.82**	**600**
第一消费群	3.20	133	2.96	132	3.20	133	3.86	133
第二消费群	3.49	122	3.68	123	3.66	123	3.88	123
第三消费群	3.35	124	2.67	124	3.51	124	4.10	124
第四消费群	3.71	24	3.13	24	4.08	24	3.88	24
第五消费群	3.40	162	3.49	162	3.69	162	3.59	162
第六消费群	3.58	33	3.12	34	3.53	34	3.53	34
显著度	0.1313		0.0000		0.0002		0.0026	

注：重庆消费群的代表特征 / Characteristics of the Chongqing Market Segments

		第一消费群	第二消费群	第三消费群	第四消费群	第五消费群	第六消费群
基本情况	性别	无明显偏向	无明显偏向	无明显偏向	无明显偏向	无明显偏向	女
	年龄	16－19岁	45岁以上	20－29岁	30－34岁	40岁以上	25－29岁
	学历	高中/中专/技校	高中/中专/技校	大专/大本	高中/中专/技校/大本以上	初中及以下	初中
	职业	学生	行政管理人员/离退休人员	科教卫生人员/一般企业职员	个体及私营企业主	工人	专门职业从事者下岗及其他
	月均收入	无收入	501－800元	801 1500元	1500元以上	500元以下	1001－1500元
	婚姻	未婚	已婚	无明显偏向	已婚	已婚	已婚或离异
心理取向		浪漫新潮 注重学历 非现实家庭观	循规传统 奔波忙碌 保守稳定	新女性主张 非功利心态	功利心态 现实家庭观 都市情结	非浪漫新潮 非独立休闲	非新女性主张 不循规传统 独立休闲

3-11 对各种消费观念的均值比较 / Mean Comparisons of Consumer Values

注：对于每一个观点，以 1 代表“非常不同意”，2 代表“不同意”，3 代表“不一定”，4 代表“同意”，5 代表“非常同意”。均值即根据每个样本的回答情况计算出来的平均值。（下同）

	北京 (Beijing)		上海 (Shanghai)		广州 (Guangzhou)		重庆 (Chongqing)		显著度
	均值	样本量	均值	样本量	均值	样本量	均值	样本量	
我喜欢购买具有独特风格的产品	3.81	598	3.89	598	3.76	596	3.71	600	0.0076
纵使价钱贵一些，我还是喜欢买外国产品	2.65	598	2.96	597	3.01	597	2.59	599	0.0000
我用信用卡购买许多东西	2.10	588	2.31	582	2.32	590	2.25	595	0.0013
我买东西时主要考虑的因素是价钱	3.26	599	3.38	598	3.41	597	3.27	600	0.0104
选购物品时，我喜欢尝试新品牌	3.18	598	3.38	596	3.22	593	3.29	598	0.0011
我非常注重商店的气氛、布置及格调	3.57	599	3.67	596	3.49	595	3.50	600	0.0045
选购物品时，我会详细阅读包装上的资料	4.13	599	4.08	594	4.12	594	4.06	599	0.4911
除了汽车、房子，买任何东西贷款都不明智	3.45	596	3.22	597	3.34	595	3.29	599	0.0081
买东西时我经常货比三家	3.93	598	3.87	598	3.72	596	3.91	598	0.0021
促销期间我会比平常买更多的东西	2.93	599	3.32	595	3.18	598	2.86	597	0.0000
我宁愿多花一点钱购买品质较好的东西	4.38	597	4.30	599	4.23	597	4.19	600	0.0002
流行与实用之间我比较看重流行	2.49	596	2.59	592	2.63	595	2.57	598	0.1283
我常寻求亲友的意见来决定品牌	3.03	597	2.80	598	2.83	596	2.90	599	0.0005
与其把旧的东西拿去修理，不如买新的	3.28	597	3.22	597	3.06	597	2.89	598	0.0000
我信得过电话购物的方式	2.73	596	2.50	599	2.31	595	2.42	598	0.0000

3-12 北京消费群对各种消费观念的均值比较 / Beijing Consumers' Values by Market Segments

	我喜欢购买具有独特风格的产品		纵使价钱贵一些，我还是喜欢买外国产品		我用信用卡购买许多东西		我买东西时主要考虑的因素是价钱		选购物品时，我喜欢尝试新品牌	
	均值	样本量	均值	样本量	均值	样本量	均值	样本量	均值	样本量
样本	**3.81**	**598**	**2.65**	**598**	**2.10**	**588**	**3.26**	**599**	**3.18**	**598**
第一消费群	3.61	137	2.68	136	2.08	133	3.19	137	2.98	136
第二消费群	4.02	94	2.78	94	2.15	94	3.03	94	3.17	94
第三消费群	3.75	111	2.56	112	2.04	110	3.45	112	3.28	112
第四消费群	4.60	5	3.40	5	3.20	5	2.40	5	3.20	5
第五消费群	4.05	131	2.65	131	2.13	128	3.15	130	3.23	130
第六消费群	3.62	120	2.58	120	2.05	118	3.47	121	3.29	121
显著度	0.0000		0.4037		0.3159		0.0002		0.0621	

续上表（continued）

	我非常注重商店的气氛、布置及格调		选购物品时，我会详细阅读包装上的资料		除了汽车、房子，买任何东西贷款都不明智		买东西时我经常货比三家		促销期间我会比平常买更多的东西	
	均值	样本量	均值	样本量	均值	样本量	均值	样本量	均值	样本量
样本	**3.57**	**599**	**4.13**	**599**	**3.45**	**596**	**3.93**	**598**	**2.93**	**599**
第一消费群	3.47	137	4.07	137	3.45	136	3.81	137	2.90	137
第二消费群	3.74	94	4.05	94	3.47	94	3.59	94	2.80	94
第三消费群	3.50	112	4.17	112	3.41	112	4.05	112	3.02	112
第四消费群	3.80	5	4.60	5	3.60	5	3.20	5	2.80	5
第五消费群	3.69	130	4.12	130	3.29	129	3.84	130	2.98	130
第六消费群	3.49	121	4.21	121	3.63	120	4.33	120	2.94	121
显著度	0.1744		0.5397		0.3851		0.0000		0.6450	

续上表（continued）

	我宁愿多花一点钱购买品质较好的东西		流行与实用之间我比较看重流行		我常寻求亲友的意见来决定品牌		与其把旧的东西拿去修理，不如买新的		我信得过电话购物的方式	
	均值	样本量	均值	样本量	均值	样本量	均值	样本量	均值	样本量
样本	**4.38**	**597**	**2.49**	**596**	**3.03**	**597**	**3.28**	**597**	**2.73**	**596**
第一消费群	4.32	136	2.30	135	3.05	136	3.39	137	2.59	136
第二消费群	4.50	94	2.44	94	2.99	94	3.57	94	2.83	94
第三消费群	4.38	112	2.48	112	3.17	112	3.25	112	2.72	112
第四消费群	4.80	5	2.20	5	2.40	5	3.20	5	2.80	5
第五消费群	4.36	129	2.78	129	2.96	129	2.96	128	2.78	128
第六消费群	4.38	121	2.46	121	2.99	121	3.32	121	2.74	121
显著度	0.4085		0.0159		0.3963		0.0004		0.6090	

注：北京消费群的代表特征 / Characteristics of the Beijing Market Segments

		第一消费群	第二消费群	第三消费群	第四消费群	第五消费群	第六消费群
基本情况	性别	女	男	无明显偏向	男	无明显偏向	女
	年龄	30 — 34 岁	25 — 29 岁	35 — 44 岁	无明显偏向	16 — 24 岁	45 岁以上
	学历	大专/大本	大本	初中	大本及研究生	高中/中专/技校	初中及以下
	职业	科教卫生人员	一般企业职员	工人	管理人员/专门职业从事者/个体及私营企业主	学生	离退休人员
	月均收入	801 — 1500 元	1501 — 4000 元	800 元以下	4000 元以上	无收入	800 元以下
	婚姻	已婚	无明显偏向	已婚	已婚或离异	未婚	已婚
心理取向		注重学历 非积极进取	不循规传统 非单一电视娱乐	非田园倾向 新女性主张 金钱本位	注重经验 大男子主义 不保守稳定	非“大男子主义” 追随流行	非“新女性主张” 非浪漫新潮 单一电视娱乐

3-13 上海消费群对各种消费观念的均值比较 / Shanghai Consumers' Values by Market Segments

	我喜欢购买具有独特风格的产品		纵使价钱贵一些，我还是喜欢买外国产品		我用信用卡购买许多东西		我买东西时主要考虑的因素是价钱		选购物品时，我喜欢尝试新品牌	
	均值	样本量	均值	样本量	均值	样本量	均值	样本量	均值	样本量
样本	**3.89**	**598**	**2.96**	**597**	**2.31**	**582**	**3.38**	**598**	**3.38**	**596**
第一消费群	3.83	145	3.00	145	2.37	141	3.33	144	3.35	144
第二消费群	4.07	92	3.00	91	2.40	90	3.20	92	3.32	92
第三消费群	4.10	10	3.40	10	2.10	10	3.30	10	3.20	10
第四消费群	3.84	135	2.76	134	2.19	130	3.65	135	3.35	133
第五消费群	3.91	68	2.71	68	2.18	67	3.33	67	3.46	67
第六消费群	3.85	148	3.16	149	2.40	144	3.31	150	3.45	150
显著度	0.3647		0.0050		0.4021		0.0056		0.7514	

续上表（continued）

	我非常注重商店的气氛、布置及格调		选购物品时，我会详细阅读包装上的资料		除了汽车、房子，买任何东西贷款都不明智		买东西时我经常货比三家		促销期间我会比平常买更多的东西	
	均值	样本量	均值	样本量	均值	样本量	均值	样本量	均值	样本量
样本	**3.67**	**596**	**4.08**	**594**	**3.22**	**597**	**3.87**	**598**	**3.32**	**595**
第一消费群	3.60	144	4.22	142	3.30	145	4.14	145	3.35	144
第二消费群	3.82	92	3.97	92	3.09	92	3.67	91	3.20	91
第三消费群	3.70	10	4.10	10	3.90	10	3.80	10	3.33	9
第四消费群	3.57	134	4.08	133	3.13	134	4.04	135	3.45	134
第五消费群	3.79	68	4.00	68	3.07	68	3.57	68	3.28	68
第六消费群	3.68	148	4.07	149	3.31	148	3.72	149	3.28	149
显著度	0.4009		0.3720		0.1635		0.0002		0.5161	

续上表（continued）

	我宁愿多花一点钱购买品质较好的东西		流行与实用之间我比较看重流行		我常寻求亲友的意见来决定品牌		与其把旧的东西拿去修理，不如买新的		我信得过电话购物的方式	
	均值	样本量	均值	样本量	均值	样本量	均值	样本量	均值	样本量
样本	**4.30**	**599**	**2.59**	**592**	**2.80**	**598**	**3.22**	**597**	**2.50**	**599**
第一消费群	4.38	145	2.57	143	2.56	144	3.13	145	2.42	145
第二消费群	4.41	91	2.63	91	2.79	92	3.36	92	2.65	92
第三消费群	4.20	10	2.90	10	2.10	10	3.40	10	2.20	10
第四消费群	4.10	135	2.55	132	2.92	135	3.13	133	2.34	134
第五消费群	4.50	68	2.26	68	2.94	68	3.07	68	2.63	68
第六消费群	4.24	150	2.76	148	2.90	149	3.35	149	2.59	150
显著度	0.0023		0.0216		0.0041		0.1826		0.0613	

注：上海消费群的代表特征 / Characteristics of the Shanghai Market Segments

		第一消费群	第二消费群	第三消费群	第四消费群	第五消费群	第六消费群
基本情况	性别	无明显偏向	男	男	女	女	无明显偏向
	年龄	45 岁以上	20 — 29 岁	25 — 34 岁	35 — 44 岁	16 — 24 岁	30 — 39 岁
	学历	大本及以上	大专/大本	大专	初中及以下	高中/中专/技校	高中/中专/技校
	职业	科教卫生人员/离退休人员	一般企业职员	行政管理人员/个体及私营企业主/专门职业从事者	工人/下岗人员	学生	一般企业职员
	月均收入	801 — 1500 元	1001 — 3000 元	3000 元以上	800 元以下	无收入	1001 — 2000 元
	婚姻	已婚	未婚	未婚	已婚	未婚	已婚
心理取向		非浪漫时尚 非金钱本位 保守稳定	非家庭重心 田园倾向 休闲独立	不保守稳定 奔波忙碌 浪漫时尚	金钱本位 家庭重心 注重学历	新家庭观念 非休闲独立	不积极进取 不奔波忙碌

3-14 广州消费群对各种消费观念的均值比较 / Guangzhou Consumers' Values by Market Segments

	我喜欢购买具有独特风格的产品		纵使价钱贵一些，我还是喜欢买外国产品		我用信用卡购买许多东西		我买东西时主要考虑的因素是价钱		选购物品时，我喜欢尝试新品牌	
	均值	样本量	均值	样本量	均值	样本量	均值	样本量	均值	样本量
样本	**3.76**	**596**	**3.01**	**597**	**2.32**	**590**	**3.41**	**597**	**3.22**	**593**
第一消费群	3.80	93	2.81	93	2.30	92	3.32	93	3.38	91
第二消费群	3.42	125	2.88	126	2.32	123	3.34	126	3.06	126
第三消费群	4.04	98	3.19	97	2.24	98	3.46	98	3.37	98
第四消费群	3.95	100	3.39	100	2.39	98	3.55	99	3.28	99
第五消费群	3.47	98	2.80	99	2.21	99	3.70	99	3.11	98
第六消费群	3.99	82	3.05	82	2.50	80	3.02	82	3.17	81
显著度	0.0000		0.0000		0.5432		0.0000		0.0472	

续上表（continued）

	我非常注重商店的气氛、布置及格调		选购物品时，我会详细阅读包装上的资料		除了汽车、房子，买任何东西贷款都不明智		买东西时我经常货比三家		促销期间我会比平常买更多的东西	
	均值	样本量	均值	样本量	均值	样本量	均值	样本量	均值	样本量
样本	**3.49**	**595**	**4.12**	**594**	**3.34**	**595**	**3.72**	**596**	**3.18**	**598**
第一消费群	3.41	93	4.02	92	3.02	93	3.30	93	3.11	93
第二消费群	3.21	126	3.91	126	3.25	126	3.79	126	3.08	126
第三消费群	3.71	97	4.21	96	3.35	98	3.72	98	3.37	98
第四消费群	3.54	99	4.13	100	3.60	99	3.95	99	3.21	100
第五消费群	3.44	99	4.35	98	3.53	97	3.98	98	3.37	99
第六消费群	3.77	81	4.13	82	3.30	82	3.51	82	2.89	82
显著度	0.0001		0.0046		0.0098		0.0000		0.0018	

续上表（continued）

	我宁愿多花一点钱购买品质较好的东西		流行与实用之间我比较看重流行		我常寻求亲友的意见来决定品牌		与其把旧的东西拿去修理，不如买新的		我信得过电话购物的方式	
	均值	样本量	均值	样本量	均值	样本量	均值	样本量	均值	样本量
样本	**4.23**	**597**	**2.63**	**595**	**2.83**	**596**	**3.06**	**597**	**2.31**	**595**
第一消费群	4.15	93	2.63	92	2.60	93	3.00	93	2.40	92
第二消费群	4.08	125	2.52	126	3.00	126	2.98	126	2.18	126
第三消费群	4.21	98	2.94	97	2.90	97	3.06	98	2.22	98
第四消费群	4.37	100	2.75	99	2.88	100	3.17	100	2.52	100
第五消费群	4.30	99	2.38	99	2.89	98	3.03	98	2.28	97
第六消费群	4.28	82	2.60	82	2.62	82	3.11	82	2.26	82
显著度	0.0859		0.0024		0.0243		0.7351		0.1272	

注：广州消费群的代表特征 / Characteristics of the Guangzhou Market Segments

		第一消费群	第二消费群	第三消费群	第四消费群	第五消费群	第六消费群
基本情况	性别	女	无明显偏向	女	男	女	男
	年龄	16 － 19 岁	40 岁以上	20 － 24 岁	35 － 44 岁	30 － 34 岁	25 － 29 岁
	学历	高中/中专/技校	无明显偏向	高中/中专/技校/大专	初中/高中/中专/技校	初中及以下	大专及以上
	职业	学生	工人	学生/待业人员	个体及私营企业主	家庭主妇	企业职员/管理人员/科教卫生人员/专门职业者
	月均收入	无收入	1500 元以下	无收入	801 － 1500 元	800 元以下	2000 元以上
	婚姻	未婚	已婚	未婚	已婚	已婚	无明显偏向
心理取向		不固守中式生活 田园倾向 非大男子主义	非新女性主张 不追随流行 非积极进取	独立自主 追随流行	积极进取 大男子主义 中式生活	单一电视娱乐 非独立自主 保守稳定	非单一电视娱乐 非家庭重心

3-15 重庆消费群对各种消费观念的均值比较 / Chongqing Consumers' Values by Market Segments

	我喜欢购买具有独特风格的产品		纵使价钱贵一些，我还是喜欢买外国产品		我用信用卡购买许多东西		我买东西时主要考虑的因素是价钱		选购物品时，我喜欢尝试新品牌	
	均值	样本量	均值	样本量	均值	样本量	均值	样本量	均值	样本量
样本	**3.71**	**600**	**2.59**	**599**	**2.25**	**595**	**3.27**	**600**	**3.29**	**598**
第一消费群	3.90	133	2.68	133	2.38	133	3.11	133	3.57	133
第二消费群	3.80	123	2.82	122	2.27	122	3.26	123	3.43	122
第三消费群	3.91	124	2.57	124	2.18	122	3.03	124	3.27	124
第四消费群	3.96	24	2.79	24	2.63	24	3.21	24	3.50	24
第五消费群	3.31	162	2.27	162	2.06	160	3.66	162	2.96	161
第六消费群	3.71	34	2.76	34	2.59	34	3.06	34	3.12	34
显著度	0.0000		0.0007		0.0398		0.0000		0.0000	

续上表（continued）

	我非常注重商店的气氛、布置及格调		选购物品时，我会详细阅读包装上的资料		除了汽车、房子，买任何东西贷款都不明智		买东西时我经常货比三家		促销期间我会比平常买更多的东西	
	均值	样本量	均值	样本量	均值	样本量	均值	样本量	均值	样本量
样本	**3.50**	**600**	**4.06**	**599**	**3.29**	**599**	**3.91**	**598**	**2.86**	**597**
第一消费群	3.54	133	3.83	132	2.96	133	3.53	133	2.89	132
第二消费群	3.70	123	4.21	123	3.57	123	4.31	123	3.12	123
第三消费群	3.59	124	4.22	124	3.28	124	3.81	124	2.61	124
第四消费群	3.79	24	3.83	24	3.79	24	3.92	24	2.58	24
第五消费群	3.14	162	4.10	162	3.33	161	4.07	160	2.84	160
第六消费群	3.74	34	3.74	34	3.12	34	3.53	34	2.88	34
显著度	0.0000		0.0009		0.0009		0.0000		0.0011	

续上表（continued）

	我宁愿多花一点钱购买品质较好的东西		流行与实用之间我比较看重流行		我常寻求亲友的意见来决定品牌		与其把旧的东西拿去修理，不如买新的		我信得过电话购物的方式	
	均值	样本量	均值	样本量	均值	样本量	均值	样本量	均值	样本量
样本	**4.19**	**600**	**2.57**	**598**	**2.90**	**599**	**2.89**	**598**	**2.42**	**598**
第一消费群	4.20	133	2.93	132	2.85	132	2.90	132	2.68	132
第二消费群	4.32	123	2.64	123	3.03	123	3.14	123	2.42	123
第三消费群	4.32	124	2.36	123	2.83	124	2.80	124	2.42	124
第四消费群	4.33	24	2.54	24	2.79	24	3.38	24	2.46	24
第五消费群	4.00	162	2.25	162	2.94	162	2.59	161	2.21	161
第六消费群	4.09	34	3.12	34	2.71	34	3.38	34	2.44	34
显著度	0.0149		0.0000		0.4607		0.0000		0.0102	

注：重庆消费群的代表特征 / Characteristics of the Chongqing Market Segments

		第一消费群	第二消费群	第三消费群	第四消费群	第五消费群	第六消费群
基本情况	性别	无明显偏向	无明显偏向	无明显偏向	无明显偏向	无明显偏向	女
	年龄	16 — 19 岁	45 岁以上	20 — 29 岁	30 — 34 岁	40 岁以上	25 — 29 岁
	学历	高中/中专/技校	高中/中专/技校	大专/大本	高中/中专/技校/大本以上	初中及以下	初中
	职业	学生	行政管理人员/离退休人员	科教卫生人员/一般企业职员	个体及私营企业主	工人	专门职业从事者下岗及其他
	月均收入	无收入	501 — 800 元	801 — 1500 元	1500 元以上	500 元以下	1001 — 1500 元
	婚姻	未婚	已婚	无明显偏向	已婚	已婚	已婚或离异
心理取向		浪漫新潮 注重学历 非现实家庭观	循规传统 奔波忙碌 保守稳定	新女性主张 非功利心态	功利心态 现实家庭观 都市情结	非浪漫新潮 非独立休闲	非新女性主张 不循规传统 独立休闲

4 休闲活动 / Leisure Activities

4-1 日常经常做的活动排名 / Ranking of the Frequently Engaged Activities

注：本题为多选题，合计百分比超过 100%（ Multiple answers ）

● 北京（ Beijing ）

排名	活动项目	人次	百分比	排名	活动项目	人次	百分比
1	看电视	524	87.3	26	钓鱼	65	10.8
2	看书	456	76.0	27	踢足球	63	10.5
3	散步	398	66.3	28	打篮球	61	10.2
4	听音乐	390	65.0	29	登山	55	9.2
5	聚会聊天	326	54.3	30	跳交际舞	54	9.0
6	逛街购物	322	53.7	31	保龄球	52	8.7
7	烹饪	267	44.5	31	绘画书法	52	8.7
8	玩纸牌	230	38.3	33	郊游露营	51	8.5
9	打羽毛球	195	32.5	34	到现场看球赛	48	8.0
10	游泳	187	31.2	34	国内旅行	48	8.0
11	吃零食	179	29.8	36	看书画展	45	7.5
12	下棋	159	26.5	36	听演唱会	45	7.5
13	照相摄影	149	24.8	38	炒股	42	7.0
14	打麻将	144	24.0	39	跳迪斯科	40	6.7
15	看电影	133	22.2	40	滑冰	33	5.5
16	玩电脑	127	21.2	41	骑摩托车兜风	32	5.3
17	打乒乓球	123	20.5	42	乐器演奏	30	5.0
18	集邮/集物	122	20.3	42	吃早茶	30	5.0
19	种花/盆栽	121	20.2	44	打网球	27	4.5
20	慢跑	114	19.0	45	健身房运动	26	4.3
21	打游戏机	111	18.5	46	扭秧歌	22	3.7
22	编织	106	17.7	47	跳韵律操	19	3.2
23	参加社团活动	79	13.2	48	参加宗教活动	15	2.5
24	看展览会	78	13.0	49	打高尔夫球	3	0.5
25	开汽车兜风	71	11.8	49	海外旅行	3	0.5

n=600

● 上海（Shanghai）

排名	活动项目	人次	百分比	排名	活动项目	人次	百分比
1	看电视	526	87.7	26	慢跑	82	13.7
2	听音乐	398	66.3	27	打乒乓球	78	13.0
3	看书	379	63.2	28	跳交际舞	69	11.5
4	散步	317	52.8	29	看书画展	61	10.2
5	逛街购物	314	52.3	30	听演唱会	57	9.5
6	聚会聊天	312	52.0	31	看展览会	54	9.0
7	烹饪	218	36.3	32	绘画书法	53	8.8
8	看电影	194	32.3	33	踢足球	52	8.7
9	玩纸牌	187	31.2	34	跳迪斯科	50	8.3
10	吃零食	184	30.7	35	到现场看球赛	49	8.2
11	下棋	153	25.5	36	打篮球	44	7.3
12	照相摄影	144	24.0	37	郊游露营	35	5.8
13	打麻将	143	23.8	38	滑冰	34	5.7
13	打游戏机	143	23.8	39	参加宗教活动	31	5.2
15	炒股	140	23.3	40	健身房运动	29	4.8
16	游泳	116	19.3	41	骑摩托车兜风	28	4.7
16	集邮/集物	116	19.3	42	开汽车兜风	26	4.3
18	保龄球	109	18.2	43	跳韵律操	21	3.5
19	种花/盆栽	108	18.0	43	乐器演奏	21	3.5
20	玩电脑	102	17.0	45	打网球	16	2.7
21	参加社团活动	98	16.3	45	登山	16	2.7
22	打羽毛球	85	14.2	47	钓鱼	14	2.3
22	国内旅行	85	14.2	48	海外旅行	2	0.3
22	吃早茶	85	14.2	49	打高尔夫球	1	0.2
25	编织	84	14.0	49	扭秧歌	1	0.2

n=600

● 广州（Guangzhou）

排名	活动项目	人次	百分比	排名	活动项目	人次	百分比
1	看电视	546	91.0	26	保龄球	60	10.0
2	看书	398	66.3	27	参加社团活动	58	9.7
3	听音乐	394	65.7	28	到现场看球赛	57	9.5
4	吃早茶	366	61.0	29	绘画书法	55	9.2
5	逛街购物	337	56.2	30	听演唱会	54	9.0
6	聚会聊天	331	55.2	31	炒股	52	8.7
7	散步	319	53.2	32	踢足球	48	8.0
8	烹饪	260	43.3	33	看书画展	46	7.7
9	吃零食	253	42.2	34	跳交际舞	43	7.2
10	玩纸牌	200	33.3	35	打网球	42	7.0
11	打麻将	192	32.0	35	健身房运动	42	7.0
12	打羽毛球	156	26.0	37	开汽车兜风	41	6.8
13	打游戏机	154	25.7	38	看展览会	39	6.5
14	打乒乓球	146	24.3	39	登山	36	6.0
15	游泳	143	23.8	39	编织	36	6.0
16	下棋	142	23.7	41	跳迪斯科	33	5.5
17	照相摄影	128	21.3	42	郊游露营	31	5.2
18	玩电脑	127	21.2	43	滑冰	27	4.5
19	种花/盆栽	124	20.7	44	钓鱼	26	4.3
20	慢跑	116	19.3	45	跳韵律操	17	2.8
21	骑摩托车兜风	106	17.7	46	参加宗教活动	16	2.7
22	看电影	103	17.2	47	海外旅行	14	2.3
23	集邮/集物	85	14.2	48	乐器演奏	12	2.0
24	打篮球	75	12.5	49	打高尔夫球	5	0.8
25	国内旅行	72	12.0	50	扭秧歌	1	0.2

n=600

● 重庆（Chongqing）

排名	活动项目	人次	百分比	排名	活动项目	人次	百分比
1	看电视	528	88.0	26	踢足球	69	11.5
2	看书	422	70.3	27	跳交际舞	68	11.3
3	听音乐	382	63.7	27	钓鱼	68	11.3
4	散步	367	61.2	29	国内旅行	64	10.7
5	聚会聊天	344	57.3	30	打篮球	62	10.3
6	逛街购物	304	50.7	31	吃早茶	61	10.2
7	烹饪	249	41.5	32	登山	54	9.0
8	打麻将	240	40.0	33	绘画书法	50	8.3
9	玩纸牌	198	33.0	33	听演唱会	50	8.3
10	游泳	185	30.8	35	滑冰	43	7.2
11	看电影	180	30.0	36	跳迪斯科	40	6.7
12	吃零食	179	29.8	36	郊游露营	40	6.7
13	下棋	176	29.3	38	看书画展	38	6.3
14	照相摄影	142	23.7	39	开汽车兜风	29	4.8
15	打游戏机	117	19.5	40	健身房运动	26	4.3
16	炒股	107	17.8	40	看展览会	26	4.3
17	打乒乓球	103	17.2	42	打网球	25	4.2
18	参加社团活动	101	16.8	43	保龄球	23	3.8
19	打羽毛球	100	16.7	44	跳韵律操	22	3.7
20	慢跑	93	15.5	44	骑摩托车兜风	22	3.7
21	集邮/集物	90	15.0	46	乐器演奏	20	3.3
22	玩电脑	84	14.0	47	参加宗教活动	19	3.2
23	编织	81	13.5	48	海外旅行	10	1.7
23	种花/盆栽	81	13.5	49	扭秧歌	5	0.8
25	到现场看球赛	80	13.3	50	打高尔夫球	1	0.2

n=600

4-2 日常想做的活动排名 / Ranking of the Desired Activities

注：本题为多选题，合计百分比超过 100%（ Multiple answers ）

● 北京（ Beijing ）

排名	活动项目	人次	百分比	排名	活动项目	人次	百分比
1	国内旅行	240	40.0	26	参加社会活动	54	9.0
2	郊游露营	174	29.0	27	踢足球	50	8.3
3	海外旅行	168	28.0	28	吃早茶	47	7.8
4	游泳	164	27.3	29	骑摩托车兜风	45	7.5
5	听演唱会	153	25.5	30	逛街购物	42	7.0
6	到现场看球赛	144	24.0	31	慢跑	41	6.8
7	玩电脑	122	20.3	31	种花/盆栽	41	6.8
8	开汽车兜风	119	19.8	31	乐器演奏	41	6.8
9	打网球	114	19.0	34	烹饪	40	6.7
10	登山	111	18.5	35	集邮/集物	38	6.3
11	健身房运动	108	18.0	36	跳韵律操	36	6.0
12	保龄球	107	17.8	37	打篮球	34	5.7
13	炒股	100	16.7	38	编织	33	5.5
14	钓鱼	94	15.7	39	跳迪斯科	31	5.2
15	看电影	88	14.7	39	参加宗教活动	31	5.2
16	绘画书法	84	14.0	41	散步	28	4.7
17	照相摄影	80	13.3	42	打麻将	24	4.0
18	打羽毛球	77	12.8	42	下棋	24	4.0
19	看书画展	71	11.8	44	听音乐	23	3.8
20	看展览会	70	11.7	44	打游戏机	23	3.8
21	跳交际舞	67	11.2	44	看书	23	3.8
22	滑冰	66	11.0	47	扭秧歌	19	3.2
23	打乒乓球	63	10.5	48	玩纸牌	14	2.3
24	聚会聊天	60	10.0	48	吃零食	14	2.3
25	打高尔夫球	55	9.2	50	看电视	12	2.0

n=600

● 上海（Shanghai）

排名	活动项目	人次	百分比	排名	活动项目	人次	百分比
1	国内旅行	220	36.7	26	滑冰	54	9.0
2	海外旅行	181	30.2	27	聚会聊天	53	8.8
3	到现场看球赛	145	24.2	28	打羽毛球	51	8.5
4	游泳	140	23.3	28	烹饪	51	8.5
5	听演唱会	137	22.8	30	打高尔夫球	49	8.2
6	郊游露营	135	22.5	31	集邮/集物	45	7.5
7	保龄球	122	20.3	32	乐器演奏	41	6.8
8	玩电脑	115	19.2	32	逛街购物	41	6.8
9	打网球	109	18.2	34	跳迪斯科	39	6.5
10	健身房运动	106	17.7	34	编织	39	6.5
11	登山	101	16.8	36	踢足球	37	6.2
12	钓鱼	100	16.7	36	慢跑	37	6.2
13	开汽车兜风	91	15.2	38	下棋	34	5.7
14	看电影	84	14.0	39	跳韵律操	31	5.2
15	看展览会	80	13.3	40	打麻将	30	5.0
16	照相摄影	78	13.0	41	参加宗教活动	29	4.8
17	炒股	73	12.2	42	散步	26	4.3
18	看书画展	71	11.8	43	打篮球	20	3.3
19	跳交际舞	66	11.0	44	打游戏机	19	3.2
19	骑摩托车兜风	66	11.0	45	看书	18	3.0
21	打乒乓球	65	10.8	46	玩纸牌	17	2.8
21	吃早茶	65	10.8	47	听音乐	16	2.7
23	绘画书法	64	10.7	47	扭秧歌	16	2.7
24	种花/盆栽	62	10.3	49	吃零食	15	2.5
25	参加社会活动	57	9.5	50	看电视	11	1.8

n=600

● 广州（Guangzhou）

排名	活动项目	人次	百分比	排名	活动项目	人次	百分比
1	海外旅行	235	39.2	26	跳迪斯科	47	7.8
2	国内旅行	234	39.0	27	乐器演奏	46	7.7
3	游泳	136	22.7	27	吃早茶	46	7.7
4	听演唱会	125	20.8	29	绘画书法	45	7.5
5	打网球	123	20.5	30	看书画展	44	7.3
6	玩电脑	116	19.3	31	种花/盆栽	43	7.2
7	保龄球	113	18.8	32	打篮球	42	7.0
8	开汽车兜风	108	18.0	33	踢足球	41	6.8
9	郊游露营	95	15.8	33	跳韵律操	41	6.8
10	登山	93	15.5	35	看展览会	40	6.7
11	到现场看球赛	92	15.3	36	烹饪	36	6.0
12	钓鱼	91	15.2	37	下棋	34	5.7
13	打高尔夫球	80	13.3	37	编织	34	5.7
14	健身房运动	79	13.2	37	聚会聊天	34	5.7
15	炒股	77	12.8	40	集邮/集物	33	5.5
16	跳交际舞	76	12.7	41	慢跑	30	5.0
17	滑冰	75	12.5	42	散步	28	4.7
18	打羽毛球	70	11.7	42	看书	28	4.7
19	骑摩托车兜风	67	11.2	44	听音乐	23	3.8
20	看电影	60	10.0	44	吃零食	23	3.8
21	打乒乓球	54	9.0	46	玩纸牌	21	3.5
21	照相摄影	54	9.0	46	打游戏机	21	3.5
23	参加社会活动	53	8.8	48	参加宗教活动	16	2.7
23	逛街购物	53	8.8	49	扭秧歌	11	1.8
25	打麻将	49	8.2	50	看电视	5	0.8

n=600

● 重庆（Chongqing）

排名	活动项目	人次	百分比	排名	活动项目	人次	百分比
1	国内旅行	193	32.2	25	绘画书法	43	7.2
2	海外旅行	150	25.0	27	打高尔夫球	41	6.8
3	到现场看球赛	148	24.7	27	打篮球	41	6.8
4	郊游露营	122	20.3	29	慢跑	39	6.5
5	开汽车兜风	115	19.2	29	打麻将	39	6.5
6	听演唱会	114	19.0	31	乐器演奏	38	6.3
7	玩电脑	113	18.8	32	跳韵律操	37	6.2
8	游泳	106	17.7	33	跳迪斯科	36	6.0
9	钓鱼	95	15.8	33	集邮/集物	36	6.0
10	登山	89	14.8	33	聚会聊天	36	6.0
11	看电影	76	12.7	33	逛街购物	36	6.0
11	炒股	76	12.7	37	跳交际舞	35	5.8
13	保龄球	75	12.5	38	下棋	33	5.5
14	打网球	73	12.2	39	散步	32	5.3
15	健身房运动	66	11.0	39	吃早茶	32	5.3
16	骑摩托车兜风	61	10.2	41	编织	31	5.2
16	看书画展	61	10.2	42	烹饪	27	4.5
18	滑冰	60	10.0	43	听音乐	25	4.2
18	照相摄影	60	10.0	44	看书	21	3.5
20	打羽毛球	59	9.8	45	玩纸牌	18	3.0
21	参加社会活动	52	8.7	46	吃零食	17	2.8
22	种花/盆栽	49	8.2	47	打游戏机	15	2.5
23	看展览会	46	7.7	48	参加宗教活动	13	2.2
24	踢足球	45	7.5	49	扭秧歌	11	1.8
25	打乒乓球	43	7.2	50	看电视	8	1.3

n=600

4-3 样本总体、男性各年龄层、女性各年龄层经常做的活动 / Frequently Engaged Activities by Whole Sample, and Age and Gender Groups

注：本题为多选题，合计百分比超过 100%（ Multiple answers ）

● 北京（ Beijing ）

	人数	到现场看球赛	打网球	打高尔夫球	打羽毛球	保龄球	踢足球	打篮球
样本	**600**	**8.0**	**4.5**	**0.5**	**32.5**	**8.7**	**10.5**	**10.2**
男性	**298**	**11.1**	**6.0**	**0.3**	**28.5**	**11.4**	**18.8**	**15.4**
16-19 岁	26	19.2	7.7	0.0	50.0	3.8	53.8	61.5
20-24 岁	36	22.2	11.1	2.8	27.8	19.4	36.1	36.1
25-29 岁	41	22.0	4.9	0.0	34.1	19.5	17.1	7.3
30-34 岁	47	8.5	14.9	0.0	25.5	12.8	21.3	8.5
35-39 岁	43	7.0	2.3	0.0	30.2	14.0	14.0	11.6
40-44 岁	42	4.8	2.4	0.0	23.8	7.1	11.9	7.1
45-49 岁	24	8.3	0.0	0.0	33.3	8.3	4.2	4.2
50 岁以上	39	0.0	2.6	0.0	12.8	2.6	0.0	2.6
女性	**302**	**5.0**	**3.0**	**0.7**	**36.4**	**6.0**	**2.3**	**5.0**
16-19 岁	23	0.0	13.0	0.0	60.9	8.7	4.3	21.7
20-24 岁	35	5.7	2.9	2.9	37.1	14.3	0.0	2.9
25-29 岁	36	11.1	8.3	0.0	36.1	16.7	2.8	2.8
30-34 岁	49	2.0	2.0	0.0	24.5	6.1	0.0	0.0
35-39 岁	45	2.2	2.2	0.0	42.2	0.0	4.4	8.9
40-44 岁	40	5.0	0.0	0.0	52.5	5.0	7.5	7.5
45-49 岁	26	3.8	0.0	0.0	34.6	0.0	0.0	3.8
50 岁以上	48	8.3	0.0	2.1	18.8	0.0	0.0	0.0

续上表（ continued ）

	人数	打乒乓球	慢跑	散步	跳交际舞	跳迪斯科	跳韵律操	健身房运动
样本	**600**	**20.5**	**19.0**	**66.3**	**9.0**	**6.7**	**3.2**	**4.3**
男性	**298**	**22.5**	**17.1**	**56.4**	**5.0**	**5.0**	**1.0**	**5.0**
16-19 岁	26	38.5	23.1	23.1	3.8	3.8	0.0	0.0
20-24 岁	36	25.0	19.4	41.7	2.8	25.0	0.0	11.1
25-29 岁	41	39.0	14.6	56.1	7.3	2.4	0.0	7.3
30-34 岁	47	19.1	10.6	66.0	4.3	6.4	0.0	6.4
35-39 岁	43	25.6	20.9	55.8	2.3	2.3	2.3	0.0
40-44 岁	42	11.9	11.9	59.5	4.8	0.0	0.0	2.4
45-49 岁	24	12.5	29.2	45.8	4.2	0.0	4.2	8.3
50 岁以上	39	10.3	15.4	84.6	10.3	0.0	2.6	5.1
女性	**302**	**18.5**	**20.9**	**76.2**	**12.9**	**8.3**	**5.3**	**3.6**
16-19 岁	23	21.7	34.8	73.9	0.0	13.0	4.3	0.0
20-24 岁	35	31.4	11.4	74.3	17.1	22.9	5.7	11.4
25-29 岁	36	16.7	8.3	80.6	8.3	13.9	5.6	2.8
30-34 岁	49	12.2	14.3	67.3	18.4	4.1	0.0	4.1
35-39 岁	45	22.2	24.4	66.7	13.3	0.0	2.2	6.7
40-44 岁	40	22.5	22.5	77.5	12.5	2.5	10.0	0.0
45-49 岁	26	23.1	26.9	76.9	15.4	3.8	11.5	3.8
50 岁以上	48	6.3	29.2	91.7	12.5	10.4	6.3	0.0

续上表（continued）

	人数	打麻将	下棋	玩纸牌	游泳	滑冰	钓鱼
样本	**600**	**24.0**	**26.5**	**38.3**	**31.2**	**5.5**	**10.8**
男性	**298**	**27.2**	**36.6**	**45.0**	**30.9**	**4.7**	**16.1**
16-19 岁	26	11.5	42.3	65.4	46.2	3.8	11.5
20-24 岁	36	38.9	47.2	75.0	33.3	8.3	16.7
25-29 岁	41	46.3	43.9	51.2	41.5	4.9	14.6
30-34 岁	47	29.8	29.8	40.4	27.7	6.4	23.4
35-39 岁	43	20.9	27.9	46.5	30.2	2.3	20.9
40-44 岁	42	23.8	45.2	33.3	33.3	4.8	14.3
45-49 岁	24	25.0	25.0	25.0	37.5	8.3	16.7
50 岁以上	39	15.4	30.8	25.6	5.1	0.0	7.7
女性	**302**	**20.9**	**16.6**	**31.8**	**31.5**	**6.3**	**5.6**
16-19 岁	23	4.3	30.4	56.5	56.5	34.8	8.7
20-24 岁	35	25.7	17.1	37.1	40.0	17.1	2.9
25-29 岁	36	13.9	5.6	30.6	52.8	0.0	8.3
30-34 岁	49	22.4	18.4	24.5	34.7	4.1	10.2
35-39 岁	45	33.3	20.0	42.2	28.9	0.0	2.2
40-44 岁	40	15.0	12.5	27.5	20.0	2.5	10.0
45-49 岁	26	15.4	19.2	23.1	23.1	7.7	0.0
50 岁以上	48	25.0	14.6	22.9	10.4	0.0	2.1

续上表（continued）

	人数	登山	看电视	听音乐	看电影	打游戏机	集邮/集物
样本	**600**	**9.2**	**87.3**	**65.0**	**22.2**	**18.5**	**20.3**
男性	**298**	**9.1**	**87.6**	**55.4**	**21.8**	**24.2**	**20.1**
16-19 岁	26	3.8	80.8	65.4	23.1	50.0	7.7
20-24 岁	36	11.1	86.1	75.0	52.8	44.4	22.2
25-29 岁	41	9.8	87.8	51.2	34.1	29.3	17.1
30-34 岁	47	8.5	97.9	61.7	10.6	23.4	17.0
35-39 岁	43	4.7	79.1	39.5	14.0	14.0	16.3
40-44 岁	42	7.1	88.1	47.6	19.0	19.0	23.8
45-49 岁	24	12.5	83.3	54.2	16.7	8.3	45.8
50 岁以上	39	15.4	92.3	53.8	7.7	10.3	17.9
女性	**302**	**9.3**	**87.1**	**74.5**	**22.5**	**12.9**	**20.5**
16-19 岁	23	4.3	78.3	91.3	47.8	21.7	17.4
20-24 岁	35	14.3	88.6	85.7	37.1	17.1	11.4
25-29 岁	36	2.8	83.3	77.8	30.6	16.7	25.0
30-34 岁	49	10.2	83.7	69.4	16.3	8.2	16.3
35-39 岁	45	11.1	93.3	73.3	15.6	15.6	24.4
40-44 岁	40	7.5	92.5	70.0	12.5	12.5	27.5
45-49 岁	26	11.5	88.5	69.2	23.1	15.4	30.8
50 岁以上	48	10.4	85.4	68.8	14.6	4.2	14.6

续上表（ continued ）

	人数	烹饪	编织	种花/盆栽	看书	绘画书法	乐器演奏
样本	**600**	**44.5**	**17.7**	**20.2**	**76.0**	**8.7**	**5.0**
男性	**298**	**33.9**	**2.7**	**13.1**	**70.1**	**7.4**	**5.0**
16-19 岁	26	11.5	0.0	0.0	73.1	7.7	7.7
20-24 岁	36	8.3	5.6	8.3	69.4	5.6	5.6
25-29 岁	41	43.9	0.0	7.3	65.9	2.4	7.3
30-34 岁	47	31.9	0.0	8.5	74.5	4.3	6.4
35-39 岁	43	34.9	4.7	14.0	60.5	0.0	2.3
40-44 岁	42	40.5	7.1	16.7	64.3	9.5	7.1
45-49 岁	24	54.2	4.2	20.8	75.0	16.7	4.2
50 岁以上	39	43.6	0.0	28.2	82.1	17.9	0.0
女性	**302**	**55.0**	**32.5**	**27.2**	**81.8**	**9.9**	**5.0**
16-19 岁	23	17.4	0.0	17.4	91.3	39.1	17.4
20-24 岁	35	42.9	8.6	8.6	85.7	20.0	8.6
25-29 岁	36	55.6	19.4	19.4	91.7	8.3	5.6
30-34 岁	49	55.1	32.7	14.3	83.7	0.0	4.1
35-39 岁	45	64.4	46.7	20.0	80.0	4.4	6.7
40-44 岁	40	52.5	37.5	37.5	70.0	7.5	2.5
45-49 岁	26	57.7	53.8	38.5	84.6	11.5	0.0
50 岁以上	48	72.9	45.8	56.3	75.0	6.3	0.0

续上表（ continued ）

	人数	玩电脑	吃零食	聚会聊天	参加社团活动	开汽车兜风	骑摩托车兜风
样本	**600**	**21.2**	**29.8**	**54.3**	**13.2**	**11.8**	**5.3**
男性	**298**	**19.5**	**15.1**	**50.3**	**11.7**	**15.8**	**7.7**
16-19 岁	26	30.8	19.2	42.3	11.5	3.8	0.0
20-24 岁	36	33.3	27.8	80.6	13.9	19.4	5.6
25-29 岁	41	26.8	14.6	56.1	14.6	24.4	7.3
30-34 岁	47	17.0	6.4	55.3	12.8	29.8	12.8
35-39 岁	43	16.3	16.3	39.5	11.6	16.3	9.3
40-44 岁	42	14.3	11.9	42.9	7.1	16.7	9.5
45-49 岁	24	8.3	20.8	45.8	20.8	4.2	8.3
50 岁以上	39	10.3	10.3	38.5	5.1	0.0	5.1
女性	**302**	**22.8**	**44.4**	**58.3**	**14.6**	**7.9**	**3.0**
16-19 岁	23	26.1	73.9	65.2	21.7	4.3	8.7
20-24 岁	35	34.3	57.1	62.9	22.9	8.6	2.9
25-29 岁	36	36.1	61.1	66.7	8.3	11.1	0.0
30-34 岁	49	26.5	34.7	38.8	10.2	18.4	4.1
35-39 岁	45	17.8	42.2	53.3	17.8	4.4	2.2
40-44 岁	40	27.5	40.0	60.0	10.0	5.0	0.0
45-49 岁	26	15.4	38.5	57.7	11.5	7.7	7.7
50 岁以上	48	4.2	27.1	68.8	16.7	2.1	2.1

续上表（continued）

	人数	逛街购物	照相摄影	参加宗教活动	郊游露营	海外旅行	国内旅行
样本	**600**	**53.7**	**24.8**	**2.5**	**8.5**	**0.5**	**8.0**
男性	**298**	**32.9**	**21.1**	**2.0**	**6.7**	**0.7**	**8.1**
16-19 岁	26	19.2	15.4	0.0	3.8	0.0	0.0
20-24 岁	36	38.9	22.2	0.0	8.3	0.0	5.6
25-29 岁	41	34.1	14.6	0.0	7.3	0.0	12.2
30-34 岁	47	34.0	31.9	2.1	8.5	0.0	17.0
35-39 岁	43	18.6	20.9	2.3	2.3	0.0	7.0
40-44 岁	42	28.6	16.7	4.8	11.9	2.4	4.8
45-49 岁	24	45.8	33.3	4.2	4.2	4.2	8.3
50 岁以上	39	46.2	15.4	2.6	5.1	0.0	5.1
女性	**302**	**74.2**	**28.5**	**3.0**	**10.3**	**0.3**	**7.9**
16-19 岁	23	78.3	13.0	0.0	4.3	0.0	0.0
20-24 岁	35	71.4	22.9	2.9	11.4	0.0	5.7
25-29 岁	36	80.6	38.9	2.8	16.7	0.0	5.6
30-34 岁	49	65.3	26.5	6.1	8.2	0.0	6.1
35-39 岁	45	77.8	37.8	4.4	8.9	2.2	13.3
40-44 岁	40	77.5	25.0	0.0	12.5	0.0	12.5
45-49 岁	26	73.1	26.9	3.8	11.5	0.0	3.8
50 岁以上	48	72.9	29.2	2.1	8.3	0.0	10.4

续上表（continued）

	人数	看书画展	看展览会	听演唱会	炒股	扭秧歌	吃早茶
样本	**600**	**7.5**	**13.0**	**7.5**	**7.0**	**3.7**	**5.0**
男性	**298**	**9.1**	**12.4**	**7.7**	**5.7**	**1.0**	**5.0**
16-19 岁	26	3.8	3.8	7.7	3.8	0.0	0.0
20-24 岁	36	11.1	13.9	2.8	0.0	0.0	2.8
25-29 岁	41	4.9	4.9	12.2	4.9	0.0	0.0
30-34 岁	47	6.4	14.9	12.8	6.4	2.1	6.4
35-39 岁	43	9.3	18.6	7.0	4.7	0.0	7.0
40-44 岁	42	7.1	16.7	4.8	9.5	0.0	7.1
45-49 岁	24	20.8	12.5	8.3	8.3	0.0	8.3
50 岁以上	39	12.8	10.3	5.1	7.7	5.1	7.7
女性	**302**	**6.0**	**13.6**	**7.3**	**8.3**	**6.3**	**5.0**
16-19 岁	23	4.3	8.7	0.0	0.0	0.0	8.7
20-24 岁	35	5.7	8.6	17.1	2.9	2.9	0.0
25-29 岁	36	2.8	13.9	5.6	19.4	2.8	2.8
30-34 岁	49	6.1	14.3	4.1	10.2	2.0	2.0
35-39 岁	45	13.3	15.6	8.9	15.6	4.4	2.2
40-44 岁	40	5.0	2.5	10.0	2.5	2.5	7.5
45-49 岁	26	3.8	23.1	11.5	7.7	7.7	11.5
50 岁以上	48	4.2	20.8	2.1	4.2	22.9	8.3

● 上海（Shanghai）

	人数	到现场看球赛	打网球	打高尔夫球	打羽毛球	保龄球	踢足球	打篮球
样本	**600**	**8.2**	**2.7**	**0.2**	**14.2**	**18.2**	**8.7**	**7.3**
男性	**307**	**11.4**	**3.9**	**0.3**	**14.7**	**21.5**	**14.7**	**11.4**
16-19 岁	22	22.7	13.6	0.0	36.4	9.1	72.7	59.1
20-24 岁	34	17.6	5.9	0.0	20.6	35.3	44.1	26.5
25-29 岁	42	7.1	7.1	2.4	14.3	40.5	7.1	4.8
30-34 岁	56	14.3	3.6	0.0	7.1	32.1	8.9	3.6
35-39 岁	51	13.7	2.0	0.0	11.8	15.7	7.8	5.9
40-44 岁	31	9.7	0.0	0.0	19.4	6.5	3.2	6.5
45-49 岁	26	7.7	0.0	0.0	19.2	11.5	3.8	15.4
50 岁以上	45	2.2	2.2	0.0	6.7	8.9	0.0	0.0
女性	**293**	**4.8**	**1.4**	**0.0**	**13.7**	**14.7**	**2.4**	**3.1**
16-19 岁	24	4.2	0.0	0.0	45.8	4.2	4.2	25.0
20-24 岁	32	0.0	6.3	0.0	28.1	28.1	0.0	0.0
25-29 岁	37	8.1	0.0	0.0	10.8	37.8	2.7	0.0
30-34 岁	50	4.0	0.0	0.0	6.0	18.0	0.0	0.0
35-39 岁	44	4.5	0.0	0.0	9.1	13.6	0.0	0.0
40-44 岁	35	5.7	0.0	0.0	2.9	0.0	2.9	5.7
45-49 岁	23	8.7	4.3	0.0	17.4	4.3	13.0	4.3
50 岁以上	48	4.2	2.1	0.0	8.3	6.3	2.1	0.0

续上表（continued）

	人数	打乒乓球	慢跑	散步	跳交际舞	跳迪斯科	跳韵律操	健身房运动
样本	**600**	**13.0**	**13.7**	**52.8**	**11.5**	**8.3**	**3.5**	**4.8**
男性	**307**	**18.6**	**14.3**	**47.6**	**11.1**	**8.8**	**1.6**	**5.2**
16-19 岁	22	50.0	50.0	40.9	0.0	0.0	0.0	27.3
20-24 岁	34	29.4	11.8	44.1	14.7	11.8	5.9	11.8
25-29 岁	42	16.7	14.3	42.9	11.9	23.8	0.0	0.0
30-34 岁	56	12.5	7.1	37.5	12.5	14.3	0.0	0.0
35-39 岁	51	19.6	3.9	49.0	13.7	7.8	0.0	3.9
40-44 岁	31	6.5	6.5	38.7	16.1	0.0	0.0	6.5
45-49 岁	26	34.6	26.9	50.0	3.8	3.8	3.8	0.0
50 岁以上	45	2.2	17.8	73.3	8.9	0.0	4.4	4.4
女性	**293**	**7.2**	**13.0**	**58.4**	**11.9**	**7.8**	**5.5**	**4.4**
16-19 岁	24	12.5	25.0	62.5	0.0	0.0	12.5	4.2
20-24 岁	32	9.4	21.9	71.9	6.3	15.6	15.6	3.1
25-29 岁	37	10.8	5.4	54.1	13.5	10.8	2.7	0.0
30-34 岁	50	4.0	2.0	50.0	18.0	12.0	0.0	10.0
35-39 岁	44	4.5	15.9	54.5	15.9	4.5	6.8	4.5
40-44 岁	35	2.9	14.3	60.0	0.0	0.0	0.0	2.9
45-49 岁	23	17.4	26.1	56.5	26.1	13.0	0.0	4.3
50 岁以上	48	4.2	8.3	62.5	12.5	6.3	8.3	4.2

续上表（continued）

	人数	打麻将	下棋	玩纸牌	游泳	滑冰	钓鱼
样本	**600**	**23.8**	**25.5**	**31.2**	**19.3**	**5.7**	**2.3**
男性	**307**	**26.1**	**34.9**	**38.8**	**21.2**	**5.5**	**3.9**
16-19 岁	22	13.6	59.1	63.6	50.0	31.8	0.0
20-24 岁	34	14.7	44.1	58.8	35.3	5.9	0.0
25-29 岁	42	19.0	23.8	45.2	16.7	0.0	7.1
30-34 岁	56	41.1	28.6	30.4	25.0	3.6	10.7
35-39 岁	51	29.4	43.1	39.2	17.6	2.0	2.0
40-44 岁	31	38.7	32.3	45.2	12.9	6.5	6.5
45-49 岁	26	26.9	26.9	34.6	19.2	11.5	0.0
50 岁以上	45	15.6	31.1	13.3	6.7	0.0	0.0
女性	**293**	**21.5**	**15.7**	**23.2**	**17.4**	**5.8**	**0.7**
16-19 岁	24	8.3	33.3	37.5	25.0	25.0	0.0
20-24 岁	32	21.9	34.4	43.8	25.0	15.6	0.0
25-29 岁	37	21.6	8.1	21.6	8.1	2.7	0.0
30-34 岁	50	32.0	8.0	20.0	20.0	2.0	0.0
35-39 岁	44	36.4	20.5	18.2	15.9	4.5	2.3
40-44 岁	35	22.9	17.1	22.9	31.4	5.7	2.9
45-49 岁	23	4.3	17.4	21.7	26.1	0.0	0.0
50 岁以上	48	10.4	2.1	12.5	0.0	0.0	0.0

续上表（continued）

	人数	登山	看电视	听音乐	看电影	打游戏机	集邮/集物
样本	**600**	**2.7**	**87.7**	**66.3**	**32.3**	**23.8**	**19.3**
男性	**307**	**3.6**	**85.3**	**61.2**	**30.9**	**25.7**	**21.8**
16-19 岁	22	9.1	90.9	77.3	50.0	68.2	36.4
20-24 岁	34	2.9	82.4	73.5	52.9	50.0	29.4
25-29 岁	42	0.0	85.7	59.5	33.3	19.0	9.5
30-34 岁	56	5.4	83.9	58.9	17.9	17.9	14.3
35-39 岁	51	7.8	82.4	62.7	43.1	25.5	23.5
40-44 岁	31	3.2	83.9	54.8	19.4	22.6	32.3
45-49 岁	26	0.0	88.5	57.7	23.1	23.1	23.1
50 岁以上	45	0.0	88.9	53.3	17.8	6.7	20.0
女性	**293**	**1.7**	**90.1**	**71.7**	**33.8**	**21.8**	**16.7**
16-19 岁	24	0.0	95.8	87.5	54.2	29.2	33.3
20-24 岁	32	3.1	93.8	87.5	59.4	18.8	25.0
25-29 岁	37	2.7	91.9	70.3	37.8	16.2	2.7
30-34 岁	50	0.0	86.0	68.0	26.0	24.0	8.0
35-39 岁	44	2.3	90.9	77.3	29.5	25.0	15.9
40-44 岁	35	0.0	88.6	65.7	22.9	28.6	25.7
45-49 岁	23	4.3	82.6	56.5	21.7	4.3	13.0
50 岁以上	48	2.1	91.7	64.6	29.2	22.9	18.8

续上表（continued）

	人数	烹饪	编织	种花/盆栽	看书	绘画书法	乐器演奏
样本	**600**	**36.3**	**14.0**	**18.0**	**63.2**	**8.8**	**3.5**
男性	**307**	**26.1**	**2.3**	**14.7**	**59.6**	**7.2**	**1.6**
16-19 岁	22	9.1	0.0	9.1	81.8	4.5	0.0
20-24 岁	34	11.8	0.0	8.8	64.7	8.8	5.9
25-29 岁	42	14.3	0.0	2.4	61.9	4.8	0.0
30-34 岁	56	23.2	0.0	7.1	42.9	1.8	0.0
35-39 岁	51	29.4	5.9	25.5	56.9	9.8	2.0
40-44 岁	31	38.7	6.5	19.4	58.1	16.1	0.0
45-49 岁	26	42.3	7.7	26.9	57.7	7.7	0.0
50 岁以上	45	37.8	0.0	20.0	68.9	6.7	4.4
女性	**293**	**47.1**	**26.3**	**21.5**	**66.9**	**10.6**	**5.5**
16-19 岁	24	25.0	25.0	12.5	83.3	29.2	16.7
20-24 岁	32	18.8	3.1	6.3	87.5	28.1	9.4
25-29 岁	37	35.1	10.8	8.1	75.7	10.8	0.0
30-34 岁	50	46.0	28.0	20.0	50.0	2.0	2.0
35-39 岁	44	47.7	36.4	15.9	65.9	11.4	4.5
40-44 岁	35	71.4	34.3	34.3	57.1	5.7	5.7
45-49 岁	23	69.6	47.8	34.8	73.9	0.0	4.3
50 岁以上	48	58.3	27.1	37.5	60.4	6.3	6.3

续上表（continued）

	人数	玩电脑	吃零食	聚会聊天	参加社团活动	开汽车兜风	骑摩托车兜风
样本	**600**	**17.0**	**30.7**	**52.0**	**16.3**	**4.3**	**4.7**
男性	**307**	**18.6**	**19.2**	**50.8**	**16.0**	**4.2**	**5.5**
16-19 岁	22	54.5	40.9	54.5	40.9	9.1	0.0
20-24 岁	34	38.2	23.5	61.8	14.7	2.9	5.9
25-29 岁	42	21.4	16.7	57.1	9.5	4.8	9.5
30-34 岁	56	7.1	17.9	55.4	10.7	3.6	8.9
35-39 岁	51	11.8	17.6	45.1	17.6	5.9	3.9
40-44 岁	31	9.7	19.4	38.7	9.7	0.0	0.0
45-49 岁	26	23.1	15.4	50.0	23.1	7.7	11.5
50 岁以上	45	8.9	13.3	44.4	15.6	2.2	2.2
女性	**293**	**15.4**	**42.7**	**53.2**	**16.7**	**4.4**	**3.8**
16-19 岁	24	37.5	79.2	62.5	37.5	4.2	0.0
20-24 岁	32	31.3	53.1	78.1	28.1	3.1	3.1
25-29 岁	37	27.0	37.8	54.1	8.1	10.8	0.0
30-34 岁	50	12.0	40.0	54.0	12.0	6.0	8.0
35-39 岁	44	11.4	38.6	52.3	6.8	6.8	4.5
40-44 岁	35	2.9	37.1	54.3	11.4	0.0	5.7
45-49 岁	23	8.7	39.1	47.8	34.8	4.3	4.3
50 岁以上	48	4.2	33.3	33.3	14.6	0.0	2.1

续上表（continued）

	人数	逛街购物	照相摄影	参加宗教活动	郊游露营	海外旅行	国内旅行
样本	**600**	**52.3**	**24.0**	**5.2**	**5.8**	**0.3**	**14.2**
男性	**307**	**39.1**	**20.2**	**3.6**	**7.2**	**0.3**	**14.7**
16-19 岁	22	40.9	18.2	0.0	9.1	0.0	0.0
20-24 岁	34	29.4	17.6	0.0	8.8	2.9	8.8
25-29 岁	42	47.6	9.5	2.4	2.4	0.0	9.5
30-34 岁	56	32.1	12.5	5.4	7.1	0.0	12.5
35-39 岁	51	43.1	33.3	5.9	15.7	0.0	21.6
40-44 岁	31	41.9	16.1	6.5	9.7	0.0	12.9
45-49 岁	26	34.6	26.9	0.0	0.0	0.0	11.5
50 岁以上	45	42.2	26.7	4.4	2.2	0.0	28.9
女性	**293**	**66.2**	**28.0**	**6.8**	**4.4**	**0.3**	**13.7**
16-19 岁	24	70.8	29.2	0.0	8.3	0.0	8.3
20-24 岁	32	71.9	28.1	6.3	3.1	0.0	6.3
25-29 岁	37	64.9	27.0	2.7	2.7	0.0	5.4
30-34 岁	50	58.0	38.0	6.0	6.0	0.0	16.0
35-39 岁	44	77.3	22.7	4.5	2.3	0.0	6.8
40-44 岁	35	74.3	17.1	5.7	2.9	2.9	17.1
45-49 岁	23	56.5	30.4	4.3	4.3	0.0	17.4
50 岁以上	48	58.3	29.2	18.8	6.3	0.0	27.1

续上表（continued）

	人数	看书画展	看展览会	听演唱会	炒股	扭秧歌	吃早茶
样本	**600**	**10.2**	**9.0**	**9.5**	**23.3**	**0.2**	**14.2**
男性	**307**	**11.4**	**10.1**	**8.5**	**23.8**	**0.3**	**12.7**
16-19 岁	22	4.5	9.1	4.5	9.1	0.0	0.0
20-24 岁	34	14.7	14.7	20.6	8.8	2.9	11.8
25-29 岁	42	7.1	7.1	9.5	21.4	0.0	16.7
30-34 岁	56	7.1	7.1	7.1	33.9	0.0	17.9
35-39 岁	51	21.6	11.8	9.8	19.6	0.0	13.7
40-44 岁	31	16.1	12.9	6.5	19.4	0.0	16.1
45-49 岁	26	11.5	7.7	3.8	50.0	0.0	11.5
50 岁以上	45	6.7	11.1	4.4	24.4	0.0	6.7
女性	**293**	**8.9**	**7.8**	**10.6**	**22.9**	**0.0**	**15.7**
16-19 岁	24	8.3	8.3	4.2	12.5	0.0	16.7
20-24 岁	32	15.6	15.6	6.3	9.4	0.0	12.5
25-29 岁	37	5.4	0.0	13.5	8.1	0.0	10.8
30-34 岁	50	6.0	6.0	16.0	24.0	0.0	20.0
35-39 岁	44	4.5	0.0	15.9	34.1	0.0	20.5
40-44 岁	35	14.3	8.6	11.4	28.6	0.0	11.4
45-49 岁	23	13.0	21.7	4.3	21.7	0.0	17.4
50 岁以上	48	8.3	10.4	6.3	33.3	0.0	14.6

● 广州（Guangzhou）

	人数	到现场看球赛	打网球	打高尔夫球	打羽毛球	保龄球	踢足球	打篮球
样本	**600**	**9.5**	**7.0**	**0.8**	**26.0**	**10.0**	**8.0**	**12.5**
男性	**282**	**15.6**	**8.9**	**0.4**	**22.3**	**11.3**	**13.1**	**15.6**
16-19 岁	30	20.0	6.7	0.0	36.7	6.7	46.7	60.0
20-24 岁	36	19.4	27.8	0.0	30.6	25.0	22.2	19.4
25-29 岁	35	22.9	8.6	0.0	40.0	17.1	5.7	20.0
30-34 岁	34	14.7	14.7	0.0	14.7	14.7	2.9	0.0
35-39 岁	40	15.0	2.5	0.0	17.5	12.5	15.0	7.5
40-44 岁	41	7.3	0.0	0.0	9.8	0.0	4.9	4.9
45-49 岁	26	15.4	3.8	0.0	26.9	3.8	7.7	15.4
50 岁以上	40	12.5	7.5	2.5	10.0	10.0	5.0	7.5
女性	**318**	**4.1**	**5.3**	**1.3**	**29.2**	**8.8**	**3.5**	**9.7**
16-19 岁	50	6.0	8.0	2.0	50.0	8.0	4.0	34.0
20-24 岁	46	4.3	4.3	0.0	41.3	13.0	0.0	4.3
25-29 岁	63	3.2	11.1	1.6	27.0	14.3	3.2	1.6
30-34 岁	46	2.2	8.7	4.3	17.4	13.0	0.0	4.3
35-39 岁	41	2.4	0.0	0.0	34.1	7.3	9.8	12.2
40-44 岁	30	3.3	0.0	0.0	23.3	0.0	6.7	10.0
45-49 岁	13	0.0	0.0	0.0	7.7	0.0	0.0	0.0
50 岁以上	29	10.3	0.0	0.0	6.9	0.0	3.4	3.4

续上表（continued）

	人数	打乒乓球	慢跑	散步	跳交际舞	跳迪斯科	跳韵律操	健身房运动
样本	**600**	**24.3**	**19.3**	**53.2**	**7.2**	**5.5**	**2.8**	**7.0**
男性	**282**	**26.6**	**20.6**	**46.1**	**6.0**	**6.0**	**1.4**	**7.8**
16-19 岁	30	43.3	26.7	40.0	0.0	6.7	0.0	13.3
20-24 岁	36	33.3	25.0	36.1	2.8	13.9	2.8	16.7
25-29 岁	35	40.0	20.0	45.7	11.4	5.7	0.0	8.6
30-34 岁	34	38.2	17.6	44.1	8.8	8.8	2.9	8.8
35-39 岁	40	25.0	20.0	57.5	7.5	7.5	2.5	2.5
40-44 岁	41	14.6	12.2	34.1	2.4	2.4	2.4	4.9
45-49 岁	26	7.7	26.9	46.2	3.8	3.8	0.0	3.8
50 岁以上	40	12.5	20.0	62.5	10.0	0.0	0.0	5.0
女性	**318**	**22.3**	**18.2**	**59.4**	**8.2**	**5.0**	**4.1**	**6.3**
16-19 岁	50	40.0	38.0	56.0	10.0	6.0	4.0	16.0
20-24 岁	46	15.2	8.7	50.0	8.7	15.2	4.3	8.7
25-29 岁	63	23.8	11.1	58.7	6.3	3.2	1.6	3.2
30-34 岁	46	15.2	10.9	60.9	4.3	2.2	2.2	8.7
35-39 岁	41	26.8	14.6	58.5	14.6	4.9	0.0	2.4
40-44 岁	30	10.0	3.3	40.0	6.7	0.0	3.3	3.3
45-49 岁	13	30.8	30.8	76.9	7.7	0.0	15.4	0.0
50 岁以上	29	13.8	41.4	93.1	6.9	3.4	13.8	0.0

续上表（continued）

	人数	打麻将	下棋	玩纸牌	游泳	滑冰	钓鱼
样本	**600**	**32.0**	**23.7**	**33.3**	**23.8**	**4.5**	**4.3**
男性	**282**	**34.8**	**32.3**	**34.8**	**27.0**	**3.9**	**5.3**
16-19 岁	30	40.0	43.3	53.3	33.3	13.3	3.3
20-24 岁	36	38.9	27.8	47.2	33.3	8.3	2.8
25-29 岁	35	31.4	25.7	37.1	34.3	5.7	0.0
30-34 岁	34	38.2	17.6	26.5	26.5	0.0	11.8
35-39 岁	40	35.0	47.5	35.0	30.0	0.0	7.5
40-44 岁	41	26.8	29.3	22.0	26.8	0.0	7.3
45-49 岁	26	30.8	42.3	26.9	11.5	3.8	3.8
50 岁以上	40	37.5	27.5	32.5	17.5	2.5	5.0
女性	**318**	**29.6**	**16.0**	**32.1**	**21.1**	**5.0**	**3.5**
16-19 岁	50	30.0	30.0	48.0	32.0	18.0	2.0
20-24 岁	46	37.0	15.2	37.0	17.4	8.7	0.0
25-29 岁	63	23.8	12.7	23.8	25.4	3.2	3.2
30-34 岁	46	41.3	13.0	28.3	21.7	0.0	10.9
35-39 岁	41	14.6	19.5	36.6	17.1	2.4	7.3
40-44 岁	30	36.7	10.0	23.3	16.7	0.0	0.0
45-49 岁	13	15.4	0.0	7.7	7.7	0.0	0.0
50 岁以上	29	31.0	13.8	34.5	13.8	0.0	0.0

续上表（continued）

	人数	登山	看电视	听音乐	看电影	打游戏机	集邮/集物
样本	**600**	**6.0**	**91.0**	**65.7**	**17.2**	**25.7**	**14.2**
男性	**282**	**6.4**	**90.1**	**63.1**	**16.7**	**29.8**	**15.6**
16-19 岁	30	0.0	93.3	73.3	16.7	76.7	16.7
20-24 岁	36	8.3	91.7	72.2	33.3	41.7	11.1
25-29 岁	35	11.4	91.4	77.1	28.6	42.9	25.7
30-34 岁	34	8.8	88.2	52.9	11.8	20.6	5.9
35-39 岁	40	2.5	92.5	72.5	22.5	17.5	15.0
40-44 岁	41	7.3	85.4	48.8	12.2	19.5	9.8
45-49 岁	26	7.7	92.3	53.8	3.8	19.2	19.2
50 岁以上	40	5.0	87.5	55.0	2.5	10.0	22.5
女性	**318**	**5.7**	**91.8**	**67.9**	**17.6**	**22.0**	**12.9**
16-19 岁	50	8.0	98.0	92.0	26.0	46.0	24.0
20-24 岁	46	6.5	89.1	71.7	19.6	19.6	10.9
25-29 岁	63	3.2	93.7	71.4	20.6	17.5	12.7
30-34 岁	46	8.7	91.3	58.7	15.2	19.6	10.9
35-39 岁	41	2.4	82.9	56.1	7.3	19.5	12.2
40-44 岁	30	3.3	96.7	63.3	16.7	23.3	3.3
45-49 岁	13	7.7	92.3	46.2	7.7	15.4	15.4
50 岁以上	29	6.9	89.7	58.6	17.2	3.4	10.3

续上表（continued）

	人数	烹饪	编织	种花/盆栽	看书	绘画书法	乐器演奏
样本	**600**	**43.3**	**6.0**	**20.7**	**66.3**	**9.2**	**2.0**
男性	**282**	**29.1**	**1.4**	**19.9**	**64.5**	**9.9**	**3.2**
16-19 岁	30	13.3	0.0	3.3	63.3	23.3	3.3
20-24 岁	36	22.2	0.0	13.9	69.4	13.9	2.8
25-29 岁	35	37.1	0.0	8.6	77.1	5.7	5.7
30-34 岁	34	29.4	0.0	11.8	58.8	2.9	0.0
35-39 岁	40	37.5	0.0	27.5	75.0	10.0	0.0
40-44 岁	41	34.1	4.9	24.4	61.0	7.3	4.9
45-49 岁	26	30.8	3.8	30.8	57.7	7.7	3.8
50 岁以上	40	25.0	2.5	35.0	52.5	10.0	5.0
女性	**318**	**56.0**	**10.1**	**21.4**	**67.9**	**8.5**	**0.9**
16-19 岁	50	36.0	8.0	20.0	86.0	20.0	4.0
20-24 岁	46	37.0	6.5	10.9	73.9	4.3	0.0
25-29 岁	63	57.1	4.8	25.4	71.4	7.9	0.0
30-34 岁	46	63.0	19.6	23.9	60.9	13.0	2.2
35-39 岁	41	68.3	14.6	4.9	58.5	0.0	0.0
40-44 岁	30	63.3	6.7	26.7	60.0	13.3	0.0
45-49 岁	13	61.5	30.8	38.5	69.2	0.0	0.0
50 岁以上	29	79.3	3.4	37.9	51.7	0.0	0.0

续上表（continued）

	人数	玩电脑	吃零食	聚会聊天	参加社团活动	开汽车兜风	骑摩托车兜风
样本	**600**	**21.2**	**42.2**	**55.2**	**9.7**	**6.8**	**17.7**
男性	**282**	**22.0**	**28.7**	**48.6**	**8.2**	**7.8**	**24.8**
16-19 岁	30	53.3	60.0	56.7	13.3	0.0	6.7
20-24 岁	36	36.1	36.1	63.9	8.3	13.9	38.9
25-29 岁	35	25.7	22.9	60.0	8.6	5.7	25.7
30-34 岁	34	17.6	17.6	44.1	0.0	20.6	35.3
35-39 岁	40	22.5	32.5	42.5	10.0	10.0	40.0
40-44 岁	41	7.3	19.5	39.0	7.3	0.0	26.8
45-49 岁	26	11.5	19.2	42.3	3.8	7.7	11.5
50 岁以上	40	7.5	25.0	42.5	12.5	5.0	7.5
女性	**318**	**20.4**	**54.1**	**61.0**	**11.0**	**6.0**	**11.3**
16-19 岁	50	34.0	82.0	70.0	20.0	2.0	12.0
20-24 岁	46	41.3	63.0	67.4	2.2	6.5	6.5
25-29 岁	63	27.0	58.7	57.1	19.0	11.1	17.5
30-34 岁	46	8.7	54.3	67.4	8.7	8.7	17.4
35-39 岁	41	4.9	34.1	43.9	0.0	2.4	7.3
40-44 岁	30	3.3	40.0	53.3	6.7	10.0	13.3
45-49 岁	13	7.7	15.4	61.5	15.4	0.0	7.7
50 岁以上	29	13.8	41.4	65.5	13.8	0.0	0.0

续上表（continued）

	人数	逛街购物	照相摄影	参加宗教活动	郊游露营	海外旅行	国内旅行
样本	**600**	**56.2**	**21.3**	**2.7**	**5.2**	**2.3**	**12.0**
男性	**282**	**41.5**	**17.7**	**1.4**	**5.3**	**2.5**	**13.8**
16-19 岁	30	26.7	6.7	0.0	3.3	0.0	3.3
20-24 岁	36	38.9	16.7	0.0	5.6	0.0	5.6
25-29 岁	35	42.9	17.1	0.0	5.7	2.9	22.9
30-34 岁	34	47.1	23.5	2.9	11.8	8.8	5.9
35-39 岁	40	60.0	17.5	0.0	5.0	2.5	22.5
40-44 岁	41	31.7	29.3	2.4	0.0	0.0	12.2
45-49 岁	26	30.8	15.4	3.8	0.0	0.0	19.2
50 岁以上	40	47.5	12.5	2.5	10.0	5.0	17.5
女性	**318**	**69.2**	**24.5**	**3.8**	**5.0**	**2.2**	**10.4**
16-19 岁	50	80.0	28.0	4.0	10.0	0.0	8.0
20-24 岁	46	84.8	26.1	2.2	4.3	0.0	8.7
25-29 岁	63	74.6	28.6	3.2	3.2	3.2	7.9
30-34 岁	46	69.6	26.1	6.5	4.3	4.3	10.9
35-39 岁	41	46.3	22.0	0.0	4.9	2.4	4.9
40-44 岁	30	60.0	13.3	6.7	3.3	0.0	13.3
45-49 岁	13	53.8	15.4	7.7	7.7	7.7	15.4
50 岁以上	29	62.1	24.1	3.4	3.4	3.4	24.1

续上表（continued）

	人数	看书画展	看展览会	听演唱会	炒股	扭秧歌	吃早茶
样本	**600**	**7.7**	**6.5**	**9.0**	**8.7**	**0.2**	**61.0**
男性	**282**	**9.2**	**8.2**	**8.9**	**13.1**	**0.4**	**56.7**
16-19 岁	30	3.3	10.0	13.3	3.3	0.0	23.3
20-24 岁	36	2.8	5.6	13.9	11.1	2.8	50.0
25-29 岁	35	14.3	14.3	11.4	28.6	0.0	62.9
30-34 岁	34	11.8	0.0	11.8	11.8	0.0	58.8
35-39 岁	40	5.0	2.5	10.0	10.0	0.0	75.0
40-44 岁	41	4.9	7.3	4.9	9.8	0.0	61.0
45-49 岁	26	15.4	15.4	0.0	26.9	0.0	57.7
50 岁以上	40	17.5	12.5	5.0	7.5	0.0	57.5
女性	**318**	**6.3**	**5.0**	**9.1**	**4.7**	**0.0**	**64.8**
16-19 岁	50	12.0	10.0	10.0	2.0	0.0	58.0
20-24 岁	46	2.2	8.7	10.9	4.3	0.0	56.5
25-29 岁	63	6.3	1.6	7.9	7.9	0.0	66.7
30-34 岁	46	8.7	6.5	8.7	6.5	0.0	67.4
35-39 岁	41	2.4	0.0	4.9	4.9	0.0	63.4
40-44 岁	30	3.3	6.7	3.3	3.3	0.0	73.3
45-49 岁	13	7.7	7.7	15.4	0.0	0.0	69.2
50 岁以上	29	6.9	0.0	17.2	3.4	0.0	72.4

● 重庆（Chongqing）

	人数	到现场看球赛	打网球	打高尔夫球	打羽毛球	保龄球	踢足球	打篮球
样本	**600**	**13.3**	**4.2**	**0.2**	**16.7**	**3.8**	**11.5**	**10.3**
男性	**308**	**19.5**	**3.6**	**0.3**	**14.6**	**3.9**	**20.1**	**15.3**
16-19 岁	43	20.9	0.0	0.0	25.6	2.3	60.5	39.5
20-24 岁	53	30.2	3.8	0.0	15.1	1.9	37.7	18.9
25-29 岁	43	16.3	2.3	0.0	11.6	4.7	14.0	16.3
30-34 岁	38	23.7	7.9	0.0	15.8	10.5	10.5	10.5
35-39 岁	39	20.5	5.1	2.6	10.3	2.6	5.1	10.3
40-44 岁	30	10.0	6.7	0.0	10.0	6.7	10.0	6.7
45-49 岁	25	16.0	0.0	0.0	12.0	4.0	0.0	4.0
50 岁以上	37	10.8	2.7	0.0	13.5	0.0	2.7	5.4
女性	**292**	**6.8**	**4.8**	**0.0**	**18.8**	**3.8**	**2.4**	**5.1**
16-19 岁	43	11.6	11.6	0.0	51.2	7.0	7.0	16.3
20-24 岁	53	3.8	1.9	0.0	20.8	3.8	0.0	1.9
25-29 岁	32	12.5	0.0	0.0	9.4	3.1	0.0	3.1
30-34 岁	33	12.1	9.1	0.0	24.2	3.0	0.0	6.1
35-39 岁	35	8.6	11.4	0.0	11.4	5.7	5.7	5.7
40-44 岁	32	0.0	3.1	0.0	9.4	3.1	6.3	0.0
45-49 岁	27	7.4	0.0	0.0	11.1	3.7	0.0	3.7
50 岁以上	37	0.0	0.0	0.0	2.7	0.0	0.0	2.7

续上表（continued）

	人数	打乒乓球	慢跑	散步	跳交际舞	跳迪斯科	跳韵律操	健身房运动
样本	**600**	**17.2**	**15.5**	**61.2**	**11.3**	**6.7**	**3.7**	**4.3**
男性	**308**	**18.8**	**17.9**	**56.2**	**9.7**	**7.1**	**1.6**	**3.9**
16-19 岁	43	34.9	23.3	44.2	2.3	4.7	2.3	2.3
20-24 岁	53	26.4	13.2	50.9	15.1	20.8	1.9	3.8
25-29 岁	43	14.0	20.9	51.2	14.0	4.7	2.3	7.0
30-34 岁	38	15.8	13.2	63.2	15.8	7.9	2.6	7.9
35-39 岁	39	10.3	12.8	46.2	5.1	2.6	0.0	2.6
40-44 岁	30	10.0	16.7	76.7	10.0	6.7	3.3	6.7
45-49 岁	25	20.0	24.0	56.0	4.0	4.0	0.0	0.0
50 岁以上	37	13.5	21.6	70.3	8.1	0.0	0.0	0.0
女性	**292**	**15.4**	**13.0**	**66.4**	**13.0**	**6.2**	**5.8**	**4.8**
16-19 岁	43	44.2	23.3	60.5	4.7	7.0	9.3	4.7
20-24 岁	53	17.0	7.5	58.5	20.8	9.4	11.3	7.5
25-29 岁	32	3.1	3.1	71.9	6.3	6.3	3.1	6.3
30-34 岁	33	9.1	9.1	72.7	12.1	0.0	3.0	0.0
35-39 岁	35	17.1	8.6	71.4	14.3	2.9	0.0	8.6
40-44 岁	32	15.6	12.5	53.1	9.4	9.4	6.3	6.3
45-49 岁	27	7.4	22.2	66.7	25.9	7.4	11.1	3.7
50 岁以上	37	0.0	18.9	81.1	10.8	5.4	0.0	0.0

续上表（continued）

	人数	打麻将	下棋	玩纸牌	游泳	滑冰	钓鱼
样本	**600**	**40.0**	**29.3**	**33.0**	**30.8**	**7.2**	**11.3**
男性	**308**	**41.9**	**40.3**	**39.0**	**38.0**	**6.8**	**14.3**
16-19 岁	43	25.6	55.8	53.5	51.2	11.6	9.3
20-24 岁	53	30.2	32.1	49.1	39.6	13.2	5.7
25-29 岁	43	37.2	44.2	46.5	41.9	2.3	9.3
30-34 岁	38	36.8	44.7	36.8	44.7	7.9	23.7
35-39 岁	39	48.7	30.8	25.6	33.3	5.1	17.9
40-44 岁	30	66.7	46.7	23.3	33.3	6.7	16.7
45-49 岁	25	60.0	32.0	40.0	28.0	4.0	20.0
50 岁以上	37	48.6	35.1	27.0	24.3	0.0	18.9
女性	**292**	**38.0**	**17.8**	**26.7**	**23.3**	**7.5**	**8.2**
16-19 岁	43	23.3	27.9	46.5	37.2	32.6	16.3
20-24 岁	53	28.3	18.9	24.5	35.8	3.8	1.9
25-29 岁	32	28.1	9.4	15.6	9.4	0.0	3.1
30-34 岁	33	45.5	15.2	24.2	33.3	3.0	12.1
35-39 岁	35	57.1	17.1	20.0	17.1	11.4	5.7
40-44 岁	32	43.8	18.8	28.1	21.9	3.1	15.6
45-49 岁	27	55.6	18.5	40.7	18.5	0.0	11.1
50 岁以上	37	35.1	13.5	13.5	2.7	0.0	2.7

续上表（continued）

	人数	登山	看电视	听音乐	看电影	打游戏机	集邮/集物
样本	**600**	**9.0**	**88.0**	**63.7**	**30.0**	**19.5**	**15.0**
男性	**308**	**9.4**	**87.3**	**63.3**	**35.4**	**24.4**	**14.6**
16-19 岁	43	11.6	86.0	86.0	39.5	41.9	18.6
20-24 岁	53	9.4	84.9	69.8	52.8	39.6	24.5
25-29 岁	43	2.3	88.4	53.5	48.8	25.6	2.3
30-34 岁	38	10.5	94.7	65.8	26.3	23.7	7.9
35-39 岁	39	2.6	84.6	51.3	25.6	20.5	15.4
40-44 岁	30	13.3	83.3	63.3	26.7	10.0	23.3
45-49 岁	25	12.0	96.0	68.0	36.0	0.0	8.0
50 岁以上	37	16.2	83.8	45.9	16.2	13.5	13.5
女性	**292**	**8.6**	**88.7**	**64.0**	**24.3**	**14.4**	**15.4**
16-19 岁	43	16.3	83.7	81.4	39.5	25.6	27.9
20-24 岁	53	9.4	86.8	77.4	34.0	17.0	17.0
25-29 岁	32	3.1	81.3	62.5	34.4	15.6	6.3
30-34 岁	33	3.0	87.9	63.6	24.2	6.1	12.1
35-39 岁	35	8.6	91.4	57.1	8.6	11.4	5.7
40-44 岁	32	6.3	93.8	53.1	18.8	18.8	15.6
45-49 岁	27	18.5	88.9	48.1	18.5	14.8	25.9
50 岁以上	37	2.7	97.3	54.1	8.1	2.7	10.8

续上表（continued）

	人数	烹饪	编织	种花/盆栽	看书	绘画书法	乐器演奏
样本	**600**	**41.5**	**13.5**	**13.5**	**70.3**	**8.3**	**3.3**
男性	**308**	**32.8**	**2.9**	**12.3**	**69.5**	**8.1**	**3.6**
16-19 岁	43	7.0	2.3	4.7	93.0	9.3	0.0
20-24 岁	53	20.8	1.9	3.8	71.7	9.4	3.8
25-29 岁	43	41.9	0.0	11.6	65.1	14.0	4.7
30-34 岁	38	52.6	5.3	15.8	63.2	7.9	5.3
35-39 岁	39	28.2	2.6	5.1	64.1	7.7	2.6
40-44 岁	30	43.3	3.3	20.0	63.3	3.3	6.7
45-49 岁	25	36.0	4.0	16.0	72.0	0.0	0.0
50 岁以上	37	43.2	5.4	29.7	59.5	8.1	5.4
女性	**292**	**50.7**	**24.7**	**14.7**	**71.2**	**8.6**	**3.1**
16-19 岁	43	20.9	9.3	9.3	81.4	23.3	7.0
20-24 岁	53	39.6	13.2	9.4	73.6	13.2	3.8
25-29 岁	32	46.9	31.3	6.3	75.0	0.0	0.0
30-34 岁	33	54.5	18.2	15.2	63.6	3.0	0.0
35-39 岁	35	62.9	40.0	14.3	65.7	2.9	0.0
40-44 岁	32	56.3	31.3	15.6	75.0	6.3	6.3
45-49 岁	27	70.4	29.6	22.2	70.4	11.1	3.7
50 岁以上	37	70.3	35.1	29.7	62.2	2.7	2.7

续上表（continued）

	人数	玩电脑	吃零食	聚会聊天	参加社团活动	开汽车兜风	骑摩托车兜风
样本	**600**	**14.0**	**29.8**	**57.3**	**16.8**	**4.8**	**3.7**
男性	**308**	**17.9**	**19.5**	**55.2**	**16.2**	**4.5**	**3.6**
16-19 岁	43	39.5	32.6	44.2	7.0	0.0	0.0
20-24 岁	53	35.8	22.6	54.7	20.8	7.5	9.4
25-29 岁	43	14.0	16.3	65.1	18.6	9.3	4.7
30-34 岁	38	18.4	18.4	55.3	21.1	0.0	2.6
35-39 岁	39	7.7	17.9	56.4	17.9	10.3	2.6
40-44 岁	30	3.3	10.0	56.7	10.0	6.7	6.7
45-49 岁	25	8.0	20.0	68.0	16.0	0.0	0.0
50 岁以上	37	0.0	13.5	45.9	16.2	0.0	0.0
女性	**292**	**9.9**	**40.8**	**59.6**	**17.5**	**5.1**	**3.8**
16-19 岁	43	20.9	69.8	58.1	23.3	4.7	0.0
20-24 岁	53	13.2	52.8	62.3	13.2	3.8	9.4
25-29 岁	32	6.3	40.6	50.0	6.3	6.3	9.4
30-34 岁	33	3.0	33.3	69.7	12.1	15.2	0.0
35-39 岁	35	8.6	28.6	51.4	8.6	11.4	2.9
40-44 岁	32	9.4	18.8	53.1	12.5	0.0	3.1
45-49 岁	27	7.4	40.7	66.7	37.0	0.0	3.7
50 岁以上	37	5.4	27.0	64.9	29.7	0.0	0.0

续上表（continued）

	人数	逛街购物	照相摄影	参加宗教活动	郊游露营	海外旅行	国内旅行
样本	**600**	**50.7**	**23.7**	**3.2**	**6.7**	**1.7**	**10.7**
男性	**308**	**39.0**	**20.8**	**2.3**	**7.5**	**1.3**	**9.1**
16-19 岁	43	20.9	11.6	0.0	2.3	2.3	4.7
20-24 岁	53	35.8	20.8	0.0	11.3	0.0	5.7
25-29 岁	43	39.5	25.6	2.3	2.3	0.0	4.7
30-34 岁	38	47.4	34.2	5.3	10.5	2.6	10.5
35-39 岁	39	38.5	15.4	2.6	12.8	0.0	17.9
40-44 岁	30	46.7	6.7	6.7	6.7	6.7	13.3
45-49 岁	25	52.0	28.0	0.0	8.0	0.0	8.0
50 岁以上	37	40.5	24.3	2.7	5.4	0.0	10.8
女性	**292**	**63.0**	**26.7**	**4.1**	**5.8**	**2.1**	**12.3**
16-19 岁	43	62.8	25.6	2.3	7.0	2.3	14.0
20-24 岁	53	69.8	30.2	1.9	7.5	0.0	7.5
25-29 岁	32	62.5	28.1	3.1	0.0	3.1	9.4
30-34 岁	33	63.6	27.3	0.0	3.0	0.0	15.2
35-39 岁	35	71.4	31.4	2.9	8.6	2.9	20.0
40-44 岁	32	65.6	15.6	6.3	3.1	3.1	18.8
45-49 岁	27	44.4	18.5	3.7	11.1	7.4	7.4
50 岁以上	37	56.8	32.4	13.5	5.4	0.0	8.1

续上表（continued）

	人数	看书画展	看展览会	听演唱会	炒股	扭秧歌	吃早茶
样本	**600**	**6.3**	**4.3**	**8.3**	**17.8**	**0.8**	**10.2**
男性	**308**	**7.1**	**5.8**	**8.4**	**19.8**	**0.0**	**11.4**
16-19 岁	43	2.3	2.3	2.3	7.0	0.0	9.3
20-24 岁	53	5.7	3.8	11.3	22.6	0.0	15.1
25-29 岁	43	4.7	7.0	7.0	16.3	0.0	4.7
30-34 岁	38	5.3	7.9	15.8	23.7	0.0	15.8
35-39 岁	39	12.8	2.6	5.1	12.8	0.0	7.7
40-44 岁	30	6.7	3.3	6.7	30.0	0.0	20.0
45-49 岁	25	8.0	12.0	16.0	32.0	0.0	8.0
50 岁以上	37	13.5	10.8	5.4	21.6	0.0	10.8
女性	**292**	**5.5**	**2.7**	**8.2**	**15.8**	**1.7**	**8.9**
16-19 岁	43	11.6	7.0	16.3	2.3	0.0	9.3
20-24 岁	53	3.8	1.9	11.3	5.7	1.9	9.4
25-29 岁	32	0.0	0.0	0.0	15.6	0.0	6.3
30-34 岁	33	6.1	3.0	6.1	30.3	0.0	9.1
35-39 岁	35	5.7	2.9	8.6	22.9	0.0	11.4
40-44 岁	32	6.3	3.1	6.3	28.1	0.0	12.5
45-49 岁	27	7.4	3.7	14.8	22.2	11.1	3.7
50 岁以上	37	2.7	0.0	0.0	10.8	2.7	8.1

4-4 样本总体、男性各年龄层、女性各年龄层想做的活动 / Desired Activities by Whole Sample, and Age and Gender Groups

注：本题为多选题，合计百分比超过 100%（Multiple answers）

● 北京（Beijing）

	人数	到现场看球赛	打网球	打高尔夫球	打羽毛球	保龄球	踢足球	打篮球
样本	**600**	**24.0**	**19.0**	**9.2**	**12.8**	**17.8**	**8.3**	**5.7**
男性	**298**	**33.9**	**14.8**	**10.7**	**10.1**	**15.8**	**12.8**	**7.0**
16-19 岁	26	46.2	26.9	3.8	11.5	15.4	15.4	11.5
20-24 岁	36	44.4	19.4	27.8	2.8	19.4	8.3	8.3
25-29 岁	41	34.1	24.4	17.1	22.0	19.5	22.0	12.2
30-34 岁	47	25.5	10.6	6.4	10.6	14.9	14.9	4.3
35-39 岁	43	34.9	11.6	9.3	11.6	20.9	16.3	7.0
40-44 岁	42	45.2	19.0	9.5	9.5	14.3	11.9	4.8
45-49 岁	24	20.8	8.3	0.0	8.3	8.3	8.3	4.2
50 岁以上	39	20.5	0.0	7.7	2.6	10.3	2.6	5.1
女性	**302**	**14.2**	**23.2**	**7.6**	**15.6**	**19.9**	**4.0**	**4.3**
16-19 岁	23	30.4	60.9	34.8	21.7	43.5	21.7	13.0
20-24 岁	35	31.4	45.7	11.4	20.0	40.0	0.0	2.9
25-29 岁	36	11.1	30.6	8.3	11.1	27.8	5.6	2.8
30-34 岁	49	12.2	28.6	10.2	28.6	20.4	4.1	4.1
35-39 岁	45	11.1	6.7	2.2	8.9	15.6	4.4	6.7
40-44 岁	40	7.5	15.0	0.0	7.5	10.0	0.0	0.0
45-49 岁	26	11.5	3.8	3.8	19.2	11.5	3.8	3.8
50 岁以上	48	8.3	10.4	2.1	10.4	4.2	0.0	4.2

续上表（continued）

	人数	打乒乓球	慢跑	散步	跳交际舞	跳迪斯科	跳韵律操	健身房运动
样本	**600**	**10.5**	**6.8**	**4.7**	**11.2**	**5.2**	**6.0**	**18.0**
男性	**298**	**11.1**	**7.0**	**4.4**	**7.4**	**4.0**	**1.3**	**16.8**
16-19 岁	26	15.4	11.5	15.4	11.5	11.5	3.8	30.8
20-24 岁	36	11.1	11.1	2.8	13.9	2.8	2.8	22.2
25-29 岁	41	9.8	2.4	0.0	7.3	7.3	0.0	22.0
30-34 岁	47	10.6	12.8	2.1	4.3	4.3	0.0	12.8
35-39 岁	43	9.3	7.0	4.7	9.3	2.3	0.0	14.0
40-44 岁	42	14.3	4.8	2.4	7.1	2.4	4.8	19.0
45-49 岁	24	8.3	0.0	0.0	8.3	0.0	0.0	0.0
50 岁以上	39	10.3	5.1	10.3	0.0	2.6	0.0	12.8
女性	**302**	**9.9**	**6.6**	**5.0**	**14.9**	**6.3**	**10.6**	**19.2**
16-19 岁	23	17.4	13.0	8.7	17.4	13.0	13.0	34.8
20-24 岁	35	11.4	2.9	8.6	2.9	2.9	8.6	22.9
25-29 岁	36	0.0	11.1	2.8	16.7	13.9	16.7	22.2
30-34 岁	49	14.3	4.1	4.1	16.3	4.1	4.1	12.2
35-39 岁	45	13.3	4.4	4.4	13.3	6.7	22.2	26.7
40-44 岁	40	10.0	10.0	2.5	17.5	5.0	5.0	22.5
45-49 岁	26	7.7	7.7	7.7	26.9	0.0	7.7	11.5
50 岁以上	48	6.3	4.2	4.2	12.5	6.3	8.3	8.3

续上表（continued）

	人数	打麻将	下棋	玩纸牌	游泳	滑冰	钓鱼
样本	**600**	**4.0**	**4.0**	**2.3**	**27.3**	**11.0**	**15.7**
男性	**298**	**3.7**	**6.0**	**3.0**	**23.5**	**8.4**	**16.8**
16-19 岁	26	3.8	0.0	7.7	30.8	23.1	19.2
20-24 岁	36	0.0	2.8	2.8	19.4	8.3	22.2
25-29 岁	41	2.4	7.3	4.9	14.6	4.9	9.8
30-34 岁	47	2.1	6.4	4.3	29.8	10.6	17.0
35-39 岁	43	9.3	9.3	0.0	27.9	9.3	20.9
40-44 岁	42	7.1	9.5	2.4	16.7	11.9	23.8
45-49 岁	24	4.2	4.2	0.0	29.2	0.0	8.3
50 岁以上	39	0.0	5.1	2.6	23.1	0.0	10.3
女性	**302**	**4.3**	**2.0**	**1.7**	**31.1**	**13.6**	**14.6**
16-19 岁	23	4.3	4.3	0.0	30.4	8.7	34.8
20-24 岁	35	2.9	2.9	0.0	40.0	22.9	20.0
25-29 岁	36	0.0	2.8	0.0	36.1	22.2	22.2
30-34 岁	49	4.1	0.0	2.0	42.9	14.3	16.3
35-39 岁	45	2.2	0.0	0.0	35.6	15.6	8.9
40-44 岁	40	5.0	0.0	5.0	32.5	10.0	5.0
45-49 岁	26	3.8	0.0	3.8	19.2	15.4	11.5
50 岁以上	48	10.4	6.3	2.1	10.4	2.1	8.3

续上表（continued）

	人数	登山	看电视	听音乐	看电影	打游戏机	集邮/集物
样本	**600**	**18.5**	**2.0**	**3.8**	**14.7**	**3.8**	**6.3**
男性	**298**	**15.8**	**1.3**	**2.7**	**11.4**	**3.4**	**6.4**
16-19 岁	26	34.6	0.0	7.7	19.2	0.0	11.5
20-24 岁	36	22.2	0.0	0.0	8.3	5.6	11.1
25-29 岁	41	12.2	0.0	4.9	9.8	0.0	2.4
30-34 岁	47	23.4	0.0	2.1	8.5	2.1	6.4
35-39 岁	43	16.3	2.3	2.3	7.0	7.0	11.6
40-44 岁	42	4.8	4.8	2.4	9.5	4.8	2.4
45-49 岁	24	12.5	4.2	0.0	20.8	4.2	0.0
50 岁以上	39	5.1	0.0	2.6	15.4	2.6	5.1
女性	**302**	**21.2**	**2.6**	**5.0**	**17.9**	**4.3**	**6.3**
16-19 岁	23	39.1	0.0	4.3	13.0	13.0	17.4
20-24 岁	35	31.4	2.9	5.7	2.9	2.9	14.3
25-29 岁	36	22.2	0.0	0.0	13.9	2.8	2.8
30-34 岁	49	12.2	6.1	6.1	18.4	4.1	4.1
35-39 岁	45	8.9	0.0	0.0	17.8	0.0	6.7
40-44 岁	40	22.5	0.0	10.0	35.0	0.0	2.5
45-49 岁	26	38.5	3.8	11.5	30.8	0.0	3.8
50 岁以上	48	14.6	6.3	4.2	12.5	12.5	4.2

续上表（continued）

	人数	烹饪	编织	种花/盆栽	看书	绘画书法	乐器演奏
样本	**600**	**6.7**	**5.5**	**6.8**	**3.8**	**14.0**	**6.8**
男性	**298**	**4.4**	**0.7**	**5.7**	**3.0**	**12.4**	**4.7**
16-19 岁	26	7.7	0.0	3.8	0.0	26.9	15.4
20-24 岁	36	5.6	0.0	5.6	0.0	11.1	8.3
25-29 岁	41	0.0	0.0	7.3	4.9	12.2	4.9
30-34 岁	47	4.3	2.1	0.0	2.1	6.4	2.1
35-39 岁	43	2.3	2.3	7.0	7.0	11.6	2.3
40-44 岁	42	9.5	0.0	9.5	7.1	4.8	2.4
45-49 岁	24	8.3	0.0	4.2	0.0	8.3	0.0
50 岁以上	39	0.0	0.0	7.7	0.0	23.1	5.1
女性	**302**	**8.9**	**10.3**	**7.9**	**4.6**	**15.6**	**8.9**
16-19 岁	23	34.8	8.7	13.0	0.0	21.7	30.4
20-24 岁	35	25.7	22.9	8.6	2.9	11.4	8.6
25-29 岁	36	8.3	8.3	2.8	0.0	16.7	2.8
30-34 岁	49	0.0	12.2	4.1	8.2	18.4	4.1
35-39 岁	45	2.2	6.7	4.4	0.0	13.3	4.4
40-44 岁	40	5.0	7.5	5.0	7.5	12.5	10.0
45-49 岁	26	7.7	7.7	19.2	11.5	15.4	15.4
50 岁以上	48	4.2	8.3	12.5	6.3	16.7	8.3

续上表（continued）

	人数	玩电脑	吃零食	聚会聊天	参加社团活动	开汽车兜风	骑摩托车兜风
样本	**600**	**20.3**	**2.3**	**10.0**	**9.0**	**19.8**	**7.5**
男性	**298**	**20.8**	**1.0**	**9.7**	**6.7**	**20.8**	**7.7**
16-19 岁	26	46.2	3.8	23.1	11.5	23.1	11.5
20-24 岁	36	27.8	2.8	2.8	8.3	38.9	22.2
25-29 岁	41	22.0	0.0	7.3	9.8	31.7	4.9
30-34 岁	47	14.9	0.0	10.6	0.0	14.9	2.1
35-39 岁	43	18.6	2.3	16.3	11.6	23.3	9.3
40-44 岁	42	14.3	0.0	9.5	7.1	14.3	4.8
45-49 岁	24	12.5	0.0	0.0	0.0	4.2	4.2
50 岁以上	39	17.9	0.0	7.7	5.1	12.8	5.1
女性	**302**	**19.9**	**3.6**	**10.3**	**11.3**	**18.9**	**7.3**
16-19 岁	23	43.5	4.3	8.7	17.4	39.1	21.7
20-24 岁	35	31.4	5.7	17.1	14.3	40.0	17.1
25-29 岁	36	25.0	2.8	2.8	19.4	19.4	5.6
30-34 岁	49	26.5	2.0	18.4	8.2	14.3	6.1
35-39 岁	45	17.8	0.0	8.9	8.9	11.1	2.2
40-44 岁	40	7.5	5.0	7.5	15.0	10.0	7.5
45-49 岁	26	15.4	0.0	11.5	7.7	11.5	3.8
50 岁以上	48	4.2	8.3	6.3	4.2	16.7	2.1

续上表（continued）

	人数	逛街购物	照相摄影	参加宗教活动	郊游露营	海外旅行	国内旅行
样本	**600**	**7.0**	**13.3**	**5.2**	**29.0**	**28.0**	**40.0**
男性	**298**	**5.7**	**10.1**	**5.0**	**24.5**	**23.2**	**33.6**
16-19 岁	26	3.8	19.2	7.7	42.3	19.2	26.9
20-24 岁	36	8.3	16.7	5.6	36.1	38.9	41.7
25-29 岁	41	7.3	9.8	2.4	26.8	29.3	31.7
30-34 岁	47	4.3	4.3	2.1	23.4	17.0	25.5
35-39 岁	43	14.0	14.0	4.7	30.2	20.9	41.9
40-44 岁	42	4.8	4.8	4.8	19.0	23.8	40.5
45-49 岁	24	0.0	12.5	0.0	12.5	12.5	37.5
50 岁以上	39	0.0	5.1	12.8	7.7	20.5	23.1
女性	**302**	**8.3**	**16.6**	**5.3**	**33.4**	**32.8**	**46.4**
16-19 岁	23	8.7	30.4	21.7	69.6	56.5	65.2
20-24 岁	35	8.6	25.7	5.7	37.1	54.3	51.4
25-29 岁	36	8.3	13.9	2.8	36.1	47.2	52.8
30-34 岁	49	12.2	16.3	6.1	42.9	38.8	63.3
35-39 岁	45	6.7	8.9	0.0	33.3	15.6	33.3
40-44 岁	40	2.5	17.5	7.5	22.5	15.0	35.0
45-49 岁	26	7.7	7.7	7.7	34.6	19.2	46.2
50 岁以上	48	10.4	16.7	0.0	10.4	27.1	33.3

续上表（continued）

	人数	看书画展	看展览会	听演唱会	炒股	扭秧歌	吃早茶
样本	**600**	**11.8**	**11.7**	**25.5**	**16.7**	**3.2**	**7.8**
男性	**298**	**7.7**	**9.1**	**20.5**	**16.1**	**0.0**	**5.7**
16-19 岁	26	3.8	11.5	30.8	11.5	0.0	0.0
20-24 岁	36	11.1	16.7	33.3	27.8	0.0	13.9
25-29 岁	41	7.3	12.2	12.2	24.4	0.0	0.0
30-34 岁	47	4.3	6.4	17.0	17.0	0.0	6.4
35-39 岁	43	4.7	11.6	27.9	20.9	0.0	7.0
40-44 岁	42	4.8	4.8	16.7	16.7	0.0	9.5
45-49 岁	24	4.2	0.0	20.8	4.2	0.0	0.0
50 岁以上	39	20.5	7.7	10.3	0.0	0.0	5.1
女性	**302**	**15.9**	**14.2**	**30.5**	**17.2**	**6.3**	**9.9**
16-19 岁	23	30.4	21.7	47.8	39.1	4.3	13.0
20-24 岁	35	11.4	17.1	37.1	22.9	2.9	11.4
25-29 岁	36	5.6	2.8	22.2	19.4	2.8	19.4
30-34 岁	49	20.4	18.4	40.8	18.4	6.1	12.2
35-39 岁	45	13.3	8.9	26.7	13.3	4.4	4.4
40-44 岁	40	12.5	20.0	20.0	5.0	10.0	7.5
45-49 岁	26	26.9	15.4	30.8	26.9	7.7	3.8
50 岁以上	48	14.6	12.5	25.0	8.3	10.4	8.3

● 上海（Shanghai）

	人数	到现场看球赛	打网球	打高尔夫球	打羽毛球	保龄球	踢足球	打篮球
样本	**600**	**24.2**	**18.2**	**8.2**	**8.5**	**20.3**	**6.2**	**3.3**
男性	**307**	**30.3**	**18.2**	**10.7**	**10.4**	**21.2**	**9.4**	**3.9**
16-19 岁	22	50.0	50.0	40.9	13.6	50.0	0.0	0.0
20-24 岁	34	26.5	35.3	14.7	11.8	20.6	14.7	5.9
25-29 岁	42	31.0	21.4	9.5	16.7	19.0	11.9	7.1
30-34 岁	56	25.0	14.3	8.9	1.8	14.3	10.7	3.6
35-39 岁	51	35.3	11.8	3.9	13.7	21.6	9.8	2.0
40-44 岁	31	19.4	9.7	9.7	0.0	19.4	9.7	0.0
45-49 岁	26	34.6	11.5	15.4	19.2	26.9	3.8	3.8
50 岁以上	45	28.9	8.9	2.2	11.1	15.6	8.9	6.7
女性	**293**	**17.7**	**18.1**	**5.5**	**6.5**	**19.5**	**2.7**	**2.7**
16-19 岁	24	41.7	58.3	16.7	16.7	37.5	12.5	16.7
20-24 岁	32	40.6	40.6	18.8	6.3	28.1	6.3	6.3
25-29 岁	37	5.4	29.7	10.8	8.1	16.2	2.7	2.7
30-34 岁	50	10.0	4.0	2.0	4.0	20.0	0.0	0.0
35-39 岁	44	11.4	13.6	2.3	2.3	15.9	2.3	0.0
40-44 岁	35	22.9	5.7	0.0	11.4	14.3	0.0	2.9
45-49 岁	23	17.4	21.7	0.0	13.0	17.4	0.0	0.0
50 岁以上	48	10.4	0.0	0.0	0.0	14.6	2.1	0.0

续上表（continued）

	人数	打乒乓球	慢跑	散步	跳交际舞	跳迪斯科	跳韵律操	健身房运动
样本	**600**	**10.8**	**6.2**	**4.3**	**11.0**	**6.5**	**5.2**	**17.7**
男性	**307**	**11.7**	**6.2**	**2.9**	**9.1**	**5.2**	**2.3**	**15.0**
16-19 岁	22	18.2	4.5	4.5	13.6	9.1	9.1	18.2
20-24 岁	34	14.7	14.7	5.9	14.7	5.9	2.9	8.8
25-29 岁	42	16.7	9.5	4.8	9.5	4.8	2.4	23.8
30-34 岁	56	8.9	3.6	3.6	5.4	3.6	0.0	10.7
35-39 岁	51	15.7	7.8	0.0	5.9	5.9	2.0	15.7
40-44 岁	31	3.2	0.0	3.2	6.5	3.2	3.2	12.9
45-49 岁	26	7.7	3.8	0.0	11.5	15.4	3.8	15.4
50 岁以上	45	8.9	4.4	2.2	11.1	0.0	0.0	15.6
女性	**293**	**9.9**	**6.1**	**5.8**	**13.0**	**7.8**	**8.2**	**20.5**
16-19 岁	24	20.8	0.0	4.2	16.7	12.5	12.5	37.5
20-24 岁	32	9.4	3.1	0.0	12.5	12.5	15.6	28.1
25-29 岁	37	8.1	2.7	5.4	10.8	5.4	13.5	32.4
30-34 岁	50	14.0	14.0	2.0	12.0	4.0	12.0	16.0
35-39 岁	44	6.8	2.3	11.4	13.6	9.1	4.5	18.2
40-44 岁	35	5.7	2.9	8.6	11.4	5.7	0.0	14.3
45-49 岁	23	8.7	8.7	8.7	21.7	13.0	4.3	17.4
50 岁以上	48	8.3	10.4	6.3	10.4	6.3	4.2	10.4

续上表（ continued ）

	人数	打麻将	下棋	玩纸牌	游泳	滑冰	钓鱼
样本	**600**	**5.0**	**5.7**	**2.8**	**23.3**	**9.0**	**16.7**
男性	**307**	**6.5**	**7.8**	**3.3**	**25.7**	**9.8**	**22.1**
16-19 岁	22	9.1	13.6	4.5	27.3	13.6	50.0
20-24 岁	34	8.8	5.9	2.9	29.4	17.6	32.4
25-29 岁	42	7.1	11.9	2.4	26.2	19.0	28.6
30-34 岁	56	10.7	7.1	5.4	25.0	3.6	16.1
35-39 岁	51	3.9	2.0	2.0	25.5	7.8	17.6
40-44 岁	31	3.2	3.2	0.0	32.3	9.7	12.9
45-49 岁	26	0.0	15.4	3.8	26.9	11.5	15.4
50 岁以上	45	6.7	8.9	4.4	17.8	2.2	17.8
女性	**293**	**3.4**	**3.4**	**2.4**	**20.8**	**8.2**	**10.9**
16-19 岁	24	4.2	4.2	0.0	41.7	29.2	41.7
20-24 岁	32	3.1	0.0	3.1	28.1	18.8	28.1
25-29 岁	37	5.4	2.7	2.7	35.1	10.8	13.5
30-34 岁	50	6.0	4.0	0.0	20.0	6.0	4.0
35-39 岁	44	0.0	4.5	2.3	22.7	6.8	4.5
40-44 岁	35	2.9	0.0	5.7	17.1	0.0	2.9
45-49 岁	23	0.0	4.3	4.3	4.3	0.0	8.7
50 岁以上	48	4.2	6.3	2.1	4.2	2.1	2.1

续上表（ continued ）

	人数	登山	看电视	听音乐	看电影	打游戏机	集邮/集物
样本	**600**	**16.8**	**1.8**	**2.7**	**14.0**	**3.2**	**7.5**
男性	**307**	**20.2**	**1.6**	**3.3**	**13.7**	**3.3**	**8.1**
16-19 岁	22	45.5	4.5	0.0	27.3	4.5	9.1
20-24 岁	34	32.4	0.0	8.8	17.6	5.9	11.8
25-29 岁	42	40.5	4.8	7.1	9.5	4.8	9.5
30-34 岁	56	10.7	1.8	0.0	8.9	1.8	5.4
35-39 岁	51	3.9	2.0	3.9	7.8	2.0	7.8
40-44 岁	31	12.9	0.0	0.0	12.9	6.5	3.2
45-49 岁	26	15.4	0.0	3.8	23.1	3.8	11.5
50 岁以上	45	17.8	0.0	2.2	15.6	0.0	8.9
女性	**293**	**13.3**	**2.0**	**2.0**	**14.3**	**3.1**	**6.8**
16-19 岁	24	45.8	4.2	4.2	20.8	4.2	12.5
20-24 岁	32	34.4	3.1	0.0	12.5	6.3	12.5
25-29 岁	37	8.1	2.7	0.0	13.5	0.0	5.4
30-34 岁	50	8.0	2.0	2.0	8.0	2.0	6.0
35-39 岁	44	4.5	2.3	4.5	25.0	9.1	6.8
40-44 岁	35	11.4	0.0	0.0	8.6	2.9	0.0
45-49 岁	23	13.0	0.0	0.0	8.7	0.0	4.3
50 岁以上	48	2.1	2.1	4.2	16.7	0.0	8.3

续上表（continued）

	人数	烹饪	编织	种花/盆栽	看书	绘画书法	乐器演奏
样本	**600**	**8.5**	**6.5**	**10.3**	**3.0**	**10.7**	**6.8**
男性	**307**	**7.5**	**1.6**	**7.5**	**3.6**	**11.7**	**7.5**
16-19 岁	22	13.6	4.5	4.5	0.0	22.7	18.2
20-24 岁	34	20.6	0.0	5.9	8.8	11.8	11.8
25-29 岁	42	7.1	2.4	9.5	4.8	7.1	7.1
30-34 岁	56	3.6	0.0	3.6	7.1	7.1	1.8
35-39 岁	51	5.9	3.9	7.8	2.0	13.7	9.8
40-44 岁	31	3.2	0.0	6.5	0.0	0.0	6.5
45-49 岁	26	7.7	3.8	11.5	0.0	19.2	11.5
50 岁以上	45	4.4	0.0	11.1	2.2	17.8	2.2
女性	**293**	**9.6**	**11.6**	**13.3**	**2.4**	**9.6**	**6.1**
16-19 岁	24	25.0	4.2	25.0	0.0	25.0	20.8
20-24 岁	32	21.9	34.4	25.0	0.0	3.1	9.4
25-29 岁	37	5.4	10.8	8.1	0.0	13.5	8.1
30-34 岁	50	6.0	10.0	10.0	4.0	6.0	2.0
35-39 岁	44	6.8	2.3	6.8	6.8	9.1	2.3
40-44 岁	35	5.7	14.3	11.4	0.0	5.7	5.7
45-49 岁	23	8.7	13.0	0.0	0.0	13.0	8.7
50 岁以上	48	6.3	8.3	20.8	4.2	8.3	2.1

续上表（continued）

	人数	玩电脑	吃零食	聚会聊天	参加社团活动	开汽车兜风	骑摩托车兜风
样本	**600**	**19.2**	**2.5**	**8.8**	**9.5**	**15.2**	**11.0**
男性	**307**	**22.5**	**1.3**	**8.8**	**10.4**	**18.2**	**14.7**
16-19 岁	22	40.9	0.0	18.2	13.6	31.8	27.3
20-24 岁	34	29.4	5.9	17.6	8.8	29.4	29.4
25-29 岁	42	33.3	2.4	9.5	7.1	23.8	19.0
30-34 岁	56	16.1	0.0	5.4	14.3	16.1	8.9
35-39 岁	51	17.6	0.0	5.9	9.8	13.7	13.7
40-44 岁	31	16.1	3.2	9.7	19.4	12.9	16.1
45-49 岁	26	30.8	0.0	7.7	11.5	15.4	3.8
50 岁以上	45	11.1	0.0	4.4	2.2	11.1	6.7
女性	**293**	**15.7**	**3.8**	**8.9**	**8.5**	**11.9**	**7.2**
16-19 岁	24	41.7	0.0	12.5	20.8	29.2	20.8
20-24 岁	32	34.4	0.0	3.1	12.5	21.9	15.6
25-29 岁	37	13.5	8.1	10.8	2.7	10.8	8.1
30-34 岁	50	10.0	4.0	6.0	8.0	12.0	4.0
35-39 岁	44	20.5	4.5	11.4	2.3	9.1	9.1
40-44 岁	35	8.6	0.0	2.9	8.6	5.7	2.9
45-49 岁	23	4.3	0.0	8.7	8.7	8.7	4.3
50 岁以上	48	4.2	8.3	14.6	10.4	6.3	0.0

续上表（continued）

	人数	逛街购物	照相摄影	参加宗教活动	郊游露营	海外旅行	国内旅行
样本	**600**	**6.8**	**13.0**	**4.8**	**22.5**	**30.2**	**36.7**
男性	**307**	**7.2**	**12.7**	**4.6**	**21.2**	**31.3**	**36.5**
16-19 岁	22	9.1	22.7	9.1	45.5	54.5	59.1
20-24 岁	34	14.7	8.8	0.0	26.5	26.5	41.2
25-29 岁	42	7.1	14.3	9.5	28.6	45.2	42.9
30-34 岁	56	8.9	8.9	5.4	17.9	25.0	30.4
35-39 岁	51	5.9	13.7	2.0	9.8	21.6	25.5
40-44 岁	31	6.5	12.9	0.0	19.4	32.3	32.3
45-49 岁	26	3.8	19.2	7.7	23.1	42.3	57.7
50 岁以上	45	2.2	8.9	4.4	15.6	22.2	26.7
女性	**293**	**6.5**	**13.3**	**5.1**	**23.9**	**29.0**	**36.9**
16-19 岁	24	4.2	20.8	20.8	58.3	50.0	54.2
20-24 岁	32	3.1	25.0	3.1	43.8	53.1	53.1
25-29 岁	37	10.8	13.5	5.4	18.9	27.0	35.1
30-34 岁	50	10.0	8.0	6.0	18.0	26.0	36.0
35-39 岁	44	4.5	22.7	2.3	20.5	18.2	34.1
40-44 岁	35	5.7	11.4	8.6	11.4	25.7	22.9
45-49 岁	23	8.7	4.3	0.0	30.4	34.8	43.5
50 岁以上	48	4.2	4.2	0.0	12.5	16.7	29.2

续上表（continued）

	人数	看书画展	看展览会	听演唱会	炒股	扭秧歌	吃早茶
样本	**600**	**11.8**	**13.3**	**22.8**	**12.2**	**2.7**	**10.8**
男性	**307**	**12.4**	**14.0**	**20.5**	**13.4**	**2.0**	**12.1**
16-19 岁	22	36.4	36.4	50.0	13.6	13.6	27.3
20-24 岁	34	8.8	17.6	14.7	11.8	0.0	11.8
25-29 岁	42	14.3	9.5	33.3	11.9	2.4	9.5
30-34 岁	56	3.6	8.9	16.1	10.7	1.8	7.1
35-39 岁	51	7.8	11.8	11.8	19.6	0.0	9.8
40-44 岁	31	12.9	12.9	19.4	12.9	0.0	16.1
45-49 岁	26	15.4	15.4	19.2	23.1	0.0	11.5
50 岁以上	45	15.6	13.3	15.6	6.7	2.2	13.3
女性	**293**	**11.3**	**12.6**	**25.3**	**10.9**	**3.4**	**9.6**
16-19 岁	24	33.3	37.5	58.3	12.5	12.5	20.8
20-24 岁	32	9.4	18.8	31.3	12.5	9.4	12.5
25-29 岁	37	10.8	13.5	21.6	16.2	2.7	10.8
30-34 岁	50	12.0	6.0	26.0	12.0	0.0	10.0
35-39 岁	44	0.0	4.5	31.8	6.8	2.3	2.3
40-44 岁	35	11.4	17.1	20.0	17.1	2.9	8.6
45-49 岁	23	17.4	8.7	21.7	8.7	0.0	8.7
50 岁以上	48	8.3	8.3	6.3	4.2	2.1	8.3

● 广州（Guangzhou）

	人数	到现场看球赛	打网球	打高尔夫球	打羽毛球	保龄球	踢足球	打篮球
样本	**600**	**15.3**	**20.5**	**13.3**	**11.7**	**18.8**	**6.8**	**7.0**
男性	**282**	**20.2**	**17.7**	**14.2**	**11.0**	**16.3**	**11.3**	**8.9**
16-19 岁	30	30.0	46.7	36.7	20.0	36.7	10.0	13.3
20-24 岁	36	27.8	22.2	25.0	11.1	27.8	16.7	13.9
25-29 岁	35	28.6	14.3	17.1	0.0	17.1	17.1	17.1
30-34 岁	34	14.7	20.6	14.7	8.8	11.8	8.8	5.9
35-39 岁	40	17.5	17.5	12.5	22.5	12.5	17.5	7.5
40-44 岁	41	7.3	9.8	0.0	14.6	9.8	9.8	7.3
45-49 岁	26	23.1	11.5	3.8	0.0	7.7	3.8	3.8
50 岁以上	40	17.5	5.0	7.5	7.5	10.0	5.0	2.5
女性	**318**	**11.0**	**23.0**	**12.6**	**12.3**	**21.1**	**2.8**	**5.3**
16-19 岁	50	26.0	48.0	22.0	20.0	38.0	10.0	18.0
20-24 岁	46	13.0	37.0	8.7	13.0	34.8	2.2	8.7
25-29 岁	63	11.1	22.2	19.0	17.5	25.4	4.8	3.2
30-34 岁	46	4.3	17.4	6.5	6.5	10.9	0.0	0.0
35-39 岁	41	12.2	9.8	14.6	9.8	22.0	0.0	4.9
40-44 岁	30	3.3	10.0	3.3	3.3	0.0	0.0	0.0
45-49 岁	13	0.0	0.0	0.0	15.4	0.0	0.0	0.0
50 岁以上	29	3.4	10.3	10.3	6.9	6.9	0.0	0.0

续上表（continued）

	人数	打乒乓球	慢跑	散步	跳交际舞	跳迪斯科	跳韵律操	健身房运动
样本	**600**	**9.0**	**5.0**	**4.7**	**12.7**	**7.8**	**6.8**	**13.2**
男性	**282**	**10.3**	**5.0**	**4.6**	**8.2**	**6.7**	**2.1**	**13.5**
16-19 岁	30	16.7	10.0	3.3	13.3	13.3	3.3	23.3
20-24 岁	36	22.2	2.8	11.1	13.9	19.4	2.8	22.2
25-29 岁	35	2.9	0.0	0.0	14.3	8.6	0.0	17.1
30-34 岁	34	5.9	2.9	0.0	5.9	0.0	2.9	14.7
35-39 岁	40	10.0	7.5	7.5	5.0	2.5	2.5	7.5
40-44 岁	41	9.8	0.0	4.9	7.3	2.4	0.0	7.3
45-49 岁	26	7.7	7.7	7.7	7.7	3.8	0.0	7.7
50 岁以上	40	7.5	10.0	2.5	0.0	5.0	5.0	10.0
女性	**318**	**7.9**	**5.0**	**4.7**	**16.7**	**8.8**	**11.0**	**12.9**
16-19 岁	50	12.0	6.0	4.0	22.0	20.0	14.0	16.0
20-24 岁	46	10.9	6.5	6.5	17.4	10.9	15.2	15.2
25-29 岁	63	3.2	3.2	6.3	17.5	12.7	11.1	17.5
30-34 岁	46	4.3	2.2	2.2	13.0	2.2	6.5	8.7
35-39 岁	41	17.1	9.8	4.9	7.3	4.9	12.2	14.6
40-44 岁	30	6.7	3.3	0.0	16.7	0.0	10.0	6.7
45-49 岁	13	0.0	7.7	7.7	30.8	0.0	7.7	7.7
50 岁以上	29	3.4	3.4	6.9	17.2	6.9	6.9	6.9

续上表（continued）

	人数	打麻将	下棋	玩纸牌	游泳	滑冰	钓鱼
样本	**600**	**8.2**	**5.7**	**3.5**	**22.7**	**12.5**	**15.2**
男性	**282**	**8.5**	**7.4**	**3.9**	**18.4**	**10.3**	**17.7**
16-19 岁	30	16.7	13.3	6.7	16.7	16.7	30.0
20-24 岁	36	8.3	5.6	8.3	25.0	27.8	22.2
25-29 岁	35	8.6	5.7	0.0	11.4	8.6	28.6
30-34 岁	34	8.8	8.8	2.9	8.8	2.9	5.9
35-39 岁	40	12.5	12.5	7.5	30.0	7.5	17.5
40-44 岁	41	7.3	4.9	0.0	17.1	7.3	14.6
45-49 岁	26	0.0	0.0	0.0	23.1	11.5	19.2
50 岁以上	40	5.0	7.5	5.0	15.0	2.5	7.5
女性	**318**	**7.9**	**4.1**	**3.1**	**26.4**	**14.5**	**12.9**
16-19 岁	50	10.0	12.0	2.0	34.0	34.0	30.0
20-24 岁	46	4.3	4.3	4.3	34.8	17.4	17.4
25-29 岁	63	9.5	7.9	6.3	30.2	19.0	9.5
30-34 岁	46	4.3	0.0	0.0	21.7	6.5	8.7
35-39 岁	41	7.3	0.0	4.9	34.1	9.8	7.3
40-44 岁	30	6.7	0.0	3.3	20.0	0.0	6.7
45-49 岁	13	0.0	0.0	0.0	0.0	0.0	0.0
50 岁以上	29	17.2	0.0	0.0	6.9	6.9	10.3

续上表（continued）

	人数	登山	看电视	听音乐	看电影	打游戏机	集邮/集物
样本	**600**	**15.5**	**0.8**	**3.8**	**10.0**	**3.5**	**5.5**
男性	**282**	**14.2**	**0.7**	**5.0**	**8.9**	**2.8**	**5.0**
16-19 岁	30	13.3	3.3	3.3	20.0	3.3	16.7
20-24 岁	36	16.7	0.0	2.8	5.6	0.0	5.6
25-29 岁	35	11.4	0.0	0.0	5.7	2.9	0.0
30-34 岁	34	17.6	0.0	2.9	8.8	0.0	5.9
35-39 岁	40	15.0	0.0	5.0	10.0	5.0	0.0
40-44 岁	41	14.6	2.4	12.2	7.3	4.9	2.4
45-49 岁	26	7.7	0.0	3.8	3.8	0.0	11.5
50 岁以上	40	15.0	0.0	7.5	10.0	5.0	2.5
女性	**318**	**16.7**	**0.9**	**2.8**	**11.0**	**4.1**	**6.0**
16-19 岁	50	34.0	0.0	0.0	24.0	10.0	12.0
20-24 岁	46	26.1	2.2	4.3	19.6	4.3	2.2
25-29 岁	63	15.9	1.6	1.6	12.7	4.8	9.5
30-34 岁	46	13.0	0.0	2.2	4.3	6.5	0.0
35-39 岁	41	7.3	0.0	2.4	9.8	0.0	4.9
40-44 岁	30	3.3	3.3	3.3	0.0	0.0	3.3
45-49 岁	13	7.7	0.0	0.0	0.0	0.0	0.0
50 岁以上	29	10.3	0.0	10.3	0.0	0.0	10.3

续上表（ continued ）

	人数	烹饪	编织	种花/盆栽	看书	绘画书法	乐器演奏
样本	**600**	**6.0**	**5.7**	**7.2**	**4.7**	**7.5**	**7.7**
男性	**282**	**6.4**	**1.4**	**3.9**	**4.3**	**5.0**	**5.7**
16-19 岁	30	13.3	6.7	10.0	10.0	6.7	13.3
20-24 岁	36	13.9	0.0	5.6	0.0	8.3	11.1
25-29 岁	35	0.0	2.9	0.0	0.0	5.7	5.7
30-34 岁	34	2.9	0.0	2.9	5.9	2.9	5.9
35-39 岁	40	10.0	0.0	10.0	7.5	2.5	2.5
40-44 岁	41	0.0	2.4	0.0	2.4	0.0	0.0
45-49 岁	26	7.7	0.0	3.8	3.8	3.8	3.8
50 岁以上	40	5.0	0.0	0.0	5.0	10.0	5.0
女性	**318**	**5.7**	**9.4**	**10.1**	**5.0**	**9.7**	**9.4**
16-19 岁	50	14.0	16.0	8.0	4.0	26.0	26.0
20-24 岁	46	8.7	13.0	19.6	4.3	10.9	15.2
25-29 岁	63	4.8	14.3	7.9	6.3	7.9	12.7
30-34 岁	46	2.2	4.3	6.5	8.7	2.2	2.2
35-39 岁	41	4.9	4.9	9.8	4.9	9.8	2.4
40-44 岁	30	0.0	6.7	20.0	3.3	3.3	0.0
45-49 岁	13	7.7	7.7	7.7	0.0	0.0	0.0
50 岁以上	29	0.0	0.0	0.0	3.4	6.9	0.0

续上表（ continued ）

	人数	玩电脑	吃零食	聚会聊天	参加社团活动	开汽车兜风	骑摩托车兜风
样本	**600**	**19.3**	**3.8**	**5.7**	**8.8**	**18.0**	**11.2**
男性	**282**	**18.8**	**3.5**	**4.6**	**8.2**	**19.1**	**10.6**
16-19 岁	30	30.0	10.0	6.7	10.0	43.3	30.0
20-24 岁	36	27.8	2.8	2.8	13.9	19.4	19.4
25-29 岁	35	31.4	0.0	0.0	11.4	37.1	14.3
30-34 岁	34	14.7	5.9	5.9	8.8	8.8	5.9
35-39 岁	40	17.5	5.0	7.5	5.0	15.0	5.0
40-44 岁	41	14.6	0.0	7.3	7.3	9.8	2.4
45-49 岁	26	3.8	3.8	0.0	0.0	15.4	7.7
50 岁以上	40	10.0	2.5	5.0	7.5	10.0	5.0
女性	**318**	**19.8**	**4.1**	**6.6**	**9.4**	**17.0**	**11.6**
16-19 岁	50	46.0	2.0	8.0	16.0	32.0	20.0
20-24 岁	46	10.9	6.5	6.5	17.4	13.0	26.1
25-29 岁	63	20.6	1.6	3.2	6.3	27.0	11.1
30-34 岁	46	15.2	4.3	2.2	4.3	8.7	2.2
35-39 岁	41	19.5	4.9	12.2	7.3	9.8	2.4
40-44 岁	30	20.0	3.3	3.3	3.3	13.3	13.3
45-49 岁	13	7.7	15.4	15.4	7.7	7.7	0.0
50 岁以上	29	0.0	3.4	10.3	10.3	6.9	6.9

续上表（continued）

	人数	逛街购物	照相摄影	参加宗教活动	郊游露营	海外旅行	国内旅行
样本	**600**	**8.8**	**9.0**	**2.7**	**15.8**	**39.2**	**39.0**
男性	**282**	**8.2**	**7.8**	**0.4**	**12.4**	**36.2**	**32.3**
16-19 岁	30	20.0	20.0	3.3	36.7	43.3	40.0
20-24 岁	36	11.1	11.1	0.0	27.8	38.9	47.2
25-29 岁	35	2.9	5.7	0.0	11.4	48.6	37.1
30-34 岁	34	5.9	2.9	0.0	8.8	29.4	32.4
35-39 岁	40	10.0	10.0	0.0	5.0	42.5	30.0
40-44 岁	41	7.3	4.9	0.0	4.9	31.7	24.4
45-49 岁	26	3.8	3.8	0.0	7.7	23.1	23.1
50 岁以上	40	5.0	5.0	0.0	2.5	30.0	25.0
女性	**318**	**9.4**	**10.1**	**4.7**	**18.9**	**41.8**	**45.0**
16-19 岁	50	10.0	18.0	16.0	36.0	58.0	64.0
20-24 岁	46	6.5	13.0	2.2	23.9	52.2	50.0
25-29 岁	63	9.5	12.7	6.3	23.8	44.4	50.8
30-34 岁	46	8.7	6.5	2.2	10.9	23.9	21.7
35-39 岁	41	14.6	9.8	2.4	12.2	36.6	43.9
40-44 岁	30	10.0	0.0	0.0	10.0	33.3	40.0
45-49 岁	13	7.7	7.7	0.0	7.7	38.5	53.8
50 岁以上	29	6.9	3.4	0.0	6.9	37.9	31.0

续上表（continued）

	人数	看书画展	看展览会	听演唱会	炒股	扭秧歌	吃早茶
样本	**600**	**7.3**	**6.7**	**20.8**	**12.8**	**1.8**	**7.7**
男性	**282**	**6.7**	**6.0**	**17.0**	**13.8**	**1.1**	**8.5**
16-19 岁	30	16.7	13.3	36.7	26.7	3.3	13.3
20-24 岁	36	8.3	8.3	27.8	19.4	0.0	5.6
25-29 岁	35	5.7	5.7	22.9	11.4	0.0	8.6
30-34 岁	34	11.8	11.8	14.7	8.8	0.0	11.8
35-39 岁	40	7.5	5.0	17.5	20.0	2.5	5.0
40-44 岁	41	2.4	0.0	4.9	7.3	0.0	12.2
45-49 岁	26	0.0	7.7	3.8	11.5	0.0	3.8
50 岁以上	40	2.5	0.0	10.0	7.5	2.5	7.5
女性	**318**	**7.9**	**7.2**	**24.2**	**11.9**	**2.5**	**6.9**
16-19 岁	50	16.0	14.0	46.0	16.0	10.0	8.0
20-24 岁	46	13.0	10.9	37.0	13.0	0.0	10.9
25-29 岁	63	11.1	11.1	27.0	14.3	1.6	9.5
30-34 岁	46	2.2	0.0	19.6	8.7	0.0	0.0
35-39 岁	41	0.0	0.0	14.6	4.9	2.4	4.9
40-44 岁	30	3.3	3.3	3.3	10.0	3.3	6.7
45-49 岁	13	7.7	15.4	7.7	7.7	0.0	0.0
50 岁以上	29	3.4	3.4	10.3	17.2	0.0	10.3

● 重庆（Chongqing）

	人数	到现场看球赛	打网球	打高尔夫球	打羽毛球	保龄球	踢足球	打篮球
样本	**600**	**24.7**	**12.2**	**6.8**	**9.8**	**12.5**	**7.5**	**6.8**
男性	**308**	**30.8**	**12.7**	**7.8**	**10.1**	**12.7**	**11.0**	**9.4**
16-19 岁	43	37.2	14.0	9.3	7.0	16.3	2.3	7.0
20-24 岁	53	35.8	13.2	17.0	3.8	20.8	17.0	9.4
25-29 岁	43	48.8	14.0	7.0	16.3	11.6	16.3	14.0
30-34 岁	38	28.9	13.2	7.9	18.4	10.5	13.2	13.2
35-39 岁	39	28.2	15.4	2.6	7.7	12.8	10.3	10.3
40-44 岁	30	20.0	6.7	6.7	10.0	6.7	3.3	3.3
45-49 岁	25	28.0	8.0	0.0	8.0	4.0	20.0	12.0
50 岁以上	37	10.8	13.5	5.4	10.8	10.8	5.4	5.4
女性	**292**	**18.2**	**11.6**	**5.8**	**9.6**	**12.3**	**3.8**	**4.1**
16-19 岁	43	27.9	23.3	11.6	11.6	16.3	9.3	9.3
20-24 岁	53	28.3	20.8	7.5	15.1	13.2	3.8	5.7
25-29 岁	32	12.5	6.3	3.1	6.3	21.9	3.1	3.1
30-34 岁	33	9.1	6.1	6.1	3.0	15.2	3.0	0.0
35-39 岁	35	11.4	8.6	2.9	8.6	14.3	2.9	2.9
40-44 岁	32	25.0	6.3	9.4	12.5	9.4	3.1	3.1
45-49 岁	27	14.8	11.1	3.7	14.8	7.4	3.7	3.7
50 岁以上	37	8.1	2.7	0.0	2.7	0.0	0.0	2.7

续上表（continued）

	人数	打乒乓球	慢跑	散步	跳交际舞	跳迪斯科	跳韵律操	健身房运动
样本	**600**	**7.2**	**6.5**	**5.3**	**5.8**	**6.0**	**6.2**	**11.0**
男性	**308**	**9.7**	**5.5**	**3.9**	**3.2**	**5.2**	**1.3**	**8.8**
16-19 岁	43	9.3	7.0	4.7	2.3	2.3	0.0	14.0
20-24 岁	53	11.3	3.8	1.9	0.0	9.4	0.0	11.3
25-29 岁	43	7.0	2.3	4.7	7.0	11.6	2.3	7.0
30-34 岁	38	7.9	5.3	2.6	5.3	0.0	2.6	7.9
35-39 岁	39	17.9	0.0	5.1	2.6	7.7	0.0	2.6
40-44 岁	30	10.0	3.3	0.0	3.3	3.3	3.3	13.3
45-49 岁	25	8.0	8.0	4.0	0.0	4.0	4.0	12.0
50 岁以上	37	5.4	16.2	8.1	5.4	0.0	0.0	2.7
女性	**292**	**4.5**	**7.5**	**6.8**	**8.6**	**6.8**	**11.3**	**13.4**
16-19 岁	43	9.3	7.0	7.0	4.7	11.6	11.6	14.0
20-24 岁	53	5.7	5.7	7.5	3.8	11.3	20.8	18.9
25-29 岁	32	0.0	3.1	3.1	15.6	6.3	18.8	18.8
30-34 岁	33	3.0	6.1	6.1	18.2	9.1	9.1	21.2
35-39 岁	35	0.0	8.6	2.9	8.6	5.7	11.4	8.6
40-44 岁	32	6.3	12.5	12.5	6.3	0.0	0.0	9.4
45-49 岁	27	7.4	7.4	11.1	7.4	3.7	7.4	11.1
50 岁以上	37	2.7	10.8	5.4	8.1	2.7	5.4	2.7

续上表（continued）

	人数	打麻将	下棋	玩纸牌	游泳	滑冰	钓鱼
样本	**600**	**6.5**	**5.5**	**3.0**	**17.7**	**10.0**	**15.8**
男性	**308**	**6.5**	**7.8**	**3.6**	**17.9**	**8.4**	**20.8**
16-19 岁	43	7.0	7.0	0.0	20.9	18.6	30.2
20-24 岁	53	5.7	11.3	1.9	13.2	11.3	20.8
25-29 岁	43	11.6	7.0	4.7	16.3	16.3	23.3
30-34 岁	38	5.3	5.3	0.0	18.4	7.9	18.4
35-39 岁	39	7.7	2.6	5.1	25.6	2.6	10.3
40-44 岁	30	6.7	6.7	6.7	13.3	0.0	30.0
45-49 岁	25	4.0	12.0	4.0	20.0	0.0	16.0
50 岁以上	37	2.7	10.8	8.1	16.2	2.7	16.2
女性	**292**	**6.5**	**3.1**	**2.4**	**17.5**	**11.6**	**10.6**
16-19 岁	43	2.3	7.0	2.3	16.3	23.3	16.3
20-24 岁	53	3.8	3.8	1.9	20.8	17.0	15.1
25-29 岁	32	3.1	3.1	3.1	25.0	12.5	15.6
30-34 岁	33	12.1	6.1	0.0	18.2	9.1	9.1
35-39 岁	35	8.6	0.0	2.9	17.1	5.7	5.7
40-44 岁	32	9.4	3.1	3.1	18.8	12.5	6.3
45-49 岁	27	11.1	0.0	3.7	18.5	3.7	11.1
50 岁以上	37	5.4	0.0	2.7	5.4	2.7	2.7

续上表（continued）

	人数	登山	看电视	听音乐	看电影	打游戏机	集邮/集物
样本	**600**	**14.8**	**1.3**	**4.2**	**12.7**	**2.5**	**6.0**
男性	**308**	**14.6**	**1.0**	**2.6**	**8.4**	**2.6**	**5.2**
16-19 岁	43	18.6	2.3	2.3	16.3	7.0	9.3
20-24 岁	53	18.9	0.0	1.9	9.4	3.8	3.8
25-29 岁	43	14.0	2.3	4.7	11.6	4.7	7.0
30-34 岁	38	13.2	0.0	2.6	13.2	0.0	2.6
35-39 岁	39	10.3	2.6	0.0	0.0	0.0	5.1
40-44 岁	30	16.7	0.0	3.3	6.7	0.0	3.3
45-49 岁	25	12.0	0.0	4.0	4.0	0.0	4.0
50 岁以上	37	10.8	0.0	2.7	2.7	2.7	5.4
女性	**292**	**15.1**	**1.7**	**5.8**	**17.1**	**2.4**	**6.8**
16-19 岁	43	23.3	4.7	4.7	14.0	4.7	11.6
20-24 岁	53	20.8	0.0	5.7	17.0	1.9	5.7
25-29 岁	32	6.3	0.0	3.1	6.3	0.0	9.4
30-34 岁	33	18.2	3.0	12.1	18.2	0.0	6.1
35-39 岁	35	14.3	0.0	8.6	14.3	0.0	5.7
40-44 岁	32	15.6	6.3	6.3	28.1	6.3	9.4
45-49 岁	27	7.4	0.0	3.7	18.5	0.0	0.0
50 岁以上	37	8.1	0.0	2.7	21.6	5.4	5.4

续上表（ continued ）

	人数	烹饪	编织	种花/盆栽	看书	绘画书法	乐器演奏
样本	**600**	**4.5**	**5.2**	**8.2**	**3.5**	**7.2**	**6.3**
男性	**308**	**5.5**	**2.3**	**6.8**	**2.6**	**6.8**	**6.2**
16-19 岁	43	11.6	4.7	4.7	0.0	7.0	9.3
20-24 岁	53	5.7	5.7	15.1	1.9	5.7	7.5
25-29 岁	43	4.7	2.3	2.3	4.7	9.3	4.7
30-34 岁	38	2.6	0.0	5.3	7.9	5.3	13.2
35-39 岁	39	2.6	0.0	2.6	0.0	5.1	5.1
40-44 岁	30	3.3	3.3	6.7	0.0	10.0	6.7
45-49 岁	25	8.0	0.0	0.0	0.0	8.0	0.0
50 岁以上	37	5.4	0.0	13.5	5.4	5.4	0.0
女性	**292**	**3.4**	**8.2**	**9.6**	**4.5**	**7.5**	**6.5**
16-19 岁	43	9.3	18.6	18.6	0.0	14.0	11.6
20-24 岁	53	5.7	11.3	11.3	1.9	7.5	9.4
25-29 岁	32	3.1	9.4	6.3	3.1	9.4	3.1
30-34 岁	33	0.0	0.0	3.0	6.1	9.1	3.0
35-39 岁	35	2.9	8.6	5.7	2.9	2.9	2.9
40-44 岁	32	3.1	6.3	9.4	9.4	6.3	6.3
45-49 岁	27	0.0	3.7	7.4	7.4	3.7	7.4
50 岁以上	37	0.0	2.7	10.8	8.1	5.4	5.4

续上表（ continued ）

	人数	玩电脑	吃零食	聚会聊天	参加社团活动	开汽车兜风	骑摩托车兜风
样本	**600**	**18.8**	**2.8**	**6.0**	**8.7**	**19.2**	**10.2**
男性	**308**	**17.5**	**1.9**	**5.8**	**8.1**	**22.7**	**12.0**
16-19 岁	43	30.2	2.3	7.0	7.0	32.6	20.9
20-24 岁	53	17.0	3.8	5.7	5.7	28.3	18.9
25-29 岁	43	25.6	2.3	7.0	7.0	32.6	18.6
30-34 岁	38	15.8	0.0	10.5	10.5	23.7	2.6
35-39 岁	39	17.9	0.0	0.0	7.7	20.5	7.7
40-44 岁	30	3.3	0.0	0.0	13.3	10.0	10.0
45-49 岁	25	12.0	0.0	4.0	16.0	16.0	8.0
50 岁以上	37	10.8	5.4	10.8	2.7	8.1	2.7
女性	**292**	**20.2**	**3.8**	**6.2**	**9.2**	**15.4**	**8.2**
16-19 岁	43	30.2	2.3	4.7	11.6	20.9	25.6
20-24 岁	53	32.1	3.8	3.8	9.4	34.0	9.4
25-29 岁	32	28.1	9.4	9.4	12.5	9.4	6.3
30-34 岁	33	21.2	3.0	6.1	9.1	6.1	6.1
35-39 岁	35	11.4	5.7	14.3	2.9	11.4	2.9
40-44 岁	32	18.8	0.0	6.3	3.1	12.5	3.1
45-49 岁	27	11.1	3.7	7.4	7.4	18.5	7.4
50 岁以上	37	0.0	2.7	0.0	16.2	0.0	0.0

续上表（continued）

	人数	逛街购物	照相摄影	参加宗教活动	郊游露营	海外旅行	国内旅行
样本	**600**	**6.0**	**10.0**	**2.2**	**20.3**	**25.0**	**32.2**
男性	**308**	**5.2**	**10.7**	**1.6**	**17.2**	**21.8**	**30.8**
16-19 岁	43	11.6	9.3	0.0	34.9	30.2	32.6
20-24 岁	53	5.7	9.4	3.8	18.9	24.5	39.6
25-29 岁	43	2.3	14.0	2.3	11.6	20.9	34.9
30-34 岁	38	0.0	7.9	0.0	18.4	18.4	26.3
35-39 岁	39	5.1	12.8	0.0	7.7	7.7	15.4
40-44 岁	30	6.7	16.7	3.3	10.0	20.0	36.7
45-49 岁	25	8.0	16.0	0.0	20.0	36.0	28.0
50 岁以上	37	2.7	2.7	2.7	13.5	18.9	29.7
女性	**292**	**6.8**	**9.2**	**2.7**	**23.6**	**28.4**	**33.6**
16-19 岁	43	7.0	16.3	4.7	41.9	32.6	34.9
20-24 岁	53	5.7	7.5	3.8	30.2	30.2	34.0
25-29 岁	32	9.4	15.6	0.0	25.0	21.9	43.8
30-34 岁	33	3.0	12.1	0.0	24.2	24.2	39.4
35-39 岁	35	5.7	0.0	0.0	20.0	37.1	22.9
40-44 岁	32	9.4	15.6	0.0	18.8	31.3	28.1
45-49 岁	27	11.1	7.4	11.1	11.1	37.0	44.4
50 岁以上	37	5.4	0.0	2.7	8.1	13.5	24.3

续上表（continued）

	人数	看书画展	看展览会	听演唱会	炒股	扭秧歌	吃早茶
样本	**600**	**10.2**	**7.7**	**19.0**	**12.7**	**1.8**	**5.3**
男性	**308**	**9.7**	**5.5**	**17.5**	**13.0**	**1.3**	**4.2**
16-19 岁	43	9.3	2.3	41.9	11.6	0.0	7.0
20-24 岁	53	11.3	7.5	20.8	15.1	3.8	0.0
25-29 岁	43	7.0	2.3	20.9	18.6	0.0	7.0
30-34 岁	38	15.8	7.9	13.2	15.8	2.6	7.9
35-39 岁	39	2.6	5.1	7.7	17.9	2.6	5.1
40-44 岁	30	10.0	13.3	10.0	3.3	0.0	0.0
45-49 岁	25	8.0	4.0	4.0	8.0	0.0	4.0
50 岁以上	37	13.5	2.7	10.8	8.1	0.0	2.7
女性	**292**	**10.6**	**9.9**	**20.5**	**12.3**	**2.4**	**6.5**
16-19 岁	43	20.9	18.6	27.9	4.7	2.3	2.3
20-24 岁	53	7.5	3.8	32.1	7.5	0.0	11.3
25-29 岁	32	12.5	6.3	15.6	18.8	0.0	6.3
30-34 岁	33	12.1	12.1	21.2	6.1	3.0	6.1
35-39 岁	35	8.6	8.6	17.1	11.4	0.0	5.7
40-44 岁	32	6.3	12.5	15.6	12.5	6.3	6.3
45-49 岁	27	11.1	11.1	14.8	22.2	3.7	11.1
50 岁以上	37	5.4	8.1	10.8	21.6	5.4	2.7

4-5 关于北京消费群 / Beijing Consumers' Activities

4-5-1 不同消费群经常做的活动 / Frequently Engaged Activities by Market Segments

注：本题为多选题，合计百分比超过 100%（Multiple answers）

	人数	到现场看球赛	打网球	打高尔夫球	打羽毛球	保龄球	踢足球	打篮球
样本	**600**	**8.0**	**4.5**	**0.5**	**32.5**	**8.7**	**10.5**	**10.2**
第一消费群	137	5.8	2.9	0.0	27.7	7.3	7.3	5.1
第二消费群	94	12.8	8.5	1.1	35.1	22.3	13.8	10.6
第三消费群	112	6.3	2.7	0.9	32.1	1.8	9.8	7.1
第四消费群	5	0.0	40.0	20.0	40.0	40.0	0.0	0.0
第五消费群	131	12.2	6.9	0.0	44.3	9.9	20.6	24.4
第六消费群	121	4.1	0.8	0.0	23.1	3.3	1.7	3.3

续上表（continued）

	人数	打乒乓球	慢跑	散步	跳交际舞	跳迪斯科	跳韵律操	健身房运动
样本	**600**	**20.5**	**19.0**	**66.3**	**9.0**	**6.7**	**3.2**	**4.3**
第一消费群	137	17.5	18.2	70.1	13.1	3.6	5.1	3.6
第二消费群	94	26.6	16.0	57.4	6.4	6.4	0.0	7.4
第三消费群	112	18.8	22.3	71.4	5.4	2.7	2.7	2.7
第四消费群	5	60.0	20.0	80.0	20.0	20.0	20.0	0.0
第五消费群	131	26.0	19.8	55.0	7.6	16.0	2.3	6.1
第六消费群	121	13.2	18.2	76.0	10.7	3.3	4.1	2.5

续上表（continued）

	人数	打麻将	下棋	玩纸牌	游泳	滑冰	钓鱼
样本	**600**	**24.0**	**26.5**	**38.3**	**31.2**	**5.5**	**10.8**
第一消费群	137	18.2	26.3	29.9	35.8	1.5	10.9
第二消费群	94	31.9	26.6	45.7	36.2	6.4	10.6
第三消费群	112	27.7	27.7	35.7	21.4	4.5	13.4
第四消费群	5	0.0	20.0	20.0	40.0	20.0	0.0
第五消费群	131	26.0	33.6	58.8	48.9	12.2	14.5
第六消费群	121	19.8	18.2	23.1	11.6	2.5	5.0

续上表（continued）

	人数	登山	看电视	听音乐	看电影	打游戏机	集邮/集物
样本	**600**	**9.2**	**87.3**	**65.0**	**22.2**	**18.5**	**20.3**
第一消费群	137	11.7	89.8	68.6	18.2	13.1	22.6
第二消费群	94	11.7	85.1	68.1	23.4	18.1	18.1
第三消费群	112	6.3	87.5	54.5	12.5	16.1	22.3
第四消费群	5	0.0	80.0	100.0	40.0	20.0	60.0
第五消费群	131	6.9	84.0	73.3	40.5	34.4	16.0
第六消费群	121	9.9	90.1	57.9	14.0	9.9	20.7

续上表（continued）

	人数	烹饪	编织	种花/盆栽	看书	绘画书法	乐器演奏
样本	**600**	**44.5**	**17.7**	**20.2**	**76.0**	**8.7**	**5.0**
第一消费群	137	53.3	21.9	16.1	86.9	8.8	5.1
第二消费群	94	38.3	5.3	13.8	77.7	2.1	2.1
第三消费群	112	53.6	22.3	27.7	66.1	8.9	3.6
第四消费群	5	80.0	0.0	60.0	60.0	20.0	20.0
第五消费群	131	26.7	8.4	7.6	79.4	13.0	10.7
第六消费群	121	48.8	28.9	34.7	68.6	8.3	1.7

续上表（continued）

	人数	玩电脑	吃零食	聚会聊天	参加社团活动	开汽车兜风	骑摩托车兜风
样本	**600**	**21.2**	**29.8**	**54.3**	**13.2**	**11.8**	**5.3**
第一消费群	137	29.2	32.1	48.2	10.9	10.9	5.1
第二消费群	94	40.4	25.5	60.6	17.0	22.3	6.4
第三消费群	112	7.1	19.6	53.6	11.6	8.9	8.0
第四消费群	5	80.0	20.0	60.0	20.0	20.0	40.0
第五消费群	131	23.7	47.3	61.8	15.3	13.7	3.8
第六消费群	121	5.0	21.5	48.8	11.6	5.0	2.5

续上表（continued）

	人数	逛街购物	照相摄影	参加宗教活动	郊游露营	海外旅行	国内旅行
样本	**600**	**53.7**	**24.8**	**2.5**	**8.5**	**0.5**	**8.0**
第一消费群	137	59.9	30.7	3.6	10.9	1.5	10.9
第二消费群	94	41.5	34.0	2.1	13.8	1.1	14.9
第三消费群	112	54.5	19.6	1.8	5.4	0.0	1.8
第四消费群	5	40.0	60.0	0.0	20.0	0.0	40.0
第五消费群	131	56.5	15.3	1.5	5.3	0.0	4.6
第六消费群	121	52.9	24.8	3.3	7.4	0.0	7.4

续上表（continued）

	人数	看书画展	看展览会	听演唱会	炒股	扭秧歌	吃早茶
样本	**600**	**7.5**	**13.0**	**7.5**	**7.0**	**3.7**	**5.0**
第一消费群	137	10.9	13.9	5.1	8.8	2.9	3.6
第二消费群	94	5.3	16.0	12.8	12.8	0.0	3.2
第三消费群	112	8.0	10.7	10.7	7.1	7.1	8.9
第四消费群	5	20.0	20.0	20.0	40.0	0.0	0.0
第五消费群	131	6.9	6.9	4.6	2.3	0.0	3.1
第六消费群	121	5.0	18.2	5.8	4.1	8.3	6.6

4-5-2 不同消费群想做的活动 / Desired Activities by Market Segments

注：本题为多选题，合计百分比超过 100%（ Multiple answers ）

	人数	到现场看球赛	打网球	打高尔夫球	打羽毛球	保龄球	踢足球	打篮球
样本	**600**	**24.0**	**19.0**	**9.2**	**12.8**	**17.8**	**8.3**	**5.7**
第一消费群	137	18.2	17.5	6.6	16.8	14.6	2.9	6.6
第二消费群	94	24.5	26.6	13.8	13.8	25.5	10.6	5.3
第三消费群	112	24.1	9.8	3.6	11.6	13.4	7.1	2.7
第四消费群	5	20.0	20.0	20.0	20.0	20.0	20.0	20.0
第五消费群	131	38.9	35.9	18.3	13.0	29.8	15.3	8.4
第六消费群	121	14.0	5.0	3.3	8.3	6.6	5.8	4.1

续上表（ continued ）

	人数	打乒乓球	慢跑	散步	跳交际舞	跳迪斯科	跳韵律操	健身房运动
样本	**600**	**10.5**	**6.8**	**4.7**	**11.2**	**5.2**	**6.0**	**18.0**
第一消费群	137	13.1	7.3	5.1	13.1	2.2	6.6	16.8
第二消费群	94	11.7	7.4	4.3	10.6	5.3	6.4	22.3
第三消费群	112	7.1	7.1	2.7	8.9	7.1	4.5	17.9
第四消费群	5	20.0	20.0	0.0	0.0	20.0	20.0	0.0
第五消费群	131	12.2	8.4	6.9	13.0	7.6	6.9	25.2
第六消费群	121	7.4	3.3	4.1	9.9	3.3	5.0	9.1

续上表（ continued ）

	人数	打麻将	下棋	玩纸牌	游泳	滑冰	钓鱼
样本	**600**	**4.0**	**4.0**	**2.3**	**27.3**	**11.0**	**15.7**
第一消费群	137	1.5	2.9	1.5	33.6	13.1	14.6
第二消费群	94	1.1	7.4	2.1	28.7	14.9	19.1
第三消费群	112	8.0	6.3	1.8	27.7	7.1	11.6
第四消费群	5	0.0	0.0	0.0	40.0	40.0	80.0
第五消费群	131	3.8	2.3	3.1	27.5	16.0	21.4
第六消费群	121	5.8	2.5	3.3	18.2	2.5	9.1

续上表（ continued ）

	人数	登山	看电视	听音乐	看电影	打游戏机	集邮/集物
样本	**600**	**18.5**	**2.0**	**3.8**	**14.7**	**3.8**	**6.3**
第一消费群	137	16.8	1.5	2.9	24.8	3.6	6.6
第二消费群	94	16.0	1.1	3.2	7.4	1.1	9.6
第三消费群	112	14.3	3.6	4.5	17.9	3.6	0.9
第四消费群	5	40.0	0.0	0.0	0.0	0.0	0.0
第五消费群	131	32.1	1.5	3.8	9.2	6.1	10.7
第六消费群	121	10.7	2.5	5.0	12.4	4.1	4.1

续上表（continued）

	人数	烹饪	编织	种花/盆栽	看书	绘画书法	乐器演奏
样本	**600**	**6.7**	**5.5**	**6.8**	**3.8**	**14.0**	**6.8**
第一消费群	137	4.4	6.6	8.0	2.2	17.5	6.6
第二消费群	94	3.2	5.3	5.3	4.3	13.8	5.3
第三消费群	112	7.1	6.3	7.1	6.3	8.9	2.7
第四消费群	5	0.0	40.0	0.0	0.0	20.0	20.0
第五消费群	131	15.3	6.1	6.1	2.3	17.6	13.0
第六消费群	121	2.5	1.7	7.4	5.0	10.7	5.0

续上表（continued）

	人数	玩电脑	吃零食	聚会聊天	参加社团活动	开汽车兜风	骑摩托车兜风
样本	**600**	**20.3**	**2.3**	**10.0**	**9.0**	**19.8**	**7.5**
第一消费群	137	20.4	0.0	13.1	9.5	16.1	5.1
第二消费群	94	13.8	2.1	10.6	10.6	23.4	5.3
第三消费群	112	16.1	3.6	6.3	8.0	16.1	6.3
第四消费群	5	0.0	0.0	20.0	20.0	40.0	0.0
第五消费群	131	37.4	4.6	10.7	13.0	32.1	16.8
第六消费群	121	11.6	1.7	8.3	3.3	10.7	3.3

续上表（continued）

	人数	逛街购物	照相摄影	参加宗教活动	郊游露营	海外旅行	国内旅行
样本	**600**	**7.0**	**13.3**	**5.2**	**29.0**	**28.0**	**40.0**
第一消费群	137	8.0	10.9	6.6	30.7	31.4	49.6
第二消费群	94	8.5	10.6	2.1	31.9	37.2	41.5
第三消费群	112	6.3	15.2	2.7	23.2	13.4	35.7
第四消费群	5	20.0	0.0	0.0	40.0	60.0	40.0
第五消费群	131	6.9	22.9	9.9	42.7	38.9	42.7
第六消费群	121	5.0	6.6	3.3	14.9	17.4	28.9

续上表（continued）

	人数	看书画展	看展览会	听演唱会	炒股	扭秧歌	吃早茶
样本	**600**	**11.8**	**11.7**	**25.5**	**16.7**	**3.2**	**7.8**
第一消费群	137	17.5	16.1	34.3	17.5	2.2	8.8
第二消费群	94	8.5	7.4	13.8	25.5	0.0	9.6
第三消费群	112	6.3	8.9	19.6	9.8	5.4	4.5
第四消费群	5	20.0	20.0	20.0	20.0	0.0	40.0
第五消费群	131	12.2	15.3	40.5	23.7	2.3	9.9
第六消费群	121	12.4	8.3	14.0	7.4	5.8	5.0

注：北京消费群的代表特征 / Characteristics of the Beijing Market Segments

		第一消费群	第二消费群	第三消费群	第四消费群	第五消费群	第六消费群
基本情况	性别	女	男	无明显偏向	男	无明显偏向	女
	年龄	30 － 34 岁	25 － 29 岁	35 － 44 岁	无明显偏向	16 － 24 岁	45 岁以上
	学历	大专/大本	大本	初中	大本及研究生	高中/中专/技校	初中及以下
	职业	科教卫生人员	一般企业职员	工人	管理人员/专门职业从事者/个体及私营企业主	学生	离退休人员
	月均收入	801 － 1500 元	1501 － 4000 元	800 元以下	4000 元以上	无收入	800 元以下
	婚姻	已婚	无明显偏向	已婚	已婚或离异	未婚	已婚
心理取向		注重学历 非积极进取	不循规传统 非单一电视娱乐	非田园倾向 新女性主张 金钱本位	注重经验 大男子主义 不保守稳定	非“大男子主义” 追随流行	非“新女性主张” 非浪漫新潮 单一电视娱乐

4-6 关于上海消费群 / Shanghai Consumers' Activities

4-6-1 不同消费群经常做的活动 / Frequently Engaged Activities by Market Segments

注：本题为多选题，合计百分比超过 100%（Multiple answers）

	人数	到现场看球赛	打网球	打高尔夫球	打羽毛球	保龄球	踢足球	打篮球
样本	**600**	**8.2**	**2.7**	**0.2**	**14.2**	**18.2**	**8.7**	**7.3**
第一消费群	145	3.4	1.4	0.0	11.0	7.6	2.8	3.4
第二消费群	92	12.0	6.5	1.1	19.6	39.1	15.2	12.0
第三消费群	10	0.0	0.0	0.0	0.0	40.0	0.0	0.0
第四消费群	135	8.1	1.5	0.0	8.1	3.7	3.7	3.0
第五消费群	68	5.9	5.9	0.0	30.9	5.9	23.5	26.5
第六消费群	150	12.0	1.3	0.0	12.7	32.7	8.7	4.0

续上表（continued）

	人数	打乒乓球	慢跑	散步	跳交际舞	跳迪斯科	跳韵律操	健身房运动
样本	**600**	**13.0**	**13.7**	**52.8**	**11.5**	**8.3**	**3.5**	**4.8**
第一消费群	145	8.3	12.4	65.5	13.8	4.8	4.8	6.9
第二消费群	92	22.8	14.1	51.1	16.3	14.1	4.3	9.8
第三消费群	10	10.0	10.0	40.0	20.0	20.0	0.0	0.0
第四消费群	135	7.4	13.3	51.1	5.2	4.4	0.7	2.2
第五消费群	68	23.5	27.9	57.4	0.0	0.0	7.4	7.4
第六消费群	150	12.0	8.7	42.0	16.7	14.7	2.7	1.3

续上表（continued）

	人数	打麻将	下棋	玩纸牌	游泳	滑冰	钓鱼
样本	**600**	**23.8**	**25.5**	**31.2**	**19.3**	**5.7**	**2.3**
第一消费群	145	16.6	20.0	23.4	12.4	2.1	2.1
第二消费群	92	17.4	35.9	44.6	21.7	6.5	1.1
第三消费群	10	10.0	10.0	50.0	20.0	10.0	0.0
第四消费群	135	25.2	22.2	27.4	13.3	3.0	0.7
第五消费群	68	11.8	38.2	45.6	26.5	17.6	0.0
第六消费群	150	40.0	22.7	26.0	26.7	5.3	6.0

续上表（continued）

	人数	登山	看电视	听音乐	看电影	打游戏机	集邮/集物
样本	**600**	**2.7**	**87.7**	**66.3**	**32.3**	**23.8**	**19.3**
第一消费群	145	1.4	89.7	66.2	26.2	15.9	26.9
第二消费群	92	5.4	85.9	67.4	37.0	29.3	26.1
第三消费群	10	10.0	90.0	70.0	30.0	40.0	0.0
第四消费群	135	2.2	82.2	57.0	26.7	22.2	11.9
第五消费群	68	4.4	91.2	82.4	50.0	32.4	29.4
第六消费群	150	1.3	90.0	66.7	32.7	24.7	11.3

续上表（continued）

	人数	烹饪	编织	种花/盆栽	看书	绘画书法	乐器演奏
样本	**600**	**36.3**	**14.0**	**18.0**	**63.2**	**8.8**	**3.5**
第一消费群	145	53.1	22.1	31.7	69.0	9.0	4.1
第二消费群	92	25.0	3.3	10.9	69.6	8.7	3.3
第三消费群	10	40.0	10.0	0.0	50.0	0.0	10.0
第四消费群	135	50.4	21.5	17.8	49.6	5.9	3.0
第五消费群	68	14.7	8.8	8.8	80.9	19.1	10.3
第六消费群	150	24.0	8.7	14.7	58.7	7.3	0.0

续上表（continued）

	人数	玩电脑	吃零食	聚会聊天	参加社团活动	开汽车兜风	骑摩托车兜风
样本	**600**	**17.0**	**30.7**	**52.0**	**16.3**	**4.3**	**4.7**
第一消费群	145	11.7	24.8	48.3	20.0	2.1	4.8
第二消费群	92	31.5	22.8	59.8	26.1	7.6	4.3
第三消费群	10	30.0	10.0	60.0	0.0	10.0	10.0
第四消费群	135	4.4	31.1	43.7	11.1	3.7	5.2
第五消费群	68	39.7	52.9	64.7	23.5	2.9	1.5
第六消费群	150	13.3	32.0	52.0	9.3	5.3	5.3

续上表（continued）

	人数	逛街购物	照相摄影	参加宗教活动	郊游露营	海外旅行	国内旅行
样本	**600**	**52.3**	**24.0**	**5.2**	**5.8**	**0.3**	**14.2**
第一消费群	145	56.6	33.1	9.0	7.6	0.0	24.1
第二消费群	92	41.3	20.7	3.3	7.6	0.0	16.3
第三消费群	10	50.0	30.0	20.0	10.0	10.0	50.0
第四消费群	135	54.1	17.0	3.7	3.7	0.7	11.9
第五消费群	68	57.4	20.6	1.5	7.4	0.0	2.9
第六消费群	150	51.3	24.7	4.7	4.0	0.0	8.0

续上表（continued）

	人数	看书画展	看展览会	听演唱会	炒股	扭秧歌	吃早茶
样本	**600**	**10.2**	**9.0**	**9.5**	**23.3**	**0.2**	**14.2**
第一消费群	145	13.1	14.5	6.2	33.1	0.0	12.4
第二消费群	92	12.0	13.0	6.5	16.3	0.0	13.0
第三消费群	10	10.0	10.0	10.0	30.0	0.0	30.0
第四消费群	135	6.7	4.4	8.9	20.7	0.0	13.3
第五消费群	68	7.4	8.8	4.4	8.8	0.0	7.4
第六消费群	150	10.7	5.3	17.3	26.7	0.7	19.3

4-6-2 不同消费群想做的活动 / Desired Activities by Market Segments

注：本题为多选题，合计百分比超过 100%（Multiple answers）

	人数	到现场看球赛	打网球	打高尔夫球	打羽毛球	保龄球	踢足球	打篮球
样本	**600**	**24.2**	**18.2**	**8.2**	**8.5**	**20.3**	**6.2**	**3.3**
第一消费群	145	25.5	5.5	4.1	11.0	20.7	6.2	2.1
第二消费群	92	29.3	28.3	18.5	15.2	19.6	13.0	6.5
第三消费群	10	10.0	10.0	0.0	0.0	20.0	0.0	0.0
第四消费群	135	14.1	9.6	4.4	5.2	14.8	2.2	2.2
第五消费群	68	39.7	51.5	17.6	13.2	41.2	7.4	8.8
第六消费群	150	22.7	17.3	5.3	3.3	16.0	5.3	1.3

续上表（continued）

	人数	打乒乓球	慢跑	散步	跳交际舞	跳迪斯科	跳韵律操	健身房运动
样本	**600**	**10.8**	**6.2**	**4.3**	**11.0**	**6.5**	**5.2**	**17.7**
第一消费群	145	12.4	8.3	3.4	14.5	6.2	1.4	19.3
第二消费群	92	12.0	5.4	4.3	13.0	5.4	8.7	21.7
第三消费群	10	20.0	0.0	0.0	0.0	10.0	0.0	10.0
第四消费群	135	4.4	4.4	3.7	10.4	5.9	6.7	9.6
第五消费群	68	17.6	2.9	4.4	10.3	10.3	10.3	32.4
第六消费群	150	10.7	8.0	6.0	8.0	6.0	3.3	14.7

续上表（continued）

	人数	打麻将	下棋	玩纸牌	游泳	滑冰	钓鱼
样本	**600**	**5.0**	**5.7**	**2.8**	**23.3**	**9.0**	**16.7**
第一消费群	145	4.1	7.6	3.4	19.3	4.1	10.3
第二消费群	92	4.3	3.3	2.2	27.2	19.6	26.1
第三消费群	10	10.0	0.0	0.0	20.0	10.0	20.0
第四消费群	135	5.9	8.1	2.2	18.5	3.0	11.1
第五消费群	68	5.9	8.8	5.9	36.8	20.6	36.8
第六消费群	150	4.7	2.0	2.0	23.3	7.3	12.7

续上表（continued）

	人数	登山	看电视	听音乐	看电影	打游戏机	集邮/集物
样本	**600**	**16.8**	**1.8**	**2.7**	**14.0**	**3.2**	**7.5**
第一消费群	145	13.8	0.0	4.1	16.6	2.8	9.0
第二消费群	92	23.9	2.2	3.3	15.2	2.2	8.7
第三消费群	10	30.0	0.0	0.0	0.0	10.0	20.0
第四消费群	135	8.9	2.2	3.0	10.4	3.0	1.5
第五消费群	68	38.2	4.4	2.9	16.2	7.4	8.8
第六消费群	150	12.0	2.0	0.7	14.0	2.0	9.3

续上表（continued）

	人数	烹饪	编织	种花/盆栽	看书	绘画书法	乐器演奏
样本	**600**	**8.5**	**6.5**	**10.3**	**3.0**	**10.7**	**6.8**
第一消费群	145	5.5	4.8	12.4	0.7	13.8	4.8
第二消费群	92	8.7	9.8	8.7	3.3	16.3	10.9
第三消费群	10	10.0	10.0	10.0	0.0	0.0	10.0
第四消费群	135	4.4	8.1	11.1	5.2	8.1	6.7
第五消费群	68	22.1	7.4	17.6	2.9	13.2	13.2
第六消费群	150	8.7	4.0	5.3	3.3	6.0	3.3

续上表（continued）

	人数	玩电脑	吃零食	聚会聊天	参加社团活动	开汽车兜风	骑摩托车兜风
样本	**600**	**19.2**	**2.5**	**8.8**	**9.5**	**15.2**	**11.0**
第一消费群	145	17.2	2.1	6.9	10.3	13.1	5.5
第二消费群	92	23.9	1.1	12.0	8.7	26.1	19.6
第三消费群	10	30.0	0.0	10.0	30.0	10.0	10.0
第四消费群	135	11.9	3.0	7.4	6.7	9.6	6.7
第五消费群	68	38.2	4.4	13.2	16.2	22.1	17.6
第六消费群	150	15.3	2.7	8.0	7.3	12.7	12.0

续上表（continued）

	人数	逛街购物	照相摄影	参加宗教活动	郊游露营	海外旅行	国内旅行
样本	**600**	**6.8**	**13.0**	**4.8**	**22.5**	**30.2**	**36.7**
第一消费群	145	4.8	12.4	2.8	15.9	27.6	42.1
第二消费群	92	7.6	14.1	8.7	29.3	42.4	44.6
第三消费群	10	0.0	10.0	0.0	20.0	30.0	40.0
第四消费群	135	6.7	10.4	3.7	16.3	21.5	26.7
第五消费群	68	7.4	25.0	10.3	44.1	48.5	50.0
第六消费群	150	8.7	10.0	3.3	20.7	24.7	29.3

续上表（continued）

	人数	看书画展	看展览会	听演唱会	炒股	扭秧歌	吃早茶
样本	**600**	**11.8**	**13.3**	**22.8**	**12.2**	**2.7**	**10.8**
第一消费群	145	15.2	13.1	20.0	11.0	1.4	11.7
第二消费群	92	10.9	16.3	29.3	13.0	3.3	12.0
第三消费群	10	10.0	10.0	20.0	10.0	0.0	10.0
第四消费群	135	7.4	8.1	17.0	13.3	3.0	8.9
第五消费群	68	26.5	29.4	48.5	14.7	8.8	19.1
第六消费群	150	6.7	9.3	15.3	10.7	0.7	7.3

注：上海消费群的代表特征 / Characteristics of the Shanghai Market Segments

		第一消费群	第二消费群	第三消费群	第四消费群	第五消费群	第六消费群
基本情况	性别	无明显偏向	男	男	女	女	无明显偏向
	年龄	45 岁以上	20 － 29 岁	25 － 34 岁	35 － 44 岁	16 － 24 岁	30 － 39 岁
	学历	大本及以上	大专/大本	大专	初中及以下	高中/中专/技校	高中/中专/技校
	职业	科教卫生人员/离退休人员	一般企业职员	行政管理人员/个体及私营企业主/专门职业从事者	工人/下岗人员	学生	一般企业职员
	月均收入	801 － 1500 元	1001 － 3000 元	3000 元以上	800 元以下	无收入	1001 － 2000 元
	婚姻	已婚	未婚	未婚	已婚	未婚	已婚
心理取向		非浪漫时尚 非金钱本位 保守稳定	非家庭重心 田园倾向 休闲独立	不保守稳定 奔波忙碌 浪漫时尚	金钱本位 家庭重心 注重学历	新家庭观念 非休闲独立	不积极进取 不奔波忙碌

4-7 关于广州消费群 / Guangzhou Consumers' Activities

4-7-1 不同消费群经常做的活动 / Frequently Engaged Activities by Market Segments

注：本题为多选题，合计百分比超过 100%（Multiple answers）

	人数	到现场看球赛	打网球	打高尔夫球	打羽毛球	保龄球	踢足球	打篮球
样本	**600**	**9.5**	**7.0**	**0.8**	**26.0**	**10.0**	**8.0**	**12.5**
第一消费群	94	7.4	7.4	2.1	35.1	7.4	11.7	25.5
第二消费群	126	7.1	4.8	0.0	16.7	3.2	3.2	7.1
第三消费群	99	9.1	8.1	0.0	39.4	16.2	12.1	19.2
第四消费群	100	10.0	6.0	1.0	23.0	9.0	8.0	6.0
第五消费群	99	5.1	1.0	1.0	15.2	2.0	5.1	8.1
第六消费群	82	20.7	17.1	1.2	30.5	26.8	9.8	11.0

续上表（continued）

	人数	打乒乓球	慢跑	散步	跳交际舞	跳迪斯科	跳韵律操	健身房运动
样本	**600**	**24.3**	**19.3**	**53.2**	**7.2**	**5.5**	**2.8**	**7.0**
第一消费群	94	29.8	27.7	57.4	6.4	6.4	2.1	14.9
第二消费群	126	15.1	21.4	61.9	6.3	4.0	4.0	2.4
第三消费群	99	33.3	18.2	44.4	6.1	12.1	3.0	13.1
第四消费群	100	28.0	16.0	49.0	9.0	4.0	2.0	5.0
第五消费群	99	13.1	12.1	53.5	3.0	1.0	4.0	2.0
第六消费群	82	30.5	20.7	50.0	13.4	6.1	1.2	6.1

续上表（continued）

	人数	打麻将	下棋	玩纸牌	游泳	滑冰	钓鱼
样本	**600**	**32.0**	**23.7**	**33.3**	**23.8**	**4.5**	**4.3**
第一消费群	94	27.7	24.5	39.4	34.0	12.8	0.0
第二消费群	126	25.4	23.8	27.0	16.7	0.0	3.2
第三消费群	99	44.4	22.2	43.4	23.2	10.1	4.0
第四消费群	100	40.0	27.0	34.0	20.0	2.0	7.0
第五消费群	99	24.2	17.2	30.3	24.2	1.0	6.1
第六消费群	82	31.7	28.0	26.8	28.0	2.4	6.1

续上表（continued）

	人数	登山	看电视	听音乐	看电影	打游戏机	集邮/集物
样本	**600**	**6.0**	**91.0**	**65.7**	**17.2**	**25.7**	**14.2**
第一消费群	94	9.6	94.7	80.9	20.2	41.5	14.9
第二消费群	126	4.0	88.9	54.8	9.5	13.5	10.3
第三消费群	99	4.0	97.0	75.8	26.3	36.4	19.2
第四消费群	100	7.0	92.0	56.0	14.0	23.0	16.0
第五消费群	99	3.0	90.9	62.6	16.2	18.2	13.1
第六消费群	82	9.8	81.7	68.3	19.5	25.6	12.2

续上表（continued）

	人数	烹饪	编织	种花/盆栽	看书	绘画书法	乐器演奏
样本	**600**	**43.3**	**6.0**	**20.7**	**66.3**	**9.2**	**2.0**
第一消费群	94	36.2	5.3	17.0	70.2	13.8	3.2
第二消费群	126	50.8	7.9	27.0	56.3	7.1	1.6
第三消费群	99	37.4	5.1	12.1	75.8	14.1	1.0
第四消费群	100	42.0	5.0	27.0	62.0	7.0	4.0
第五消费群	99	57.6	9.1	20.2	55.6	4.0	0.0
第六消费群	82	31.7	2.4	18.3	84.1	9.8	2.4

续上表（continued）

	人数	玩电脑	吃零食	聚会聊天	参加社团活动	开汽车兜风	骑摩托车兜风
样本	**600**	**21.2**	**42.2**	**55.2**	**9.7**	**6.8**	**17.7**
第一消费群	94	33.0	66.0	64.9	13.8	6.4	14.9
第二消费群	126	7.9	23.8	46.0	5.6	4.8	10.3
第三消费群	99	33.3	59.6	60.6	10.1	7.1	15.2
第四消费群	100	15.0	34.0	47.0	8.0	8.0	30.0
第五消费群	99	5.1	45.5	52.5	7.1	6.1	15.2
第六消费群	82	40.2	28.0	64.6	15.9	9.8	23.2

续上表（continued）

	人数	逛街购物	照相摄影	参加宗教活动	郊游露营	海外旅行	国内旅行
样本	**600**	**56.2**	**21.3**	**2.7**	**5.2**	**2.3**	**12.0**
第一消费群	94	68.1	24.5	3.2	7.4	1.1	11.7
第二消费群	126	45.2	16.7	2.4	5.6	4.0	14.3
第三消费群	99	62.6	21.2	2.0	5.1	1.0	7.1
第四消费群	100	54.0	20.0	2.0	3.0	2.0	16.0
第五消费群	99	60.6	22.2	4.0	4.0	1.0	7.1
第六消费群	82	48.8	25.6	2.4	6.1	4.9	15.9

续上表（continued）

	人数	看书画展	看展览会	听演唱会	炒股	扭秧歌	吃早茶
样本	**600**	**7.7**	**6.5**	**9.0**	**8.7**	**0.2**	**61.0**
第一消费群	94	6.4	7.4	8.5	4.3	0.0	46.8
第二消费群	126	10.3	4.8	7.1	5.6	0.0	59.5
第三消费群	99	3.0	9.1	11.1	11.1	1.0	58.6
第四消费群	100	7.0	8.0	9.0	14.0	0.0	75.0
第五消费群	99	7.1	4.0	8.1	2.0	0.0	70.7
第六消费群	82	12.2	6.1	11.0	17.1	0.0	53.7

4-7-2 不同消费群想做的活动 / Desired Activities by Market Segments

注：本题为多选题，合计百分比超过 100%（Multiple answers）

	人数	到现场看球赛	打网球	打高尔夫球	打羽毛球	保龄球	踢足球	打篮球
样本	**600**	**15.3**	**20.5**	**13.3**	**11.7**	**18.8**	**6.8**	**7.0**
第一消费群	94	20.2	31.9	23.4	19.1	36.2	8.5	16.0
第二消费群	126	11.9	7.1	4.8	5.6	7.1	5.6	0.8
第三消费群	99	21.2	39.4	18.2	13.1	29.3	8.1	8.1
第四消费群	100	12.0	16.0	11.0	13.0	10.0	7.0	6.0
第五消费群	99	7.1	13.1	11.1	10.1	15.2	4.0	6.1
第六消费群	82	22.0	19.5	14.6	11.0	19.5	8.5	7.3

续上表（continued）

	人数	打乒乓球	慢跑	散步	跳交际舞	跳迪斯科	跳韵律操	健身房运动
样本	**600**	**9.0**	**5.0**	**4.7**	**12.7**	**7.8**	**6.8**	**13.2**
第一消费群	94	14.9	4.3	5.3	20.2	16.0	14.9	23.4
第二消费群	126	5.6	5.6	4.8	6.3	0.0	4.8	7.1
第三消费群	99	9.1	6.1	5.1	14.1	14.1	5.1	16.2
第四消费群	100	10.0	5.0	6.0	10.0	4.0	3.0	10.0
第五消费群	99	6.1	4.0	3.0	11.1	8.1	10.1	10.1
第六消费群	82	9.8	4.9	3.7	17.1	7.3	3.7	14.6

续上表（continued）

	人数	打麻将	下棋	玩纸牌	游泳	滑冰	钓鱼
样本	**600**	**8.2**	**5.7**	**3.5**	**22.7**	**12.5**	**15.2**
第一消费群	94	9.6	9.6	5.3	23.4	23.4	24.5
第二消费群	126	4.8	2.4	2.4	19.0	4.0	7.1
第三消费群	99	7.1	9.1	3.0	29.3	22.2	21.2
第四消费群	100	9.0	8.0	3.0	22.0	7.0	13.0
第五消费群	99	17.2	1.0	6.1	18.2	9.1	9.1
第六消费群	82	1.2	4.9	2.4	25.6	12.2	19.5

续上表（continued）

	人数	登山	看电视	听音乐	看电影	打游戏机	集邮/集物
样本	**600**	**15.5**	**0.8**	**3.8**	**10.0**	**3.5**	**5.5**
第一消费群	94	25.5	1.1	1.1	20.2	7.4	12.8
第二消费群	126	11.9	1.6	6.3	7.9	0.8	1.6
第三消费群	99	13.1	1.0	1.0	9.1	6.1	5.1
第四消费群	100	15.0	0.0	5.0	6.0	4.0	5.0
第五消费群	99	12.1	1.0	6.1	6.1	2.0	6.1
第六消费群	82	17.1	0.0	2.4	12.2	1.2	3.7

续上表（continued）

	人数	烹饪	编织	种花/盆栽	看书	绘画书法	乐器演奏
样本	**600**	**6.0**	**5.7**	**7.2**	**4.7**	**7.5**	**7.7**
第一消费群	94	9.6	7.4	12.8	6.4	16.0	21.3
第二消费群	126	4.8	2.4	6.3	5.6	7.1	1.6
第三消费群	99	10.1	10.1	7.1	5.1	9.1	14.1
第四消费群	100	4.0	1.0	3.0	4.0	2.0	2.0
第五消费群	99	2.0	11.1	6.1	5.1	3.0	2.0
第六消费群	82	6.1	2.4	8.5	1.2	8.5	7.3

续上表（continued）

	人数	玩电脑	吃零食	聚会聊天	参加社团活动	开汽车兜风	骑摩托车兜风
样本	**600**	**19.3**	**3.8**	**5.7**	**8.8**	**18.0**	**11.2**
第一消费群	94	29.8	5.3	6.4	16.0	25.5	20.2
第二消费群	126	13.5	6.3	7.1	7.1	10.3	4.0
第三消费群	99	28.3	5.1	5.1	12.1	27.3	22.2
第四消费群	100	16.0	2.0	9.0	7.0	14.0	8.0
第五消费群	99	13.1	3.0	4.0	5.1	12.1	7.1
第六消费群	82	17.1	0.0	1.2	6.1	22.0	7.3

续上表（continued）

	人数	逛街购物	照相摄影	参加宗教活动	郊游露营	海外旅行	国内旅行
样本	**600**	**8.8**	**9.0**	**2.7**	**15.8**	**39.2**	**39.0**
第一消费群	94	11.7	14.9	8.5	29.8	45.7	46.8
第二消费群	126	8.7	2.4	0.0	4.8	24.6	30.2
第三消费群	99	12.1	16.2	5.1	25.3	49.5	50.5
第四消费群	100	7.0	6.0	0.0	12.0	33.0	26.0
第五消费群	99	9.1	7.1	2.0	13.1	41.4	35.4
第六消费群	82	3.7	9.8	1.2	13.4	46.3	50.0

续上表（continued）

	人数	看书画展	看展览会	听演唱会	炒股	扭秧歌	吃早茶
样本	**600**	**7.3**	**6.7**	**20.8**	**12.8**	**1.8**	**7.7**
第一消费群	94	13.8	11.7	34.0	16.0	5.3	10.6
第二消费群	126	2.4	4.0	8.7	7.9	1.6	9.5
第三消费群	99	11.1	11.1	36.4	16.2	2.0	5.1
第四消费群	100	6.0	6.0	16.0	15.0	2.0	6.0
第五消费群	99	5.1	4.0	14.1	8.1	0.0	8.1
第六消费群	82	7.3	3.7	19.5	15.9	0.0	6.1

注：广州消费群的代表特征 / Characteristics of the Guangzhou Market Segments

		第一消费群	第二消费群	第三消费群	第四消费群	第五消费群	第六消费群
基本情况	性别	女	无明显偏向	女	男	女	男
	年龄	16 — 19 岁	40 岁以上	20 — 24 岁	35 — 44 岁	30 — 34 岁	25 — 29 岁
	学历	高中/中专/技校	无明显偏向	高中/中专/技校/大专	初中/高中/中专/技校	初中及以下	大专及以上
	职业	学生	工人	学生/待业人员	个体及私营企业主	家庭主妇	企业职员/管理人员/科教卫生人员/专门职业者
	月均收入	无收入	1500 元以下	无收入	801 — 1500 元	800 元以下	2000 元以上
	婚姻	未婚	已婚	未婚	已婚	已婚	无明显偏向
心理取向		不固守中式生活 田园倾向 非大男子主义	非新女性主张 不追随流行 非积极进取	独立自主 追随流行	积极进取 大男子主义 中式生活	单一电视娱乐 非独立自主 保守稳定	非单一电视娱乐 非家庭重心

4-8 关于重庆消费群 / Chongqing Consumers' Activities

4-8-1 不同消费群经常做的活动 / Frequently Engaged Activities by Market Segments

注：本题为多选题，合计百分比超过 100%（Multiple answers）

	人数	到现场看球赛	打网球	打高尔夫球	打羽毛球	保龄球	踢足球	打篮球
样本	**600**	**13.3**	**4.2**	**0.2**	**16.7**	**3.8**	**11.5**	**10.3**
第一消费群	133	18.0	3.8	0.0	30.1	3.8	30.1	26.3
第二消费群	123	16.3	6.5	0.0	14.6	3.3	5.7	6.5
第三消费群	124	16.9	4.8	0.8	14.5	6.5	14.5	8.1
第四消费群	24	20.8	12.5	0.0	25.0	12.5	8.3	12.5
第五消费群	162	4.3	0.0	0.0	6.8	0.0	1.2	2.5
第六消费群	34	8.8	8.8	0.0	20.6	8.8	0.0	5.9

续上表（continued）

	人数	打乒乓球	慢跑	散步	跳交际舞	跳迪斯科	跳韵律操	健身房运动
样本	**600**	**17.2**	**15.5**	**61.2**	**11.3**	**6.7**	**3.7**	**4.3**
第一消费群	133	34.6	18.0	53.4	4.5	9.0	6.8	5.3
第二消费群	123	17.1	18.7	71.5	11.4	5.7	3.3	4.1
第三消费群	124	16.1	15.3	56.5	22.6	8.1	4.8	6.5
第四消费群	24	16.7	12.5	66.7	16.7	20.8	0.0	4.2
第五消费群	162	4.3	11.1	61.1	5.6	1.9	0.0	1.9
第六消费群	34	14.7	17.6	67.6	20.6	8.8	8.8	5.9

续上表（continued）

	人数	打麻将	下棋	玩纸牌	游泳	滑冰	钓鱼
样本	**600**	**40.0**	**29.3**	**33.0**	**30.8**	**7.2**	**11.3**
第一消费群	133	26.3	39.8	45.1	44.4	18.0	11.3
第二消费群	123	47.2	33.3	22.0	29.3	6.5	19.5
第三消费群	124	32.3	26.6	37.1	33.9	6.5	6.5
第四消费群	24	50.0	37.5	45.8	45.8	0.0	16.7
第五消费群	162	46.9	21.0	26.5	18.5	0.6	9.3
第六消费群	34	55.9	17.6	32.4	20.6	5.9	5.9

续上表（continued）

	人数	登山	看电视	听音乐	看电影	打游戏机	集邮/集物
样本	**600**	**9.0**	**88.0**	**63.7**	**30.0**	**19.5**	**15.0**
第一消费群	133	10.5	82.0	74.4	45.1	28.6	19.5
第二消费群	123	16.3	91.1	65.0	22.8	10.6	17.9
第三消费群	124	6.5	89.5	68.5	42.7	24.2	13.7
第四消费群	24	0.0	95.8	70.8	29.2	33.3	25.0
第五消费群	162	4.3	89.5	49.4	14.8	13.6	8.0
第六消费群	34	14.7	82.4	61.8	23.5	17.6	17.6

续上表（continued）

	人数	烹饪	编织	种花/盆栽	看书	绘画书法	乐器演奏
样本	**600**	**41.5**	**13.5**	**13.5**	**70.3**	**8.3**	**3.3**
第一消费群	133	19.5	6.8	7.5	78.2	13.5	3.8
第二消费群	123	55.3	17.1	30.9	74.8	8.9	5.7
第三消费群	124	37.1	7.3	9.7	77.4	11.3	3.2
第四消费群	24	50.0	12.5	25.0	70.8	4.2	12.5
第五消费群	162	52.5	19.8	8.0	56.2	2.5	0.6
第六消费群	34	35.3	20.6	5.9	64.7	5.9	0.0

续上表（continued）

	人数	玩电脑	吃零食	聚会聊天	参加社团活动	开汽车兜风	骑摩托车兜风
样本	**600**	**14.0**	**29.8**	**57.3**	**16.8**	**4.8**	**3.7**
第一消费群	133	28.6	45.1	49.6	13.5	4.5	3.8
第二消费群	123	8.1	23.6	61.0	23.6	3.3	1.6
第三消费群	124	19.4	30.6	58.9	21.8	6.5	4.0
第四消费群	24	37.5	54.2	75.0	29.2	12.5	8.3
第五消费群	162	0.0	17.9	56.2	11.1	3.1	3.1
第六消费群	34	8.8	29.4	61.8	5.9	8.8	8.8

续上表（continued）

	人数	逛街购物	照相摄影	参加宗教活动	郊游露营	海外旅行	国内旅行
样本	**600**	**50.7**	**23.7**	**3.2**	**6.7**	**1.7**	**10.7**
第一消费群	133	45.9	24.1	2.3	6.0	0.8	7.5
第二消费群	123	56.9	32.5	4.1	8.9	1.6	17.1
第三消费群	124	54.0	19.4	1.6	4.8	0.8	8.9
第四消费群	24	66.7	54.2	4.2	25.0	8.3	33.3
第五消费群	162	46.3	13.0	4.9	2.5	1.2	5.6
第六消费群	34	44.1	35.3	0.0	14.7	5.9	14.7

续上表（continued）

	人数	看书画展	看展览会	听演唱会	炒股	扭秧歌	吃早茶
样本	**600**	**6.3**	**4.3**	**8.3**	**17.8**	**0.8**	**10.2**
第一消费群	133	6.0	5.3	12.0	5.3	0.8	8.3
第二消费群	123	11.4	10.6	13.0	26.8	2.4	15.4
第三消费群	124	4.0	1.6	6.5	23.4	0.0	8.9
第四消费群	24	16.7	8.3	8.3	25.0	0.0	20.8
第五消费群	162	3.7	1.2	4.3	13.0	0.6	5.6
第六消费群	34	2.9	0.0	2.9	32.4	0.0	17.6

4-8-2 不同消费群想做的活动 / Desired Activities by Market Segments

注：本题为多选题，合计百分比超过 100%（ Multiple answers ）

	人数	到现场看球赛	打网球	打高尔夫球	打羽毛球	保龄球	踢足球	打篮球
样本	**600**	**24.7**	**12.2**	**6.8**	**9.8**	**12.5**	**7.5**	**6.8**
第一消费群	133	32.3	16.5	15.0	8.3	17.3	6.0	6.8
第二消费群	123	17.9	13.8	4.1	10.6	12.2	5.7	7.3
第三消费群	124	36.3	15.3	7.3	11.3	20.2	12.9	10.5
第四消费群	24	12.5	16.7	4.2	12.5	8.3	8.3	12.5
第五消费群	162	17.3	4.9	1.9	8.6	3.1	5.6	3.7
第六消费群	34	20.6	8.8	8.8	11.8	14.7	8.8	2.9

续上表（ continued ）

	人数	打乒乓球	慢跑	散步	跳交际舞	跳迪斯科	跳韵律操	健身房运动
样本	**600**	**7.2**	**6.5**	**5.3**	**5.8**	**6.0**	**6.2**	**11.0**
第一消费群	133	6.0	6.8	4.5	3.8	9.0	6.0	13.5
第二消费群	123	7.3	7.3	6.5	4.9	4.1	6.5	11.4
第三消费群	124	10.5	4.8	4.8	6.5	7.3	8.9	16.1
第四消费群	24	4.2	8.3	8.3	20.8	12.5	12.5	16.7
第五消费群	162	5.6	7.4	6.2	5.6	2.5	3.1	4.9
第六消费群	34	8.8	2.9	0.0	5.9	8.8	5.9	5.9

续上表（ continued ）

	人数	打麻将	下棋	玩纸牌	游泳	滑冰	钓鱼
样本	**600**	**6.5**	**5.5**	**3.0**	**17.7**	**10.0**	**15.8**
第一消费群	133	6.0	5.3	1.5	12.0	17.3	19.5
第二消费群	123	3.3	6.5	5.7	25.2	5.7	13.0
第三消费群	124	7.3	8.9	2.4	25.8	15.3	20.2
第四消费群	24	12.5	0.0	0.0	20.8	12.5	25.0
第五消费群	162	9.3	1.9	3.7	6.8	2.5	9.3
第六消费群	34	0.0	11.8	0.0	32.4	11.8	20.6

续上表（ continued ）

	人数	登山	看电视	听音乐	看电影	打游戏机	集邮/集物
样本	**600**	**14.8**	**1.3**	**4.2**	**12.7**	**2.5**	**6.0**
第一消费群	133	19.5	2.3	4.5	12.8	5.3	9.0
第二消费群	123	13.0	1.6	4.9	9.8	2.4	8.1
第三消费群	124	21.8	1.6	3.2	12.1	1.6	8.1
第四消费群	24	20.8	0.0	4.2	16.7	4.2	0.0
第五消费群	162	7.4	0.0	3.1	14.2	1.2	1.9
第六消费群	34	8.8	2.9	8.8	14.7	0.0	2.9

续上表（continued）

	人数	烹饪	编织	种花/盆栽	看书	绘画书法	乐器演奏
样本	**600**	**4.5**	**5.2**	**8.2**	**3.5**	**7.2**	**6.3**
第一消费群	133	7.5	8.3	7.5	0.8	7.5	8.3
第二消费群	123	4.9	2.4	6.5	4.9	9.8	5.7
第三消费群	124	4.8	6.5	12.1	4.0	9.7	9.7
第四消费群	24	0.0	4.2	4.2	4.2	8.3	8.3
第五消费群	162	1.2	3.7	8.0	4.9	3.1	1.2
第六消费群	34	8.8	5.9	5.9	0.0	5.9	11.8

续上表（continued）

	人数	玩电脑	吃零食	聚会聊天	参加社团活动	开汽车兜风	骑摩托车兜风
样本	**600**	**18.8**	**2.8**	**6.0**	**8.7**	**19.2**	**10.2**
第一消费群	133	24.1	3.0	6.0	8.3	26.3	16.5
第二消费群	123	14.6	0.0	4.1	11.4	15.4	7.3
第三消费群	124	37.1	2.4	9.7	9.7	31.5	14.5
第四消费群	24	12.5	4.2	4.2	8.3	16.7	12.5
第五消费群	162	8.0	4.3	4.9	7.4	6.2	1.2
第六消费群	34	2.9	5.9	5.9	2.9	23.5	20.6

续上表（continued）

	人数	逛街购物	照相摄影	参加宗教活动	郊游露营	海外旅行	国内旅行
样本	**600**	**6.0**	**10.0**	**2.2**	**20.3**	**25.0**	**32.2**
第一消费群	133	8.3	9.8	3.0	31.6	32.3	33.8
第二消费群	123	7.3	10.6	0.8	17.9	27.6	32.5
第三消费群	124	4.8	13.7	0.8	24.2	21.0	42.7
第四消费群	24	0.0	8.3	12.5	33.3	45.8	33.3
第五消费群	162	4.3	6.8	0.6	10.5	17.3	22.8
第六消费群	34	8.8	11.8	8.8	8.8	23.5	29.4

续上表（continued）

	人数	看书画展	看展览会	听演唱会	炒股	扭秧歌	吃早茶
样本	**600**	**10.2**	**7.7**	**19.0**	**12.7**	**1.8**	**5.3**
第一消费群	133	10.5	6.8	29.3	12.0	0.8	5.3
第二消费群	123	9.8	9.8	13.8	13.8	0.8	6.5
第三消费群	124	16.1	10.5	28.2	12.9	1.6	8.9
第四消费群	24	20.8	20.8	29.2	12.5	0.0	12.5
第五消费群	162	5.6	3.7	6.8	13.0	3.7	1.9
第六消费群	34	2.9	2.9	14.7	8.8	2.9	0.0

注：重庆消费群的代表特征 / Characteristics of the Chongqing Market Segments

		第一消费群	第二消费群	第三消费群	第四消费群	第五消费群	第六消费群
基本情况	性别	无明显偏向	无明显偏向	无明显偏向	无明显偏向	无明显偏向	女
	年龄	16 — 19 岁	45 岁以上	20 — 29 岁	30 — 34 岁	40 岁以上	25 — 29 岁
	学历	高中/中专/技校	高中/中专/技校	大专/大本	高中/中专/技校/大本以上	初中及以下	初中
	职业	学生	行政管理人员/离退休人员	科教卫生人员/一般企业职员	个体及私营企业主	工人	专门职业从事者下岗及其他
	月均收入	无收入	501 — 800 元	801 — 1500 元	1500 元以上	500 元以下	1001 — 1500 元
	婚姻	未婚	已婚	无明显偏向	已婚	已婚	已婚或离异
心理取向		浪漫新潮 注重学历 非现实家庭观	循规传统 奔波忙碌 保守稳定	新女性主张 非功利心态	功利心态 现实家庭观 都市情结	非浪漫新潮 非独立休闲	非新女性主张 不循规传统 独立休闲

5　交通工具 / Means of Transportation

5-1 经常使用的交通工具排名 / Ranking of the Frequently Used Means of Transportation

注：本题为多选题，合计百分比超过 100%（Multiple answers）

● 北京（Beijing）

排名	交通工具		人次	百分比
1	自行车	Bicycle	466	77.7
2	公共汽车	Bus	403	67.2
3	出租车	Taxi	235	39.2
4	小公共汽车	Mini-bus	119	19.8
5	步行	On foot	112	18.7
6	地铁	Subway	105	17.5
7	单位交通车	Regular bus	66	11.0

n=600

● 上海（Shanghai）

排名	交通工具		人次	百分比
1	公共汽车	Bus	424	71.0
2	自行车	Bicycle	373	62.5
3	出租车	Taxi	247	41.4
4	步行	On foot	176	29.5
5	地铁	Subway	104	17.4
6	小公共汽车	Mini-bus	79	13.2
7	单位交通车	Regular bus	41	6.9

n=597

● 广州（Guangzhou）

排名	交通工具		人次	百分比
1	公共汽车	Bus	473	79.0
2	自行车	Bicycle	341	56.9
3	步行	On foot	224	37.4
4	摩托车	Motor-cycle	184	30.7
5	出租车	Taxi	161	26.9
6	单位交通车	Regular bus	40	6.7
7	私人汽车	Family car	33	5.5

n=599

● 重庆（Chongqing）

排名	交通工具		人次	百分比
1	公共汽车	Bus	469	78.6
2	小公共汽车	Mini-bus	426	71.4
3	出租车	Taxi	255	42.7
4	步行	On foot	245	41.0
5	单位交通车	Regular bus	34	5.7
6	摩托车	Motor-cycle	33	5.5
7	轮渡	Steam ferry	30	5.0

n=597

5-2 北京不同消费群经常使用的交通工具 / Frequently Used Means of Transportation by Market Segments: Beijing

注：本题为多选题，合计百分比超过 100%（Multiple answers）

	人数	自行车	公共汽车	单位交通车	出租车	摩托车	私人汽车
样本	**600**	**77.7**	**67.2**	**11.0**	**39.2**	**4.0**	**6.8**
第一消费群	137	76.6	70.8	13.1	40.9	4.4	7.3
第二消费群	94	70.2	56.4	21.3	57.4	3.2	9.6
第三消费群	112	82.1	66.1	6.3	28.6	7.1	6.3
第四消费群	5	60.0	20.0	0.0	80.0	20.0	0.0
第五消费群	131	85.5	72.5	6.9	40.5	3.1	3.8
第六消费群	121	72.7	68.6	9.9	29.8	1.7	8.3

续上表（continued）

	人数	步行	地铁	轮渡	小公共汽车	其他
样本	**600**	**18.7**	**17.5**	**0.0**	**19.8**	**1.0**
第一消费群	137	13.9	15.3	0.0	23.4	1.5
第二消费群	94	6.4	11.7	0.0	27.7	1.1
第三消费群	112	25.9	15.2	0.0	14.3	1.8
第四消费群	5	20.0	20.0	0.0	0.0	0.0
第五消费群	131	20.6	23.7	0.0	13.7	0.0
第六消费群	121	24.8	19.8	0.0	22.3	0.8

注：北京消费群的代表特征 / Characteristics of the Beijing Market Segments

		第一消费群	第二消费群	第三消费群	第四消费群	第五消费群	第六消费群
基本情况	性别	女	男	无明显偏向	男	无明显偏向	女
	年龄	30 — 34 岁	25 — 29 岁	35 — 44 岁	无明显偏向	16 — 24 岁	45 岁以上
	学历	大专/大本	大本	初中	大本及研究生	高中/中专/技校	初中及以下
	职业	科教卫生人员	一般企业职员	工人	管理人员/专门职业从事者/个体及私营企业主	学生	离退休人员
	月均收入	801 — 1500 元	1501 — 4000 元	800 元以下	4000 元以上	无收入	800 元以下
	婚姻	已婚	无明显偏向	已婚	已婚或离异	未婚	已婚
心理取向		注重学历 非积极进取	不循规传统 非单一电视娱乐	非田园倾向 新女性主张 金钱本位	注重经验 大男子主义 不保守稳定	非“大男子主义” 追随流行	非“新女性主张” 非浪漫新潮 单一电视娱乐

5-3 上海不同消费群经常使用的交通工具 / Frequently Used Means of Transportation by Market Segments: Shanghai

注：本题为多选题，合计百分比超过 100%（ Multiple answers ）

	人数	自行车	公共汽车	单位交通车	出租车	摩托车	私人汽车
样本	**597**	**62.5**	**71.0**	**6.9**	**41.4**	**6.0**	**0.7**
第一消费群	144	56.9	79.9	9.0	43.1	7.6	1.4
第二消费群	91	64.8	67.0	11.0	47.3	6.6	0.0
第三消费群	10	50.0	60.0	0.0	50.0	10.0	0.0
第四消费群	135	58.5	71.1	1.5	28.9	6.7	1.5
第五消费群	68	67.6	91.2	4.4	16.2	1.5	0.0
第六消费群	149	68.5	56.4	8.7	58.4	5.4	0.0

续上表（ continued ）

	人数	步行	地铁	轮渡	小公共汽车	助动车
样本	**597**	**29.5**	**17.4**	**1.3**	**13.2**	**3.7**
第一消费群	144	26.4	17.4	1.4	13.9	1.4
第二消费群	91	38.5	19.8	2.2	8.8	4.4
第三消费群	10	30.0	30.0	0.0	20.0	0.0
第四消费群	135	35.6	14.1	1.5	12.6	3.7
第五消费群	68	50.0	17.6	0.0	10.3	1.5
第六消费群	149	12.1	18.1	1.3	16.8	6.7

注：上海消费群的代表特征 / Characteristics of the Shanghai Market Segments

		第一消费群	第二消费群	第三消费群	第四消费群	第五消费群	第六消费群
基本情况	性别	无明显偏向	男	男	女	女	无明显偏向
	年龄	45 岁以上	20 — 29 岁	25 — 34 岁	35 — 44 岁	16 — 24 岁	30 — 39 岁
	学历	大本及以上	大专/大本	大专	初中及以下	高中/中专/技校	高中/中专/技校
	职业	科教卫生人员/离退休人员	一般企业职员	行政管理人员/个体及私营企业主/专门职业从事者	工人/下岗人员	学生	一般企业职员
	月均收入	801 — 1500 元	1001 — 3000 元	3000 元以上	800 元以下	无收入	1001 — 2000 元
	婚姻	已婚	未婚	未婚	已婚	未婚	已婚
心理取向		非浪漫时尚 非金钱本位 保守稳定	非家庭重心 田园倾向 休闲独立	不保守稳定 奔波忙碌 浪漫时尚	金钱本位 家庭重心 注重学历	新家庭观念 非休闲独立	不积极进取 不奔波忙碌

5-4 广州不同消费群经常使用的交通工具 / Frequently Used Means of Transportation by Market Segments: Guangzhou

注：本题为多选题，合计百分比超过 100%（ Multiple answers ）

	人数	自行车	公共汽车	单位交通车	出租车	摩托车	私人汽车
样本	**599**	**56.9**	**79.0**	**6.7**	**26.9**	**30.7**	**5.5**
第一消费群	94	66.0	84.0	3.2	27.7	19.1	5.3
第二消费群	126	70.6	88.1	6.3	17.5	11.1	1.6
第三消费群	98	45.9	84.7	7.1	42.9	32.7	6.1
第四消费群	100	56.0	61.0	6.0	24.0	54.0	7.0
第五消费群	99	50.5	82.8	6.1	18.2	27.3	2.0
第六消费群	82	47.6	69.5	12.2	35.4	47.6	13.4

续上表（ continued ）

	人数	步行	地铁	轮渡	小公共汽车	其他
样本	**599**	**37.4**	**0.8**	**1.2**	**2.8**	**0.3**
第一消费群	94	50.0	1.1	0.0	3.2	0.0
第二消费群	126	42.9	0.8	0.8	1.6	0.0
第三消费群	98	31.6	0.0	1.0	1.0	0.0
第四消费群	100	27.0	1.0	2.0	7.0	1.0
第五消费群	99	42.4	2.0	3.0	3.0	1.0
第六消费群	82	28.0	0.0	0.0	1.2	0.0

注：广州消费群的代表特征 / Characteristics of the Guangzhou Market Segments

		第一消费群	第二消费群	第三消费群	第四消费群	第五消费群	第六消费群
基本情况	性别	女	无明显偏向	女	男	女	男
	年龄	16 — 19 岁	40 岁以上	20 — 24 岁	35 — 44 岁	30 — 34 岁	25 — 29 岁
	学历	高中/中专/技校	无明显偏向	高中/中专/技校/大专	初中/高中/中专/技校	初中及以下	大专及以上
	职业	学生	工人	学生/待业人员	个体及私营企业主	家庭主妇	企业职员/管理人员/科教卫生人员/专门职业者
	月均收入	无收入	1500 元以下	无收入	801 — 1500 元	800 元以下	2000 元以上
	婚姻	未婚	已婚	未婚	已婚	已婚	无明显偏向
心理取向		不固守中式生活 田园倾向 非大男子主义	非新女性主张 不追随流行 非积极进取	独立自主 追随流行	积极进取 大男子主义 中式生活	单一电视娱乐 非独立自主 保守稳定	非单一电视娱乐 非家庭重心

5-5 重庆不同消费群经常使用的交通工具 / Frequently Used Means of Transportation by Market Segments: Chongqing

注：本题为多选题，合计百分比超过 100%（Multiple answers）

	人数	自行车	公共汽车	单位交通车	出租车	摩托车	私人汽车
样本	**597**	**3.2**	**78.6**	**5.7**	**42.7**	**5.5**	**4.2**
第一消费群	131	2.3	80.9	3.1	34.4	7.6	2.3
第二消费群	123	4.1	79.7	8.9	45.5	6.5	8.1
第三消费群	124	4.8	72.6	10.5	54.0	6.5	5.6
第四消费群	24	4.2	58.3	8.3	66.7	4.2	8.3
第五消费群	161	2.5	87.0	1.2	31.1	2.5	0.6
第六消费群	34	0.0	61.8	5.9	61.8	5.9	5.9

续上表（continued）

	人数	步行	地铁	轮渡	小公共汽车	其他
样本	**597**	**41.0**	**0.0**	**5.0**	**71.4**	**1.0**
第一消费群	131	50.4	0.0	3.8	74.8	0.0
第二消费群	123	35.8	0.0	5.7	69.1	0.8
第三消费群	124	30.6	0.0	5.6	72.6	2.4
第四消费群	24	29.2	0.0	4.2	75.0	0.0
第五消费群	161	49.7	0.0	6.2	67.1	1.2
第六消费群	34	29.4	0.0	0.0	79.4	0.0

注：重庆消费群的代表特征 / Characteristics of the Chongqing Market Segments

		第一消费群	第二消费群	第三消费群	第四消费群	第五消费群	第六消费群
基本情况	性别	无明显偏向	无明显偏向	无明显偏向	无明显偏向	无明显偏向	女
	年龄	16 — 19 岁	45 岁以上	20 — 29 岁	30 — 34 岁	40 岁以上	25 — 29 岁
	学历	高中/中专/技校	高中/中专/技校	大专/大本	高中/中专/技校/大本以上	初中及以下	初中
	职业	学生	行政管理人员/离退休人员	科教卫生人员/一般企业职员	个体及私营企业主	工人	专门职业从事者 下岗及其他
	月均收入	无收入	501 — 800 元	801 — 1500 元	1500 元以上	500 元以下	1001 — 1500 元
	婚姻	未婚	已婚	无明显偏向	已婚	已婚	已婚或离异
心理取向		浪漫新潮 注重学历 非现实家庭观	循规传统 奔波忙碌 保守稳定	新女性主张 非功利心态	功利心态 现实家庭观 都市情结	非浪漫新潮 非独立休闲	非新女性主张 不循规传统 独立休闲

6 社会、生活观念 / Attitudes and Values

注：对于每一个观点，以 1 代表“非常不同意”， 2 代表“不同意”， 3 代表“不一定”， 4 代表“同意”， 5 代表“非常同意”。均值即根据每个样本的回答情况计算出来的平均值。

6-1 四城市居民家庭观比较 / A Comparison of Family Values among the Four Cities

	北京 (Beijing)		上海 (Shanghai)		广州 (Guangzhou)		重庆 (Chongqing)		显著度
	均值	样本量	均值	样本量	均值	样本量	均值	样本量	
女人的主要任务是给家人一个快乐的家	3.27	599	3.47	598	3.46	593	3.34	599	0.0070
男人应比女人能干	3.31	598	3.17	600	2.96	598	3.16	599	0.0000
家庭是我生活的重心	4.00	599	4.03	598	3.98	597	3.98	599	0.7327
我可以接受女方比男方学历高的婚姻观念	3.67	599	3.62	599	3.77	596	3.79	600	0.0078
夫妻应各自拥有生活	3.63	599	3.68	600	3.47	593	3.57	597	0.0072
男性也应该做家务	4.33	600	4.23	600	4.17	595	4.18	600	0.0025
养育小孩会影响个人事业上的发展	2.91	599	2.75	599	2.72	597	2.77	599	0.0113
养儿防老的观念已不符合现代社会	3.48	599	3.25	599	3.12	596	3.54	599	0.0000
家庭生活不一定要有小孩	2.97	597	2.63	599	2.57	593	2.94	599	0.0000

6-2 四城市居民工作观比较 / A Comparison of the Attitudes toward Work among the Four Cities

	北京 (Beijing)		上海 (Shanghai)		广州 (Guangzhou)		重庆 (Chongqing)		显著度
	均值	样本量	均值	样本量	均值	样本量	均值	样本量	
学历越高成功的机会越多	3.47	600	3.60	599	3.55	596	3.67	599	0.0028
我喜欢安定有保障的工作	4.14	600	4.20	599	4.12	596	4.07	600	0.0861
工作上只要能获得好评价，不轻易换工作	3.74	600	3.87	598	3.67	595	3.72	600	0.0030
工作的最佳报酬应该是成就感	3.79	600	3.85	598	3.64	596	3.71	598	0.0014
学历只是证件，真正的学习是在就业以后	4.16	599	4.03	600	3.87	597	3.97	598	0.0000
社会经验比学历重要多了	4.06	600	4.04	597	3.97	594	3.90	600	0.0079
为了前途我会辛苦进修某些课程或训练	3.91	599	3.87	597	3.70	592	3.75	600	0.0004

6-3 四城市居民金钱观比较 / A Comparison of the Attitudes toward Money among the Four Cities

	北京 (Beijing)		上海 (Shanghai)		广州 (Guangzhou)		重庆 (Chongqing)		显著度
	均值	样本量	均值	样本量	均值	样本量	均值	样本量	
为了挣更多的钱我宁愿牺牲休闲	2.96	599	3.28	598	3.40	597	3.36	600	0.0000
在社会中金钱是衡量一切的标准	2.27	599	2.58	599	2.85	592	2.54	600	0.0000

6-4 四城市居民两性观比较 / A Comparison of the Attitudes toward Male-Female Relationships among the Four Cities

	北京 (Beijing)		上海 (Shanghai)		广州 (Guangzhou)		重庆 (Chongqing)		显著度
	均值	样本量	均值	样本量	均值	样本量	均值	样本量	
只要双方愿意，婚前性行为应该被允许	2.63	599	2.52	599	2.80	597	2.63	600	0.0020
女性可以向自己喜欢的男性主动表示好感	3.41	598	3.40	596	3.50	594	3.51	599	0.1957
我认为女性外出时一定要化妆	3.28	600	3.38	599	3.04	595	3.09	599	0.0000
吸引异性的注目是我很喜欢的感觉	2.70	599	2.81	596	2.80	592	2.77	598	0.3279

6-5 四城市居民流行与休闲观念比较 / A Comparison of the Attitudes toward Popular Phenomena and Leisure among the Four Cities

	北京 (Beijing)		上海 (Shanghai)		广州 (Guangzhou)		重庆 (Chongqing)		显著度
	均值	样本量	均值	样本量	均值	样本量	均值	样本量	
当作者成为新闻人物时我通常买他们的书	2.79	600	2.87	599	2.76	596	2.79	596	0.0842
我很注意流行的趋势	3.07	600	3.13	594	3.01	597	2.96	598	0.0256
我经常注意畅销书排行榜	2.80	599	2.88	598	2.59	595	2.62	598	0.0000
我喜欢在大城市中度假	2.89	599	3.00	598	2.92	593	2.85	599	0.0636
看电视是我最主要的娱乐方式	3.28	599	3.34	597	3.38	596	3.40	599	0.2359
为了享受休闲，多花一些钱也是值得的	3.45	600	3.43	597	3.43	593	3.10	599	0.0000

6-6 四城市居民自我期待与评价观念比较 / A Comparison of the Self Evaluation and Values among the Four Cities

	北京 (Beijing)		上海 (Shanghai)		广州 (Guangzhou)		重庆 (Chongqing)		显著度
	均值	样本量	均值	样本量	均值	样本量	均值	样本量	
我希望过非常浪漫的生活	3.09	599	3.06	597	3.29	598	3.15	598	0.0042
我对我将来的成就寄以很大的希望	3.72	599	3.68	596	3.63	596	3.62	598	0.2547
我希望自己能成为有独特风格的人	4.07	598	3.99	597	3.77	594	3.82	598	0.0000
我很注意我的外表及言行是否优雅	3.98	598	3.98	599	3.81	597	3.74	599	0.0000
社交活动中我是比较活跃的分子	3.18	598	3.25	599	3.15	595	3.23	596	0.3232
人生应该时常冒险去接受挑战	3.72	600	3.82	597	3.62	593	3.87	596	0.0001

6-7 四城市居民传统与西化观念比较 / A Comparison of the Traditional and Western Values among the Four Cities

	北京 (Beijing)		上海 (Shanghai)		广州 (Guangzhou)		重庆 (Chongqing)		显著度
	均值	样本量	均值	样本量	均值	样本量	均值	样本量	
当我使用外国产品时心理多少会有满足感	2.67	600	2.96	596	2.99	591	2.56	598	0.0000
西餐和中餐相比，我更喜欢吃中国菜	4.27	599	4.17	600	4.10	596	4.25	598	0.0007
我对于街坊邻居的事情很热心	3.59	599	3.58	597	3.48	595	3.73	599	0.0004
我喜欢看传统戏剧	2.72	600	2.75	596	2.63	594	2.49	599	0.0006
我向往欧美等先进国家的生活方式	2.86	598	3.20	599	2.98	596	2.76	599	0.0000

6-8 四城市居民起居与健康观念比较 / A Comparison of the Attitudes toward Daily Life and Health among the Four Cities

	北京 (Beijing)		上海 (Shanghai)		广州 (Guangzhou)		重庆 (Chongqing)		显著度
	均值	样本量	均值	样本量	均值	样本量	均值	样本量	
我一向按时起居作息，饮食定时定量	3.62	598	3.63	599	3.64	597	3.57	599	0.5823
我对自己的健康没有把握	2.86	598	2.73	600	2.64	596	2.69	599	0.0087
我要做的事很多，时间老是不够分配	3.59	598	3.56	600	3.36	595	3.38	599	0.0000
我会刻意去吃对健康美容有益的食物	3.16	599	3.26	598	3.07	595	3.01	598	0.0009
我宁愿住在郊区而不愿住在大都市	3.08	600	2.93	598	3.06	596	3.30	600	0.0000

6-9 其他观念比较 / Comparisons of the Other Attitudes and Values

	北京 (Beijing)		上海 (Shanghai)		广州 (Guangzhou)		重庆 (Chongqing)		显著度
	均值	样本量	均值	样本量	均值	样本量	均值	样本量	
我比较崇拜成功的商人而不是艺术家	3.02	600	3.13	597	3.03	596	3.17	599	0.0410
我们的社会中尊重权威是很重要的事	3.47	599	3.59	600	3.52	597	3.36	598	0.0022
我很注意有关国内外政治形势的消息	3.86	598	3.88	600	3.74	596	3.86	599	0.0675
我不喜欢闲着没事做	4.03	599	3.93	597	3.69	596	3.82	600	0.0000

第四篇　媒介分析
Part IV　Media Exposure

- 电视　Television
- 广播　Radio
- 报纸　Newspapers
- 杂志　Magazines
- 电影　Movies

1 电视 / TV

1-1 样本总体、男性各年龄层、女性各年龄层平时是否接触电视媒介 / Exposure to Television by the Whole Sample, Age and Gender Groups

● 北京（Beijing）

	人数	从来不看	偶尔看	经常看
样本	**598**	**2.0**	**22.7**	**75.3**
男性	**297**	**2.7**	**21.5**	**75.8**
16-19 岁	26	0.0	23.1	76.9
20-24 岁	36	8.3	22.2	69.4
25-29 岁	41	2.4	24.4	73.2
30-34 岁	47	2.1	27.7	70.2
35-39 岁	43	0.0	16.3	83.7
40-44 岁	41	4.9	19.5	75.6
45-49 岁	24	4.2	16.7	79.2
50 岁以上	39	0.0	20.5	79.5
女性	**301**	**1.3**	**23.9**	**74.8**
16-19 岁	23	4.3	34.8	60.9
20-24 岁	35	5.7	22.9	71.4
25-29 岁	36	0.0	19.4	80.6
30-34 岁	49	0.0	32.7	67.3
35-39 岁	44	0.0	18.2	81.8
40-44 岁	40	0.0	22.5	77.5
45-49 岁	26	0.0	30.8	69.2
50 岁以上	48	2.1	16.7	81.3

● 上海（Shanghai）

	人数	从来不看	偶尔看	经常看
样本	**585**	**1.2**	**21.0**	**77.8**
男性	**297**	**2.0**	**22.6**	**75.4**
16-19 岁	22	0.0	13.6	86.4
20-24 岁	34	0.0	29.4	70.6
25-29 岁	41	0.0	29.3	70.7
30-34 岁	55	5.5	29.1	65.5
35-39 岁	50	0.0	20.0	80.0
40-44 岁	29	6.9	20.7	72.4
45-49 岁	24	0.0	12.5	87.5
50 岁以上	42	2.4	16.7	81.0
女性	**288**	**0.3**	**19.4**	**80.2**
16-19 岁	24	0.0	16.7	83.3
20-24 岁	31	0.0	16.1	83.9
25-29 岁	36	0.0	19.4	80.6
30-34 岁	49	0.0	26.5	73.5
35-39 岁	43	0.0	18.6	81.4
40-44 岁	35	2.9	8.6	88.6
45-49 岁	22	0.0	22.7	77.3
50 岁以上	48	0.0	22.9	77.1

● 广州（Guangzhou）

	人数	从来不看	偶尔看	经常看
样本	**592**	**1.5**	**22.5**	**76.0**
男性	**275**	**1.8**	**19.3**	**78.9**
16-19 岁	29	0.0	6.9	93.1
20-24 岁	35	8.6	28.6	62.9
25-29 岁	35	0.0	31.4	68.6
30-34 岁	33	6.1	21.2	72.7
35-39 岁	40	0.0	20.0	80.0
40-44 岁	40	0.0	17.5	82.5
45-49 岁	24	0.0	16.7	83.3
50 岁以上	39	0.0	10.3	89.7
女性	**317**	**1.3**	**25.2**	**73.5**
16-19 岁	50	2.0	14.0	84.0
20-24 岁	46	2.2	37.0	60.9
25-29 岁	63	0.0	25.4	74.6
30-34 岁	46	0.0	32.6	67.4
35-39 岁	41	2.4	26.8	70.7
40-44 岁	30	0.0	23.3	76.7
45-49 岁	13	0.0	15.4	84.6
50 岁以上	28	3.6	17.9	78.6

● 重庆（Chongqing）

	人数	从来不看	偶尔看	经常看
样本	**597**	**1.2**	**20.6**	**78.2**
男性	**307**	**2.0**	**18.2**	**79.8**
16-19 岁	43	2.3	32.6	65.1
20-24 岁	52	0.0	19.2	80.8
25-29 岁	43	2.3	25.6	72.1
30-34 岁	38	2.6	10.5	86.8
35-39 岁	39	0.0	7.7	92.3
40-44 岁	30	3.3	16.7	80.0
45-49 岁	25	0.0	8.0	92.0
50 岁以上	37	5.4	18.9	75.7
女性	**290**	**0.3**	**23.1**	**76.6**
16-19 岁	43	0.0	23.3	76.7
20-24 岁	53	0.0	35.8	64.2
25-29 岁	32	0.0	25.0	75.0
30-34 岁	33	3.0	18.2	78.8
35-39 岁	34	0.0	23.5	76.5
40-44 岁	32	0.0	25.0	75.0
45-49 岁	26	0.0	15.4	84.6
50 岁以上	37	0.0	10.8	89.2

1-2 样本总体、男性各年龄层、女性各年龄层平时收看电视时段的选择 / Weekday Time Slots of Television Exposure by the Whole Sample, Age and Gender Groups

注：本题为多选题，合计百分比超过 100%（Multiple answers）

● 北京（Beijing）

	人数	0:00～2:00	2:00～6:00	6:00～8:00	8:00～10:00	10:00～12:00	12:00～14:00
样本	**567**	**1.4**	**0.5**	**8.6**	**7.4**	**7.2**	**9.9**
男性	**281**	**1.4**	**0.7**	**7.5**	**7.1**	**5.7**	**9.6**
16-19 岁	25	0.0	0.0	4.0	8.0	8.0	12.0
20-24 岁	30	3.3	3.3	3.3	10.0	6.7	10.0
25-29 岁	38	2.6	0.0	13.2	10.5	10.5	10.5
30-34 岁	46	0.0	0.0	8.7	8.7	6.5	10.9
35-39 岁	42	0.0	0.0	4.8	2.4	2.4	7.1
40-44 岁	39	0.0	2.6	10.3	7.7	2.6	5.1
45-49 岁	23	0.0	0.0	4.3	4.3	0.0	0.0
50 岁以上	38	5.3	0.0	7.9	5.3	7.9	18.4
女性	**286**	**1.4**	**0.3**	**9.8**	**7.7**	**8.7**	**10.1**
16-19 岁	19	5.3	0.0	5.3	10.5	21.1	15.8
20-24 岁	33	3.0	0.0	6.1	12.1	9.1	9.1
25-29 岁	33	3.0	0.0	6.1	12.1	15.2	12.1
30-34 岁	47	2.1	0.0	10.6	4.3	0.0	4.3
35-39 岁	45	0.0	0.0	11.1	6.7	8.9	15.6
40-44 岁	40	0.0	0.0	12.5	10.0	2.5	7.5
45-49 岁	24	0.0	0.0	4.2	0.0	8.3	4.2
50 岁以上	45	0.0	2.2	15.6	6.7	13.3	13.3

续上表（continued）

	人数	14:00～16:00	16:00～18:00	18:00～20:00	20:00～22:00	22:00～24:00
样本	**567**	**7.6**	**11.6**	**69.8**	**63.1**	**15.0**
男性	**281**	**7.8**	**12.1**	**68.3**	**65.8**	**18.1**
16-19 岁	25	16.0	24.0	64.0	60.0	8.0
20-24 岁	30	6.7	13.3	66.7	63.3	20.0
25-29 岁	38	10.5	18.4	60.5	65.8	23.7
30-34 岁	46	6.5	8.7	65.2	73.9	15.2
35-39 岁	42	7.1	9.5	76.2	71.4	21.4
40-44 岁	39	7.7	7.7	64.1	53.8	12.8
45-49 岁	23	0.0	8.7	69.6	69.6	26.1
50 岁以上	38	7.9	10.5	78.9	65.8	18.4
女性	**286**	**7.3**	**11.2**	**71.3**	**60.5**	**11.9**
16-19 岁	19	26.3	26.3	73.7	63.2	15.8
20-24 岁	33	3.0	6.1	75.8	63.6	18.2
25-29 岁	33	6.1	15.2	72.7	72.7	30.3
30-34 岁	47	4.3	8.5	68.1	68.1	8.5
35-39 岁	45	8.9	8.9	64.4	55.6	8.9
40-44 岁	40	5.0	7.5	70.0	45.0	10.0
45-49 岁	24	4.2	12.5	66.7	58.3	0.0
50 岁以上	45	8.9	13.3	80.0	60.0	6.7

● 上海（Shanghai）

	人数	0:00～2:00	2:00～6:00	6:00～8:00	8:00～10:00	10:00～12:00	12:00～14:00
样本	**586**	**1.9**	**1.9**	**5.6**	**8.9**	**7.0**	**8.0**
男性	**297**	**2.7**	**1.7**	**6.1**	**8.8**	**8.4**	**8.1**
16-19 岁	21	4.8	0.0	9.5	38.1	42.9	33.3
20-24 岁	34	5.9	0.0	8.8	5.9	11.8	11.8
25-29 岁	42	2.4	0.0	0.0	7.1	4.8	4.8
30-34 岁	52	3.8	3.8	3.8	7.7	11.5	3.8
35-39 岁	51	2.0	2.0	7.8	5.9	3.9	5.9
40-44 岁	28	0.0	3.6	7.1	7.1	3.6	7.1
45-49 岁	26	0.0	3.8	11.5	7.7	3.8	3.8
50 岁以上	43	2.3	0.0	4.7	4.7	0.0	7.0
女性	**289**	**1.0**	**2.1**	**5.2**	**9.0**	**5.5**	**8.0**
16-19 岁	24	4.2	4.2	12.5	16.7	12.5	20.8
20-24 岁	32	0.0	0.0	0.0	9.4	3.1	18.8
25-29 岁	37	0.0	0.0	2.7	2.7	8.1	5.4
30-34 岁	50	0.0	2.0	6.0	12.0	8.0	6.0
35-39 岁	43	2.3	4.7	7.0	9.3	7.0	2.3
40-44 岁	34	2.9	0.0	5.9	11.8	0.0	0.0
45-49 岁	23	0.0	4.3	4.3	8.7	0.0	17.4
50 岁以上	46	0.0	2.2	4.3	4.3	4.3	4.3

续上表（continued）

	人数	14:00～16:00	16:00～18:00	18:00～20:00	20:00～22:00	22:00～24:00
样本	**586**	**6.5**	**12.8**	**67.1**	**60.9**	**17.1**
男性	**297**	**5.1**	**16.8**	**67.7**	**52.9**	**18.9**
16-19 岁	21	23.8	42.9	76.2	57.1	4.8
20-24 岁	34	5.9	8.8	61.8	44.1	23.5
25-29 岁	42	2.4	9.5	59.5	47.6	23.8
30-34 岁	52	3.8	15.4	67.3	59.6	25.0
35-39 岁	51	5.9	17.6	70.6	47.1	19.6
40-44 岁	28	3.6	25.0	71.4	53.6	10.7
45-49 岁	26	3.8	15.4	69.2	57.7	15.4
50 岁以上	43	0.0	14.0	69.8	58.1	16.3
女性	**289**	**8.0**	**8.7**	**66.4**	**69.2**	**15.2**
16-19 岁	24	20.8	25.0	54.2	58.3	12.5
20-24 岁	32	12.5	6.3	62.5	56.3	18.8
25-29 岁	37	8.1	8.1	67.6	81.1	13.5
30-34 岁	50	8.0	8.0	62.0	64.0	14.0
35-39 岁	43	2.3	7.0	60.5	69.8	14.0
40-44 岁	34	2.9	5.9	73.5	70.6	26.5
45-49 岁	23	4.3	4.3	73.9	73.9	17.4
50 岁以上	46	8.7	8.7	76.1	76.1	8.7

● 广州（Guangzhou）

	人数	0:00～2:00	2:00～6:00	6:00～8:00	8:00～10:00	10:00～12:00	12:00～14:00
样本	**583**	**2.6**	**0.3**	**7.2**	**13.6**	**14.8**	**18.0**
男性	**276**	**1.1**	**0.4**	**9.8**	**15.9**	**13.8**	**14.9**
16-19 岁	29	6.9	0.0	17.2	34.5	34.5	44.8
20-24 岁	33	0.0	0.0	6.1	12.1	6.1	12.1
25-29 岁	35	2.9	0.0	8.6	20.0	17.1	11.4
30-34 岁	32	0.0	3.1	18.8	18.8	12.5	15.6
35-39 岁	40	0.0	0.0	0.0	12.5	7.5	10.0
40-44 岁	41	0.0	0.0	22.0	9.8	9.8	14.6
45-49 岁	26	0.0	0.0	0.0	19.2	15.4	7.7
50 岁以上	40	0.0	0.0	5.0	7.5	12.5	7.5
女性	**307**	**3.9**	**0.3**	**4.9**	**11.4**	**15.6**	**20.8**
16-19 岁	46	6.5	2.2	8.7	28.3	37.0	32.6
20-24 岁	44	2.3	0.0	4.5	13.6	18.2	22.7
25-29 岁	62	8.1	0.0	6.5	9.7	9.7	21.0
30-34 岁	45	4.4	0.0	2.2	6.7	13.3	15.6
35-39 岁	40	2.5	0.0	0.0	5.0	7.5	7.5
40-44 岁	29	0.0	0.0	0.0	10.3	6.9	17.2
45-49 岁	13	0.0	0.0	0.0	0.0	15.4	7.7
50 岁以上	28	0.0	0.0	14.3	7.1	14.3	35.7

续上表（continued）

	人数	14:00～16:00	16:00～18:00	18:00～20:00	20:00～22:00	22:00～24:00
样本	**583**	**7.7**	**19.2**	**75.8**	**71.5**	**26.9**
男性	**276**	**4.7**	**17.8**	**73.6**	**71.0**	**26.4**
16-19 岁	29	20.7	17.2	75.9	72.4	31.0
20-24 岁	33	3.0	18.2	69.7	69.7	21.2
25-29 岁	35	0.0	22.9	71.4	68.6	22.9
30-34 岁	32	3.1	15.6	62.5	75.0	18.8
35-39 岁	40	2.5	30.0	75.0	75.0	37.5
40-44 岁	41	4.9	9.8	82.9	65.9	34.1
45-49 岁	26	0.0	11.5	69.2	73.1	34.6
50 岁以上	40	5.0	15.0	77.5	70.0	12.5
女性	**307**	**10.4**	**20.5**	**77.9**	**72.0**	**27.4**
16-19 岁	46	26.1	50.0	84.8	73.9	17.4
20-24 岁	44	18.2	20.5	79.5	63.6	36.4
25-29 岁	62	6.5	14.5	72.6	82.3	38.7
30-34 岁	45	8.9	17.8	80.0	62.2	33.3
35-39 岁	40	2.5	20.0	77.5	70.0	22.5
40-44 岁	29	3.4	13.8	72.4	72.4	27.6
45-49 岁	13	0.0	0.0	69.2	84.6	23.1
50 岁以上	28	7.1	7.1	82.1	71.4	3.6

● 重庆（Chongqing）

	人数	0:00～2:00	2:00～6:00	6:00～8:00	8:00～10:00	10:00～12:00	12:00～14:00
样本	**575**	**2.4**	**1.0**	**3.5**	**10.3**	**15.5**	**17.6**
男性	**292**	**2.4**	**0.7**	**3.4**	**7.9**	**15.1**	**15.1**
16-19 岁	38	2.6	0.0	0.0	15.8	34.2	18.4
20-24 岁	51	3.9	0.0	0.0	5.9	11.8	17.6
25-29 岁	41	0.0	2.4	4.9	4.9	7.3	12.2
30-34 岁	36	2.8	0.0	8.3	11.1	11.1	11.1
35-39 岁	39	2.6	0.0	5.1	10.3	20.5	23.1
40-44 岁	28	0.0	0.0	3.6	7.1	14.3	21.4
45-49 岁	25	4.0	0.0	4.0	0.0	12.0	4.0
50 岁以上	34	2.9	2.9	2.9	5.9	8.8	8.8
女性	**283**	**2.5**	**1.4**	**3.5**	**12.7**	**15.9**	**20.1**
16-19 岁	39	7.7	7.7	7.7	15.4	23.1	30.8
20-24 岁	52	1.9	0.0	1.9	7.7	13.5	21.2
25-29 岁	31	3.2	0.0	0.0	16.1	22.6	22.6
30-34 岁	32	3.1	3.1	3.1	15.6	12.5	18.8
35-39 岁	34	2.9	0.0	0.0	11.8	11.8	11.8
40-44 岁	32	0.0	0.0	6.3	6.3	15.6	9.4
45-49 岁	26	0.0	0.0	7.7	15.4	7.7	15.4
50 岁以上	37	0.0	0.0	2.7	16.2	18.9	27.0

续上表（continued）

	人数	14:00～16:00	16:00～18:00	18:00～20:00	20:00～22:00	22:00～24:00
样本	**575**	**13.7**	**20.7**	**67.0**	**68.7**	**30.6**
男性	**292**	**11.6**	**21.6**	**69.2**	**67.1**	**33.6**
16-19 岁	38	26.3	34.2	76.3	68.4	31.6
20-24 岁	51	7.8	23.5	66.7	80.4	33.3
25-29 岁	41	9.8	19.5	63.4	65.9	41.5
30-34 岁	36	8.3	11.1	69.4	75.0	33.3
35-39 岁	39	17.9	23.1	74.4	69.2	38.5
40-44 岁	28	14.3	17.9	57.1	71.4	42.9
45-49 岁	25	8.0	24.0	64.0	44.0	16.0
50 岁以上	34	0.0	17.6	79.4	50.0	26.5
女性	**283**	**15.9**	**19.8**	**64.7**	**70.3**	**27.6**
16-19 岁	39	25.6	25.6	51.3	66.7	20.5
20-24 岁	52	5.8	17.3	53.8	75.0	32.7
25-29 岁	31	25.8	29.0	74.2	67.7	32.3
30-34 岁	32	15.6	12.5	62.5	78.1	25.0
35-39 岁	34	5.9	14.7	70.6	67.6	32.4
40-44 岁	32	9.4	12.5	65.6	65.6	21.9
45-49 岁	26	23.1	30.8	84.6	69.2	26.9
50 岁以上	37	21.6	18.9	67.6	70.3	27.0

1-3 样本总体、男性各年龄层、女性各年龄层周末收看电视时段的选择 / Weekend Time Slots of Television Exposure by the Whole Sample, Age and Gender Groups

注：本题为多选题，合计百分比超过 100%（ Multiple answers ）

● 北京（ Beijing ）

	人数	0:00 ～ 2:00	2:00 ～ 6:00	6:00 ～ 8:00	8:00 ～ 10:00	10:00 ～ 12:00	12:00 ～ 14:00
样本	**549**	**4.9**	**0.9**	**6.2**	**16.9**	**21.3**	**14.8**
男性	**270**	**6.7**	**1.5**	**6.7**	**17.8**	**21.1**	**15.2**
16-19 岁	25	8.0	0.0	4.0	12.0	24.0	20.0
20-24 岁	29	10.3	3.4	10.3	13.8	24.1	20.7
25-29 岁	39	10.3	2.6	10.3	23.1	23.1	17.9
30-34 岁	43	2.3	0.0	4.7	16.3	18.6	11.6
35-39 岁	39	5.1	0.0	2.6	20.5	25.6	17.9
40-44 岁	39	10.3	0.0	7.7	17.9	17.9	7.7
45-49 岁	20	0.0	0.0	5.0	5.0	20.0	5.0
50 岁以上	36	5.6	5.6	8.3	25.0	16.7	19.4
女性	**279**	**3.2**	**0.4**	**5.7**	**16.1**	**21.5**	**14.3**
16-19 岁	18	5.6	0.0	5.6	27.8	22.2	11.1
20-24 岁	30	3.3	0.0	0.0	20.0	30.0	16.7
25-29 岁	34	8.8	0.0	2.9	14.7	26.5	11.8
30-34 岁	48	2.1	0.0	6.3	25.0	22.9	16.7
35-39 岁	41	4.9	0.0	4.9	17.1	24.4	17.1
40-44 岁	38	2.6	0.0	7.9	10.5	15.8	7.9
45-49 岁	25	0.0	0.0	0.0	4.0	8.0	16.0
50 岁以上	45	0.0	2.2	13.3	11.1	20.0	15.6

续上表（ continued ）

	人数	14:00 ～ 16:00	16:00 ～ 18:00	18:00 ～ 20:00	20:00 ～ 22:00	22:00 ～ 24:00
样本	**549**	**17.5**	**20.2**	**60.8**	**74.9**	**36.2**
男性	**270**	**18.1**	**21.1**	**61.9**	**73.0**	**41.1**
16-19 岁	25	32.0	32.0	52.0	72.0	32.0
20-24 岁	29	17.2	27.6	62.1	75.9	58.6
25-29 岁	39	20.5	28.2	61.5	74.4	41.0
30-34 岁	43	7.0	14.0	62.8	81.4	34.9
35-39 岁	39	15.4	23.1	61.5	71.8	53.8
40-44 岁	39	20.5	10.3	48.7	66.7	35.9
45-49 岁	20	15.0	10.0	60.0	70.0	40.0
50 岁以上	36	22.2	25.0	83.3	69.4	33.3
女性	**279**	**16.8**	**19.4**	**59.9**	**76.7**	**31.5**
16-19 岁	18	27.8	44.4	66.7	83.3	44.4
20-24 岁	30	26.7	23.3	63.3	70.0	40.0
25-29 岁	34	14.7	17.6	67.6	85.3	52.9
30-34 岁	48	16.7	18.8	64.6	83.3	41.7
35-39 岁	41	17.1	19.5	34.1	65.9	17.1
40-44 岁	38	10.5	15.8	52.6	68.4	26.3
45-49 岁	25	16.0	16.0	64.0	80.0	28.0
50 岁以上	45	13.3	13.3	71.1	80.0	13.3

● 上海（Shanghai）

	人数	0:00～2:00	2:00～6:00	6:00～8:00	8:00～10:00	10:00～12:00	12:00～14:00
样本	**556**	**3.4**	**2.7**	**4.5**	**15.6**	**17.3**	**13.1**
男性	**277**	**5.1**	**4.3**	**6.5**	**16.6**	**18.1**	**10.8**
16-19 岁	20	5.0	10.0	15.0	50.0	45.0	30.0
20-24 岁	33	9.1	6.1	6.1	9.1	18.2	15.2
25-29 岁	36	5.6	2.8	8.3	27.8	16.7	2.8
30-34 岁	51	7.8	7.8	5.9	11.8	17.6	7.8
35-39 岁	49	4.1	2.0	4.1	10.2	12.2	10.2
40-44 岁	27	0.0	0.0	7.4	7.4	3.7	7.4
45-49 岁	23	4.3	0.0	8.7	26.1	26.1	4.3
50 岁以上	38	2.6	5.3	2.6	10.5	18.4	15.8
女性	**279**	**1.8**	**1.1**	**2.5**	**14.7**	**16.5**	**15.4**
16-19 岁	24	4.2	0.0	4.2	12.5	25.0	37.5
20-24 岁	31	6.5	0.0	3.2	16.1	29.0	29.0
25-29 岁	35	0.0	0.0	0.0	11.4	17.1	14.3
30-34 岁	47	0.0	2.1	4.3	10.6	14.9	12.8
35-39 岁	41	2.4	2.4	0.0	19.5	17.1	9.8
40-44 岁	32	3.1	0.0	6.3	12.5	12.5	15.6
45-49 岁	23	0.0	0.0	0.0	26.1	4.3	8.7
50 岁以上	46	0.0	2.2	2.2	13.0	13.0	6.5

续上表（continued）

	人数	14:00～16:00	16:00～18:00	18:00～20:00	20:00～22:00	22:00～24:00
样本	**556**	**15.5**	**16.5**	**61.9**	**69.8**	**31.3**
男性	**277**	**13.7**	**19.1**	**61.0**	**65.0**	**32.1**
16-19 岁	20	45.0	45.0	80.0	65.0	30.0
20-24 岁	33	15.2	27.3	72.7	81.8	33.3
25-29 岁	36	11.1	13.9	55.6	58.3	13.9
30-34 岁	51	11.8	21.6	60.8	64.7	41.2
35-39 岁	49	10.2	10.2	49.0	63.3	38.8
40-44 岁	27	11.1	25.9	74.1	59.3	25.9
45-49 岁	23	13.0	17.4	52.2	69.6	34.8
50 岁以上	38	7.9	7.9	57.9	60.5	31.6
女性	**279**	**17.2**	**14.0**	**62.7**	**74.6**	**30.5**
16-19 岁	24	25.0	20.8	58.3	54.2	37.5
20-24 岁	31	32.3	19.4	61.3	83.9	22.6
25-29 岁	35	20.0	14.3	68.6	77.1	45.7
30-34 岁	47	10.6	10.6	59.6	70.2	27.7
35-39 岁	41	7.3	12.2	51.2	80.5	31.7
40-44 岁	32	15.6	9.4	78.1	78.1	34.4
45-49 岁	23	13.0	13.0	69.6	87.0	30.4
50 岁以上	46	19.6	15.2	60.9	67.4	19.6

● 广州（Guangzhou）

	人数	0:00～2:00	2:00～6:00	6:00～8:00	8:00～10:00	10:00～12:00	12:00～14:00
样本	**555**	**4.1**	**2.3**	**6.5**	**14.8**	**19.6**	**22.5**
男性	**261**	**4.2**	**1.1**	**8.0**	**15.3**	**20.3**	**19.2**
16-19 岁	30	13.3	10.0	20.0	23.3	33.3	36.7
20-24 岁	33	9.1	0.0	9.1	12.1	6.1	3.0
25-29 岁	32	12.5	0.0	3.1	21.9	25.0	28.1
30-34 岁	30	0.0	0.0	10.0	10.0	13.3	6.7
35-39 岁	36	0.0	0.0	0.0	11.1	22.2	16.7
40-44 岁	37	0.0	0.0	13.5	18.9	21.6	27.0
45-49 岁	24	0.0	0.0	0.0	12.5	12.5	12.5
50 岁以上	39	0.0	0.0	7.7	12.8	25.6	20.5
女性	**294**	**4.1**	**3.4**	**5.1**	**14.3**	**19.0**	**25.5**
16-19 岁	46	10.9	6.5	8.7	21.7	34.8	37.0
20-24 岁	43	4.7	4.7	2.3	16.3	16.3	23.3
25-29 岁	61	4.9	4.9	4.9	14.8	13.1	21.3
30-34 岁	40	2.5	5.0	5.0	10.0	17.5	15.0
35-39 岁	37	2.7	0.0	0.0	16.2	18.9	24.3
40-44 岁	30	0.0	0.0	3.3	6.7	13.3	30.0
45-49 岁	12	0.0	0.0	0.0	0.0	16.7	8.3
50 岁以上	25	0.0	0.0	16.0	16.0	20.0	40.0

续上表（continued）

	人数	14:00～16:00	16:00～18:00	18:00～20:00	20:00～22:00	22:00～24:00
样本	**555**	**13.9**	**22.7**	**68.8**	**72.4**	**41.8**
男性	**261**	**12.3**	**24.9**	**66.3**	**71.3**	**44.4**
16-19 岁	30	23.3	26.7	66.7	83.3	46.7
20-24 岁	33	3.0	24.2	60.6	75.8	42.4
25-29 岁	32	18.8	21.9	65.6	59.4	40.6
30-34 岁	30	0.0	23.3	56.7	76.7	43.3
35-39 岁	36	19.4	47.2	77.8	77.8	52.8
40-44 岁	37	10.8	21.6	73.0	59.5	54.1
45-49 岁	24	4.2	16.7	62.5	66.7	45.8
50 岁以上	39	15.4	15.4	64.1	71.8	30.8
女性	**294**	**15.3**	**20.7**	**71.1**	**73.5**	**39.5**
16-19 岁	46	39.1	41.3	80.4	73.9	32.6
20-24 岁	43	11.6	14.0	62.8	69.8	44.2
25-29 岁	61	14.8	18.0	70.5	77.0	49.2
30-34 岁	40	12.5	22.5	75.0	67.5	35.0
35-39 岁	37	5.4	24.3	67.6	75.7	29.7
40-44 岁	30	13.3	16.7	73.3	70.0	46.7
45-49 岁	12	0.0	0.0	66.7	83.3	33.3
50 岁以上	25	8.0	8.0	68.0	76.0	24.0

● 重庆（Chongqing）

	人数	0:00～2:00	2:00～6:00	6:00～8:00	8:00～10:00	10:00～12:00	12:00～14:00
样本	**561**	**5.3**	**1.2**	**3.7**	**13.0**	**21.2**	**20.3**
男性	**290**	**6.2**	**1.4**	**3.4**	**13.1**	**20.0**	**19.7**
16-19 岁	40	7.5	2.5	5.0	27.5	35.0	27.5
20-24 岁	52	11.5	1.9	1.9	15.4	11.5	25.0
25-29 岁	38	7.9	0.0	7.9	2.6	13.2	13.2
30-34 岁	35	5.7	2.9	2.9	17.1	22.9	14.3
35-39 岁	39	2.6	2.6	5.1	17.9	25.6	20.5
40-44 岁	28	3.6	0.0	0.0	10.7	17.9	17.9
45-49 岁	25	4.0	0.0	0.0	0.0	32.0	12.0
50 岁以上	33	3.0	0.0	3.0	6.1	6.1	21.2
女性	**271**	**4.4**	**1.1**	**4.1**	**12.9**	**22.5**	**21.0**
16-19 岁	40	7.5	2.5	10.0	15.0	20.0	25.0
20-24 岁	51	5.9	2.0	0.0	9.8	19.6	19.6
25-29 岁	31	3.2	0.0	0.0	16.1	48.4	25.8
30-34 岁	29	10.3	0.0	3.4	6.9	24.1	17.2
35-39 岁	35	5.7	0.0	0.0	8.6	17.1	17.1
40-44 岁	27	0.0	3.7	11.1	14.8	25.9	18.5
45-49 岁	26	0.0	0.0	3.8	19.2	11.5	23.1
50 岁以上	32	0.0	0.0	6.3	15.6	15.6	21.9

续上表（continued）

	人数	14:00～16:00	16:00～18:00	18:00～20:00	20:00～22:00	22:00～24:00
样本	**561**	**20.0**	**25.8**	**62.0**	**72.7**	**48.1**
男性	**290**	**19.0**	**26.2**	**63.4**	**70.0**	**50.0**
16-19 岁	40	37.5	47.5	62.5	70.0	52.5
20-24 岁	52	17.3	26.9	53.8	71.2	57.7
25-29 岁	38	7.9	18.4	65.8	68.4	55.3
30-34 岁	35	22.9	20.0	68.6	85.7	37.1
35-39 岁	39	28.2	33.3	66.7	69.2	48.7
40-44 岁	28	10.7	17.9	71.4	71.4	60.7
45-49 岁	25	8.0	20.0	52.0	60.0	40.0
50 岁以上	33	12.1	18.2	69.7	60.6	42.4
女性	**271**	**21.0**	**25.5**	**60.5**	**75.6**	**46.1**
16-19 岁	40	42.5	32.5	65.0	77.5	47.5
20-24 岁	51	15.7	21.6	51.0	72.5	51.0
25-29 岁	31	35.5	41.9	54.8	77.4	61.3
30-34 岁	29	13.8	13.8	51.7	75.9	48.3
35-39 岁	35	8.6	11.4	60.0	85.7	48.6
40-44 岁	27	7.4	29.6	66.7	63.0	25.9
45-49 岁	26	19.2	26.9	69.2	76.9	30.8
50 岁以上	32	21.9	28.1	71.9	75.0	46.9

1-4 平时最喜欢收看的电视频道排名图（%） / Ranking of the Most Favorite TV Channels

注：本题为多选题，合计百分比超过 100%（ Multiple answers ）

● 北京（ Beijing ）

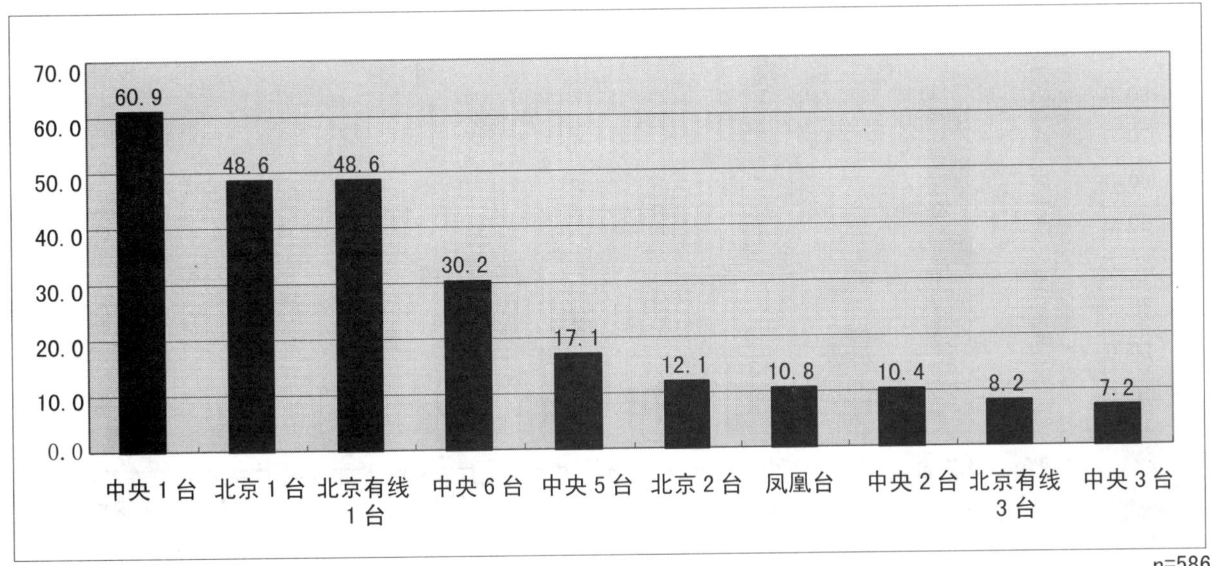

n=586

● 上海（ Shanghai ）

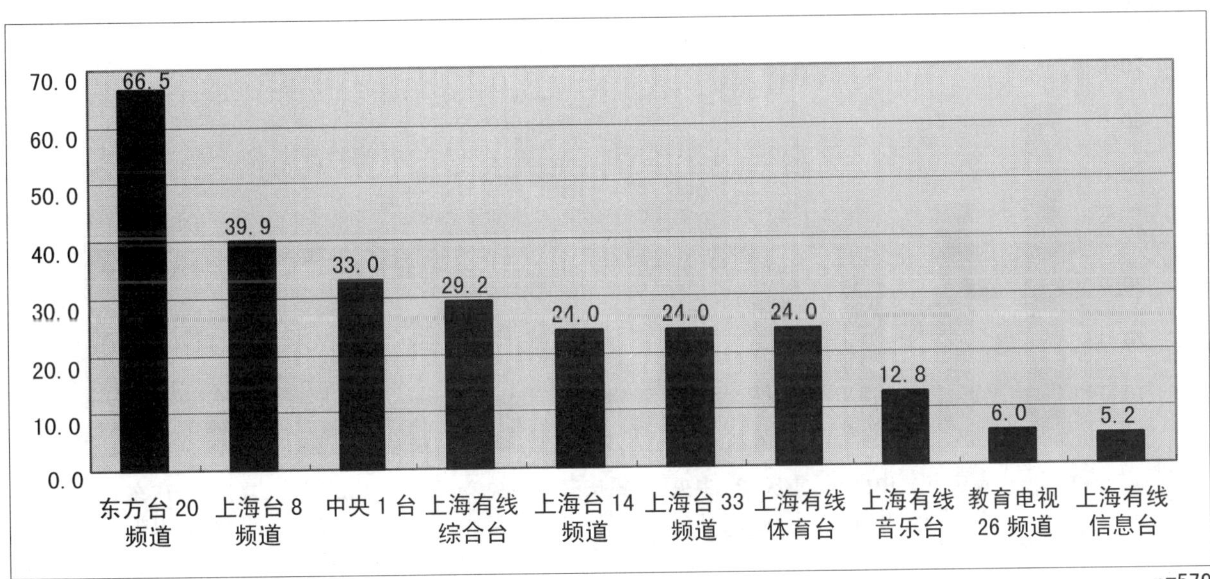

n=579

● 广州（Guangzhou）

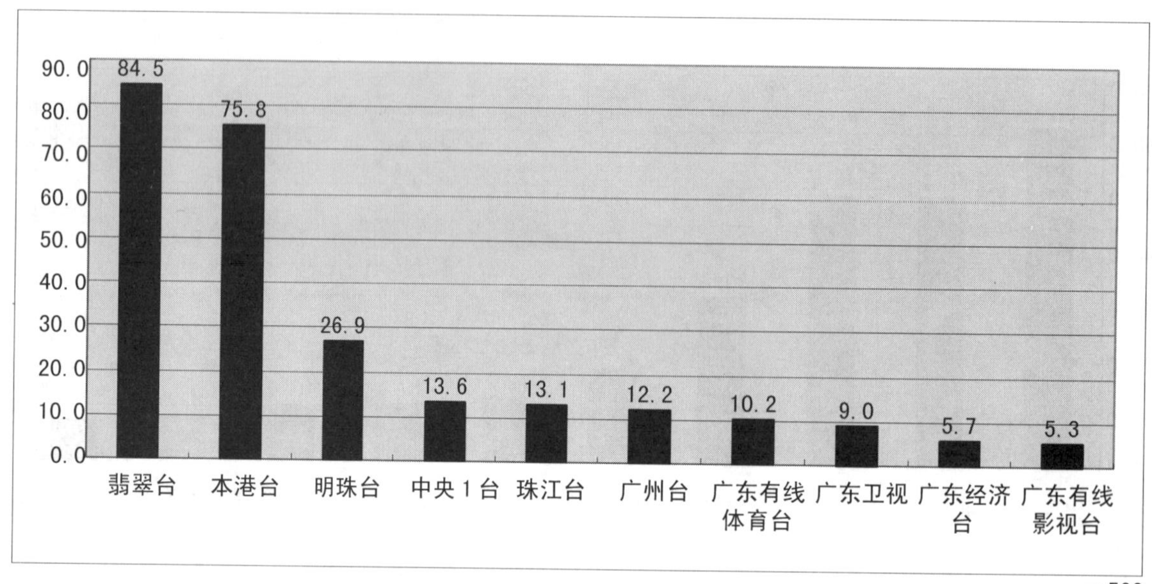

n=566

● 重庆（Chongqing）

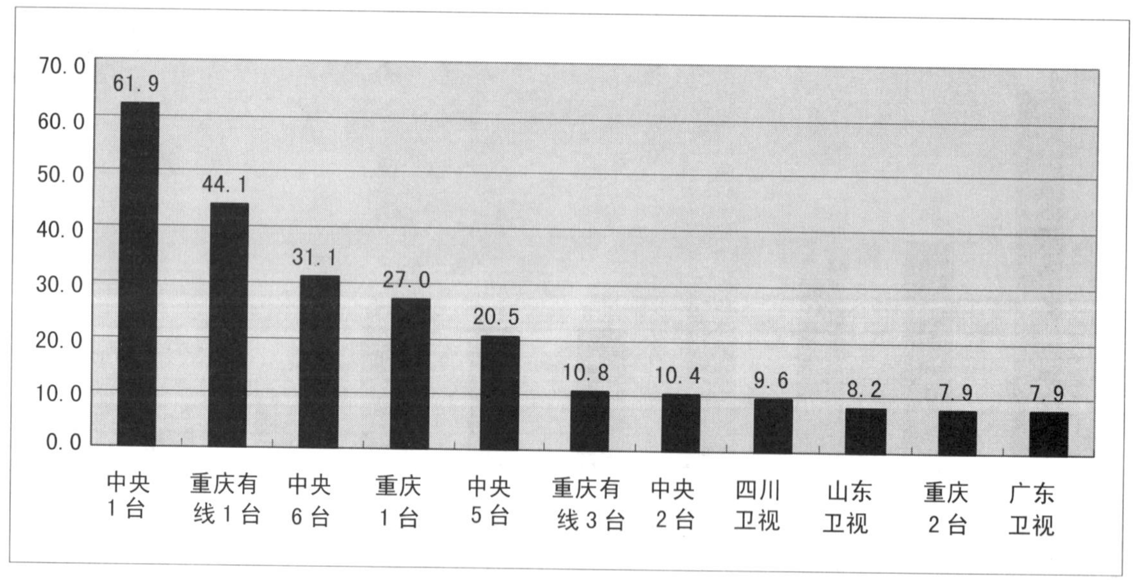

n=585

1-5 样本总体、男性各年龄层、女性各年龄层平时最喜欢收看的电视频道 / The Most Favorite TV Channels by the Whole Sample, Age and Gender Groups

注：本题为多选题，合计百分比超过 100%（ Multiple answers ）

● 北京（ Beijing ）

	人数	中央 1 台	中央 2 台	中央 3 台	中央 5 台	中央 6 台	中央 7 台
样本	**586**	**60.9**	**10.4**	**7.2**	**17.1**	**30.2**	**0.9**
男性	**289**	**57.1**	**8.3**	**6.2**	**28.7**	**35.6**	**1.4**
16-19 岁	26	34.6	3.8	7.7	30.8	19.2	0.0
20-24 岁	33	33.3	3.0	3.0	36.4	33.3	0.0
25-29 岁	39	48.7	5.1	5.1	28.2	43.6	0.0
30-34 岁	46	65.2	8.7	15.2	37.0	50.0	0.0
35-39 岁	43	51.2	14.0	0.0	39.5	34.9	4.7
40-44 岁	40	62.5	5.0	0.0	15.0	40.0	5.0
45-49 岁	23	73.9	17.4	4.3	17.4	30.4	0.0
50 岁以上	39	82.1	10.3	12.8	20.5	23.1	0.0
女性	**297**	**64.6**	**12.5**	**8.1**	**5.7**	**24.9**	**0.3**
16-19 岁	22	36.4	0.0	4.5	0.0	22.7	0.0
20-24 岁	33	51.5	3.0	6.1	6.1	45.5	0.0
25-29 岁	36	50.0	16.7	11.1	11.1	19.4	0.0
30-34 岁	49	71.4	12.2	4.1	6.1	26.5	0.0
35-39 岁	44	65.9	13.6	0.0	0.0	31.8	0.0
40-44 岁	40	77.5	17.5	10.0	15.0	20.0	0.0
45-49 岁	26	76.9	19.2	15.4	3.8	19.2	3.8
50 岁以上	47	72.3	12.8	14.9	2.1	14.9	0.0

续上表（ continued ）

	人数	中央 8 台	北京 1 台	北京 2 台	北京 3 台	北京有线 1 台	北京有线 2 台
样本	**586**	**2.4**	**48.6**	**12.1**	**2.0**	**48.6**	**3.2**
男性	**289**	**2.4**	**43.3**	**11.8**	**1.4**	**42.2**	**2.8**
16-19 岁	26	0.0	42.3	19.2	0.0	53.8	7.7
20-24 岁	33	6.1	18.2	9.1	3.0	63.6	0.0
25-29 岁	39	0.0	51.3	15.4	2.6	38.5	0.0
30-34 岁	46	2.2	34.8	10.9	4.3	26.1	4.3
35-39 岁	43	0.0	46.5	14.0	0.0	41.9	2.3
40-44 岁	40	2.5	60.0	10.0	0.0	37.5	0.0
45-49 岁	23	4.3	47.8	8.7	0.0	30.4	4.3
50 岁以上	39	5.1	43.6	7.7	0.0	51.3	5.1
女性	**297**	**2.4**	**53.9**	**12.5**	**2.7**	**54.9**	**3.7**
16-19 岁	22	4.5	36.4	9.1	4.5	72.7	18.2
20-24 岁	33	3.0	36.4	24.2	0.0	54.5	0.0
25-29 岁	36	5.6	41.7	11.1	2.8	63.9	0.0
30-34 岁	49	4.1	53.1	12.2	2.0	57.1	0.0
35-39 岁	44	0.0	70.5	15.9	4.5	54.5	2.3
40-44 岁	40	0.0	65.0	5.0	0.0	42.5	5.0
45-49 岁	26	3.8	50.0	7.7	3.8	38.5	7.7
50 岁以上	47	0.0	61.7	12.8	4.3	57.4	4.3

续上表（continued）

	人数	北京有线 3 台	北京有线 4 台	四川卫视	山东卫视	浙江卫视
样本	**586**	**8.2**	**2.2**	**1.4**	**1.5**	**1.2**
男性	**289**	**13.1**	**2.4**	**1.7**	**1.4**	**0.7**
16-19 岁	26	19.2	0.0	0.0	0.0	0.0
20-24 岁	33	24.2	3.0	0.0	0.0	3.0
25-29 岁	39	17.9	5.1	0.0	5.1	2.6
30-34 岁	46	8.7	0.0	4.3	0.0	0.0
35-39 岁	43	14.0	4.7	0.0	0.0	0.0
40-44 岁	40	10.0	2.5	2.5	2.5	0.0
45-49 岁	23	4.3	0.0	4.3	0.0	0.0
50 岁以上	39	7.7	2.6	2.6	2.6	0.0
女性	**297**	**3.4**	**2.0**	**1.0**	**1.7**	**1.7**
16-19 岁	22	4.5	0.0	4.5	0.0	0.0
20-24 岁	33	3.0	3.0	0.0	3.0	0.0
25-29 岁	36	2.8	0.0	2.8	0.0	2.8
30-34 岁	49	2.0	0.0	0.0	2.0	2.0
35-39 岁	44	2.3	6.8	2.3	0.0	2.3
40-44 岁	40	7.5	2.5	0.0	2.5	2.5
45-49 岁	26	0.0	0.0	0.0	0.0	3.8
50 岁以上	47	4.3	2.1	0.0	4.3	0.0

续上表（continued）

	人数	云南卫视	贵州卫视	广东卫视	凤凰台	其他
样本	**586**	**0.2**	**1.5**	**0.2**	**10.8**	**0.7**
男性	**289**	**0.0**	**1.4**	**0.0**	**9.3**	**0.7**
16-19 岁	26	0.0	0.0	0.0	7.7	0.0
20-24 岁	33	0.0	3.0	0.0	24.2	0.0
25-29 岁	39	0.0	0.0	0.0	5.1	0.0
30-34 岁	46	0.0	2.2	0.0	10.9	0.0
35-39 岁	43	0.0	2.3	0.0	7.0	2.3
40-44 岁	40	0.0	2.5	0.0	5.0	0.0
45-49 岁	23	0.0	0.0	0.0	13.0	0.0
50 岁以上	39	0.0	0.0	0.0	5.1	2.6
女性	**297**	**0.3**	**1.7**	**0.3**	**12.1**	**0.7**
16-19 岁	22	0.0	4.5	0.0	22.7	9.1
20-24 岁	33	0.0	0.0	0.0	24.2	0.0
25-29 岁	36	2.8	2.8	0.0	19.4	0.0
30-34 岁	49	0.0	4.1	2.0	10.2	0.0
35-39 岁	44	0.0	0.0	0.0	9.1	0.0
40-44 岁	40	0.0	2.5	0.0	5.0	0.0
45-49 岁	26	0.0	0.0	0.0	19.2	0.0
50 岁以上	47	0.0	0.0	0.0	0.0	0.0

● 上海（Shanghai）

	人数	中央1台	中央2台	中央3台	中央4台	中央5台	中央6台	中央7台	中央8台
样本	**579**	**33.0**	**2.2**	**0.3**	**0.9**	**1.2**	**0.9**	**0.2**	**0.9**
男性	**293**	**41.0**	**2.4**	**0.3**	**1.4**	**1.4**	**1.0**	**0.3**	**1.4**
16-19岁	22	22.7	0.0	0.0	0.0	0.0	4.5	0.0	0.0
20-24岁	34	35.3	0.0	0.0	2.9	0.0	2.9	0.0	0.0
25-29岁	41	31.7	4.9	2.4	0.0	0.0	0.0	0.0	0.0
30-34岁	50	52.0	8.0	0.0	0.0	0.0	0.0	0.0	2.0
35-39岁	51	47.1	2.0	0.0	0.0	0.0	0.0	2.0	5.9
40-44岁	29	44.8	0.0	0.0	6.9	3.4	0.0	0.0	0.0
45-49岁	24	33.3	0.0	0.0	0.0	12.5	4.2	0.0	0.0
50岁以上	42	45.2	0.0	0.0	2.4	0.0	0.0	0.0	0.0
女性	**286**	**24.8**	**2.1**	**0.3**	**0.3**	**1.0**	**0.7**	**0.0**	**0.3**
16-19岁	24	8.3	0.0	0.0	0.0	0.0	0.0	0.0	0.0
20-24岁	32	12.5	3.1	0.0	0.0	0.0	0.0	0.0	0.0
25-29岁	37	27.0	5.4	0.0	0.0	0.0	2.7	0.0	0.0
30-34岁	48	22.9	2.1	2.1	0.0	2.1	0.0	0.0	2.1
35-39岁	43	27.9	0.0	0.0	2.3	0.0	0.0	0.0	0.0
40-44岁	32	31.3	3.1	0.0	0.0	3.1	0.0	0.0	0.0
45-49岁	23	30.4	0.0	0.0	0.0	4.3	4.3	0.0	0.0
50岁以上	47	31.9	2.1	0.0	0.0	0.0	0.0	0.0	0.0

续上表（continued）

	人数	上海台8频道	上海台14频道	东方台20频道	东方台33频道	上海有线综合台	上海有线信息台	上海有线体育台	上海有线音乐台
样本	**579**	**39.9**	**24.0**	**66.5**	**24.0**	**29.2**	**5.2**	**24.0**	**12.8**
男性	**293**	**37.5**	**21.5**	**64.2**	**20.1**	**23.5**	**4.8**	**37.2**	**10.2**
16-19岁	22	40.9	22.7	59.1	18.2	40.9	0.0	50.0	22.7
20-24岁	34	35.3	14.7	61.8	23.5	26.5	5.9	38.2	23.5
25-29岁	41	46.3	22.0	51.2	24.4	24.4	2.4	36.6	17.1
30-34岁	50	32.0	24.0	68.0	14.0	24.0	2.0	36.0	6.0
35-39岁	51	27.5	15.7	76.5	25.5	25.5	7.8	33.3	5.9
40-44岁	29	55.2	17.2	69.0	17.2	20.7	3.4	34.5	0.0
45-49岁	24	41.7	25.0	54.2	25.0	16.7	12.5	50.0	8.3
50岁以上	42	33.3	31.0	64.3	14.3	14.3	4.8	31.0	4.8
女性	**286**	**42.3**	**26.6**	**68.9**	**28.0**	**35.0**	**5.6**	**10.5**	**15.4**
16-19岁	24	20.8	20.8	58.3	37.5	58.3	0.0	12.5	37.5
20-24岁	32	34.4	25.0	75.0	21.9	37.5	6.3	6.3	40.6
25-29岁	37	40.5	18.9	75.7	18.9	27.0	0.0	16.2	27.0
30-34岁	48	52.1	31.3	58.3	35.4	22.9	8.3	6.3	14.6
35-39岁	43	39.5	34.9	69.8	30.2	41.9	2.3	4.7	7.0
40-44岁	32	46.9	21.9	75.0	31.3	50.0	3.1	12.5	3.1
45-49岁	23	47.8	34.8	69.6	34.8	21.7	17.4	13.0	0.0
50岁以上	47	46.8	23.4	70.2	19.1	29.8	8.5	14.9	2.1

续上表（ continued ）

	人数	上海有线戏剧台	教育电视26频道	四川卫视	山东卫视	浙江卫视	凤凰台	其他
样本	**579**	**3.1**	**6.0**	**0.2**	**0.2**	**0.3**	**0.7**	**0.3**
男性	**293**	**2.0**	**5.5**	**0.0**	**0.0**	**0.0**	**0.7**	**0.0**
16-19 岁	22	0.0	4.5	0.0	0.0	0.0	0.0	0.0
20-24 岁	34	0.0	8.8	0.0	0.0	0.0	0.0	0.0
25-29 岁	41	0.0	7.3	0.0	0.0	0.0	2.4	0.0
30-34 岁	50	0.0	6.0	0.0	0.0	0.0	0.0	0.0
35-39 岁	51	0.0	3.9	0.0	0.0	0.0	2.0	0.0
40-44 岁	29	0.0	0.0	0.0	0.0	0.0	0.0	0.0
45-49 岁	24	4.2	4.2	0.0	0.0	0.0	0.0	0.0
50 岁以上	42	11.9	7.1	0.0	0.0	0.0	0.0	0.0
女性	**286**	**4.2**	**6.6**	**0.3**	**0.3**	**0.7**	**0.7**	**0.7**
16-19 岁	24	4.2	4.2	0.0	0.0	0.0	4.2	0.0
20-24 岁	32	0.0	3.1	0.0	0.0	0.0	0.0	0.0
25-29 岁	37	2.7	8.1	0.0	0.0	0.0	0.0	0.0
30-34 岁	48	0.0	10.4	2.1	2.1	0.0	2.1	0.0
35-39 岁	43	0.0	7.0	0.0	0.0	0.0	0.0	0.0
40-44 岁	32	9.4	0.0	0.0	0.0	0.0	0.0	0.0
45-49 岁	23	0.0	0.0	0.0	0.0	4.3	0.0	4.3
50 岁以上	47	14.9	12.8	0.0	0.0	2.1	0.0	2.1

● 广州（Guangzhou）

	人数	中央1台	中央2台	中央3台	中央4台	中央5台	中央6台
样本	**566**	**13.6**	**1.1**	**0.2**	**0.5**	**1.6**	**0.5**
男性	**264**	**16.7**	**1.5**	**0.0**	**0.8**	**3.4**	**1.1**
16-19岁	28	3.6	0.0	0.0	0.0	0.0	3.6
20-24岁	31	6.5	0.0	0.0	3.2	0.0	0.0
25-29岁	33	30.3	0.0	0.0	0.0	9.1	0.0
30-34岁	31	19.4	0.0	0.0	3.2	3.2	3.2
35-39岁	39	12.8	2.6	0.0	0.0	5.1	0.0
40-44岁	41	17.1	2.4	0.0	0.0	0.0	0.0
45-49岁	26	7.7	0.0	0.0	0.0	3.8	0.0
50岁以上	35	31.4	5.7	0.0	0.0	5.7	2.9
女性	**302**	**10.9**	**0.7**	**0.3**	**0.3**	**0.0**	**0.0**
16-19岁	49	2.0	0.0	0.0	0.0	0.0	0.0
20-24岁	43	11.6	0.0	0.0	0.0	0.0	0.0
25-29岁	61	8.2	3.3	0.0	0.0	0.0	0.0
30-34岁	46	6.5	0.0	0.0	2.2	0.0	0.0
35-39岁	35	20.0	0.0	0.0	0.0	0.0	0.0
40-44岁	29	13.8	0.0	0.0	0.0	0.0	0.0
45-49岁	13	15.4	0.0	7.7	0.0	0.0	0.0
50岁以上	26	23.1	0.0	0.0	0.0	0.0	0.0

续上表（continued）

	人数	中央7台	中央8台	岭南台	珠江台	广东卫视	广东经济台
样本	**566**	**0.2**	**0.4**	**1.6**	**13.1**	**9.0**	**5.7**
男性	**264**	**0.4**	**0.8**	**1.9**	**12.9**	**10.6**	**6.8**
16-19岁	28	0.0	0.0	3.6	3.6	7.1	3.6
20-24岁	31	0.0	0.0	6.5	0.0	3.2	9.7
25-29岁	33	0.0	0.0	3.0	6.1	15.2	3.0
30-34岁	31	0.0	0.0	0.0	19.4	6.5	9.7
35-39岁	39	2.6	0.0	0.0	20.5	5.1	7.7
40-44岁	41	0.0	2.4	0.0	14.6	19.5	4.9
45-49岁	26	0.0	0.0	3.8	19.2	7.7	11.5
50岁以上	35	0.0	2.9	0.0	17.1	17.1	5.7
女性	**302**	**0.0**	**0.0**	**1.3**	**13.2**	**7.6**	**4.6**
16-19岁	49	0.0	0.0	0.0	4.1	2.0	6.1
20-24岁	43	0.0	0.0	4.7	9.3	11.6	4.7
25-29岁	61	0.0	0.0	1.6	9.8	8.2	4.9
30-34岁	46	0.0	0.0	0.0	13.0	2.2	0.0
35-39岁	35	0.0	0.0	0.0	28.6	8.6	8.6
40-44岁	29	0.0	0.0	0.0	13.8	10.3	6.9
45-49岁	13	0.0	0.0	0.0	38.5	15.4	0.0
50岁以上	26	0.0	0.0	3.8	11.5	11.5	3.8

续上表（continued）

	人数	广州台	广东有线影视台	广东有线体育台	广东有线都市台	广东有线信息台	翡翠台
样本	**566**	**12.2**	**5.3**	**10.2**	**1.9**	**0.9**	**84.5**
男性	**264**	**11.0**	**5.3**	**17.8**	**2.7**	**1.5**	**79.5**
16-19 岁	28	7.1	0.0	17.9	0.0	0.0	92.9
20-24 岁	31	16.1	6.5	9.7	3.2	0.0	93.5
25-29 岁	33	3.0	6.1	21.2	0.0	6.1	84.8
30-34 岁	31	16.1	3.2	6.5	0.0	0.0	77.4
35-39 岁	39	17.9	5.1	17.9	2.6	0.0	79.5
40-44 岁	41	4.9	4.9	17.1	2.4	0.0	73.2
45-49 岁	26	11.5	7.7	30.8	7.7	7.7	73.1
50 岁以上	35	11.4	8.6	22.9	5.7	0.0	65.7
女性	**302**	**13.2**	**5.3**	**3.6**	**1.3**	**0.3**	**88.7**
16-19 岁	49	8.2	4.1	4.1	4.1	0.0	100.0
20-24 岁	43	11.6	7.0	4.7	0.0	0.0	86.0
25-29 岁	61	14.8	6.6	3.3	1.6	1.6	90.2
30-34 岁	46	15.2	6.5	2.2	0.0	0.0	89.1
35-39 岁	35	11.4	2.9	5.7	0.0	0.0	80.0
40-44 岁	29	10.3	0.0	3.4	0.0	0.0	93.1
45-49 岁	13	23.1	15.4	0.0	0.0	0.0	76.9
50 岁以上	26	19.2	3.8	3.8	3.8	0.0	80.8

续上表（continued）

	人数	本港台	明珠台	WORLD	四川卫视	贵州卫视	凤凰台	其他
样本	**566**	**75.8**	**26.9**	**1.1**	**0.2**	**0.2**	**1.4**	**0.5**
男性	**264**	**73.1**	**21.6**	**1.1**	**0.4**	**0.4**	**1.1**	**1.1**
16-19 岁	28	78.6	46.4	7.1	0.0	0.0	7.1	3.6
20-24 岁	31	64.5	35.5	0.0	0.0	0.0	0.0	0.0
25-29 岁	33	78.8	9.1	3.0	0.0	0.0	0.0	3.0
30-34 岁	31	67.7	25.8	0.0	0.0	0.0	0.0	0.0
35-39 岁	39	66.7	17.9	0.0	0.0	0.0	0.0	2.6
40-44 岁	41	87.8	14.6	0.0	2.4	2.4	0.0	0.0
45-49 岁	26	69.2	19.2	0.0	0.0	0.0	0.0	0.0
50 岁以上	35	68.6	11.4	0.0	0.0	0.0	2.9	0.0
女性	**302**	**78.1**	**31.5**	**1.0**	**0.0**	**0.0**	**1.7**	**0.0**
16-19 岁	49	81.6	44.9	0.0	0.0	0.0	4.1	0.0
20-24 岁	43	67.4	39.5	2.3	0.0	0.0	2.3	0.0
25-29 岁	61	78.7	41.0	1.6	0.0	0.0	1.6	0.0
30-34 岁	46	82.6	23.9	2.2	0.0	0.0	0.0	0.0
35-39 岁	35	77.1	20.0	0.0	0.0	0.0	0.0	0.0
40-44 岁	29	86.2	27.6	0.0	0.0	0.0	3.4	0.0
45-49 岁	13	61.5	15.4	0.0	0.0	0.0	0.0	0.0
50 岁以上	26	80.8	11.5	0.0	0.0	0.0	0.0	0.0

● 重庆（Chongqing）

	人数	中央1台	中央2台	中央3台	中央4台	中央5台	中央6台
样本	**585**	**61.9**	**10.4**	**1.4**	**0.9**	**20.5**	**31.1**
男性	**298**	**63.4**	**12.8**	**2.0**	**0.7**	**30.2**	**32.6**
16-19岁	42	31.0	7.1	2.4	2.4	42.9	54.8
20-24岁	52	65.4	13.5	3.8	0.0	40.4	34.6
25-29岁	40	70.0	2.5	0.0	0.0	25.0	30.0
30-34岁	37	59.5	16.2	2.7	0.0	32.4	29.7
35-39岁	39	64.1	5.1	0.0	0.0	25.6	38.5
40-44岁	28	75.0	10.7	0.0	0.0	21.4	28.6
45-49岁	25	84.0	20.0	0.0	0.0	32.0	16.0
50岁以上	35	71.4	31.4	5.7	2.9	14.3	17.1
女性	**287**	**60.3**	**8.0**	**0.7**	**1.0**	**10.5**	**29.6**
16-19岁	43	34.9	4.7	0.0	0.0	9.3	46.5
20-24岁	52	61.5	1.9	3.8	0.0	11.5	23.1
25-29岁	32	53.1	6.3	0.0	0.0	6.3	40.6
30-34岁	32	62.5	3.1	0.0	3.1	3.1	21.9
35-39岁	34	73.5	5.9	0.0	2.9	11.8	32.4
40-44岁	31	71.0	9.7	0.0	0.0	16.1	22.6
45-49岁	26	61.5	23.1	0.0	0.0	19.2	15.4
50岁以上	37	70.3	16.2	0.0	2.7	8.1	29.7

续上表（continued）

	人数	中央7台	中央8台	重庆1台	重庆2台	重庆有线1台	重庆有线2台
样本	**585**	**1.0**	**3.1**	**27.0**	**7.9**	**44.1**	**7.5**
男性	**298**	**2.0**	**1.3**	**25.8**	**7.7**	**38.3**	**7.0**
16-19岁	42	0.0	2.4	16.7	4.8	45.2	4.8
20-24岁	52	3.8	3.8	17.3	5.8	36.5	9.6
25-29岁	40	0.0	0.0	35.0	20.0	40.0	5.0
30-34岁	37	0.0	0.0	29.7	8.1	43.2	2.7
35-39岁	39	5.1	2.6	25.6	5.1	35.9	12.8
40-44岁	28	3.6	0.0	28.6	3.6	32.1	7.1
45-49岁	25	0.0	0.0	28.0	0.0	48.0	8.0
50岁以上	35	2.9	0.0	31.4	11.4	25.7	5.7
女性	**287**	**0.0**	**4.9**	**28.2**	**8.0**	**50.2**	**8.0**
16-19岁	43	0.0	4.7	11.6	9.3	53.5	11.6
20-24岁	52	0.0	3.8	34.6	7.7	48.1	3.8
25-29岁	32	0.0	6.3	21.9	0.0	65.6	9.4
30-34岁	32	0.0	15.6	28.1	6.3	56.3	12.5
35-39岁	34	0.0	2.9	32.4	8.8	41.2	5.9
40-44岁	31	0.0	0.0	16.1	6.5	71.0	12.9
45-49岁	26	0.0	7.7	34.6	3.8	53.8	0.0
50岁以上	37	0.0	0.0	45.9	18.9	18.9	8.1

续上表（continued）

	人数	重庆有线 3 台	四川卫视	山东卫视	浙江卫视	云南卫视	贵州卫视
样本	**585**	**10.8**	**9.6**	**8.2**	**3.8**	**0.3**	**1.7**
男性	**298**	**9.7**	**7.0**	**7.0**	**3.4**	**0.0**	**2.0**
16-19 岁	42	7.1	9.5	2.4	2.4	0.0	4.8
20-24 岁	52	5.8	7.7	7.7	3.8	0.0	0.0
25-29 岁	40	5.0	2.5	7.5	2.5	0.0	0.0
30-34 岁	37	5.4	5.4	8.1	0.0	0.0	0.0
35-39 岁	39	12.8	10.3	7.7	0.0	0.0	2.6
40-44 岁	28	17.9	14.3	7.1	7.1	0.0	7.1
45-49 岁	25	12.0	4.0	8.0	4.0	0.0	0.0
50 岁以上	35	17.1	2.9	8.6	8.6	0.0	2.9
女性	**287**	**11.8**	**12.2**	**9.4**	**4.2**	**0.7**	**1.4**
16-19 岁	43	14.0	16.3	4.7	4.7	0.0	2.3
20-24 岁	52	9.6	13.5	11.5	1.9	0.0	0.0
25-29 岁	32	15.6	12.5	15.6	3.1	0.0	0.0
30-34 岁	32	18.8	9.4	12.5	6.3	3.1	0.0
35-39 岁	34	0.0	14.7	5.9	8.8	0.0	2.9
40-44 岁	31	16.1	3.2	6.5	0.0	3.2	3.2
45-49 岁	26	11.5	15.4	3.8	3.8	0.0	0.0
50 岁以上	37	10.8	10.8	13.5	5.4	0.0	2.7

续上表（continued）

	人数	广东卫视	新疆卫视	凤凰台	河北台	地区台	其他
样本	**585**	**7.9**	**0.2**	**7.4**	**0.2**	**3.9**	**2.4**
男性	**298**	**6.7**	**0.0**	**6.4**	**0.0**	**4.4**	**1.3**
16-19 岁	42	4.8	0.0	14.3	0.0	9.5	0.0
20-24 岁	52	3.8	0.0	5.8	0.0	5.8	0.0
25-29 岁	40	10.0	0.0	5.0	0.0	0.0	0.0
30-34 岁	37	13.5	0.0	2.7	0.0	8.1	0.0
35-39 岁	39	2.6	0.0	7.7	0.0	2.6	7.7
40-44 岁	28	7.1	0.0	3.6	0.0	3.6	3.6
45-49 岁	25	8.0	0.0	4.0	0.0	4.0	0.0
50 岁以上	35	5.7	0.0	5.7	0.0	0.0	0.0
女性	**287**	**9.1**	**0.3**	**8.4**	**0.3**	**3.5**	**3.5**
16-19 岁	43	16.3	0.0	20.9	0.0	2.3	2.3
20-24 岁	52	13.5	0.0	19.2	0.0	3.8	3.8
25-29 岁	32	9.4	3.1	6.3	0.0	3.1	3.1
30-34 岁	32	12.5	0.0	6.3	0.0	3.1	0.0
35-39 岁	34	2.9	0.0	0.0	0.0	2.9	8.8
40-44 岁	31	0.0	0.0	3.2	0.0	0.0	0.0
45-49 岁	26	7.7	0.0	0.0	0.0	3.8	7.7
50 岁以上	37	5.4	0.0	0.0	2.7	8.1	2.7

1-6 平时最喜欢收看的电视节目排名 / Ranking of the Most Favorite TV Programs

注：本题为多选题，合计百分比超过 100%（Multiple answers）

● 北京（Beijing）

节目	人次	百分比	排名	节目	人次	百分比	排名
新闻节目	414	70.4	1	国内电视剧	122	20.7	8
体育节目	263	44.7	3	港台电视剧	177	30.1	6
科教节目	33	5.6	15	国外电视剧	53	9.0	12
经济节目	64	10.9	11	国内电影片	121	20.6	9
曲艺节目	131	22.3	7	国外电影片	229	38.9	5
舞蹈节目	9	1.5	17	天气预报	283	48.1	2
专题节目	49	8.3	13	MTV	120	20.4	10
综艺节目	229	38.9	4	广告	29	4.9	16
少儿节目	35	6.0	14	其他	9	1.5	18

n=588

北京最受欢迎的十类电视节目（%）

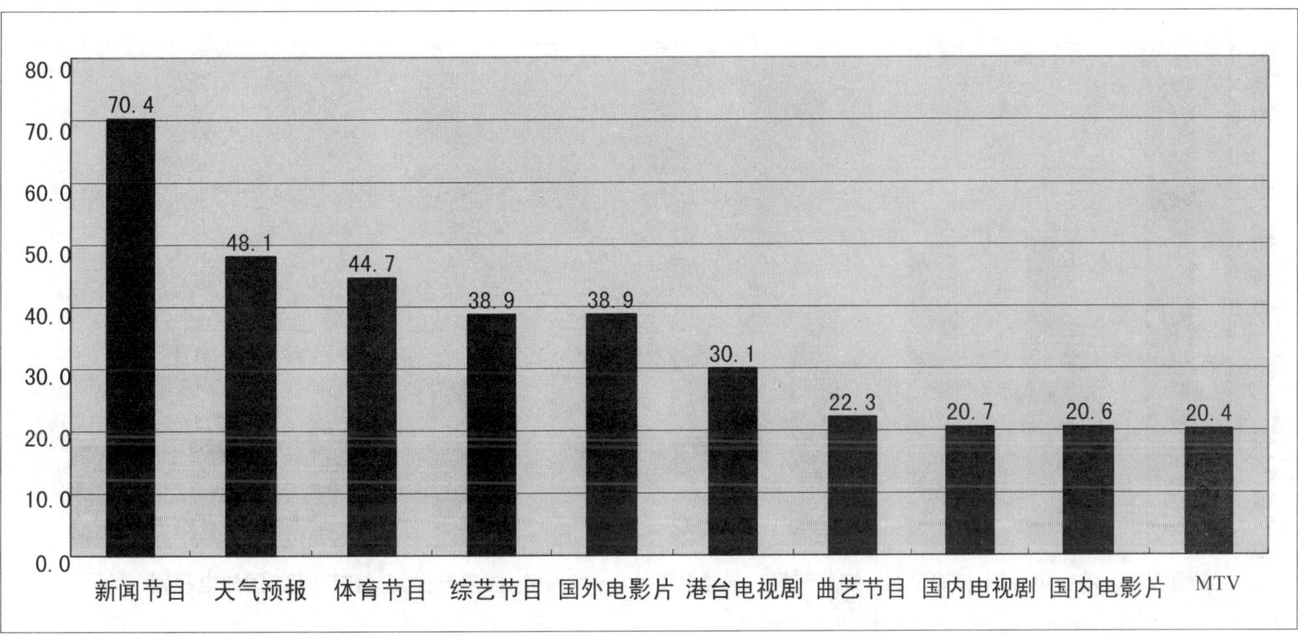

● 上海（Shanghai）

节目	人次	百分比	排名	节目	人次	百分比	排名
新闻节目	440	74.5	1	国内电视剧	156	26.4	7
体育节目	284	48.1	3	港台电视剧	290	49.1	2
科教节目	53	9.0	13	国外电视剧	102	17.3	9
经济节目	73	12.4	12	国内电影片	88	14.9	11
曲艺节目	111	18.8	8	国外电影片	192	32.5	5
舞蹈节目	10	1.7	17	天气预报	167	28.3	6
专题节目	49	8.3	14	MTV	95	16.1	10
综艺节目	222	37.6	4	广告	30	5.1	16
少儿节目	42	7.1	15	其他	9	1.5	18

n=591

上海最受欢迎的十类电视节目（%）

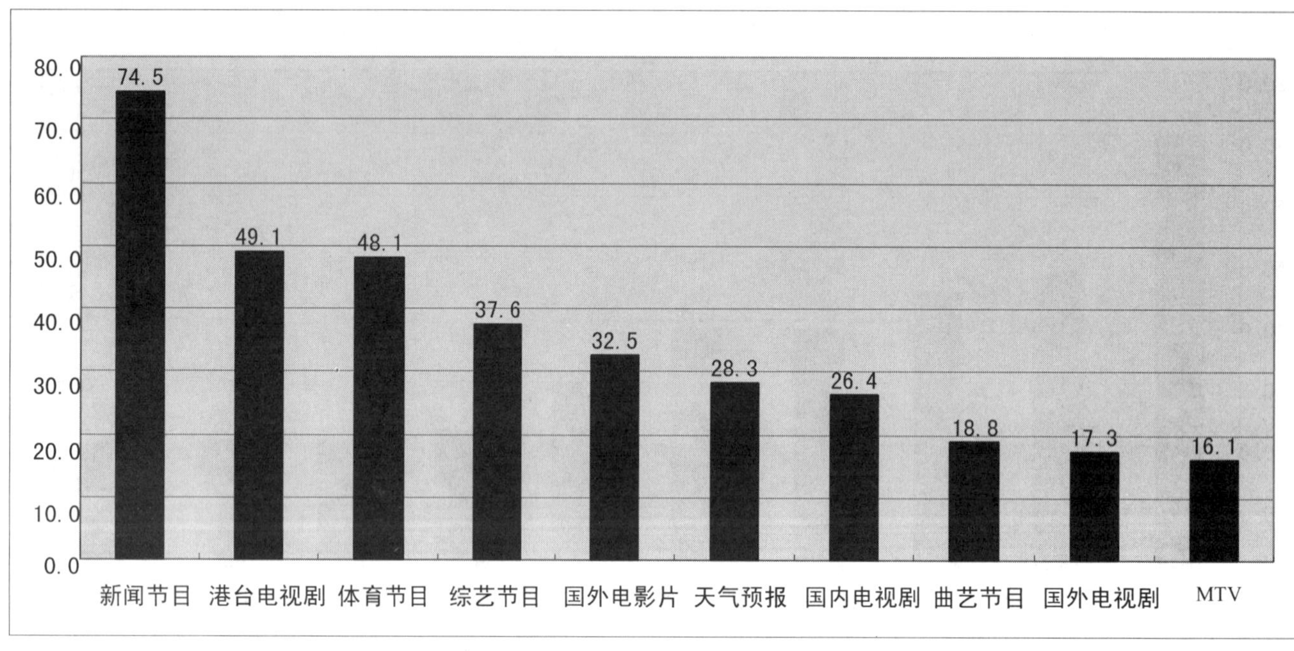

● 广州（Guangzhou）

节目	人次	百分比	排名	节目	人次	百分比	排名
新闻节目	413	70.1	2	国内电视剧	69	11.7	9
体育节目	210	35.7	3	港台电视剧	447	75.9	1
科教节目	47	8.0	11	国外电视剧	55	9.3	10
经济节目	38	6.5	14	国内电影片	83	14.1	8
曲艺节目	41	7.0	13	国外电影片	162	27.5	4
舞蹈节目	11	1.9	17	天气预报	148	25.1	5
专题节目	43	7.3	12	MTV	98	16.6	7
综艺节目	109	18.5	6	广告	33	5.6	16
少儿节目	37	6.3	15	其他	8	1.4	18

n=589

广州最受欢迎的十类电视节目（%）

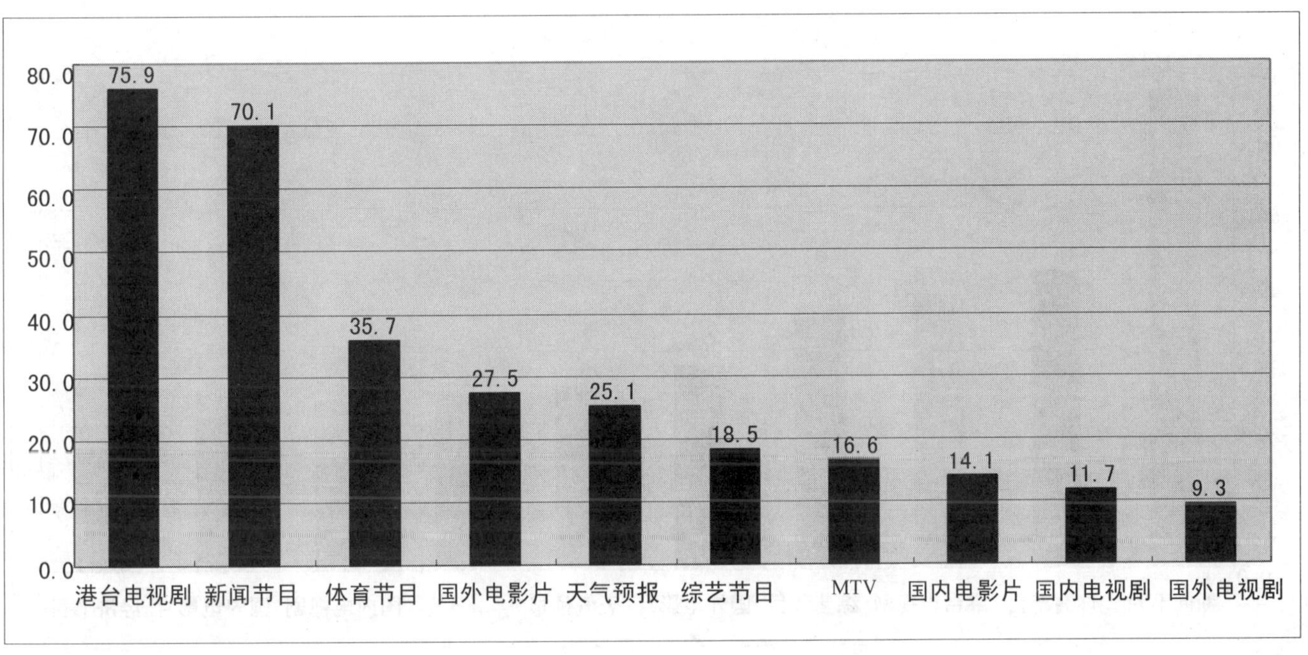

● 重庆（Chongqing）

节目	人次	百分比	排名	节目	人次	百分比	排名
新闻节目	390	65.8	1	国内电视剧	139	23.4	8
体育节目	243	41.0	2	港台电视剧	224	37.8	3
科教节目	43	7.3	13	国外电视剧	69	11.6	12
经济节目	101	17.0	10	国内电影片	126	21.2	9
曲艺节目	85	14.3	11	国外电影片	168	28.3	5
舞蹈节目	30	5.1	17	天气预报	149	25.1	6
专题节目	35	5.9	15	MTV	145	24.5	7
综艺节目	215	36.3	4	广告	32	5.4	16
少儿节目	41	6.9	14	其他	10	1.7	18

n=593

重庆最欢迎的十类电视节目（%）

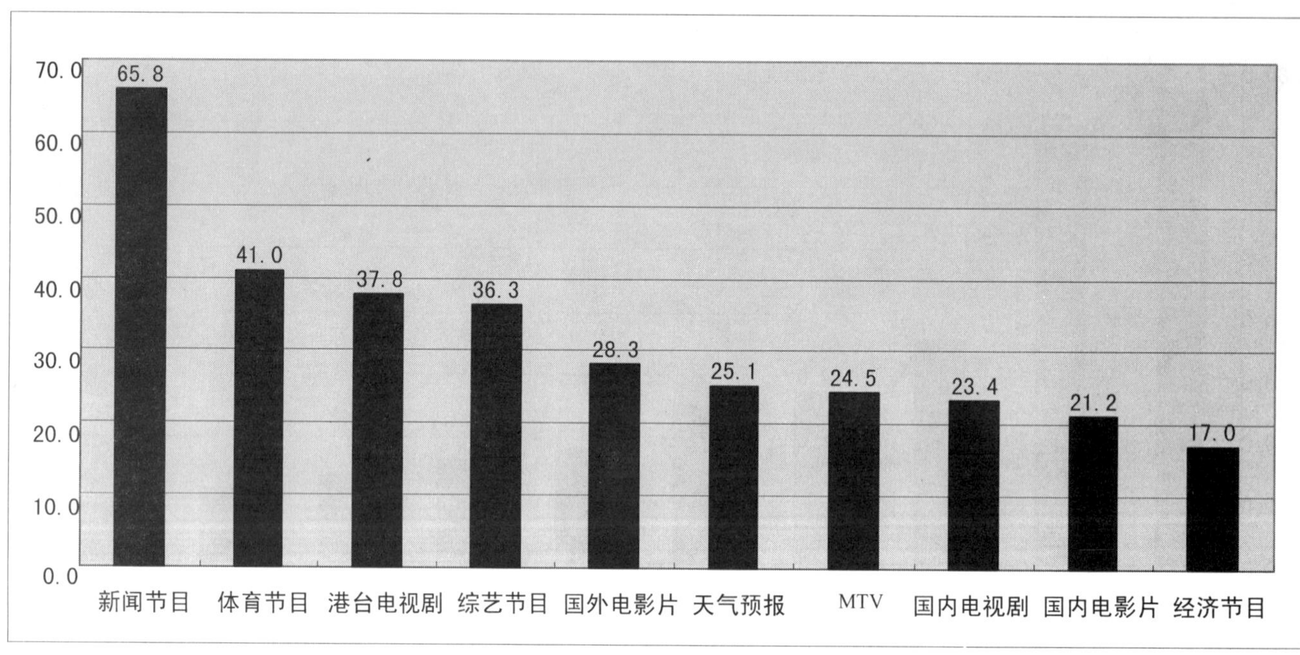

1-7 样本总体、男性各年龄层、女性各年龄层平时最喜欢收看的电视节目 / The Most Favorite TV Programs by the Whole Sample, Age and Gender Groups

注：本题为多选题，合计百分比超过 100%（Multiple answers）

● 北京（Beijing）

	人数	新闻节目	体育节目	科教节目	经济节目	曲艺节目	舞蹈节目
样本	**588**	**70.4**	**44.7**	**5.6**	**10.9**	**22.3**	**1.5**
男性	**290**	**70.0**	**61.4**	**6.9**	**11.0**	**24.8**	**0.7**
16-19 岁	26	38.5	76.9	11.5	3.8	19.2	0.0
20-24 岁	33	42.4	66.7	9.1	3.0	21.2	0.0
25-29 岁	40	57.5	70.0	10.0	12.5	12.5	0.0
30-34 岁	46	80.4	65.2	0.0	10.9	28.3	0.0
35-39 岁	43	74.4	65.1	4.7	14.0	18.6	0.0
40-44 岁	40	77.5	47.5	0.0	20.0	25.0	0.0
45-49 岁	23	87.0	43.5	17.4	8.7	39.1	0.0
50 岁以上	39	92.3	53.8	10.3	10.3	38.5	5.1
女性	**298**	**70.8**	**28.5**	**4.4**	**10.7**	**19.8**	**2.3**
16-19 岁	22	45.5	36.4	0.0	4.5	22.7	9.1
20-24 岁	33	54.5	27.3	6.1	3.0	21.2	0.0
25-29 岁	36	63.9	22.2	2.8	19.4	5.6	2.8
30-34 岁	49	75.5	30.6	4.1	8.2	12.2	2.0
35-39 岁	45	82.2	33.3	4.4	15.6	17.8	2.2
40-44 岁	40	77.5	35.0	10.0	12.5	15.0	2.5
45-49 岁	26	69.2	15.4	3.8	11.5	34.6	0.0
50 岁以上	47	78.7	25.5	2.1	8.5	34.0	2.1

续上表（continued）

	人数	专题节目	综艺节目	少儿节目	国内电视剧	港台电视剧	国外电视剧
样本	**588**	**8.3**	**38.9**	**6.0**	**20.7**	**30.1**	**9.0**
男性	**290**	**5.9**	**30.0**	**4.5**	**15.5**	**23.8**	**8.3**
16-19 岁	26	0.0	38.5	0.0	3.8	38.5	7.7
20-24 岁	33	6.1	24.2	6.1	0.0	39.4	18.2
25-29 岁	40	7.5	25.0	0.0	10.0	17.5	15.0
30-34 岁	46	6.5	28.3	10.9	13.0	26.1	4.3
35-39 岁	43	1.6	46.5	9.3	14.0	16.3	7.0
40-44 岁	40	2.5	25.0	2.5	32.5	30.0	5.0
45-49 岁	23	4.3	17.4	0.0	26.1	17.4	8.7
50 岁以上	39	5.1	30.8	2.6	23.1	10.3	2.6
女性	**298**	**10.7**	**47.7**	**7.4**	**25.8**	**36.2**	**9.7**
16-19 岁	22	4.5	31.8	13.6	0.0	50.0	13.6
20-24 岁	33	3.0	36.4	6.1	15.2	60.6	6.1
25-29 岁	36	13.9	50.0	0.0	13.9	41.7	11.1
30-34 岁	49	16.3	55.1	12.2	24.5	24.5	6.1
35-39 岁	45	8.9	57.8	13.3	24.4	35.6	11.1
40-44 岁	40	20.0	40.0	2.5	30.0	35.0	12.5
45-49 岁	26	7.7	42.3	3.8	38.5	34.6	15.4
50 岁以上	47	6.4	53.2	6.4	46.8	23.4	6.4

续上表（ continued ）

	人数	国内电影片	国外电影片	天气预报	MTV	广告	其他
样本	**588**	**20.6**	**38.9**	**48.1**	**20.4**	**4.9**	**1.5**
男性	**290**	**20.7**	**40.7**	**46.2**	**20.0**	**4.1**	**1.4**
16-19 岁	26	19.2	38.5	23.1	46.2	7.7	3.8
20-24 岁	33	12.1	60.6	18.2	48.5	9.1	0.0
25-29 岁	40	30.0	57.5	35.0	27.5	5.0	2.5
30-34 岁	46	15.2	41.3	60.9	21.7	2.2	0.0
35-39 岁	43	18.6	34.9	53.5	11.6	0.0	0.0
40-44 岁	40	22.5	37.5	60.0	2.5	0.0	0.0
45-49 岁	23	30.4	30.4	43.5	8.7	4.3	0.0
50 岁以上	39	20.5	23.1	59.0	2.6	7.7	5.1
女性	**298**	**20.5**	**37.2**	**50.0**	**20.8**	**5.7**	**1.7**
16-19 岁	22	22.7	59.1	22.7	68.2	18.2	0.0
20-24 岁	33	24.2	36.4	39.4	33.3	18.2	3.0
25-29 岁	36	11.1	55.6	33.3	33.3	2.8	2.8
30-34 岁	49	18.4	44.9	63.3	24.5	2.0	0.0
35-39 岁	45	17.8	33.3	71.1	8.9	4.4	0.0
40-44 岁	40	22.5	32.5	52.5	7.5	2.5	0.0
45-49 岁	26	23.1	34.6	38.5	15.4	3.8	0.0
50 岁以上	47	25.5	14.9	53.2	2.1	2.1	6.4

● 上海（ Shanghai ）

	人数	新闻节目	体育节目	科教节目	经济节目	曲艺节目	舞蹈节目
样本	**591**	**74.5**	**48.1**	**9.0**	**12.4**	**18.8**	**1.7**
男性	**301**	**77.7**	**66.8**	**11.6**	**15.0**	**19.3**	**1.3**
16-19 岁	22	31.8	86.4	22.7	0.0	27.3	0.0
20-24 岁	34	55.9	70.6	8.8	0.0	20.6	2.9
25-29 岁	42	78.6	54.8	9.5	21.4	9.5	0.0
30-34 岁	53	83.0	62.3	13.2	13.2	17.0	0.0
35-39 岁	51	88.2	64.7	9.8	19.6	23.5	3.9
40-44 岁	29	89.7	75.9	13.8	20.7	6.9	0.0
45-49 岁	26	84.6	73.1	19.2	23.1	23.1	0.0
50 岁以上	44	86.4	63.6	4.5	15.9	27.3	2.3
女性	**290**	**71.0**	**28.6**	**6.2**	**9.7**	**18.3**	**2.1**
16-19 岁	24	33.3	37.5	4.2	0.0	4.2	0.0
20-24 岁	32	53.1	21.9	0.0	6.3	12.5	6.3
25-29 岁	37	64.9	37.8	5.4	5.4	18.9	0.0
30-34 岁	49	81.6	26.5	4.1	16.3	14.3	8.2
35-39 岁	44	72.7	22.7	0.0	13.6	18.2	0.0
40-44 岁	34	73.5	29.4	5.9	8.8	35.3	0.0
45-49 岁	23	82.6	30.4	4.3	8.7	13.0	0.0
50 岁以上	47	87.2	27.7	21.3	10.6	23.4	0.0

续上表（continued）

	人数	专题节目	综艺节目	少儿节目	国内电视剧	港台电视剧	国外电视剧
样本	**591**	**8.3**	**37.6**	**7.1**	**26.4**	**49.1**	**17.3**
男性	**301**	**8.6**	**31.9**	**5.0**	**20.6**	**36.2**	**14.6**
16-19 岁	22	4.5	40.9	18.2	18.2	40.9	13.6
20-24 岁	34	8.8	29.4	2.9	8.8	55.9	23.5
25-29 岁	42	11.9	19.0	0.0	16.7	42.9	16.7
30-34 岁	53	11.3	24.5	0.0	13.2	35.8	11.3
35-39 岁	51	5.9	33.3	7.8	21.6	33.3	17.6
40-44 岁	29	6.9	48.3	6.9	34.5	24.1	6.9
45-49 岁	26	7.7	38.5	3.8	19.2	26.9	7.7
50 岁以上	44	9.1	34.1	6.8	34.1	29.5	15.9
女性	**290**	**7.9**	**43.4**	**9.3**	**32.4**	**62.4**	**20.0**
16-19 岁	24	8.3	41.7	12.5	20.8	70.8	20.8
20-24 岁	32	9.4	46.9	12.5	9.4	65.6	15.6
25-29 岁	37	5.4	43.2	0.0	21.6	62.2	21.6
30-34 岁	49	6.1	49.0	16.3	38.8	59.2	22.4
35-39 岁	44	9.1	43.2	13.6	29.5	65.9	18.2
40-44 岁	34	11.8	32.4	5.9	44.1	73.5	11.8
45-49 岁	23	4.3	52.2	8.7	60.9	56.5	26.1
50 岁以上	47	8.5	40.4	4.3	36.2	51.1	23.4

续上表（continued）

	人数	国内电影片	国外电影片	天气预报	MTV	广告	其他
样本	**591**	**14.9**	**32.5**	**28.3**	**16.1**	**5.1**	**1.5**
男性	**301**	**16.9**	**35.2**	**27.6**	**15.0**	**3.7**	**1.3**
16-19 岁	22	36.4	54.5	4.5	45.5	4.5	0.0
20-24 岁	34	23.5	50.0	20.6	29.4	5.9	5.9
25-29 岁	42	19.0	40.5	23.8	21.4	7.1	0.0
30-34 岁	53	17.0	30.2	30.2	13.2	1.9	0.0
35-39 岁	51	9.8	29.4	35.3	3.9	3.9	0.0
40-44 岁	29	13.8	24.1	34.5	3.4	0.0	3.4
45-49 岁	26	15.4	38.5	26.9	11.5	0.0	0.0
50 岁以上	44	11.4	27.3	31.8	6.8	4.5	2.3
女性	**290**	**12.8**	**29.7**	**29.0**	**17.2**	**6.6**	**1.7**
16-19 岁	24	16.7	58.3	8.3	54.2	12.5	4.2
20-24 岁	32	6.3	40.6	9.4	46.9	6.3	3.1
25-29 岁	37	16.2	45.9	35.1	24.3	8.1	0.0
30-34 岁	49	6.1	22.4	32.7	10.2	6.1	0.0
35-39 岁	44	15.9	20.5	36.4	6.8	9.1	2.3
40-44 岁	34	26.5	17.6	23.5	8.8	0.0	0.0
45-49 岁	23	13.0	30.4	34.8	0.0	8.7	0.0
50 岁以上	47	6.4	19.1	38.3	4.3	4.3	4.3

● 广州（Guangzhou）

	人数	新闻节目	体育节目	科教节目	经济节目	曲艺节目	舞蹈节目
样本	**589**	**70.1**	**35.7**	**8.0**	**6.5**	**7.0**	**1.9**
男性	**276**	**76.4**	**56.2**	**11.2**	**8.0**	**5.4**	**0.7**
16-19 岁	30	36.7	66.7	23.3	0.0	3.3	0.0
20-24 岁	33	66.7	39.4	9.1	6.1	3.0	0.0
25-29 岁	35	74.3	74.3	11.4	17.1	2.9	0.0
30-34 岁	32	78.1	43.8	6.3	9.4	9.4	3.1
35-39 岁	40	85.0	50.0	12.5	2.5	7.5	0.0
40-44 岁	41	90.2	48.8	2.4	14.6	4.9	0.0
45-49 岁	26	84.6	73.1	19.2	3.8	7.7	0.0
50 岁以上	39	87.2	59.0	10.3	7.7	5.1	2.6
女性	**313**	**64.5**	**17.6**	**5.1**	**5.1**	**8.3**	**2.9**
16-19 岁	49	49.0	10.2	0.0	0.0	2.0	4.1
20-24 岁	44	68.2	20.5	2.3	9.1	6.8	4.5
25-29 岁	63	66.7	17.5	3.2	4.8	9.5	3.2
30-34 岁	46	56.5	10.9	6.5	6.5	4.3	6.5
35-39 岁	40	75.0	25.0	7.5	5.0	7.5	0.0
40-44 岁	30	63.3	23.3	3.3	6.7	13.3	0.0
45-49 岁	13	84.6	7.7	15.4	0.0	15.4	0.0
50 岁以上	28	71.4	25.0	14.3	7.1	17.9	0.0

续上表（continued）

	人数	专题节目	综艺节目	少儿节目	国内电视剧	港台电视剧	国外电视剧
样本	**589**	**7.3**	**18.5**	**6.3**	**11.7**	**75.9**	**9.3**
男性	**276**	**7.2**	**14.5**	**4.7**	**10.5**	**68.8**	**8.7**
16-19 岁	30	3.3	20.0	16.7	0.0	80.0	6.7
20-24 岁	33	3.0	9.1	3.0	3.0	75.8	3.0
25-29 岁	35	8.6	11.4	2.9	8.6	65.7	17.1
30-34 岁	32	12.5	28.1	3.1	15.6	62.5	3.1
35-39 岁	40	5.0	12.5	0.0	5.0	77.5	12.5
40-44 岁	41	7.3	12.2	4.9	17.1	70.7	4.9
45-49 岁	26	11.5	3.8	7.7	3.8	57.7	7.7
50 岁以上	39	7.7	17.9	2.6	25.6	59.0	12.8
女性	**313**	**7.3**	**22.0**	**7.7**	**12.8**	**82.1**	**9.9**
16-19 岁	49	6.1	26.5	12.2	12.2	85.7	10.2
20-24 岁	44	9.1	22.7	6.8	4.5	79.5	4.5
25-29 岁	63	4.8	28.6	6.3	14.3	84.1	12.7
30-34 岁	46	8.7	19.6	10.9	10.9	89.1	13.0
35-39 岁	40	12.5	15.0	12.5	10.0	70.0	15.0
40-44 岁	30	3.3	23.3	3.3	16.7	80.0	13.3
45-49 岁	13	7.7	15.4	0.0	15.4	76.9	0.0
50 岁以上	28	7.1	14.3	0.0	25.0	85.7	0.0

续上表（continued）

	人数	国内电影片	国外电影片	天气预报	MTV	广告	其他
样本	**589**	**14.1**	**27.5**	**25.1**	**16.6**	**5.6**	**1.4**
男性	**276**	**12.7**	**28.6**	**22.1**	**10.9**	**5.1**	**1.8**
16-19 岁	30	16.7	43.3	10.0	33.3	6.7	0.0
20-24 岁	33	6.1	33.3	12.1	24.2	3.0	6.1
25-29 岁	35	11.4	22.9	25.7	14.3	2.9	0.0
30-34 岁	32	18.8	25.0	31.3	9.4	3.1	0.0
35-39 岁	40	7.5	30.0	27.5	2.5	10.0	2.5
40-44 岁	41	19.5	31.7	14.6	2.4	4.9	0.0
45-49 岁	26	3.8	34.6	34.6	3.8	0.0	7.7
50 岁以上	39	15.4	12.8	23.1	2.6	7.7	0.0
女性	**313**	**15.3**	**26.5**	**27.8**	**21.7**	**6.1**	**1.0**
16-19 岁	49	14.3	30.6	22.4	63.3	6.1	2.0
20-24 岁	44	9.1	29.5	20.5	31.8	6.8	0.0
25-29 岁	63	17.5	42.9	31.7	9.5	6.3	3.2
30-34 岁	46	13.0	13.0	23.9	10.9	4.3	0.0
35-39 岁	40	20.0	25.0	32.5	10.0	5.0	0.0
40-44 岁	30	20.0	23.3	16.7	10.0	3.3	0.0
45-49 岁	13	7.7	7.7	69.2	7.7	7.7	0.0
50 岁以上	28	17.9	14.3	32.1	14.3	10.7	0.0

● 重庆（Chongqing）

	人数	新闻节目	体育节目	科教节目	经济节目	曲艺节目	舞蹈节目
样本	**593**	**65.8**	**41.0**	**7.3**	**17.0**	**14.3**	**5.1**
男性	**302**	**70.9**	**57.9**	**7.9**	**21.2**	**12.3**	**2.6**
16-19 岁	42	45.2	64.3	11.9	4.8	9.5	2.4
20-24 岁	53	64.2	66.0	5.7	18.9	5.7	1.9
25-29 岁	42	81.0	59.5	9.5	21.4	14.3	0.0
30-34 岁	37	73.0	59.5	5.4	16.2	13.5	2.7
35-39 岁	39	71.8	51.3	2.6	20.5	12.8	2.6
40-44 岁	29	75.9	44.8	10.3	34.5	3.4	0.0
45-49 岁	25	84.0	60.0	8.0	32.0	16.0	8.0
50 岁以上	35	82.9	51.4	11.4	31.4	25.7	5.7
女性	**291**	**60.5**	**23.4**	**6.5**	**12.7**	**16.5**	**7.6**
16-19 岁	43	30.2	32.6	2.3	0.0	16.3	7.0
20-24 岁	53	56.6	22.6	5.7	11.3	18.9	11.3
25-29 岁	32	59.4	9.4	12.5	9.4	21.9	3.1
30-34 岁	32	75.0	28.1	0.0	9.4	9.4	9.4
35-39 岁	35	62.9	17.1	2.9	22.9	14.3	2.9
40-44 岁	32	71.9	28.1	3.1	9.4	9.4	6.3
45-49 岁	27	59.3	25.9	11.1	14.8	14.8	11.1
50 岁以上	37	78.4	21.6	16.2	27.0	24.3	8.1

续上表（continued）

	人数	专题节目	综艺节目	少儿节目	国内电视剧	港台电视剧	国外电视剧
样本	**593**	**5.9**	**36.3**	**6.9**	**23.4**	**37.8**	**11.6**
男性	**302**	**8.3**	**27.8**	**5.0**	**14.9**	**28.1**	**13.6**
16-19 岁	42	4.8	23.8	14.3	7.1	45.2	23.8
20-24 岁	53	7.5	32.1	3.8	3.8	28.3	13.2
25-29 岁	42	16.7	38.1	0.0	14.3	31.0	14.3
30-34 岁	37	8.1	29.7	10.8	16.2	18.9	10.8
35-39 岁	39	5.1	28.2	0.0	25.6	28.2	7.7
40-44 岁	29	10.3	17.2	3.4	27.6	31.0	17.2
45-49 岁	25	4.0	20.0	8.0	8.0	12.0	12.0
50 岁以上	35	8.6	25.7	0.0	22.9	22.9	8.6
女性	**291**	**3.4**	**45.0**	**8.9**	**32.3**	**47.8**	**9.6**
16-19 岁	43	2.3	32.6	16.3	18.6	72.1	9.3
20-24 岁	53	0.0	50.9	11.3	13.2	50.9	9.4
25-29 岁	32	6.3	43.8	12.5	34.4	50.0	12.5
30-34 岁	32	3.1	62.5	6.3	46.9	43.8	9.4
35-39 岁	35	0.0	37.1	2.9	34.3	54.3	11.4
40-44 岁	32	9.4	21.9	18.8	46.9	34.4	12.5
45-49 岁	27	3.7	55.6	0.0	37.0	51.9	7.4
50 岁以上	37	5.4	56.8	0.0	43.2	18.9	5.4

续上表（continued）

	人数	国内电影片	国外电影片	天气预报	MTV	广告	其他
样本	**593**	**21.2**	**28.3**	**25.1**	**24.5**	**5.4**	**1.7**
男性	**302**	**21.2**	**31.8**	**22.2**	**22.8**	**3.6**	**1.3**
16-19 岁	42	21.4	50.0	4.8	59.5	2.4	0.0
20-24 岁	53	20.8	30.2	9.4	37.7	7.5	0.0
25-29 岁	42	14.3	33.3	26.2	21.4	11.9	0.0
30-34 岁	37	16.2	37.8	24.3	13.5	2.7	2.7
35-39 岁	39	28.2	38.5	28.2	12.8	0.0	2.6
40-44 岁	29	24.1	17.2	31.0	6.9	0.0	6.9
45-49 岁	25	32.0	24.0	36.0	8.0	0.0	0.0
50 岁以上	35	17.1	14.3	31.4	2.9	0.0	0.0
女性	**291**	**21.3**	**24.7**	**28.2**	**26.1**	**7.2**	**2.1**
16-19 岁	43	30.2	32.6	2.3	60.5	9.3	4.7
20-24 岁	53	11.3	34.0	5.7	54.7	15.1	1.9
25-29 岁	32	25.0	37.5	37.5	31.3	3.1	3.1
30-34 岁	32	12.5	28.1	34.4	12.5	9.4	0.0
35-39 岁	35	22.9	28.6	31.4	8.6	2.9	0.0
40-44 岁	32	25.0	12.5	40.6	3.1	0.0	0.0
45-49 岁	27	25.9	3.7	37.0	7.4	3.7	3.7
50 岁以上	37	21.6	10.8	56.8	2.7	8.1	2.7

1-8 不同学历的人收看电视节目的偏好 / Program Preference by Educational Levels

注：本题为多选题，合计百分比超过 100%（Multiple answers）

● 北京（Beijing）

	人数	新闻节目	体育节目	科教节目	经济节目	曲艺节目	舞蹈节目
样本	**588**	**70.4**	**44.7**	**5.6**	**10.9**	**22.3**	**1.5**
小学及以下	14	64.3	7.1	0.0	7.1	42.9	0.0
初中	118	70.3	41.5	4.2	6.8	28.8	0.8
高中/中专/技校	267	69.7	47.2	5.2	9.4	21.3	1.5
大学专科	90	73.3	44.4	4.4	13.3	18.9	2.2
大学本科及以上	99	70.7	47.5	10.1	18.2	17.2	2.0

续上表（continued）

	人数	专题节目	综艺节目	少儿节目	国内电视剧	港台电视剧	国外电视剧
样本	**588**	**8.3**	**38.9**	**6.0**	**20.7**	**30.1**	**9.0**
小学及以下	14	7.1	64.3	0.0	71.4	21.4	7.1
初中	118	5.1	32.2	6.8	28.8	37.3	7.6
高中/中专/技校	267	7.5	40.1	6.4	17.6	33.7	9.0
大学专科	90	12.2	42.2	2.2	14.4	23.3	5.6
大学本科及以上	99	11.1	37.4	8.1	18.2	19.2	14.1

续上表（continued）

	人数	国内电影片	国外电影片	天气预报	MTV	广告	其他
样本	**588**	**20.6**	**38.9**	**48.1**	**20.4**	**4.9**	**1.5**
小学及以下	14	28.6	14.3	50.0	0.0	0.0	7.1
初中	118	29.7	28.8	45.8	12.7	3.4	0.8
高中/中专/技校	267	19.1	36.3	48.7	23.6	4.1	1.5
大学专科	90	17.8	43.3	51.1	22.2	10.0	3.3
大学本科及以上	99	15.2	57.6	46.5	22.2	5.1	0.0

● 上海（Shanghai）

	人数	新闻节目	体育节目	科教节目	经济节目	曲艺节目	舞蹈节目
样本	**591**	**74.5**	**48.1**	**9.0**	**12.4**	**18.8**	**1.7**
小学及以下	7	71.4	57.1	14.3	14.3	14.3	0.0
初中	152	73.0	44.1	4.6	7.9	18.4	2.6
高中/中专/技校	314	70.7	48.4	8.6	10.8	20.7	1.6
大学专科	68	86.8	51.5	7.4	20.6	11.8	0.0
大学本科及以上	50	86.0	52.0	26.0	24.0	18.0	2.0

续上表（continued）

	人数	专题节目	综艺节目	少儿节目	国内电视剧	港台电视剧	国外电视剧
样本	**591**	**8.3**	**37.6**	**7.1**	**26.4**	**49.1**	**17.3**
小学及以下	7	0.0	57.1	0.0	28.6	28.6	0.0
初中	152	5.9	31.6	6.6	30.9	53.9	18.4
高中/中专/技校	314	7.0	40.4	9.6	26.4	52.2	16.6
大学专科	68	16.2	33.8	1.5	22.1	41.2	16.2
大学本科及以上	50	14.0	40.0	2.0	18.0	28.0	22.0

续上表（continued）

	人数	国内电影片	国外电影片	天气预报	MTV	广告	其他
样本	**591**	**14.9**	**32.5**	**28.3**	**16.1**	**5.1**	**1.5**
小学及以下	7	28.6	28.6	57.1	0.0	0.0	0.0
初中	152	17.1	24.3	34.9	10.5	7.9	2.0
高中/中专/技校	314	14.0	30.9	26.1	18.8	4.8	1.6
大学专科	68	16.2	47.1	16.2	19.1	2.9	1.5
大学本科及以上	50	10.0	48.0	34.0	14.0	2.0	0.0

● 广州（Guangzhou）

	人数	新闻节目	体育节目	科教节目	经济节目	曲艺节目	舞蹈节目
样本	**586**	**70.1**	**35.5**	**8.0**	**6.5**	**7.0**	**1.9**
小学及以下	26	50.0	11.5	7.7	0.0	7.7	3.8
初中	158	65.8	32.3	5.1	6.3	7.0	0.6
高中/中专/技校	304	71.1	35.2	7.6	6.6	6.3	2.6
大学专科	50	84.0	44.0	14.0	10.0	8.0	0.0
大学本科及以上	48	75.0	52.1	14.6	6.3	10.4	2.1

续上表（continued）

	人数	专题节目	综艺节目	少儿节目	国内电视剧	港台电视剧	国外电视剧
样本	**586**	**7.3**	**18.4**	**6.3**	**11.6**	**75.8**	**9.2**
小学及以下	26	0.0	7.7	3.8	19.2	76.9	7.7
初中	158	5.7	16.5	5.7	18.4	81.6	9.5
高中/中专/技校	304	8.9	18.4	6.3	8.2	77.3	9.9
大学专科	50	0.0	22.0	8.0	8.0	72.0	10.0
大学本科及以上	48	14.6	27.1	8.3	10.4	50.0	4.2

续上表（continued）

	人数	国内电影片	国外电影片	天气预报	MTV	广告	其他
样本	**586**	**14.2**	**27.6**	**24.9**	**16.7**	**5.6**	**1.4**
小学及以下	26	3.8	7.7	19.2	7.7	15.4	3.8
初中	158	21.5	23.4	27.8	13.9	6.3	1.3
高中/中专/技校	304	13.5	29.3	25.0	17.8	4.3	1.0
大学专科	50	12.0	36.0	22.0	18.0	0.0	4.0
大学本科及以上	48	2.1	33.3	20.8	22.9	12.5	0.0

● 重庆（Chongqing）

	人数	新闻节目	体育节目	科教节目	经济节目	曲艺节目	舞蹈节目
样本	**593**	**65.8**	**41.0**	**7.3**	**17.0**	**14.3**	**5.1**
小学及以下	19	68.4	5.3	5.3	0.0	31.6	5.3
初中	190	62.1	32.1	5.8	11.6	13.2	6.8
高中/中专/技校	269	65.1	45.4	5.9	17.1	16.4	4.8
大学专科	79	68.4	49.4	13.9	26.6	6.3	3.8
大学本科及以上	36	83.3	55.6	11.1	33.3	13.9	0.0

续上表（continued）

	人数	专题节目	综艺节目	少儿节目	国内电视剧	港台电视剧	国外电视剧
样本	**593**	**5.9**	**36.3**	**6.9**	**23.4**	**37.8**	**11.6**
小学及以下	19	0.0	15.8	0.0	31.6	31.6	10.5
初中	190	3.7	28.4	8.9	29.5	50.0	10.0
高中/中专/技校	269	6.3	42.8	5.9	24.2	32.3	12.3
大学专科	79	8.9	38.0	8.9	10.1	30.4	12.7
大学本科及以上	36	11.1	36.1	2.8	11.1	33.3	13.9

续上表（continued）

	人数	国内电影片	国外电影片	天气预报	MTV	广告	其他
样本	**593**	**21.2**	**28.3**	**25.1**	**24.5**	**5.4**	**1.7**
小学及以下	19	36.8	10.5	36.8	0.0	10.5	10.5
初中	190	26.3	18.9	30.5	18.9	5.3	1.1
高中/中专/技校	269	21.6	31.2	22.3	27.5	5.6	0.7
大学专科	79	13.9	41.8	17.7	29.1	2.5	3.8
大学本科及以上	36	0.0	36.1	27.8	33.3	8.3	2.8

1-9 关于北京消费群 / TV Exposure of the Beijing Consumers

1-9-1 不同消费群平时是否接触电视媒介 / TV Exposure by Market Segments

	人数	从来不看	偶尔看	经常看
样本	**598**	**2.0**	**22.7**	**75.3**
第一消费群	137	0.0	24.8	75.2
第二消费群	94	1.1	24.5	74.5
第三消费群	110	0.9	23.6	75.5
第四消费群	5	0.0	40.0	60.0
第五消费群	131	5.3	19.8	74.8
第六消费群	121	2.5	20.7	76.9

1-9-2 不同消费群平时收看电视时段的选择 / Weekday Time Slot Selection by Market Segments

注：本题为多选题，合计百分比超过 100%（ Multiple answers ）

	人数	0:00 ~ 2:00	2:00 ~ 6:00	6:00 ~ 8:00	8:00 ~ 10:00	10:00 ~ 12:00	12:00 ~ 14:00
样本	**567**	**1.4**	**0.5**	**8.6**	**7.4**	**7.2**	**9.9**
第一消费群	131	2.3	0.8	8.4	3.8	2.3	3.8
第二消费群	89	1.1	0.0	5.6	12.4	6.7	9.0
第三消费群	108	0.9	0.0	11.1	7.4	7.4	13.9
第四消费群	5	0.0	0.0	0.0	0.0	20.0	20.0
第五消费群	118	2.5	0.8	5.9	10.2	11.9	13.6
第六消费群	116	0.0	0.9	12.1	5.2	7.8	9.5

续上表（ continued ）

	人数	14:00 ~ 16:00	16:00 ~ 18:00	18:00 ~ 20:00	20:00 ~ 22:00	22:00 ~ 24:00
样本	**567**	**7.6**	**11.6**	**69.8**	**63.1**	**15.0**
第一消费群	131	3.8	9.2	74.0	61.1	13.0
第二消费群	89	9.0	13.5	71.9	66.3	23.6
第三消费群	108	7.4	7.4	60.2	70.4	12.0
第四消费群	5	20.0	20.0	40.0	60.0	20.0
第五消费群	118	11.9	16.1	70.3	62.7	17.8
第六消费群	116	6.0	12.1	73.3	56.9	10.3

1-9-3 不同消费群周末收看电视时段的选择 / Weekend Time Slot Selection by Market Segments

注：本题为多选题，合计百分比超过 100%（Multiple answers）

	人数	0:00 ~ 2:00	2:00 ~ 6:00	6:00 ~ 8:00	8:00 ~ 10:00	10:00 ~ 12:00	12:00 ~ 14:00
样本	**549**	**4.9**	**0.9**	**6.2**	**16.9**	**21.3**	**14.8**
第一消费群	130	3.8	0.8	7.7	12.3	22.3	9.2
第二消费群	90	2.2	0.0	4.4	22.2	20.0	12.2
第三消费群	101	4.0	1.0	5.0	22.8	26.7	24.8
第四消费群	5	40.0	0.0	0.0	0.0	0.0	0.0
第五消费群	112	8.0	0.9	5.4	16.1	24.1	15.2
第六消费群	111	4.5	1.8	8.1	14.4	14.4	14.4

续上表（continued）

	人数	14:00 ~ 16:00	16:00 ~ 18:00	18:00 ~ 20:00	20:00 ~ 22:00	22:00 ~ 24:00
样本	**549**	**17.5**	**20.2**	**60.8**	**74.9**	**36.2**
第一消费群	130	12.3	13.8	60.0	74.6	37.7
第二消费群	90	17.8	23.3	71.1	77.8	42.2
第三消费群	101	19.8	19.8	50.5	73.3	30.7
第四消费群	5	0.0	0.0	40.0	60.0	40.0
第五消费群	112	22.3	26.8	58.0	75.0	44.6
第六消费群	111	17.1	19.8	66.7	74.8	26.1

1-9-4 不同消费群收看电视频道的偏好 / Channel Preference by Market Segments

注：本题为多选题，合计百分比超过 100%（Multiple answers）

	人数	中央 1 台	中央 2 台	中央 3 台	中央 5 台	中央 6 台	中央 7 台
样本	**586**	**60.9**	**10.4**	**7.2**	**17.1**	**30.2**	**0.9**
第一消费群	137	74.5	10.2	5.8	16.8	29.9	0.7
第二消费群	92	44.6	10.9	5.4	29.3	37.0	0.0
第三消费群	111	60.4	14.4	7.2	17.1	28.8	2.7
第四消费群	5	40.0	20.0	0.0	0.0	40.0	0.0
第五消费群	124	42.7	4.8	4.8	17.7	32.3	0.0
第六消费群	117	78.6	12.0	12.8	7.7	23.9	0.9

续上表（continued）

	人数	中央 8 台	北京 1 台	北京 2 台	北京 3 台	北京有线 1 台	北京有线 2 台
样本	**586**	**2.4**	**48.6**	**12.1**	**2.0**	**48.6**	**3.2**
第一消费群	137	0.7	56.9	8.0	1.5	44.5	2.9
第二消费群	92	3.3	41.3	15.2	2.2	44.6	2.2
第三消费群	111	4.5	48.6	12.6	2.7	41.4	2.7
第四消费群	5	0.0	80.0	60.0	0.0	20.0	20.0
第五消费群	124	1.6	33.9	14.5	2.4	62.9	4.8
第六消费群	117	2.6	59.0	9.4	1.7	49.6	2.6

续上表（continued）

	人数	北京有线 3 台	北京有线 4 台	四川卫视	山东卫视	浙江卫视
样本	**586**	**8.2**	**2.2**	**1.4**	**1.5**	**1.2**
第一消费群	137	6.6	2.2	1.5	0.0	1.5
第二消费群	92	12.0	2.2	3.3	1.1	1.1
第三消费群	111	7.2	3.6	0.9	2.7	1.8
第四消费群	5	0.0	0.0	0.0	20.0	0.0
第五消费群	124	14.5	1.6	0.8	0.8	1.6
第六消费群	117	1.7	1.7	0.9	2.6	0.0

续上表（continued）

	人数	云南卫视	贵州卫视	广东卫视	凤凰台	其他
样本	**586**	**0.2**	**1.5**	**0.2**	**10.8**	**0.7**
第一消费群	137	0.0	0.7	0.0	8.8	0.0
第二消费群	92	1.1	1.1	0.0	15.2	0.0
第三消费群	111	0.0	3.6	0.9	6.3	0.9
第四消费群	5	0.0	0.0	0.0	0.0	0.0
第五消费群	124	0.0	2.4	0.0	17.7	1.6
第六消费群	117	0.0	0.0	0.0	6.8	0.9

1-9-5 不同消费群收看电视节目的偏好 / Program Preference by Market Segments

注：本题为多选题，合计百分比超过 100%（Multiple answers）

	人数	新闻节目	体育节目	科教节目	经济节目	曲艺节目	舞蹈节目
样本	**588**	**70.4**	**44.7**	**5.6**	**10.9**	**22.3**	**1.5**
第一消费群	137	75.9	44.5	6.6	12.4	13.9	1.5
第二消费群	93	64.5	57.0	3.2	20.4	17.2	2.2
第三消费群	111	76.6	39.6	2.7	9.9	28.8	0.0
第四消费群	5	60.0	40.0	0.0	20.0	0.0	0.0
第五消费群	124	50.0	50.8	7.3	4.0	16.1	1.6
第六消费群	118	84.7	33.9	7.6	9.3	37.3	2.5

续上表（continued）

	人数	专题节目	综艺节目	少儿节目	国内电视剧	港台电视剧	国外电视剧
样本	**588**	**8.3**	**38.9**	**6.0**	**20.7**	**30.1**	**9.0**
第一消费群	137	10.9	42.3	10.2	21.2	20.4	10.2
第二消费群	93	10.8	35.5	2.2	9.7	22.6	9.7
第三消费群	111	7.2	37.8	5.4	27.0	34.2	8.1
第四消费群	5	0.0	60.0	20.0	40.0	40.0	0.0
第五消费群	124	4.8	33.1	4.0	9.7	46.0	11.3
第六消费群	118	8.5	44.1	5.9	33.9	26.3	5.9

续上表（continued）

	人数	国内电影片	国外电影片	天气预报	MTV	广告	其他
样本	**588**	**20.6**	**38.9**	**48.1**	**20.4**	**4.9**	**1.5**
第一消费群	137	12.4	48.2	57.7	12.4	3.6	0.7
第二消费群	93	14.0	54.8	37.6	33.3	6.5	1.1
第三消费群	111	28.8	28.8	60.4	9.0	0.0	0.0
第四消费群	5	40.0	40.0	40.0	20.0	0.0	0.0
第五消费群	124	22.6	48.4	29.0	45.2	10.5	1.6
第六消费群	118	24.6	15.3	54.2	4.2	4.2	4.2

注：北京消费群的代表特征 / Characteristics of the Beijing Market Segments

		第一消费群	第二消费群	第三消费群	第四消费群	第五消费群	第六消费群
基本情况	性别	女	男	无明显偏向	男	无明显偏向	女
	年龄	30 — 34 岁	25 — 29 岁	35 — 44 岁	无明显偏向	16 — 24 岁	45 岁以上
	学历	大专/大本	大本	初中	大本及研究生	高中/中专/技校	初中及以下
	职业	科教卫生人员	一般企业职员	工人	管理人员/专门职业从事者/个体及私营企业主	学生	离退休人员
	月均收入	801 — 1500 元	1501 — 4000 元	800 元以下	4000 元以上	无收入	800 元以下
	婚姻	已婚	无明显偏向	已婚	已婚或离异	未婚	已婚
心理取向		注重学历 非积极进取	不循规传统 非单一电视娱乐	非田园倾向 新女性主张 金钱本位	注重经验 大男子主义 不保守稳定	非“大男子主义” 追随流行	非“新女性主张” 非浪漫新潮 单一电视娱乐

1-10 关于上海消费群 / TV Exposure of the Shanghai Consumers

1-10-1 不同消费群平时是否接触电视媒介 / TV Exposure by Market Segments

	人数	从来不看	偶尔看	经常看
样本	**585**	**1.2**	**21.0**	**77.8**
第一消费群	140	0.7	21.4	77.9
第二消费群	91	1.1	20.9	78.0
第三消费群	10	0.0	40.0	60.0
第四消费群	133	1.5	21.8	76.7
第五消费群	67	0.0	20.9	79.1
第六消费群	144	2.1	18.8	79.2

1-10-2 不同消费群平时收看电视时段的选择 / Weekday Time Slot Selection by Market Segments

注：本题为多选题，合计百分比超过 100%（Multiple answers）

	人数	0:00 ~ 2:00	2:00 ~ 6:00	6:00 ~ 8:00	8:00 ~ 10:00	10:00 ~ 12:00	12:00 ~ 14:00
样本	**586**	**1.9**	**1.9**	**5.6**	**8.9**	**7.0**	**8.0**
第一消费群	141	1.4	2.1	8.5	5.7	2.8	6.4
第二消费群	91	3.3	0.0	4.4	5.5	5.5	9.9
第三消费群	10	10.0	0.0	0.0	0.0	0.0	0.0
第四消费群	132	0.8	3.0	5.3	9.8	4.5	5.3
第五消费群	67	1.5	1.5	4.5	17.9	16.4	19.4
第六消费群	145	2.1	2.1	4.8	9.7	10.3	6.2

续上表（continued）

	人数	14:00 ~ 16:00	16:00 ~ 18:00	18:00 ~ 20:00	20:00 ~ 22:00	22:00 ~ 24:00
样本	**586**	**6.5**	**12.8**	**67.1**	**60.9**	**17.1**
第一消费群	141	4.3	13.5	73.8	64.5	14.2
第二消费群	91	2.2	8.8	64.8	54.9	18.7
第三消费群	10	0.0	10.0	70.0	60.0	50.0
第四消费群	132	7.6	11.4	66.7	61.4	15.9
第五消费群	67	19.4	22.4	67.2	55.2	14.9
第六消费群	145	4.8	11.7	62.1	63.4	18.6

1-10-3 不同消费群周末收看电视时段的选择 / Weekend Time Slot Selection by Market Segments

注：本题为多选题，合计百分比超过 100%（Multiple answers）

	人数	0:00 ~ 2:00	2:00 ~ 6:00	6:00 ~ 8:00	8:00 ~ 10:00	10:00 ~ 12:00	12:00 ~ 14:00
样本	**556**	**3.4**	**2.7**	**4.5**	**15.6**	**17.3**	**13.1**
第一消费群	134	3.0	3.0	4.5	14.2	15.7	11.2
第二消费群	88	5.7	3.4	6.8	14.8	17.0	13.6
第三消费群	9	11.1	0.0	0.0	0.0	0.0	0.0
第四消费群	127	0.8	2.4	3.9	14.2	9.4	9.4
第五消费群	65	4.6	1.5	3.1	20.0	27.7	32.3
第六消费群	133	3.8	3.0	4.5	18.0	22.6	9.8

续上表（continued）

	人数	14:00 ~ 16:00	16:00 ~ 18:00	18:00 ~ 20:00	20:00 ~ 22:00	22:00 ~ 24:00
样本	**556**	**15.5**	**16.5**	**61.9**	**69.8**	**31.3**
第一消费群	134	15.7	17.2	62.7	67.2	34.3
第二消费群	88	15.9	18.2	62.5	72.7	29.5
第三消费群	9	0.0	22.2	44.4	66.7	44.4
第四消费群	127	10.2	13.4	60.6	72.4	25.2
第五消费群	65	33.8	24.6	70.8	66.2	29.2
第六消费群	133	12.0	13.5	58.6	69.9	35.3

1-10-4 不同消费群收看电视频道的偏好 / Channel Preference by Market Segments

注：本题为多选题，合计百分比超过 100%（Multiple answers）

	人数	中央 1 台	中央 2 台	中央 3 台	中央 4 台	中央 5 台	中央 6 台	中央 7 台	中央 8 台
样本	**579**	**33.0**	**2.2**	**0.3**	**0.9**	**1.2**	**0.9**	**0.2**	**0.9**
第一消费群	139	41.0	1.4	0.0	1.4	2.2	0.7	0.0	0.0
第二消费群	91	37.4	2.2	1.1	1.1	0.0	0.0	0.0	0.0
第三消费群	10	20.0	0.0	0.0	0.0	0.0	0.0	0.0	0.0
第四消费群	128	32.0	1.6	0.8	0.0	1.6	0.8	0.0	1.6
第五消费群	68	17.6	2.9	0.0	0.0	0.0	2.9	0.0	1.5
第六消费群	143	31.5	3.5	0.0	1.4	1.4	0.7	0.7	1.4

续上表（continued）

	人数	上海台 8 频道	上 海 台 14 频道	东方台 20 频道	东方台 33 频道	上海有线综合台	上海有线信息台	上海有线体育台	上海有线音乐台
样本	**579**	**39.9**	**24.0**	**66.5**	**24.0**	**29.2**	**5.2**	**24.0**	**12.8**
第一消费群	139	46.8	27.3	66.2	20.9	23.0	6.5	26.6	4.3
第二消费群	91	34.1	22.0	60.4	25.3	27.5	4.4	31.9	24.2
第三消费群	10	50.0	10.0	80.0	30.0	20.0	10.0	20.0	20.0
第四消费群	128	44.5	23.4	67.2	32.8	28.1	6.3	14.8	1.6
第五消费群	68	30.9	23.5	63.2	27.9	41.2	0.0	25.0	29.4
第六消费群	143	36.4	23.8	70.6	16.1	32.2	5.6	24.5	15.4

续上表（continued）

	人数	上海有线戏剧台	教育电视 26 频道	四川卫视	山东卫视	浙江卫视	凤凰台	其他
样本	**579**	**3.1**	**6.0**	**0.2**	**0.2**	**0.3**	**0.7**	**0.3**
第一消费群	139	4.3	7.2	0.7	0.0	0.0	0.0	0.7
第二消费群	91	0.0	7.7	0.0	0.0	0.0	0.0	0.0
第三消费群	10	0.0	0.0	0.0	0.0	0.0	10.0	0.0
第四消费群	128	7.8	4.7	0.0	0.0	1.6	0.8	0.8
第五消费群	68	1.5	4.4	0.0	1.5	0.0	1.5	0.0
第六消费群	143	0.7	6.3	0.0	0.0	0.0	0.7	0.0

1-10-5 不同消费群收看电视节目的偏好 / Program Preference by Market Segments

注：本题为多选题，合计百分比超过 100%（Multiple answers）

	人数	新闻节目	体育节目	科教节目	经济节目	曲艺节目	舞蹈节目
样本	**591**	**74.5**	**48.1**	**9.0**	**12.4**	**18.8**	**1.7**
第一消费群	143	93.7	49.7	14.0	18.2	20.3	1.4
第二消费群	91	70.3	54.9	9.9	16.5	14.3	2.2
第三消费群	10	70.0	10.0	10.0	40.0	10.0	0.0
第四消费群	132	78.0	36.4	3.0	7.6	22.0	0.0
第五消费群	68	39.7	50.0	10.3	2.9	16.2	2.9
第六消费群	147	71.4	54.4	8.2	10.9	19.0	2.7

续上表（continued）

	人数	专题节目	综艺节目	少儿节目	国内电视剧	港台电视剧	国外电视剧
样本	**591**	**8.3**	**37.6**	**7.1**	**26.4**	**49.1**	**17.3**
第一消费群	143	8.4	44.1	7.7	37.8	39.9	18.9
第二消费群	91	14.3	31.9	3.3	15.4	51.6	18.7
第三消费群	10	0.0	20.0	0.0	10.0	50.0	0.0
第四消费群	132	6.8	38.6	9.1	33.3	55.3	13.6
第五消费群	68	7.4	45.6	10.3	16.2	55.9	14.7
第六消费群	147	6.8	31.3	6.1	21.8	47.6	20.4

续上表（continued）

	人数	国内电影片	国外电影片	天气预报	MTV	广告	其他
样本	**591**	**14.9**	**32.5**	**28.3**	**16.1**	**5.1**	**1.5**
第一消费群	143	12.6	29.4	36.4	5.6	3.5	1.4
第二消费群	91	14.3	50.5	18.7	27.5	1.1	2.2
第三消费群	10	20.0	30.0	40.0	20.0	20.0	0.0
第四消费群	132	11.4	11.4	36.4	3.8	5.3	1.5
第五消费群	68	27.9	58.8	8.8	47.1	7.4	2.9
第六消费群	147	14.3	31.3	27.2	15.6	6.8	0.7

注：上海消费群的代表特征 / Characteristics of the Shanghai Market Segments

		第一消费群	第二消费群	第三消费群	第四消费群	第五消费群	第六消费群
基本情况	性别	无明显偏向	男	男	女	女	无明显偏向
	年龄	45 岁以上	20 － 29 岁	25 － 34 岁	35 － 44 岁	16 － 24 岁	30 － 39 岁
	学历	大本及以上	大专/大本	大专	初中及以下	高中/中专/技校	高中/中专/技校
	职业	科教卫生人员/离退休人员	一般企业职员	行政管理人员/个体及私营企业主/专门职业从事者	工人/下岗人员	学生	一般企业职员
	月均收入	801 － 1500 元	1001 － 3000 元	3000 元以上	800 元以下	无收入	1001 － 2000 元
	婚姻	已婚	未婚	未婚	已婚	未婚	已婚
心理取向		非浪漫时尚 非金钱本位 保守稳定	非家庭重心 田园倾向 休闲独立	不保守稳定 奔波忙碌 浪漫时尚	金钱本位 家庭重心 注重学历	新家庭观念 非休闲独立	不积极进取 不奔波忙碌

1-11 关于广州消费群 / TV Exposure of the Guangzhou Consumers

1-11-1 不同消费群平时是否接触电视媒介 / TV Exposure by Market Segments

	人数	从来不看	偶尔看	经常看
样本	**592**	**1.5**	**22.5**	**76.0**
第一消费群	93	3.2	21.5	75.3
第二消费群	123	0.8	27.6	71.5
第三消费群	97	0.0	24.7	75.3
第四消费群	98	2.0	16.3	81.6
第五消费群	99	0.0	19.2	80.8
第六消费群	82	3.7	24.4	72.0

1-11-2 不同消费群平时收看电视时段的选择 / Weekday Time Slot Selection by Market Segments

注：本题为多选题，合计百分比超过 100%（ Multiple answers ）

	人数	0:00 ～ 2:00	2:00 ～ 6:00	6:00 ～ 8:00	8:00 ～ 10:00	10:00 ～ 12:00	12:00 ～ 14:00
样本	**583**	**2.6**	**0.3**	**7.2**	**13.6**	**14.8**	**18.0**
第一消费群	89	6.7	1.1	7.9	23.6	31.5	28.1
第二消费群	125	0.8	0.8	6.4	8.8	13.6	14.4
第三消费群	97	2.1	0.0	6.2	15.5	15.5	21.6
第四消费群	98	0.0	0.0	7.1	14.3	13.3	9.2
第五消费群	98	3.1	0.0	7.1	11.2	9.2	23.5
第六消费群	76	3.9	0.0	9.2	9.2	5.3	11.8

续上表（ continued ）

	人数	14:00 ～ 16:00	16:00 ～ 18:00	18:00 ～ 20:00	20:00 ～ 22:00	22:00 ～ 24:00
样本	**583**	**7.7**	**19.2**	**75.8**	**71.5**	**26.9**
第一消费群	89	18.0	37.1	82.0	69.7	23.6
第二消费群	125	4.8	18.4	73.6	66.4	19.2
第三消费群	97	13.4	17.5	74.2	75.3	30.9
第四消费群	98	5.1	20.4	75.5	71.4	31.6
第五消费群	98	3.1	9.2	80.6	75.5	29.6
第六消费群	76	2.6	13.2	68.4	72.4	28.9

1-11-3 不同消费群周末收看电视时段的选择 / Weekend Time Slot Selection by Market Segments

注：本题为多选题，合计百分比超过 100%（Multiple answers）

	人数	0:00 ～ 2:00	2:00 ～ 6:00	6:00 ～ 8:00	8:00 ～ 10:00	10:00 ～ 12:00	12:00 ～ 14:00
样本	**555**	**4.1**	**2.3**	**6.5**	**14.8**	**19.6**	**22.5**
第一消费群	85	9.4	4.7	9.4	24.7	29.4	31.8
第二消费群	114	0.0	0.9	7.0	9.6	17.5	16.7
第三消费群	93	10.8	3.2	4.3	10.8	14.0	21.5
第四消费群	92	0.0	0.0	5.4	16.3	17.4	20.7
第五消费群	94	2.1	1.1	6.4	17.0	21.3	28.7
第六消费群	77	3.9	5.2	6.5	11.7	19.5	16.9

续上表（continued）

	人数	14:00 ～ 16:00	16:00 ～ 18:00	18:00 ～ 20:00	20:00 ～ 22:00	22:00 ～ 24:00
样本	**555**	**13.9**	**22.7**	**68.8**	**72.4**	**41.8**
第一消费群	85	27.1	31.8	71.8	71.8	34.1
第二消费群	114	11.4	20.2	65.8	64.0	31.6
第三消费群	93	15.1	16.1	64.5	77.4	47.3
第四消费群	92	14.1	30.4	69.6	72.8	48.9
第五消费群	94	9.6	13.8	74.5	78.7	42.6
第六消费群	77	6.5	26.0	67.5	71.4	49.4

1-11-4 不同消费群收看电视频道的偏好 / Channel Preference by Market Segments

注：本题为多选题，合计百分比超过 100%（Multiple answers）

	人数	中央 1 台	中央 2 台	中央 3 台	中央 4 台	中央 5 台	中央 6 台
样本	**566**	**13.6**	**1.1**	**0.2**	**0.5**	**1.6**	**0.5**
第一消费群	87	4.6	0.0	0.0	1.1	0.0	1.1
第二消费群	122	23.0	0.8	0.0	0.0	1.6	1.6
第三消费群	95	4.2	0.0	0.0	0.0	0.0	0.0
第四消费群	94	14.9	2.1	0.0	0.0	2.1	0.0
第五消费群	92	3.3	1.1	1.1	1.1	0.0	0.0
第六消费群	76	31.6	2.6	0.0	1.3	6.6	0.0

续上表（continued）

	人数	中央 7 台	中央 8 台	岭南台	珠江台	广东卫视	广东经济台
样本	**566**	**0.2**	**0.4**	**1.6**	**13.1**	**9.0**	**5.7**
第一消费群	87	0.0	0.0	2.3	9.2	6.9	5.7
第二消费群	122	0.0	1.6	1.6	23.0	13.9	10.7
第三消费群	95	0.0	0.0	0.0	2.1	3.2	5.3
第四消费群	94	0.0	0.0	0.0	16.0	9.6	6.4
第五消费群	92	0.0	0.0	1.1	14.1	7.6	2.2
第六消费群	76	1.3	0.0	5.3	10.5	11.8	1.3

续上表（continued）

	人数	广州台	广东有线影视台	广东有线体育台	广东有线都市台	广东有线信息台	翡翠台
样本	**566**	**12.2**	**5.3**	**10.2**	**1.9**	**0.9**	**84.5**
第一消费群	87	11.5	5.7	4.6	2.3	0.0	90.8
第二消费群	122	11.5	6.5	9.8	4.9	0.0	73.8
第三消费群	95	10.5	7.4	8.4	1.1	2.1	94.7
第四消费群	94	16.0	5.3	17.0	0.0	1.1	83.0
第五消费群	92	13.0	3.3	7.6	2.2	0.0	90.2
第六消费群	76	10.5	2.6	14.5	0.0	2.6	76.3

续上表（continued）

	人数	本港台	明珠台	WORLD	四川卫视	贵州卫视	凤凰台	其他
样本	**566**	**75.8**	**26.9**	**1.1**	**0.2**	**0.2**	**1.4**	**0.5**
第一消费群	87	77.0	35.6	0.0	0.0	0.0	4.6	1.1
第二消费群	122	72.1	8.2	0.0	0.8	0.8	0.8	0.0
第三消费群	95	75.8	47.4	6.3	0.0	0.0	1.1	0.0
第四消费群	94	76.6	23.4	0.0	0.0	0.0	0.0	0.0
第五消费群	92	87.0	26.1	0.0	0.0	0.0	1.1	1.1
第六消费群	76	65.8	26.3	0.0	0.0	0.0	1.3	1.3

1-11-5 不同消费群收看电视节目的偏好 / Program Preference by Market Segments

注：本题为多选题，合计百分比超过 100%（Multiple answers）

	人数	新闻节目	体育节目	科教节目	经济节目	曲艺节目	舞蹈节目
样本	**589**	**70.1**	**35.7**	**8.0**	**6.5**	**7.0**	**1.9**
第一消费群	91	54.9	18.7	4.4	4.4	7.7	3.3
第二消费群	125	80.8	37.6	13.6	5.6	5.6	0.0
第三消费群	98	59.2	33.7	5.1	5.1	2.0	2.0
第四消费群	98	79.6	58.2	5.1	9.2	6.1	2.0
第五消费群	98	60.2	17.3	5.1	5.1	11.2	3.1
第六消费群	79	84.8	49.4	13.9	10.1	10.1	1.3

续上表（continued）

	人数	专题节目	综艺节目	少儿节目	国内电视剧	港台电视剧	国外电视剧
样本	**589**	**7.3**	**18.5**	**6.3**	**11.7**	**75.9**	**9.3**
第一消费群	91	6.6	26.4	11.0	7.7	84.6	6.6
第二消费群	125	8.0	14.4	6.4	20.8	66.4	6.4
第三消费群	98	4.1	17.3	5.1	5.1	85.7	10.2
第四消费群	98	4.1	10.2	2.0	9.2	77.6	15.3
第五消费群	98	8.2	21.4	8.2	16.3	86.7	12.2
第六消费群	79	13.9	24.1	5.1	7.6	53.2	5.1

续上表（continued）

	人数	国内电影片	国外电影片	天气预报	MTV	广告	其他
样本	**589**	**14.1**	**27.5**	**25.1**	**16.6**	**5.6**	**1.4**
第一消费群	91	13.2	24.2	25.3	35.2	3.3	2.2
第二消费群	125	17.6	15.2	32.0	4.0	6.4	0.8
第三消费群	98	12.2	44.9	15.3	37.8	8.2	3.1
第四消费群	98	14.3	37.8	27.6	5.1	4.1	0.0
第五消费群	98	19.4	20.4	26.5	10.2	4.1	1.0
第六消费群	79	5.1	25.3	21.5	11.4	7.6	1.3

注：广州消费群的代表特征 / Characteristics of the Guangzhou Market Segments

		第一消费群	第二消费群	第三消费群	第四消费群	第五消费群	第六消费群
基本情况	性别	女	无明显偏向	女	男	女	男
	年龄	16 － 19 岁	40 岁以上	20 － 24 岁	35 － 44 岁	30 － 34 岁	25 － 29 岁
	学历	高中/中专/技校	无明显偏向	高中/中专/技校/大专	初中/高中/中专/技校	初中及以下	大专及以上
	职业	学生	工人	学生/待业人员	个体及私营企业主	家庭主妇	企业职员/管理人员/科教卫生人员/专门职业者
	月均收入	无收入	1500 元以下	无收入	801 － 1500 元	800 元以下	2000 元以上
	婚姻	未婚	已婚	未婚	已婚	已婚	无明显偏向
心理取向		不固守中式生活 田园倾向 非大男子主义	非新女性主张 不追随流行 非积极进取	独立自主 追随流行	积极进取 大男子主义 中式生活	单一电视娱乐 非独立自主 保守稳定	非单一电视娱乐 非家庭重心

1-12 关于重庆消费群 / TV Exposure of the Chongqing Consumers

1-12-1 不同消费群平时是否接触电视媒介 / TV Exposure by Market Segments

	人数	从来不看	偶尔看	经常看
样本	**597**	**1.2**	**20.6**	**78.2**
第一消费群	133	0.8	31.6	67.7
第二消费群	123	1.6	17.1	81.3
第三消费群	123	0.8	19.5	79.7
第四消费群	24	0.0	16.7	83.3
第五消费群	161	1.9	14.9	83.2
第六消费群	33	0.0	24.2	75.8

1-12-2 不同消费群平时收看电视时段的选择 / Weekday Time Slot Selection by Market Segments

注：本题为多选题，合计百分比超过 100%（ Multiple answers ）

	人数	0:00 ~ 2:00	2:00 ~ 6:00	6:00 ~ 8:00	8:00 ~ 10:00	10:00 ~ 12:00	12:00 ~ 14:00
样本	**575**	**2.4**	**1.0**	**3.5**	**10.3**	**15.5**	**17.6**
第一消费群	121	5.0	2.5	3.3	14.0	20.7	19.0
第二消费群	118	0.8	1.7	5.9	10.2	13.6	10.2
第三消费群	122	2.5	0.0	1.6	4.1	14.8	22.1
第四消费群	24	8.3	0.0	8.3	12.5	8.3	25.0
第五消费群	157	1.3	0.6	3.2	12.1	16.6	17.8
第六消费群	33	0.0	0.0	0.0	9.1	6.1	15.2

续上表（ continued ）

	人数	14:00 ~ 16:00	16:00 ~ 18:00	18:00 ~ 20:00	20:00 ~ 22:00	22:00 ~ 24:00
样本	**575**	**13.7**	**20.7**	**67.0**	**68.7**	**30.6**
第一消费群	121	17.4	24.0	61.2	69.4	29.8
第二消费群	118	10.2	20.3	72.0	58.5	25.4
第三消费群	122	9.8	17.2	76.2	70.5	33.6
第四消费群	24	8.3	12.5	58.3	58.3	41.7
第五消费群	157	17.2	21.0	66.2	74.5	31.2
第六消费群	33	15.2	27.3	45.5	75.8	30.3

1-12-3 不同消费群周末收看电视时段的选择 / Weekend Time Slot Selection by Market Segments

注：本题为多选题，合计百分比超过 100%（Multiple answers）

	人数	0:00～2:00	2:00～6:00	6:00～8:00	8:00～10:00	10:00～12:00	12:00～14:00
样本	**561**	**5.3**	**1.2**	**3.7**	**13.0**	**21.2**	**20.3**
第一消费群	124	7.3	1.6	6.5	13.7	19.4	22.6
第二消费群	114	2.6	0.0	3.5	12.3	22.8	14.0
第三消费群	120	9.2	2.5	1.7	14.2	23.3	21.7
第四消费群	24	4.2	0.0	4.2	12.5	16.7	25.0
第五消费群	149	3.4	1.3	4.0	14.1	20.8	21.5
第六消费群	30	3.3	0.0	0.0	3.3	20.0	20.0

续上表（continued）

	人数	14:00～16:00	16:00～18:00	18:00～20:00	20:00～22:00	22:00～24:00
样本	**561**	**20.0**	**25.8**	**62.0**	**72.7**	**48.1**
第一消费群	124	25.8	30.6	57.3	71.0	49.2
第二消费群	114	14.9	22.8	65.8	63.2	38.6
第三消费群	120	21.7	25.8	65.0	75.8	60.8
第四消费群	24	20.8	33.3	62.5	75.0	62.5
第五消费群	149	19.5	23.5	63.8	77.9	42.3
第六消费群	30	10.0	23.3	46.7	76.7	46.7

1-12-4 不同消费群收看电视频道的偏好 / Channel Preference by Market Segments

注：本题为多选题，合计百分比超过 100%（Multiple answers）

	人数	中央 1 台	中央 2 台	中央 3 台	中央 4 台	中央 5 台	中央 6 台
样本	**585**	**61.9**	**10.4**	**1.4**	**0.9**	**20.5**	**31.1**
第一消费群	129	43.4	4.7	0.8	0.8	28.7	43.4
第二消费群	120	80.8	15.0	0.8	0.8	17.5	21.7
第三消费群	123	66.7	8.1	2.4	0.0	26.8	33.3
第四消费群	23	78.3	21.7	0.0	8.7	8.7	26.1
第五消费群	156	62.8	13.5	1.3	0.0	15.4	27.6
第六消费群	34	32.4	2.9	2.9	2.9	8.8	29.4

续上表（continued）

	人数	中央 7 台	中央 8 台	重庆 1 台	重庆 2 台	重庆有线 1 台	重庆有线 2 台
样本	**585**	**1.0**	**3.1**	**27.0**	**7.9**	**44.1**	**7.5**
第一消费群	129	0.8	3.1	18.6	8.5	49.6	7.0
第二消费群	120	1.7	2.5	35.8	8.3	35.8	5.0
第三消费群	123	1.6	3.3	23.6	8.1	42.3	4.9
第四消费群	23	0.0	13.0	26.1	0.0	30.4	13.0
第五消费群	156	0.0	1.3	28.2	7.1	48.1	11.5
第六消费群	34	2.9	5.9	35.3	11.8	50.0	5.9

续上表（continued）

	人数	重庆有线 3 台	四川卫视	山东卫视	浙江卫视	云南卫视	贵州卫视
样本	**585**	**10.8**	**9.6**	**8.2**	**3.8**	**0.3**	**1.7**
第一消费群	129	6.2	11.6	3.9	3.1	0.0	2.3
第二消费群	120	12.5	5.8	9.2	4.2	0.0	1.7
第三消费群	123	8.9	8.9	12.2	4.1	0.0	0.0
第四消费群	23	8.7	8.7	17.4	4.3	0.0	0.0
第五消费群	156	14.1	10.3	6.4	3.2	0.6	3.2
第六消费群	34	14.7	14.7	8.8	5.9	2.9	0.0

续上表（continued）

	人数	广东卫视	新疆卫视	凤凰台	河北台	地区台	其他
样本	**585**	**7.9**	**0.2**	**7.4**	**0.2**	**3.9**	**2.4**
第一消费群	129	8.5	0.0	16.3	0.0	6.2	1.6
第二消费群	120	5.8	0.0	4.2	0.0	3.3	1.7
第三消费群	123	10.6	0.0	9.8	0.0	0.8	2.4
第四消费群	23	8.7	0.0	4.3	0.0	4.3	0.0
第五消费群	156	4.5	0.6	0.6	0.6	5.1	3.2
第六消费群	34	17.6	0.0	8.8	0.0	2.9	5.9

1-12-5 不同消费群收看电视节目的偏好 / Program Preference by Market Segments

注：本题为多选题，合计百分比超过 100%（Multiple answers）

	人数	新闻节目	体育节目	科教节目	经济节目	曲艺节目	舞蹈节目
样本	**593**	**65.8**	**41.0**	**7.3**	**17.0**	**14.3**	**5.1**
第一消费群	132	48.5	50.0	7.6	9.1	10.6	3.0
第二消费群	121	86.8	47.1	12.4	29.8	17.4	6.6
第三消费群	123	71.5	48.0	5.7	14.6	13.8	5.7
第四消费群	24	66.7	29.2	12.5	29.2	16.7	4.2
第五消费群	159	67.3	29.6	5.0	13.2	14.5	5.0
第六消费群	34	29.4	20.6	0.0	20.6	17.6	5.9

续上表（continued）

	人数	专题节目	综艺节目	少儿节目	国内电视剧	港台电视剧	国外电视剧
样本	**593**	**5.9**	**36.3**	**6.9**	**23.4**	**37.8**	**11.6**
第一消费群	132	4.5	35.6	12.9	11.4	55.3	16.7
第二消费群	121	9.9	33.9	7.4	23.1	24.0	9.1
第三消费群	123	8.1	40.7	4.1	13.0	28.5	9.8
第四消费群	24	12.5	58.3	0.0	29.2	37.5	12.5
第五消费群	159	2.5	30.8	4.4	41.5	38.4	10.1
第六消费群	34	0.0	41.2	8.8	20.6	50.0	14.7

续上表（continued）

	人数	国内电影片	国外电影片	天气预报	MTV	广告	其他
样本	**593**	**21.2**	**28.3**	**25.1**	**24.5**	**5.4**	**1.7**
第一消费群	132	20.5	35.6	5.3	48.5	10.6	2.3
第二消费群	121	21.5	21.5	32.2	9.1	1.7	0.8
第三消费群	123	15.4	45.5	21.1	39.8	6.5	0.8
第四消费群	24	4.2	25.0	16.7	29.2	8.3	4.2
第五消费群	159	29.6	15.7	40.3	3.1	3.1	2.5
第六消费群	34	17.6	23.5	26.5	26.5	2.9	0.0

注：重庆消费群的代表特征 / Characteristics of the Chongqing Market Segments

		第一消费群	第二消费群	第三消费群	第四消费群	第五消费群	第六消费群
基本情况	性别	无明显偏向	无明显偏向	无明显偏向	无明显偏向	无明显偏向	女
	年龄	16 — 19 岁	45 岁以上	20 — 29 岁	30 — 34 岁	40 岁以上	25 — 29 岁
	学历	高中/中专/技校	高中/中专/技校	大专/大本	高中/中专/技校/大本以上	初中及以下	初中
	职业	学生	行政管理人员/离退休人员	科教卫生人员/一般企业职员	个体及私营企业主	工人	专门职业从事者 下岗及其他
	月均收入	无收入	501 — 800 元	801 — 1500 元	1500 元以上	500 元以下	1001 — 1500 元
	婚姻	未婚	已婚	无明显偏向	已婚	已婚	已婚或离异
心理取向		浪漫新潮 注重学历 非现实家庭观	循规传统 奔波忙碌 保守稳定	新女性主张 非功利心态	功利心态 现实家庭观 都市情结	非浪漫新潮 非独立休闲	非新女性主张 不循规传统 独立休闲

2 广播 / Radio

2-1 样本总体、男性各年龄层、女性各年龄层平时是否接触广播媒介 / Radio Listening by the Whole Sample, Age and Gender Groups

● 北京（Beijing）

	人数	从来不听	偶尔听	经常听
样本	**594**	**28.6**	**40.7**	**30.6**
男性	**296**	**33.8**	**36.8**	**29.4**
16-19 岁	26	34.6	46.2	19.2
20-24 岁	35	28.6	40.0	31.4
25-29 岁	41	41.5	36.6	22.0
30-34 岁	47	36.2	36.2	27.7
35-39 岁	43	32.6	34.9	32.6
40-44 岁	41	34.1	34.1	31.7
45-49 岁	24	50.0	25.0	25.0
50 岁以上	39	17.9	41.0	41.0
女性	**298**	**23.5**	**44.6**	**31.9**
16-19 岁	23	17.4	56.5	26.1
20-24 岁	35	25.7	51.4	22.9
25-29 岁	36	16.7	55.6	27.8
30-34 岁	49	22.4	57.1	20.4
35-39 岁	44	25.0	50.0	25.0
40-44 岁	38	23.7	44.7	31.6
45-49 岁	25	28.0	20.0	52.0
50 岁以上	48	27.1	20.8	52.1

● 上海（Shanghai）

	人数	从来不听	偶尔听	经常听
样本	**588**	**25.7**	**33.2**	**41.2**
男性	**303**	**27.4**	**29.7**	**42.9**
16-19 岁	22	18.2	27.3	54.5
20-24 岁	33	27.3	33.3	39.4
25-29 岁	42	35.7	33.3	31.0
30-34 岁	55	25.5	32.7	41.8
35-39 岁	50	26.0	22.0	52.0
40-44 岁	31	45.2	9.7	45.2
45-49 岁	26	11.5	46.2	42.3
50 岁以上	44	25.0	34.1	40.9
女性	**285**	**23.9**	**36.8**	**39.3**
16-19 岁	24	12.5	50.0	37.5
20-24 岁	32	15.6	40.6	43.8
25-29 岁	37	35.1	37.8	27.0
30-34 岁	48	20.8	45.8	33.3
35-39 岁	43	16.3	32.6	51.2
40-44 岁	34	41.2	23.5	35.3
45-49 岁	22	40.9	18.2	40.9
50 岁以上	45	15.6	40.0	44.4

● 广州（Guangzhou）

	人数	从来不听	偶尔听	经常听
样本	**585**	**31.8**	**47.4**	**20.9**
男性	**275**	**34.2**	**44.7**	**21.1**
16-19 岁	29	27.6	48.3	24.1
20-24 岁	35	22.9	68.6	8.6
25-29 岁	35	42.9	40.0	17.1
30-34 岁	33	39.4	42.4	18.2
35-39 岁	39	33.3	43.6	23.1
40-44 岁	41	46.3	34.1	19.5
45-49 岁	24	33.3	41.7	25.0
50 岁以上	39	25.6	41.0	33.3
女性	**310**	**29.7**	**49.7**	**20.6**
16-19 岁	50	24.0	48.0	28.0
20-24 岁	46	13.0	65.2	21.7
25-29 岁	61	23.0	54.1	23.0
30-34 岁	43	53.5	37.2	9.3
35-39 岁	40	50.0	40.0	10.0
40-44 岁	28	35.7	39.3	25.0
45-49 岁	13	15.4	53.8	30.8
50 岁以上	29	17.2	58.6	24.1

● 重庆（Chongqing）

	人数	从来不听	偶尔听	经常听
样本	**597**	**53.6**	**29.3**	**17.1**
男性	**307**	**55.0**	**26.7**	**18.2**
16-19 岁	43	48.8	37.2	14.0
20-24 岁	52	51.9	26.9	21.2
25-29 岁	43	60.5	25.6	14.0
30-34 岁	38	57.9	31.6	10.5
35-39 岁	39	64.1	20.5	15.4
40-44 岁	30	63.3	20.0	16.7
45-49 岁	25	44.0	32.0	24.0
50 岁以上	37	48.6	18.9	32.4
女性	**290**	**52.1**	**32.1**	**15.9**
16-19 岁	43	25.6	58.1	16.3
20-24 岁	53	32.1	47.2	20.8
25-29 岁	32	59.4	28.1	12.5
30-34 岁	33	57.6	21.2	21.2
35-39 岁	33	66.7	21.2	12.1
40-44 岁	32	78.1	6.3	15.6
45-49 岁	27	51.9	37.0	11.1
50 岁以上	37	64.9	21.6	13.5

2-2 样本总体、男性各年龄层、女性各年龄层平时收听广播时段的选择 / Weekday Time Slots of Radio Listening by the Whole Sample, Age and Gender Groups

注：本题为多选题，合计百分比超过 100% （Multiple answers）

● 北京（Beijing）

	人数	0:00 ～ 2:00	2:00 ～ 6:00	6:00 ～ 8:00	8:00 ～ 10:00	10:00 ～ 12:00	12:00 ～ 14:00
样本	**401**	**1.5**	**1.2**	**33.9**	**13.2**	**14.0**	**27.7**
男性	**182**	**2.2**	**1.6**	**35.2**	**17.0**	**12.1**	**25.3**
16-19 岁	15	6.7	0.0	6.7	26.7	13.3	46.7
20-24 岁	22	0.0	4.5	18.2	9.1	22.7	36.4
25-29 岁	20	0.0	0.0	30.0	30.0	25.0	30.0
30-34 岁	29	3.4	0.0	37.9	13.8	0.0	24.1
35-39 岁	28	0.0	0.0	39.3	28.6	17.9	14.3
40-44 岁	26	0.0	3.8	34.6	15.4	7.7	11.5
45-49 岁	12	0.0	0.0	58.3	16.7	8.3	33.3
50 岁以上	30	6.7	3.3	50.0	3.3	6.7	23.3
女性	**219**	**0.9**	**0.9**	**32.9**	**10.0**	**15.5**	**29.7**
16-19 岁	19	0.0	0.0	15.8	5.3	5.3	36.8
20-24 岁	25	4.0	0.0	16.0	12.0	8.0	24.0
25-29 岁	25	0.0	0.0	36.0	12.0	28.0	20.0
30-34 岁	36	2.8	0.0	30.6	8.3	19.4	36.1
35-39 岁	31	0.0	0.0	32.3	3.2	22.6	32.3
40-44 岁	31	0.0	0.0	41.9	6.5	3.2	22.6
45-49 岁	18	0.0	5.6	50.0	5.6	16.7	33.3
50 岁以上	34	0.0	2.9	38.2	23.5	17.6	32.4

续上表（continued）

	人数	14:00 ～ 16:00	16:00 ～ 18:00	18:00 ～ 20:00	20:00 ～ 22:00	22:00 ～ 24:00
样本	**401**	**5.2**	**12.0**	**19.5**	**16.7**	**10.5**
男性	**182**	**7.1**	**12.1**	**21.4**	**14.3**	**12.1**
16-19 岁	15	20.0	6.7	20.0	20.0	20.0
20-24 岁	22	13.6	22.7	22.7	18.2	22.7
25-29 岁	20	15.0	20.0	25.0	25.0	5.0
30-34 岁	29	3.4	10.3	17.2	13.8	10.3
35-39 岁	28	3.6	14.3	10.7	17.9	14.3
40-44 岁	26	0.0	15.4	23.1	11.5	3.8
45-49 岁	12	8.3	0.0	8.3	8.3	8.3
50 岁以上	30	3.3	3.3	36.7	3.3	13.3
女性	**219**	**3.7**	**11.9**	**17.8**	**18.7**	**9.1**
16-19 岁	19	0.0	15.8	21.1	26.3	5.3
20-24 岁	25	0.0	16.0	36.0	32.0	16.0
25-29 岁	25	12.0	24.0	12.0	8.0	20.0
30-34 岁	36	0.0	8.3	11.1	19.4	8.3
35-39 岁	31	3.2	12.9	6.5	12.9	3.2
40-44 岁	31	0.0	3.2	22.6	16.1	3.2
45-49 岁	18	0.0	5.6	22.2	27.8	22.2
50 岁以上	34	11.8	11.8	17.6	14.7	2.9

● 上海（Shanghai）

	人数	0:00～2:00	2:00～6:00	6:00～8:00	8:00～10:00	10:00～12:00	12:00～14:00
样本	**436**	**4.6**	**1.8**	**46.3**	**12.8**	**14.2**	**16.5**
男性	**220**	**5.0**	**1.4**	**46.8**	**12.3**	**16.8**	**17.7**
16-19 岁	18	5.6	0.0	38.9	27.8	22.2	22.2
20-24 岁	24	8.3	0.0	37.5	12.5	12.5	25.0
25-29 岁	26	11.5	0.0	26.9	7.7	30.8	19.2
30-34 岁	42	4.8	2.4	35.7	9.5	26.2	16.7
35-39 岁	38	2.6	2.6	42.1	21.1	15.8	13.2
40-44 岁	17	5.9	5.9	82.4	0.0	5.9	17.6
45-49 岁	22	4.5	0.0	59.1	13.6	9.1	4.5
50 岁以上	33	0.0	0.0	66.7	6.1	6.1	24.2
女性	**216**	**4.2**	**2.3**	**45.8**	**13.4**	**11.6**	**15.3**
16-19 岁	19	10.5	10.5	47.4	21.1	21.1	15.8
20-24 岁	25	8.0	4.0	24.0	12.0	8.0	20.0
25-29 岁	22	9.1	0.0	31.8	13.6	4.5	9.1
30-34 岁	39	0.0	0.0	48.7	12.8	10.3	12.8
35-39 岁	36	2.8	2.8	41.7	16.7	16.7	16.7
40-44 岁	21	0.0	0.0	47.6	14.3	4.8	9.5
45-49 岁	14	7.1	7.1	57.1	7.1	21.4	21.4
50 岁以上	40	2.5	0.0	62.5	10.0	10.0	17.5

续上表（continued）

	人数	14:00～16:00	16:00～18:00	18:00～20:00	20:00～22:00	22:00～24:00
样本	**436**	**8.7**	**20.4**	**27.1**	**13.5**	**6.2**
男性	**220**	**10.0**	**20.9**	**27.7**	**16.4**	**5.9**
16-19 岁	18	22.2	38.9	38.9	22.2	0.0
20-24 岁	24	0.0	12.5	37.5	8.3	16.7
25-29 岁	26	19.2	19.2	30.8	19.2	7.7
30-34 岁	42	16.7	23.8	21.4	16.7	9.5
35-39 岁	38	5.3	18.4	21.1	13.2	5.3
40-44 岁	17	5.9	17.6	29.4	0.0	0.0
45-49 岁	22	13.6	18.2	13.6	18.2	4.5
50 岁以上	33	0.0	21.2	36.4	27.3	0.0
女性	**216**	**7.4**	**19.9**	**26.4**	**10.6**	**6.5**
16-19 岁	19	15.8	21.1	31.6	31.6	15.8
20-24 岁	25	12.0	32.0	20.0	12.0	4.0
25-29 岁	22	0.0	18.2	31.8	18.2	9.1
30-34 岁	39	7.7	17.9	20.5	0.0	10.3
35-39 岁	36	2.8	16.7	33.3	5.6	2.8
40-44 岁	21	14.3	14.3	23.8	9.5	0.0
45-49 岁	14	0.0	28.6	42.9	14.3	7.1
50 岁以上	40	7.5	17.5	20.0	10.0	5.0

● 广州（Guangzhou）

	人数	0:00～2:00	2:00～6:00	6:00～8:00	8:00～10:00	10:00～12:00	12:00～14:00
样本	**390**	**4.1**	**2.6**	**17.2**	**13.8**	**15.9**	**29.5**
男性	**179**	**2.2**	**1.7**	**20.7**	**12.3**	**15.1**	**29.1**
16-19 岁	19	10.5	0.0	10.5	10.5	10.5	36.8
20-24 岁	28	0.0	3.6	3.6	0.0	10.7	17.9
25-29 岁	19	5.3	0.0	31.6	15.8	0.0	21.1
30-34 岁	20	0.0	5.0	20.0	15.0	25.0	20.0
35-39 岁	26	0.0	0.0	11.5	15.4	26.9	38.5
40-44 岁	21	0.0	4.8	33.3	23.8	28.6	52.4
45-49 岁	17	0.0	0.0	23.5	0.0	11.8	17.6
50 岁以上	29	3.4	0.0	34.5	17.2	6.9	27.6
女性	**211**	**5.7**	**3.3**	**14.2**	**15.2**	**16.6**	**29.9**
16-19 岁	33	0.0	3.0	9.1	15.2	9.1	33.3
20-24 岁	39	10.3	5.1	7.7	15.4	28.2	35.9
25-29 岁	46	10.9	2.2	15.2	17.4	17.4	21.7
30-34 岁	22	13.6	9.1	9.1	18.2	13.6	31.8
35-39 岁	20	0.0	0.0	20.0	10.0	10.0	25.0
40-44 岁	19	0.0	5.3	21.1	10.5	15.8	15.8
45-49 岁	10	0.0	0.0	20.0	10.0	10.0	40.0
50 岁以上	22	0.0	0.0	22.7	18.2	18.2	40.9

续上表（continued）

	人数	14:00～16:00	16:00～18:00	18:00～20:00	20:00～22:00	22:00～24:00
样本	**390**	**12.3**	**15.9**	**26.9**	**21.8**	**19.2**
男性	**179**	**12.3**	**12.8**	**25.7**	**17.9**	**21.8**
16-19 岁	19	15.8	10.5	21.1	15.8	52.6
20-24 岁	28	3.6	17.9	25.0	39.3	25.0
25-29 岁	19	5.3	15.8	26.3	15.8	26.3
30-34 岁	20	10.0	0.0	30.0	5.0	10.0
35-39 岁	26	19.2	26.9	34.6	11.5	26.9
40-44 岁	21	23.8	4.8	33.3	4.8	0.0
45-49 岁	17	17.6	5.9	29.4	29.4	17.6
50 岁以上	29	6.9	13.8	10.3	17.2	17.2
女性	**211**	**12.3**	**18.5**	**28.0**	**25.1**	**17.1**
16-19 岁	33	15.2	21.2	30.3	39.4	30.3
20-24 岁	39	20.5	17.9	25.6	15.4	15.4
25-29 岁	46	15.2	15.2	32.6	26.1	19.6
30-34 岁	22	13.6	22.7	22.7	27.3	22.7
35-39 岁	20	0.0	10.0	20.0	20.0	10.0
40-44 岁	19	5.3	21.1	31.6	21.1	15.8
45-49 岁	10	10.0	10.0	20.0	20.0	10.0
50 岁以上	22	4.5	27.3	31.8	27.3	0.0

● 重庆（Chongqing）

	人数	0:00～2:00	2:00～6:00	6:00～8:00	8:00～10:00	10:00～12:00	12:00～14:00
样本	**265**	**1.9**	**1.1**	**14.3**	**11.7**	**10.2**	**21.5**
男性	**129**	**2.3**	**1.6**	**16.3**	**6.2**	**12.4**	**25.6**
16-19 岁	18	0.0	0.0	5.6	0.0	11.1	27.8
20-24 岁	23	0.0	0.0	13.0	8.7	8.7	17.4
25-29 岁	17	5.9	5.9	17.6	5.9	17.6	52.9
30-34 岁	15	13.3	6.7	33.3	13.3	13.3	33.3
35-39 岁	13	0.0	0.0	23.1	7.7	15.4	38.5
40-44 岁	11	0.0	0.0	9.1	9.1	9.1	18.2
45-49 岁	14	0.0	0.0	14.3	0.0	7.1	7.1
50 岁以上	18	0.0	0.0	16.7	5.6	16.7	11.1
女性	**136**	**1.5**	**0.7**	**12.5**	**16.9**	**8.1**	**17.6**
16-19 岁	29	6.9	3.4	17.2	10.3	3.4	17.2
20-24 岁	36	0.0	0.0	8.3	8.3	8.3	22.2
25-29 岁	12	0.0	0.0	0.0	25.0	0.0	33.3
30-34 岁	15	0.0	0.0	13.3	33.3	13.3	26.7
35-39 岁	12	0.0	0.0	8.3	16.7	16.7	8.3
40-44 岁	7	0.0	0.0	0.0	28.6	0.0	0.0
45-49 岁	13	0.0	0.0	23.1	23.1	0.0	7.7
50 岁以上	12	0.0	0.0	25.0	16.7	25.0	8.3

续上表（continued）

	人数	14:00～16:00	16:00～18:00	18:00～20:00	20:00～22:00	22:00～24:00
样本	**265**	**10.9**	**8.3**	**24.5**	**34.0**	**14.3**
男性	**129**	**10.1**	**11.6**	**27.9**	**32.6**	**14.0**
16-19 岁	18	22.2	22.2	22.2	16.7	11.1
20-24 岁	23	17.4	8.7	26.1	34.8	21.7
25-29 岁	17	5.9	11.8	29.4	35.3	11.8
30-34 岁	15	0.0	0.0	13.3	20.0	13.3
35-39 岁	13	15.4	23.1	30.8	23.1	15.4
40-44 岁	11	9.1	0.0	9.1	45.5	18.2
45-49 岁	14	0.0	14.3	64.3	50.0	7.1
50 岁以上	18	5.6	11.1	27.8	38.9	11.1
女性	**136**	**11.8**	**5.1**	**21.3**	**35.3**	**14.7**
16-19 岁	29	10.3	3.4	13.8	41.4	13.8
20-24 岁	36	13.9	0.0	22.2	41.7	27.8
25-29 岁	12	16.7	16.7	25.0	25.0	8.3
30-34 岁	15	20.0	6.7	20.0	13.3	13.3
35-39 岁	12	0.0	0.0	33.3	33.3	8.3
40-44 岁	7	0.0	0.0	28.6	85.7	28.6
45-49 岁	13	7.7	15.4	30.8	23.1	0.0
50 岁以上	12	16.7	8.3	8.3	25.0	0.0

2-3 样本总体、男性各年龄层、女性各年龄层周末收听广播时段的选择 / Weekend Time Slots of Radio Listening by the Whole Sample, Age and Gender Groups

注：本题为多选题，合计百分比超过 100% （Multiple answers）

● 北京（Beijing）

	人数	0:00～2:00	2:00～6:00	6:00～8:00	8:00～10:00	10:00～12:00	12:00～14:00
样本	**337**	**2.4**	**1.8**	**22.0**	**21.4**	**16.3**	**30.3**
男性	**155**	**3.2**	**1.9**	**26.5**	**18.7**	**14.8**	**30.3**
16-19 岁	13	0.0	0.0	0.0	15.4	0.0	53.8
20-24 岁	18	5.6	0.0	16.7	11.1	16.7	38.9
25-29 岁	20	10.0	5.0	20.0	30.0	20.0	30.0
30-34 岁	22	0.0	0.0	27.3	18.2	13.6	36.4
35-39 岁	20	0.0	0.0	30.0	40.0	20.0	20.0
40-44 岁	25	4.0	4.0	24.0	20.0	12.0	24.0
45-49 岁	10	0.0	0.0	40.0	0.0	10.0	30.0
50 岁以上	27	3.7	3.7	44.4	7.4	18.5	22.2
女性	**182**	**1.6**	**1.6**	**18.1**	**23.6**	**17.6**	**30.2**
16-19 岁	13	7.7	0.0	15.4	7.7	0.0	46.2
20-24 岁	20	5.0	0.0	10.0	25.0	20.0	25.0
25-29 岁	23	0.0	0.0	13.0	43.5	43.5	21.7
30-34 岁	27	3.7	0.0	18.5	22.2	14.8	37.0
35-39 岁	24	0.0	0.0	4.2	16.7	25.0	20.8
40-44 岁	26	0.0	0.0	23.1	19.2	0.0	26.9
45-49 岁	16	0.0	6.3	25.0	25.0	12.5	31.3
50 岁以上	33	0.0	6.1	30.3	24.2	18.2	36.4

续上表（continued）

	人数	14:00～16:00	16:00～18:00	18:00～20:00	20:00～22:00	22:00～24:00
样本	**337**	**6.8**	**11.9**	**19.9**	**21.1**	**14.5**
男性	**155**	**7.7**	**9.7**	**19.4**	**20.0**	**14.8**
16-19 岁	13	15.4	15.4	23.1	0.0	23.1
20-24 岁	18	0.0	11.1	16.7	38.9	22.2
25-29 岁	20	5.0	10.0	20.0	25.0	15.0
30-34 岁	22	9.1	9.1	13.6	13.6	22.7
35-39 岁	20	10.0	10.0	10.0	30.0	15.0
40-44 岁	25	8.0	12.0	16.0	16.0	8.0
45-49 岁	10	10.0	0.0	30.0	20.0	10.0
50 岁以上	27	7.4	7.4	29.6	14.8	7.4
女性	**182**	**6.0**	**13.7**	**20.3**	**22.0**	**14.3**
16-19 岁	13	7.7	7.7	7.7	23.1	23.1
20-24 岁	20	0.0	15.0	40.0	40.0	30.0
25-29 岁	23	4.3	8.7	13.0	21.7	17.4
30-34 岁	27	7.4	22.2	18.5	18.5	18.5
35-39 岁	24	4.2	12.5	4.2	20.8	16.7
40-44 岁	26	0.0	19.2	26.9	19.2	0.0
45-49 岁	16	6.3	12.5	37.5	25.0	18.8
50 岁以上	33	15.2	9.1	18.2	15.2	3.0

● 上海（Shanghai）

	人数	0:00 ~ 2:00	2:00 ~ 6:00	6:00 ~ 8:00	8:00 ~ 10:00	10:00 ~ 12:00	12:00 ~ 14:00
样本	**383**	**4.7**	**2.6**	**34.7**	**16.7**	**18.5**	**18.8**
男性	**198**	**5.1**	**2.5**	**31.3**	**15.7**	**20.2**	**21.2**
16-19 岁	17	5.9	0.0	29.4	23.5	23.5	23.5
20-24 岁	24	8.3	0.0	37.5	16.7	16.7	20.8
25-29 岁	22	18.2	4.5	22.7	4.5	22.7	31.8
30-34 岁	35	5.7	2.9	28.6	8.6	28.6	20.0
35-39 岁	31	0.0	0.0	19.4	22.6	25.8	16.1
40-44 岁	16	0.0	6.3	37.5	18.8	18.8	18.8
45-49 岁	21	0.0	9.5	28.6	23.8	19.0	9.5
50 岁以上	32	3.1	0.0	46.9	12.5	6.3	28.1
女性	**185**	**4.3**	**2.7**	**38.4**	**17.8**	**16.8**	**16.2**
16-19 岁	20	10.0	10.0	20.0	20.0	20.0	10.0
20-24 岁	24	16.7	0.0	12.5	8.3	20.8	12.5
25-29 岁	20	0.0	0.0	30.0	25.0	15.0	20.0
30-34 岁	25	0.0	4.0	48.0	28.0	12.0	4.0
35-39 岁	31	0.0	3.2	35.5	25.8	19.4	12.9
40-44 岁	20	0.0	5.0	55.0	25.0	5.0	25.0
45-49 岁	12	8.3	0.0	66.7	0.0	41.7	8.3
50 岁以上	33	3.0	0.0	48.5	6.1	12.1	30.3

续上表（continued）

	人数	14:00 ~ 16:00	16:00 ~ 18:00	18:00 ~ 20:00	20:00 ~ 22:00	22:00 ~ 24:00
样本	**383**	**7.8**	**17.5**	**25.1**	**19.1**	**10.4**
男性	**198**	**8.1**	**15.2**	**24.2**	**21.7**	**10.6**
16-19 岁	17	17.6	29.4	35.3	23.5	5.9
20-24 岁	24	4.2	12.5	33.3	25.0	16.7
25-29 岁	22	13.6	18.2	22.7	13.6	9.1
30-34 岁	35	11.4	8.6	22.9	17.1	11.4
35-39 岁	31	3.2	9.7	9.7	25.8	16.1
40-44 岁	16	0.0	12.5	18.8	12.5	6.3
45-49 岁	21	14.3	19.0	19.0	28.6	9.5
50 岁以上	32	3.1	18.8	34.4	25.0	6.3
女性	**185**	**7.6**	**20.0**	**25.9**	**16.2**	**10.3**
16-19 岁	20	5.0	20.0	25.0	25.0	25.0
20-24 岁	24	8.3	41.7	16.7	16.7	12.5
25-29 岁	20	5.0	10.0	45.0	15.0	15.0
30-34 岁	25	12.0	24.0	12.0	4.0	12.0
35-39 岁	31	6.5	16.1	35.5	16.1	6.5
40-44 岁	20	10.0	5.0	30.0	15.0	0.0
45-49 岁	12	0.0	33.3	41.7	16.7	8.3
50 岁以上	33	9.1	15.2	15.2	21.2	6.1

● 广州（Guangzhou）

	人数	0:00～2:00	2:00～6:00	6:00～8:00	8:00～10:00	10:00～12:00	12:00～14:00
样本	**345**	**4.9**	**1.4**	**15.1**	**15.4**	**18.3**	**24.6**
男性	**152**	**5.3**	**1.3**	**18.4**	**13.8**	**15.8**	**21.7**
16-19 岁	17	17.6	11.8	11.8	17.6	11.8	17.6
20-24 岁	23	4.3	0.0	4.3	4.3	4.3	8.7
25-29 岁	16	18.8	0.0	25.0	12.5	12.5	18.8
30-34 岁	15	0.0	0.0	13.3	20.0	26.7	26.7
35-39 岁	23	0.0	0.0	13.0	17.4	34.8	30.4
40-44 岁	17	0.0	0.0	35.3	5.9	29.4	41.2
45-49 岁	18	0.0	0.0	11.1	5.6	5.6	11.1
50 岁以上	23	4.3	0.0	34.8	26.1	4.3	21.7
女性	**193**	**4.7**	**1.6**	**12.4**	**16.6**	**20.2**	**26.9**
16-19 岁	33	12.1	3.0	0.0	12.1	18.2	24.2
20-24 岁	39	2.6	2.6	10.3	15.4	30.8	28.2
25-29 岁	41	7.3	0.0	12.2	26.8	22.0	24.4
30-34 岁	15	6.7	6.7	20.0	20.0	20.0	40.0
35-39 岁	19	0.0	0.0	5.3	10.5	15.8	21.1
40-44 岁	18	0.0	0.0	27.8	11.1	16.7	16.7
45-49 岁	10	0.0	0.0	20.0	0.0	0.0	40.0
50 岁以上	18	0.0	0.0	22.2	22.2	16.7	33.3

续上表（continued）

	人数	14:00～16:00	16:00～18:00	18:00～20:00	20:00～22:00	22:00～24:00
样本	**345**	**12.2**	**18.0**	**27.8**	**28.4**	**27.5**
男性	**152**	**10.5**	**14.5**	**28.3**	**25.7**	**28.3**
16-19 岁	17	23.5	5.9	29.4	29.4	41.2
20-24 岁	23	0.0	8.7	26.1	34.8	47.8
25-29 岁	16	0.0	25.0	18.8	12.5	37.5
30-34 岁	15	0.0	6.7	13.3	13.3	13.3
35-39 岁	23	21.7	43.5	43.5	34.8	30.4
40-44 岁	17	17.6	0.0	35.3	17.6	11.8
45-49 岁	18	11.1	11.1	44.4	33.3	11.1
50 岁以上	23	8.7	8.7	13.0	21.7	26.1
女性	**193**	**13.5**	**20.7**	**27.5**	**30.6**	**26.9**
16-19 岁	33	24.2	24.2	33.3	57.6	45.5
20-24 岁	39	17.9	7.7	28.2	17.9	25.6
25-29 岁	41	17.1	22.0	31.7	26.8	29.3
30-34 岁	15	13.3	26.7	20.0	33.3	20.0
35-39 岁	19	0.0	26.3	10.5	31.6	21.1
40-44 岁	18	0.0	22.2	33.3	22.2	27.8
45-49 岁	10	20.0	20.0	20.0	20.0	0.0
50 岁以上	18	0.0	27.8	27.8	27.8	16.7

● 重庆（Chongqing）

	人数	0:00～2:00	2:00～6:00	6:00～8:00	8:00～10:00	10:00～12:00	12:00～14:00
样本	**227**	**4.0**	**0.9**	**10.6**	**16.3**	**15.9**	**18.9**
男性	**120**	**4.2**	**0.8**	**11.7**	**11.7**	**15.8**	**17.5**
16-19 岁	20	0.0	0.0	10.0	5.0	30.0	20.0
20-24 岁	24	0.0	0.0	4.2	16.7	12.5	16.7
25-29 岁	11	9.1	9.1	9.1	18.2	18.2	36.4
30-34 岁	13	7.7	0.0	7.7	15.4	15.4	15.4
35-39 岁	14	7.1	0.0	21.4	7.1	28.6	21.4
40-44 岁	7	14.3	0.0	14.3	14.3	14.3	14.3
45-49 岁	13	0.0	0.0	7.7	15.4	0.0	7.7
50 岁以上	18	5.6	0.0	22.2	5.6	5.6	11.1
女性	**107**	**3.7**	**0.9**	**9.3**	**21.5**	**15.9**	**20.6**
16-19 岁	28	7.1	3.6	14.3	21.4	17.9	17.9
20-24 岁	28	3.6	0.0	7.1	10.7	14.3	21.4
25-29 岁	10	0.0	0.0	10.0	30.0	30.0	40.0
30-34 岁	10	0.0	0.0	0.0	20.0	30.0	10.0
35-39 岁	9	11.1	0.0	0.0	33.3	0.0	22.2
40-44 岁	5	0.0	0.0	0.0	20.0	0.0	0.0
45-49 岁	8	0.0	0.0	25.0	12.5	0.0	37.5
50 岁以上	9	0.0	0.0	11.1	44.4	22.2	11.1

续上表（continued）

	人数	14:00～16:00	16:00～18:00	18:00～20:00	20:00～22:00	22:00～24:00
样本	**227**	**12.8**	**15.0**	**26.9**	**32.2**	**22.0**
男性	**120**	**10.0**	**14.2**	**26.7**	**35.0**	**23.3**
16-19 岁	20	15.0	30.0	20.0	20.0	20.0
20-24 岁	24	25.0	8.3	29.2	25.0	33.3
25-29 岁	11	9.1	18.2	27.3	36.4	36.4
30-34 岁	13	0.0	0.0	7.7	23.1	7.7
35-39 岁	14	0.0	14.3	28.6	50.0	21.4
40-44 岁	7	0.0	14.3	14.3	42.9	42.9
45-49 岁	13	7.7	23.1	61.5	53.8	7.7
50 岁以上	18	5.6	5.6	22.2	44.4	22.2
女性	**107**	**15.9**	**15.9**	**27.1**	**29.0**	**20.6**
16-19 岁	28	17.9	21.4	28.6	32.1	21.4
20-24 岁	28	17.9	17.9	32.1	35.7	39.3
25-29 岁	10	20.0	30.0	20.0	20.0	20.0
30-34 岁	10	0.0	10.0	30.0	0.0	10.0
35-39 岁	9	0.0	0.0	33.3	44.4	0.0
40-44 岁	5	20.0	0.0	60.0	80.0	40.0
45-49 岁	8	25.0	12.5	12.5	12.5	0.0
50 岁以上	9	22.2	11.1	0.0	11.1	0.0

2-4 平时最喜欢收听的广播电台排名图（%） / Ranking of the Most Favorite Radio Channels

注：本题为多选题，合计百分比超过 100%（ Multiple answers ）

● 北京（ Beijing ）

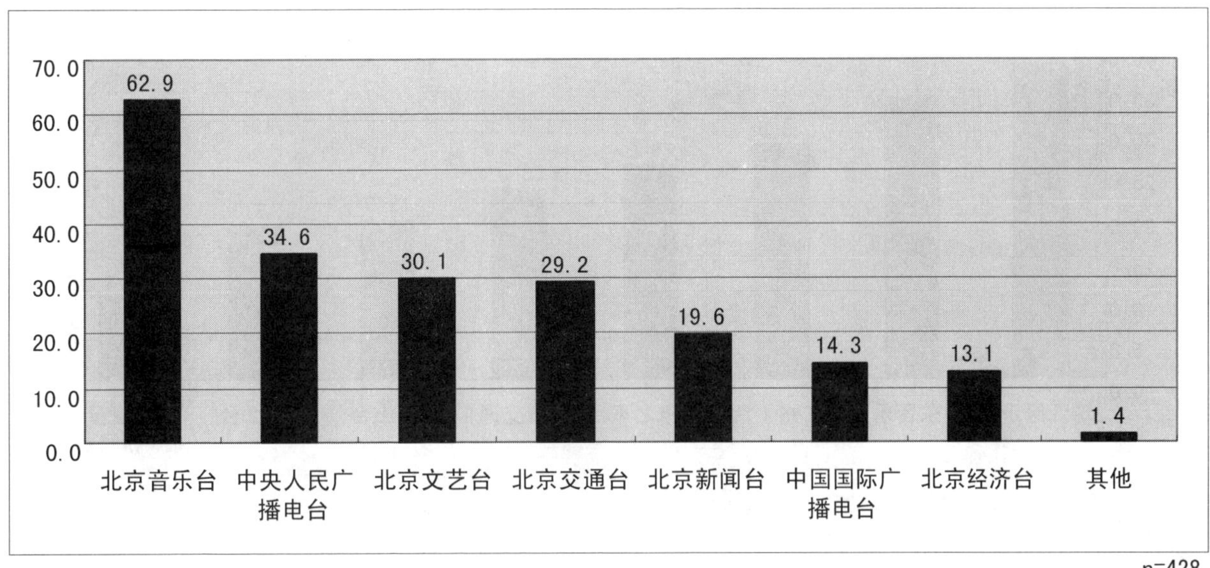

n=428

● 上海（ Shanghai ）

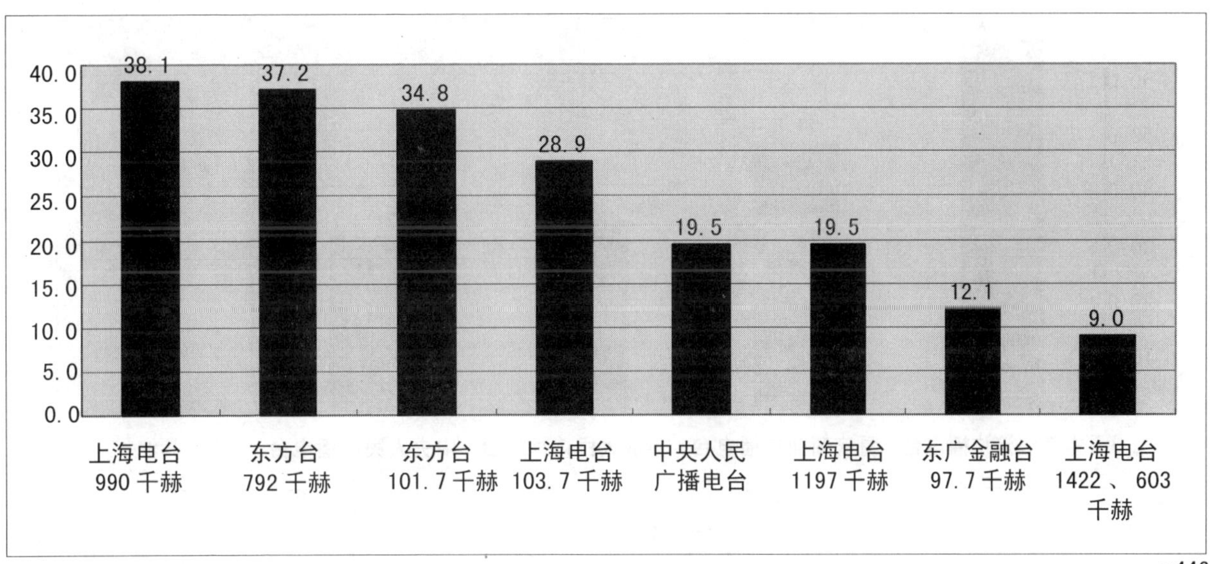

n=446

● 广州（Guangzhou）

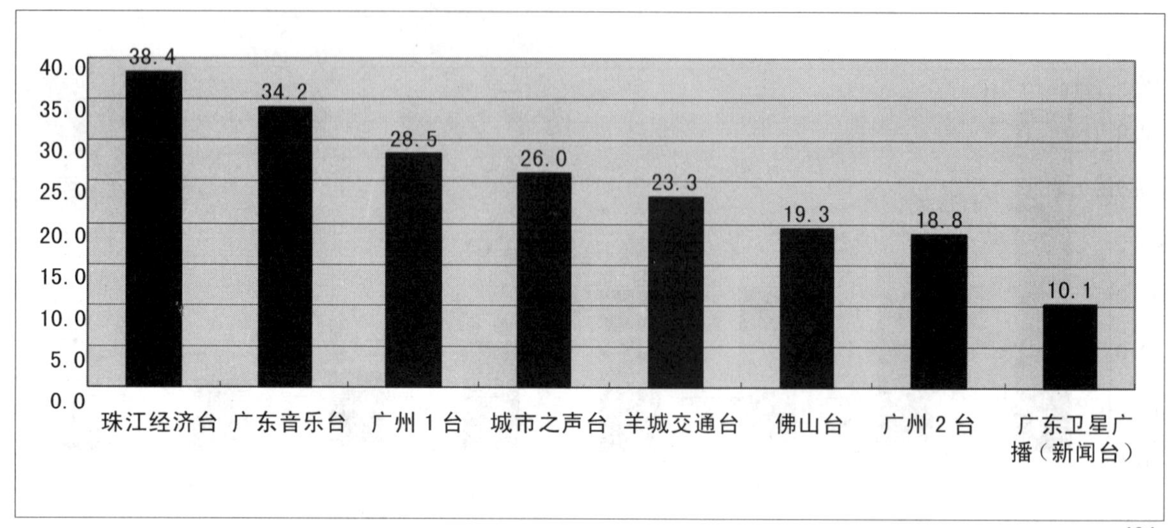

n=404

● 重庆（Chongqing）

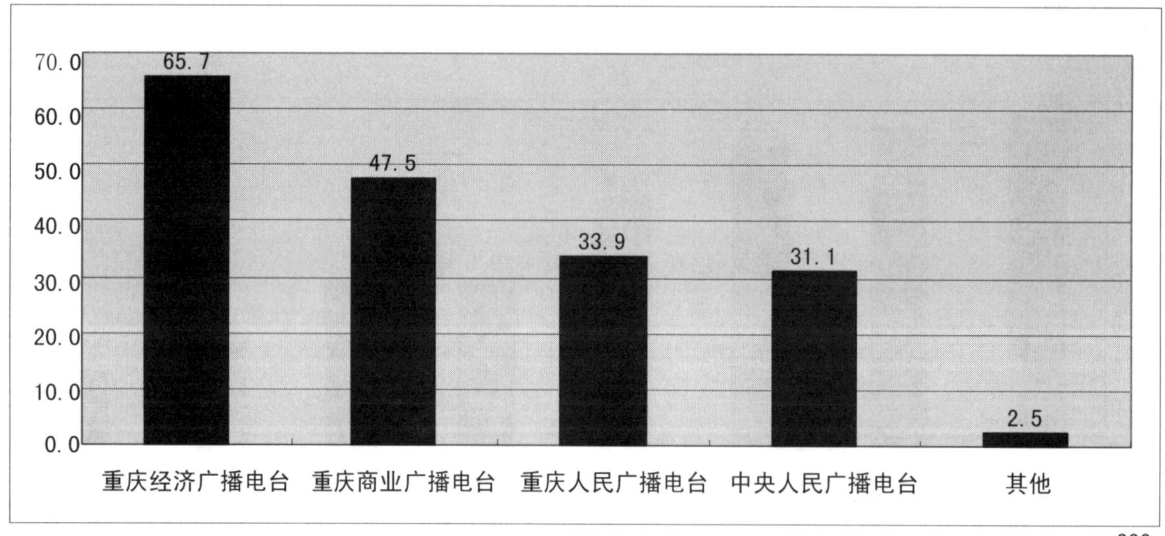

n=280

2-5 样本总体、男性各年龄层、女性各年龄层平时最喜欢收听的广播电台 / The Most Favorite Radio Channels by the Whole Sample, Age and Gender Groups

注：本题为多选题，合计百分比超过 100%（ Multiple answers ）

● 北京（ Beijing ）

	人数	中央人民广播电台	北京音乐台	北京交通台	中国国际广播电台
样本	**428**	**34.6**	**62.9**	**29.2**	**14.3**
男性	**197**	**34.5**	**57.4**	**34.5**	**15.7**
16-19 岁	17	17.6	58.8	35.3	17.6
20-24 岁	26	15.4	88.5	30.8	34.6
25-29 岁	24	16.7	79.2	45.8	16.7
30-34 岁	30	30.0	56.7	40.0	16.7
35-39 岁	29	41.4	55.2	34.5	10.3
40-44 岁	28	28.6	39.3	50.0	3.6
45-49 岁	11	72.7	45.5	9.1	9.1
50 岁以上	32	62.5	37.5	18.8	15.6
女性	**231**	**34.6**	**67.5**	**24.7**	**13.0**
16-19 岁	19	21.1	84.2	10.5	31.6
20-24 岁	26	15.4	69.2	23.1	26.9
25-29 岁	30	10.0	90.0	26.7	26.7
30-34 岁	37	40.5	67.6	24.3	10.8
35-39 岁	34	38.2	70.6	41.2	2.9
40-44 岁	31	32.3	64.5	29.0	3.2
45-49 岁	19	36.8	68.4	15.8	0.0
50 岁以上	35	68.6	37.1	17.1	8.6

续上表（ continued ）

	人数	北京经济台	北京新闻台	北京文艺台	其他
样本	**428**	**13.1**	**19.6**	**30.1**	**1.4**
男性	**197**	**16.8**	**20.8**	**25.4**	**0.5**
16-19 岁	17	17.6	0.0	64.7	0.0
20-24 岁	26	7.7	11.5	30.8	0.0
25-29 岁	24	16.7	8.3	25.0	0.0
30-34 岁	30	13.3	20.0	20.0	3.3
35-39 岁	29	27.6	31.0	10.3	0.0
40-44 岁	28	25.0	25.0	25.0	0.0
45-49 岁	11	0.0	27.3	9.1	0.0
50 岁以上	32	15.6	34.4	25.0	0.0
女性	**231**	**10.0**	**18.6**	**34.2**	**2.2**
16-19 岁	19	5.3	0.0	52.6	5.3
20-24 岁	26	11.5	3.8	34.6	3.8
25-29 岁	30	13.3	6.7	20.0	0.0
30-34 岁	37	13.5	13.5	37.8	0.0
35-39 岁	34	2.9	20.6	35.3	2.9
40-44 岁	31	3.2	41.9	25.8	3.2
45-49 岁	19	15.8	42.1	31.6	0.0
50 岁以上	35	14.3	20.0	40.0	2.9

● 上海（Shanghai）

	人数	中央人民广播电台	上海电台 990 千赫	上海电台 1422、603 千赫	上海电台 1197 千赫
样本	**446**	**19.5**	**38.1**	**9.0**	**19.5**
男性	**223**	**22.9**	**37.2**	**7.6**	**18.8**
16-19 岁	18	5.6	33.3	16.7	22.2
20-24 岁	25	16.0	32.0	8.0	32.0
25-29 岁	27	14.8	25.9	3.7	22.2
30-34 岁	42	11.9	40.5	4.8	11.9
35-39 岁	38	26.3	34.2	5.3	15.8
40-44 岁	17	35.3	52.9	11.8	23.5
45-49 岁	23	21.7	30.4	17.4	8.7
50 岁以上	33	48.5	48.5	3.0	21.2
女性	**223**	**16.1**	**39.0**	**10.3**	**20.2**
16-19 岁	21	0.0	14.3	0.0	23.8
20-24 岁	27	3.7	33.3	3.7	7.4
25-29 岁	24	8.3	37.5	4.2	20.8
30-34 岁	38	10.5	42.1	10.5	28.9
35-39 岁	37	21.6	45.9	18.9	21.6
40-44 岁	21	23.8	33.3	9.5	28.6
45-49 岁	14	28.6	50.0	14.3	7.1
50 岁以上	41	29.3	46.3	14.6	17.1

续上表（continued）

	人数	上海电台 103.7 千赫	上海电台 105.7 千赫	上海电台 648 千赫	东方台 792 千赫
样本	**446**	**28.9**	**5.8**	**2.2**	**37.2**
男性	**223**	**22.9**	**4.5**	**3.6**	**41.7**
16-19 岁	18	33.3	5.6	5.6	38.9
20-24 岁	25	36.0	4.0	0.0	44.0
25-29 岁	27	29.6	11.1	7.4	37.0
30-34 岁	42	26.2	7.1	4.8	50.0
35-39 岁	38	13.2	0.0	2.6	42.1
40-44 岁	17	5.9	0.0	0.0	47.1
45-49 岁	23	34.8	4.3	0.0	43.5
50 岁以上	33	9.1	3.0	6.1	30.3
女性	**223**	**35.0**	**7.2**	**0.9**	**32.7**
16-19 岁	21	61.9	9.5	0.0	33.3
20-24 岁	27	51.9	18.5	0.0	33.3
25-29 岁	24	50.0	4.2	0.0	41.7
30-34 岁	38	31.6	7.9	5.3	39.5
35-39 岁	37	35.1	5.4	0.0	18.9
40-44 岁	21	33.3	0.0	0.0	33.3
45-49 岁	14	21.4	0.0	0.0	50.0
50 岁以上	41	9.8	7.3	0.0	26.8

续上表（continued）

	人数	东方台 101.7 千赫	东广金融台 97.7 千赫	儿童台 101.7 副信道	中国国际广播电台	其他
样本	**446**	**34.8**	**12.1**	**0.7**	**1.8**	**0.9**
男性	**223**	**34.1**	**13.0**	**0.4**	**2.7**	**0.4**
16-19 岁	18	38.9	11.1	0.0	0.0	0.0
20-24 岁	25	52.0	0.0	0.0	4.0	0.0
25-29 岁	27	51.9	18.5	0.0	7.4	0.0
30-34 岁	42	26.2	11.9	0.0	0.0	2.4
35-39 岁	38	28.9	13.2	2.6	0.0	0.0
40-44 岁	17	23.5	17.6	0.0	5.9	0.0
45-49 岁	23	34.8	13.0	0.0	4.3	0.0
50 岁以上	33	24.2	18.2	0.0	3.0	0.0
女性	**223**	**35.4**	**11.2**	**0.9**	**0.9**	**1.3**
16-19 岁	21	61.9	4.8	0.0	0.0	0.0
20-24 岁	27	59.3	3.7	0.0	0.0	0.0
25-29 岁	24	58.3	0.0	0.0	0.0	0.0
30-34 岁	38	18.4	10.5	2.6	0.0	2.6
35-39 岁	37	37.8	13.5	0.0	0.0	2.7
40-44 岁	21	33.3	19.0	4.8	4.8	0.0
45-49 岁	14	21.4	21.4	0.0	0.0	0.0
50 岁以上	41	12.2	17.1	0.0	2.4	2.4

● 广州（Guangzhou）

	人数	中央人民广播电台	广东卫星广播（新闻台）	珠江经济台	广东音乐台	城市之声台
样本	**404**	**8.9**	**10.1**	**38.4**	**34.2**	**26.0**
男性	**184**	**10.9**	**11.4**	**35.9**	**37.0**	**22.3**
16-19 岁	21	0.0	0.0	28.6	33.3	33.3
20-24 岁	28	10.7	3.6	14.3	50.0	25.0
25-29 岁	20	20.0	15.0	35.0	40.0	35.0
30-34 岁	21	4.8	4.8	42.9	28.6	19.0
35-39 岁	27	3.7	11.1	51.9	29.6	7.4
40-44 岁	21	9.5	28.6	33.3	47.6	23.8
45-49 岁	18	11.1	16.7	50.0	27.8	11.1
50 岁以上	28	25.0	14.3	35.7	35.7	25.0
女性	**220**	**7.3**	**9.1**	**40.5**	**31.8**	**29.1**
16-19 岁	37	0.0	5.4	27.0	45.9	45.9
20-24 岁	40	5.0	7.5	25.0	32.5	35.0
25-29 岁	47	4.3	10.6	57.4	29.8	23.4
30-34 岁	23	8.7	13.0	47.8	34.8	13.0
35-39 岁	21	4.8	14.3	52.4	19.0	14.3
40-44 岁	19	10.5	5.3	42.1	31.6	26.3
45-49 岁	11	0.0	0.0	27.3	9.1	63.6
50 岁以上	22	31.8	13.6	40.9	31.8	18.2

续上表（continued）

	人数	健康之声台	羊城交通台	广州 1 台	广州 2 台	教育台
样本	**404**	**8.4**	**23.3**	**28.5**	**18.8**	**1.7**
男性	**184**	**6.0**	**26.1**	**28.3**	**19.6**	**1.6**
16-19 岁	21	4.8	33.3	19.0	47.6	0.0
20-24 岁	28	3.6	32.1	39.3	21.4	0.0
25-29 岁	20	10.0	25.0	40.0	10.0	0.0
30-34 岁	21	0.0	33.3	33.3	14.3	4.8
35-39 岁	27	0.0	33.3	25.9	22.2	0.0
40-44 岁	21	9.5	23.8	9.5	9.5	0.0
45-49 岁	18	5.6	11.1	22.2	27.8	5.6
50 岁以上	28	14.3	14.3	32.1	7.1	3.6
女性	**220**	**10.5**	**20.9**	**28.6**	**18.2**	**1.8**
16-19 岁	37	5.4	16.2	43.2	24.3	2.7
20-24 岁	40	5.0	30.0	35.0	27.5	5.0
25-29 岁	47	8.5	19.1	23.4	17.0	0.0
30-34 岁	23	4.3	17.4	13.0	13.0	4.3
35-39 岁	21	23.8	28.6	23.8	4.8	0.0
40-44 岁	19	5.3	21.1	31.6	10.5	0.0
45-49 岁	11	27.3	18.2	27.3	36.4	0.0
50 岁以上	22	22.7	13.6	22.7	9.1	0.0

续上表（continued）

	人数	儿童台	英语台	股市台	佛山台	深圳2台	其他
样本	**404**	**1.7**	**1.0**	**2.5**	**19.3**	**0.2**	**0.7**
男性	**184**	**1.6**	**1.6**	**3.3**	**19.0**	**0.5**	**0.5**
16-19岁	21	0.0	0.0	0.0	28.6	0.0	0.0
20-24岁	28	0.0	0.0	0.0	25.0	0.0	3.6
25-29岁	20	5.0	5.0	5.0	10.0	0.0	0.0
30-34岁	21	0.0	0.0	4.8	23.8	0.0	0.0
35-39岁	27	0.0	3.7	3.7	14.8	0.0	0.0
40-44岁	21	4.8	4.8	4.8	19.0	0.0	0.0
45-49岁	18	5.6	0.0	11.1	22.2	0.0	0.0
50岁以上	28	0.0	0.0	0.0	10.7	3.6	0.0
女性	**220**	**1.8**	**0.5**	**1.8**	**19.5**	**0.0**	**0.9**
16-19岁	37	0.0	0.0	0.0	18.9	0.0	0.0
20-24岁	40	0.0	2.5	2.5	25.0	0.0	2.5
25-29岁	47	0.0	0.0	4.3	23.4	0.0	0.0
30-34岁	23	4.3	0.0	0.0	17.4	0.0	4.3
35-39岁	21	9.5	0.0	0.0	14.3	0.0	0.0
40-44岁	19	5.3	0.0	0.0	10.5	0.0	0.0
45-49岁	11	0.0	0.0	9.1	27.3	0.0	0.0
50岁以上	22	0.0	0.0	0.0	13.6	0.0	0.0

● 重庆（Chongqing）

	人数	中央人民广播电台	重庆人民广播电台	重庆经济广播电台	重庆商业广播电台	其他
样本	**280**	**31.1**	**33.9**	**65.7**	**47.5**	**2.5**
男性	**139**	**36.7**	**36.0**	**70.5**	**41.7**	**1.4**
16-19岁	22	4.5	40.9	63.6	59.1	0.0
20-24岁	26	23.1	19.2	84.6	50.0	0.0
25-29岁	17	23.5	58.8	76.5	58.8	5.9
30-34岁	16	56.3	37.5	87.5	18.8	0.0
35-39岁	14	35.7	35.7	71.4	7.1	0.0
40-44岁	11	36.4	45.5	63.6	36.4	0.0
45-49岁	14	42.9	28.6	64.3	64.3	0.0
50岁以上	19	84.2	31.6	47.4	26.3	5.3
女性	**141**	**25.5**	**31.9**	**61.0**	**53.2**	**3.5**
16-19岁	32	25.0	37.5	43.8	75.0	0.0
20-24岁	36	16.7	27.8	80.6	61.1	2.8
25-29岁	13	15.4	15.4	76.9	61.5	0.0
30-34岁	14	35.7	28.6	64.3	42.9	0.0
35-39岁	13	38.5	38.5	53.8	15.4	7.7
40-44岁	7	28.6	28.6	42.9	71.4	0.0
45-49岁	13	15.4	30.8	61.5	30.8	15.4
50岁以上	13	46.2	46.2	46.2	30.8	7.7

2-6 平时最喜欢收听的广播节目排名 / Ranking of the Most Favorite Radio Programs

注：本题为多选题，合计百分比超过 100%（ Multiple answers ）

● 北京（ Beijing ）

节目	人次	百分比	排名	节目	人次	百分比	排名
新闻报道	201	46.7	1	点播节目	76	17.7	9
广播剧	37	8.6	14	热点话题评说	89	20.7	7
古典音乐欣赏	54	12.6	10	嘉宾人物访谈	37	8.6	15
国内流行音乐/歌曲	138	32.1	4	交通报道	53	12.3	12
欧美流行音乐	94	21.9	6	教育节目	26	6.0	18
港台流行音乐	122	28.4	5	天气预报	142	33.0	3
地方戏曲	19	4.4	19	热线节目	53	12.3	13
曲艺相声	201	46.7	1	有奖问答	29	6.7	17
经济信息报道	32	7.4	16	评书	54	12.6	11
少儿节目	8	1.9	20	性话题	7	1.6	22
体育节目	80	18.6	8	其他	8	1.9	21

n=430

北京最受欢迎的十种广播节目（%）

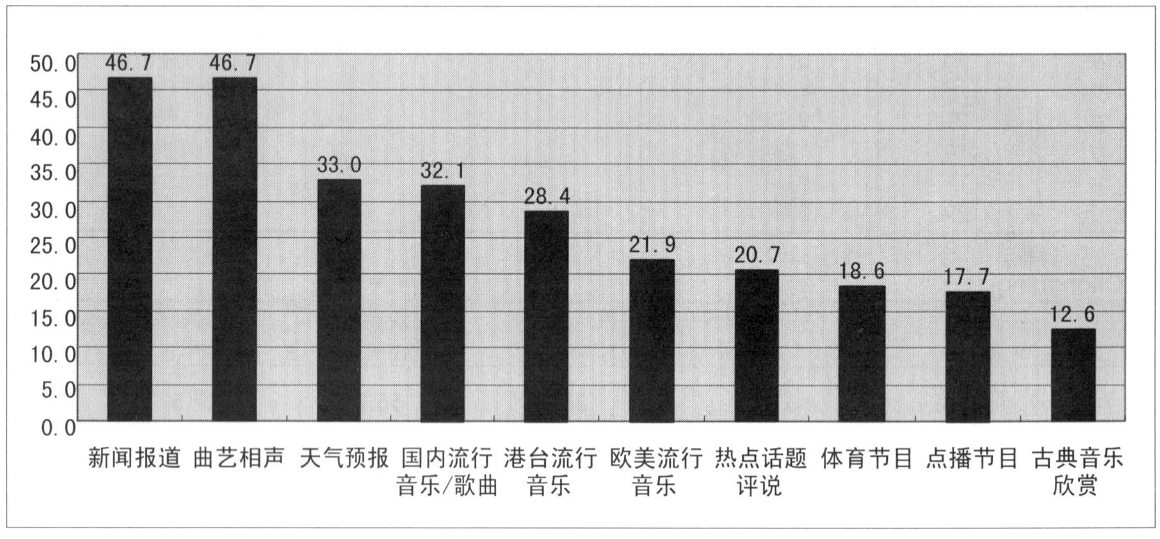

● 上海（Shanghai）

节目	人次	百分比	排名	节目	人次	百分比	排名
新闻报道	277	62.2	1	点播节目	80	18.0	7
广播剧	47	10.6	12	热点话题评说	74	16.6	9
古典音乐欣赏	37	8.3	14	嘉宾人物访谈	38	8.5	13
国内流行音乐/歌曲	132	29.7	4	交通报道	9	2.0	20
欧美流行音乐	104	23.4	6	教育节目	20	4.5	18
港台流行音乐	176	39.6	2	天气预报	115	25.8	5
地方戏曲	32	7.2	15	热线节目	63	14.2	10
曲艺相声	140	31.5	3	有奖问答	22	4.9	17
经济信息报道	62	13.9	11	评书	19	4.3	19
少儿节目	22	4.9	16	性话题	3	0.7	22
体育节目	79	17.8	8	其他	6	1.3	21

n=445

上海最受欢迎的十种广播节目（%）

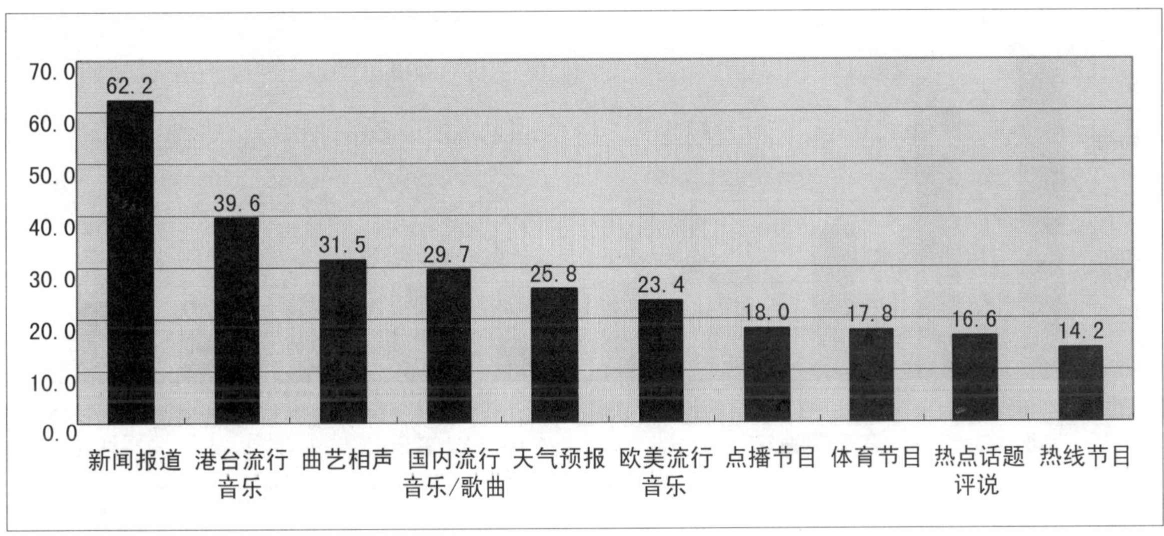

● 广州（Guangzhou）

节目	人次	百分比	排名	节目	人次	百分比	排名
新闻报道	186	45.3	2	点播节目	60	14.6	8
广播剧	43	10.5	13	热点话题评说	54	13.1	10
古典音乐欣赏	48	11.7	12	嘉宾人物访谈	33	8.0	14
国内流行音乐/歌曲	106	25.8	3	交通报道	55	13.4	9
欧美流行音乐	66	16.1	7	教育节目	15	3.6	20
港台流行音乐	212	51.6	1	天气预报	81	19.7	4
地方戏曲	21	5.1	18	热线节目	70	17.0	5
曲艺相声	49	11.9	11	有奖问答	28	6.8	16
经济信息报道	29	7.1	15	评书	23	5.6	17
少儿节目	16	3.9	19	性话题	14	3.4	21
体育节目	68	16.5	6	其他	10	2.4	22

n=411

广州最受欢迎的十种广播节目

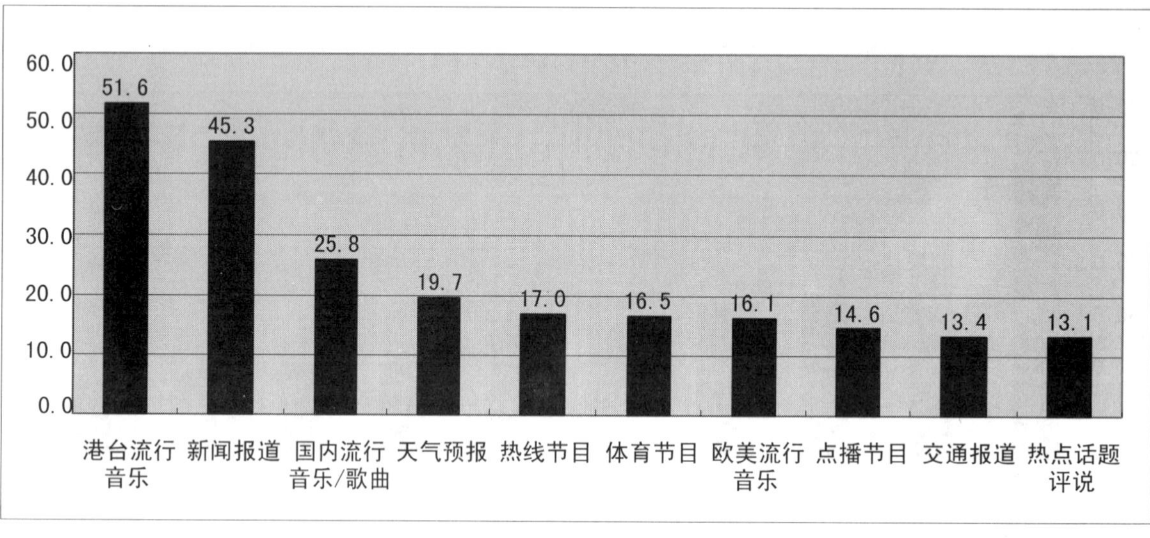

● 重庆（Chongqing）

节目	人次	百分比	排名	节目	人次	百分比	排名
新闻报道	121	43.2	1	点播节目	92	32.9	4
广播剧	8	2.9	16	热点话题评说	52	18.6	9
古典音乐欣赏	34	12.1	12	嘉宾人物访谈	27	9.6	14
国内流行音乐/歌曲	99	35.4	3	交通报道	15	5.4	15
欧美流行音乐	38	13.6	11	教育节目	5	1.8	18
港台流行音乐	105	37.5	2	天气预报	39	13.9	10
地方戏曲	2	0.7	21	热线节目	73	26.1	5
曲艺相声	61	21.8	6	有奖问答	31	11.1	13
经济信息报道	59	21.1	7	评书	2	0.7	21
少儿节目	7	2.5	17	性话题	4	1.4	19
体育节目	56	20.0	8	其他	4	1.4	19

n=280

重庆最欢迎的十种广播节目

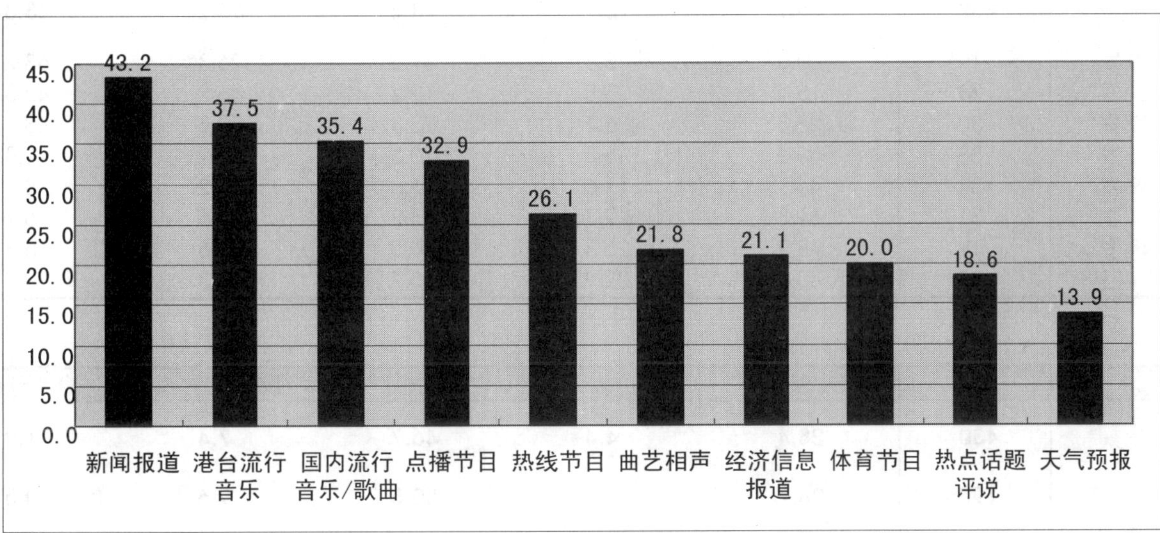

2-7 样本总体、男性各年龄层、女性各年龄层平时最喜欢收听的广播节目 / The Most Favorite Radio Programs by the Whole Sample, Age and Gender Groups

注：本题为多选题，合计百分比超过 100%（Multiple answers）

● 北京（Beijing）

	人数	新闻报道	广播剧	古典音乐欣赏	国内流行音乐/歌曲	欧美流行音乐
样本	**430**	**46.7**	**8.6**	**12.6**	**32.1**	**21.9**
男性	**198**	**47.5**	**4.5**	**11.6**	**27.3**	**20.2**
16-19 岁	17	11.8	5.9	11.8	58.8	35.3
20-24 岁	26	19.2	3.8	11.5	11.5	61.5
25-29 岁	24	25.0	4.2	16.7	29.2	16.7
30-34 岁	30	53.3	0.0	6.7	30.0	16.7
35-39 岁	29	62.1	3.4	10.3	31.0	6.9
40-44 岁	28	50.0	0.0	14.3	17.9	10.7
45-49 岁	12	83.3	0.0	33.3	25.0	33.3
50 岁以上	32	71.9	15.6	3.1	25.0	0.0
女性	**232**	**46.1**	**12.1**	**13.4**	**36.2**	**23.3**
16-19 岁	19	0.0	5.3	31.6	26.3	63.2
20-24 岁	26	15.4	3.8	19.2	46.2	42.3
25-29 岁	30	23.3	6.7	23.3	53.3	43.3
30-34 岁	38	50.0	5.3	10.5	42.1	15.8
35-39 岁	34	44.1	17.6	11.8	38.2	8.8
40-44 岁	31	61.3	9.7	3.2	35.5	16.1
45-49 岁	19	78.9	26.3	10.5	31.6	15.8
50 岁以上	35	80.0	22.9	5.7	14.3	2.9

续上表（continued）

	人数	港台流行音乐	地方戏曲	曲艺相声	经济信息报道	少儿节目
样本	**430**	**28.4**	**4.4**	**46.7**	**7.4**	**1.9**
男性	**198**	**24.7**	**4.5**	**50.5**	**9.6**	**0.5**
16-19 岁	17	58.8	5.9	47.1	5.9	0.0
20-24 岁	26	42.3	3.8	57.7	0.0	0.0
25-29 岁	24	41.7	0.0	45.8	0.0	0.0
30-34 岁	30	23.3	0.0	46.7	6.7	0.0
35-39 岁	29	13.8	6.9	55.2	10.3	3.4
40-44 岁	28	17.9	0.0	35.7	21.4	0.0
45-49 岁	12	16.7	0.0	50.0	25.0	0.0
50 岁以上	32	0.0	15.6	62.5	12.5	0.0
女性	**232**	**31.5**	**4.3**	**43.5**	**5.6**	**3.0**
16-19 岁	19	73.7	0.0	31.6	0.0	0.0
20-24 岁	26	50.0	0.0	26.9	3.8	0.0
25-29 岁	30	56.7	3.3	33.3	6.7	0.0
30-34 岁	38	15.8	2.6	36.8	10.5	2.6
35-39 岁	34	23.5	2.9	47.1	11.8	8.8
40-44 岁	31	29.0	3.2	58.1	0.0	6.5
45-49 岁	19	21.1	10.5	52.6	5.3	0.0
50 岁以上	35	5.7	11.4	57.1	2.9	2.9

续上表（continued）

	人数	体育节目	点播节目	热点话题评说	嘉宾人物访谈	交通报道	教育节目
样本	**430**	**18.6**	**17.7**	**20.7**	**8.6**	**12.3**	**6.0**
男性	**198**	**29.8**	**11.6**	**17.2**	**6.6**	**16.7**	**5.1**
16-19 岁	17	35.3	5.9	0.0	5.9	11.8	5.9
20-24 岁	26	34.6	19.2	19.2	3.8	11.5	0.0
25-29 岁	24	25.0	25.0	12.5	4.2	16.7	4.2
30-34 岁	30	26.7	3.3	20.0	6.7	10.0	6.7
35-39 岁	29	41.4	10.3	20.7	6.9	34.5	0.0
40-44 岁	28	17.9	21.4	25.0	7.1	28.6	7.1
45-49 岁	12	41.7	0.0	25.0	16.7	8.3	25.0
50 岁以上	32	25.0	3.1	12.5	6.3	6.3	3.1
女性	**232**	**9.1**	**22.8**	**23.7**	**10.3**	**8.6**	**6.9**
16-19 岁	19	5.3	31.6	10.5	10.5	0.0	5.3
20-24 岁	26	0.0	34.6	30.8	7.7	0.0	3.8
25-29 岁	30	13.3	20.0	23.3	3.3	10.0	3.3
30-34 岁	38	5.3	26.3	31.6	10.5	13.2	0.0
35-39 岁	34	11.8	26.5	23.5	11.8	17.6	11.8
40-44 岁	31	6.5	16.1	29.0	16.1	9.7	9.7
45-49 岁	19	5.3	21.1	21.1	5.3	10.5	21.1
50 岁以上	35	20.0	11.4	14.3	14.3	2.9	5.7

续上表（continued）

	人数	天气预报	热线节目	有奖问答	评书	性话题	其他
样本	**430**	**33.0**	**12.3**	**6.7**	**12.6**	**1.6**	**1.9**
男性	**198**	**32.3**	**12.1**	**5.6**	**15.2**	**3.0**	**2.0**
16-19 岁	17	17.6	5.9	5.9	29.4	5.9	0.0
20-24 岁	26	19.2	7.7	3.8	15.4	7.7	0.0
25-29 岁	24	16.7	8.3	16.7	8.3	4.2	0.0
30-34 岁	30	36.7	26.7	3.3	13.3	3.3	3.3
35-39 岁	29	44.8	17.2	3.4	10.3	0.0	3.4
40-44 岁	28	32.1	7.1	10.7	21.4	0.0	0.0
45-49 岁	12	25.0	0.0	0.0	25.0	0.0	0.0
50 岁以上	32	50.0	12.5	0.0	9.4	3.1	6.3
女性	**232**	**33.6**	**12.5**	**7.8**	**10.3**	**0.4**	**1.7**
16-19 岁	19	10.5	10.5	21.1	5.3	0.0	0.0
20-24 岁	26	15.4	26.9	11.5	7.7	3.8	3.8
25-29 岁	30	26.7	10.0	6.7	3.3	0.0	0.0
30-34 岁	38	31.6	26.3	7.9	7.9	0.0	0.0
35-39 岁	34	38.2	11.8	5.9	17.6	0.0	0.0
40-44 岁	31	41.9	3.2	6.5	12.9	0.0	3.2
45-49 岁	19	26.3	5.3	0.0	5.3	0.0	0.0
50 岁以上	35	60.0	2.9	5.7	17.1	0.0	5.7

●上海（Shanghai）

	人数	新闻报道	广播剧	古典音乐欣赏	国内流行音乐/歌曲	欧美流行音乐
样本	**445**	**62.2**	**10.6**	**8.3**	**29.7**	**23.4**
男性	**223**	**68.2**	**7.2**	**9.4**	**27.4**	**22.4**
16-19 岁	18	38.9	0.0	5.6	33.3	38.9
20-24 岁	25	48.0	12.0	8.0	24.0	20.0
25-29 岁	27	63.0	7.4	3.7	37.0	48.1
30-34 岁	41	68.3	14.6	14.6	24.4	22.0
35-39 岁	38	78.9	2.6	0.0	34.2	7.9
40-44 岁	17	88.2	5.9	23.5	29.4	11.8
45-49 岁	23	73.9	4.3	8.7	21.7	26.1
50 岁以上	34	76.5	5.9	14.7	17.6	14.7
女性	**222**	**56.3**	**14.0**	**7.2**	**32.0**	**24.3**
16-19 岁	21	23.8	9.5	23.8	47.6	66.7
20-24 岁	27	22.2	3.7	11.1	25.9	48.1
25-29 岁	24	54.2	12.5	4.2	45.8	33.3
30-34 岁	38	63.2	18.4	5.3	23.7	15.8
35-39 岁	36	63.9	13.9	5.6	41.7	11.1
40-44 岁	21	52.4	14.3	4.8	33.3	23.8
45-49 岁	14	57.1	14.3	7.1	28.6	0.0
50 岁以上	41	85.4	19.5	2.4	19.5	9.8

续上表（continued）

	人数	港台流行音乐	地方戏曲	曲艺相声	经济信息报道	少儿节目
样本	**445**	**39.6**	**7.2**	**31.5**	**13.9**	**4.9**
男性	**223**	**32.7**	**8.1**	**30.9**	**16.1**	**3.1**
16-19 岁	18	55.6	5.6	44.4	0.0	0.0
20-24 岁	25	48.0	0.0	32.0	4.0	8.0
25-29 岁	27	59.3	0.0	3.7	7.4	0.0
30-34 岁	41	34.1	12.2	24.4	9.8	0.0
35-39 岁	38	21.1	2.6	39.5	26.3	7.9
40-44 岁	17	11.8	0.0	35.3	35.3	5.9
45-49 岁	23	26.1	17.4	34.8	30.4	0.0
50 岁以上	34	14.7	20.6	38.2	17.6	2.9
女性	**222**	**46.4**	**6.3**	**32.0**	**11.7**	**6.8**
16-19 岁	21	85.7	4.8	33.3	0.0	9.5
20-24 岁	27	66.7	0.0	11.1	11.1	3.7
25-29 岁	24	70.8	8.3	33.3	0.0	0.0
30-34 岁	38	44.7	2.6	36.8	13.2	13.2
35-39 岁	36	41.7	5.6	30.6	13.9	11.1
40-44 岁	21	47.6	9.5	33.3	23.8	4.8
45-49 岁	14	28.6	7.1	35.7	14.3	7.1
50 岁以上	41	9.8	12.2	39.0	14.6	2.4

续上表（continued）

	人数	体育节目	点播节目	热点话题评说	嘉宾人物访谈	交通报道	教育节目
样本	**445**	**17.8**	**18.0**	**16.6**	**8.5**	**2.0**	**4.5**
男性	**223**	**26.9**	**11.7**	**18.4**	**8.1**	**3.6**	**5.8**
16-19 岁	18	55.6	16.7	5.6	0.0	11.1	5.6
20-24 岁	25	24.0	16.0	24.0	16.0	0.0	12.0
25-29 岁	27	33.3	11.1	22.2	7.4	3.7	3.7
30-34 岁	41	26.8	14.6	17.1	4.9	0.0	0.0
35-39 岁	38	26.3	5.3	13.2	7.9	10.5	5.3
40-44 岁	17	29.4	5.9	17.6	17.6	5.9	11.8
45-49 岁	23	21.7	17.4	26.1	8.7	0.0	4.3
50 岁以上	34	11.8	8.8	20.6	5.9	0.0	8.8
女性	**222**	**8.6**	**24.3**	**14.9**	**9.0**	**0.5**	**3.2**
16-19 岁	21	9.5	19.0	9.5	23.8	0.0	4.8
20-24 岁	27	0.0	33.3	25.9	0.0	0.0	0.0
25-29 岁	24	20.8	33.3	16.7	4.2	0.0	0.0
30-34 岁	38	10.5	28.9	13.2	7.9	0.0	5.3
35-39 岁	36	5.6	22.2	13.9	11.1	0.0	0.0
40-44 岁	21	4.8	28.6	9.5	19.0	4.8	4.8
45-49 岁	14	14.3	21.4	21.4	7.1	0.0	14.3
50 岁以上	41	7.3	12.2	12.2	4.9	0.0	2.4

续上表（continued）

	人数	天气预报	热线节目	有奖问答	评书	性话题	其他
样本	**445**	**25.8**	**14.2**	**4.9**	**4.3**	**0.7**	**1.3**
男性	**223**	**23.3**	**12.6**	**3.6**	**5.8**	**0.9**	**0.9**
16-19 岁	18	5.6	0.0	11.1	22.2	0.0	5.6
20-24 岁	25	20.0	4.0	4.0	8.0	0.0	4.0
25-29 岁	27	7.4	18.5	14.8	3.7	3.7	0.0
30-34 岁	41	14.6	7.3	0.0	2.4	0.0	0.0
35-39 岁	38	31.6	21.1	0.0	2.6	0.0	0.0
40-44 岁	17	29.4	11.8	0.0	5.9	5.9	0.0
45-49 岁	23	34.8	21.7	4.3	4.3	0.0	0.0
50 岁以上	34	38.2	11.8	0.0	5.9	0.0	0.0
女性	**222**	**28.4**	**15.8**	**6.3**	**2.7**	**0.5**	**1.8**
16-19 岁	21	4.8	14.3	14.3	4.8	0.0	0.0
20-24 岁	27	3.7	14.8	3.7	0.0	0.0	3.7
25-29 岁	24	16.7	12.5	4.2	12.5	4.2	0.0
30-34 岁	38	34.2	23.7	7.9	0.0	0.0	0.0
35-39 岁	36	36.1	25.0	11.1	0.0	0.0	0.0
40-44 岁	21	28.6	9.5	4.8	0.0	0.0	0.0
45-49 岁	14	57.1	7.1	7.1	0.0	0.0	0.0
50 岁以上	41	41.5	9.8	0.0	4.9	0.0	7.3

● 广州（Guangzhou）

	人数	新闻报道	广播剧	古典音乐欣赏	国内流行音乐/歌曲	欧美流行音乐
样本	**411**	**45.3**	**10.5**	**11.7**	**25.8**	**16.1**
男性	**186**	**52.2**	**11.8**	**9.7**	**30.1**	**15.6**
16-19 岁	22	13.6	9.1	4.5	13.6	31.8
20-24 岁	28	32.1	10.7	3.6	32.1	35.7
25-29 岁	20	65.0	10.0	20.0	40.0	20.0
30-34 岁	20	50.0	5.0	5.0	25.0	5.0
35-39 岁	27	63.0	11.1	11.1	25.9	7.4
40-44 岁	21	57.1	9.5	9.5	57.1	14.3
45-49 岁	18	61.1	11.1	5.6	27.8	0.0
50 岁以上	30	73.3	23.3	16.7	23.3	6.7
女性	**225**	**39.6**	**9.3**	**13.3**	**22.2**	**16.4**
16-19 岁	38	2.6	13.2	7.9	23.7	21.1
20-24 岁	40	32.5	10.0	15.0	22.5	27.5
25-29 岁	48	52.1	4.2	22.9	22.9	14.6
30-34 岁	23	43.5	8.7	4.3	17.4	17.4
35-39 岁	21	42.9	9.5	19.0	28.6	4.8
40-44 岁	20	40.0	15.0	5.0	15.0	10.0
45-49 岁	11	90.9	0.0	0.0	18.2	0.0
50 岁以上	24	54.2	12.5	16.7	25.0	16.7

续上表（continued）

	人数	港台流行音乐	地方戏曲	曲艺相声	经济信息报道	少儿节目
样本	**411**	**51.6**	**5.1**	**11.9**	**7.1**	**3.9**
男性	**186**	**47.8**	**5.9**	**12.9**	**10.2**	**2.7**
16-19 岁	22	81.8	0.0	9.1	4.5	4.5
20-24 岁	28	67.9	0.0	7.1	0.0	0.0
25-29 岁	20	65.0	5.0	10.0	10.0	0.0
30-34 岁	20	35.0	0.0	15.0	10.0	0.0
35-39 岁	27	33.3	3.7	11.1	18.5	3.7
40-44 岁	21	42.9	9.5	9.5	14.3	4.8
45-49 岁	18	44.4	16.7	16.7	22.2	11.1
50 岁以上	30	20.0	13.3	23.3	6.7	0.0
女性	**225**	**54.7**	**4.4**	**11.1**	**4.4**	**4.9**
16-19 岁	38	86.8	2.6	2.6	0.0	2.6
20-24 岁	40	72.5	0.0	12.5	5.0	5.0
25-29 岁	48	58.3	0.0	6.3	2.1	6.3
30-34 岁	23	47.8	0.0	13.0	4.3	8.7
35-39 岁	21	38.1	4.8	4.8	14.3	4.8
40-44 岁	20	40.0	5.0	15.0	5.0	5.0
45-49 岁	11	9.1	0.0	27.3	9.1	0.0
50 岁以上	24	20.8	29.2	25.0	4.2	4.2

续上表（continued）

	人数	体育节目	点播节目	热点话题评说	嘉宾人物访谈	交通报道	教育节目
样本	**411**	**16.5**	**14.6**	**13.1**	**8.0**	**13.4**	**3.6**
男性	**186**	**25.8**	**7.5**	**13.4**	**4.8**	**14.5**	**1.6**
16-19 岁	22	36.4	9.1	9.1	9.1	13.6	4.5
20-24 岁	28	14.3	0.0	7.1	10.7	7.1	0.0
25-29 岁	20	15.0	15.0	15.0	0.0	20.0	0.0
30-34 岁	20	30.0	25.0	20.0	15.0	35.0	0.0
35-39 岁	27	40.7	7.4	11.1	0.0	29.6	0.0
40-44 岁	21	28.6	9.5	19.0	0.0	9.5	0.0
45-49 岁	18	22.2	0.0	16.7	0.0	0.0	5.6
50 岁以上	30	20.0	0.0	13.3	3.3	3.3	3.3
女性	**225**	**8.9**	**20.4**	**12.9**	**10.7**	**12.4**	**5.3**
16-19 岁	38	7.9	36.8	15.8	31.6	2.6	0.0
20-24 岁	40	10.0	22.5	5.0	2.5	7.5	2.5
25-29 岁	48	6.3	16.7	16.7	10.4	12.5	6.3
30-34 岁	23	4.3	26.1	8.7	8.7	26.1	8.7
35-39 岁	21	9.5	9.5	4.8	14.3	19.0	14.3
40-44 岁	20	25.0	30.0	15.0	5.0	20.0	5.0
45-49 岁	11	0.0	0.0	36.4	0.0	18.2	9.1
50 岁以上	24	8.3	4.2	12.5	0.0	8.3	4.2

续上表 （continued）

	人数	天气预报	热线节目	有奖问答	评书	性话题	其他
样本	**411**	**19.7**	**17.0**	**6.8**	**5.6**	**3.4**	**2.4**
男性	**186**	**19.4**	**13.4**	**3.8**	**4.3**	**3.8**	**3.8**
16-19 岁	22	4.5	27.3	9.1	0.0	4.5	18.2
20-24 岁	28	14.3	14.3	7.1	3.6	3.6	3.6
25-29 岁	20	20.0	5.0	10.0	0.0	5.0	0.0
30-34 岁	20	15.0	30.0	0.0	0.0	10.0	0.0
35-39 岁	27	18.5	7.4	0.0	3.7	3.7	0.0
40-44 岁	21	23.8	4.8	0.0	9.5	0.0	0.0
45-49 岁	18	22.2	0.0	5.6	5.6	5.6	5.6
50 岁以上	30	33.3	16.7	0.0	10.0	0.0	3.3
女性	**225**	**20.0**	**20.0**	**9.3**	**6.7**	**3.1**	**1.3**
16-19 岁	38	5.3	39.5	7.9	2.6	0.0	0.0
20-24 岁	40	15.0	25.0	15.0	5.0	2.5	0.0
25-29 岁	48	22.9	6.3	10.4	8.3	4.2	4.2
30-34 岁	23	17.4	26.1	8.7	13.0	13.0	4.3
35-39 岁	21	28.6	9.5	4.8	9.5	4.8	0.0
40-44 岁	20	20.0	25.0	15.0	0.0	0.0	0.0
45-49 岁	11	63.6	18.2	9.1	0.0	0.0	0.0
50 岁以上	24	20.8	8.3	0.0	12.5	0.0	0.0

● 重庆（Chongqing）

	人数	新闻报道	广播剧	古典音乐欣赏	国内流行音乐/歌曲	欧美流行音乐
样本	**280**	**43.2**	**2.9**	**12.1**	**35.4**	**13.6**
男性	**139**	**51.1**	**2.2**	**10.1**	**36.0**	**12.2**
16-19 岁	22	22.7	0.0	4.5	36.4	18.2
20-24 岁	26	26.9	0.0	7.7	65.4	19.2
25-29 岁	17	64.7	0.0	17.6	47.1	17.6
30-34 岁	16	50.0	0.0	6.3	37.5	0.0
35-39 岁	14	50.0	7.1	14.3	35.7	14.3
40-44 岁	11	45.5	0.0	9.1	18.2	0.0
45-49 岁	14	85.7	7.1	7.1	14.3	14.3
50 岁以上	19	84.2	5.3	15.8	10.5	5.3
女性	**141**	**35.5**	**3.5**	**14.2**	**34.8**	**14.9**
16-19 岁	32	15.6	0.0	25.0	34.4	31.3
20-24 岁	36	27.8	0.0	13.9	38.9	16.7
25-29 岁	13	23.1	0.0	15.4	30.8	7.7
30-34 岁	14	42.9	0.0	0.0	35.7	7.1
35-39 岁	13	38.5	0.0	15.4	38.5	15.4
40-44 岁	7	71.4	14.3	14.3	14.3	14.3
45-49 岁	13	38.5	23.1	7.7	38.5	0.0
50 岁以上	13	84.6	7.7	7.7	30.8	0.0

续上表（continued）

	人数	港台流行音乐	地方戏曲	曲艺相声	经济信息报道	少儿节目
样本	**280**	**37.5**	**0.7**	**21.8**	**21.1**	**2.5**
男性	**139**	**29.5**	**0.7**	**25.2**	**23.7**	**1.4**
16-19 岁	22	68.2	0.0	18.2	4.5	0.0
20-24 岁	26	46.2	0.0	23.1	19.2	0.0
25-29 岁	17	47.1	0.0	23.5	11.8	5.9
30-34 岁	16	12.5	0.0	25.0	43.8	6.3
35-39 岁	14	7.1	0.0	42.9	21.4	0.0
40-44 岁	11	18.2	0.0	18.2	27.3	0.0
45-49 岁	14	7.1	0.0	28.6	50.0	0.0
50 岁以上	19	0.0	5.3	26.3	26.3	0.0
女性	**141**	**45.4**	**0.7**	**18.4**	**18.4**	**3.5**
16-19 岁	32	71.9	0.0	15.6	3.1	6.3
20-24 岁	36	61.1	0.0	16.7	2.8	0.0
25-29 岁	13	61.5	0.0	15.4	23.1	15.4
30-34 岁	14	35.7	0.0	35.7	7.1	7.1
35-39 岁	13	15.4	0.0	0.0	46.2	0.0
40-44 岁	7	14.3	0.0	14.3	42.9	0.0
45-49 岁	13	15.4	0.0	15.4	53.8	0.0
50 岁以上	13	7.7	7.7	38.5	30.8	0.0

续上表（continued）

	人数	体育节目	点播节目	热点话题评说	嘉宾人物访谈	交通报道	教育节目
样本	**280**	**20.0**	**32.9**	**18.6**	**9.6**	**5.4**	**1.8**
男性	**139**	**28.8**	**28.8**	**17.3**	**7.9**	**7.9**	**2.2**
16-19 岁	22	22.7	40.9	9.1	18.2	4.5	0.0
20-24 岁	26	34.6	11.5	26.9	3.8	19.2	0.0
25-29 岁	17	11.8	47.1	17.6	5.9	0.0	0.0
30-34 岁	16	43.8	25.0	12.5	12.5	6.3	0.0
35-39 岁	14	28.6	50.0	14.3	0.0	14.3	0.0
40-44 岁	11	27.3	45.5	18.2	18.2	0.0	9.1
45-49 岁	14	28.6	7.1	21.4	7.1	14.3	0.0
50 岁以上	19	31.6	15.8	15.8	0.0	0.0	10.5
女性	**141**	**11.3**	**36.9**	**19.9**	**11.3**	**2.8**	**1.4**
16-19 岁	32	15.6	40.6	21.9	21.9	0.0	0.0
20-24 岁	36	8.3	36.1	30.6	5.6	5.6	0.0
25-29 岁	13	7.7	46.2	30.8	7.7	0.0	0.0
30-34 岁	14	0.0	57.1	7.1	0.0	0.0	7.1
35-39 岁	13	0.0	38.5	15.4	7.7	0.0	0.0
40-44 岁	7	57.1	0.0	0.0	28.6	0.0	0.0
45-49 岁	13	0.0	30.8	7.7	7.7	7.7	7.7
50 岁以上	13	23.1	23.1	15.4	15.4	7.7	0.0

续上表（continued）

	人数	天气预报	热线节目	有奖问答	评书	性话题	其他
样本	**280**	**13.9**	**26.1**	**11.1**	**0.7**	**1.4**	**1.4**
男性	**139**	**15.8**	**25.9**	**10.1**	**0.7**	**1.4**	**0.7**
16-19 岁	22	4.5	31.8	9.1	4.5	0.0	4.5
20-24 岁	26	3.8	26.9	19.2	0.0	0.0	0.0
25-29 岁	17	17.6	35.3	17.6	0.0	0.0	0.0
30-34 岁	16	25.0	25.0	0.0	0.0	0.0	0.0
35-39 岁	14	7.1	14.3	7.1	0.0	0.0	0.0
40-44 岁	11	18.2	45.5	18.2	0.0	0.0	0.0
45-49 岁	14	7.1	28.6	7.1	0.0	0.0	0.0
50 岁以上	19	47.4	5.3	0.0	0.0	10.5	0.0
女性	**141**	**12.1**	**26.2**	**12.1**	**0.7**	**1.4**	**2.1**
16-19 岁	32	0.0	43.8	28.1	0.0	0.0	3.1
20-24 岁	36	5.6	33.3	11.1	2.8	5.6	0.0
25-29 岁	13	0.0	23.1	7.7	0.0	0.0	0.0
30-34 岁	14	14.3	28.6	14.3	0.0	0.0	0.0
35-39 岁	13	15.4	7.7	0.0	0.0	0.0	0.0
40-44 岁	7	14.3	14.3	14.3	0.0	0.0	0.0
45-49 岁	13	7.7	7.7	0.0	0.0	0.0	7.7
50 岁以上	13	69.2	7.7	0.0	0.0	0.0	7.7

2-8 不同学历的人收听广播节目的偏好 / Program Preference by Educational Levels

注：本题为多选题，合计百分比超过 100%（Multiple answers）

● 北京（Beijing）

	人数	新闻报道	广播剧	古典音乐欣赏	国内流行音乐/歌曲	欧美流行音乐
样本	**430**	**46.7**	**8.6**	**12.6**	**32.1**	**21.9**
小学及以下	6	100.0	0.0	0.0	16.7	0.0
初中	80	51.3	11.3	5.0	25.0	10.0
高中/中专/技校	190	41.1	7.4	12.6	32.6	21.1
大学专科	70	50.0	10.0	18.6	30.0	25.7
大学本科及以上	84	48.8	8.3	15.5	40.5	33.3

续上表（continued）

	人数	港台流行音乐	地方戏曲	曲艺相声	经济信息报道	少儿节目
样本	**430**	**28.4**	**4.4**	**46.7**	**7.4**	**1.9**
小学及以下	6	0.0	33.3	33.3	0.0	0.0
初中	80	28.8	5.0	60.0	3.8	1.3
高中/中专/技校	190	34.7	5.3	50.0	7.4	2.1
大学专科	70	21.4	0.0	35.7	12.9	1.4
大学本科及以上	84	21.4	3.6	36.9	7.1	2.4

续上表（continued）

	人数	体育节目	点播节目	热点话题评说	嘉宾人物访谈	交通报道	教育节目
样本	**430**	**18.6**	**17.7**	**20.7**	**8.6**	**12.3**	**6.0**
小学及以下	6	16.7	0.0	16.7	33.3	16.7	0.0
初中	80	20.0	17.5	17.5	8.8	13.8	5.0
高中/中专/技校	190	19.5	22.1	17.4	7.9	15.8	4.2
大学专科	70	14.3	14.3	24.3	8.6	7.1	12.9
大学本科及以上	84	19.0	11.9	28.6	8.3	7.1	6.0

续上表（continued）

	人数	天气预报	热线节目	有奖问答	评书	性话题	其他
样本	**430**	**33.0**	**12.3**	**6.7**	**12.6**	**1.6**	**1.9**
小学及以下	6	33.3	16.7	0.0	16.7	0.0	0.0
初中	80	41.3	11.3	8.8	20.0	0.0	2.5
高中/中专/技校	190	32.1	11.6	8.9	14.2	3.2	0.5
大学专科	70	35.7	15.7	2.9	4.3	1.4	1.4
大学本科及以上	84	25.0	11.9	3.6	8.3	0.0	4.8

● 上海（Shanghai）

	人数	新闻报道	广播剧	古典音乐欣赏	国内流行音乐/歌曲	欧美流行音乐
样本	**445**	**62.2**	**10.6**	**8.3**	**29.7**	**23.4**
小学及以下	4	100.0	0.0	0.0	100.0	0.0
初中	106	62.3	13.2	3.8	30.2	18.9
高中/中专/技校	234	61.1	10.3	7.7	27.8	23.5
大学专科	58	56.9	5.2	13.8	34.5	34.5
大学本科及以上	43	72.1	14.0	16.3	25.6	20.9

续上表（continued）

	人数	港台流行音乐	地方戏曲	曲艺相声	经济信息报道	少儿节目
样本	**445**	**39.6**	**7.2**	**31.5**	**13.9**	**4.9**
小学及以下	4	25.0	25.0	25.0	25.0	0.0
初中	106	35.8	5.7	36.8	12.3	2.8
高中/中专/技校	234	43.6	8.1	32.1	12.8	7.3
大学专科	58	41.4	5.2	22.4	15.5	1.7
大学本科及以上	43	25.6	7.0	27.9	20.9	2.3

续上表（continued）

	人数	体育节目	点播节目	热点话题评说	嘉宾人物访谈	交通报道	教育节目
样本	**445**	**17.8**	**18.0**	**16.6**	**8.5**	**2.0**	**4.5**
小学及以下	4	25.0	25.0	0.0	0.0	0.0	0.0
初中	106	19.8	19.8	13.2	8.5	3.8	2.8
高中/中专/技校	234	18.4	16.7	16.7	9.4	2.1	4.7
大学专科	58	17.2	20.7	17.2	3.4	0.0	3.4
大学本科及以上	43	9.3	16.3	25.6	11.6	0.0	9.3

续上表（continued）

	人数	天气预报	热线节目	有奖问答	评书	性话题	其他
样本	**445**	**25.8**	**14.2**	**4.9**	**4.3**	**0.7**	**1.3**
小学及以下	4	25.0	25.0	0.0	0.0	0.0	0.0
初中	106	29.2	10.4	8.5	3.8	1.9	1.9
高中/中专/技校	234	23.9	18.4	4.3	4.7	0.0	0.9
大学专科	58	25.9	10.3	1.7	5.2	0.0	3.4
大学本科及以上	43	27.9	4.7	4.7	2.3	2.3	0.0

● 广州（Guangzhou）

	人数	新闻报道	广播剧	古典音乐欣赏	国内流行音乐/歌曲	欧美流行音乐
样本	**409**	**45.0**	**10.5**	**11.7**	**25.7**	**16.1**
小学及以下	21	52.4	19.0	0.0	19.0	4.8
初中	115	41.7	12.2	7.0	21.7	12.2
高中/中专/技校	204	44.6	11.8	11.8	23.0	13.7
大学专科	35	42.9	0.0	17.1	45.7	25.7
大学本科及以上	34	55.9	2.9	29.4	38.2	41.2

续上表（continued）

	人数	港台流行音乐	地方戏曲	曲艺相声	经济信息报道	少儿节目
样本	**409**	**51.6**	**5.1**	**12.0**	**6.8**	**3.9**
小学及以下	21	23.8	19.0	4.8	0.0	4.8
初中	115	52.2	6.1	13.9	7.0	4.3
高中/中专/技校	204	54.4	4.4	12.3	7.4	3.9
大学专科	35	57.1	0.0	8.6	11.4	5.7
大学本科及以上	34	44.1	2.9	11.8	2.9	0.0

续上表（continued）

	人数	体育节目	点播节目	热点话题评说	嘉宾人物访谈	交通报道	教育节目
样本	**409**	**16.6**	**14.7**	**13.0**	**8.1**	**13.4**	**3.7**
小学及以下	21	0.0	4.8	14.3	0.0	4.8	0.0
初中	115	18.3	21.7	11.3	7.8	18.3	6.1
高中/中专/技校	204	15.7	14.2	14.2	9.8	13.2	3.4
大学专科	35	17.1	5.7	8.6	2.9	17.1	0.0
大学本科及以上	34	26.5	8.8	14.7	8.8	0.0	2.9

续上表（continued）

	人数	天气预报	热线节目	有奖问答	评书	性话题	其他
样本	**409**	**19.8**	**17.1**	**6.8**	**5.6**	**3.4**	**2.4**
小学及以下	21	28.6	4.8	9.5	23.8	0.0	0.0
初中	115	20.0	20.0	5.2	4.3	4.3	3.5
高中/中专/技校	204	21.6	19.6	8.3	5.4	3.4	1.5
大学专科	35	8.6	11.4	5.7	2.9	2.9	5.7
大学本科及以上	34	14.7	5.9	2.9	2.9	2.9	2.9

● 重庆（Chongqing）

	人数	新闻报道	广播剧	古典音乐欣赏	国内流行音乐/歌曲	欧美流行音乐
样本	**280**	**43.2**	**2.9**	**12.1**	**35.4**	**13.6**
小学及以下	6	83.3	0.0	0.0	0.0	0.0
初中	67	46.3	3.0	13.4	32.8	9.0
高中/中专/技校	142	39.4	3.5	9.9	38.7	14.1
大学专科	45	42.2	2.2	22.2	31.1	15.6
大学本科及以上	20	50.0	0.0	5.0	40.0	25.0

续上表（continued）

	人数	港台流行音乐	地方戏曲	曲艺相声	经济信息报道	少儿节目
样本	**280**	**37.5**	**0.7**	**21.8**	**21.1**	**2.5**
小学及以下	6	0.0	16.7	0.0	0.0	0.0
初中	67	40.3	1.5	19.4	22.4	1.5
高中/中专/技校	142	38.0	0.0	24.6	18.3	3.5
大学专科	45	40.0	0.0	20.0	31.1	2.2
大学本科及以上	20	30.0	0.0	20.0	20.0	0.0

续上表（continued）

	人数	体育节目	点播节目	热点话题评说	嘉宾人物访谈	交通报道	教育节目
样本	**280**	**20.0**	**32.9**	**18.6**	**9.6**	**5.4**	**1.8**
小学及以下	6	0.0	33.3	0.0	0.0	0.0	0.0
初中	67	16.4	34.3	14.9	11.9	7.5	0.0
高中/中专/技校	142	21.1	36.6	16.2	9.9	6.3	2.1
大学专科	45	22.2	20.0	31.1	11.1	0.0	4.4
大学本科及以上	20	25.0	30.0	25.0	0.0	5.0	0.0

续上表（continued）

	人数	天气预报	热线节目	有奖问答	评书	性话题	其他
样本	**280**	**13.9**	**26.1**	**11.1**	**0.7**	**1.4**	**1.4**
小学及以下	6	50.0	16.7	0.0	0.0	0.0	0.0
初中	67	10.4	26.9	14.9	1.5	0.0	0.0
高中/中专/技校	142	14.8	24.6	10.6	0.0	0.7	1.4
大学专科	45	11.1	31.1	11.1	2.2	6.7	2.2
大学本科及以上	20	15.0	25.0	5.0	0.0	0.0	5.0

2-9 关于北京消费群 / Radio Listening of the Beijing Consumers

2-9-1 不同消费群平时是否接触广播媒介 / Radio Listening by Market Segments

	人数	从来不听	偶尔听	经常听
样本	**594**	**28.6**	**40.7**	**30.6**
第一消费群	135	25.9	45.9	28.1
第二消费群	94	27.7	40.4	31.9
第三消费群	110	36.4	36.4	27.3
第四消费群	5	20.0	40.0	40.0
第五消费群	130	30.0	46.2	23.8
第六消费群	120	24.2	33.3	42.5

2-9-2 不同消费群平时收听广播时段的选择 / Weekday Time Slot Selection by Market Segments

注：本题为多选题，合计百分比超过 100%（Multiple answers）

	人数	0:00 ~ 2:00	2:00 ~ 6:00	6:00 ~ 8:00	8:00 ~ 10:00	10:00 ~ 12:00	12:00 ~ 14:00
样本	**401**	**1.5**	**1.2**	**33.9**	**13.2**	**14.0**	**27.7**
第一消费群	95	2.1	0.0	47.4	9.5	11.6	24.2
第二消费群	60	0.0	1.7	28.3	18.3	13.3	16.7
第三消费群	68	0.0	1.5	35.3	16.2	11.8	29.4
第四消费群	4	0.0	0.0	25.0	0.0	0.0	50.0
第五消费群	85	2.4	1.2	16.5	11.8	14.1	35.3
第六消费群	89	2.2	2.2	39.3	13.5	19.1	29.2

续上表（continued）

	人数	14:00 ~ 16:00	16:00 ~ 18:00	18:00 ~ 20:00	20:00 ~ 22:00	22:00 ~ 24:00
样本	**401**	**5.2**	**12.0**	**19.5**	**16.7**	**10.5**
第一消费群	95	1.1	8.4	9.5	13.7	8.4
第二消费群	60	3.3	15.0	16.7	15.0	11.7
第三消费群	68	7.4	10.3	25.0	19.1	11.8
第四消费群	4	0.0	50.0	25.0	25.0	0.0
第五消费群	85	9.4	16.5	24.7	22.4	14.1
第六消费群	89	5.6	9.0	22.5	13.5	7.9

2-9-3 不同消费群周末收听广播时段的选择 / Weekend Time Slot Selection by Market Segments

注：本题为多选题，合计百分比超过 100%（Multiple answers）

	人数	0:00～2:00	2:00～6:00	6:00～8:00	8:00～10:00	10:00～12:00	12:00～14:00
样本	**337**	**2.4**	**1.8**	**22.0**	**21.4**	**16.3**	**30.3**
第一消费群	75	2.7	0.0	22.7	20.0	22.7	26.7
第二消费群	53	0.0	1.9	22.6	34.0	17.0	22.6
第三消费群	63	3.2	3.2	23.8	20.6	6.3	33.3
第四消费群	2	0.0	0.0	0.0	0.0	50.0	50.0
第五消费群	67	6.0	0.0	11.9	17.9	16.4	38.8
第六消费群	77	0.0	3.9	28.6	18.2	16.9	28.6

续上表（continued）

	人数	14:00～16:00	16:00～18:00	18:00～20:00	20:00～22:00	22:00～24:00
样本	**337**	**6.8**	**11.9**	**19.9**	**21.1**	**14.5**
第一消费群	75	5.3	13.3	13.3	16.0	8.0
第二消费群	53	5.7	7.5	17.0	20.8	20.8
第三消费群	63	11.1	14.3	27.0	25.4	19.0
第四消费群	2	50.0	0.0	0.0	0.0	0.0
第五消费群	67	7.5	13.4	22.4	25.4	22.4
第六消费群	77	3.9	10.4	20.8	19.5	6.5

2-9-4 不同消费群收听广播电台的偏好 / Channel Preference by Market Segments

注：本题为多选题，合计百分比超过 100%（Multiple answers）

	人数	中央人民广播电台	北京音乐台	北京交通台	中国国际广播电台
样本	**428**	**34.6**	**62.9**	**29.2**	**14.3**
第一消费群	101	40.6	56.4	28.7	11.9
第二消费群	68	20.6	79.4	30.9	23.5
第三消费群	72	41.7	56.9	37.5	4.2
第四消费群	4	0.0	75.0	0.0	25.0
第五消费群	92	14.1	78.3	23.9	26.1
第六消费群	91	54.9	46.2	28.6	5.5

续上表（continued）

	人数	北京经济台	北京新闻台	北京文艺台	其他
样本	**428**	**13.1**	**19.6**	**30.1**	**1.4**
第一消费群	101	13.9	20.8	21.8	2.0
第二消费群	68	20.6	5.9	19.1	1.5
第三消费群	72	8.3	27.8	33.3	1.4
第四消费群	4	50.0	0.0	25.0	0.0
第五消费群	92	10.9	5.4	43.5	2.2
第六消费群	91	11.0	37.4	31.9	0.0

2-9-5 不同消费群收听广播节目的偏好 / Program Preference by Market Segments

注：本题为多选题，合计百分比超过 100%（ Multiple answers ）

	人数	新闻报道	广播剧	古典音乐欣赏	国内流行音乐/歌曲	欧美流行音乐
样本	**430**	**46.7**	**8.6**	**12.6**	**32.1**	**21.9**
第一消费群	102	60.8	6.9	10.8	31.4	13.7
第二消费群	68	32.4	2.9	19.1	36.8	36.8
第三消费群	72	47.2	11.1	6.9	31.9	5.6
第四消费群	4	25.0	0.0	25.0	75.0	75.0
第五消费群	92	14.1	5.4	20.7	37.0	47.8
第六消费群	92	75.0	16.3	5.4	22.8	4.3

续上表（ continued ）

	人数	港台流行音乐	地方戏曲	曲艺相声	经济信息报道	少儿节目
样本	**430**	**28.4**	**4.4**	**46.7**	**7.4**	**1.9**
第一消费群	102	19.6	1.0	38.2	12.7	4.9
第二消费群	68	32.4	0.0	39.7	5.9	0.0
第三消费群	72	20.8	8.3	62.5	5.6	2.8
第四消费群	4	25.0	0.0	25.0	25.0	0.0
第五消费群	92	56.5	3.3	38.0	4.3	0.0
第六消费群	92	13.0	9.8	58.7	6.5	1.1

续上表（continued）

	人数	体育节目	点播节目	热点话题评说	嘉宾人物访谈	交通报道	教育节目
样本	**430**	**18.6**	**17.7**	**20.7**	**8.6**	**12.3**	**6.0**
第一消费群	102	15.7	19.6	30.4	7.8	12.7	7.8
第二消费群	68	20.6	20.6	25.0	7.4	11.8	7.4
第三消费群	72	19.4	16.7	20.8	11.1	15.3	5.6
第四消费群	4	0.0	0.0	50.0	25.0	0.0	0.0
第五消费群	92	18.5	23.9	14.1	5.4	6.5	3.3
第六消费群	92	20.7	8.7	12.0	10.9	16.3	6.5

续上表（continued）

	人数	天气预报	热线节目	有奖问答	评书	性话题	其他
样本	**430**	**33.0**	**12.3**	**6.7**	**12.6**	**1.6**	**1.9**
第一消费群	102	33.3	16.7	5.9	7.8	1.0	2.0
第二消费群	68	16.2	17.6	5.9	5.9	0.0	2.9
第三消费群	72	41.7	8.3	6.9	23.6	2.8	1.4
第四消费群	4	0.0	0.0	0.0	0.0	0.0	0.0
第五消费群	92	18.5	10.9	10.9	12.0	3.3	1.1
第六消费群	92	54.3	8.7	4.3	15.2	1.1	2.2

注：北京消费群的代表特征 / Characteristics of the Beijing Market Segments

		第一消费群	第二消费群	第三消费群	第四消费群	第五消费群	第六消费群
基本情况	性别	女	男	无明显偏向	男	无明显偏向	女
	年龄	30 — 34 岁	25 — 29 岁	35 — 44 岁	无明显偏向	16 — 24 岁	45 岁以上
	学历	大专/大本	大本	初中	大本及研究生	高中/中专/技校	初中及以下
	职业	科教卫生人员	一般企业职员	工人	管理人员/专门职业从事者/个体及私营企业主	学生	离退休人员
	月均收入	801 — 1500 元	1501 — 4000 元	800 元以下	4000 元以上	无收入	800 元以下
	婚姻	已婚	无明显偏向	已婚	已婚或离异	未婚	已婚
心理取向		注重学历 非积极进取	不循规传统 非单一电视娱乐	非田园倾向 新女性主张 金钱本位	注重经验 大男子主义 不保守稳定	非“大男子主义” 追随流行	非“新女性主张” 非浪漫新潮 单一电视娱乐

2-10 关于上海消费群 / Radio Listening of the Shanghai Consumers

2-10-1 不同消费群平时是否接触广播媒介 / Radio Listening by Market Segments

	人数	从来不听	偶尔听	经常听
样本	**588**	**25.7**	**33.2**	**41.2**
第一消费群	143	16.8	30.8	52.4
第二消费群	91	23.1	35.2	41.8
第三消费群	10	20.0	50.0	30.0
第四消费群	129	36.4	27.9	35.7
第五消费群	68	14.7	41.2	44.1
第六消费群	147	32.0	34.0	34.0

2-10-2 不同消费群平时收听广播时段的选择 / Weekday Time Slot Selection by Market Segments

注：本题为多选题，合计百分比超过 100%（ Multiple answers ）

	人数	0:00 ~ 2:00	2:00 ~ 6:00	6:00 ~ 8:00	8:00 ~ 10:00	10:00 ~ 12:00	12:00 ~ 14:00
样本	**436**	**4.6**	**1.8**	**46.3**	**12.8**	**14.2**	**16.5**
第一消费群	118	4.2	1.7	64.4	10.2	11.9	17.8
第二消费群	68	8.8	0.0	42.6	5.9	11.8	14.7
第三消费群	8	0.0	0.0	12.5	0.0	25.0	12.5
第四消费群	86	3.5	3.5	51.2	11.6	12.8	14.0
第五消费群	55	7.3	5.5	30.9	23.6	16.4	23.6
第六消费群	101	2.0	0.0	34.7	16.8	17.8	14.9

续上表（ continued ）

	人数	14:00 ~ 16:00	16:00 ~ 18:00	18:00 ~ 20:00	20:00 ~ 22:00	22:00 ~ 24:00
样本	**436**	**8.7**	**20.4**	**27.1**	**13.5**	**6.2**
第一消费群	118	6.8	20.3	27.1	13.6	3.4
第二消费群	68	4.4	14.7	32.4	11.8	10.3
第三消费群	8	25.0	25.0	25.0	25.0	12.5
第四消费群	86	7.0	19.8	20.9	10.5	2.3
第五消费群	55	12.7	30.9	29.1	25.5	9.1
第六消费群	101	11.9	18.8	27.7	9.9	7.9

2-10-3 不同消费群周末收听广播时段的选择 / Weekend Time Slot Selection by Market Segments

注：本题为多选题，合计百分比超过 100%（ Multiple answers ）

	人数	0:00 ～ 2:00	2:00 ～ 6:00	6:00 ～ 8:00	8:00 ～ 10:00	10:00 ～ 12:00	12:00 ～ 14:00
样本	**383**	**4.7**	**2.6**	**34.7**	**16.7**	**18.5**	**18.8**
第一消费群	104	2.9	1.9	49.0	15.4	18.3	19.2
第二消费群	62	9.7	0.0	32.3	16.1	16.1	22.6
第三消费群	6	0.0	0.0	16.7	16.7	16.7	16.7
第四消费群	77	3.9	3.9	35.1	13.0	20.8	16.9
第五消费群	53	5.7	3.8	17.0	22.6	17.0	22.6
第六消费群	81	3.7	3.7	30.9	18.5	19.8	14.8

续上表（ continued ）

	人数	14:00 ～ 16:00	16:00 ～ 18:00	18:00 ～ 20:00	20:00 ～ 22:00	22:00 ～ 24:00
样本	**383**	**7.8**	**17.5**	**25.1**	**19.1**	**10.4**
第一消费群	104	2.9	18.3	26.0	23.1	6.7
第二消费群	62	3.2	11.3	24.2	21.0	16.1
第三消费群	6	16.7	16.7	33.3	16.7	0.0
第四消费群	77	10.4	15.6	15.6	10.4	6.5
第五消费群	53	15.1	32.1	30.2	26.4	15.1
第六消费群	81	9.9	13.6	29.6	16.0	12.3

2-10-4 不同消费群收听广播电台的偏好 / Channel Preference by Market Segments

注：本题为多选题，合计百分比超过 100%（ Multiple answers ）

	人数	中央人民广播电台	上海电台 990 千赫	上海电台 1422 、603 千赫	上海电台 1197 千赫
样本	**446**	**19.5**	**38.1**	**9.0**	**19.5**
第一消费群	120	35.0	46.7	13.3	15.8
第二消费群	71	11.3	38.0	8.5	18.3
第三消费群	8	12.5	25.0	37.5	0.0
第四消费群	87	20.7	47.1	8.0	20.7
第五消费群	58	3.4	25.9	3.4	25.9
第六消费群	102	15.7	28.4	5.9	21.6

续上表（ continued ）

	人数	上海电台 103.7 千赫	上海电台 105.7 千赫	上海电台 648 千赫	东方台 792 千赫
样本	**446**	**28.9**	**5.8**	**2.2**	**37.2**
第一消费群	120	15.8	4.2	1.7	37.5
第二消费群	71	32.4	5.6	1.4	46.5
第三消费群	8	25.0	12.5	0.0	37.5
第四消费群	87	25.3	2.3	2.3	32.2
第五消费群	58	51.7	8.6	1.7	32.8
第六消费群	102	32.4	8.8	3.9	37.3

续上表（ continued ）

	人数	东方台 101.7 千赫	东广金融台 97.7 千赫	儿童台 101.7 副信道	中国国际广播电台	其他
样本	**446**	**34.8**	**12.1**	**0.7**	**1.8**	**0.9**
第一消费群	120	26.7	17.5	1.7	4.2	0.8
第二消费群	71	45.1	4.2	0.0	1.4	0.0
第三消费群	8	25.0	12.5	0.0	0.0	0.0
第四消费群	87	18.4	13.8	0.0	1.1	1.1
第五消费群	58	62.1	6.9	0.0	0.0	0.0
第六消费群	102	36.3	12.7	1.0	1.0	2.0

2-10-5 不同消费群收听广播节目的偏好 / Program Preference by Market Segments

注：本题为多选题，合计百分比超过 100%（Multiple answers）

	人数	新闻报道	广播剧	古典音乐欣赏	国内流行音乐/歌曲	欧美流行音乐
样本	**445**	**62.2**	**10.6**	**8.3**	**29.7**	**23.4**
第一消费群	121	78.5	11.6	9.9	21.5	13.2
第二消费群	71	57.7	7.0	11.3	32.4	28.2
第三消费群	8	62.5	25.0	12.5	50.0	25.0
第四消费群	86	73.3	14.0	4.7	29.1	10.5
第五消费群	58	31.0	8.6	13.8	31.0	53.4
第六消费群	101	54.5	8.9	4.0	35.6	25.7

续上表（continued）

	人数	港台流行音乐	地方戏曲	曲艺相声	经济信息报道	少儿节目
样本	**445**	**39.6**	**7.2**	**31.5**	**13.9**	**4.9**
第一消费群	121	21.5	10.7	42.1	20.7	6.6
第二消费群	71	47.9	7.0	22.5	11.3	1.4
第三消费群	8	37.5	12.5	12.5	12.5	0.0
第四消费群	86	26.7	12.8	36.0	17.4	4.7
第五消费群	58	74.1	1.7	32.8	1.7	5.2
第六消费群	101	46.5	1.0	21.8	11.9	5.9

续上表（continued）

	人数	体育节目	点播节目	热点话题评说	嘉宾人物访谈	交通报道	教育节目
样本	**445**	**17.8**	**18.0**	**16.6**	**8.5**	**2.0**	**4.5**
第一消费群	121	14.0	14.0	19.0	5.8	0.8	9.1
第二消费群	71	16.9	18.3	23.9	8.5	2.8	5.6
第三消费群	8	0.0	12.5	25.0	0.0	0.0	0.0
第四消费群	86	15.1	18.6	12.8	8.1	4.7	1.2
第五消费群	58	22.4	22.4	8.6	10.3	0.0	5.2
第六消费群	101	23.8	19.8	15.8	11.9	2.0	1.0

续上表（continued）

	人数	天气预报	热线节目	有奖问答	评书	性话题	其他
样本	**445**	**25.8**	**14.2**	**4.9**	**4.3**	**0.7**	**1.3**
第一消费群	121	44.6	17.4	3.3	3.3	0.8	0.8
第二消费群	71	11.3	11.3	4.2	5.6	0.0	2.8
第三消费群	8	12.5	0.0	12.5	0.0	12.5	0.0
第四消费群	86	30.2	8.1	3.5	1.2	0.0	2.3
第五消费群	58	6.9	12.1	13.8	10.3	1.7	1.7
第六消费群	101	21.8	19.8	3.0	4.0	0.0	0.0

注：上海消费群的代表特征 / Characteristics of the Shanghai Market Segments

		第一消费群	第二消费群	第三消费群	第四消费群	第五消费群	第六消费群
基本情况	性别	无明显偏向	男	男	女	女	无明显偏向
	年龄	45 岁以上	20 — 29 岁	25 — 34 岁	35 — 44 岁	16 — 24 岁	30 — 39 岁
	学历	大本及以上	大专/大本	大专	初中及以下	高中/中专/技校	高中/中专/技校
	职业	科教卫生人员/离退休人员	一般企业职员	行政管理人员/个体及私营企业主/专门职业从事者	工人/下岗人员	学生	一般企业职员
	月均收入	801 — 1500 元	1001 — 3000 元	3000 元以上	800 元以下	无收入	1001 — 2000 元
	婚姻	已婚	未婚	未婚	已婚	未婚	已婚
心理取向		非浪漫时尚 非金钱本位 保守稳定	非家庭重心 田园倾向 休闲独立	不保守稳定 奔波忙碌 浪漫时尚	金钱本位 家庭重心 注重学历	新家庭观念 非休闲独立	不积极进取 不奔波忙碌

2-11 关于广州消费群 / Radio Listening of the Guangzhou Consumers

2-11-1 不同消费群平时是否接触广播媒介 / Radio Listening by Market Segments

	人数	从来不听	偶尔听	经常听
样本	**585**	**31.8**	**47.4**	**20.9**
第一消费群	91	24.2	53.8	22.0
第二消费群	121	31.4	42.1	26.4
第三消费群	98	22.4	52.0	25.5
第四消费群	98	35.7	48.0	16.3
第五消费群	97	36.1	44.3	19.6
第六消费群	80	42.5	45.0	12.5

2-11-2 不同消费群平时收听广播时段的选择 / Weekday Time Slot Selection by Market Segments

注：本题为多选题，合计百分比超过 100%（ Multiple answers ）

	人数	0:00 ～ 2:00	2:00 ～ 6:00	6:00 ～ 8:00	8:00 ～ 10:00	10:00 ～ 12:00	12:00 ～ 14:00
样本	**390**	**4.1**	**2.6**	**17.2**	**13.8**	**15.9**	**29.5**
第一消费群	65	7.7	6.2	12.3	7.7	18.5	32.3
第二消费群	83	1.2	2.4	34.9	20.5	16.9	27.7
第三消费群	71	7.0	2.8	4.2	16.9	18.3	25.4
第四消费群	64	1.6	3.1	23.4	7.8	15.6	34.4
第五消费群	61	0.0	0.0	9.8	18.0	11.5	36.1
第六消费群	46	8.7	0.0	13.0	8.7	13.0	19.6

续上表（ continued ）

	人数	14:00 ～ 16:00	16:00 ～ 18:00	18:00 ～ 20:00	20:00 ～ 22:00	22:00 ～ 24:00
样本	**390**	**12.3**	**15.9**	**26.9**	**21.8**	**19.2**
第一消费群	65	15.4	13.8	26.2	30.8	26.2
第二消费群	83	9.6	14.5	31.3	10.8	8.4
第三消费群	71	15.5	19.7	29.6	23.9	25.4
第四消费群	64	6.3	15.6	25.0	23.4	20.3
第五消费群	61	13.1	18.0	26.2	24.6	16.4
第六消费群	46	15.2	13.0	19.6	19.6	21.7

2-11-3 不同消费群周末收听广播时段的选择 / Weekend Time Slot Selection by Market Segments

注：本题为多选题，合计百分比超过 100%（Multiple answers）

	人数	0:00 ~ 2:00	2:00 ~ 6:00	6:00 ~ 8:00	8:00 ~ 10:00	10:00 ~ 12:00	12:00 ~ 14:00
样本	**345**	**4.9**	**1.4**	**15.1**	**15.4**	**18.3**	**24.6**
第一消费群	61	8.2	1.6	6.6	14.8	18.0	23.0
第二消费群	72	0.0	0.0	30.6	20.8	23.6	25.0
第三消费群	64	7.8	4.7	3.1	12.5	25.0	23.4
第四消费群	55	1.8	0.0	21.8	7.3	14.5	30.9
第五消费群	57	3.5	1.8	14.0	21.1	12.3	31.6
第六消费群	36	11.1	0.0	11.1	13.9	11.1	8.3

续上表（continued）

	人数	14:00 ~ 16:00	16:00 ~ 18:00	18:00 ~ 20:00	20:00 ~ 22:00	22:00 ~ 24:00
样本	**345**	**12.2**	**18.0**	**27.8**	**28.4**	**27.5**
第一消费群	61	19.7	13.1	34.4	47.5	36.1
第二消费群	72	12.5	15.3	31.9	15.3	18.1
第三消费群	64	14.1	20.3	28.1	23.4	37.5
第四消费群	55	7.3	21.8	30.9	34.5	25.5
第五消费群	57	10.5	22.8	17.5	24.6	17.5
第六消费群	36	5.6	13.9	19.4	27.8	33.3

2-11-4 不同消费群收听广播电台的偏好 / Channel Preference by Market Segments

注：本题为多选题，合计百分比超过 100%（ Multiple answers ）

	人数	中央人民广播电台	广东卫星广播（新闻台）	珠江经济台	广东音乐台	城市之声台
样本	**404**	**8.9**	**10.1**	**38.4**	**34.2**	**26.0**
第一消费群	70	4.3	5.7	31.4	38.6	35.7
第二消费群	85	16.5	15.3	41.2	32.9	22.4
第三消费群	76	3.9	3.9	27.6	42.1	39.5
第四消费群	64	12.5	14.1	40.6	23.4	20.3
第五消费群	61	4.9	9.8	54.1	24.6	16.4
第六消费群	48	10.4	12.5	37.5	43.8	16.7

续上表（ continued ）

	人数	健康之声台	羊城交通台	广州 1 台	广州 2 台	教育台
样本	**404**	**8.4**	**23.3**	**28.5**	**18.8**	**1.7**
第一消费群	70	5.7	20.0	38.6	27.1	2.9
第二消费群	85	12.9	17.6	25.9	16.5	3.5
第三消费群	76	6.6	26.3	30.3	27.6	1.3
第四消费群	64	12.5	28.1	21.9	9.4	0.0
第五消费群	61	9.8	26.2	27.9	11.5	0.0
第六消费群	48	0.0	22.9	25.0	18.8	2.1

续上表（ continued ）

	人数	儿童台	英语台	股市台	佛山台	深圳 2 台	其他
样本	**404**	**1.7**	**1.0**	**2.5**	**19.3**	**0.2**	**0.7**
第一消费群	70	0.0	1.4	2.9	15.7	0.0	1.4
第二消费群	85	1.2	0.0	4.7	9.4	0.0	0.0
第三消费群	76	0.0	0.0	1.3	28.9	0.0	1.3
第四消费群	64	4.7	3.1	3.1	25.0	1.6	0.0
第五消费群	61	4.9	0.0	1.6	23.0	0.0	0.0
第六消费群	48	0.0	2.1	0.0	14.6	0.0	2.1

2-11-5 不同消费群收听广播节目的偏好 / Program Preference by Market Segments

注：本题为多选题，合计百分比超过 100%（Multiple answers）

	人数	新闻报道	广播剧	古典音乐欣赏	国内流行音乐/歌曲	欧美流行音乐
样本	**411**	**45.3**	**10.5**	**11.7**	**25.8**	**16.1**
第一消费群	72	23.6	8.3	9.7	23.6	20.8
第二消费群	86	68.6	8.1	11.6	29.1	1.2
第三消费群	76	21.1	9.2	13.2	27.6	31.6
第四消费群	65	55.4	13.8	6.2	27.7	13.8
第五消费群	64	45.3	20.3	10.9	17.2	6.3
第六消费群	48	60.4	2.1	20.8	29.2	27.1

续上表（continued）

	人数	港台流行音乐	地方戏曲	曲艺相声	经济信息报道	少儿节目
样本	**411**	**51.6**	**5.1**	**11.9**	**7.1**	**3.9**
第一消费群	72	79.2	1.4	8.3	1.4	5.6
第二消费群	86	23.3	9.3	17.4	9.3	1.2
第三消费群	76	84.2	0.0	7.9	6.6	2.6
第四消费群	65	43.1	7.7	16.9	12.3	7.7
第五消费群	64	40.6	10.9	6.3	6.3	6.3
第六消费群	48	35.4	0.0	14.6	6.3	0.0

续上表（continued）

	人数	体育节目	点播节目	热点话题评说	嘉宾人物访谈	交通报道	教育节目
样本	**411**	**16.5**	**14.6**	**13.1**	**8.0**	**13.4**	**3.6**
第一消费群	72	11.1	22.2	15.3	19.4	5.6	4.2
第二消费群	86	18.6	9.3	16.3	1.2	15.1	4.7
第三消费群	76	17.1	19.7	11.8	9.2	6.6	1.3
第四消费群	65	33.8	10.8	12.3	4.6	16.9	4.6
第五消费群	64	3.1	18.8	9.4	3.1	18.8	6.3
第六消费群	48	14.6	4.2	12.5	12.5	20.8	0.0

续上表（continued）

	人数	天气预报	热线节目	有奖问答	评书	性话题	其他
样本	**411**	**19.7**	**17.0**	**6.8**	**5.6**	**3.4**	**2.4**
第一消费群	72	15.3	31.9	11.1	1.4	1.4	4.2
第二消费群	86	32.6	17.4	3.5	8.1	4.7	2.3
第三消费群	76	5.3	21.1	10.5	5.3	3.9	2.6
第四消费群	65	23.1	6.2	1.5	1.5	1.5	1.5
第五消费群	64	25.0	12.5	10.9	10.9	3.1	1.6
第六消费群	48	14.6	8.3	2.1	6.3	6.3	2.1

注：广州消费群的代表特征 / Characteristics of the Guangzhou Market Segments

		第一消费群	第二消费群	第三消费群	第四消费群	第五消费群	第六消费群
基本情况	性别	女	无明显偏向	女	男	女	男
	年龄	16 — 19 岁	40 岁以上	20 — 24 岁	35 — 44 岁	30 — 34 岁	25 — 29 岁
	学历	高中/中专/技校	无明显偏向	高中/中专/技校/大专	初中/高中/中专/技校	初中及以下	大专及以上
	职业	学生	工人	学生/待业人员	个体及私营企业主	家庭主妇	企业职员/管理人员/科教卫生人员/专门职业者
	月均收入	无收入	1500 元以下	无收入	801 — 1500 元	800 元以下	2000 元以上
	婚姻	未婚	已婚	未婚	已婚	已婚	无明显偏向
心理取向		不固守中式生活 田园倾向 非大男子主义	非新女性主张 不追随流行 非积极进取	独立自主 追随流行	积极进取 大男子主义 中式生活	单一电视娱乐 非独立自主 保守稳定	非单一电视娱乐 非家庭重心

2-12 关于重庆消费群 / Radio Listening of the Chongqing Consumers

2-12-1 不同消费群平时是否接触广播媒介 / Radio Listening by Market Segments

	人数	从来不听	偶尔听	经常听
样本	**597**	**53.6**	**29.3**	**17.1**
第一消费群	132	37.9	44.7	17.4
第二消费群	122	47.5	27.0	25.4
第三消费群	123	49.6	33.3	17.1
第四消费群	24	62.5	20.8	16.7
第五消费群	162	71.6	16.0	12.3
第六消费群	34	58.8	32.4	8.8

2-12-2 不同消费群平时收听广播时段的选择 / Weekday Time Slot Selection by Market Segments

注：本题为多选题，合计百分比超过 100%（ Multiple answers ）

	人数	0:00 ~ 2:00	2:00 ~ 6:00	6:00 ~ 8:00	8:00 ~ 10:00	10:00 ~ 12:00	12:00 ~ 14:00
样本	**265**	**1.9**	**1.1**	**14.3**	**11.7**	**10.2**	**21.5**
第一消费群	75	2.7	1.3	10.7	6.7	12.0	16.0
第二消费群	63	1.6	1.6	23.8	9.5	12.7	15.9
第三消费群	60	0.0	0.0	11.7	16.7	3.3	31.7
第四消费群	8	25.0	12.5	0.0	0.0	12.5	25.0
第五消费群	45	0.0	0.0	15.6	13.3	11.1	17.8
第六消费群	14	0.0	0.0	7.1	28.6	14.3	42.9

续上表（ continued ）

	人数	14:00 ~ 16:00	16:00 ~ 18:00	18:00 ~ 20:00	20:00 ~ 22:00	22:00 ~ 24:00
样本	**265**	**10.9**	**8.3**	**24.5**	**34.0**	**14.3**
第一消费群	75	17.3	9.3	16.0	30.7	18.7
第二消费群	63	6.3	12.7	30.2	36.5	14.3
第三消费群	60	8.3	5.0	25.0	38.3	13.3
第四消费群	8	25.0	0.0	25.0	25.0	12.5
第五消费群	45	8.9	6.7	28.9	33.3	6.7
第六消费群	14	7.1	7.1	28.6	28.6	21.4

2-12-3 不同消费群周末收听广播时段的选择 / Weekend Time Slot Selection by Market Segments

注：本题为多选题，合计百分比超过 100%（ Multiple answers ）

	人数	0:00 ～ 2:00	2:00 ～ 6:00	6:00 ～ 8:00	8:00 ～ 10:00	10:00 ～ 12:00	12:00 ～ 14:00
样本	**227**	**4.0**	**0.9**	**10.6**	**16.3**	**15.9**	**18.9**
第一消费群	69	2.9	1.4	13.0	14.5	21.7	17.4
第二消费群	51	5.9	2.0	9.8	17.6	13.7	17.6
第三消费群	53	5.7	0.0	1.9	18.9	17.0	24.5
第四消费群	8	12.5	0.0	0.0	12.5	12.5	0.0
第五消费群	37	0.0	0.0	21.6	16.2	8.1	18.9
第六消费群	9	0.0	0.0	11.1	11.1	11.1	22.2

续上表（ continued ）

	人数	14:00 ～ 16:00	16:00 ～ 18:00	18:00 ～ 20:00	20:00 ～ 22:00	22:00 ～ 24:00
样本	**227**	**12.8**	**15.0**	**26.9**	**32.2**	**22.0**
第一消费群	69	20.3	21.7	26.1	30.4	27.5
第二消费群	51	9.8	19.6	27.5	45.1	17.6
第三消费群	53	9.4	9.4	30.2	22.6	24.5
第四消费群	8	0.0	0.0	12.5	25.0	25.0
第五消费群	37	10.8	8.1	27.0	32.4	13.5
第六消费群	9	11.1	11.1	22.2	33.3	22.2

2-12-4 不同消费群收听广播电台的偏好 / Channel Preference by Market Segments

注：本题为多选题，合计百分比超过 100%（ Multiple answers ）

	人数	中央人民广播电台	重庆人民广播电台	重庆经济广播电台	重庆商业广播电台	其他
样本	**280**	**31.1**	**33.9**	**65.7**	**47.5**	**2.5**
第一消费群	83	19.3	37.3	60.2	59.0	0.0
第二消费群	65	43.1	33.8	66.2	38.5	3.1
第三消费群	63	25.4	25.4	77.8	54.0	3.2
第四消费群	9	11.1	11.1	100.0	66.7	0.0
第五消费群	46	43.5	43.5	54.3	34.8	4.3
第六消费群	14	42.9	35.7	57.1	21.4	7.1

2-12-5 不同消费群收听广播节目的偏好 / Program Preference by Market Segments

注：本题为多选题，合计百分比超过 100%（Multiple answers）

	人数	新闻报道	广播剧	古典音乐欣赏	国内流行音乐/歌曲	欧美流行音乐
样本	**280**	**43.2**	**2.9**	**12.1**	**35.4**	**13.6**
第一消费群	83	22.9	0.0	14.5	43.4	22.9
第二消费群	65	70.8	7.7	9.2	30.8	6.2
第三消费群	63	36.5	0.0	17.5	46.0	15.9
第四消费群	9	22.2	0.0	22.2	22.2	22.2
第五消费群	46	56.5	2.2	6.5	15.2	4.3
第六消费群	14	35.7	14.3	0.0	35.7	7.1

续上表（continued）

	人数	港台流行音乐	地方戏曲	曲艺相声	经济信息报道	少儿节目
样本	**280**	**37.5**	**0.7**	**21.8**	**21.1**	**2.5**
第一消费群	83	63.9	0.0	19.3	7.2	2.4
第二消费群	65	10.8	0.0	29.2	35.4	1.5
第三消费群	63	44.4	0.0	17.5	19.0	3.2
第四消费群	9	55.6	0.0	44.4	22.2	0.0
第五消费群	46	15.2	4.3	15.2	28.3	2.2
第六消费群	14	35.7	0.0	28.6	21.4	7.1

续上表（continued）

	人数	体育节目	点播节目	热点话题评说	嘉宾人物访谈	交通报道	教育节目
样本	**280**	**20.0**	**32.9**	**18.6**	**9.6**	**5.4**	**1.8**
第一消费群	83	19.3	33.7	16.9	15.7	4.8	0.0
第二消费群	65	23.1	26.2	21.5	12.3	4.6	6.2
第三消费群	63	20.6	34.9	27.0	3.2	4.8	0.0
第四消费群	9	22.2	44.4	22.2	11.1	0.0	0.0
第五消费群	46	17.4	34.8	8.7	4.3	10.9	2.2
第六消费群	14	14.3	35.7	7.1	7.1	0.0	0.0

续上表（continued）

	人数	天气预报	热线节目	有奖问答	评书	性话题	其他
样本	**280**	**13.9**	**26.1**	**11.1**	**0.7**	**1.4**	**1.4**
第一消费群	83	3.6	39.8	15.7	1.2	1.2	2.4
第二消费群	65	33.8	18.5	6.2	0.0	3.1	3.1
第三消费群	63	4.8	23.8	15.9	1.6	0.0	0.0
第四消费群	9	11.1	11.1	0.0	0.0	11.1	0.0
第五消费群	46	19.6	19.6	4.3	0.0	0.0	0.0
第六消费群	14	7.1	21.4	14.3	0.0	0.0	0.0

注：重庆消费群的代表特征 / Characteristics of the Chongqing Market Segments

		第一消费群	第二消费群	第三消费群	第四消费群	第五消费群	第六消费群
基本情况	性别	无明显偏向	无明显偏向	无明显偏向	无明显偏向	无明显偏向	女
	年龄	16－19岁	45岁以上	20－29岁	30－34岁	40岁以上	25－29岁
	学历	高中/中专/技校	高中/中专/技校	大专/大本	高中/中专/技校/大本以上	初中及以下	初中
	职业	学生	行政管理人员/离退休人员	科教卫生人员/一般企业职员	个体及私营企业主	工人	专门职业从事者下岗及其他
	月均收入	无收入	501－800元	801－1500元	1500元以上	500元以下	1001－1500元
	婚姻	未婚	已婚	无明显偏向	已婚	已婚	已婚或离异
心理取向		浪漫新潮 注重学历 非现实家庭观	循规传统 奔波忙碌 保守稳定	新女性主张 非功利心态	功利心态 现实家庭观 都市情结	非浪漫新潮 非独立休闲	非新女性主张 不循规传统 独立休闲

3 报纸 / Newspaper

3-1 样本总体、男性各年龄层、女性各年龄层平时接触报纸媒介的程度 / Newspaper Reading by the Whole Sample, Age and Gender Groups

● 北京（Beijing）

	人数	从来不看	很少看	经常看	天天看
样本	**599**	**2.8**	**14.7**	**21.0**	**61.4**
男性	**298**	**2.3**	**14.1**	**20.5**	**63.1**
16-19 岁	26	11.5	30.8	23.1	34.6
20-24 岁	36	5.6	19.4	25.0	50.0
25-29 岁	41	2.4	9.8	31.7	56.1
30-34 岁	47	0.0	12.8	10.6	76.6
35-39 岁	43	2.3	9.3	9.3	79.1
40-44 岁	42	0.0	19.0	19.0	61.9
45-49 岁	24	0.0	4.2	25.0	70.8
50 岁以上	39	0.0	10.3	25.6	64.1
女性	**301**	**3.3**	**15.3**	**21.6**	**59.8**
16-19 岁	23	8.7	17.4	39.1	34.8
20-24 岁	35	0.0	20.0	28.6	51.4
25-29 岁	36	5.6	8.3	19.4	66.7
30-34 岁	49	2.0	16.3	32.7	49.0
35-39 岁	44	0.0	13.6	18.2	68.2
40-44 岁	40	5.0	15.0	15.0	65.0
45-49 岁	26	0.0	19.2	19.2	61.5
50 岁以上	48	6.3	14.6	8.3	70.8

● 上海（Shanghai）

	人数	从来不看	很少看	经常看	天天看
样本	**597**	**3.5**	**9.9**	**17.4**	**69.2**
男性	**305**	**3.0**	**6.9**	**15.4**	**74.8**
16-19 岁	22	4.5	4.5	9.1	81.8
20-24 岁	34	11.8	11.8	17.6	58.8
25-29 岁	42	2.4	4.8	16.7	76.2
30-34 岁	55	0.0	9.1	16.4	74.5
35-39 岁	50	0.0	6.0	18.0	76.0
40-44 岁	31	6.5	9.7	16.1	67.7
45-49 岁	26	3.8	0.0	7.7	88.5
50 岁以上	45	0.0	6.7	15.6	77.8
女性	**292**	**4.1**	**13.0**	**19.5**	**63.4**
16-19 岁	24	4.2	29.2	8.3	58.3
20-24 岁	32	6.3	18.8	25.0	50.0
25-29 岁	37	5.4	13.5	32.4	48.6
30-34 岁	50	4.0	10.0	20.0	66.0
35-39 岁	44	2.3	13.6	20.5	63.6
40-44 岁	35	2.9	11.4	17.1	68.6
45-49 岁	23	4.3	4.3	21.7	69.6
50 岁以上	47	4.3	8.5	10.6	76.6

● 广州（Guangzhou）

	人数	从来不看	很少看	经常看	天天看
样本	**595**	**5.5**	**16.5**	**19.0**	**59.0**
男性	**280**	**5.0**	**11.1**	**16.8**	**67.1**
16-19 岁	30	16.7	20.0	23.3	40.0
20-24 岁	36	0.0	16.7	22.2	61.1
25-29 岁	35	2.9	8.6	17.1	71.4
30-34 岁	34	5.9	17.6	14.7	61.8
35-39 岁	39	0.0	7.7	15.4	76.9
40-44 岁	41	7.3	7.3	9.8	75.6
45-49 岁	26	0.0	7.7	23.1	69.2
50 岁以上	39	7.7	5.1	12.8	74.4
女性	**315**	**6.0**	**21.3**	**21.0**	**51.7**
16-19 岁	49	8.2	34.7	30.6	26.5
20-24 岁	46	2.2	23.9	8.7	65.2
25-29 岁	63	1.6	14.3	22.2	61.9
30-34 岁	44	15.9	29.5	20.5	34.1
35-39 岁	41	7.3	12.2	24.4	56.1
40-44 岁	30	0.0	23.3	23.3	53.3
45-49 岁	13	7.7	0.0	23.1	69.2
50 岁以上	29	6.9	17.2	13.8	62.1

● 重庆（Chongqing）

	人数	从来不看	很少看	经常看	天天看
样本	**596**	**3.9**	**14.4**	**22.3**	**59.4**
男性	**307**	**3.6**	**10.7**	**21.5**	**64.2**
16-19 岁	43	0.0	23.3	25.6	51.2
20-24 岁	53	1.9	1.9	26.4	69.8
25-29 岁	43	7.0	11.6	27.9	53.5
30-34 岁	38	2.6	7.9	7.9	81.6
35-39 岁	38	10.5	7.9	10.5	71.1
40-44 岁	30	3.3	10.0	30.0	56.7
45-49 岁	25	0.0	16.0	24.0	60.0
50 岁以上	37	2.7	10.8	18.9	67.6
女性	**289**	**4.2**	**18.3**	**23.2**	**54.3**
16-19 岁	43	4.7	32.6	27.9	34.9
20-24 岁	52	0.0	15.4	32.7	51.9
25-29 岁	32	3.1	18.8	28.1	50.0
30-34 岁	33	0.0	30.3	12.1	57.6
35-39 岁	34	5.9	20.6	14.7	58.8
40-44 岁	32	6.3	9.4	15.6	68.8
45-49 岁	26	3.8	7.7	34.6	53.8
50 岁以上	37	10.8	8.1	16.2	64.9

3-2 经常阅读的报纸排名 / Ranking of the Frequently Read Newspapers

注：本题为多选题，合计百分比超过 100%（ Multiple answers ）

● 北京（ Beijing ）

排名	报纸	人次	百分比
1	北京晚报	397	68.0
2	北京日报	159	27.2
3	北京青年报	142	24.3
4	北京广播电视报	106	18.2
5	参考消息	66	11.3
6	精品购物指南	58	9.9
6	人民日报	58	9.9
8	中国电视报	45	7.7
9	足球报	44	7.5

n=584

● 上海（ Shanghai ）

排名	报纸	人次	百分比
1	新民晚报	519	89.6
2	解放日报	173	29.9
3	文汇报	110	19.0
4	每周广播电视报	62	10.7
5	劳动报	50	8.6
6	足球	45	7.8
7	人民日报	31	5.4
8	青年报	27	4.7
9	新闻报	23	4.0

n=579

● 广州（ Guangzhou ）

排名	报纸	人次	百分比
1	广州日报	452	80.1
2	羊城晚报	440	78.0
3	南方日报	60	10.6
4	足球报	27	4.8
5	参考消息	14	2.5
6	人民日报	12	2.1
7	红绿灯报	11	2.0
8	广州法制报	10	1.8
9	电视周报	9	1.6

n=564

● 重庆（ Chongqing ）

排名	报纸	人次	百分比
1	重庆晚报	487	84.4
2	重庆晨报	247	42.8
3	重庆商报	131	22.7
4	华西都市报	108	18.7
5	重庆日报	101	17.5
6	法制报	35	6.1
7	参考消息	33	5.7
8	文摘周报	32	5.5
9	足球报	22	3.8

n=577

3-3 样本总体、男性各年龄层、女性各年龄层经常阅读的报纸 / Frequently Read Newspapers by the Whole Sample, Age and Gender Groups

注：本题为多选题，合计百分比超过 100%（Multiple answers）

● 北京（Beijing）

	人数	第一		第二		第三	
样本	**584**	**北京晚报**	**68.0**	**北京日报**	**27.2**	**北京青年报**	**24.3**
男性	**291**	**北京晚报**	**68.7**	**北京青年报**	**24.1**	**北京日报**	**23.0**
16-19 岁	23	北京晚报	82.6	北京青年报	26.1	北京广播电视报	21.7
20-24 岁	34	北京晚报	79.4	北京青年报	26.5	北京广播电视报	17.6
25-29 岁	40	北京晚报	65.0	北京青年报	30.0	参考消息	27.5
30-34 岁	47	北京晚报	70.2	北京青年报	29.8	北京日报	27.7
35-39 岁	42	北京晚报	64.3	北京青年报	33.3	北京日报	31.0
40-44 岁	42	北京晚报	69.0	北京日报	23.8	北京广播电视报	14.3
						足球报	14.3
45-49 岁	24	北京晚报	66.7	北京青年报	29.2	参考消息	20.8
				北京日报	29.2		
50 岁以上	39	北京晚报	59.0	北京日报	33.3	北京广播电视报	20.5
女性	**293**	**北京晚报**	**67.2**	**北京日报**	**31.4**	**北京青年报**	**24.6**
16-19 岁	22	北京青年报	59.1	北京晚报	50.0	北京广播电视报	36.4
20-24 岁	35	北京晚报	82.9	北京青年报	28.6	精品购物指南	22.9
				北京广播电视报	28.6		
25-29 岁	34	北京晚报	61.8	北京青年报	35.3	精品购物指南	26.5
30-34 岁	48	北京晚报	77.1	北京日报	31.3	北京青年报	25.0
35-39 岁	45	北京晚报	71.1	北京日报	44.4	北京青年报	20.0
						北京广播电视报	20.0
40-44 岁	38	北京晚报	68.4	北京日报	39.5	北京青年报	18.4
45-49 岁	26	北京晚报	61.5	北京日报	42.3	北京广播电视报	19.2
50 岁以上	45	北京晚报	55.6	北京日报	33.3	北京广播电视报	26.7

● 上海（Shanghai）

	人数	第一		第二		第三	
样本	**579**	**新民晚报**	**89.6**	**解放日报**	**29.9**	**文汇报**	**19.0**
男性	**298**	**新民晚报**	**89.9**	**解放日报**	**32.9**	**文汇报**	**17.4**
16-19 岁	21	新民晚报	100.0	足球	28.6	解放日报	19.0
						文汇报	19.0
20-24 岁	30	新民晚报	90.0	解放日报	23.3	足球	20.0
				文汇报	23.3		
25-29 岁	41	新民晚报	95.1	解放日报	24.4	文汇报	17.1
						足球	17.1
30-34 岁	56	新民晚报	92.9	解放日报	23.2	足球	14.3
35-39 岁	51	新民晚报	80.4	解放日报	49.0	文汇报	19.6
40-44 岁	29	新民晚报	89.7	解放日报	37.9	劳动	24.1
45-49 岁	25	新民晚报	100.0	解放日报	44.0	文汇报	24.0
50 岁以上	45	新民晚报	82.2	解放日报	37.8	文汇报	20.0
女性	**281**	**新民晚报**	**89.3**	**解放日报**	**26.7**	**文汇报**	**20.6**
16-19 岁	23	新民晚报	78.3	青年报	39.1	文汇报	30.4
						每周广播电视报	30.4
20-24 岁	30	新民晚报	90.0	解放日报	16.7	每周广播电视报	13.3
				文汇报	16.7		
25-29 岁	35	新民晚报	91.4	解放日报	31.4	文汇报	22.9
30-34 岁	48	新民晚报	87.5	解放日报	27.1	文汇报	10.4
35-39 岁	43	新民晚报	88.4	每周广播电视报	27.9	解放日报	23.3
40-44 岁	34	新民晚报	91.2	解放日报	32.4	文汇报	23.5
45-49 岁	22	新民晚报	100.0	解放日报	40.9	文汇报	18.2
50 岁以上	46	新民晚报	89.1	解放日报	30.4	上海证券报	8.7
				文汇报	30.4	消费报	8.7

● 广州（Guangzhou）

	人数	第一		第二		第三	
样本	**564**	**广州日报**	**80.1**	**羊城晚报**	**78.0**	**南方日报**	**10.6**
男性	**267**	**羊城晚报**	**77.9**	**广州日报**	**77.5**	**南方日报**	**12.4**
16-19 岁	25	广州日报	72.0	羊城晚报	64.0	足球报	20.0
20-24 岁	36	羊城晚报	94.4	广州日报	77.8	南方日报	11.1
25-29 岁	34	广州日报	76.5	羊城晚报	70.6	南方日报	20.6
30-34 岁	31	羊城晚报	83.9	广州日报	71.0	南方日报	9.7
35-39 岁	40	广州日报	85.0	羊城晚报	75.0	南方日报	20.0
40-44 岁	38	羊城晚报	76.3	南方日报	7.9	足球报	5.3
		广州日报	76.3			广州法制报	5.3
						红绿灯报	5.3
45-49 岁	26	广州日报	84.6	羊城晚报	69.2	南方日报	11.5
						信息时报	11.5
50 岁以上	37	羊城晚报	83.8	广州日报	75.7	南方日报	10.8
女性	**297**	**广州日报**	**82.5**	**羊城晚报**	**78.1**	**南方日报**	**9.1**
16-19 岁	46	羊城晚报	91.3	广州日报	71.7	青年报	8.7
20-24 岁	44	羊城晚报	84.1	广州日报	81.8	南方日报	11.4
25-29 岁	61	羊城晚报	82.0	广州日报	80.3	南方日报	14.8
30-34 岁	39	广州日报	82.1	羊城晚报	74.4	南方日报	5.1
						足球报	5.1
						红绿灯报	5.1
						育儿报	5.1
35-39 岁	38	广州日报	97.4	羊城晚报	63.2	南方日报	7.9
40-44 岁	30	广州日报	90.0	羊城晚报	63.3	南方日报	6.7
45-49 岁	12	羊城晚报	83.3				
		广州日报	83.3				
50 岁以上	27	羊城晚报	77.8	南方日报	11.8	信息时报	7.4
		广州日报	77.8				

● 重庆（Chongqing）

	人数	第一		第二		第三	
样本	**577**	**重庆晚报**	**84.4**	**重庆晨报**	**42.8**	**重庆商报**	**22.7**
男性	**297**	**重庆晚报**	**84.2**	**重庆晨报**	**39.1**	**重庆商报**	**23.9**
16-19 岁	43	重庆晚报	81.4	重庆晨报	39.5	重庆日报	18.6
20-24 岁	52	重庆晚报	88.5	重庆晨报	38.5	华西都市报	23.1
				重庆商报	38.5		
25-29 岁	40	重庆晚报	92.5	重庆晨报	32.5	华西都市报	17.5
30-34 岁	37	重庆晚报	81.1	重庆晨报	40.5	重庆商报	21.6
35-39 岁	35	重庆晚报	88.6	重庆晨报	40.0	华西都市报	20.0
				重庆日报	40.0		
40-44 岁	29	重庆晚报	86.2	重庆晨报	41.4	重庆商报	34.5
45-49 岁	25	重庆晚报	80.0	重庆晨报	64.0	重庆商报	24.0
50 岁以上	36	重庆晚报	72.2	重庆日报	38.9	重庆晨报	25.0
						华西都市报	25.0
						重庆商报	25.0
女性	**280**	**重庆晚报**	**84.6**	**重庆晨报**	**46.8**	**重庆商报**	**21.4**
16-19 岁	41	重庆晚报	75.6	重庆晨报	53.7	华西都市报	19.5
20-24 岁	53	重庆晚报	98.1	重庆晨报	56.6	重庆商报	20.8
25-29 岁	31	重庆晚报	90.3	重庆晨报	51.6	华西都市报	19.4
30-34 岁	33	重庆晚报	81.8	重庆晨报	51.5	重庆商报	36.4
35-39 岁	33	重庆晚报	75.8	重庆晨报	36.4	重庆商报	27.3
40-44 岁	30	重庆晚报	80.0	重庆晨报	40.0	华西都市报	20.0
						重庆日报	20.0
45-49 岁	26	重庆晚报	84.6	重庆晨报	38.5	重庆日报	26.9
50 岁以上	33	重庆晚报	84.8	重庆晨报	36.4	重庆商报	27.3

3-4 不同学历的读者经常阅读的报纸 / Frequently Read Newspapers by Educational Levels

注：本题为多选题，合计百分比超过 100%（Multiple answers）

● 北京（Beijing）

	人数	第一		第二		第三	
样本	**584**	**北京晚报**	**68.0**	**北京日报**	**27.2**	**北京青年报**	**24.3**
小学及以下	12	北京晚报	75.0	北京日报	33.0	中国电视报	25.0
						法制日报	25.0
初中	114	北京晚报	70.2	北京日报	21.9	北京广播电视报	17.5
高中/中专/技校	267	北京晚报	73.0	北京日报	26.6	北京青年报	21.0
大学专科	92	北京晚报	67.4	北京日报	39.1	北京青年报	37.0
大学本科及以上	99	北京晚报	51.5	北京青年报	36.4	北京日报	23.2

● 上海（Shanghai）

	人数	第一		第二		第三	
样本	**579**	**新民晚报**	**89.6**	**解放日报**	**29.9**	**文汇报**	**19.0**
小学及以下	8	新民晚报	62.5	解放日报	25.0	新民体育报	12.5
				文汇报	25.0	足球	12.5
				每周广播电视报	25.0		
初中	144	新民晚报	92.4	解放日报	24.3	文汇报	13.2
高中/中专/技校	312	新民晚报	90.7	解放日报	29.8	文汇报	16.7
大学专科	67	新民晚报	80.6	解放日报	40.3	文汇报	38.8
大学本科及以上	48	新民晚报	91.7	解放日报	33.3	文汇报	22.9

● 广州（Guangzhou）

	人数	第一		第二		第三	
样本	**561**	**广州日报**	**80.0**	**羊城晚报**	**78.1**	**南方日报**	**10.7**
小学及以下	21	广州日报	71.4	南方日报	14.3		
		羊城晚报	71.4				
初中	150	羊城晚报	82.7	广州日报	77.3	南方日报	10.0
高中/中专/技校	292	广州日报	81.5	羊城晚报	75.7	南方日报	9.6
大学专科	49	广州日报	83.7	南方日报	12.2	足球	8.2
		羊城晚报	83.7				
大学本科及以上	49	广州日报	80.9	羊城晚报	76.6	南方日报	17.0

● 重庆（Chongqing）

	人数	第一		第二		第三	
样本	**577**	**重庆晚报**	**84.4**	**重庆晨报**	**42.8**	**重庆商报**	**22.7**
小学及以下	12	重庆晚报	83.3	重庆晨报	25.0	华西都市报	8.3
				重庆日报	25.0		
初中	182	重庆晚报	85.7	重庆晨报	42.9	重庆商报	18.1
高中/中专/技校	268	重庆晚报	82.8	重庆晨报	46.6	华西都市报	21.6
大学专科	79	重庆晚报	84.8	重庆晨报	38.0	重庆商报	34.2
大学本科及以上	36	重庆晚报	88.9	重庆晨报	30.6	重庆商报	25.0
						华西都市报	25.0

3-5 经常阅读的报纸的主要来源 / Sources of Obtaining the Frequently Read Newspapers

● 北京（Beijing）

	人次	家中订阅	单位订阅	报摊购买	赠阅	借阅	街头报栏
北京晚报	395	29.1	9.6	57.0	0.3	1.8	2.3
北京日报	159	10.7	81.8	3.8	0.6	2.5	0.6
北京青年报	142	9.2	58.5	26.7	0.7	3.5	1.4
北京广播电视报	94	36.2	2.1	56.4	0.0	0.0	5.3
参考消息	66	19.7	53.0	25.8	0.0	1.5	0.0

n=583

● 上海（Shanghai）

	人次	家中订阅	单位订阅	报摊购买	赠阅	借阅	街头报栏
新民晚报	514	60.1	6.8	28.4	0.0	3.9	0.8
解放日报	171	17.0	68.4	8.2	0.0	3.5	2.9
文汇报	110	19.1	64.5	8.2	0.0	6.4	1.8
每周广播电视报	59	44.1	5.1	49.2	0.0	0.0	1.7
劳动报	48	6.3	83.3	2.1	4.2	4.2	0.0

n=574

● 广州（Guangzhou）

	人次	家中订阅	单位订阅	报摊购买	赠阅	借阅	街头报栏
广州日报	428	17.3	26.2	51.4	0.5	2.3	2.3
羊城晚报	420	31.4	9.0	53.3	0.5	2.1	3.6
南方日报	59	6.8	40.7	44.1	1.7	3.3	3.3
足球报	25	12.0	0.0	80.0	0.0	4.0	4.0
参考消息	12	8.3	25.0	58.3	0.0	8.3	0.0

n=546

● 重庆（Chongqing）

	人次	家中订阅	单位订阅	报摊购买	赠阅	借阅	街头报栏
重庆晚报	475	30.1	13.3	49.5	0.0	4.8	2.3
重庆晨报	242	21.5	14.5	55.0	0.8	5.4	2.9
重庆商报	129	34.9	11.6	45.7	0.0	6.2	1.6
华西都市报	107	53.3	8.4	32.7	0.9	0.9	3.7
重庆日报	95	14.7	60.0	12.6	0.0	8.4	4.2

n=569

3-6 读者看报纸时比较关心的报道 / The Content Categories that Newspaper Readers Concern about

注：本题为多选题，合计百分比超过 100%（Multiple answers）

● 北京（Beijing）

报道	人次	百分比	排名	报道	人次	百分比	排名
新闻报道	406	69.6	1	读者来信	8	1.4	23
人物专访	119	20.4	8	体育	204	35.0	4
热点追踪	239	41.0	2	科技	46	7.9	18
影视娱乐报道	101	17.3	10	军事	67	11.5	13
电视节目预告	124	21.3	7	散文	37	6.3	20
海外见闻	110	18.9	9	评论	62	10.6	15
消费指南	134	23.0	6	广告	31	5.3	21
服饰美容	68	11.7	12	漫画	79	13.6	11
休闲旅游	58	9.9	16	小说	45	7.7	19
文化信息	63	10.8	14	经济类	58	9.9	16
健康医疗	195	33.4	5	其他	10	1.7	22
生活常识	217	37.2	3				

n=583

北京读者看报纸时最关心的十种报道

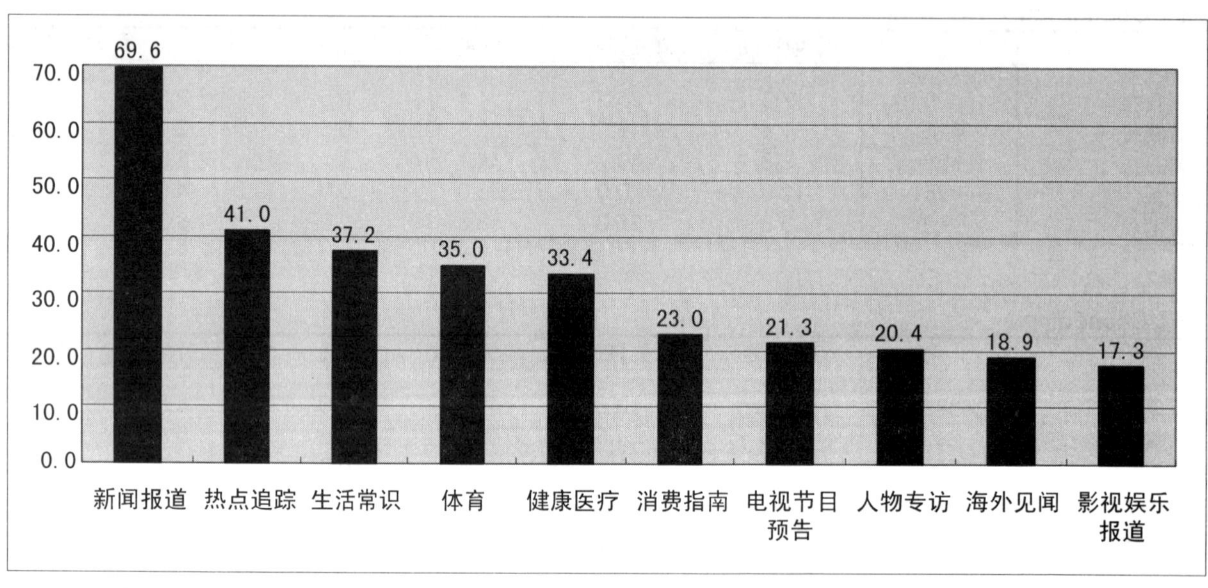

● 上海（Shanghai）

报道	人次	百分比	排名	报道	人次	百分比	排名
新闻报道	438	76.3	1	读者来信	25	4.4	22
人物专访	92	16.0	10	体育	213	37.1	3
热点追踪	252	43.9	2	科技	35	6.1	19
影视娱乐报道	97	16.9	9	军事	46	8.0	17
电视节目预告	99	17.2	8	散文	66	11.5	13
海外见闻	127	22.1	6	评论	35	6.1	19
消费指南	106	18.5	7	广告	35	6.1	19
服饰美容	65	11.3	14	漫画	46	8.0	17
休闲旅游	49	8.5	16	小说	68	11.8	12
文化信息	57	9.9	15	经济类	75	13.1	11
健康医疗	190	33.1	4	其他	1	0.2	23
生活常识	155	27.0	5				

n=574

上海读者看报纸时最关心的十种报道

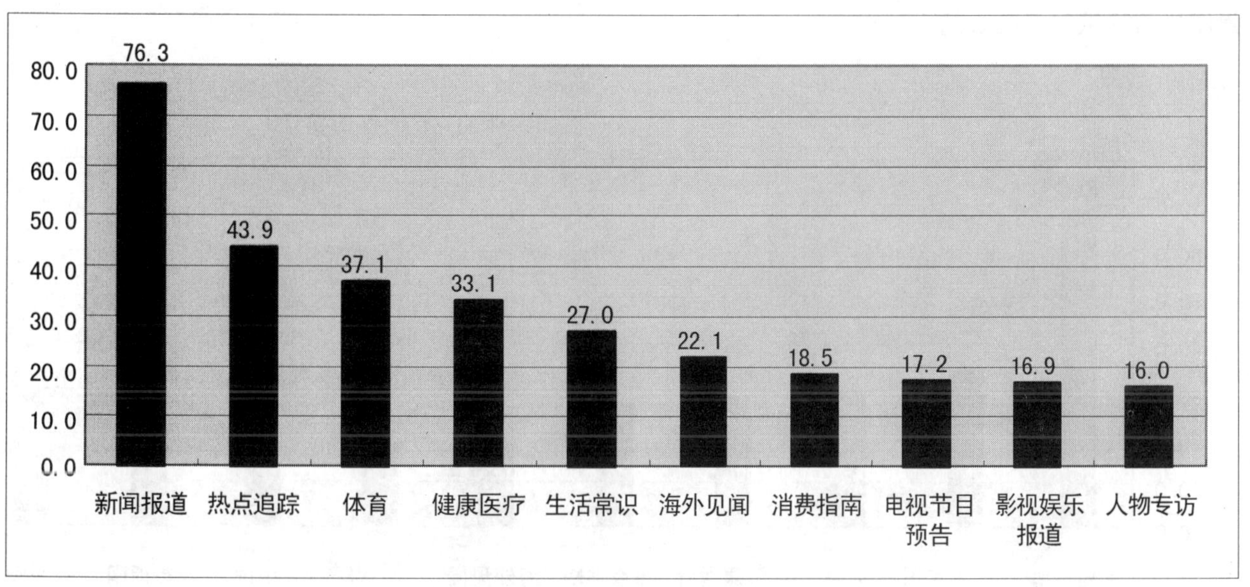

● 广州（Guangzhou）

报道	人次	百分比	排名	报道	人次	百分比	排名
新闻报道	432	76.9	1	读者来信	30	5.3	22
人物专访	61	10.9	12	体育	164	29.2	3
热点追踪	155	27.6	5	科技	58	10.3	14
影视娱乐报道	100	17.8	7	军事	52	9.3	16
电视节目预告	46	8.2	18	散文	37	6.6	19
海外见闻	113	20.1	6	评论	32	5.7	20
消费指南	73	13.0	9	广告	32	5.7	20
服饰美容	61	10.9	12	漫画	73	13.0	9
休闲旅游	66	11.7	11	小说	74	13.2	8
文化信息	51	9.1	17	经济类	54	9.6	15
健康医疗	160	28.5	4	其他	10	1.8	23
生活常识	191	34.0	2				

n=562

广州读者看报纸时最关心的十种报道

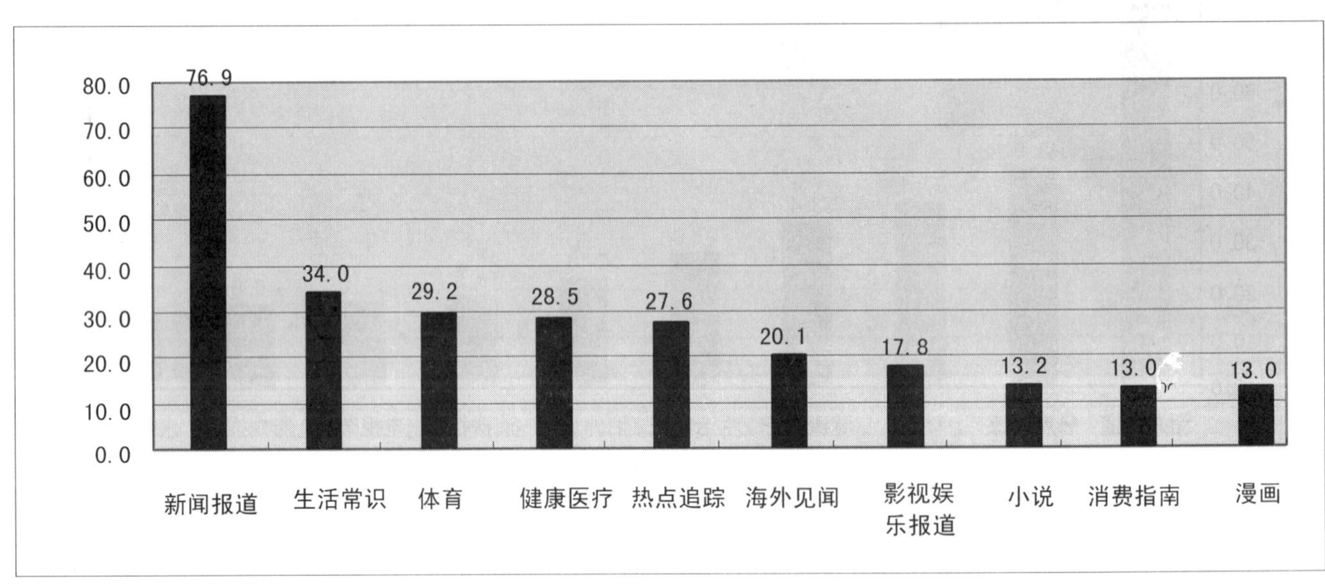

● 重庆（Chongqing）

报道	人次	百分比	排名	报道	人次	百分比	排名
新闻报道	384	66.7	1	读者来信	30	5.2	21
人物专访	78	13.5	12	体育	185	32.1	4
热点追踪	252	43.8	2	科技	39	6.8	20
影视娱乐报道	96	16.7	6	军事	72	12.5	13
电视节目预告	63	10.9	15	散文	62	10.8	16
海外见闻	83	14.4	10	评论	23	4.0	22
消费指南	87	15.1	7	广告	45	7.8	19
服饰美容	65	11.3	14	漫画	80	13.9	11
休闲旅游	61	10.6	17	小说	86	14.9	9
文化信息	48	8.3	18	经济类	87	15.1	8
健康医疗	142	24.7	5	其他	11	1.9	23
生活常识	196	34.0	3				

n=576

重庆读者看报纸时最关心的十种报道

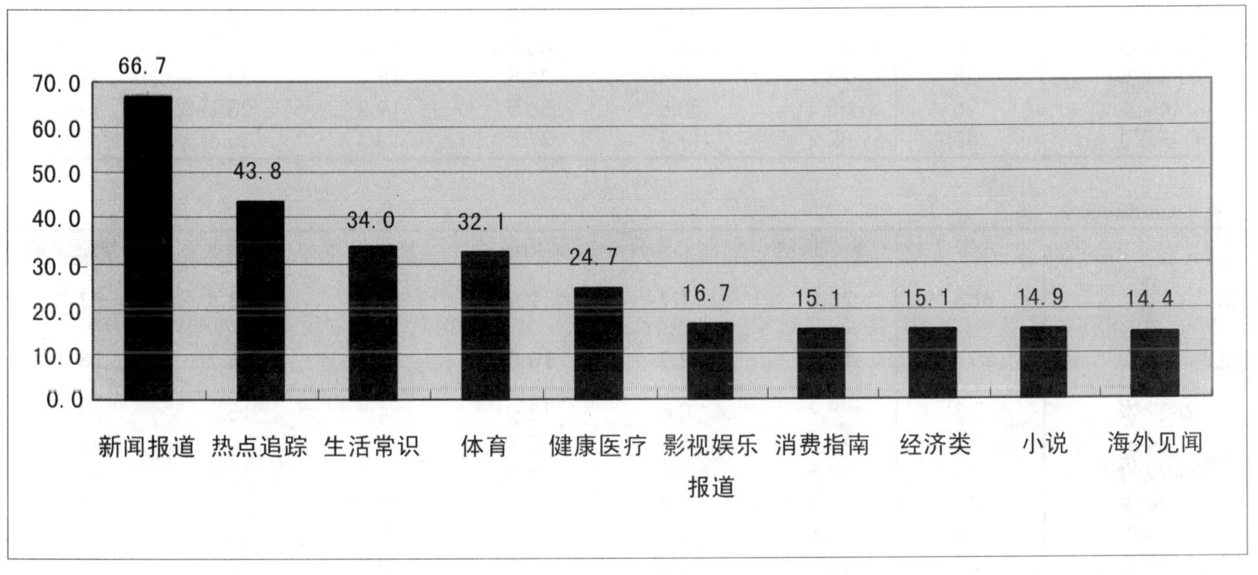

3-7 样本总体、男性各年龄层、女性各年龄层比较关心的报道 / The Concerned Newspaper Content Categories by the Whole Sample, Age and Gender Groups

注：本题为多选题，合计百分比超过 100%（ Multiple answers ）

● 北京（ Beijing ）

	人数	新闻报道	人物专访	热点追踪	影视娱乐	节目预告	海外见闻
样本	**583**	**69.6**	**20.4**	**41.0**	**17.3**	**21.3**	**18.9**
男性	**291**	**73.9**	**18.6**	**42.6**	**13.7**	**18.2**	**21.0**
16-19 岁	23	47.8	0.0	26.1	30.4	26.1	13.0
20-24 岁	35	62.9	20.0	40.0	25.7	14.3	28.6
25-29 岁	40	62.5	17.5	37.5	15.0	17.5	27.5
30-34 岁	47	68.1	29.8	44.7	8.5	19.1	12.8
35-39 岁	41	87.8	17.1	56.1	12.2	14.6	14.6
40-44 岁	42	71.4	21.4	38.1	4.8	16.7	21.4
45-49 岁	24	91.7	25.0	45.8	12.5	12.5	25.0
50 岁以上	39	94.9	10.3	46.2	10.3	25.6	25.6
女性	**292**	**65.4**	**22.3**	**39.4**	**20.9**	**24.3**	**16.8**
16-19 岁	22	13.6	27.3	13.6	45.5	27.3	22.7
20-24 岁	34	64.7	20.6	32.4	26.5	23.5	11.8
25-29 岁	34	55.9	14.7	52.9	23.5	17.6	20.6
30-34 岁	48	68.8	27.1	43.8	18.8	14.6	18.8
35-39 岁	45	71.1	24.4	46.7	15.6	28.9	20.0
40-44 岁	38	73.7	18.4	36.8	18.4	23.7	21.1
45-49 岁	26	65.4	30.8	38.5	19.2	23.1	19.2
50 岁以上	45	82.2	17.8	37.8	13.3	35.6	4.4

续上表（ continued ）

	人数	消费指南	服饰美容	休闲旅游	文化信息	健康医疗	生活常识
样本	**583**	**23.0**	**11.7**	**9.9**	**10.8**	**33.4**	**37.2**
男性	**291**	**14.4**	**2.7**	**10.0**	**10.3**	**24.7**	**23.4**
16-19 岁	23	8.7	0.0	13.0	4.3	13.0	26.1
20-24 岁	35	28.6	5.7	5.7	2.9	17.1	14.3
25-29 岁	40	17.5	0.0	15.0	15.0	10.0	15.0
30-34 岁	47	17.0	6.4	17.0	12.8	25.5	21.3
35-39 岁	41	14.6	2.4	2.4	19.5	24.4	17.1
40-44 岁	42	14.3	4.8	11.9	2.4	19.0	33.3
45-49 岁	24	8.3	0.0	8.3	8.3	33.3	29.2
50 岁以上	39	2.6	0.0	5.1	12.8	53.8	33.3
女性	**292**	**31.5**	**20.5**	**9.9**	**11.3**	**42.1**	**51.0**
16-19 岁	22	27.3	36.4	13.6	27.3	9.1	13.6
20-24 岁	34	38.2	32.4	11.8	5.9	44.1	55.9
25-29 岁	34	47.1	32.4	14.7	2.9	41.2	47.1
30-34 岁	48	37.5	25.0	16.7	10.4	41.7	52.1
35-39 岁	45	33.3	15.6	8.9	13.3	40.0	60.0
40-44 岁	38	26.3	15.8	2.6	7.9	44.7	57.9
45-49 岁	26	11.5	11.5	3.8	23.1	38.5	42.3
50 岁以上	45	24.4	4.4	6.7	8.9	60.0	57.8

续上表（continued）

	人数	读者来信	体育	科技	军事	散文	评论
样本	**583**	**1.4**	**35.0**	**7.9**	**11.5**	**6.3**	**10.6**
男性	**291**	**0.7**	**50.5**	**13.4**	**19.6**	**5.2**	**12.0**
16-19 岁	23	0.0	87.0	21.7	26.1	17.4	4.3
20-24 岁	35	0.0	51.4	11.4	25.7	8.6	17.1
25-29 岁	40	0.0	57.5	10.0	22.5	2.5	17.5
30-34 岁	47	0.0	44.7	12.8	17.0	0.0	12.8
35-39 岁	41	0.0	58.5	9.8	19.5	4.9	17.1
40-44 岁	42	0.0	50.0	7.1	19.0	2.4	7.1
45-49 岁	24	4.2	37.5	12.5	16.7	0.0	4.2
50 岁以上	39	2.6	28.2	25.6	12.8	10.3	10.3
女性	**292**	**2.1**	**19.5**	**2.4**	**3.4**	**7.5**	**9.2**
16-19 岁	22	0.0	31.8	0.0	0.0	13.6	13.6
20-24 岁	34	2.9	26.5	0.0	8.8	11.8	11.8
25-29 岁	34	0.0	11.8	2.9	2.9	8.8	11.8
30-34 岁	48	2.1	18.8	0.0	2.1	10.4	10.4
35-39 岁	45	0.0	26.7	2.2	6.7	6.7	6.7
40-44 岁	38	5.3	21.1	10.5	2.6	5.3	10.5
45-49 岁	26	0.0	11.5	3.8	0.0	7.7	7.7
50 岁以上	45	4.4	11.1	0.0	2.2	0.0	4.4

续上表（continued）

	人数	广告	漫画	小说	经济类	其他
样本	**583**	**5.3**	**13.6**	**7.7**	**9.9**	**1.7**
男性	**291**	**4.8**	**11.7**	**5.8**	**10.0**	**1.0**
16-19 岁	23	13.0	39.1	13.0	0.0	0.0
20-24 岁	35	8.6	20.0	2.9	5.7	0.0
25-29 岁	40	2.5	7.5	5.0	10.0	2.5
30-34 岁	47	4.3	8.5	4.3	10.6	2.1
35-39 岁	41	2.4	2.4	7.3	17.1	0.0
40-44 岁	42	4.8	7.1	11.9	11.9	0.0
45-49 岁	24	8.3	4.2	0.0	4.2	0.0
50 岁以上	39	0.0	15.4	2.6	12.8	2.6
女性	**292**	**5.8**	**15.4**	**9.6**	**9.9**	**2.4**
16-19 岁	22	13.6	40.9	18.2	4.5	4.5
20-24 岁	34	11.8	14.7	11.8	0.0	2.0
25-29 岁	34	2.9	14.7	11.8	8.8	2.9
30-34 岁	48	4.2	14.6	6.3	14.6	0.0
35-39 岁	45	6.7	15.6	4.4	4.4	2.2
40-44 岁	38	2.6	15.8	7.9	13.2	0.0
45-49 岁	26	0.0	15.4	15.4	26.9	0.0
50 岁以上	45	6.7	4.4	8.9	8.9	6.7

● 上海（Shanghai）

	人数	新闻报道	人物专访	热点追踪	影视娱乐	节目预告	海外见闻
样本	**574**	**76.3**	**16.0**	**43.9**	**16.9**	**17.2**	**22.1**
男性	**294**	**81.6**	**15.3**	**46.9**	**14.3**	**13.3**	**23.5**
16-19 岁	21	52.4	23.8	33.3	23.8	23.8	19.0
20-24 岁	30	80.0	3.3	40.0	30.0	13.3	23.3
25-29 岁	40	77.5	17.5	47.5	10.0	12.5	32.5
30-34 岁	55	80.0	16.4	41.8	14.5	16.4	23.6
35-39 岁	50	90.0	18.0	54.0	14.0	10.0	22.0
40-44 岁	29	93.1	17.2	55.2	10.3	10.3	13.8
45-49 岁	25	88.0	12.0	52.0	8.0	12.0	24.0
50 岁以上	44	81.8	13.6	47.7	9.1	11.4	25.0
女性	**280**	**70.7**	**16.8**	**40.7**	**19.6**	**21.4**	**20.7**
16-19 岁	23	26.1	8.7	34.8	43.5	26.1	34.8
20-24 岁	30	56.7	10.0	30.0	23.3	13.3	26.7
25-29 岁	34	58.8	5.9	38.2	29.4	8.8	23.5
30-34 岁	48	77.1	25.0	35.4	20.8	29.2	8.3
35-39 岁	43	81.4	11.6	62.8	23.3	37.2	14.0
40-44 岁	34	67.6	23.5	41.2	8.8	8.8	17.6
45-49 岁	22	81.8	18.2	31.8	9.1	27.3	18.2
50 岁以上	46	91.3	23.9	41.3	6.5	17.4	30.4

续上表（continued）

	人数	消费指南	服饰美容	休闲旅游	文化信息	健康医疗	生活常识
样本	**574**	**18.5**	**11.3**	**8.5**	**9.9**	**33.1**	**27.0**
男性	**294**	**14.6**	**2.7**	**7.5**	**9.2**	**21.4**	**20.7**
16-19 岁	21	4.8	0.0	9.5	9.5	0.0	9.5
20-24 岁	30	10.0	6.7	3.3	20.0	23.3	13.3
25-29 岁	40	15.0	5.0	17.5	7.5	10.0	5.0
30-34 岁	55	16.4	1.8	9.1	10.9	18.2	23.6
35-39 岁	50	22.0	0.0	6.0	4.0	14.0	20.0
40-44 岁	29	24.1	0.0	3.4	6.9	27.6	27.6
45-49 岁	25	8.0	4.0	4.0	12.0	32.0	36.0
50 岁以上	44	9.1	4.5	4.5	6.8	43.2	29.5
女性	**280**	**22.5**	**20.4**	**9.6**	**10.7**	**45.4**	**33.6**
16-19 岁	23	4.3	17.4	21.7	17.4	13.0	0.0
20-24 岁	30	10.0	46.7	13.3	23.3	26.7	30.0
25-29 岁	34	20.6	35.3	11.8	11.8	44.1	47.1
30-34 岁	48	35.4	22.9	6.3	8.3	52.1	41.7
35-39 岁	43	27.9	18.6	2.3	7.0	39.5	23.3
40-44 岁	34	32.4	20.6	14.7	2.9	41.2	26.5
45-49 岁	22	22.7	4.5	4.5	9.1	77.3	45.5
50 岁以上	46	15.2	0.0	8.7	10.9	60.9	43.5

续上表（continued）

	人数	读者来信	体育	科技	军事	散文	评论
样本	**574**	**4.4**	**37.1**	**6.1**	**8.0**	**11.5**	**6.1**
男性	**294**	**4.1**	**52.4**	**10.5**	**13.9**	**9.2**	**6.1**
16-19 岁	21	0.0	81.0	28.6	33.3	9.5	14.3
20-24 岁	30	3.3	63.3	13.3	20.0	6.7	3.3
25-29 岁	40	5.0	42.5	7.5	25.0	10.0	0.0
30-34 岁	55	5.5	54.5	3.6	14.5	10.9	12.7
35-39 岁	50	6.0	46.0	6.0	8.0	4.0	4.0
40-44 岁	29	0.0	34.5	10.3	0.0	6.9	3.4
45-49 岁	25	4.0	60.0	16.0	16.0	12.0	8.0
50 岁以上	44	4.5	52.3	13.6	4.5	13.6	4.5
女性	**280**	**4.6**	**21.1**	**1.4**	**1.8**	**13.9**	**6.1**
16-19 岁	23	17.4	26.1	0.0	0.0	43.5	8.7
20-24 岁	30	0.0	20.0	0.0	0.0	23.3	0.0
25-29 岁	34	5.9	29.4	0.0	0.0	20.6	11.8
30-34 岁	48	8.3	20.8	0.0	0.0	4.2	4.2
35-39 岁	43	2.3	16.3	2.3	2.3	7.0	7.0
40-44 岁	34	2.9	29.4	2.9	5.9	11.8	0.0
45-49 岁	22	4.5	18.2	4.5	4.5	13.6	4.5
50 岁以上	46	0.0	13.0	2.2	2.2	6.5	10.9

续上表（continued）

	人数	广告	漫画	小说	经济类	其他
样本	**574**	**6.1**	**8.0**	**11.8**	**13.1**	**0.2**
男性	**294**	**3.7**	**7.8**	**7.5**	**16.3**	**0.3**
16-19 岁	21	0.0	28.6	14.3	4.8	0.0
20-24 岁	30	6.7	20.0	13.3	3.3	0.0
25-29 岁	40	7.5	2.5	0.0	27.5	0.0
30-34 岁	55	5.5	3.6	12.7	12.7	0.0
35-39 岁	50	4.0	8.0	6.0	18.0	0.0
40-44 岁	29	0.0	6.9	6.9	24.1	0.0
45-49 岁	25	0.0	4.0	12.0	8.0	4.0
50 岁以上	44	2.3	2.3	0.0	22.7	0.0
女性	**280**	**8.6**	**8.2**	**16.4**	**9.6**	**0.0**
16-19 岁	23	4.3	26.1	60.9	4.3	0.0
20-24 岁	30	10.0	16.7	13.3	6.7	0.0
25-29 岁	34	8.8	11.8	17.6	0.0	0.0
30-34 岁	48	10.4	6.3	4.2	10.4	0.0
35-39 岁	43	11.6	0.0	9.3	9.3	0.0
40-44 岁	34	5.9	8.8	23.5	23.5	0.0
45-49 岁	22	18.2	9.1	13.6	9.1	0.0
50 岁以上	46	2.2	0.0	10.9	10.9	0.0

●广州（Guangzhou）

	人数	新闻报道	人物专访	热点追踪	影视娱乐	节目预告	海外见闻
样本	**562**	**76.9**	**10.9**	**27.6**	**17.8**	**8.2**	**20.1**
男性	**266**	**85.0**	**12.8**	**30.5**	**12.4**	**6.8**	**19.2**
16-19 岁	26	57.7	7.7	19.2	19.2	15.4	26.9
20-24 岁	36	75.0	5.6	36.1	19.4	8.3	16.7
25-29 岁	33	75.8	12.1	18.2	15.2	3.0	21.2
30-34 岁	32	84.4	6.3	28.1	6.3	3.1	15.6
35-39 岁	40	97.5	10.0	42.5	10.0	2.5	17.5
40-44 岁	38	97.4	18.4	34.2	13.2	15.8	13.2
45-49 岁	25	88.0	28.0	40.0	8.0	0.0	28.0
50 岁以上	36	94.4	16.7	22.2	8.3	5.6	19.4
女性	**296**	**69.6**	**9.1**	**25.0**	**22.6**	**9.5**	**20.9**
16-19 岁	46	45.7	10.9	28.3	41.3	17.4	17.4
20-24 岁	44	63.6	2.3	20.5	22.7	4.5	29.5
25-29 岁	60	76.7	6.7	28.3	26.7	8.3	21.7
30-34 岁	39	74.4	7.7	12.8	23.1	10.3	17.9
35-39 岁	38	71.1	15.8	13.2	13.2	7.9	13.2
40-44 岁	30	73.3	10.0	30.0	13.3	13.3	26.7
45-49 岁	12	100.0	16.7	25.0	16.7	0.0	25.0
50 岁以上	27	77.8	11.1	48.1	7.4	7.4	18.5

续上表（continued）

	人数	消费指南	服饰美容	休闲旅游	文化信息	健康医疗	生活常识
样本	**562**	**13.0**	**10.9**	**11.7**	**9.1**	**28.5**	**34.0**
男性	**266**	**10.2**	**1.5**	**8.3**	**9.0**	**17.7**	**25.6**
16-19 岁	26	3.8	0.0	7.7	15.4	0.0	15.4
20-24 岁	36	2.8	2.8	11.1	11.1	13.9	11.1
25-29 岁	33	18.2	3.0	15.2	15.2	21.2	24.2
30-34 岁	32	18.8	3.1	12.5	6.3	21.9	28.1
35-39 岁	40	2.5	0.0	5.0	12.5	20.0	35.0
40-44 岁	38	15.8	2.6	2.6	0.0	10.5	18.4
45-49 岁	25	0.0	0.0	16.0	8.0	12.0	28.0
50 岁以上	36	16.7	0.0	0.0	5.6	36.1	41.7
女性	**296**	**15.5**	**19.3**	**14.9**	**9.1**	**38.2**	**41.6**
16-19 岁	46	10.9	26.1	19.6	6.5	21.7	26.1
20-24 岁	44	20.5	27.3	11.4	6.8	40.9	45.5
25-29 岁	60	18.3	26.7	13.3	11.7	40.0	38.3
30-34 岁	39	12.8	17.9	17.9	10.3	38.5	38.5
35-39 岁	38	18.4	18.4	15.8	5.3	42.1	42.1
40-44 岁	30	13.3	6.7	23.3	13.3	26.7	50.0
45-49 岁	12	8.3	0.0	0.0	16.7	58.3	75.0
50 岁以上	27	14.8	3.7	7.4	7.4	55.6	48.1

续上表（continued）

	人数	读者来信	体育	科技	军事	散文	评论
样本	**562**	**5.3**	**29.2**	**10.3**	**9.3**	**6.6**	**5.7**
男性	**266**	**4.5**	**45.1**	**15.8**	**15.0**	**6.0**	**8.3**
16-19 岁	26	0.0	46.2	38.5	30.8	3.8	7.7
20-24 岁	36	0.0	44.4	16.7	13.9	16.7	11.1
25-29 岁	33	3.0	45.5	15.2	24.2	3.0	6.1
30-34 岁	32	6.3	31.3	18.8	9.4	0.0	12.5
35-39 岁	40	5.0	55.0	10.0	12.5	10.0	7.5
40-44 岁	38	13.2	39.5	13.2	13.2	2.6	7.9
45-49 岁	25	0.0	52.0	4.0	12.0	4.0	8.0
50 岁以上	36	5.6	47.2	13.9	8.3	5.6	5.6
女性	**296**	**6.1**	**14.9**	**5.4**	**4.1**	**7.1**	**3.4**
16-19 岁	46	6.5	6.5	13.0	4.3	21.7	4.3
20-24 岁	44	4.5	15.9	2.3	6.8	9.1	2.3
25-29 岁	60	6.7	20.0	3.3	3.3	5.0	5.0
30-34 岁	39	7.7	5.1	0.0	2.6	0.0	5.1
35-39 岁	38	7.9	23.7	7.9	2.6	0.0	0.0
40-44 岁	30	6.7	20.0	6.7	10.0	6.7	3.3
45-49 岁	12	0.0	8.3	0.0	0.0	0.0	8.3
50 岁以上	27	3.7	14.8	7.4	0.0	7.4	0.0

续上表（continued）

	人数	广告	漫画	小说	经济类	其他
样本	**562**	**5.7**	**13.0**	**13.2**	**9.6**	**1.8**
男性	**266**	**4.9**	**9.8**	**8.3**	**15.0**	**2.3**
16-19 岁	26	0.0	19.2	15.4	0.0	7.7
20-24 岁	36	2.8	11.1	11.1	22.2	0.0
25-29 岁	33	0.0	27.3	0.0	27.3	0.0
30-34 岁	32	6.3	3.1	9.4	21.9	0.0
35-39 岁	40	2.5	2.5	2.5	17.5	0.0
40-44 岁	38	10.5	5.3	7.9	13.2	2.6
45-49 岁	25	8.0	0.0	4.0	8.0	8.0
50 岁以上	36	8.3	11.1	16.7	5.6	2.8
女性	**296**	**6.4**	**15.9**	**17.6**	**4.7**	**1.4**
16-19 岁	46	4.3	37.0	23.9	0.0	0.0
20-24 岁	44	15.9	22.7	20.5	6.8	4.5
25-29 岁	60	5.0	11.7	26.7	10.0	3.3
30-34 岁	39	0.0	12.8	7.7	7.7	0.0
35-39 岁	38	7.9	13.2	15.8	2.6	0.0
40-44 岁	30	6.7	6.7	16.7	3.3	0.0
45-49 岁	12	0.0	0.0	8.3	0.0	0.0
50 岁以上	27	7.4	3.7	3.7	0.0	0.0

● 重庆（Chongqing）

	人数	新闻报道	人物专访	热点追踪	影视娱乐	节目预告	海外见闻
样本	**576**	**66.7**	**13.5**	**43.8**	**16.7**	**10.9**	**14.4**
男性	**296**	**69.6**	**13.9**	**41.6**	**12.8**	**8.4**	**16.9**
16-19 岁	43	39.5	9.3	39.5	34.9	20.9	20.9
20-24 岁	52	63.5	13.5	50.0	11.5	1.9	17.3
25-29 岁	40	75.0	20.0	42.5	5.0	7.5	17.5
30-34 岁	37	78.4	18.9	37.8	0.0	2.7	21.6
35-39 岁	35	77.1	8.6	57.1	17.1	8.6	17.1
40-44 岁	29	82.8	3.4	24.1	17.2	10.3	3.4
45-49 岁	24	70.8	20.8	50.0	8.3	8.3	25.0
50 岁以上	36	80.6	16.7	27.8	5.6	8.3	11.1
女性	**280**	**63.6**	**13.2**	**46.1**	**20.7**	**13.6**	**11.8**
16-19 岁	41	34.1	7.3	24.4	39.0	17.1	17.1
20-24 岁	53	49.1	1.9	47.2	24.5	13.2	13.2
25-29 岁	31	48.4	6.5	41.9	22.6	12.9	12.9
30-34 岁	33	81.8	24.2	63.6	18.2	18.2	3.0
35-39 岁	33	75.8	15.2	48.5	27.3	12.1	15.2
40-44 岁	30	80.0	20.0	53.3	10.0	13.3	20.0
45-49 岁	26	76.9	11.5	46.2	7.7	15.4	7.7
50 岁以上	33	81.8	27.3	48.5	6.1	6.1	3.0

续上表（continued）

	人数	消费指南	服饰美容	休闲旅游	文化信息	健康医疗	生活常识
样本	**576**	**15.1**	**11.3**	**10.6**	**8.3**	**24.7**	**34.0**
男性	**296**	**11.8**	**3.7**	**9.8**	**7.1**	**18.2**	**25.3**
16-19 岁	43	4.7	2.3	11.6	9.3	11.6	11.6
20-24 岁	52	11.5	7.7	17.3	11.5	13.5	25.0
25-29 岁	40	20.0	0.0	7.5	10.0	12.5	27.5
30-34 岁	37	10.8	2.7	8.1	2.7	18.9	29.7
35-39 岁	35	5.7	2.9	2.9	2.9	20.0	22.9
40-44 岁	29	13.8	6.9	17.2	6.9	20.7	27.6
45-49 岁	24	16.7	4.2	4.2	4.2	16.7	16.7
50 岁以上	36	13.9	2.8	5.6	5.6	36.1	41.7
女性	**280**	**18.6**	**19.3**	**11.4**	**9.6**	**31.4**	**43.2**
16-19 岁	41	4.9	24.4	12.2	17.1	24.4	31.7
20-24 岁	53	13.2	37.7	15.1	15.1	32.1	45.3
25-29 岁	31	29.0	22.6	9.7	3.2	41.9	64.5
30-34 岁	33	36.4	15.2	9.1	0.0	36.4	45.5
35-39 岁	33	18.2	12.1	18.2	9.1	21.2	33.3
40-44 岁	30	6.7	16.7	13.3	6.7	16.7	33.3
45-49 岁	26	23.1	11.5	3.8	7.7	46.2	26.9
50 岁以上	33	24.2	0.0	6.1	12.1	36.4	63.6

续上表（continued）

	人数	读者来信	体育	科技	军事	散文	评论
样本	**576**	**5.2**	**32.1**	**6.8**	**12.5**	**10.8**	**4.0**
男性	**296**	**4.1**	**47.6**	**10.8**	**22.3**	**8.8**	**3.0**
16-19 岁	43	0.0	65.1	16.3	25.6	9.3	0.0
20-24 岁	52	0.0	53.8	21.2	21.2	15.4	5.8
25-29 岁	40	2.5	47.5	5.0	40.0	2.5	5.0
30-34 岁	37	5.4	40.5	8.1	32.4	5.4	2.7
35-39 岁	35	8.6	60.0	0.0	22.9	5.7	0.0
40-44 岁	29	10.3	31.0	13.8	0.0	3.4	3.4
45-49 岁	24	0.0	41.7	4.2	8.3	4.2	0.0
50 岁以上	36	8.3	30.6	11.1	16.7	19.4	5.6
女性	**280**	**6.4**	**15.7**	**2.5**	**2.1**	**12.9**	**5.0**
16-19 岁	41	4.9	24.4	7.3	4.9	24.4	4.9
20-24 岁	53	1.9	20.8	1.9	3.8	22.6	5.7
25-29 岁	31	9.7	3.2	0.0	0.0	6.5	9.7
30-34 岁	33	15.2	9.1	0.0	0.0	9.1	6.1
35-39 岁	33	0.0	12.1	3.0	0.0	9.1	0.0
40-44 岁	30	3.3	26.7	0.0	6.7	3.3	6.7
45-49 岁	26	7.7	7.7	3.8	0.0	7.7	0.0
50 岁以上	33	12.1	15.2	3.0	0.0	9.1	6.1

续上表（continued）

	人数	广告	漫画	小说	经济类	其他
样本	**576**	**7.8**	**13.9**	**14.9**	**15.1**	**1.9**
男性	**296**	**9.5**	**14.9**	**8.8**	**18.6**	**0.7**
16-19 岁	43	14.0	32.6	11.6	4.7	0.0
20-24 岁	52	11.5	13.5	5.8	19.2	0.0
25-29 岁	40	17.5	17.5	7.5	12.5	2.5
30-34 岁	37	5.4	13.5	8.1	21.6	0.0
35-39 岁	35	5.7	17.1	11.4	20.0	0.0
40-44 岁	29	10.3	6.9	20.7	24.1	0.0
45-49 岁	24	0.0	12.5	8.3	33.3	4.2
50 岁以上	36	5.6	0.0	0.0	22.2	0.0
女性	**280**	**6.1**	**12.9**	**21.4**	**11.4**	**3.2**
16-19 岁	41	7.3	36.6	26.8	2.4	4.9
20-24 岁	53	17.0	13.2	22.6	3.8	1.9
25-29 岁	31	3.2	16.1	25.8	3.2	3.2
30-34 岁	33	0.0	6.1	18.2	18.2	0.0
35-39 岁	33	3.0	9.1	15.2	27.3	0.0
40-44 岁	30	0.0	10.0	20.0	16.7	6.7
45-49 岁	26	7.7	0.0	23.1	11.5	11.5
50 岁以上	33	3.0	3.0	18.2	15.2	0.0

3-8 不同学历的读者比较关心的报道 / The Concerned Newspaper Content Categories by Educational Levels

注：本题为多选题，合计百分比超过 100%（Multiple answers）

● 北京（Beijing）

	人数	新闻报道	人物专访	热点追踪	影视娱乐	节目预告	海外见闻
样本	**583**	**69.6**	**20.4**	**41.0**	**17.3**	**21.3**	**18.9**
小学及以下	13	76.9	23.1	38.5	15.4	30.8	7.7
初中	114	71.1	16.7	43.9	16.7	25.4	17.5
高中/中专/技校	265	67.2	19.6	37.0	17.0	24.5	17.7
大学专科	92	76.1	25.0	40.2	15.2	13.0	19.6
大学本科及以上	99	67.7	22.2	49.5	21.2	14.1	24.2

续上表（continued）

	人数	消费指南	服饰美容	休闲旅游	文化信息	健康医疗	生活常识
样本	**583**	**23.0**	**11.7**	**9.9**	**10.8**	**33.4**	**37.2**
小学及以下	13	15.4	0.0	7.7	23.1	38.5	61.5
初中	114	18.4	5.3	5.3	6.1	34.2	35.1
高中/中专/技校	265	23.4	14.7	9.1	10.6	33.2	40.8
大学专科	92	19.6	13.0	16.3	13.0	40.2	34.8
大学本科及以上	99	31.3	11.1	12.1	13.1	26.3	29.3

续上表（continued）

	人数	读者来信	体育	科技	军事	散文	评论
样本	**583**	**1.4**	**35.0**	**7.9**	**11.5**	**6.3**	**10.6**
小学及以下	13	7.7	7.7	0.0	15.4	0.0	0.0
初中	114	2.6	37.7	4.4	11.4	3.5	7.0
高中/中专/技校	265	0.4	35.8	6.4	12.5	7.2	12.1
大学专科	92	2.2	25.0	8.7	10.9	9.8	14.1
大学本科及以上	99	1.0	42.4	16.2	9.1	5.1	9.1

续上表（continued）

	人数	广告	漫画	小说	经济类	其他
样本	**583**	**5.3**	**13.6**	**7.7**	**9.9**	**1.7**
小学及以下	13	15.4	0.0	23.1	15.4	1.7
初中	114	1.8	14.0	7.9	4.4	7.7
高中/中专/技校	265	6.8	16.2	7.5	6.8	0.9
大学专科	92	7.6	9.8	7.6	15.2	2.3
大学本科及以上	99	2.0	11.1	6.1	19.2	2.2

● 上海（Shanghai）

	人数	新闻报道	人物专访	热点追踪	影视娱乐	节目预告	海外见闻
样本	**574**	**76.3**	**16.0**	**43.9**	**16.9**	**17.2**	**22.1**
小学及以下	8	62.5	12.5	50.0	25.0	12.5	12.5
初中	144	73.6	17.4	43.8	17.4	22.9	20.8
高中/中专/技校	309	76.1	16.5	42.1	17.5	17.2	21.0
大学专科	65	78.5	12.3	47.7	15.4	10.8	24.6
大学本科及以上	48	85.4	14.6	50.0	12.5	10.4	31.3

续上表（continued）

	人数	消费指南	服饰美容	休闲旅游	文化信息	健康医疗	生活常识
样本	**574**	**18.5**	**11.3**	**8.5**	**9.9**	**33.1**	**27.0**
小学及以下	8	37.5	12.5	0.0	0.0	50.0	50.0
初中	144	18.1	6.9	6.3	4.2	34.0	25.7
高中/中专/技校	309	19.7	12.6	8.1	11.0	29.8	25.2
大学专科	65	18.5	16.9	12.3	15.4	35.4	30.8
大学本科及以上	48	8.3	8.3	14.6	14.6	45.8	33.3

续上表（continued）

	人数	读者来信	体育	科技	军事	散文	评论
样本	**574**	**4.4**	**37.1**	**6.1**	**8.0**	**11.5**	**6.1**
小学及以下	8	0.0	37.5	0.0	0.0	0.0	0.0
初中	144	4.9	31.9	3.5	5.6	6.9	2.8
高中/中专/技校	309	5.5	39.2	6.1	8.4	11.3	6.1
大学专科	65	1.5	38.5	4.6	7.7	21.5	12.3
大学本科及以上	48	0.0	37.5	16.7	14.6	14.6	8.3

续上表（continued）

	人数	广告	漫画	小说	经济类	其他
样本	**574**	**6.1**	**8.0**	**11.8**	**13.1**	**0.2**
小学及以下	8	12.5	0.0	0.0	12.5	0.0
初中	144	5.6	5.6	16.7	9.0	0.7
高中/中专/技校	309	6.1	9.4	11.7	12.0	0.0
大学专科	65	7.7	10.8	6.2	21.5	0.0
大学本科及以上	48	4.2	4.2	8.3	20.8	0.0

● 广州（Guangzhou）

	人数	新闻报道	人物专访	热点追踪	影视娱乐	节目预告	海外见闻
样本	**559**	**76.7**	**10.7**	**27.5**	**17.9**	**8.2**	**19.9**
小学及以下	20	90.0	0.0	40.0	5.0	5.0	20.0
初中	148	73.0	12.2	23.0	18.2	10.8	16.2
高中/中专/技校	294	76.2	9.5	25.5	17.7	7.8	21.1
大学专科	48	83.3	14.6	33.3	22.9	6.3	20.8
大学本科及以上	49	79.6	14.3	42.9	18.4	6.1	22.4

续上表（continued）

	人数	消费指南	服饰美容	休闲旅游	文化信息	健康医疗	生活常识
样本	**559**	**13.1**	**10.9**	**11.8**	**8.8**	**28.6**	**34.0**
小学及以下	20	5.0	0.0	5.0	0.0	40.0	30.0
初中	148	14.2	12.2	8.1	6.8	34.5	35.1
高中/中专/技校	294	14.3	10.9	11.6	9.9	29.3	37.4
大学专科	48	8.3	14.6	22.9	10.4	12.5	25.0
大学本科及以上	49	10.2	8.2	16.3	10.2	18.4	20.4

续上表（continued）

	人数	读者来信	体育	科技	军事	散文	评论
样本	**559**	**5.4**	**29.0**	**10.4**	**9.3**	**6.6**	**5.7**
小学及以下	20	0.0	10.0	0.0	5.0	5.0	0.0
初中	148	8.8	24.3	12.8	8.8	7.4	2.7
高中/中专/技校	294	5.4	29.9	9.2	9.5	5.8	6.1
大学专科	48	2.1	43.8	12.5	10.4	6.3	2.1
大学本科及以上	49	0.0	30.6	12.2	10.2	10.2	18.4

续上表（continued）

	人数	广告	漫画	小说	经济类	其他
样本	**559**	**5.7**	**13.1**	**13.2**	**9.7**	**1.8**
小学及以下	20	5.0	5.0	10.0	5.0	0.0
初中	148	4.7	16.2	16.2	6.1	0.7
高中/中专/技校	294	6.1	12.2	12.6	8.5	2.4
大学专科	48	8.3	12.5	14.6	16.7	4.2
大学本科及以上	49	4.1	12.2	8.2	22.4	0.0

● 重庆（Chongqing）

	人数	新闻报道	人物专访	热点追踪	影视娱乐	节目预告	海外见闻
样本	**576**	**66.7**	**13.5**	**43.8**	**16.7**	**10.9**	**14.4**
小学及以下	12	75.0	16.7	33.3	0.0	25.0	0.0
初中	181	69.1	16.0	44.2	13.8	16.6	8.8
高中/中专/技校	268	63.8	11.6	41.8	21.6	9.0	15.7
大学专科	79	69.6	13.9	50.6	8.9	7.6	25.3
大学本科及以上	36	66.7	13.9	44.4	16.7	0.0	13.9

续上表（continued）

	人数	消费指南	服饰美容	休闲旅游	文化信息	健康医疗	生活常识
样本	**576**	**15.1**	**11.3**	**10.6**	**8.3**	**24.7**	**34.0**
小学及以下	12	25.0	0.0	8.3	0.0	25.0	33.3
初中	181	12.2	8.3	9.4	7.2	23.8	33.1
高中/中专/技校	268	13.4	14.2	10.4	7.1	23.1	35.8
大学专科	79	21.5	8.9	12.7	12.7	27.8	32.9
大学本科及以上	36	25.0	13.9	13.9	16.7	33.3	27.8

续上表（continued）

	人数	读者来信	体育	科技	军事	散文	评论
样本	**576**	**5.2**	**32.1**	**6.8**	**12.5**	**10.8**	**4.0**
小学及以下	12	0.0	8.3	0.0	8.3	0.0	0.0
初中	181	7.2	23.8	6.6	11.0	6.6	2.2
高中/中专/技校	268	4.9	36.6	6.7	14.2	11.2	5.2
大学专科	79	3.8	35.4	7.6	11.4	19.0	3.8
大学本科及以上	36	2.8	41.7	8.3	11.1	13.9	5.6

续上表（continued）

	人数	广告	漫画	小说	经济类	其他
样本	**576**	**7.8**	**13.9**	**14.9**	**15.1**	**1.9**
小学及以下	12	0.0	8.3	8.3	8.3	0.0
初中	181	3.3	14.9	18.8	12.2	1.1
高中/中专/技校	268	9.7	13.4	15.3	13.1	2.2
大学专科	79	8.9	10.1	8.9	22.8	3.8
大学本科及以上	36	16.7	22.2	8.3	30.6	0.0

3-9 关于北京消费群 / Newspaper Reading of the Beijing Consumers

3-9-1 不同消费群平时是否接触报纸媒介 / Newspaper Reading by Market Segments

	人数	从来不看	很少看	经常看	天天看
样本	**599**	**2.8**	**14.7**	**21.0**	**61.4**
第一消费群	137	2.2	13.1	22.6	62.0
第二消费群	94	1.1	8.5	19.1	71.3
第三消费群	111	3.6	16.2	21.6	58.6
第四消费群	5	0.0	20.0	0.0	80.0
第五消费群	131	5.3	18.3	27.5	48.9
第六消费群	121	1.7	15.7	14.0	68.6

3-9-2 不同消费群经常阅读的报纸 / Frequently Read Newspapers by Market Segments

注：本题为多选题，合计百分比超过 100%（ Multiple answers ）

	人数	第一	第二	第三
样本	**584**	**北京晚报 68.0**	**北京日报 27.2**	**北京青年报 24.3**
第一消费群	134	北京晚报 60.4	北京日报 35.8	北京青年报 27.6
第二消费群	93	北京晚报 61.3	北京青年报 36.6	参考消息 20.4
第三消费群	108	北京晚报 75.0	北京日报 33.3	北京青年报 15.7
第四消费群	5	北京晚报 60.0		
第五消费群	125	北京晚报 78.4	北京青年报 33.6	北京日报 20.8
第六消费群	119	北京晚报 64.7	北京日报 33.6	北京广播电视报 23.5

3-9-3 不同消费群比较关心的报道 / The Concerned Newspaper Content Categories by Market Segments

注：本题为多选题，合计百分比超过 100%（ Multiple answers ）

	人数	新闻报道	人物专访	热点追踪	影视娱乐	节目预告	海外见闻
样本	**583**	**69.6**	**20.4**	**41.0**	**17.3**	**21.3**	**18.9**
第一消费群	134	71.6	29.1	43.3	17.2	13.4	20.1
第二消费群	93	69.9	18.3	45.2	11.8	15.1	17.2
第三消费群	108	75.9	19.4	50.0	13.9	27.8	16.7
第四消费群	5	60.0	0.0	20.0	60.0	20.0	40.0
第五消费群	125	50.4	16.8	29.6	28.8	23.2	22.4
第六消费群	118	82.2	17.8	39.8	11.0	27.1	16.1

续上表（ continued ）

	人数	消费指南	服饰美容	休闲旅游	文化信息	健康医疗	生活常识
样本	**583**	**23.0**	**11.7**	**9.9**	**10.8**	**33.4**	**37.2**
第一消费群	134	22.4	15.7	9.7	14.9	39.6	36.6
第二消费群	93	31.2	11.8	12.9	10.8	21.5	31.2
第三消费群	108	21.3	7.4	3.7	5.6	37.0	45.4
第四消费群	5	40.0	0.0	20.0	0.0	40.0	40.0
第五消费群	125	23.2	16.8	15.2	7.2	21.6	27.2
第六消费群	118	17.8	5.9	7.6	15.3	44.9	45.8

续上表（continued）

	人数	读者来信	体育	科技	军事	散文	评论
样本	**583**	**1.4**	**35.0**	**7.9**	**11.5**	**6.3**	**10.6**
第一消费群	134	1.5	33.6	11.9	9.7	6.0	8.2
第二消费群	93	1.1	41.9	7.5	14.0	7.5	16.1
第三消费群	108	3.7	25.9	4.6	17.6	2.8	13.9
第四消费群	5	0.0	0.0	20.0	0.0	20.0	0.0
第五消费群	125	0.8	49.6	7.2	14.4	11.2	12.0
第六消费群	118	0.0	25.4	6.8	3.4	3.4	5.1

续上表（continued）

	人数	广告	漫画	小说	经济类	其他
样本	**583**	**5.3**	**13.6**	**7.7**	**9.9**	**1.7**
第一消费群	134	4.5	9.0	4.5	12.7	0.7
第二消费群	93	4.3	10.8	9.7	16.1	0.0
第三消费群	108	2.8	9.3	6.5	6.5	1.9
第四消费群	5	20.0	0.0	0.0	20.0	0.0
第五消费群	125	11.2	27.2	9.6	4.8	2.4
第六消费群	118	2.5	11.0	9.3	10.2	3.4

注：北京消费群的代表特征 / Characteristics of the Beijing Market Segments

		第一消费群	第二消费群	第三消费群	第四消费群	第五消费群	第六消费群
基本情况	性别	女	男	无明显偏向	男	无明显偏向	女
	年龄	30 — 34 岁	25 — 29 岁	35 — 44 岁	无明显偏向	16 — 24 岁	45 岁以上
	学历	大专/大本	大本	初中	大本及研究生	高中/中专/技校	初中及以下
	职业	科教卫生人员	一般企业职员	工人	管理人员/专门职业从事者/个体及私营企业主	学生	离退休人员
	月均收入	801 — 1500 元	1501 — 4000 元	800 元以下	4000 元以上	无收入	800 元以下
	婚姻	已婚	无明显偏向	已婚	已婚或离异	未婚	已婚
心理取向		注重学历 非积极进取	不循规传统 非单一电视娱乐	非田园倾向 新女性主张 金钱本位	注重经验 大男子主义 不保守稳定	非“大男子主义” 追随流行	非“新女性主张” 非浪漫新潮 单一电视娱乐

3-10 关于上海消费群 / Newspaper Reading of the Shanghai Consumers

3-10-1 不同消费群平时是否接触报纸媒介 / Newspaper Reading by Market Segments

	人数	从来不看	很少看	经常看	天天看
样本	**597**	**3.5**	**9.9**	**17.4**	**69.2**
第一消费群	144	2.1	4.9	13.9	79.2
第二消费群	92	5.4	8.7	17.4	68.5
第三消费群	10	0.0	10.0	10.0	80.0
第四消费群	135	5.2	14.8	23.0	57.0
第五消费群	68	4.4	19.1	14.7	61.8
第六消费群	148	2.0	6.8	17.6	73.6

3-10-2 不同消费群经常阅读的报纸 / Frequently Read Newspapers by Market Segments

注：本题为多选题，合计百分比超过 100%（ Multiple answers ）

	人数	第一		第二		第三	
样本	**579**	**新民晚报**	**89.6**	**解放日报**	**29.9**	**文汇报**	**19.0**
第一消费群	141	新民晚报	88.0	解放日报	42.3	文汇报	26.1
第二消费群	87	新民晚报	92.0	解放日报	35.6	文汇报	26.4
第三消费群	10	新民晚报	100.0				
第四消费群	128	新民晚报	89.1	解放日报	22.9	每周广播电视报	13.3
第五消费群	65	新民晚报	90.8	每周广播电视报	21.5	青年报	20.0
				文汇报	21.5		
第六消费群	147	新民晚报	89.1	解放日报	27.9	文汇报	15.0

3-10-3 不同消费群比较关心的报道 / The Concerned Newspaper Content Categories by Market Segments

注：本题为多选题，合计百分比超过 100%（ Multiple answers ）

	人数	新闻报道	人物专访	热点追踪	影视娱乐	节目预告	海外见闻
样本	**574**	**76.3**	**16.0**	**43.9**	**16.9**	**17.2**	**22.1**
第一消费群	141	85.8	19.9	49.6	10.6	13.5	24.1
第二消费群	86	72.1	14.0	40.7	19.8	11.6	27.9
第三消费群	10	90.0	10.0	50.0	20.0	20.0	20.0
第四消费群	128	79.7	15.6	38.3	10.2	27.3	13.3
第五消费群	64	50.0	10.9	31.3	31.3	23.4	26.6
第六消费群	145	77.2	16.6	50.3	20.7	12.4	22.8

续上表（ continued ）

	人数	消费指南	服饰美容	休闲旅游	文化信息	健康医疗	生活常识
样本	**574**	**18.5**	**11.3**	**8.5**	**9.9**	**33.1**	**27.0**
第一消费群	141	19.9	6.4	9.9	11.3	48.2	36.2
第二消费群	86	10.5	17.4	11.6	16.3	26.7	20.9
第三消费群	10	30.0	10.0	10.0	10.0	20.0	20.0
第四消费群	128	21.9	7.0	1.6	3.9	32.0	30.5
第五消费群	64	9.4	18.8	12.5	15.6	17.2	15.6
第六消费群	145	22.1	13.1	9.7	7.6	31.0	24.1

续上表（continued）

	人数	读者来信	体育	科技	军事	散文	评论
样本	**574**	**4.4**	**37.1**	**6.1**	**8.0**	**11.5**	**6.1**
第一消费群	141	5.0	35.5	9.9	3.5	9.2	9.2
第二消费群	86	2.3	43.0	5.8	16.3	14.0	9.3
第三消费群	10	10.0	10.0	10.0	0.0	0.0	0.0
第四消费群	128	3.9	23.4	1.6	7.8	5.5	2.3
第五消费群	64	7.8	46.9	7.8	9.4	23.4	6.3
第六消费群	145	3.4	44.8	5.5	7.6	13.1	4.8

续上表（continued）

	人数	广告	漫画	小说	经济类	其他
样本	**574**	**6.1**	**8.0**	**11.8**	**13.1**	**0.2**
第一消费群	141	3.5	5.0	8.5	17.7	0.7
第二消费群	86	4.7	10.5	11.6	14.0	0.0
第三消费群	10	30.0	10.0	10.0	50.0	0.0
第四消费群	128	7.0	5.5	14.1	10.2	0.0
第五消费群	64	9.4	23.4	29.7	3.1	0.0
第六消费群	145	5.5	4.8	5.5	12.4	0.0

注：上海消费群的代表特征 / Characteristics of the Shanghai Market Segments

		第一消费群	第二消费群	第三消费群	第四消费群	第五消费群	第六消费群
基本情况	性别	无明显偏向	男	男	女	女	无明显偏向
	年龄	45 岁以上	20 — 29 岁	25 — 34 岁	35 — 44 岁	16 — 24 岁	30 — 39 岁
	学历	大本及以上	大专/大本	大专	初中及以下	高中/中专/技校	高中/中专/技校
	职业	科教卫生人员/离退休人员	一般企业职员	行政管理人员/个体及私营企业主/专门职业从事者	工人/下岗人员	学生	一般企业职员
	月均收入	801 — 1500 元	1001 — 3000 元	3000 元以上	800 元以下	无收入	1001 — 2000 元
	婚姻	已婚	未婚	未婚	已婚	未婚	已婚
心理取向		非浪漫时尚 非金钱本位 保守稳定	非家庭重心 田园倾向 休闲独立	不保守稳定 奔波忙碌 浪漫时尚	金钱本位 家庭重心 注重学历	新家庭观念 非休闲独立	不积极进取 不奔波忙碌

3-11 关于广州消费群 / Newspaper Reading of the Guangzhou Consumers

3-11-1 不同消费群平时是否接触报纸媒介 / Newspaper Reading by Market Segments

	人数	从来不看	很少看	经常看	天天看
样本	**595**	**5.5**	**16.5**	**19.0**	**59.0**
第一消费群	94	6.4	28.7	21.3	43.6
第二消费群	125	4.8	16.0	17.6	61.6
第三消费群	98	6.1	16.3	22.4	55.1
第四消费群	98	7.1	10.2	13.3	69.4
第五消费群	98	7.1	20.4	15.3	57.1
第六消费群	82	1.2	6.1	25.6	67.1

3-11-2 不同消费群经常阅读的报纸 / Frequently Read Newspapers by Market Segments

注：本题为多选题，合计百分比超过 100%（Multiple answers）

	人数	第一	第二	第三
样本	**564**	**广州日报 80.1**	**羊城晚报 78.0**	**南方日报 10.6**
第一消费群	86	羊城晚报 81.4	广州日报 73.3	南方日报 10.5
第二消费群	120	广州日报 73.3	羊城晚报 71.7	南方日报 9.2
第三消费群	93	羊城晚报 90.3	广州日报 79.6	南方日报 8.6
第四消费群	92	广州日报 85.9	羊城晚报 81.5	南方日报 13.0
第五消费群	92	广州日报 85.9	羊城晚报 72.8	南方日报 13.0
第六消费群	81	广州日报 85.2	羊城晚报 71.6	足球 13.6

3-11-3 不同消费群比较关心的报道 / The Concerned Newspaper Content Categories by Market Segments

注：本题为多选题，合计百分比超过 100%（Multiple answers）

	人数	新闻报道	人物专访	热点追踪	影视娱乐	节目预告	海外见闻
样本	**562**	**76.9**	**10.9**	**27.6**	**17.8**	**8.2**	**20.1**
第一消费群	88	58.0	9.1	26.1	37.5	17.0	22.7
第二消费群	119	89.9	10.9	30.3	7.6	5.0	16.0
第三消费群	92	63.0	6.5	26.1	25.0	6.5	25.0
第四消费群	91	86.8	16.5	30.8	7.7	3.3	22.0
第五消费群	91	70.3	11.0	18.7	22.0	15.4	18.7
第六消费群	81	90.1	11.1	33.3	9.9	2.5	17.3

续上表（continued）

	人数	消费指南	服饰美容	休闲旅游	文化信息	健康医疗	生活常识
样本	**562**	**13.0**	**10.9**	**11.7**	**9.1**	**28.5**	**34.0**
第一消费群	88	11.4	18.2	17.0	8.0	23.9	31.8
第二消费群	119	10.1	0.8	8.4	7.6	31.9	42.0
第三消费群	92	13.0	21.7	17.4	12.0	25.0	25.0
第四消费群	91	14.3	1.1	6.6	6.6	28.6	31.9
第五消费群	91	16.5	17.6	12.1	8.8	42.9	47.3
第六消费群	81	13.6	8.6	9.9	12.3	16.0	22.2

续上表（ continued ）

	人数	读者来信	体育	科技	军事	散文	评论
样本	**562**	**5.3**	**29.2**	**10.3**	**9.3**	**6.6**	**5.7**
第一消费群	88	3.4	15.9	13.6	10.2	11.4	6.8
第二消费群	119	7.6	27.7	10.9	6.7	4.2	6.7
第三消费群	92	6.5	31.5	8.7	12.0	8.7	3.3
第四消费群	91	6.6	50.5	13.2	13.2	2.2	5.5
第五消费群	91	5.5	16.5	4.4	4.4	5.5	2.2
第六消费群	81	1.2	33.3	11.1	9.9	8.6	9.9

续上表（ continued ）

	人数	广告	漫画	小说	经济类	其他
样本	**562**	**5.7**	**13.0**	**13.2**	**9.6**	**1.8**
第一消费群	88	4.5	29.5	22.7	6.8	2.3
第二消费群	119	5.0	3.4	9.2	6.7	1.7
第三消费群	92	6.5	16.3	15.2	5.4	4.3
第四消费群	91	6.6	7.7	11.0	12.1	1.1
第五消费群	91	6.6	15.4	16.5	4.4	0.0
第六消费群	81	4.9	8.6	4.9	24.7	1.2

注：广州消费群的代表特征 / Characteristics of the Guangzhou Market Segments

		第一消费群	第二消费群	第三消费群	第四消费群	第五消费群	第六消费群
基本情况	性别	女	无明显偏向	女	男	女	男
	年龄	16 － 19 岁	40 岁以上	20 － 24 岁	35 － 44 岁	30 － 34 岁	25 － 29 岁
	学历	高中/中专/技校	无明显偏向	高中/中专/技校/大专	初中/高中/中专/技校	初中及以下	大专及以上
	职业	学生	工人	学生/待业人员	个体及私营企业主	家庭主妇	企业职员/管理人员/科教卫生人员/专门职业者
	月均收入	无收入	1600 元以下	无收入	801 － 1500 元	800 元以下	2000 元以上
	婚姻	未婚	已婚	未婚	已婚	已婚	无明显偏向
心理取向		不固守中式生活 田园倾向 非大男子主义	非新女性主张 不追随流行 非积极进取	独立自主 追随流行	积极进取 大男子主义 中式生活	单一电视娱乐 非独立自主 保守稳定	非单一电视娱乐 非家庭重心

3-12 关于重庆消费群 / Newspaper Reading of the Chongqing Consumers

3-12-1 不同消费群平时是否接触报纸媒介 / Newspaper Reading by Market Segments

	人数	从来不看	很少看	经常看	天天看
样本	**596**	**3.9**	**14.4**	**22.3**	**59.4**
第一消费群	133	3.0	18.8	28.6	49.6
第二消费群	121	1.7	7.4	23.1	67.8
第三消费群	124	0.8	6.5	23.4	69.4
第四消费群	23	4.3	13.0	4.3	78.3
第五消费群	161	7.5	19.3	17.4	55.9
第六消费群	34	8.8	29.4	26.5	35.3

3-12-2 不同消费群经常阅读的报纸 / Frequently Read Newspapers by Market Segments

	人数	第一	第二	第三
样本	**577**	**重庆晚报 84.4**	**重庆晨报 42.8**	**重庆商报 22.7**
第一消费群	129	重庆晚报 86.8	重庆晨报 41.1	重庆商报 17.8 华西都市报 17.8
第二消费群	121	重庆晚报 76.0	重庆晨报 43.0	重庆商报 26.4
第三消费群	123	重庆晚报 89.4	重庆晨报 48.8	重庆商报 26.0
第四消费群	23	重庆晚报 82.6	重庆晨报 43.5	华西都市报 39.1
第五消费群	150	重庆晚报 86.7	重庆晨报 40.7	重庆商报 17.3 华西都市报 17.3
第六消费群	31	重庆晚报 77.4	重庆晨报 35.5	重庆商报 32.3

3-12-3 不同消费群比较关心的报道 / The Concerned Newspaper Content Categories by Market Segments

注：本题为多选题，合计百分比超过 100%（Multiple answers）

	人数	新闻报道	人物专访	热点追踪	影视娱乐	节目预告	海外见闻
样本	**576**	**66.7**	**13.5**	**43.8**	**16.7**	**10.9**	**14.4**
第一消费群	129	41.9	9.3	34.1	28.7	15.5	19.4
第二消费群	121	85.1	17.4	43.8	9.1	10.7	14.9
第三消费群	123	69.9	11.4	52.0	19.5	8.1	15.4
第四消费群	23	69.6	21.7	47.8	17.4	4.3	8.7
第五消费群	149	73.2	15.4	45.0	9.4	11.4	10.7
第六消费群	31	51.6	9.7	41.9	19.4	6.5	9.7

续上表（continued）

	人数	消费指南	服饰美容	休闲旅游	文化信息	健康医疗	生活常识
样本	**576**	**15.1**	**11.3**	**10.6**	**8.3**	**24.7**	**34.0**
第一消费群	129	7.0	15.5	13.2	11.6	16.3	25.6
第二消费群	121	17.4	7.4	13.2	9.1	27.3	35.5
第三消费群	123	21.1	13.8	9.8	12.2	28.5	36.6
第四消费群	23	21.7	17.4	21.7	4.3	8.7	21.7
第五消费群	149	12.8	6.7	5.4	2.7	29.5	40.9
第六消费群	31	22.6	16.1	9.7	6.5	22.6	29.0

续上表（continued）

	人数	读者来信	体育	科技	军事	散文	评论
样本	**576**	**5.2**	**32.1**	**6.8**	**12.5**	**10.8**	**4.0**
第一消费群	129	1.6	45.7	9.3	19.4	17.8	2.3
第二消费群	121	6.6	30.6	5.0	9.1	12.4	3.3
第三消费群	123	2.4	37.4	9.8	17.1	11.4	8.9
第四消费群	23	13.0	26.1	13.0	8.7	13.0	0.0
第五消费群	149	7.4	21.5	3.4	6.0	4.0	2.7
第六消费群	31	9.7	16.1	3.2	12.9	3.2	3.2

续上表（continued）

	人数	广告	漫画	小说	经济类	其他
样本	**576**	**7.8**	**13.9**	**14.9**	**15.1**	**1.9**
第一消费群	129	11.6	27.1	14.0	6.2	3.1
第二消费群	121	5.8	7.4	13.2	16.5	4.1
第三消费群	123	10.6	13.8	13.0	19.5	0.8
第四消费群	23	17.4	8.7	4.3	30.4	0.0
第五消费群	149	4.0	8.7	19.5	15.4	0.7
第六消费群	31	0.0	12.9	19.4	16.1	0.0

注：重庆消费群的代表特征 / Characteristics of the Chongqing Market Segments

		第一消费群	第二消费群	第三消费群	第四消费群	第五消费群	第六消费群
基本情况	性别	无明显偏向	无明显偏向	无明显偏向	无明显偏向	无明显偏向	女
	年龄	16－19岁	45岁以上	20－29岁	30－34岁	40岁以上	25－29岁
	学历	高中/中专/技校	高中/中专/技校	大专/大本	高中/中专/技校/大本以上	初中及以下	初中
	职业	学生	行政管理人员/离退休人员	科教卫生人员/一般企业职员	个体及私营企业主	工人	专门职业从事者下岗及其他
	月均收入	无收入	501－800元	801－1500元	1500元以上	500元以下	1001－1500元
	婚姻	未婚	已婚	无明显偏向	已婚	已婚	已婚或离异
心理取向		浪漫新潮 注重学历 非现实家庭观	循规传统 奔波忙碌 保守稳定	新女性主张 非功利心态	功利心态 现实家庭观 都市情结	非浪漫新潮 非独立休闲	非新女性主张 不循规传统 独立休闲

4 杂志 / Magazine

4-1 样本总体、男性各年龄层、女性各年龄层平时是否接触杂志媒介 / Magazine Reading by the Whole Sample, Age and Gender Groups

● 北京（Beijing）

	人数	从来不看	看过
样本	**597**	**35.5**	**64.5**
男性	**298**	**41.3**	**58.7**
16-19 岁	26	38.5	61.5
20-24 岁	36	41.7	58.3
25-29 岁	41	31.7	68.3
30-34 岁	47	40.4	59.6
35-39 岁	43	46.5	53.5
40-44 岁	42	61.9	38.1
45-49 岁	24	25.0	75.0
50 岁以上	39	35.9	64.1
女性	**299**	**29.8**	**70.2**
16-19 岁	23	13.0	87.0
20-24 岁	35	28.6	71.4
25-29 岁	35	14.3	85.7
30-34 岁	47	25.5	74.5
35-39 岁	45	28.9	71.1
40-44 岁	40	37.5	62.5
45-49 岁	26	15.4	84.6
50 岁以上	48	56.3	43.8

● 上海（Shanghai）

	人数	从来不看	看过
样本	**595**	**47.2**	**52.8**
男性	**305**	**50.5**	**49.5**
16-19 岁	22	40.9	59.1
20-24 岁	33	57.6	42.4
25-29 岁	42	54.8	45.2
30-34 岁	55	61.8	38.2
35-39 岁	51	54.9	45.1
40-44 岁	31	54.8	45.2
45-49 岁	26	26.9	73.1
50 岁以上	45	37.8	62.2
女性	**290**	**43.8**	**56.2**
16-19 岁	24	45.8	54.2
20-24 岁	32	40.6	59.4
25-29 岁	37	40.5	59.5
30-34 岁	50	46.0	54.0
35-39 岁	44	45.5	54.5
40-44 岁	35	54.3	45.7
45-49 岁	23	39.1	60.9
50 岁以上	45	37.8	62.2

● 广州（Guangzhou）

	人数	从来不看	看过
样本	**592**	**45.1**	**54.9**
男性	**279**	**48.0**	**52.0**
16-19 岁	30	46.7	53.3
20-24 岁	36	41.7	58.3
25-29 岁	34	29.4	70.6
30-34 岁	34	67.6	32.4
35-39 岁	40	40.0	60.0
40-44 岁	40	62.5	37.5
45-49 岁	26	53.8	46.2
50 岁以上	39	43.6	56.4
女性	**313**	**42.5**	**57.5**
16-19 岁	50	46.0	54.0
20-24 岁	45	35.6	64.4
25-29 岁	62	25.8	74.2
30-34 岁	45	57.8	42.2
35-39 岁	41	48.8	51.2
40-44 岁	29	55.2	44.8
45-49 岁	12	25.0	75.0
50 岁以上	29	44.8	55.2

● 重庆（Chongqing）

	人数	从来不看	看过
样本	**598**	**40.5**	**59.5**
男性	**307**	**46.3**	**53.7**
16-19 岁	43	44.2	55.8
20-24 岁	53	24.5	75.5
25-29 岁	43	46.5	53.5
30-34 岁	38	42.1	57.9
35-39 岁	38	50.0	50.0
40-44 岁	30	56.7	43.3
45-49 岁	25	52.0	48.0
50 岁以上	37	67.6	32.4
女性	**291**	**34.4**	**65.6**
16-19 岁	43	27.9	72.1
20-24 岁	53	20.8	79.2
25-29 岁	32	18.8	81.3
30-34 岁	33	48.5	51.5
35-39 岁	35	37.1	62.9
40-44 岁	32	50.0	50.0
45-49 岁	26	46.2	53.8
50 岁以上	37	37.8	62.2

4-2 经常阅读的杂志排名 / Ranking of the Frequently Read Magazines

注：本题为多选题，合计百分比超过 100%（Multiple answers）

● 北京（Beijing）

排名	杂志	人次	百分比
1	读者	180	46.8
2	青年文摘	37	9.6
3	知音	32	8.3
4	家庭	28	7.3
4	女友	28	7.3
6	海外文摘	20	5.2
7	大众电影	19	4.9
8	家庭医生	17	4.4
9	父母必读	15	3.9

n=385

● 上海（Shanghai）

排名	杂志	人次	百分比
1	读者	66	21.0
2	青年一代	63	20.0
3	现代家庭	32	10.2
4	大众医学	25	7.9
5	上海电视	19	6.0
6	故事会	16	5.1
7	女友	15	4.8
8	民主与法制	14	4.4
9	上海服饰	12	3.8

n=315

● 广州（Guangzhou）

排名	杂志	人次	百分比
1	家庭医生	111	33.5
2	家庭	73	22.1
2	读者	73	22.1
4	知音	46	13.9
5	佛山文艺	43	13.0
6	少男少女	21	6.3
7	人之初	17	5.1
7	江门文艺	17	5.1
9	文摘	10	3.0

n=331

● 重庆（Chongqing）

排名	杂志	人次	百分比
1	读者	105	29.4
2	知音	93	26.1
3	家庭	72	20.2
4	女友	29	8.1
5	家庭医生	28	7.8
6	故事会	26	7.3
7	青年文摘	18	5.0
8	商界	14	3.9
9	党员文摘	13	3.6

n=357

4-3 样本总体、男性各年龄层、女性各年龄层经常阅读的杂志 / Frequently Read Magazines by the Whole Sample, Age and Gender Groups

注：本题为多选题，合计百分比超过 100%（Multiple answers）

● 北京（Beijing）

	人数	第一		第二			
样本	**385**	**读者**	**46.8**	**青年文摘**	**9.6**		
男性	**175**	**读者**	**45.1**	**青年文摘**	**9.7**		
16-19 岁	16	读者	43.8	青年文摘	18.8	当代歌坛	18.8
20-24 岁	21	读者	71.5	青年文摘	28.6		
25-29 岁	28	读者	50.0	青年文摘	17.9		
30-34 岁	28	读者	50.0	家庭医生	10.7		
35-39 岁	23	读者	34.8	海外文摘	13.0	足球	13.0
40-44 岁	16	读者	37.5	知音	25.0		
45-49 岁	18	读者	38.9				
50 岁以上	25	读者	32.0	装饰工程	8.0		
女性	**210**	**读者**	**48.1**	**女友**	**12.9**		
16-19 岁	20	读者	55.0	当代歌坛	12.0		
20-24 岁	25	读者	48.0	女友	36.0		
25-29 岁	30	读者	66.7	女友	23.3		
30-34 岁	37	读者	45.9	家庭	16.2	知音	16.2
35-39 岁	32	读者	46.9	家庭	12.5	知音	12.5
40-44 岁	23	读者	39.1	中国妇女	17.4		
45-49 岁	22	读者	36.4	家庭医生	13.6		
50 岁以上	21	读者	42.9	家庭医生	14.3		

● 上海（Shanghai）

	人数	第一		第二			
样本	**315**	**读者**	**21.0**	**青年一代**	**20.0**		
男性	**151**	**读者**	**19.2**	**青年一代**	**18.5**		
16-19 岁	13	读者	30.8	足球俱乐部	23.1		
20-24 岁	15	美化生活	26.7	青年一代	20.0		
25-29 岁	18	读者	33.3	青年一代	22.2		
30-34 岁	22	读者	36.4	青年一代	27.3		
35-39 岁	22	青年一代	27.3	家庭医生	9.1	读者	9.1
				半月谈	9.1		
40-44 岁	14	青年一代	21.4	大众医学	14.3	中华气功	14.3
45-49 岁	19	故事会	21.1	当代歌坛	10.5		
50 岁以上	28	读者	14.3	萌芽	10.7		
女性	**164**	**读者**	**22.6**	**青年一代**	**21.3**		
16-19 岁	13	读者	46.2	上海电视	23.1		
20-24 岁	18	读者	38.9	青年一代	22.2		
25-29 岁	22	青年一代	50.0	上海服饰	22.7	读者	22.7
30-34 岁	27	青年一代	22.2	现代家庭	14.8	大众医学	14.8
				读者	14.8	上海电视	14.8
35-39 岁	24	青年一代	37.5	现代家庭	16.7		
40-44 岁	16	读者	25.0	大众医学	18.8		
45-49 岁	14	大众医学	28.6	现代家庭	21.4	读者	21.4
50 岁以上	30	读者	20.0	现代家庭	13.3		

● 广州（Guangzhou）

	人数	第一	第二	第三
样本	**331**	**家庭医生 33.5**	**家庭 22.1 读者 22.1**	**知音 13.9**
男性	**148**	**家庭医生 25.0**	**读者 22.3**	**家庭 18.2**
16-19 岁	16	读者 37.5	少男少女 18.8	大众软件 12.5
20-24 岁	21	读者 33.3	家庭医生 23.8	佛山文艺 14.3
25-29 岁	25	读者 36.0	家庭医生 12.0 家庭 12.0 人之初 12.0	知音 8.0 佛山文艺 8.0 青年文摘 8.0 读者文摘 8.0
30-34 岁	11	读者 36.4	家庭 27.3	佛山文艺 18.2
35-39 岁	24	家庭医生 37.5	佛山文艺 25.0	家庭 16.7 读者 16.7 江门文艺 16.7
40-44 岁	16	家庭医生 37.5	家庭 31.3	佛山文艺 25.0
45-49 岁	12	家庭医生 58.3	文摘 16.7	
50 岁以上	23	家庭 43.5	家庭医生 21.7	大众电视 8.7 党风 8.7 江门文艺 8.7 知音 8.7
女性	**183**	**家庭医生 40.4**	**家庭 25.1**	**读者 21.9**
16-19 岁	27	少男少女 44.4	读者 40.7	知音 22.2
20-24 岁	29	家庭医生 37.9	家庭 20.7 知音 20.7	人之初 17.2
25-29 岁	46	家庭医生 50.0	读者 26.1	知音 23.9
30-34 岁	20	家庭医生 55.0	家庭 25.0	佛山文艺 20.0
35-39 岁	21	家庭 42.9	家庭医生 38.1	知音 28.6
40-44 岁	14	家庭医生 50.0	家庭 28.6	
45-49 岁	10	家庭医生 50.0 家庭 50.0		
50 岁以上	16	家庭 43.8	家庭医生 31.3 读者 31.3	知音 12.5

● 重庆（Chongqing）

	人数	第一	第二	第三
样本	**357**	**读者 29.4**	**知音 26.1**	**家庭 20.2**
男性	**165**	**读者 30.9**	**知音 18.2**	**家庭 15.8**
16-19 岁	24	读者 29.2	足球俱乐部 16.7	故事会 12.5
20-24 岁	39	读者 51.3	知音 17.9	青年文摘 10.3
25-29 岁	24	读者 16.7 知音 16.7	家庭 12.5	商界 8.3 家庭医生 8.3 青年文摘 8.3 兵器知识 8.3 故事会 8.3
30-34 岁	22	读者 31.8	知音 18.2 家庭 18.2	家庭医生 9.1 军事天地 9.1 海外星云 9.1
35-39 岁	19	读者 31.6 家庭 31.6	知音 21.1	女友 10.5
40-44 岁	13	知音 32.8 家庭 32.8	读者 23.1	
45-49 岁	12	知音 25.0		
50 岁以上	12	家庭 41.7	读者 25.0 知音 25.0	
女性	**192**	知音 32.8	读者 28.1	家庭 24.0
16-19 岁	31	读者 32.3	知音 29.0	少男少女 22.6
20-24 岁	42	知音 50.0	读者 40.5	女友 33.3
25-29 岁	26	家庭 42.3	知音 30.8	读者 26.9
30-34 岁	17	读者 41.2	家庭 29.4	知音 23.5
35-39 岁	22	家庭 36.4	知音 22.7	无线电 13.6
40-44 岁	16	知音 25.0 家庭 25.0	读者 18.8	故事会 12.5 商界 12.5
45-49 岁	15	知音 40.0	家庭 26.7	读者 20.0
50 岁以上	23	知音 26.1	家庭医生 21.7 文摘 21.7	读者 13.0 女友 13.0 党员文摘 13.0

4-4 不同学历的读者经常阅读的杂志 / Frequently Read Magazines by Educational Levels

注：本题为多选题，合计百分比超过 100%（Multiple answers）

● 北京（Beijing）

	人数	第一	第二	第三
样本	**385**	**读者 46.8**	**青年文摘 9.6**	**知音 8.3**
小学及以下	4	读者 75.0		
初中	57	读者 28.1	金盾 8.8	知音 7.0 家庭医生 7.0
高中/中专/技校	168	读者 44.6	家庭 9.5	知音 7.7
大学专科	73	读者 50.7	家庭生活指南 12.3	青年文摘 11.0
大学本科及以上	83	读者 59.0	青年文摘 15.7	知音 9.6

● 上海（Shanghai）

	人数	第一	第二	第三
样本	**315**	**读者 21.0**	**青年一代 20.0**	
小学及以下	2	青年一代 50.0	读者 25.0 健康 25.0 现代家庭 25.0 家庭 25.0	
初中	58	青年一代 12.1 大众医学 12.1	读者 10.3	
高中/中专/技校	169	青年一代 23.7	上海服饰 20.1	现代家庭 9.5
大学专科	50	读者 30.0	青年一代 22.0	现代家庭 12.0
大学本科及以上	36	读者 27.8	青年一代 13.9	

● 广州（Guangzhou）

	人数	第一	第二	第三
样本	**329**	**家庭医生 33.4**	**家庭 21.9 读者 21.9**	**知音 14.0**
小学及以下	8	佛山文艺 37.5	家庭医生 25.0 读者 25.0	
初中	81	家庭医生 32.1	家庭 24.7	佛山文艺 18.5
高中/中专/技校	164	家庭医生 36.6	家庭 22.0	读者 20.7
大学专科	35	家庭医生 31.4	读者 28.6	家庭 22.9
大学本科及以上	41	读者 43.9	家庭医生 26.8	家庭 17.1

● 重庆（Chongqing）

	人数	第一	第二	第三
样本	**357**	**读者 29.4**	**知音 26.1**	**家庭 20.2**
小学及以下	2	知音 50.0 大众电影 50.0 家庭 50.0 故事会 50.0		
初中	82	知音 31.7	读者 17.1 家庭 17.1	故事会 13.4
高中/中专/技校	177	读者 29.9	家庭 23.7	知音 22.0
大学专科	65	读者 38.5	知音 27.7	家庭 20.0
大学本科及以上	31	读者 41.9	知音 29.0	家庭医生 12.9

4-5 经常阅读的杂志的主要来源 / Sources of Obtaining the Frequently Read Magazines

● 北京（Beijing）

	人数	家中订阅	单位订阅	报摊购买	赠阅	借阅
读者	180	13.9	8.9	68.3	0.0	8.9
青年文摘	37	8.1	10.8	70.3	0.0	10.8
知音	32	6.2	6.2	68.8	0.0	18.8
家庭	28	14.3	10.7	53.6	3.6	17.9
女友	28	14.3	7.1	60.7	0.0	17.9

● 上海（Shanghai）

	人数	家中订阅	单位订阅	报摊购买	赠阅	借阅
读者	66	21.2	0.0	69.7	0.0	9.1
青年一代	63	9.5	14.3	54.0	1.6	20.6
现代家庭	32	18.7	18.7	46.9	6.3	9.4
大众医学	25	12.0	44.0	32.0	0.0	12.0
上海电视	19	15.8	10.5	47.4	0.0	26.3

● 广州（Guangzhou）

	人数	家中订阅	单位订阅	报摊购买	赠阅	借阅
家庭医生	109	20.2	11.0	59.6	2.8	6.4
读者	71	14.1	4.2	70.4	1.4	9.9
家庭	70	20.0	11.4	58.6	0.0	10.0
知音	44	15.9	2.3	70.5	0.0	11.4
佛山文艺	41	9.8	0.0	63.4	0.0	26.8

● 重庆（Chongqing）

	人数	家中订阅	单位订阅	报摊购买	赠阅	借阅
读者	103	10.7	6.8	68.0	1.9	12.6
知音	91	11.0	3.3	65.9	0.0	20.0
家庭	70	28.6	8.6	47.1	0.0	15.7
女友	28	14.3	0.0	50.0	17.9	17.9
家庭医生	27	14.8	7.4	59.3	0.0	18.5

4-6 关于北京消费群 / Magazine Reading of the Beijing Consumers

4-6-1 不同消费群平时接触杂志媒介的程度 / Magazine Reading by Market Segments

	人数	从来不看	偶尔看	经常看
样本	**556**	**38.1**	**23.7**	**38.1**
第一消费群	126	29.4	29.4	41.3
第二消费群	86	33.7	19.8	46.5
第三消费群	108	51.9	16.7	31.5
第四消费群	3	0.0	66.7	33.3
第五消费群	123	34.1	26.0	39.8
第六消费群	110	43.6	23.6	32.7

注：偶尔看=10 天以上看一次；经常看=每 10 天以内看一次

4-6-2 不同消费群经常阅读的杂志 / Frequently Read Magazines by Market Segments

	人数	第一	第二	第三
样本	**385**	**读者 46.8**	**青年文摘 9.6**	**知音 8.3**
第一消费群	98	读者 46.9	知音 11.2	家庭 9.2
第二消费群	65	读者 60.0	青年文摘 13.8	女友 7.7 海外文摘 7.7 知音 7.7
第三消费群	55	读者 27.3	家庭 10.9 故事会 10.9	知音 9.1
第四消费群	5	读者 40.0		
第五消费群	89	读者 51.7	青年文摘 18.0	女友 16.9
第六消费群	73	读者 43.8	中国妇女 8.2	大众电影 6.8

注：北京消费群的代表特征 / Characteristics of the Beijing Market Segments

		第一消费群	第二消费群	第三消费群	第四消费群	第五消费群	第六消费群
基本情况	性别	女	男	无明显偏向	男	无明显偏向	女
	年龄	30 — 34 岁	25 — 29 岁	35 — 44 岁	无明显偏向	16 — 24 岁	45 岁以上
	学历	大专/大本	大本	初中	大本及研究生	高中/中专/技校	初中及以下
	职业	科教卫生人员	一般企业职员	工人	管理人员/专门职业从事者/个体及私营企业主	学生	离退休人员
	月均收入	801 — 1500 元	1501 — 4000 元	800 元以下	4000 元以上	无收入	800 元以下
	婚姻	已婚	无明显偏向	已婚	已婚或离异	未婚	已婚
心理取向		注重学历 非积极进取	不循规传统 非单一电视娱乐	非田园倾向 新女性主张 金钱本位	注重经验 大男子主义 不保守稳定	非“大男子主义” 追随流行	非“新女性主张” 非浪漫新潮 单一电视娱乐

4-7 关于上海消费群 / Magazine Reading of the Shanghai Consumers

4-7-1 不同消费群平时接触杂志媒介的程度 / Magazine Reading by Market Segments

	人数	从来不看	偶尔看	经常看
样本	**575**	**48.7**	**15.3**	**36.0**
第一消费群	136	32.4	19.1	48.5
第二消费群	87	41.4	16.1	42.5
第三消费群	10	50.0	40.0	10.0
第四消费群	131	67.2	8.4	24.4
第五消费群	68	48.5	19.1	32.4
第六消费群	143	51.7	14.0	34.3

注：偶尔看=10 天以上看一次；经常看=每 10 天以内看一次

4-7-2 不同消费群经常阅读的杂志 / Frequently Read Magazines by Market Segments

	人数	第一	第二	第三
样本	**315**	**读者 21.0**	**青年一代 20.0**	**现代家庭 10.2**
第一消费群	100	读者 15.0	青年一代 14.0 现代家庭 14.0	民主与法制 10.0
第二消费群	56	读者 33.9	青年一代 28.6	知音 12.5
第三消费群	5	青年一代 60.0		
第四消费群	46	读者 13.0 青年一代 13.0	女友 8.7 大众医学 8.7	故事会 6.5 家庭生活 6.5 灵水 6.5
第五消费群	34	读者 38.2	青年一代 11.8	足球俱乐部 8.8 少男少女 8.8
第六消费群	74	青年一代 27.0	读者 16.2	现代家庭 10.8

注：上海消费群的代表特征 / Characteristics of the Shanghai Market Segments

		第一消费群	第二消费群	第三消费群	第四消费群	第五消费群	第六消费群
基本情况	性别	无明显偏向	男	男	女	女	无明显偏向
	年龄	45 岁以上	20 — 29 岁	25 — 34 岁	35 — 44 岁	16 — 24 岁	30 — 39 岁
	学历	大本及以上	大专/大本	大专	初中及以下	高中/中专/技校	高中/中专/技校
	职业	科教卫生人员/离退休人员	一般企业职员	行政管理人员/个体及私营企业主/专门职业从事者	工人/下岗人员	学生	一般企业职员
	月均收入	801 — 1500 元	1001 — 3000 元	3000 元以上	800 元以下	无收入	1001 — 2000 元
	婚姻	已婚	未婚	未婚	已婚	未婚	已婚
心理取向		非浪漫时尚 非金钱本位 保守稳定	非家庭重心 田园倾向 休闲独立	不保守稳定 奔波忙碌 浪漫时尚	金钱本位 家庭重心 注重学历	新家庭观念 非休闲独立	不积极进取 不奔波忙碌

4-8 关于广州消费群 / Magazine Reading of the Guangzhou Consumers

4-8-1 不同消费群平时接触杂志媒介的程度 / Magazine Reading by Market Segments

	人数	从来不看	偶尔看	经常看
样本	**551**	**48.5**	**18.0**	**33.6**
第一消费群	92	45.7	25.0	29.3
第二消费群	113	53.1	16.8	30.1
第三消费群	88	37.5	22.7	39.8
第四消费群	89	58.4	12.4	29.2
第五消费群	94	57.4	12.8	29.8
第六消费群	75	34.7	18.7	46.7

注：偶尔看=10 天以上看一次；经常看=每 10 天以内看一次

4-8-2 不同消费群经常阅读的杂志 / Frequently Read Magazines by Market Segments

	人数	第一	第二	第三
样本	**331**	**家庭医生 33.5**	**家庭 22.1** **读者 22.1**	**知音 13.9**
第一消费群	51	读者 33.3	家庭医生 27.5	少男少女 17.6
第二消费群	66	家庭 36.4	家庭医生 27.3	佛山文艺 16.7
第三消费群	66	家庭医生 25.8 读者 25.8	知音 18.2	家庭 16.7
第四消费群	48	家庭 33.3 家庭医生 33.3	读者 18.8	佛山文艺 12.5
第五消费群	44	家庭医生 59.1	知音 18.2 佛山文艺 18.2	家庭 15.9
第六消费群	56	家庭医生 35.7	读者 33.9	家庭 21.4

注：广州消费群的代表特征 / Characteristics of the Guangzhou Market Segments

		第一消费群	第二消费群	第三消费群	第四消费群	第五消费群	第六消费群
基本情况	性别	女	无明显偏向	女	男	女	男
	年龄	16 — 19 岁	40 岁以上	20 — 24 岁	35 — 44 岁	30 — 34 岁	25 — 29 岁
	学历	高中/中专/技校	无明显偏向	高中/中专/技校/大专	初中/高中/中专/技校	初中及以下	大专及以上
	职业	学生	工人	学生/待业人员	个体及私营企业主	家庭主妇	企业职员/管理人员/科教卫生人员/专门职业者
	月均收入	无收入	1500 元以下	无收入	801 — 1500 元	800 元以下	2000 元以上
	婚姻	未婚	已婚	未婚	已婚	已婚	无明显偏向
心理取向		不固守中式生活 田园倾向 非大男子主义	非新女性主张 不追随流行 非积极进取	独立自主 追随流行	积极进取 大男子主义 中式生活	单一电视娱乐 非独立自主 保守稳定	非单一电视娱乐 非家庭重心

4-9 关于重庆消费群 / Magazine Reading of the Chongqing Consumers

4-9-1 不同消费群平时接触杂志媒介的程度 / Magazine Reading by Market Segments

	人数	从来不看	偶尔看	经常看
样本	**585**	**41.4**	**19.5**	**39.1**
第一消费群	132	35.6	18.2	46.2
第二消费群	116	35.3	18.1	46.6
第三消费群	121	21.5	30.6	47.9
第四消费群	23	34.8	8.7	56.5
第五消费群	159	62.9	17.0	20.1
第六消费群	34	58.8	8.8	32.4

注：偶尔看=10 天以上看一次；经常看=每 10 天以内看一次

4-9-2 不同消费群经常阅读的杂志 / Frequently Read Magazines by Market Segments

	人数	第一	第二	第三
样本	**357**	**读者 29.4**	**知音 26.1**	**家庭 20.2**
第一消费群	85	读者 29.4	知音 23.5	青年文摘 11.8
第二消费群	82	家庭 29.3	知音 17.1	读者 15.9
第三消费群	98	读者 42.9	知音 26.5	家庭 20.4
第四消费群	16	读者 31.3	知音 25.0	新女性 12.5
			家庭 25.0	女友 12.5
第五消费群	62	知音 38.7	家庭 25.8	读者 21.0
第六消费群	14	读者 50.0	知音 35.7	故事会 21.4

注：重庆消费群的代表特征 / Characteristics of the Chongqing Market Segments

		第一消费群	第二消费群	第三消费群	第四消费群	第五消费群	第六消费群
基本情况	性别	无明显偏向	无明显偏向	无明显偏向	无明显偏向	无明显偏向	女
	年龄	16 — 19 岁	45 岁以上	20 — 29 岁	30 — 34 岁	40 岁以上	25 — 29 岁
	学历	高中/中专/技校	高中/中专/技校	大专/大本	高中/中专/技校/大本以上	初中及以下	初中
	职业	学生	行政管理人员/离退休人员	科教卫生人员/一般企业职员	个体及私营企业主	工人	专门职业从事者下岗及其他
	月均收入	无收入	501 — 800 元	801 — 1500 元	1500 元以上	500 元以下	1001 — 1500 元
	婚姻	未婚	已婚	无明显偏向	已婚	已婚	已婚或离异
心理取向		浪漫新潮 注重学历 非现实家庭观	循规传统 奔波忙碌 保守稳定	新女性主张 非功利心态	功利心态 现实家庭观 都市情结	非浪漫新潮 非独立休闲	非新女性主张 不循规传统 独立休闲

5 电影 / Movies

5-1 17 部影片（最近一年内引进的大片及知名度较高的国产片）的收看比例 / Proportion of Viewing of the 17 Imported Blockbusters and Major Domestic Productions

● 北京（Beijing）

		有效样本量	看过	没看过
生死豪情	Courage Under Fire	583	16.8	83.2
情归巴黎	Sabrina	586	14.7	85.3
毁灭者	Eraser	585	31.6	68.4
碟中谍	Mission:Impossible	588	31.5	68.5
龙卷风	Twister	587	29.0	71.0
石破天惊	The Rock	584	9.8	90.2
廊桥遗梦	The Bridges of Madison County	584	22.9	77.1
云中漫步	A Walk in the Cloud	584	11.5	88.5
纽约大劫案	Die hard III	588	19.0	81.0
玩具总动员	Toy Story	586	25.1	74.9
勇敢者游戏	Jumanji	588	29.8	70.2
义胆厨星	A Good Man	590	24.6	75.4
山崩地裂	Dante's Peak	584	21.2	78.4
恐怖地带	Outbreak	583	15.6	84.4
红河谷	Red River Valley	588	18.5	81.5
鸦片战争	The Opium War	592	17.9	82.1
空中大掼篮	Space Jam	584	13.4	86.6

● 上海（Shanghai）

		有效样本量	看过	没看过
生死豪情	Courage Under Fire	597	20.9	79.1
情归巴黎	Sabrina	597	16.8	83.2
毁灭者	Eraser	599	36.5	63.5
碟中谍	Mission:Impossible	597	43.9	56.1
龙卷风	Twister	597	44.8	55.2
石破天惊	The Rock	596	13.4	86.6
廊桥遗梦	The Bridges of Madison County	598	25.4	74.6
云中漫步	A Walk in the Cloud	596	13.2	86.8
纽约大劫案	Die hard III	597	23.7	76.3
玩具总动员	Toy Story	598	36.0	64.0
勇敢者游戏	Jumanji	597	32.6	67.4
义胆厨星	A Good Man	595	37.2	62.8
山崩地裂	Dante's Peak	597	31.0	69.0
恐怖地带	Outbreak	596	17.6	82.4
红河谷	Red River Valley	597	29.0	71.0
鸦片战争	The Opium War	598	45.3	54.7
空中大掼篮	Space Jam	596	17.6	82.4

● 广州（Guangzhou）

		有效样本量	看过	没看过
生死豪情	Courage Under Fire	595	30.2	69.8
情归巴黎	Sabrina	596	15.9	84.1
毁灭者	Eraser	595	20.1	79.9
碟中谍	Mission:Impossible	594	23.2	76.8
龙卷风	Twister	594	32.1	67.9
石破天惊	The Rock	596	21.3	78.7
廊桥遗梦	The Bridges of Madison County	595	18.4	81.6
云中漫步	A Walk in the Cloud	591	13.0	87.0
纽约大劫案	Die hard III	594	20.9	79.1
玩具总动员	Toy Story	594	16.6	83.4
勇敢者游戏	Jumanji	591	15.3	84.7
义胆厨星	A Good Man	596	31.2	68.8
山崩地裂	Dante's Peak	593	20.8	79.2
恐怖地带	Outbreak	594	10.1	89.9
红河谷	Red River Valley	596	18.3	81.7
鸦片战争	The Opium War	596	41.3	58.7
空中大掼篮	Space Jam	593	6.7	93.3

● 重庆（Chongqing）

		有效样本量	看过	没看过
生死豪情	Courage Under Fire	600	29.4	70.6
情归巴黎	Sabrina	599	17.2	82.8
毁灭者	Eraser	598	35.9	64.1
碟中谍	Mission:Impossible	599	36.4	63.6
龙卷风	Twister	599	39.5	60.5
石破天惊	The Rock	599	14.3	85.7
廊桥遗梦	The Bridges of Madison County	598	24.1	75.9
云中漫步	A Walk in the Cloud	599	14.8	85.2
纽约大劫案	Die hard III	599	27.3	72.7
玩具总动员	Toy Story	600	23.5	76.5
勇敢者游戏	Jumanji	600	28.4	71.6
义胆厨星	A Good Man	598	29.3	70.7
山崩地裂	Dante's Peak	598	24.5	75.5
恐怖地带	Outbreak	598	18.5	81.5
红河谷	Red River Valley	599	30.8	69.2
鸦片战争	The Opium War	599	51.2	48.8
空中大掼篮	Space Jam	600	12.8	87.2

5-2 收看电影的方式 / Ways of Viewing the Movies

● 北京（Beijing）

	人数	去电影院	影碟/LD/VCD	录像带
生死豪情	98	43.9	37.8	23.5
情归巴黎	87	58.6	28.7	14.9
毁灭者	185	37.8	34.1	30.3
碟中谍	185	38.4	39.5	24.9
龙卷风	172	46.5	35.5	20.9
石破天惊	57	24.6	54.4	21.2
廊桥遗梦	134	44.8	29.1	28.4
云中漫步	69	40.6	33.3	27.5
纽约大劫案	113	37.2	39.8	24.8
玩具总动员	149	49.7	24.2	26.8
勇敢者游戏	176	45.5	28.4	29.5
义胆厨星	148	46.6	31.8	23.6
山崩地裂	126	49.2	30.2	20.6
恐怖地带	91	42.9	30.8	26.4
红河谷	109	80.7	10.1	9.2
鸦片战争	106	89.6	3.8	8.5
空中大掼篮	80	60.0	22.5	17.5

● 上海（Shanghai）

	人数	去电影院	影碟/LD/VCD	录像带	看电视
生死豪情	126	48.4	34.9	11.1	5.6
情归巴黎	101	58.4	20.8	7.9	12.9
毁灭者	216	41.2	44.0	13.4	3.2
碟中谍	258	41.9	50.0	8.1	2.7
龙卷风	265	58.9	34.0	5.3	3.4
石破天惊	77	23.4	68.8	7.8	3.9
廊桥遗梦	151	55.0	28.5	9.3	7.9
云中漫步	78	53.8	30.8	7.7	9.0
纽约大劫案	140	48.6	40.0	10.0	2.9
玩具总动员	212	70.8	21.7	7.1	2.8
勇敢者游戏	193	60.6	28.0	10.4	3.1
义胆厨星	219	52.1	31.1	13.2	5.5
山崩地裂	183	58.5	36.1	4.9	2.2
恐怖地带	105	50.5	35.2	9.5	4.8
红河谷	173	87.3	5.2	0.6	6.9
鸦片战争	270	82.6	4.1	0.0	14.1
空中大掼篮	100	57.0	38.0	9.2	2.0

● 广州（Guangzhou）

	人数	去电影院	影碟/LD/VCD	录像带	看电视
生死豪情	176	27.3	49.4	4.5	21.6
情归巴黎	95	34.7	35.8	4.2	25.3
毁灭者	117	23.9	62.4	5.1	11.1
碟中谍	135	27.4	53.3	9.6	12.6
龙卷风	188	32.4	53.2	5.3	11.2
石破天惊	124	18.5	60.5	8.1	16.1
廊桥遗梦	107	40.2	35.5	0.9	26.2
云中漫步	75	33.3	53.3	4.0	12.0
纽约大劫案	117	22.9	47.5	5.1	32.2
玩具总动员	98	25.5	50.0	5.1	20.4
勇敢者游戏	86	29.1	54.7	2.3	19.8
义胆厨星	182	33.5	55.5	2.2	12.1
山崩地裂	122	41.8	40.2	4.1	15.6
恐怖地带	59	25.4	35.6	10.2	30.5
红河谷	109	54.5	12.7	0.0	32.7
鸦片战争	243	39.5	8.2	2.1	52.3
空中大掼篮	40	22.5	60.0	0.0	17.5

● 重庆（Chongqing）

	人数	去电影院	影碟/LD/VCD	录像带	看电视
生死豪情	172	42.4	36.6	11.0	13.4
情归巴黎	103	45.6	19.4	11.7	23.3
毁灭者	210	39.5	38.6	14.8	10.5
碟中谍	215	36.7	44.2	13.0	8.4
龙卷风	233	45.9	34.8	14.2	7.7
石破天惊	84	28.6	53.6	9.5	10.7
廊桥遗梦	142	49.3	21.8	18.3	12.7
云中漫步	86	40.7	36.0	17.4	9.3
纽约大劫案	160	45.6	33.8	15.6	8.1
玩具总动员	139	50.4	34.5	12.2	5.0
勇敢者游戏	169	49.7	31.4	11.8	8.3
义胆厨星	174	44.8	36.2	13.8	6.3
山崩地裂	146	40.4	37.7	12.3	10.3
恐怖地带	110	45.5	32.7	12.7	10.0
红河谷	182	68.7	8.8	6.6	18.1
鸦片战争	303	56.1	7.6	3.0	36.0
空中大掼篮	75	50.7	42.7	4.0	5.3

5-3 北京不同消费群对 17 部电影的收看情况 / Viewing of the 17 Movies by Beijing Market Segments

注：此题为多选题，合计百分比超过 100%（ Multiple answers ）

	人数	生死豪情	情归巴黎	毁灭者	碟中谍	龙卷风	石破天惊
样本	**394**	**24.9**	**22.1**	**47.0**	**47.0**	**43.7**	**14.5**
第一消费群	89	22.5	27.0	32.6	40.4	39.3	5.6
第二消费群	79	27.8	16.5	53.2	53.2	51.9	22.8
第三消费群	49	28.6	18.4	44.9	40.8	34.7	12.2
第四消费群	3	0.0	33.3	66.7	66.7	33.3	0.0
第五消费群	111	32.4	27.0	61.3	56.8	48.6	18.9
第六消费群	63	9.5	15.9	34.9	34.9	38.1	11.1

续上表（ continued ）

	人数	廊桥遗梦	云中漫步	纽约大劫案	玩具总动员	勇敢者游戏	义胆厨星
样本	**394**	**34.0**	**17.5**	**28.7**	**37.8**	**44.7**	**37.6**
第一消费群	89	46.1	19.1	21.3	38.2	36.0	25.8
第二消费群	79	57.0	24.1	38.0	38.0	53.2	36.7
第三消费群	49	20.4	16.3	32.7	26.5	30.6	28.6
第四消费群	3	33.3	0.0	33.3	66.7	66.7	33.3
第五消费群	111	22.5	18.0	33.3	51.4	64.9	57.7
第六消费群	63	19.0	7.9	15.9	20.6	20.6	27.0

续上表（ continued ）

	人数	山崩地裂	恐怖地带	红河谷	鸦片战争	空中大摆篮
样本	**394**	**32.0**	**23.1**	**27.7**	**26.9**	**20.3**
第一消费群	89	28.1	15.7	28.1	25.8	14.6
第二消费群	79	26.6	27.8	24.1	20.3	24.1
第三消费群	49	38.8	18.4	28.6	22.4	12.2
第四消费群	3	66.7	33.3	66.7	33.3	33.3
第五消费群	111	40.5	36.0	27.9	22.5	29.7
第六消费群	63	22.2	7.9	28.6	47.6	12.7

注：北京消费群的代表特征 / Characteristics of the Beijing Market Segments

		第一消费群	第二消费群	第三消费群	第四消费群	第五消费群	第六消费群
基本情况	性别	女	男	无明显偏向	男	无明显偏向	女
	年龄	30 － 34 岁	25 － 29 岁	35 － 44 岁	无明显偏向	16 － 24 岁	45 岁以上
	学历	大专/大本	大本	初中	大本及研究生	高中/中专/技校	初中及以下
	职业	科教卫生人员	一般企业职员	工人	管理人员/专门职业从事者/个体及私营企业主	学生	离退休人员
	月均收入	801 － 1500 元	1501 － 4000 元	800 元以下	4000 元以上	无收入	800 元以下
	婚姻	已婚	无明显偏向	已婚	已婚或离异	未婚	已婚
心理取向		注重学历 非积极进取	不循规传统 非单一电视娱乐	非田园倾向 新女性主张 金钱本位	注重经验 大男子主义 不保守稳定	非“大男子主义” 追随流行	非“新女性主张” 非浪漫新潮 单一电视娱乐

5-4 上海不同消费群对 17 部电影的收看情况 / Viewing of the 17 Movies by Shanghai Market Segments

注：此题为多选题，合计百分比超过 100%（Multiple answers）

	人数	生死豪情	情归巴黎	毁灭者	碟中谍	龙卷风	石破天惊
样本	**505**	**24.8**	**19.8**	**42.8**	**51.1**	**52.5**	**15.2**
第一消费群	121	19.0	24.0	34.7	42.1	47.9	14.9
第二消费群	89	28.1	22.5	52.8	59.6	52.8	20.2
第三消费群	9	44.4	0.0	55.6	55.6	55.6	11.1
第四消费群	96	22.9	15.6	32.3	41.7	46.9	15.6
第五消费群	64	18.8	14.1	50.0	60.9	54.7	7.8
第六消费群	126	31.0	21.4	46.8	55.6	59.5	15.9

续上表（continued）

	人数	廊桥遗梦	云中漫步	纽约大劫案	玩具总动员	勇敢者游戏	义胆厨星
样本	**505**	**29.9**	**15.4**	**27.7**	**42.0**	**38.0**	**43.4**
第一消费群	121	36.4	10.7	19.8	39.7	25.6	30.6
第二消费群	89	33.7	25.8	32.6	39.3	43.8	49.4
第三消费群	9	44.4	22.2	33.3	22.2	33.3	33.3
第四消费群	96	15.6	7.3	29.2	32.3	34.4	36.5
第五消费群	64	23.4	26.6	26.6	56.3	54.7	54.7
第六消费群	126	34.1	12.7	31.0	47.6	40.5	51.6

续上表（continued）

	人数	山崩地裂	恐怖地带	红河谷	鸦片战争	空中大攒篮
样本	**505**	**36.2**	**20.8**	**34.3**	**53.5**	**19.8**
第一消费群	121	25.6	14.0	40.5	62.8	11.6
第二消费群	89	47.2	25.8	32.6	46.1	27.0
第三消费群	9	44.4	22.2	22.2	44.4	11.1
第四消费群	96	27.1	13.5	30.2	65.6	11.5
第五消费群	64	46.9	31.3	39.1	53.1	43.8
第六消费群	126	39.7	23.8	31.0	41.3	17.5

注：上海消费群的代表特征 / Characteristics of the Shanghai Market Segments

		第一消费群	第二消费群	第三消费群	第四消费群	第五消费群	第六消费群
基本情况	性别	无明显偏向	男	男	女	女	无明显偏向
	年龄	45 岁以上	20 — 29 岁	25 — 34 岁	35 — 44 岁	16 — 24 岁	30 — 39 岁
	学历	大本及以上	大专/大本	大专	初中及以下	高中/中专/技校	高中/中专/技校
	职业	科教卫生人员/离退休人员	一般企业职员	行政管理人员/个体及私营企业主/专门职业从事者	工人/下岗人员	学生	一般企业职员
	月均收入	801 — 1500 元	1001 — 3000 元	3000 元以上	800 元以下	无收入	1001 — 2000 元
	婚姻	已婚	未婚	未婚	已婚	未婚	已婚
心理取向		非浪漫时尚 非金钱本位 保守稳定	非家庭重心 田园倾向 休闲独立	不保守稳定 奔波忙碌 浪漫时尚	金钱本位 家庭重心 注重学历	新家庭观念 非休闲独立	不积极进取 不奔波忙碌

5-5 广州不同消费群对 17 部电影的收看情况 / Viewing of the 17 Movies by Guangzhou Market Segments

注：此题为多选题，合计百分比超过 100%（Multiple answers）

	人数	生死豪情	情归巴黎	毁灭者	碟中谍	龙卷风	石破天惊
样本	**457**	**38.5**	**20.8**	**25.6**	**29.5**	**41.1**	**27.1**
第一消费群	76	42.1	28.9	34.2	30.3	46.1	23.7
第二消费群	85	27.1	16.5	9.4	18.8	27.1	20.0
第三消费群	84	48.8	19.0	29.8	42.9	47.6	38.1
第四消费群	78	38.5	20.5	33.3	28.2	46.2	32.1
第五消费群	64	37.5	18.8	15.6	18.8	39.1	20.3
第六消费群	70	37.1	21.4	31.4	37.1	41.4	27.1

续上表（continued）

	人数	廊桥遗梦	云中漫步	纽约大劫案	玩具总动员	勇敢者游戏	义胆厨星
样本	**457**	**23.4**	**16.4**	**25.6**	**21.4**	**18.8**	**39.8**
第一消费群	76	21.1	21.1	31.6	25.0	26.3	48.7
第二消费群	85	11.8	14.1	14.1	18.8	12.9	18.8
第三消费群	84	35.7	21.4	25.0	23.8	31.0	48.8
第四消费群	78	16.7	7.7	35.9	23.1	12.8	47.4
第五消费群	64	10.9	6.3	21.9	17.2	7.8	25.0
第六消费群	70	44.3	27.1	25.7	20.0	20.0	50.0

续上表（continued）

	人数	山崩地裂	恐怖地带	红河谷	鸦片战争	空中大攒篮
样本	**457**	**26.7**	**12.9**	**23.9**	**53.2**	**8.8**
第一消费群	76	26.3	13.2	14.5	50.0	7.9
第二消费群	85	21.2	9.4	21.2	72.9	8.2
第三消费群	84	33.3	14.3	28.6	28.6	13.1
第四消费群	78	25.6	15.4	24.4	62.8	9.0
第五消费群	64	25.0	17.2	21.9	62.5	4.7
第六消费群	70	28.6	8.6	32.9	42.9	8.6

注：广州消费群的代表特征 / Characteristics of the Guangzhou Market Segments

		第一消费群	第二消费群	第三消费群	第四消费群	第五消费群	第六消费群
基本情况	性别	女	无明显偏向	女	男	女	男
	年龄	16 － 19 岁	40 岁以上	20 － 24 岁	35 － 44 岁	30 － 34 岁	25 － 29 岁
	学历	高中/中专/技校	无明显偏向	高中/中专/技校/大专	初中/高中/中专/技校	初中及以下	大专及以上
	职业	学生	工人	学生/待业人员	个体及私营企业主	家庭主妇	企业职员/管理人员/科教卫生人员/专门职业者
	月均收入	无收入	1500 元以下	无收入	801 － 1500 元	800 元以下	2000 元以上
	婚姻	未婚	已婚	未婚	已婚	已婚	无明显偏向
心理取向		不固守中式生活 田园倾向 非大男子主义	非新女性主张 不追随流行 非积极进取	独立自主 追随流行	积极进取 大男子主义 中式生活	单一电视娱乐 非独立自主 保守稳定	非单一电视娱乐 非家庭重心

5-6 重庆不同消费群对 17 部电影的收看情况 / Viewing of the 17 Movies by Chongqing Market Segments

注：此题为多选题，合计百分比超过 100%（Multiple answers）

	人数	生死豪情	情归巴黎	毁灭者	碟中谍	龙卷风	石破天惊
样本	**509**	**33.8**	**20.2**	**41.3**	**42.2**	**45.8**	**16.5**
第一消费群	126	42.1	21.4	50.8	54.0	52.4	20.6
第二消费群	97	24.7	20.6	26.8	28.9	36.1	10.3
第三消费群	120	45.8	27.5	64.2	57.5	60.8	23.3
第四消费群	21	42.9	33.3	38.1	52.4	57.1	19.0
第五消费群	114	18.4	9.6	21.1	28.9	30.7	12.3
第六消费群	31	32.3	16.1	35.5	19.4	38.7	6.5

续上表（continued）

	人数	廊桥遗梦	云中漫步	纽约大劫案	玩具总动员	勇敢者游戏	义胆厨星
样本	**509**	**27.9**	**16.9**	**31.4**	**27.3**	**33.2**	**34.2**
第一消费群	126	32.5	18.3	34.9	36.5	41.3	44.4
第二消费群	97	17.5	9.3	19.6	20.6	19.6	17.5
第三消费群	120	45.0	30.8	46.7	35.0	48.3	52.5
第四消费群	21	38.1	19.0	47.6	33.3	42.9	38.1
第五消费群	114	14.9	7.9	20.2	14.0	18.4	20.2
第六消费群	31	16.1	12.9	25.8	25.8	32.3	22.6

续上表（continued）

	人数	山崩地裂	恐怖地带	红河谷	鸦片战争	空中大掼篮
样本	**509**	**28.7**	**21.6**	**35.8**	**59.5**	**14.7**
第一消费群	126	38.1	29.4	40.5	50.8	24.6
第二消费群	97	23.7	12.4	28.9	68.0	3.1
第三消费群	120	35.0	35.8	42.5	58.3	20.8
第四消费群	21	28.6	23.8	23.8	52.4	28.6
第五消费群	114	20.2	8.8	31.6	71.1	6.1
第六消费群	31	12.9	9.7	35.5	35.5	9.7

注：重庆消费群的代表特征 / Characteristics of the Chongqing Market Segments

		第一消费群	第二消费群	第三消费群	第四消费群	第五消费群	第六消费群
基本情况	性别	无明显偏向	无明显偏向	无明显偏向	无明显偏向	无明显偏向	女
	年龄	16 — 19 岁	45 岁以上	20 — 29 岁	30 — 34 岁	40 岁以上	25 — 29 岁
	学历	高中/中专/技校	高中/中专/技校	大专/大本	高中/中专/技校/大本以上	初中及以下	初中
	职业	学生	行政管理人员/离退休人员	科教卫生人员/一般企业职员	个体及私营企业主	工人	专门职业从事者 下岗及其他
	月均收入	无收入	501 — 800 元	801 — 1500 元	1500 元以上	500 元以下	1001 — 1500 元
	婚姻	未婚	已婚	无明显偏向	已婚	已婚	已婚或离异
心理取向		浪漫新潮 注重学历 非现实家庭观	循规传统 奔波忙碌 保守稳定	新女性主张 非功利心态	功利心态 现实家庭观 都市情结	非浪漫新潮 非独立休闲	非新女性主张 不循规传统 独立休闲

第五篇　食品、营养保健品
Part V　Food, Nutrition and Health Products

- 奶粉　Milk Powder
- 豆奶粉　Powdered Soybean Milk
- 包装奶　Packaged Milk
- 饼干　Biscuit
- 方便面　Instant Noodles
- 冰淇淋　Ice-cream
- 巧克力　Chocolate
- 营养保健品　Nutrition and Health Products

第五篇 食品、营养保健品

1995 年工业普查结果显示，食品工业总产值在国民经济各部门中的比例已由第三位跃居各行业之首。1996 年食品工业总产值达到 4 741.44 亿元人民币（按 1990 年不变价格，乡及乡以上独立核算食品工业企业统计），比 1995 年增长 14.82%。进口总值 68.86 亿美元，比 1995 年下降 20.2%。出口总值 118.85 亿美元，比 1995 年增长 2.4%。总产值增长的同时，食品工业的产业结构正在向进一步适应我国人民生活需求的方向发展：在食品工业总产值中，食品和饮料制造业比重上升，食品加工业比重持平，烟草加工业比重明显下降。我国食品工业已经形成了一批有经济规模、有竞争力的企业集团，1995 年中国工业企业综合评价最优的 500 家企业中，食品工业企业有 71 家，占了 14.2%。

据有关部门预测，1997 年食品工业总产值将超过 5000 亿元人民币，2000 年将达到 7000 亿元人民币。“九五”期间，食品工业的年增长速度预计为 11%。根据国家产业政策和国务院《中国食物结构改革和发展纲要》的要求，我国食品工业将向以下几个重点方面发展：

1．大力发展食品基础原料的生产；
2．重点发展婴儿食品、老年食品、方便主副食品及配餐食品等，以满足各类消费者的需要；
3．稳步发展罐头食品；
4．改善食品包装、装潢，开辟新的安全、卫生包装材料，延长产品保质期和增加附加值。

随着人们生活水平的提高，人们对生活质量、生活方式更加在意，对食品的消费已趋向色、香、味俱全，方便、休闲、新潮并存的格局。据 1997 年 4 月食品行业调查表明，随着生活水平的提高，人们对食品的消费需求形成了六个热点：营养健身型、名优特色型、方便简易型、优质安全型、高档超前型、物美价廉型。结合目前市场情况，有关专家推测：1997 年创新食品流行的主要趋势集中在咸味和甜味食品、速冻食品等方面，其新品迭出和花样翻新的速度将大大超过鱼和肉类食品。有关资料显示，1997 年食品生产主要呈现三种趋势：

1．创新食品从以前单方面的仅求质量上乘，转为包装、口感均严格要求；
2．食品的烹饪和使用要求方便快捷；
3．创新食品讲求天然、滋补和低热量。

从全国的几个主要食品工业地区来看，其中广东省一直把食品工业作为轻工业发展的重点。改革开放以来，广东省的食品行业得到长足的发展，形成了以嘉士利饼干、华丰快食面为代表的“广东粮”及以健力宝为代表的“珠江水”的格局，涌现了一大批大型食品集团企业，在经营管理上率先实施名牌发展战略，总结出不少成功经验，利用地缘优势，在引进、消化和吸收国内外先进技术设备方面比国内同行业先行一步。

1996 年，北京、上海、广州、重庆四个城市的食品工业基本情况如下：

表 1 1996 年四城市食品工业企业数及总产值

城　市	行　　业	单位数（个）	总产值
北　京	食品加工业	576	83.10 亿元
	食品制造业	664	41.17 亿元
上　海	食品加工业	384	109.89 亿元
	食品制造业	481	74.00 亿元
广　州	食品加工业	167	51.37 亿元
	食品制造业	176	58.94 亿元
重　庆	食品加工业	——	42.30 亿元
	食品制造业	——	13.04 亿元

以上数据摘自四城市 1997 年年鉴

奶粉及包装奶

我国的乳品业发展速度很快。目前，全国乳品加工企业达 500 余家，乳制品产量以每年 20%的速度增长。1978 年全国的奶牛头数为 48 万头，总产奶量 88 万吨；到 1995 年奶牛头数已达 417 万头，总产奶量 527 万吨；1996 年牛奶总产量 615.8 万吨，乳制品产量达 45.13 万吨。

当前，我国乳制品需求总量保持在 54 万吨左右，而国产乳制品产量已基本达到国内的总需求量，同时国家又进口数万吨乳品以丰富国内的乳品市场，使乳品在总量上供大于求，呈现买方市场。据海关总署资料统计，1991 至 1995 年我国共进口乳制品 29.8 万吨，年平均 6 万吨，耗用外汇 6370.8 万美元；其中 1994 、 1995 年先后进口 8.4 万吨和 7.1 万吨。与过去相比，最近 5 年乳制品进口量增加了近 50%。

另据不完全统计，仅“八五”期间，我国乳制品行业合资合作企业达 20 多家， 1996 年 11 月统计的总数已达 41 余家。目前进口乳制品多占据了高价位，合资企业产品属中价位，而国产乳制品则在低价位徘徊。

据中国乳品协会 1997 年 1 月对北京市 12 家商场乳制品市场调查表明，在北京乳制品市场上有 110 个厂家的产品销售，其中进口乳制品生产厂家 32 个，占 29%；合资企业 40 个，占 36.4%；国内企业 38 个，占 34.6%。在调查的 9 大类 276 个品牌（系列）的乳制品中，进口和合资产品达 196 个（其中进口的 80 个），占 71%。

目前，我国奶类制品人均年消费量仅为 5.5 公斤，落后于 103 公斤的世界平均水平，更大大低于发达国家 312 公斤的水准，甚至低于发展中国家平均 35 公斤的水平。根据国务院《中国食物结构改革和发展纲要》的要求，到 2000 年，我国人均奶制品消费量力争达到 6 公斤，因此，随着人们生活水平的逐步提高，国内乳制品市场的潜力还是很可观的。

由于消费者追求健康心理的不断增强，研究开发新产品，特别是高附加值、高科技含量的绿色食品，集营养、保健、医疗于一体的新型乳制品的研究和生产，将逐步提上议事日程。

奶粉在国产乳制品中居于主流地位，占乳制品总产量 80%以上，目前国产奶粉在市场上的影响程度和市场占有率的增长上都逊色于洋奶粉，尤其是在大中城市，进口与合资奶粉的市场占有率正迅速上升。根据国内贸易部的统计数据， 1996 年进口品牌的奶粉在国内的市场综合占有率达到 50%以上。

表 2　1996 年国内奶粉市场十大品牌排行榜

品　　牌	市场综合占有率	市场销售分额	市场覆盖面
雀　　巢	25.8%	27.1%	24.9%
力 多 精	23.0%	23.6%	22.6%
味　　全	12.6%	12.0	13.0
金　　星	7.8%	11.5%	5.4%
多 美 滋	7.4%	5.2%	8.9%
红　　星	6.8%	5.5%	7.7%
完 达 山	4.4%	4.0%	4.8%
龙　　丹	4.4%	5.9%	3.3%
荷兰乳牛	4.0%	1.7%	5.5%
三　　鹿	3.6%	3.4%	3.8%

数据来源：国内贸易部商业信息监测中心

在北京市场上的约 170 种奶粉品牌里，国产品牌 52 个，占 30.5%，但名牌不多；进口品牌 55 个，占 32.3%；合资品牌 63 个，占 37.2%，且集中了诸如“雀巢”、“惠氏”、“子母”等名牌。进口与合资奶粉的市场占有率为 62%，国产奶粉的市场占有率为 38%。另悉：97 年 4 月中旬，北京市的 5 家奶粉生产企业积压奶粉 1400 吨，占压资金近 3000 万元。造成此情况的主要原因是：1．外地奶粉低价冲击北京市场，外地奶粉售价为 1700 元 / 吨，而北京奶粉的成本就达 2000 — 2200 元 / 吨；2．全市牛奶产量增加，奶粉需求量下降。

上海奶粉市场主要有 20 多种品牌，市场占有率最高的是“雀巢”奶粉，达到 25.8%。另据某项调查显示：上海 35.2%的市民经常购买“雀巢”奶粉，25.3%的市民购买“荷兰乳牛”奶粉，其次是“克宁”等。“雀巢”的优势在于种类多，品种全；“荷兰乳牛”以全脂奶粉为主，每年的广告投入在 200 万以上；在上海的婴儿奶粉市场上，“多美滋”的占有率达到 40.7%。

多数进口奶粉销售价格高于国产奶粉，以北京市场为例，进口奶粉的价格一般为国产的 4 － 5 倍，最高达 6 倍多，最低 2 倍多；合资企业奶粉销售价格为国产奶粉的 2 － 3 倍 。

目前国产奶粉落后的主要原因是：1．国内乳品厂大都没形成规模，地产地销，没形成全国性品牌；2．品种单一，产品结构陈旧；3．忽视营销手段。

随着人们保健意识的增强和消费能力的提高，奶粉已成为现代人增加营养，提高身体素质的重要滋补品。据有关资料表明，我国城市 33.5%的家庭把奶粉作为早餐，消费群体日益广泛，消费档次和范围不断提高和扩大，市场需求结构也发生了根本变化，呈现出市场细分化，产品专用性强，新品多、功效多、需量多，消费者品牌的意识增强等特点。

目前城市普通居民消费奶粉的习惯和特点大致如下：

1．以全脂奶粉使用率最高，脱脂、低脂奶粉使用率相对较低；

2．长期使用者大多选择容量大、包装简便的复合锡纸装奶粉，小袋、分袋的一次性饮用奶粉也很受欢迎；

3．消费者选择奶粉的依据不外乎易保存、饮用方便、营养丰富、口味好；

4．收入状况也直接影响奶粉的消费水平。长期消费奶粉的家庭在选购时仍很注重价格：

- 低收入家庭（月收入 800 元以下）很少购买奶粉，1996 年平均每人购买 0.51 公斤；
- 中等收入家庭（月收入 801 － 2000 元）是奶粉消费市场的主角，1996 年平均每人购买 1.26 公斤，

- 但他们购买奶粉品牌比较分散；
- 高收入家庭（月收入 2000 元以上）较之中等收入家庭较少购买奶粉，1996 年人均购买 1.13 公斤，
- 但支出花费明显高于所有家庭的平均支出水平，主要选择的是纯进口的品牌。

1996 年，全国城镇家庭人均奶粉年消费量为 0.41 公斤，比 1995 年增加 16.71%。另据专家分析，未来几年我国奶粉市场需求量每年将按 10%左右增幅上升。

包装液体奶包括纯消毒奶、保鲜奶、酸奶和花色奶。含乳饮料卫生规定含乳饮料中含牛奶 30%即达到含乳要求，其中蛋白质和脂肪含量不得低于 1.0%。灭菌纯牛奶产品的市场和产量都在不断扩大，但产品质量参差不齐，进口品牌和国内名牌液体奶产品质量好于其他企业的产品，销售更为畅通。在北京市场上的 32 种灭菌奶中，进口品牌 11 个，国产的只有 4 种。进口与合资灭菌奶的市场占有率达到 84%，国产的仅有 16%。

花色奶虽然抽样合格率不低，但掩盖着很多问题，诸如：不遵守食品标签法规、滥用名称、名不符实、误导和欺骗消费者的现象在花色奶产品中十分严重。专家指出，真正的花色奶应该是在保持牛奶中营养物质的基础上，加上不同人群喜爱的蔗糖、天然果汁或果肉，其中干物质含量应达到 15%－18%。

据调查，1996 年全国城镇家庭人均鲜乳品年消费量为 4.2 — 4.8 公斤，比上年增加了 4.59%。其中北京、天津、上海的人均消费量为 26 公斤 / 年。据调查，1997 年 2 月，全国 36 个大中城市的袋奶 250 克的平均价格为 0.84 元，1996 年 8 月全国 36 个大中城市的消毒奶 1 000 克平均价格 3.34 元，其中以北京价格最低：2.94 元 / 千克，广州的价格最高：6.00 元 / 千克。

高档杀菌奶目前受到中高收入阶层的青睐，进口品牌中以子母奶、卡夫、帕玛拉特等占据主要市场，国产品牌中光明、乐百氏等开始加入竞争。

饼干

目前，全国饼干生产能力超过 100 万吨，全行业企业达 690 余家。1995 年底止，全行业中国有企业占 30.53%，集体企业占 50.40%，股份制企业占 2.91%，三资企业占 13.57%，其他经济类型企业占 2.6%。全行业实现销售收入 529.5375 亿元，利润额 14.7378 亿元。广东、上海、湖南的饼干生产厂家是国内饼干市场的主力军，生产饼干的企业在广东已经是星罗棋布，超过 100 家，年产万吨以上的有广州岭南、顺德万事发、湛江食品厂、佛山糖饼厂、肇庆饼干厂等。

从地区销售来看，北京饼干市场的主角是南方饼干；在上海，食品商场供应的饼干品种达 50 种以上，产地有上海、广东、天津和福建，以及丹麦、日本、泰国等地的进口饼干，沪产饼干一统天下的局面不复存在，“广东旋风”也已成过眼云烟。上海市场的饼干销量呈“奇宝”、“金纳”、“康元”三个品牌的三强鼎立之势，其市场占有量相当接近，品种质量也难分伯仲。

据国内贸易部对全国 624 家零售店的监测报告显示，1997 年 5 月份全国大型零售商场的饼干零售总额为 1165.60 万元。销售额居前三位的是达能、奇宝、鬼脸嘟嘟，前三位共占总销售额的 43.28%。在目前市场上的

饼干品牌中，奇宝、康元、嘉顿、奥利奥、达能属于全国性品牌，其它品牌呈现出不同程度的地区性特征。

表3 1997年5月全国大型零售店饼干市场品牌综合占有情况简介

名次	华北地区	华东地区	中南地区	西南地区	西北地区	东北地区
1	奇　宝	奇　宝	嘉　顿	旺　旺	奥利奥	徐福记
2	康　元	格力高	奇　宝	嘉　顿	达　能	奇　宝
3	奥利奥	达　能	康　元	威　化	康　元	奥利奥

资料来源：国内贸易部商业信息中心

全国饼干市场的需求约80万吨，而产量已经超过100万吨，呈现供大于求的市场，竞争一直比较激烈。由于各类新兴方便食品的冲击以及人们收入水平的提高，饼干市场开始呈现结构性调整态势，出现一些新的特点：品种繁多，日渐成为营养性、礼品性、玩具性、实用性、休闲性等多功能兼而有之的食品；咸味饼干受人欢迎，甜味日趋冷落，消费者对巧克力、奶油夹心及高糖类饼干开始避而远之，而葱油苏打、蔬菜汁苏打等咸味饼干日渐走俏。

据国外饼干生产企业对亚洲市场的调查发现，饼干的消费量与平均家庭收入是息息相关的。收入高的家庭，其成员属于繁忙一族，以饼干充饥的比率较高，是仅次于牛奶的购买频率最高的营养食品。所以，随着中国城市居民收入的增加，生活工作节奏的加快，饼干的消费会有更大的市场。

方便面

方便面的生产与消费发展异常迅速，现在已成为仅次于面包的世界第二大面制主食。我国的方便面的开发生产自1970年开始，八十年代后期以来，由于吸收外资的步伐加快，国内大量兴办生产线，生产能力直线上升。到1996年，全国方便面生产厂商已达800余家，共拥有各种生产线1700条左右，年实际产量突破100万吨。

方便面在数量不断增长的同时，品种也不断增加。油炸方便面的发展已进入成熟期；而鲜湿方便面仍处于起步阶段，尽管现在成本仍居高不下，销售平平，但是由于其口感滑爽，营养丰富，保持了新鲜水面的良好特性且久煮不糊，因此具有较大的市场潜力。九十年代方便面市场竞争实际上是调料的竞争。方便面调料在形态上已由粉状发展到酱状、液状和固状并存；风味上已由牛肉味发展到鸡肉味、海鲜、沙茶、麻辣和特味兼具的水平。

目前，全国方便面生产格局形成两大阵营：一边是以生产中低档产品为主的国内方便面生产企业。它们主要分布在粮油加工系统、轻工系统、农垦系统、民营企业及部队，生产厂集中在沿海地区；另一边是以生产中高档产品为主的三资企业。特别是自九十年代初，台湾顶新集团在祖国大陆生产的“康师傅”方便面获得巨大成功以来，台商企业一直看好大陆方便面市场，“统一”、“味全”、“味丹”等台岛内所有生产方便面的企业集团都纷纷北上，在大陆设厂生产方便面，现在已占据了60%以上的市场份额。

从市场销售的品牌情况来看，全国方便面市场主要被台商企业的产品控制着，市场综合占有率居前三位的依次是康师傅、统一、美厨（新加坡）。康师傅方便面在全国处于绝对的市场占有优势，在各地区的市场综合占有率均在前三位。

表4 1997 年 5 月全国方便面市场品牌综合占有情况简介

名次	华北地区	华东地区	中南地区	西南地区	西北地区	东北地区
1	康师傅	康师傅	统　一	统　一	统　一	康师傅
2	统　一	统　一	康师傅	康师傅	康师傅	统　一
3	美　厨	皇　品	味之市	营　多	麦田村	三宝乐

资料来源：国内贸易部

目前，国内方便面的消费主体还是城镇一般工人、青年学生、普通职员和流动人口。随着人们生活水平的提高及生活节奏的加快，方便食品越来越受城市中高收入家庭和工薪阶层的青睐，方便面以即食性强、口感好、价格便宜、卫生等优点而成为其中的佼佼者。据不完全统计，全国方便面销售量在 1993 年底大约是 30 万吨，到 1995 年底迅速提高到 100 万吨。业内人士估计，到本世纪末中国的方便面人均年消费量将达到 15 包以上，年销售量将突破 150 万吨。

当前国内方便面市场有以下特点：

1．口味是消费者购买方便面的首选因素；

2．袋装方便面仍占据市场的主导地位，碗装面由于价格偏高受到冷遇；

3．从购买角度上看，大多数消费者把仓储商场当作选购方便面的最佳地点；

4．低档产品在城市几乎失去了市场，正逐步向农村流动；

5．中、高档方便面（2－3包调味料）倍受消费者欢迎，占领了城市市场。

冰淇淋

据国家轻工总会资料，1995 年全国冰淇淋企业有 500 多家，年产量已达 100 多万吨。进入 90 年代，冰淇淋的市场销售量正在以每年 25%的速度递增。

从地区来看，国内各地区的冰淇淋生产大厂不满足于独占地方市场的现状，纷纷向全国扩张。比如，北京的“新大陆”、上海的“光明”、广州的“五羊”等等，都举起各自的品牌，争夺全国市场。特别是内蒙古的伊利集团，已将其品牌扩展到全国 29 个省市自治区的 300 多个城市，各项经济指标以每年 80%的速度递增，1996 年实现产值 4.2 亿元，而 1997 年 1—3 月完成产值 1.33 亿元，比去年同期增长 89%。

但是，国产冰淇淋的市场竞争仍然稍逊于大举进入中国冰淇淋市场的进口品牌。“和路雪”、“雀巢”、“不凡帝”、“美登高”、“圣麦乐”、“凯菲”等国际知名的冰淇淋品牌纷纷在国内登陆，“和路雪”、“雀巢”、“美登高”等还在国内投资，兴建了生产线。进口冰淇淋凭借其雄厚的资金、知名的品牌、先进的工艺，特别是独特的营销手段，挤占了国内中、高档冰淇淋市场，加剧了我国冰淇淋市场的竞争。

从近年的冰淇淋市场发展看，呈现以下特点：

1．品牌的竞争，国际上著名冰淇淋品牌相继进入中国；

2．花色品种大战；

3．产品价格竞争激烈；

4．营销手段多样，打破地域界限，产品跨地区经营。

从 IMI 在 1997 年对北京、上海、广州和重庆四个城市的调查结果来看，几个国际品牌已经迅速渗透到各个大城市，对消费者已形成习惯性消费影响，加上它们丰富的产品价格档次，市场占有率还在稳步提高。而国内品牌地域性的局限就比较强。

表 5　四城市消费者冰淇淋最常用品牌排名（1997 年 8 月）

	北京		上海		广州		重庆	
	品　牌	百分比	品　牌	百分比	品　牌	百分比	品　牌	百分比
1	和路雪	42.7	曼登琳	48.4	五　羊	53.7	新大陆	57.9
2	伊　利	15.8	和路雪	21.3	美登高	18.6	美登高	20.4
3	新大陆	14.4	光　明	19.2	和路雪	10.7	美怡乐	5.2
4	美登高	11.9	冷　狗	3.2	明　治	8.1	雀　巢	4.1
5	雀　巢	6.6	雀　巢	2.9	雀　巢	5.3	雪　乔	3.3

资料来源：IMI 消费行为与生活形态调查

我国目前的人均冰淇淋消费量不足 1 公斤，相当于香港的 1 / 4 ，约为欧洲的 1 / 7 到 1 / 10 ，只有澳洲或美国的 1 / 20 。不过，随着经济的发展，人民生活水平的提高，城市居民对冰淇淋的需求迅猛增长，消费者已一改过去单纯以“消热解渴”为目的的消费方式，而更多地趋向多样化和情趣化。

我国冰淇淋市场 1997 年的发展趋势大致有以下两方面：一方面，强手逐步集中，品牌效应强化成为明显特点。以上海为例， 5 — 6 家实力雄厚的冷饮食品合资企业将追求 60%以上的市场份额作为首要目标，这样势必形成中小企业产品在夹缝中求生存与发展的局面；另一方面，一大批创意新颖、技术含量高的新品上市，其数量和质量多超过 1996 年，诸如过去上海市场冰淇淋品种不足 100 个，现在已达 600 多个。为此，众多厂商注重市场调查，研究新的消费心理，开发更适合消费者需求的冷饮品种。

巧克力

巧克力作为都市人的零食新宠，愈来愈成为世界级食品。在 1991 年国内外整个糖果市场一片消沉之后，外商看好我国这个潜在的巨大市场，开始和国内食品厂合资，大搞巧克力生产，巧克力市场随之活跃起来。据中国食品工业协会预计，巧克力在中国的消费量以每年 18%— 20%的速度上升。另据国内贸易部对全国 624 家零售店的统计，仅 1997 年 5 月份，巧克力的零售总额为 510.53 万元。

目前全国巧克力生产厂家主要集中在京、津、沪地区和江苏省。在 1997 年一季度国家技术监督局的一次产品质量检查中，这一地区的 19 家巧克力生产企业的产量占全国产量的 50%以上，品种 33 种，合格率达到 84.9%，而企业数仅为全国的 10%，这些企业基本上代表了国内现有的巧克力生产水平。

进入 90 年代以来，国内的巧克力竞争日趋激烈，不仅国营企业群雄并起，乡镇、个体企业如雨后春笋加入竞争，更有国际跨国集团的著名品牌如玛氏、吉百利、金莎等抢滩中国市场。以吉百利为例， 96 年在北京成立了拥有 3000 万美元固定投资的北京吉百利食品公司，该公司拥有 20 多条巧克力和糖果产品线，生产 30 多种“吉百利”和“天宝”品牌的巧克力和糖果，一年内已经投入了超过 200 万美元的资金用于中国地区的培养工作，目前在北京、上海、广州等 13 个城市设有销售办事处，计划在 1997 年年底扩张到 18 个城市。

目前市面上的巧克力大致分三类：一类是全进口或由国外大的跨国公司在国内合资生产的品牌，如金莎、德芙、金帝、吉百利等；一类是以国内原有企业为基础合资生产的，如大昌、申丰、屈臣氏等；另一类就是一些小规模的商办农品厂和外地小企业的产品。前两类占领了主要市场份额。以国内贸易部 1997 年 4 、 5 月的统计来看，在全国市场上综合占有率前三位的全部是进口或合资品牌。

市场上现在走低价竞争路线的品牌往往以牺牲巧克力的品质为代价，进口巧克力则采用高投入、高回报的营销策略。当前走红的巧克力都是升级换代品种，口味多样，造型风趣，档次齐全。不过，对大部分讲究实惠的普通消费者来说，以大昌、申丰、屈臣氏为代表的国产巧克力，同样是不错的选择。

营养保健品

八十年代起步的中国保健品行业，发展异常迅速。特别是进入九十年代以来，由于市场需求的膨胀，中国保健品市场迅猛发展，生产厂家急剧增多。 1992 年，我国保健品生产企业仅百余家，年销售额 25 亿元。到 1994 年，保健品生产企业已激增至 3000 多家，生产品种达 4000 余种，年销售额 300 多亿元。生产厂家已不仅仅局限于医药科研生产单位，部分食品、纺织、化工、糖酒等行业的厂家也纷纷介入这一市场。生产厂家的急剧增多，产品鱼龙混杂，这为保健品市场以后的发展留下隐患。

1995 年，国家技术监督局、卫生部对我国十大城市销售的营养口服液进行了随机检验，其结果令人震惊：在 202 家企业的 212 种营养口服液中，卫生指标不合格的占 70%，有近 1/3 的产品所包含的营养成分还不足其所宣传的一半。 1995 年，中央电视台连续报道了燕窝制品、鳖精制品真假难辨后，消费者对保健品产生信任危机，保健品市场急剧下滑， 1995 年全国有 600 多家保健品生产企业相继关停倒闭，销售额比上年减少 100 多亿元。 1996 年保健品减少到 3000 多种（ 1994 年可达万种），销售额减少 200 亿元。

在这样的背景下，为加强管理，使保健品市场健康顺畅发展， 1996 年 6 月 1 日，我国卫生部门颁布《保健食品管理办法》以及配套措施。《保健食品管理办法》将保健品的审批权集中在卫生部，对保健品从生产经营到监督管理，从标签、说明书到广告宣传都做了严格的规定，力争改变保健品市场行业规模偏小，质量偏低的现状。随后，卫生部又发出通知，决定分阶段、有计划、全面清理整顿保健食品市场。而最近举行的卫生部食品卫生审评委员会全国第三批保健食品审评中，全国只有 319 种保健食品获准上市。委员会要求已被批准的保健食品立即更换产品包装和标签，而已申报待批的保健食品在批准前只能销售到 1997 年底，在此期间不允许进行广告宣传，未经批准的一律不准销售。到 1997 年 3 月 31 日止，约有 2000 种保健品从国内市场上消失。另外，从 1997 年 4 月 1 日起，我国各地市场销售的保健食品除需要经国家卫生部审批外，还要在产品包装上打上由卫生部制定的天蓝色“保健食品”标志，否则不得以保健食品名义生产经营。《保健食品管理办法》以及配套措施的产生和实施为重振保健品市场，引导其规范、有序地发展提供了政策上的保证。经过治理整顿，一年多来，保健品市场平稳发展，逐步走向正规化、法制化，研制生产也向多元化、系列化迈进。

纵观目前的保健食品市场，从产品内涵上大致可以分为以下三大类：

1．补益类：强调补益

补脏腑：补心、补肝、补脾、补肾、养胃、补脑……五脏六腑，面面俱到；

补营养物质：补微量元素、补锌、补钙、补铁、补碘、补维生素、补氨基酸等不一而足

2．美容、减肥类：从人们对美的需求入手，以国氏全营养素、奎科减肥酥、美福乐、太太口服液、中华多宝、金王纯花粉为代表，这两大市场已基本成熟。

3．新兴辅助治疗调节类

1994年4月在新加坡召开的功能食品国际研讨会预言“21世纪是营养保健品的世纪”。从全球范围来看，保健品产业是朝阳产业，其市场增长迅速，且潜力很大，发展呈上升趋势。近5年，发达国家保健品销售以每年12%的速度递增。

目前，我国人民生活水平正从温饱型向小康型过渡，随着中国老百姓收入的增长和生活质量的提高，人们的消费观念和健康观念也发生很大的转变。从追求温饱转向于追求营养和保健；从有病抓药转向于无病防身，“三分治，七分养”；从单一的锻炼强身和通过“一日三餐”直接从自然界摄取营养转向人工间接强化输入营养，并与调节人体机能相结合。增强保健意识，提高生命质量，已成为现代人的一种追求，加之社会各界的倡导，使保健品消费日趋形成潮流。根据统计部门提供的最新资料，我国城镇居民人均用于保健品的支出每年增长90%左右，而用于交通和通讯、教育、文化娱乐、住房、吃穿用的支出的增幅则分别为65%、35%、31%、38%、30%左右。所以营养保健品市场仍然有很大的发展空间。

1 奶粉 / Powdered Milk

1-1 样本家庭最近三个月有无食用的比例 / Proportion of the Sample Consuming Milk Power in the Last Three Months

	北京（Beijing）	上海（Shanghai）	广州（Guangzhou）	重庆（Chongqing）
喝过	45.2	41.8	51.8	52.3
没喝过	54.8	58.2	48.2	47.7
有效样本量	**600**	**600**	**600**	**600**

1-2 家庭最常用品牌排名 / Ranking of the Most Frequently Consumed Brands

● 北京（Beijing）

排名	品牌		人数	百分比
1	雀巢	Nespray	72	27.0
2	红星	Hongxing	55	20.6
3	完达山	Wandashan	44	16.5
4	金星	Goldstar	10	3.7
5	安怡	Anlene	9	3.4
6	味全	Weiquan	7	2.6

n=267

● 上海（Shanghai）

排名	品牌		人数	百分比
1	光明	Bright	115	45.8
2	荷兰乳牛	Birth Tree	38	15.1
3	雀巢	Nespray	37	14.7
4	多美滋	Dumex	15	6.0
5	克宁	Klim	12	4.8

n=251

● 广州（Guangzhou）

排名	品牌		人数	百分比
1	雀巢	Nespray	104	33.8
2	大庆	Daqing	47	15.3
3	安怡	Anlene	38	12.3
4	子母奶	Ducth Lady	18	5.8
5	克宁	Klim	16	5.2

n=308

● 重庆（Chongqing）

排名	品牌		人数	百分比
1	山城	Shancheng	235	75.3
2	雀巢	Nespray	23	7.4
3	力多精	Lactogen	10	3.2
4	三鹿	Sanlu	7	2.2

n=312

1-3 不同性别、年龄的样本所在家庭的主要食用者 / Users in the Household by Sex and Age Groups

注：本题为多选题，合计百分比超过 100%（Multiple answers）

● 北京（Beijing）

	人数	自己	孩子	老人	全家人	其他
样本	**271**	**28.7**	**35.7**	**18.8**	**40.8**	**1.5**
男性	**117**	**22.9**	**33.9**	**23.7**	**41.5**	**0.8**
16-19 岁	8	50.0	12.5	50.0	12.5	0.0
20-24 岁	11	27.3	9.1	27.3	54.5	0.0
25-29 岁	21	28.6	23.8	33.3	38.1	4.8
30-34 岁	15	6.7	46.7	13.3	40.0	0.0
35-39 岁	17	16.7	66.7	16.7	33.3	0.0
40-44 岁	21	19.0	47.6	23.8	33.3	0.0
45-49 岁	10	20.0	30.0	20.0	50.0	0.0
50 岁以上	14	28.6	7.1	14.3	71.4	0.0
女性	**154**	**33.1**	**37.0**	**14.9**	**40.3**	**1.9**
16-19 岁	12	66.7	8.3	8.3	41.7	0.0
20-24 岁	16	37.5	6.3	12.5	56.3	6.3
25-29 岁	20	20.0	55.0	5.0	35.0	0.0
30-34 岁	24	16.7	58.3	25.0	20.8	0.0
35-39 岁	21	28.6	47.6	23.8	38.1	0.0
40-44 岁	18	27.8	33.3	0.0	55.6	5.6
45-49 岁	19	26.3	26.3	21.1	57.9	0.0
50 岁以上	24	54.2	37.5	16.7	29.2	4.2

● 上海（Shanghai）

	人数	自己	孩子	老人	全家人	其他
样本	**251**	**33.5**	**48.2**	**9.2**	**34.3**	**0.4**
男性	**124**	**33.1**	**47.6**	**9.7**	**32.3**	**0.0**
16-19 岁	11	45.5	18.2	18.2	45.5	0.0
20-24 岁	13	46.2	23.1	0.0	30.8	0.0
25-29 岁	8	25.0	0.0	0.0	75.0	0.0
30-34 岁	24	20.8	62.5	4.2	25.0	0.0
35-39 岁	24	33.3	70.8	25.0	16.7	0.0
40-44 岁	9	33.3	77.8	0.0	22.2	0.0
45-49 岁	13	30.8	46.2	7.7	38.5	0.0
50 岁以上	22	36.4	40.9	9.1	36.4	0.0
女性	**127**	**33.9**	**48.8**	**8.7**	**36.2**	**0.8**
16-19 岁	11	54.5	27.3	0.0	45.5	0.0
20-24 岁	14	57.1	21.4	0.0	42.9	0.0
25-29 岁	16	25.0	62.5	0.0	25.0	0.0
30-34 岁	24	37.5	62.5	8.3	37.5	0.0
35-39 岁	26	19.2	57.7	19.2	34.6	0.0
40-44 岁	14	14.3	50.0	7.1	50.0	0.0
45-49 岁	7	57.1	42.9	14.3	14.3	0.0
50 岁以上	15	33.3	40.0	13.3	33.3	6.7

● 广州（Guangzhou）

	人数	自己	孩子	老人	全家人	其他、
样本	**310**	**34.8**	**41.3**	**9.7**	**43.2**	**0.6**
男性	**119**	**31.9**	**37.0**	**11.8**	**42.9**	**0.0**
16-19 岁	9	77.8	0.0	22.2	22.2	0.0
20-24 岁	14	57.1	21.4	7.1	35.7	0.0
25-29 岁	11	36.4	18.2	0.0	72.7	0.0
30-34 岁	19	26.3	63.2	10.5	26.3	0.0
35-39 岁	19	21.1	47.4	21.1	36.8	0.0
40-44 岁	13	15.4	38.5	7.7	53.8	0.0
45-49 岁	11	9.1	72.7	9.1	45.5	0.0
50 岁以上	23	30.4	21.7	13.0	52.2	0.0
女性	**191**	**36.6**	**44.0**	**8.4**	**43.5**	**1.0**
16-19 岁	25	36.0	8.0	4.0	64.0	4.0
20-24 岁	20	55.0	20.0	5.0	40.0	5.0
25-29 岁	47	25.5	57.4	10.6	36.2	0.0
30-34 岁	32	40.6	62.5	12.5	31.3	0.0
35-39 岁	27	29.6	70.4	3.7	40.7	0.0
40-44 岁	18	44.4	38.9	5.6	50.0	0.0
45-49 岁	4	25.0	25.0	0.0	75.0	0.0
50 岁以上	18	44.4	22.2	16.7	50.0	0.0

● 重庆（Chongqing）

	人数	自己	孩子	老人	全家人	其他
样本	**315**	**32.4**	**33.0**	**10.5**	**43.2**	**0.3**
男性	**155**	**32.9**	**30.3**	**9.7**	**45.2**	**0.6**
16-19 岁	18	77.8	0.0	11.1	44.4	0.0
20-24 岁	26	26.9	15.4	15.4	50.0	0.0
25-29 岁	26	50.0	34.6	3.8	26.9	3.8
30-34 岁	18	22.2	55.6	5.6	44.4	0.0
35-39 岁	20	10.0	30.0	10.0	60.0	0.0
40-44 岁	15	33.3	60.0	20.0	20.0	0.0
45-49 岁	12	33.3	41.7	16.7	33.3	0.0
50 岁以上	20	10.0	20.0	0.0	75.0	0.0
女性	**160**	**31.9**	**35.6**	**11.3**	**41.3**	**0.0**
16-19 岁	20	45.0	15.0	15.0	50.0	0.0
20-24 岁	30	40.0	20.0	10.0	40.0	0.0
25-29 岁	17	11.8	70.6	11.8	17.6	0.0
30-34 岁	21	19.0	61.9	4.8	33.3	0.0
35-39 岁	18	38.9	50.0	5.6	38.9	0.0
40-44 岁	13	15.4	53.8	23.1	30.8	0.0
45-49 岁	17	11.8	5.9	17.6	64.7	0.0
50 岁以上	24	54.2	25.0	8.3	50.0	0.0

1-4 样本家庭的品牌习惯 / Brand Habit of the Sample Households

注：1=固定饮用一个牌子，从不更改（Used in only one brand）
2=比较固定地饮用一两个牌子，有时会变一下（Used in one or two brands）
3=基本上没有固定哪个牌子，随机购买/食用（No brand preference）

● 北京（Beijing）

	人数	百分比
1	57	21.1
2	167	61.9
3	46	17.0

n=270

● 上海（Shanghai）

	人数	百分比
1	86	34.4
2	132	52.8
3	32	12.8

n=250

● 广州（Guangzhou）

	人数	百分比
1	89	28.6
2	168	54.0
3	54	17.4

n=311

● 重庆（Chongqing）

	人数	百分比
1	113	36.0
2	166	52.9
3	35	11.1

n=314

1-5 样本家庭食用的种类 / Types of Milk Powder Consumed by the Sample Households

注：本题为多选题，合计百分比超过100%（Multiple answers）

● 北京（Beijing）

	人次	百分比
全脂	180	66.9
低脂	31	11.5
脱脂	52	19.3
低糖	64	23.8
高糖	3	1.1
加味	27	10.0
含矿物质	29	10.8
其他	5	1.9

n=269

● 上海（Shanghai）

	人次	百分比
全脂	165	65.5
低脂	33	13.1
脱脂	64	25.4
低糖	33	13.1
高糖	3	1.2
加味	18	7.1
含矿物质	22	8.7
其他	5	2.0

n=251

● 广州（Guangzhou）

	人次	百分比
全脂	154	49.8
低脂	54	17.5
脱脂	109	35.3
低糖	50	16.2
高糖	4	1.3
加味	19	6.1
含矿物质	26	8.4
其他	4	1.3

n=309

● 重庆（Chongqing）

	人次	百分比
全脂	205	65.3
低脂	33	10.5
脱脂	45	14.3
低糖	78	24.8
高糖	9	2.9
加味	27	8.6
含矿物质	14	4.5
其他	3	1.0

n=314

1-6 样本家庭食用的场合 / Settings of Consumption by the Sample Households

注：本题为多选题，合计百分比超过 100%（Multiple answers）

● 北京（Beijing）

	人次	百分比
早餐时	243	90.3
正餐/午/晚餐时	19	7.1
餐后热饮	12	4.5
宵夜时	32	11.9
睡觉前帮助入眠	48	17.8
工作休息时	14	5.2
胃不舒服时	14	5.2
其他	1	0.4

n=269

● 上海（Shanghai）

	人次	百分比
早餐时	188	74.9
正餐/午/晚餐时	15	6.0
餐后热饮	9	3.6
宵夜时	22	8.8
睡觉前帮助入眠	76	30.3
工作休息时	36	14.3
胃不舒服时	12	4.8
其他	10	4.0

n=251

● 广州（Guangzhou）

	人次	百分比
早餐时	211	68.1
正餐/午/晚餐时	23	7.4
餐后热饮	13	4.2
宵夜时	62	20.0
睡觉前帮助入眠	109	35.2
工作休息时	24	7.7
胃不舒服时	14	4.5
其他	6	1.9

n=310

● 重庆（Chongqing）

	人次	百分比
早餐时	261	83.1
正餐/午/晚餐)时	16	5.1
餐后热饮	11	3.5
宵夜时	56	17.8
睡觉前帮助入眠	66	21.0
工作休息时	19	6.1
胃不舒服时	12	3.8
其他	4	1.3

n=314

1-7 样本总体、男性各年龄层、女性各年龄层最近三个月有无购买的比例 / Purchasing in the Last Three Months by the Whole Sample, Age and Gender Groups

● 北京（Beijing）

	人数	买过	没买过
样本	**600**	**40.8**	**59.2**
男性	**298**	**34.6**	**65.4**
16-19 岁	26	26.9	73.1
20-24 岁	36	25.0	75.0
25-29 岁	41	46.3	53.7
30-34 岁	47	34.0	66.0
35-39 岁	43	34.9	65.1
40-44 岁	42	40.5	59.5
45-49 岁	24	37.5	62.5
50 岁以上	39	28.2	71.8
女性	**302**	**47.0**	**53.0**
16-19 岁	23	39.1	60.9
20-24 岁	35	48.6	51.4
25-29 岁	36	47.2	52.8
30-34 岁	49	40.8	59.2
35-39 岁	45	42.2	57.8
40-44 岁	40	47.5	52.5
45-49 岁	26	65.4	34.6
50 岁以上	48	50.0	50.0

● 上海（Shanghai）

	人数	买过	没买过
样本	**600**	**33.7**	**66.3**
男性	**307**	**33.6**	**66.4**
16-19 岁	22	36.4	63.6
20-24 岁	34	26.5	73.5
25-29 岁	42	14.3	85.7
30-34 岁	56	39.3	60.7
35-39 岁	51	45.1	54.9
40-44 岁	31	19.4	80.6
45-49 岁	26	42.3	57.7
50 岁以上	45	40.0	60.0
女性	**293**	**33.8**	**66.2**
16-19 岁	24	20.8	79.2
20-24 岁	32	28.1	71.9
25-29 岁	37	32.4	67.6
30-34 岁	50	42.0	58.0
35-39 岁	44	50.0	50.0
40-44 岁	35	34.3	65.7
45-49 岁	23	21.7	78.3
50 岁以上	48	27.1	72.9

● 广州（Guangzhou）

	人数	买过	没买过
样本	**600**	**46.4**	**53.6**
男性	**282**	**40.4**	**59.6**
16-19 岁	30	23.3	76.7
20-24 岁	36	27.8	72.2
25-29 岁	35	31.4	68.6
30-34 岁	34	52.9	47.1
35-39 岁	40	42.5	57.5
40-44 岁	41	34.1	65.9
45-49 岁	26	46.2	53.8
50 岁以上	40	62.6	37.4
女性	**318**	**51.7**	**48.3**
16-19 岁	50	34.7	65.3
20-24 岁	46	34.8	65.2
25-29 岁	63	58.7	41.3
30-34 岁	46	69.6	30.4
35-39 岁	41	61.0	39.0
40-44 岁	30	53.3	46.7
45-49 岁	13	15.4	84.6
50 岁以上	29	65.5	34.5

● 重庆（Chongqing）

	人数	买过	没买过
样本	**600**	**48.7**	**51.3**
男性	**308**	**45.1**	**54.9**
16-19 岁	43	34.9	65.1
20-24 岁	53	34.0	66.0
25-29 岁	43	60.5	39.5
30-34 岁	38	47.4	52.6
35-39 岁	39	48.7	51.3
40-44 岁	30	40.0	60.0
45-49 岁	25	48.0	52.0
50 岁以上	37	51.4	48.6
女性	**292**	**52.4**	**47.6**
16-19 岁	43	34.9	65.1
20-24 岁	53	49.1	50.9
25-29 岁	32	53.1	46.9
30-34 岁	33	66.7	33.3
35-39 岁	35	51.4	48.6
40-44 岁	32	43.8	56.3
45-49 岁	27	59.3	40.7
50 岁以上	37	67.6	32.4

1-8 理想品牌排名 / Ranking of the Ideal Brands

● 北京（Beijing）

排名	品牌		人数	百分比
1	雀巢	Nespray	118	19.7
2	红星	Hongxing	85	14.2
3	完达山	Wandashan	56	9.3
4	金星	Goldstar	16	2.7
5	安怡	Anlene	12	2.0
6	S26	S26	11	1.8
7	力多精	Lactogen	9	1.5
8	三鹿	Sanlu	7	1.2

n=600

● 上海（Shanghai）

排名	品牌		人数	百分比
1	光明	Bright	272	45.2
2	雀巢	Nespray	93	15.5
3	荷兰乳牛	Birth Tree	53	8.8
4	克宁	Klim	27	4.5
5	多美滋	Dumex	16	2.7
6	S26	S26	11	1.8
7	安怡	Anlene	6	1.0

n=600

● 广州（Guangzhou）

排名	品牌		人数	百分比
1	雀巢	Nespray	182	30.3
2	安怡	Anlene	61	10.2
3	大庆	Daqing	40	6.7
4	子母	Ducth Lady	22	3.7
5	S26	S26	16	2.7
6	克宁	Klim	11	1.8
7	丰力富	Femleaf	7	1.2
8	安婴宝	Anyingbao	6	1.0
8	健儿乐	Jianerle	6	1.0

n=600

● 重庆（Chongqing）

排名	品牌		人数	百分比
1	山城	Shancheng	337	56.2
2	雀巢	Nespray	56	9.3
3	力多精	Lactogen	15	2.5
4	三鹿	Sanlu	13	2.2
5	光明	Bright	4	0.7

n=600

1-9 样本总体、男性各年龄层、女性各年龄层的理想品牌 / The Ideal Brands by the Whole Sample, Age and Gender Groups

● 北京（Beijing）

	人数	第一品牌及百分比	第二品牌及百分比	第三品牌及百分比
样本	**600**	**雀巢 19.7**	**红星 14.2**	**完达山 9.3**
男性	**298**	**雀巢 16.4**	**红星 14.4**	**完达山 10.1**
16-19 岁	26	雀巢 26.9	红星 11.5	完达山 7.7
20-24 岁	36	雀巢 19.4	力多精 5.6	
25-29 岁	41	红星 19.5	完达山 17.1	雀巢 14.6
30-34 岁	47	红星 19.1	完达山 12.8	雀巢 8.5
35-39 岁	43	雀巢 14.0	红星 11.6	完达山 7.2 S26 7.2
40-44 岁	42	雀巢 21.4	红星 16.7 完达山 16.7	
45-49 岁	24	雀巢 20.8	红星 12.5	完达山 8.3
50 岁以上	39	红星 17.9	雀巢 12.8	完达山 5.1 安怡 5.1
女性	**302**	**雀巢 22.8**	**红星 13.9**	**完达山 8.6**
16-19 岁	23	雀巢 34.8	红星 13.0	
20-24 岁	35	雀巢 22.9	完达山 14.3	红星 11.4
25-29 岁	36	雀巢 30.6	红星 8.3 完达山 8.3	S26 5.6
30-34 岁	49	雀巢 30.6	完达山 10.2	力多精 8.2
35-39 岁	45	红星 17.8	完达山 13.3	雀巢 11.1
40-44 岁	40	雀巢 25.0	红星 12.5	完达山 7.5
45-49 岁	26	红星 38.5	雀巢 23.1	金星 7.7
50 岁以上	48	雀巢 12.5 红星 12.5	完达山 6.3	金星 4.2 S26 4.2

● 上海（Shanghai）

	人数	第一品牌及百分比	第二品牌及百分比	第三品牌及百分比
样本	**600**	**光明 45.2**	**雀巢 15.5**	**荷兰乳牛 8.8**
男性	**307**	**光明 45.0**	**雀巢 15.6**	**荷兰乳牛 6.5**
16-19 岁	22	雀巢 40.9	光明 27.3	子母 9.1
20-24 岁	34	光明 44.1	雀巢 14.7	克宁 8.8
25-29 岁	42	光明 35.7	雀巢 11.9	荷兰乳牛 9.5
30-34 岁	56	光明 48.2	雀巢 8.9 S26 8.9	
35-39 岁	51	光明 45.1	雀巢 15.7 荷兰乳牛 15.7	多美滋 3.9 力多精 3.9
40-44 岁	31	光明 61.3	雀巢 16.1	多美滋 6.5
45-49 岁	26	光明 69.2	克宁 7.7	
50 岁以上	45	光明 33.3	雀巢 22.2	上海 4.4
女性	**293**	**光明 45.4**	**雀巢 15.4**	**荷兰乳牛 11.3**
16-19 岁	24	雀巢 37.5	光明 25.0	荷兰乳牛 20.8
20-24 岁	32	光明 37.5	雀巢 21.9	荷兰乳牛 9.4
25-29 岁	37	光明 35.1	雀巢 16.2 荷兰乳牛 16.2	克宁 8.1
30-34 岁	50	光明 50.0	荷兰乳牛 12.0	雀巢 10.0
35-39 岁	44	光明 47.7	雀巢 13.6	荷兰乳牛 11.4
40-44 岁	35	光明 51.4	荷兰乳牛 14.3	雀巢 8.6 克宁 8.6
45-49 岁	23	光明 56.5	雀巢 8.7	
50 岁以上	48	光明 52.1	雀巢 14.6	克宁 10.4

● 广州（Guangzhou）

	人数	第一品牌及百分比	第二品牌及百分比	第三品牌及百分比
样本	**600**	**雀巢 30.3**	**安怡 10.2**	**大庆 6.7**
男性	**282**	**雀巢 28.0**	**安怡 7.8**	**大庆 5.7**
16-19 岁	30	雀巢 23.3	大庆 6.7 安怡 6.7	
20-24 岁	36	雀巢 47.2	安怡 8.3	
25-29 岁	35	雀巢 42.9	安怡 5.7	
30-34 岁	34	雀巢 23.5	大庆 8.8 安怡 8.8 S26 8.8	
35-39 岁	40	安怡 12.5	雀巢 10.0	克宁 5.0
40-44 岁	41	雀巢 24.4	安怡 7.3 子母 7.3	大庆 4.9 S26 4.9
45-49 岁	26	雀巢 26.9	大庆 7.7 克宁 7.7 力多精 7.7	
50 岁以上	40	雀巢 27.5	力多精 10.0	安怡 7.5
女性	**318**	**雀巢 32.4**	**安怡 12.3**	**大庆 7.5**
16-19 岁	50	雀巢 30.0	安怡 10.0	大庆 8.0
20-24 岁	46	雀巢 37.0	安怡 8.7	子母 4.3
25-29 岁	63	雀巢 41.3	安怡 7.9	S26 6.3
30-34 岁	46	雀巢 32.6	安怡 19.6	安婴宝 4.3
35-39 岁	41	雀巢 24.4	大庆 14.6 安怡 14.6	克宁 7.3
40-44 岁	30	雀巢 36.7	大庆 13.3	安怡 10.0
45-49 岁	13	大庆 30.8	雀巢 15.4	安怡 7.7
50 岁以上	29	雀巢 24.1	大庆 20.7	大庆 10.3

● 重庆（Chongqing）

	人数	第一品牌及百分比	第二品牌及百分比	第三品牌及百分比
样本	**600**	**山城 56.2**	**雀巢 9.3**	**力多精 2.5**
男性	**308**	**山城 55.8**	**雀巢 10.4**	**力多精 1.6**
16-19 岁	43	山城 55.8	雀巢 9.3	荷兰乳牛 4.7
20-24 岁	53	山城 50.9	雀巢 7.5	三鹿 5.7
25-29 岁	43	山城 55.8	雀巢 14.0	三鹿 2.3 爱儿乐 2.3
30-34 岁	38	山城 31.6	雀巢 18.4	力多精 7.9
35-39 岁	39	山城 59.0	雀巢 7.7	
40-44 岁	30	山城 66.7	雀巢 13.3	三鹿 3.3
45-49 岁	25	山城 80.0	雀巢 4.0	
50 岁以上	37	山城 59.5	雀巢 8.1	
女性	**292**	**山城 56.5**	**雀巢 8.2**	**力多精 3.4**
16-19 岁	43	山城 51.2	雀巢 11.6	力多精 2.3
20-24 岁	53	山城 60.4	雀巢 11.3	力多精 3.8
25-29 岁	32	山城 53.1	三鹿 12.5	雀巢 9.4 力多精 9.4
30-34 岁	33	山城 54.5	雀巢 6.1	
35-39 岁	35	山城 51.4	雀巢 8.6	克宁 2.9 亨氏 2.9
40-44 岁	32	山城 65.6	雀巢 3.1 多美滋 3.1 仙竹 3.1	
45-49 岁	27	山城 51.9	雀巢 11.1	
50 岁以上	37	山城 62.2	力多精 8.1	

1-10 样本总体、男性各年龄层、女性各年龄层购买时的考虑因素 / Considerations in Purchasing by the Whole Sample, Age and Gender Groups

注：本题为多选题，合计百分比超过 100%（Multiple answers）

● 北京（Beijing）

	人数	有名的牌子	价格适中	包装吸引人	广告影响	购买方便	口味好	营养成分	易溶解
样本	**271**	**35.1**	**38.0**	**0.4**	**5.5**	**9.6**	**42.8**	**51.3**	**38.4**
男性	**117**	**31.6**	**41.0**	**0.0**	**5.1**	**11.1**	**36.8**	**48.7**	**33.3**
16-19 岁	8	12.5	25.0	0.0	0.0	12.5	50.0	62.5	50.0
20-24 岁	10	50.0	20.0	0.0	10.0	0.0	50.0	50.0	40.0
25-29 岁	21	19.0	33.3	0.0	9.5	9.5	28.6	61.9	33.3
30-34 岁	15	53.3	33.3	0.0	13.3	6.7	46.7	46.7	33.3
35-39 岁	18	33.3	50.0	0.0	0.0	22.2	27.8	50.0	27.8
40-44 岁	21	19.0	57.1	0.0	4.8	9.5	38.1	61.9	28.6
45-49 岁	10	50.0	50.0	0.0	0.0	0.0	50.0	20.0	30.0
50 岁以上	14	28.6	42.9	0.0	0.0	21.4	21.4	21.4	35.7
女性	**154**	**37.7**	**35.7**	**0.6**	**5.8**	**8.4**	**47.4**	**53.2**	**42.2**
16-19 岁	12	33.3	25.0	0.0	16.7	8.3	66.7	58.3	25.0
20-24 岁	16	37.5	18.8	0.0	6.3	0.0	62.5	37.5	68.8
25-29 岁	20	35.0	35.0	0.0	5.0	15.0	40.0	40.0	45.0
30-34 岁	24	45.8	29.2	0.0	8.3	0.0	29.2	70.8	41.7
35-39 岁	21	28.6	23.8	4.8	0.0	9.5	61.9	61.9	38.1
40-44 岁	18	38.9	27.8	0.0	11.1	11.1	66.7	55.6	44.4
45-49 岁	19	42.1	47.4	0.0	0.0	15.8	36.8	36.8	42.1
50 岁以上	24	37.5	66.7	0.0	4.2	8.3	33.3	58.3	33.3

续上表（continued）

	人数	有优惠条件	生产日期	朋友推荐	单位发的	售货员介绍	别人送的	只是由于习惯	其他
样本	**271**	**2.2**	**12.2**	**2.6**	**0.7**	**1.5**	**4.1**	**4.4**	**2.6**
男性	**117**	**1.7**	**10.3**	**2.6**	**0.9**	**1.7**	**6.0**	**7.7**	**2.6**
16-19 岁	8	0.0	0.0	0.0	0.0	0.0	0.0	0.0	0.0
20-24 岁	10	0.0	0.0	0.0	0.0	0.0	10.0	20.0	0.0
25-29 岁	21	0.0	9.5	4.8	0.0	4.8	0.0	9.5	0.0
30-34 岁	15	0.0	0.0	0.0	0.0	6.7	6.7	0.0	0.0
35-39 岁	18	0.0	22.2	5.6	5.6	0.0	11.1	16.7	0.0
40-44 岁	21	0.0	9.5	4.8	0.0	0.0	9.5	4.8	0.0
45-49 岁	10	0.0	10.0	0.0	0.0	0.0	0.0	0.0	20.0
50 岁以上	14	14.3	21.4	0.0	0.0	0.0	7.1	7.1	7.1
女性	**154**	**2.6**	**13.6**	**2.6**	**0.6**	**1.3**	**2.6**	**1.9**	**2.6**
16-19 岁	12	0.0	8.3	0.0	0.0	0.0	0.0	8.3	0.0
20-24 岁	16	0.0	18.8	6.3	0.0	0.0	6.3	0.0	6.3
25-29 岁	20	5.0	5.0	5.0	5.0	5.0	0.0	0.0	5.0
30-34 岁	24	0.0	16.7	8.3	0.0	0.0	8.3	4.2	0.0
35-39 岁	21	0.0	14.3	0.0	0.0	0.0	4.8	4.8	0.0
40-44 岁	18	11.1	11.1	0.0	0.0	0.0	0.0	0.0	5.6
45-49 岁	19	0.0	10.5	0.0	0.0	0.0	0.0	0.0	0.0
50 岁以上	24	4.2	20.8	0.0	0.0	4.2	0.0	0.0	4.2

● 上海（Shanghai）

	人数	有名的牌子	价格适中	包装吸引人	广告影响	购买方便	口味好	营养成分	易溶解
样本	**251**	**38.6**	**30.3**	**1.6**	**4.4**	**10.0**	**39.0**	**51.4**	**30.3**
男性	**124**	**37.1**	**29.8**	**3.2**	**5.6**	**16.9**	**34.7**	**46.8**	**28.2**
16-19 岁	11	27.3	27.3	0.0	0.0	18.2	36.4	63.6	45.5
20-24 岁	13	38.5	38.5	7.7	0.0	0.0	38.5	69.2	23.1
25-29 岁	8	12.5	25.0	12.5	12.5	37.5	50.0	37.5	37.5
30-34 岁	24	41.7	33.3	0.0	12.5	12.5	29.2	33.3	16.7
35-39 岁	24	37.5	12.5	8.3	8.3	25.0	58.3	41.7	20.8
40-44 岁	9	44.4	55.6	0.0	0.0	22.2	22.2	44.4	33.3
45-49 岁	13	38.5	30.8	0.0	0.0	15.4	30.8	38.5	23.1
50 岁以上	22	40.9	31.8	0.0	4.5	13.6	13.6	54.5	40.9
女性	**127**	**40.2**	**30.7**	**0.0**	**3.1**	**3.1**	**43.3**	**55.9**	**32.3**
16-19 岁	11	45.5	27.3	0.0	0.0	0.0	72.7	36.4	45.5
20-24 岁	14	35.7	50.0	0.0	7.1	0.0	42.9	42.9	21.4
25-29 岁	16	37.5	12.5	0.0	0.0	6.3	56.3	68.8	37.5
30-34 岁	24	41.7	25.0	0.0	0.0	0.0	45.8	62.5	50.0
35-39 岁	26	53.8	46.2	0.0	3.8	3.8	42.3	61.5	15.4
40-44 岁	14	14.3	35.7	0.0	7.1	0.0	42.9	57.1	35.7
45-49 岁	7	14.3	0.0	0.0	0.0	14.3	14.3	71.4	57.1
50 岁以上	15	53.3	26.7	0.0	6.7	6.7	20.0	40.0	13.3

续上表（continued）

	人数	有优惠条件	生产日期	朋友推荐	单位发的	售货员介绍	别人送的	只是由于习惯	其他
样本	**251**	**0.8**	**10.4**	**3.2**	**1.2**	**1.2**	**7.2**	**7.6**	**0.8**
男性	**124**	**0.0**	**8.1**	**5.6**	**0.8**	**1.6**	**8.1**	**9.7**	**0.8**
16-19 岁	11	0.0	9.1	0.0	0.0	0.0	9.1	0.0	0.0
20-24 岁	13	0.0	0.0	0.0	0.0	7.7	15.4	7.7	0.0
25-29 岁	8	0.0	0.0	0.0	0.0	0.0	12.5	12.5	0.0
30-34 岁	24	0.0	0.0	12.5	0.0	0.0	12.5	12.5	0.0
35-39 岁	24	0.0	16.7	8.3	0.0	4.2	4.2	12.5	0.0
40-44 岁	9	0.0	11.1	11.1	0.0	0.0	11.1	0.0	0.0
45-49 岁	13	0.0	7.7	7.7	7.7	0.0	7.7	7.7	0.0
50 岁以上	22	0.0	13.6	0.0	0.0	0.0	0.0	13.6	4.5
女性	**127**	**1.6**	**12.6**	**0.8**	**1.6**	**0.8**	**6.3**	**5.5**	**0.8**
16-19 岁	11	0.0	0.0	0.0	0.0	9.1	0.0	0.0	0.0
20-24 岁	14	0.0	14.3	0.0	0.0	0.0	14.3	0.0	0.0
25-29 岁	16	2.5	6.3	0.0	0.0	0.0	6.3	0.0	0.0
30-34 岁	24	0.0	20.8	0.0	0.0	0.0	0.0	4.2	0.0
35-39 岁	26	0.0	11.5	0.0	3.8	0.0	0.0	3.8	0.0
40-44 岁	14	0.0	21.4	0.0	7.1	0.0	7.1	7.1	0.0
45-49 岁	7	0.0	14.3	0.0	0.0	0.0	14.3	28.6	0.0
50 岁以上	15	0.0	6.7	6.7	0.0	0.0	20.0	13.3	6.7

● 广州（Guangzhou）

	人数	有名的牌子	价格适中	包装吸引人	广告影响	购买方便	口味好	营养成分	易溶解
样本	**309**	**32.4**	**28.5**	**1.0**	**8.7**	**8.4**	**43.4**	**58.3**	**22.7**
男性	**120**	**40.0**	**27.5**	**0.8**	**5.0**	**5.8**	**39.2**	**55.0**	**17.5**
16-19 岁	8	12.5	50.0	0.0	12.5	0.0	62.5	62.5	12.5
20-24 岁	14	42.9	14.3	0.0	7.1	7.1	28.6	57.1	21.4
25-29 岁	11	54.5	36.4	0.0	0.0	27.3	45.5	36.4	9.1
30-34 岁	19	36.8	36.8	0.0	5.3	10.5	21.1	36.8	10.5
35-39 岁	19	52.6	31.6	5.3	0.0	5.3	36.8	57.9	10.5
40-44 岁	13	46.2	38.5	0.0	7.7	0.0	30.8	61.5	15.4
45-49 岁	12	33.3	8.3	0.0	0.0	0.0	41.7	58.3	16.7
50 岁以上	24	33.3	16.7	0.0	8.3	0.0	54.2	66.7	33.3
女性	**189**	**27.5**	**29.1**	**1.1**	**11.1**	**10.1**	**46.0**	**60.3**	**25.9**
16-19 岁	25	32.0	20.0	0.0	12.0	12.0	60.0	56.0	28.0
20-24 岁	19	31.6	15.8	0.0	10.5	5.3	42.1	68.4	31.6
25-29 岁	47	34.0	29.8	0.0	12.8	12.8	51.1	61.7	19.1
30-34 岁	32	21.9	25.0	3.1	6.3	18.8	34.4	56.3	21.9
35-39 岁	27	14.8	29.6	0.0	11.1	11.1	40.7	63.0	40.7
40-44 岁	17	17.6	41.2	0.0	5.9	0.0	58.8	58.8	29.4
45-49 岁	4	25.0	75.0	0.0	0.0	0.0	25.0	100.0	25.0
50 岁以上	18	38.9	38.9	5.6	22.2	0.0	38.9	50.0	16.7

续上表（continued）

	人数	有优惠条件	生产日期	朋友推荐	单位发的	售货员介绍	别人送的	只是由于习惯	其他
样本	**309**	**1.3**	**10.7**	**3.9**	**0.3**	**1.3**	**2.3**	**7.1**	**1.6**
男性	**120**	**0.8**	**10.8**	**4.2**	**0.0**	**0.8**	**0.0**	**8.3**	**2.5**
16-19 岁	8	0.0	25.0	0.0	0.0	0.0	0.0	0.0	0.0
20-24 岁	14	0.0	0.0	7.1	0.0	0.0	0.0	7.1	7.1
25-29 岁	11	0.0	9.1	0.0	0.0	0.0	0.0	27.3	0.0
30-34 岁	19	0.0	15.8	10.5	0.0	5.3	0.0	15.8	0.0
35-39 岁	19	5.3	5.3	10.5	0.0	0.0	0.0	5.3	5.3
40-44 岁	13	0.0	15.4	0.0	0.0	0.0	0.0	0.0	0.0
45-49 岁	12	0.0	8.3	0.0	0.0	0.0	0.0	16.7	8.3
50 岁以上	24	0.0	12.5	0.0	0.0	0.0	0.0	0.0	0.0
女性	**189**	**1.6**	**10.6**	**3.7**	**0.5**	**1.6**	**3.7**	**6.3**	**1.1**
16-19 岁	25	0.0	0.0	8.0	0.0	0.0	4.0	8.0	4.0
20-24 岁	19	0.0	5.3	0.0	0.0	0.0	5.3	5.3	0.0
25-29 岁	47	0.0	12.8	2.1	0.0	2.1	6.4	8.5	0.0
30-34 岁	32	3.1	15.6	0.0	0.0	3.1	3.1	3.1	3.1
35-39 岁	27	0.0	11.1	7.4	3.7	3.7	0.0	3.7	0.0
40-44 岁	17	5.9	23.5	0.0	0.0	0.0	5.9	5.9	0.0
45-49 岁	4	0.0	25.0	0.0	0.0	0.0	0.0	25.0	0.0
50 岁以上	18	5.6	0.0	11.1	0.0	0.0	0.0	5.6	0.0

● 重庆（Chongqing）

	人数	有名的牌子	价格适中	包装吸引人	广告影响	购买方便	口味好	营养成分	易溶解
样本	**314**	**28.3**	**38.5**	**1.6**	**3.8**	**13.4**	**43.0**	**51.6**	**20.4**
男性	**155**	**29.7**	**38.1**	**1.9**	**5.8**	**15.5**	**46.5**	**47.1**	**20.6**
16-19 岁	18	33.3	50.0	0.0	0.0	22.2	55.6	38.9	27.8
20-24 岁	26	26.9	30.8	3.8	11.5	19.2	53.8	46.2	23.1
25-29 岁	26	23.1	34.6	0.0	3.8	15.4	46.2	53.8	26.9
30-34 岁	18	44.4	33.3	5.6	5.6	11.1	38.9	44.4	27.8
35-39 岁	20	25.0	35.0	5.0	5.0	20.0	60.0	45.0	15.0
40-44 岁	15	46.7	26.7	0.0	13.3	0.0	40.0	60.0	6.7
45-49 岁	12	16.7	50.0	0.0	0.0	8.3	33.3	41.7	16.7
50 岁以上	20	25.0	50.0	0.0	5.0	20.0	35.0	45.0	15.0
女性	**159**	**27.0**	**39.0**	**1.3**	**1.9**	**11.3**	**39.6**	**56.0**	**20.1**
16-19 岁	20	5.0	25.0	0.0	5.0	20.0	55.0	50.0	25.0
20-24 岁	30	36.7	33.3	3.3	0.0	16.7	30.0	50.0	26.7
25-29 岁	17	11.8	35.3	0.0	0.0	0.0	41.2	52.9	17.6
30-34 岁	21	28.6	47.6	0.0	4.8	9.5	38.1	57.1	9.5
35-39 岁	18	33.3	50.0	0.0	5.6	22.2	50.0	38.9	22.2
40-44 岁	13	30.8	38.5	0.0	0.0	0.0	46.2	53.8	30.8
45-49 岁	16	31.3	43.8	6.3	0.0	0.0	25.0	68.8	25.0
50 岁以上	24	33.3	41.7	0.0	0.0	12.5	37.5	75.0	8.3

续上表（continued）

	人数	有优惠条件	生产日期	朋友推荐	单位发的	售货员介绍	别人送的	只是由于习惯	其他
样本	**314**	**1.6**	**14.3**	**1.9**	**0.0**	**0.6**	**1.3**	**12.1**	**0.6**
男性	**155**	**1.3**	**15.5**	**1.9**	**0.0**	**0.0**	**1.3**	**11.6**	**0.6**
16-19 岁	18	0.0	16.7	0.0	0.0	0.0	0.0	11.1	0.0
20-24 岁	26	0.0	11.5	0.0	0.0	0.0	3.8	19.2	0.0
25-29 岁	26	0.0	7.7	7.7	0.0	0.0	0.0	11.5	0.0
30-34 岁	18	5.6	22.2	0.0	0.0	0.0	5.6	22.2	0.0
35-39 岁	20	0.0	25.0	0.0	0.0	0.0	0.0	5.0	0.0
40-44 岁	15	0.0	6.7	0.0	0.0	0.0	0.0	13.3	0.0
45-49 岁	12	0.0	16.7	0.0	0.0	0.0	0.0	0.0	8.3
50 岁以上	20	5.0	20.0	5.0	0.0	0.0	0.0	5.0	0.0
女性	**159**	**1.9**	**13.2**	**1.9**	**0.0**	**1.3**	**1.3**	**12.6**	**0.6**
16-19 岁	20	5.0	10.0	0.0	0.0	0.0	0.0	5.0	0.0
20-24 岁	30	0.0	10.0	10.0	0.0	0.0	0.0	10.0	0.0
25-29 岁	17	0.0	11.8	0.0	0.0	0.0	5.9	23.5	0.0
30-34 岁	21	0.0	9.5	0.0	0.0	9.5	0.0	14.3	0.0
35-39 岁	18	0.0	11.1	0.0	0.0	0.0	0.0	11.1	0.0
40-44 岁	13	7.7	30.8	0.0	0.0	0.0	0.0	7.7	0.0
45-49 岁	16	0.0	18.8	0.0	0.0	0.0	0.0	18.8	0.0
50 岁以上	24	4.2	12.5	0.0	0.0	0.0	4.2	12.5	4.2

1-11 北京不同消费群最常用品牌 / The Most Frequently Used Brands by Beijing Market Segments

	人数	第一品牌及百分比	第二品牌及百分比	第三品牌及百分比
样本	**267**	**雀巢 27.0**	**红星 20.6**	**完达山 16.5**
第一消费群	59	雀巢 28.8	红星 15.3 完达山 15.3	金星 6.8
第二消费群	43	雀巢 30.2	红星 16.3	完达山 14.0
第三消费群	51	雀巢 25.5	红星 23.5	完达山 9.8
第四消费群	4	雀巢 50.0	红星 25.0 安怡 25.0	
第五消费群	49	雀巢 26.5	完达山 22.4	红星 14.3
第六消费群	61	红星 31.1	雀巢 23.0	完达山 21.3

注：北京消费群的代表特征 / Characteristics of the Beijing Market Segments

		第一消费群	第二消费群	第三消费群	第四消费群	第五消费群	第六消费群
基本情况	性别	女	男	无明显偏向	男	无明显偏向	女
	年龄	30 － 34 岁	25 － 29 岁	35 － 44 岁	无明显偏向	16 － 24 岁	45 岁以上
	学历	大专/大本	大本	初中	大本及研究生	高中/中专/技校	初中及以下
	职业	科教卫生人员	一般企业职员	工人	管理人员/专门职业从事者/个体及私营企业主	学生	离退休人员
	月均收入	801 － 1500 元	1501 － 4000 元	800 元以下	4000 元以上	无收入	800 元以下
	婚姻	已婚	无明显偏向	已婚	已婚或离异	未婚	已婚
心理取向		注重学历 非积极进取	不循规传统 非单一电视娱乐	非田园倾向 新女性主张 金钱本位	注重经验 大男子主义 不保守稳定	非“大男子主义” 追随流行	非“新女性主张” 非浪漫新潮 单一电视娱乐

1-12 上海不同消费群最常用品牌 / The Most Frequently Used Brands by Shanghai Market Segments

	人数	第一品牌及百分比	第二品牌及百分比	第三品牌及百分比
样本	**251**	**光明 45.8**	**荷兰乳牛 15.1**	**雀巢 14.7**
第一消费群	65	光明 46.2	雀巢 16.9	荷兰乳牛 13.8
第二消费群	36	光明 41.7	雀巢 13.9 荷兰乳牛 13.9	克宁 11.1
第三消费群	4	光明 50.0	克宁 25.0 多美滋 25.0	
第四消费群	53	光明 52.8	荷兰乳牛 15.1	雀巢 9.4
第五消费群	26	光明 38.5	雀巢 30.8	荷兰乳牛 19.2
第六消费群	67	光明 44.8	荷兰乳牛 16.4	雀巢 11.9

注：上海消费群的代表特征 / Characteristics of the Shanghai Market Segments

		第一消费群	第二消费群	第三消费群	第四消费群	第五消费群	第六消费群
基本情况	性别	无明显偏向	男	男	女	女	无明显偏向
	年龄	45 岁以上	20 － 29 岁	25 － 34 岁	35 － 44 岁	16 － 24 岁	30 － 39 岁
	学历	大本及以上	大专/大本	大专	初中及以下	高中/中专/技校	高中/中专/技校
	职业	科教卫生人员/离退休人员	一般企业职员	行政管理人员/个体及私营企业主/专门职业从事者	工人/下岗人员	学生	一般企业职员
	月均收入	801 － 1500 元	1001 － 3000 元	3000 元以上	800 元以下	无收入	1001 － 2000 元
	婚姻	已婚	未婚	未婚	已婚	未婚	已婚
心理取向		非浪漫时尚 非金钱本位 保守稳定	非家庭重心 田园倾向 休闲独立	不保守稳定 奔波忙碌 浪漫时尚	金钱本位 家庭重心 注重学历	新家庭观念 非休闲独立	不积极进取 不奔波忙碌

1-13 广州不同消费群最常用品牌 / The Most Frequently Used Brands by Guangzhou Market Segments

	人数	第一品牌及百分比	第二品牌及百分比	第三品牌及百分比
样本	**308**	**雀巢 33.8**	**大庆 15.3**	**安怡 12.3**
第一消费群	39	雀巢 46.2	大庆 17.9	克宁 5.1 安怡 5.1
第二消费群	64	雀巢 25.0 大庆 25.0	安怡 12.5	子母 6.3
第三消费群	50	雀巢 42.0	安怡 16.0	子母 10.0 大庆 10.0
第四消费群	52	雀巢 34.6	安怡 13.5	雀巢 9.6
第五消费群	60	雀巢 21.7	大庆 20.0	安怡 13.3
第六消费群	43	雀巢 41.9	安怡 11.6	大庆 9.3

注：广州消费群的代表特征 / Characteristics of the Guangzhou Market Segments

		第一消费群	第二消费群	第三消费群	第四消费群	第五消费群	第六消费群
基本情况	性别	女	无明显偏向	女	男	女	男
	年龄	16 — 19 岁	40 岁以上	20 — 24 岁	35 — 44 岁	30 — 34 岁	25 — 29 岁
	学历	高中/中专/技校	无明显偏向	高中/中专/技校/大专	初中/高中/中专/技校	初中及以下	大专及以上
	职业	学生	工人	学生/待业人员	个体及私营企业主	家庭主妇	企业职员/管理人员/科教卫生人员/专门职业者
	月均收入	无收入	1500 元以下	无收入	801 — 1500 元	800 元以下	2000 元以上
	婚姻	未婚	已婚	未婚	已婚	已婚	无明显偏向
心理取向		不固守中式生活 田园倾向 非大男子主义	非新女性主张 不追随流行 非积极进取	独立自主 追随流行	积极进取 大男子主义 中式生活	单一电视娱乐 非独立自主 保守稳定	非单一电视娱乐 非家庭重心

1-14 重庆不同消费群最常用品牌 / The Most Frequently Used Brands by Chongqing Market Segments

	人数	第一品牌及百分比	第二品牌及百分比	第三品牌及百分比
样本	**312**	**山城 75.3**	**雀巢 7.4**	**力多精 3.2**
第一消费群	58	山城 74.1	雀巢 6.9	仙竹 3.4 力多精 3.4
第二消费群	76	山城 72.4	雀巢 10.5	光明 2.6 三鹿 2.6 红原 2.6
第三消费群	66	山城 69.7	雀巢 12.1	三鹿 4.5
第四消费群	16	山城 62.5	雀巢 18.8	
第五消费群	73	山城 82.2	力多精 8.2	
第六消费群	23	山城 91.3		

注：重庆消费群的代表特征 / Characteristics of the Chongqing Market Segments

		第一消费群	第二消费群	第三消费群	第四消费群	第五消费群	第六消费群
基本情况	性别	无明显偏向	无明显偏向	无明显偏向	无明显偏向	无明显偏向	女
	年龄	16 — 19 岁	45 岁以上	20 — 29 岁	30 — 34 岁	40 岁以上	25 — 29 岁
	学历	高中/中专/技校	高中/中专/技校	大专/大本	高中/中专/技校/大本以上	初中及以下	初中
	职业	学生	行政管理人员/离退休人员	科教卫生人员/一般企业职员	个体及私营企业主	工人	专门职业从事者 下岗及其他
	月均收入	无收入	501 — 800 元	801 — 1500 元	1500 元以上	500 元以下	1001 — 1500 元
	婚姻	未婚	已婚	无明显偏向	已婚	已婚	已婚或离异
心理取向		浪漫新潮 注重学历 非现实家庭观	循规传统 奔波忙碌 保守稳定	新女性主张 非功利心态	功利心态 现实家庭观 都市情结	非浪漫新潮 非独立休闲	非新女性主张 不循规传统 独立休闲

2 豆奶粉 / Powdered Soybean Milk

2-1 样本家庭最近三个月有无食用的比例 / Proportion of the Sample Consuming Powdered Soybean Milk in the Last Three Months

	北京（Beijing）	上海（Shanghai）	广州（Guangzhou）	重庆（Chongqing）
喝过	50.0	34.5	15.7	53.3
没喝过	50.0	65.5	84.3	46.7
有效样本量	**600**	**600**	**536**	**600**

2-2 家庭最常用品牌排名 / Ranking of the Most Frequently Consumed Brands

● 北京（Beijing）

排名	品牌		人数	百分比
1	维维	Weiwei	270	90.3
2	华旗	Huaqi	14	4.7
3	大地	Dadi	5	1.7

n=299

● 上海（Shanghai）

排名	品牌		人数	百分比
1	维维	Weiwei	176	89.3
2	晨星岛	Chenxingdao	2	1.0
2	添宝	Bonus	2	1.0
2	贝因美	Beiyinmei	2	1.0
2	南市	Nanshi	2	1.0

n=197

● 广州（Guangzhou）

排名	品牌		人数	百分比
1	添宝	Bonus	22	27.8
2	维维	Weiwei	21	26.6
3	冰泉	Bingquan	10	12.7

n=79

● 重庆（Chongqing）

排名	品牌		人数	百分比
1	维维	Weiwei	275	86.5
2	大地	Dadi	18	5.7
3	华旗	Huaqi	5	1.6
4	冬梅	Dongmei	4	1.3

n=318

2-3 不同性别、年龄的样本所在家庭的主要食用者 / Users in the Household by Sex and Age Groups

注：本题为多选题，合计百分比超过 100%（Multiple answers）

● 北京（Beijing）

	人数	自己	孩子	老人	全家人	其他
样本	**299**	**29.8**	**19.4**	**18.1**	**53.2**	**0.7**
男性	**134**	**27.6**	**19.4**	**19.4**	**51.5**	**0.7**
16-19 岁	11	54.5	0.0	27.3	27.3	9.1
20-24 岁	15	26.7	6.7	6.7	66.7	0.0
25-29 岁	24	29.2	8.3	33.3	41.7	0.0
30-34 岁	17	11.8	47.1	29.4	35.3	0.0
35-39 岁	20	15.0	15.0	20.0	75.0	0.0
40-44 岁	18	27.8	22.2	16.7	44.4	0.0
45-49 岁	14	14.3	35.7	14.3	57.1	0.0
50 岁以上	15	53.3	20.0	0.0	60.0	0.0
女性	**165**	**31.5**	**19.4**	**17.0**	**54.5**	**0.6**
16-19 岁	15	13.3	0.0	6.7	80.0	6.7
20-24 岁	18	27.8	5.6	22.2	55.6	0.0
25-29 岁	19	31.6	26.3	5.3	52.6	0.0
30-34 岁	26	34.6	23.1	19.2	50.0	0.0
35-39 岁	28	21.4	25.0	21.4	53.6	0.0
40-44 岁	19	36.8	26.3	5.3	63.2	0.0
45-49 岁	14	28.6	21.4	42.9	35.7	0.0
50 岁以上	26	50.0	19.2	15.4	50.0	0.0

● 上海（Shanghai）

	人数	自己	孩子	老人	全家人	其他
样本	**207**	**37.7**	**19.3**	**17.4**	**44.4**	**1.0**
男性	**105**	**40.0**	**17.1**	**17.1**	**43.8**	**0.0**
16-19 岁	6	16.7	0.0	0.0	100.0	0.0
20-24 岁	11	54.5	9.1	0.0	45.5	0.0
25-29 岁	13	46.2	0.0	23.1	38.5	0.0
30-34 岁	20	40.0	30.0	25.0	35.0	0.0
35-39 岁	19	52.6	26.3	26.3	26.3	0.0
40-44 岁	11	36.4	9.1	9.1	45.5	0.0
45-49 岁	9	33.3	11.1	22.2	44.4	0.0
50 岁以上	16	25.0	25.0	12.5	56.3	0.0
女性	**102**	**35.3**	**21.6**	**17.6**	**45.1**	**2.0**
16-19 岁	8	50.0	12.5	0.0	50.0	0.0
20-24 岁	12	41.7	8.3	8.3	58.3	0.0
25-29 岁	12	16.7	16.7	16.7	66.7	0.0
30-34 岁	17	47.1	23.5	11.8	41.2	5.9
35-39 岁	16	37.5	25.0	25.0	31.3	0.0
40-44 岁	10	30.0	40.0	30.0	40.0	0.0
45-49 岁	6	33.3	33.3	50.0	16.7	0.0
50 岁以上	21	28.6	19.0	14.3	47.6	4.8

● 广州（Guangzhou）

	人数	自己	孩子	老人	全家人	其他
样本	**83**	**39.3**	**33.3**	**3.6**	**46.4**	**0.0**
男性	**32**	**43.8**	**40.6**	**3.1**	**37.5**	**0.0**
16-19 岁	4	100.0	0.0	25.0	25.0	0.0
20-24 岁	5	40.0	0.0	0.0	60.0	0.0
25-29 岁	6	50.0	33.3	0.0	33.3	0.0
30-34 岁	4	25.0	75.0	0.0	0.0	0.0
35-39 岁	4	75.0	75.0	0.0	0.0	0.0
40-44 岁	2	0.0	100.0	0.0	50.0	0.0
45-49 岁	1	0.0	0.0	0.0	100.0	0.0
50 岁以上	6	16.7	50.0	0.0	66.7	0.0
女性	**51**	**36.5**	**28.8**	**3.8**	**51.9**	**0.0**
16-19 岁	5	60.0	0.0	0.0	60.0	0.0
20-24 岁	8	37.5	12.5	0.0	50.0	0.0
25-29 岁	12	30.8	30.8	0.0	53.8	0.0
30-34 岁	7	28.6	71.4	0.0	28.6	0.0
35-39 岁	9	22.2	22.2	0.0	66.7	0.0
40-44 岁	4	25.0	0.0	0.0	100.0	0.0
45-49 岁	1	100.0	100.0	0.0	0.0	0.0
50 岁以上	5	60.0	40.0	40.0	20.0	0.0

● 重庆（Chongqing）

	人数	自己	孩子	老人	全家人	其他
样本	**320**	**28.1**	**20.3**	**8.1**	**62.5**	**0.0**
男性	**159**	**28.9**	**16.4**	**6.9**	**64.2**	**0.0**
16-19 岁	18	38.9	5.6	0.0	66.7	0.0
20-24 岁	27	29.6	3.7	3.7	66.7	0.0
25-29 岁	26	34.6	3.8	3.8	73.1	0.0
30-34 岁	23	34.8	30.4	13.0	47.8	0.0
35-39 岁	18	16.7	38.9	22.2	61.1	0.0
40-44 岁	15	13.3	6.7	6.7	80.0	0.0
45-49 岁	12	33.3	41.7	8.3	50.0	0.0
50 岁以上	20	25.0	15.0	0.0	65.0	0.0
女性	**161**	**27.3**	**24.2**	**9.3**	**60.9**	**0.0**
16-19 岁	18	44.4	5.6	5.6	66.7	0.0
20-24 岁	30	30.0	6.7	16.7	60.0	0.0
25-29 岁	16	25.0	50.0	6.3	56.3	0.0
30-34 岁	22	9.1	50.0	4.5	54.5	0.0
35-39 岁	22	18.2	36.4	9.1	63.6	0.0
40-44 岁	16	37.5	31.3	6.3	56.3	0.0
45-49 岁	15	20.0	6.7	13.3	66.7	0.0
50 岁以上	22	36.4	13.6	9.1	63.6	0.0

2-4 样本家庭的品牌习惯 / Brand Habit of the Sample Households

注：1=固定饮用一个牌子，从不更改（Used in only one brand）；
2=比较固定地饮用一两个牌子，有时会变一下（Used in one or two brands）；
3=基本上没有固定哪个牌子，随机购买/食用（No brand preference）

● 北京（Beijing）

	人数	百分比
1	105	35.1
2	158	52.8
3	36	12.0

n=299

● 上海（Shanghai）

	人数	百分比
1	108	52.2
2	73	35.3
3	26	12.6

n=207

● 广州（Guangzhou）

	人数	百分比
1	16	19.8
2	34	42.0
3	31	38.3

n=81

● 重庆（Chongqing）

	人数	百分比
1	111	34.7
2	176	55.0
3	33	10.3

n=320

2-5 样本家庭食用的种类 / Kinds of Powdered Soybean Milk Consumed by the Sample Households

注：本题为多选题，合计百分比超过 100%（Multiple answers）

● 北京（Beijing）

	人次	百分比
豆奶粉	268	89.9
豆粉	19	6.4
绿豆粉	15	5.0
绿豆奶粉	10	3.4

n=298

● 上海（Shanghai）

	人次	百分比
豆奶粉	178	89.4
豆粉	25	12.6
绿豆粉	2	1.0
绿豆奶粉	0	0.0

n=199

● 广州（Guangzhou）

	人次	百分比
豆奶粉	61	79.2
豆粉	10	13.0
绿豆粉	4	5.2
绿豆奶粉	9	11.7

n=77

● 重庆（Chongqing）

	人次	百分比
豆奶粉	304	95.6
豆粉	11	3.5
绿豆粉	5	1.6
绿豆奶粉	6	1.9

n=318

2-6 样本家庭食用的类型 / Types of Powdered Soybean Milk Consumed by the Sample Households

● 北京（Beijing）

	人数	百分比
普通型	122	46.2
低糖型	34	12.9
加味型	87	33.0
保健型	20	7.6
其他	1	0.4

n=264

● 上海（Shanghai）

	人数	百分比
普通型	95	54.3
低糖型	40	22.9
加味型	29	16.6
保健型	9	5.1
其他	2	1.1

n=175

● 广州（Guangzhou）

	人数	百分比
普通型	27	46.6
低糖型	7	12.1
加味型	14	24.1
保健型	8	13.8
其他	2	3.4

n=58

● 重庆（Chongqing）

	人数	百分比
普通型	78	25.7
低糖型	49	16.2
加味型	134	44.2
保健型	42	13.9
其他	0	0.0

n=303

2-7 样本家庭食用的场合 / Settings of Consumption by the Sample Households

注：本题为多选题，合计百分比超过 100%（Multiple answers）

● 北京（Beijing）

	人次	百分比
早餐时	272	91.0
正餐（午\晚餐）时	8	2.7
餐后热饮	11	3.7
宵夜时	24	8.0
睡觉前帮助入眠	20	6.7
工作休息时	21	7.0
胃不舒服时	10	3.3
其他	2	0.7

n=299

● 上海（Shanghai）

	人次	百分比
早餐时	164	79.2
正餐（午\晚餐）时	4	1.9
餐后热饮	10	4.8
宵夜时	8	3.9
睡觉前帮助入眠	28	13.5
工作休息时	37	17.9
胃不舒服时	6	2.9
其他	7	3.4

n=207

● 广州（Guangzhou）

	人次	百分比
早餐时	54	65.9
正餐（午\晚餐）时	4	4.9
餐后热饮	4	4.9
宵夜时	11	13.4
睡觉前帮助入眠	13	15.9
工作休息时	21	25.6
胃不舒服时	1	1.2
其他	2	2.4

n=82

● 重庆（Chongqing）

	人次	百分比
早餐时	250	78.1
正餐（午\晚餐）时	7	2.2
餐后热饮	21	6.6
宵夜时	52	16.3
睡觉前帮助入眠	61	19.1
工作休息时	29	9.1
胃不舒服时	11	3.4
其他	10	3.1

n=320

2-8 样本总体、男性各年龄层、女性各年龄层最近三个月有无购买的比例 / Purchasing in the Last Three Months by the Whole Sample, Age and Gender Groups

● 北京（Beijing）

	人数	买过	没买过
样本	**600**	**48.7**	**51.3**
男性	**298**	**43.6**	**56.4**
16-19 岁	26	42.3	57.7
20-24 岁	36	38.9	61.1
25-29 岁	41	58.5	41.5
30-34 岁	47	31.9	66.0
35-39 岁	43	44.2	55.8
40-44 岁	42	40.5	59.5
45-49 岁	24	50.0	50.0
50 岁以上	39	43.6	56.4
女性	**302**	**53.6**	**46.4**
16-19 岁	23	60.9	39.1
20-24 岁	35	45.7	54.3
25-29 岁	36	50.0	50.0
30-34 岁	49	55.1	44.9
35-39 岁	45	62.2	37.8
40-44 岁	40	50.0	50.0
45-49 岁	26	57.7	42.3
50 岁以上	48	50.0	50.0

● 上海（Shanghai）

	人数	买过	没买过
样本	**600**	**30.8**	**69.2**
男性	**307**	**30.3**	**69.7**
16-19 岁	22	22.7	77.3
20-24 岁	34	29.4	70.6
25-29 岁	42	23.8	76.2
30-34 岁	56	30.4	69.6
35-39 岁	51	39.2	60.8
40-44 岁	31	22.6	77.4
45-49 岁	26	30.8	69.2
50 岁以上	45	35.6	64.4
女性	**293**	**31.4**	**68.6**
16-19 岁	24	29.2	70.8
20-24 岁	32	37.5	62.5
25-29 岁	37	27.0	73.0
30-34 岁	50	30.0	70.0
35-39 岁	44	36.4	63.6
40-44 岁	35	25.7	74.3
45-49 岁	23	26.1	73.9
50 岁以上	48	35.4	64.6

● 广州（Guangzhou）

	人数	买过	没买过
样本	**535**	**15.3**	**84.7**
男性	**255**	**11.4**	**88.6**
16-19 岁	29	6.9	93.1
20-24 岁	34	14.7	85.3
25-29 岁	31	16.1	83.9
30-34 岁	28	7.1	92.9
35-39 岁	34	14.7	85.3
40-44 岁	39	5.1	94.9
45-49 岁	21	14.3	85.7
50 岁以上	39	12.8	87.2
女性	**280**	**18.9**	**81.1**
16-19 岁	42	11.9	88.1
20-24 岁	44	15.9	84.1
25-29 岁	55	20.0	80.0
30-34 岁	40	25.0	75.0
35-39 岁	36	27.8	72.2
40-44 岁	25	16.0	84.0
45-49 岁	12	0.0	100.0
50 岁以上	26	23.1	76.9

● 重庆（Chongqing）

	人数	买过	没买过
样本	**600**	**51.3**	**48.7**
男性	**308**	**49.0**	**51.0**
16-19 岁	43	39.5	60.5
20-24 岁	53	41.5	58.5
25-29 岁	43	60.5	39.5
30-34 岁	38	60.5	39.5
35-39 岁	39	46.2	53.8
40-44 岁	30	40.0	60.0
45-49 岁	25	52.0	48.0
50 岁以上	37	54.1	45.9
女性	**292**	**53.8**	**46.2**
16-19 岁	43	34.9	65.1
20-24 岁	53	58.5	41.5
25-29 岁	32	46.9	53.1
30-34 岁	33	60.6	39.4
35-39 岁	35	65.7	34.3
40-44 岁	32	50.0	50.0
45-49 岁	27	55.6	44.4
50 岁以上	37	59.5	40.5

2-9 理想品牌排名 / Ranking of the Ideal Brands

● 北京（Beijing）

排名	品牌		人数	百分比
1	维维	Weiwei	377	62.8
2	华旗	Huaqi	16	2.7
3	大地	Dadi	9	1.5

n=600

● 上海（Shanghai）

排名	品牌		人数	百分比
1	维维	Weiwei	427	71.2
2	添宝	Bonus	6	1.0
3	晨星岛	Chenxingdao	5	0.8

n=600

● 广州（Guangzhou）

排名	品牌		人数	百分比
1	添宝	Bonus	50	8.3
2	维维	Weiwei	33	5.5
3	冰泉	Bingquan	11	1.8

n=600

● 重庆（Chongqing）

排名	品牌		人数	百分比
1	维维	Weiwei	396	66.0
2	大地	Dadi	36	6.0
3	华旗	Huaqi	6	1.0
4	冬梅	Dongmei	5	0.8

n=600

2-10 样本总体、男性各年龄层、女性各年龄层的理想品牌 / The Ideal Brands by the Whole Sample, Age and Gender Groups

● 北京（Beijing）

	人数	第一品牌及百分比	第二品牌及百分比
样本	**600**	**维维 62.8**	**华旗 2.7**
男性	**298**	**维维 60.7**	**华旗 4.3**
16-19 岁	26	维维 73.1	
20-24 岁	36	维维 66.7	
25-29 岁	41	维维 73.2	大地 2.4 晨星岛 2.4 红梅 2.4
30-34 岁	47	维维 57.4	华旗 2.1 大地 2.1 完达山 2.1 庄氏 2.1
35-39 岁	43	维维 55.8	华旗 2.3 大地 2.3
40-44 岁	42	维维 66.7	大地 2.4 完达山 2.4
45-49 岁	24	维维 54.2	华旗 4.2
50 岁以上	39	维维 41.0	北大荒 2.6
女性	**302**	**维维 64.9**	**大地 4.3**
16-19 岁	23	维维 69.6	华旗 4.3 大地 4.3
20-24 岁	35	维维 60.0	华旗 5.7 大地 5.7
25-29 岁	36	维维 72.0	添宝 2.8
30-34 岁	49	维维 59.2	华旗 6.1
35-39 岁	45	维维 68.9	晨星岛 2.2 红梅 2.2 添宝 2.2
40-44 岁	40	维维 60.0	华旗 12.5
45-49 岁	26	维维 65.4	华旗 3.8 大豆王 3.8
50 岁以上	48	维维 66.7	华旗 2.1

● 上海（Shanghai）

	人数	第一品牌及百分比	第二品牌及百分比
样本	**600**	**维维 71.2**	**添宝 1.0**
男性	**307**	**维维 70.0**	**晨星岛 1.0**
16-19 岁	22	维维 63.6	
20-24 岁	34	维维 82.4	
25-29 岁	42	维维 73.8	
30-34 岁	56	维维 71.4	添宝 1.8
35-39 岁	51	维维 78.4	晨星岛 2.0
40-44 岁	31	维维 64.5	晨星岛 3.2
45-49 岁	26	维维 65.4	
50 岁以上	45	维维 55.6	贝因美 4.4
女性	**293**	**维维 72.4**	**添宝 1.4**
16-19 岁	24	维维 83.3	晨星岛 4.2
20-24 岁	32	维维 65.6	贝因美 3.1
25-29 岁	37	维维 64.9	添宝 5.4
30-34 岁	50	维维 72.0	添宝 4.0
35-39 岁	44	维维 79.5	
40-44 岁	35	维维 77.1	
45-49 岁	23	维维 69.6	
50 岁以上	48	维维 68.8	

● 广州（Guangzhou）

	人数	第一品牌及百分比	第二品牌及百分比
样本	**600**	**添宝 8.3**	**维维 5.5**
男性	**282**	**维维 5.7**	**添宝 5.3**
16-19 岁	30	维维 6.7	
20-24 岁	36	维维 8.3 添宝 8.3	
25-29 岁	35	维维 11.4	
30-34 岁	34	维维 11.8	
35-39 岁	40	维维 2.5 添宝 2.5	
40-44 岁	41	添宝 7.3	
45-49 岁	26	添宝 3.8	
50 岁以上	40	添宝 10.0	
女性	**318**	**添宝 11.0**	**维维 5.3**
16-19 岁	50	添宝 14.0	维维 8.0
20-24 岁	46	添宝 8.7	维维 4.3 冰泉 4.3
25-29 岁	63	添宝 11.1	维维 7.9 冰泉 7.9
30-34 岁	46	添宝 15.2	
35-39 岁	41	添宝 12.2	维维 7.3
40-44 岁	30	添宝 6.7	
45-49 岁	13	添宝 15.4	维维 7.7
50 岁以上	29	添宝 13.8	

● 重庆（Chongqing）

	人数	第一品牌及百分比	第二品牌及百分比
样本	**600**	**维维 66.0**	**大地 6.0**
男性	**308**	**维维 64.3**	**大地 6.5**
16-19 岁	43	维维 55.8	大地 11.6
20-24 岁	53	维维 69.8	大地 7.5
25-29 岁	43	维维 67.4	大地 7.0
30-34 岁	38	维维 63.2	大地 5.3
35-39 岁	39	维维 74.4	大地 5.1
40-44 岁	30	维维 53.3	大地 3.3 冬梅 3.3
45-49 岁	25	维维 52.0	大地 4.0
50 岁以上	37	维维 70.3	大地 5.4
女性	**292**	**维维 67.8**	**大地 5.5**
16-19 岁	43	维维 67.4	大地 2.3 添宝 2.3
20-24 岁	53	维维 73.6	大地 9.4
25-29 岁	32	维维 71.9	大地 6.3
30-34 岁	33	维维 63.6	大地 3.0 华旗 3.0
35-39 岁	35	维维 65.7	大地 5.7
40-44 岁	32	维维 59.4	华旗 6.3
45-49 岁	27	维维 70.4	大地 3.7 维桑 3.7
50 岁以上	37	维维 67.6	大地 8.1

2-11 样本总体、男性各年龄层、女性各年龄层购买时的考虑因素 / Considerations in Purchasing by the Whole Sample, Age and Gender Groups

注：本题为多选题，合计百分比超过 100%（Multiple answers）

● 北京（Beijing）

	人数	有名的牌子	价格适中	包装吸引人	广告影响	购买方便	口味好	营养成分	易溶解
样本	**299**	**29.4**	**37.5**	**0.3**	**19.7**	**10.7**	**49.2**	**44.8**	**23.1**
男性	**134**	**32.1**	**40.3**	**0.7**	**23.9**	**11.2**	**43.3**	**42.5**	**19.4**
16-19 岁	11	36.4	54.5	0.0	27.3	0.0	45.5	45.5	18.2
20-24 岁	14	35.7	28.6	0.0	42.9	14.3	28.6	21.4	7.1
25-29 岁	24	33.3	33.3	0.0	37.5	4.2	45.8	45.8	25.0
30-34 岁	18	33.3	22.2	0.0	11.1	16.7	44.4	55.6	22.2
35-39 岁	20	35.0	40.0	0.0	35.0	20.0	35.0	35.0	35.0
40-44 岁	18	27.8	50.0	5.6	16.7	16.7	38.9	50.0	5.6
45-49 岁	14	28.6	42.9	0.0	7.1	0.0	50.0	57.1	14.3
50 岁以上	15	26.7	60.0	0.0	6.7	13.3	60.0	26.7	20.0
女性	**165**	**27.3**	**35.2**	**0.0**	**16.4**	**10.3**	**53.9**	**46.7**	**26.1**
16-19 岁	15	20.0	20.0	0.0	13.3	6.7	86.7	40.0	26.7
20-24 岁	18	22.2	27.8	0.0	22.2	16.7	38.9	33.3	27.8
25-29 岁	19	31.6	31.6	0.0	31.6	5.3	68.4	31.6	21.1
30-34 岁	26	19.2	19.2	0.0	19.2	15.4	69.2	38.5	30.8
35-39 岁	28	21.4	42.9	0.0	10.7	3.6	50.0	67.9	25.0
40-44 岁	19	36.8	36.8	0.0	15.8	10.5	36.8	57.9	36.8
45-49 岁	14	35.7	21.4	0.0	14.3	14.3	35.7	50.0	14.3
50 岁以上	26	34.6	65.4	0.0	11.5	46.2	0.0	46.2	23.1

续上表（continued）

	人数	有优惠条件	生产日期	朋友推荐	单位发的	售货员介绍	别人送的	只是由于习惯	其他
样本	**299**	**1.0**	**11.4**	**2.7**	**0.7**	**1.0**	**2.0**	**5.0**	**1.3**
男性	**134**	**1.5**	**6.0**	**1.5**	**0.0**	**0.0**	**2.2**	**3.7**	**1.5**
16-19 岁	11	9.1	9.1	0.0	0.0	0.0	0.0	9.1	0.0
20-24 岁	14	0.0	0.0	7.1	0.0	0.0	0.0	7.1	0.0
25-29 岁	24	0.0	8.3	4.2	0.0	0.0	0.0	4.2	0.0
30-34 岁	18	0.0	5.6	0.0	0.0	0.0	0.0	0.0	5.6
35-39 岁	20	0.0	10.0	0.0	0.0	0.0	5.0	5.0	5.0
40-44 岁	18	5.6	5.6	0.0	0.0	0.0	0.0	5.6	0.0
45-49 岁	14	0.0	7.1	0.0	0.0	0.0	7.1	0.0	0.0
50 岁以上	15	0.0	0.0	0.0	0.0	0.0	6.7	0.0	0.0
女性	**165**	**0.6**	**15.8**	**3.6**	**1.2**	**1.8**	**1.8**	**6.1**	**1.2**
16-19 岁	15	0.0	6.7	13.3	0.0	0.0	0.0	6.7	0.0
20-24 岁	18	0.0	22.2	5.6	0.0	0.0	0.0	5.6	0.0
25-29 岁	19	0.0	10.5	0.0	5.3	10.5	0.0	5.3	0.0
30-34 岁	26	0.0	15.4	0.0	0.0	0.0	3.8	15.4	0.0
35-39 岁	28	0.0	14.3	3.6	3.6	0.0	3.6	7.1	0.0
40-44 岁	19	5.3	15.8	10.5	0.0	0.0	0.0	0.0	5.3
45-49 岁	14	0.0	21.4	0.0	0.0	0.0	0.0	7.1	0.0
50 岁以上	26	0.0	19.2	0.0	0.0	3.8	3.8	0.0	3.8

● 上海（Shanghai）

	人数	有名的牌子	价格适中	包装吸引人	广告影响	购买方便	口味好	营养成分	易溶解
样本	**207**	**31.4**	**36.7**	**1.0**	**11.1**	**15.0**	**44.9**	**42.0**	**22.2**
男性	**105**	**27.6**	**40.0**	**1.9**	**9.5**	**19.0**	**42.9**	**41.0**	**23.8**
16-19 岁	6	66.7	33.3	0.0	16.7	16.7	50.0	33.3	33.3
20-24 岁	11	36.4	45.5	0.0	9.1	0.0	54.5	63.6	18.2
25-29 岁	13	15.4	23.1	0.0	23.1	15.4	38.5	23.1	30.8
30-34 岁	20	35.0	35.0	0.0	5.0	15.0	30.0	35.0	20.0
35-39 岁	19	26.3	42.1	5.3	10.5	26.3	47.4	42.1	21.1
40-44 岁	11	18.2	72.7	0.0	0.0	18.2	36.4	63.6	9.1
45-49 岁	9	22.2	44.4	0.0	11.1	55.6	55.6	44.4	22.2
50 岁以上	16	18.8	31.3	6.3	6.3	12.5	43.8	31.3	37.5
女性	**102**	**35.3**	**33.3**	**0.0**	**12.7**	**10.8**	**47.1**	**43.1**	**20.6**
16-19 岁	8	12.5	12.5	0.0	12.5	0.0	75.0	75.0	75.0
20-24 岁	12	25.0	33.3	0.0	25.0	25.0	41.7	41.7	0.0
25-29 岁	12	50.0	8.3	0.0	41.7	0.0	50.0	41.7	16.7
30-34 岁	17	23.5	29.4	0.0	11.8	11.8	64.7	35.3	29.4
35-39 岁	16	43.8	62.5	0.0	0.0	0.0	43.8	43.8	6.3
40-44 岁	10	30.0	30.0	0.0	10.0	20.0	40.0	50.0	50.0
45-49 岁	6	33.3	33.3	0.0	0.0	0.0	50.0	50.0	0.0
50 岁以上	21	47.6	38.1	0.0	4.8	19.0	28.6	33.3	9.5

续上表（continued）

	人数	有优惠条件	生产日期	朋友推荐	单位发的	售货员介绍	别人送的	只是由于习惯	其他
样本	**207**	**0.5**	**10.6**	**1.4**	**1.0**	**0.5**	**3.9**	**3.4**	**0.5**
男性	**105**	**0.0**	**10.5**	**1.9**	**0.0**	**0.0**	**3.8**	**4.8**	**0.0**
16-19 岁	6	0.0	16.7	0.0	0.0	0.0	0.0	0.0	0.0
20-24 岁	11	0.0	18.2	0.0	0.0	0.0	9.1	0.0	0.0
25-29 岁	13	0.0	7.7	0.0	0.0	0.0	7.7	15.4	0.0
30-34 岁	20	0.0	0.0	5.0	0.0	0.0	5.0	5.0	0.0
35-39 岁	19	0.0	10.5	5.3	0.0	0.0	0.0	0.0	0.0
40-44 岁	11	0.0	18.2	0.0	0.0	0.0	0.0	9.1	0.0
45-49 岁	9	0.0	0.0	0.0	0.0	0.0	0.0	0.0	0.0
50 岁以上	16	0.0	18.8	0.0	0.0	0.0	6.3	6.3	0.0
女性	**102**	**1.0**	**10.8**	**1.0**	**2.0**	**1.0**	**3.9**	**2.0**	**1.0**
16-19 岁	8	0.0	0.0	0.0	0.0	0.0	0.0	0.0	0.0
20-24 岁	12	0.0	8.3	0.0	0.0	0.0	16.7	8.3	0.0
25-29 岁	12	8.3	0.0	0.0	0.0	0.0	0.0	0.0	0.0
30-34 岁	17	0.0	23.5	0.0	0.0	5.9	0.0	0.0	0.0
35-39 岁	16	0.0	12.5	0.0	0.0	0.0	0.0	6.3	0.0
40-44 岁	10	0.0	0.0	0.0	10.0	0.0	0.0	0.0	0.0
45-49 岁	6	0.0	16.7	0.0	16.7	0.0	0.0	0.0	0.0
50 岁以上	21	0.0	14.3	4.8	0.0	0.0	9.5	0.0	4.8

● 广州（Guangzhou）

	人数	有名的牌子	价格适中	包装吸引人	广告影响	购买方便	口味好	营养成分	易溶解
样本	**84**	**17.9**	**29.8**	**3.6**	**6.0**	**21.4**	**50.0**	**52.4**	**17.9**
男性	**32**	**12.5**	**43.8**	**9.4**	**9.4**	**21.9**	**46.9**	**31.3**	**15.6**
16-19 岁	4	0.0	75.0	0.0	0.0	0.0	50.0	25.0	25.0
20-24 岁	6	33.3	33.3	0.0	0.0	16.7	33.3	33.3	16.7
25-29 岁	6	16.7	16.7	16.7	16.7	50.0	33.3	16.7	33.3
30-34 岁	3	0.0	33.3	0.0	33.3	33.3	0.0	33.3	0.0
35-39 岁	4	25.0	50.0	0.0	0.0	0.0	75.0	75.0	0.0
40-44 岁	2	0.0	100.0	0.0	0.0	0.0	50.0	50.0	0.0
45-49 岁	1	0.0	0.0	100.0	0.0	0.0	100.0	100.0	0.0
50 岁以上	6	0.0	50.0	16.7	16.7	33.3	66.7	0.0	16.7
女性	**52**	**21.2**	**21.2**	**0.0**	**3.8**	**21.2**	**51.9**	**65.4**	**19.2**
16-19 岁	5	0.0	0.0	0.0	0.0	0.0	60.0	100.0	40.0
20-24 岁	8	12.5	0.0	0.0	0.0	12.5	37.5	37.5	12.5
25-29 岁	13	23.1	23.1	0.0	7.7	30.8	61.5	53.8	23.1
30-34 岁	7	14.3	42.9	0.0	0.0	42.9	28.6	71.4	14.3
35-39 岁	9	33.3	0.0	0.0	0.0	11.1	77.8	77.8	33.3
40-44 岁	4	25.0	25.0	0.0	0.0	25.0	25.0	100.0	0.0
45-49 岁	1	0.0	100.0	0.0	0.0	0.0	0.0	100.0	0.0
50 岁以上	5	40.0	60.0	0.0	20.0	20.0	60.0	40.0	0.0

续上表（continued）

	人数	有优惠条件	生产日期	朋友推荐	单位发的	售货员介绍	别人送的	只是由于习惯	其他
样本	**84**	**2.4**	**16.7**	**0.0**	**2.4**	**0.0**	**2.4**	**3.6**	**1.2**
男性	**32**	**3.1**	**18.8**	**0.0**	**0.0**	**0.0**	**3.1**	**6.3**	**3.1**
16-19 岁	4	0.0	0.0	0.0	0.0	0.0	0.0	0.0	25.0
20-24 岁	6	16.7	16.7	0.0	0.0	0.0	16.7	0.0	0.0
25-29 岁	6	0.0	33.3	0.0	0.0	0.0	0.0	16.7	0.0
30-34 岁	3	0.0	33.3	0.0	0.0	0.0	0.0	33.3	0.0
35-39 岁	4	0.0	25.0	0.0	0.0	0.0	0.0	0.0	0.0
40-44 岁	2	0.0	50.0	0.0	0.0	0.0	0.0	0.0	0.0
45-49 岁	1	0.0	0.0	0.0	0.0	0.0	0.0	0.0	0.0
50 岁以上	6	0.0	0.0	0.0	0.0	0.0	0.0	0.0	0.0
女性	**52**	**1.9**	**15.4**	**0.0**	**3.8**	**0.0**	**1.9**	**1.9**	**0.0**
16-19 岁	5	20.0	20.0	0.0	0.0	0.0	0.0	20.0	0.0
20-24 岁	8	0.0	12.5	0.0	0.0	0.0	0.0	0.0	0.0
25-29 岁	13	0.0	23.1	0.0	0.0	0.0	7.7	0.0	0.0
30-34 岁	7	0.0	14.3	0.0	0.0	0.0	0.0	0.0	0.0
35-39 岁	9	0.0	11.1	0.0	11.1	0.0	0.0	0.0	0.0
40-44 岁	4	0.0	0.0	0.0	25.0	0.0	0.0	0.0	0.0
45-49 岁	1	0.0	100.0	0.0	0.0	0.0	0.0	0.0	0.0
50 岁以上	5	0.0	0.0	0.0	0.0	0.0	0.0	0.0	0.0

● 重庆（Chongqing）

	人数	有名的牌子	价格适中	包装吸引人	广告影响	购买方便	口味好	营养成分	易溶解
样本	**320**	**34.4**	**28.1**	**2.5**	**16.6**	**10.3**	**59.7**	**45.9**	**17.2**
男性	**159**	**37.1**	**25.2**	**3.1**	**15.1**	**10.7**	**59.7**	**42.8**	**15.1**
16-19 岁	18	44.4	27.8	5.6	5.6	22.2	72.2	33.3	11.1
20-24 岁	27	40.7	14.8	7.4	29.6	11.1	66.7	25.9	14.8
25-29 岁	26	38.5	19.2	0.0	19.2	3.8	50.0	50.0	19.2
30-34 岁	23	43.5	13.0	4.3	8.7	17.4	52.2	52.2	17.4
35-39 岁	18	33.3	11.1	5.6	16.7	11.1	72.2	50.0	5.6
40-44 岁	15	33.3	20.0	0.0	20.0	6.7	73.3	20.0	6.7
45-49 岁	12	33.3	58.3	0.0	8.3	8.3	50.0	66.7	8.3
50 岁以上	20	25.0	55.0	0.0	5.0	5.0	45.0	50.0	30.0
女性	**161**	**31.7**	**31.1**	**1.9**	**18.0**	**9.9**	**59.6**	**49.1**	**19.3**
16-19 岁	18	44.4	11.1	0.0	38.9	16.7	61.1	44.4	16.7
20-24 岁	30	33.3	23.3	0.0	26.7	6.7	46.7	43.3	16.7
25-29 岁	16	12.5	43.8	0.0	18.8	18.8	75.0	37.5	31.3
30-34 岁	22	18.2	45.5	4.5	9.1	4.5	59.1	63.6	27.3
35-39 岁	22	45.5	31.8	4.5	22.7	13.6	54.5	40.9	9.1
40-44 岁	16	37.5	31.3	0.0	6.3	12.5	56.3	50.0	12.5
45-49 岁	15	40.0	26.7	6.7	20.0	6.7	66.7	40.0	20.0
50 岁以上	22	22.7	36.4	0.0	0.0	4.5	68.2	68.2	22.7

续上表（continued）

	人数	有优惠条件	生产日期	朋友推荐	单位发的	售货员介绍	别人送的	只是由于习惯	其他
样本	**320**	**2.2**	**9.1**	**2.2**	**0.6**	**0.0**	**2.5**	**2.8**	**0.0**
男性	**159**	**1.9**	**10.7**	**2.5**	**0.6**	**0.0**	**2.5**	**1.9**	**0.0**
16-19 岁	18	5.6	5.6	0.0	0.0	0.0	0.0	0.0	0.0
20-24 岁	27	3.7	14.8	7.4	0.0	0.0	0.0	0.0	0.0
25-29 岁	26	0.0	3.8	0.0	0.0	0.0	0.0	7.7	0.0
30-34 岁	23	4.3	8.7	0.0	0.0	0.0	4.3	4.3	0.0
35-39 岁	18	0.0	27.8	0.0	0.0	0.0	0.0	0.0	0.0
40-44 岁	15	0.0	6.7	6.7	6.7	0.0	13.3	0.0	0.0
45-49 岁	12	0.0	8.3	0.0	0.0	0.0	8.3	0.0	0.0
50 岁以上	20	0.0	10.0	5.0	0.0	0.0	0.0	0.0	0.0
女性	**161**	**2.5**	**7.5**	**1.9**	**0.6**	**0.0**	**2.5**	**3.7**	**0.0**
16-19 岁	18	5.6	0.0	0.0	0.0	0.0	0.0	5.6	0.0
20-24 岁	30	3.3	13.3	3.3	0.0	0.0	3.3	6.7	0.0
25-29 岁	16	0.0	0.0	6.3	0.0	0.0	0.0	6.3	0.0
30-34 岁	22	0.0	0.0	0.0	0.0	0.0	0.0	4.5	0.0
35-39 岁	22	0.0	13.6	4.5	0.0	0.0	0.0	4.5	0.0
40-44 岁	16	6.3	12.5	0.0	6.3	0.0	6.3	0.0	0.0
45-49 岁	15	0.0	0.0	0.0	0.0	0.0	6.7	0.0	0.0
50 岁以上	22	4.5	13.6	0.0	0.0	0.0	4.5	0.0	0.0

2-12 北京不同消费群最常用的品牌 / The Most Frequently Used Brands by Beijing Market Segments

	人数	第一品牌及百分比	第二品牌及百分比
样本	**299**	**维维 90.3**	**华旗 4.7**
第一消费群	61	维维 90.2	华旗 6.6
第二消费群	48	维维 93.8	华旗 4.2 大地 4.2
第三消费群	56	维维 89.3	华旗 7.1
第四消费群	3	维维 66.7	
第五消费群	69	维维 88.4	华旗 2.9 大地 2.9
第六消费群	62	维维 91.9	华旗 6.5

注：北京消费群的代表特征 / Characteristics of the Beijing Market Segments

		第一消费群	第二消费群	第三消费群	第四消费群	第五消费群	第六消费群
基本情况	性别	女	男	无明显偏向	男	无明显偏向	女
	年龄	30 － 34 岁	25 － 29 岁	35 － 44 岁	无明显偏向	16 － 24 岁	45 岁以上
	学历	大专/大本	大本	初中	大本及研究生	高中/中专/技校	初中及以下
	职业	科教卫生人员	一般企业职员	工人	管理人员/专门职业从事者/个体及私营企业主	学生	离退休人员
	月均收入	801 － 1500 元	1501 － 4000 元	800 元以下	4000 元以上	无收入	800 元以下
	婚姻	已婚	无明显偏向	已婚	已婚或离异	未婚	已婚
心理取向		注重学历 非积极进取	不循规传统 非单一电视娱乐	非田园倾向 新女性主张 金钱本位	注重经验 大男子主义 不保守稳定	非“大男子主义” 追随流行	非“新女性主张” 非浪漫新潮 单一电视娱乐

2-13 上海不同消费群最常用品牌 / The Most Frequently Used Brands by Shanghai Market Segments

	人数	第一品牌及百分比	第二品牌及百分比
样本	**197**	**维维 89.3**	**晨星岛 1.0 添宝 1.0** **贝因美 1.0 南市 1.0**
第一消费群	51	维维 92.2	南市 2.0 新安 2.0
第二消费群	34	维维 94.1	冬梅 2.9 贝因美 2.9
第三消费群	2	Super 50.0 大汇 50.0	
第四消费群	42	维维 88.0	添宝 2.4 贝因美 2.4
第五消费群	16	维维 81.3	晨星岛 6.3 添宝 6.3 贝因美 6.3
第六消费群	52	维维 90.4	添宝 1.9 Super 1.9

注：上海消费群的代表特征 / Characteristics of the Shanghai Market Segments

		第一消费群	第二消费群	第三消费群	第四消费群	第五消费群	第六消费群
基本情况	性别	无明显偏向	男	男	女	女	无明显偏向
	年龄	45 岁以上	20 － 29 岁	25 － 34 岁	35 － 44 岁	16 － 24 岁	30 － 39 岁
	学历	大本及以上	大专/大本	大专	初中及以下	高中/中专/技校	高中/中专/技校
	职业	科教卫生人员/离退休人员	一般企业职员	行政管理人员/个体及私营企业主/专门职业从事者	工人/下岗人员	学生	一般企业职员
	月均收入	801 － 1500 元	1001 － 3000 元	3000 元以上	800 元以下	无收入	1001 － 2000 元
	婚姻	已婚	未婚	未婚	已婚	未婚	已婚
心理取向		非浪漫时尚 非金钱本位 保守稳定	非家庭重心 田园倾向 休闲独立	不保守稳定 奔波忙碌 浪漫时尚	金钱本位 家庭重心 注重学历	新家庭观念 非休闲独立	不积极进取 不奔波忙碌

2-14 广州不同消费群最常用品牌 / The Most Frequently Used Brands by Guangzhou Market Segments

	人数	第一品牌及百分比	第二品牌及百分比
样本	**79**	**添宝 27.8**	**维维 26.6**
第一消费群	9	维维 66.7	冰泉 22.2
第二消费群	13	添宝 38.5	冰泉 15.4
第三消费群	14	添宝 42.9	维维 28.6
第四消费群	12	添宝 41.7	维维 33.3
第五消费群	17	维维 23.5 冰泉 23.5	添宝 11.8
第六消费群	14	添宝 28.6	维维 21.4

注：广州消费群的代表特征 / Characteristics of the Guangzhou Market Segments

		第一消费群	第二消费群	第三消费群	第四消费群	第五消费群	第六消费群
基本情况	性别 年龄 学历	女 16 — 19 岁 高中/中专/技校	无明显偏向 40 岁以上 无明显偏向	女 20 — 24 岁 高中/中专/技校/大专	男 35 — 44 岁 初中/高中/中专/技校	女 30 — 34 岁 初中及以下	男 25 — 29 岁 大专及以上
	职业	学生	工人	学生/待业人员	个体及私营企业主	家庭主妇	企业职员/管理人员/科教卫生人员/专门职业者
	月均收入 婚姻	无收入 未婚	1500 元以下 已婚	无收入 未婚	801 — 1500 元 已婚	800 元以下 已婚	2000 元以上 无明显偏向
心理取向		不固守中式生活 田园倾向 非大男子主义	非新女性主张 不追随流行 非积极进取	独立自主 追随流行	积极进取 大男子主义 中式生活	单一电视娱乐 非独立自主 保守稳定	非单一电视娱乐 非家庭重心

2-15 重庆不同消费群理想品牌 / The Most Frequently Used Brands by Chongqing Market Segments

	人数	第一品牌及百分比	第二品牌及百分比
样本	**318**	**维维 86.5**	**大地 5.7**
第一消费群	57	维维 87.7	大地 8.8
第二消费群	77	维维 89.6	大地 2.6
第三消费群	65	维维 84.6	大地 9.2
第四消费群	15	维维 80.0	
第五消费群	84	维维 88.1	大地 2.4 华旗 2.4 维桑 2.4
第六消费群	20	维维 75.0	大地 15.0

注：重庆消费群的代表特征 / Characteristics of the Chongqing Market Segments

		第一消费群	第二消费群	第三消费群	第四消费群	第五消费群	第六消费群
基本情况	性别 年龄 学历	无明显偏向 16 — 19 岁 高中/中专/技校	无明显偏向 45 岁以上 高中/中专/技校	无明显偏向 20 — 29 岁 大专/大本	无明显偏向 30 — 34 岁 高中/中专/技校/大本以上	无明显偏向 40 岁以上 初中及以下	女 25 — 29 岁 初中
	职业	学生	行政管理人员/离退休人员	科教卫生人员/一般企业职员	个体及私营企业主	工人	专门职业从事者 下岗及其他
	月均收入 婚姻	无收入 未婚	501 — 800 元 已婚	801 — 1500 元 无明显偏向	1500 元以上 已婚	500 元以下 已婚	1001 — 1500 元 已婚或离异
心理取向		浪漫新潮 注重学历 非现实家庭观	循规传统 奔波忙碌 保守稳定	新女性主张 非功利心态	功利心态 现实家庭观 都市情结	非浪漫新潮 非独立休闲	非新女性主张 不循规传统 独立休闲

3 包装奶 / Packaged Milk

3-1 样本家庭最近三个月有无食用的比例 / Proportion of the Sample Consuming Packaged Milk in the Last Three Months

	北京（Beijing）	上海（Shanghai）	广州（Guangzhou）	重庆（Chongqing）
喝过	59.3	63.8	54.1	25.7
没喝过	40.7	36.2	45.9	74.3
有效样本量	**600**	**600**	**600**	**600**

3-2 家庭最常用品牌排名 / Ranking of the Most Frequently Consumed Brands

● 北京（Beijing）

排名	品	牌	人数	百分比
1	三元	Sanyuan	130	38.2
2	卡夫	Kraft	37	10.9
3	乐百氏	Robust	14	4.1
4	VD 消毒奶	VDXiaodunai	8	2.4
5	子母奶	Dutch Lady	7	2.1

n=340

● 上海（Shanghai）

排名	品	牌	人数	百分比
1	光明	Bright	280	73.9
2	三岛	Sandao	29	7.7
3	全仕奶	Fuller	13	3.4
4	乐百氏	Robust	7	1.8
4	达能	Danone	7	1.8
4	真元	Zhenyuan	7	1.8

n=379

● 广州（Guangzhou）

排名	品	牌	人数	百分比
1	香满楼	Flower Fresh	100	37.7
2	燕塘	Yantang	54	20.4
3	达能	Danone	19	7.2
4	子母	Dutch Lady	18	6.8
5	雀巢	Nestle	9	3.4
6	保利	Pauls	7	2.6
6	晨光	Chenguang	7	2.6

n=265

● 重庆（Chongqing）

排名	品	牌	人数	百分比
1	天友	Tianyou	74	52.5
2	双叉奶	Shuangcha	11	7.8
3	光明	Bright	6	4.3

n=141

3-3 不同性别、年龄的样本所在家庭的主要食用者 / Users in the Household by Sex and Age Groups

注：本题为多选题，合计百分比超过 100%（Multiple answers）

● 北京（Beijing）

	人数	自己	孩子	老人	全家人	其他
样本	**355**	**30.7**	**31.3**	**11.5**	**49.0**	**0.6**
男性	**145**	**32.4**	**31.0**	**13.1**	**46.9**	**0.7**
16-19 岁	14	50.0	0.0	14.3	42.9	7.1
20-24 岁	18	50.0	0.0	16.7	50.0	0.0
25-29 岁	17	17.6	11.8	29.4	64.7	0.0
30-34 岁	24	29.2	54.2	20.8	16.7	0.0
35-39 岁	24	25.0	50.0	12.5	54.2	0.0
40-44 岁	17	17.6	47.1	5.9	47.1	0.0
45-49 岁	14	35.7	50.0	0.0	35.7	0.0
50 岁以上	17	41.2	17.6	0.0	70.6	0.0
女性	**210**	**29.5**	**31.4**	**10.5**	**50.5**	**0.5**
16-19 岁	17	52.9	5.9	11.8	35.3	0.0
20-24 岁	18	33.3	0.0	22.2	50.0	0.0
25-29 岁	28	42.9	21.4	10.7	46.4	3.6
30-34 岁	38	28.9	55.3	18.4	34.2	0.0
35-39 岁	36	19.4	41.7	8.3	58.3	0.0
40-44 岁	28	14.3	35.7	0.0	60.7	0.0
45-49 岁	17	11.8	23.5	0.0	88.2	0.0
50 岁以上	28	39.3	32.1	10.7	42.9	0.0

● 上海（Shanghai）

	人数	自己	孩子	老人	全家人	其他
样本	**383**	**37.3**	**34.2**	**3.7**	**40.5**	**1.3**
男性	**183**	**38.8**	**29.0**	**3.3**	**43.2**	**1.6**
16-19 岁	20	50.0	5.0	0.0	60.0	0.0
20-24 岁	23	43.5	8.7	13.0	43.5	0.0
25-29 岁	23	39.1	4.3	0.0	56.5	4.3
30-34 岁	26	38.5	38.5	3.8	34.6	3.8
35-39 岁	34	47.1	55.9	5.9	26.5	0.0
40-44 岁	11	27.3	18.2	0.0	54.5	0.0
45-49 岁	19	31.6	36.8	0.0	47.4	0.0
50 岁以上	27	25.9	40.7	0.0	40.7	3.7
女性	**200**	**36.0**	**39.0**	**4.0**	**38.0**	**1.0**
16-19 岁	19	47.4	10.5	0.0	47.4	0.0
20-24 岁	20	55.0	0.0	0.0	45.0	5.0
25-29 岁	23	39.1	39.1	4.3	34.8	0.0
30-34 岁	39	33.3	51.3	5.1	41.0	0.0
35-39 岁	29	34.5	58.6	3.4	34.5	0.0
40-44 岁	22	27.3	68.2	0.0	18.2	0.0
45-49 岁	13	7.7	53.8	7.7	46.2	0.0
50 岁以上	35	37.1	22.9	8.6	40.0	2.9

● 广州（Guangzhou）

	人数	自己	孩子	老人	全家人	其他
样本	**321**	**42.5**	**30.7**	**4.0**	**40.4**	**0.9**
男性	**128**	**41.1**	**28.7**	**4.7**	**41.1**	**0.8**
16-19 岁	11	83.3	0.0	8.3	16.7	0.0
20-24 岁	17	58.8	0.0	5.9	35.3	0.0
25-29 岁	19	55.6	22.2	5.6	38.9	0.0
30-34 岁	17	35.3	41.2	5.9	41.2	0.0
35-39 岁	21	38.1	33.3	9.5	38.1	4.8
40-44 岁	17	11.1	55.6	0.0	44.4	0.0
45-49 岁	11	27.3	18.2	0.0	63.6	0.0
50 岁以上	15	26.7	46.7	0.0	53.3	0.0
女性	**193**	**43.5**	**32.1**	**3.6**	**39.9**	**1.0**
16-19 岁	39	71.8	2.6	2.6	30.8	5.1
20-24 岁	30	46.7	3.3	3.3	53.3	0.0
25-29 岁	44	43.2	43.2	4.5	36.4	0.0
30-34 岁	24	37.5	54.2	8.3	33.3	0.0
35-39 岁	24	33.3	62.5	0.0	29.2	0.0
40-44 岁	15	13.3	46.7	0.0	53.3	0.0
45-49 岁	6	16.7	33.3	0.0	66.7	0.0
50 岁以上	11	27.3	36.4	9.1	54.5	0.0

● 重庆（Chongqing）

	人数	自己	孩子	老人	全家人	其他
样本	**154**	**41.9**	**38.1**	**5.8**	**26.5**	**0.0**
男性	**76**	**39.5**	**36.8**	**3.9**	**30.3**	**0.0**
16-19 岁	12	58.3	8.3	0.0	33.3	0.0
20-24 岁	15	60.0	0.0	13.3	33.3	0.0
25-29 岁	9	44.4	33.3	0.0	33.3	0.0
30-34 岁	10	20.0	80.0	0.0	10.0	0.0
35-39 岁	10	20.0	60.0	0.0	40.0	0.0
40-44 岁	6	50.0	66.7	0.0	16.7	0.0
45-49 岁	6	16.7	66.7	16.7	16.7	0.0
50 岁以上	8	25.0	25.0	0.0	50.0	0.0
女性	**78**	**44.3**	**39.2**	**7.6**	**22.8**	**0.0**
16-19 岁	15	86.7	6.7	6.7	6.7	0.0
20-24 岁	16	56.3	18.8	18.8	18.8	0.0
25-29 岁	7	37.5	75.0	0.0	12.5	0.0
30-34 岁	10	0.0	70.0	20.0	20.0	0.0
35-39 岁	9	22.2	66.7	0.0	22.2	0.0
40-44 岁	8	25.0	62.5	0.0	25.0	0.0
45-49 岁	6	33.3	16.7	0.0	50.0	0.0
50 岁以上	7	57.1	28.6	0.0	57.1	0.0

3-4 样本家庭的品牌习惯 / Brand Habit of the Sample Households

注：1=固定饮用一个牌子，从不更改（Used in only one brand）
2=比较固定地饮用一两个牌子，有时会变一下（Used in one or two brands）
3=基本上没有固定哪个牌子，随机购买/食用（No brand preference）

● 北京（Beijing）

	人数	百分比
1	129	36.4
2	154	43.5
3	71	20.1

n=354

● 上海（Shanghai）

	人数	百分比
1	179	47.0
2	164	43.0
3	38	10.0

n=381

● 广州（Guangzhou）

	人数	百分比
1	66	20.6
2	183	57.0
3	72	22.4

n=321

● 重庆（Chongqing）

	人数	百分比
1	53	34.6
2	67	43.8
3	33	21.6

n=153

3-5 样本家庭食用的包装类型 / Package Types of Packaged Milk Consumed by the Sample Households

注：本题为多选题，合计百分比超过 100%（Multiple answers）

● 北京（Beijing）

	人次	百分比
袋奶	286	80.3
纸盒\利乐砖	51	14.3
塑料瓶	49	13.8
房屋状纸盒	13	3.7
粽子状纸盒	2	0.6
其他	3	0.8

n=356

● 上海（Shanghai）

	人次	百分比
袋奶	120	31.4
纸盒\利乐砖	133	34.8
塑料瓶	51	13.4
房屋状纸盒	152	39.8
粽子状纸盒	4	1.0
其他	11	2.9

n=382

● 广州（Guangzhou）

	人次	百分比
袋奶	101	31.5
纸盒\利乐砖	150	46.7
塑料瓶	74	23.1
房屋状纸盒	56	17.4
粽子状纸盒	6	1.9
其他	8	2.5

n=321

● 重庆（Chongqing）

	人次	百分比
袋奶	32	20.8
纸盒\利乐砖	45	29.2
塑料瓶	55	35.7
房屋状纸盒	30	19.5
粽子状纸盒	0	0.0
其他	20	13.0

n=154

3-6 样本家庭食用的种类 / Kinds of Packaged Milk Consumed by the Sample Households

注：本题为多选题，合计百分比超过 100%（Multiple answers）

● 北京（Beijing）

	人次	百分比
全脂	181	53.2
低脂	68	20.0
脱脂	65	19.1
花色奶	35	10.3
其他	17	5.0

n=340

● 上海（Shanghai）

	人次	百分比
全脂	241	65.1
低脂	69	18.6
脱脂	53	14.3
花色奶	34	9.2
其他	6	1.6

n=370

● 广州（Guangzhou）

	人次	百分比
全脂	139	46.2
低脂	79	26.2
脱脂	68	22.6
花色奶	34	11.3
其他	16	5.3

n=301

● 重庆（Chongqing）

	人次	百分比
全脂	72	47.7
低脂	31	20.5
脱脂	17	11.3
花色奶	24	15.9
其他	12	7.9

n=151

3-7 样本家庭食用的场合 / Settings of Consumption by the Sample Households

注：本题为多选题，合计百分比超过 100%（Multiple answers）

● 北京（Beijing）

	人次	百分比
早餐时	276	77.5
正餐（午\晚餐）时	10	2.8
口渴时	58	16.3
餐后热饮	20	5.6
宵夜时	64	18.0
睡觉前帮助入眠	12	3.4
工作休息时	8	2.2
胃不舒服时	30	8.4
其他	9	2.5

n=356

● 上海（Shanghai）

	人次	百分比
早餐时	282	73.8
正餐（午\晚餐）时	11	2.9
口渴时	79	20.7
餐后热饮	15	3.9
宵夜时	105	27.5
睡觉前帮助入眠	32	8.4
工作休息时	4	1.0
胃不舒服时	21	5.5
其他	7	1.8

n=382

● 广州（Guangzhou）

	人次	百分比
早餐时	220	68.5
正餐（午\晚餐）时	9	2.8
口渴时	83	25.9
餐后热饮	27	8.4
宵夜时	54	16.8
睡觉前帮助入眠	21	6.5
工作休息时	4	1.2
胃不舒服时	19	5.9
其他	9	2.8

n=320

● 重庆（Chongqing）

	人次	百分比
早餐时	69	44.8
正餐（午\晚餐）时	6	3.9
口渴时	45	29.2
餐后热饮	10	6.5
宵夜时	33	21.4
睡觉前帮助入眠	15	9.7
工作休息时	0	0.0
胃不舒服时	28	18.2
其他	4	2.6

n=154

3-8 样本总体、男性各年龄层、女性各年龄层最近三个月有无购买的比例 / Purchasing in the Last Three Months by the Whole Sample, Age and Gender Groups

● 北京（Beijing）

	人数	买过	没买过
样本	**600**	**59.5**	**40.5**
男性	**298**	**49.3**	**50.7**
16-19岁	26	50.0	50.0
20-24岁	36	44.4	55.6
25-29岁	41	43.9	56.1
30-34岁	47	53.2	46.8
35-39岁	43	58.1	41.9
40-44岁	42	38.1	61.9
45-49岁	24	62.5	37.5
50岁以上	39	48.7	51.3
女性	**302**	**69.5**	**30.5**
16-19岁	23	73.9	26.1
20-24岁	35	54.3	45.7
25-29岁	36	77.8	22.2
30-34岁	49	79.6	20.4
35-39岁	45	77.8	22.2
40-44岁	40	67.5	32.5
45-49岁	26	65.4	34.6
50岁以上	48	58.3	41.7

● 上海（Shanghai）

	人数	买过	没买过
样本	**600**	**61.5**	**38.5**
男性	**307**	**56.7**	**43.3**
16-19岁	22	81.8	18.2
20-24岁	34	58.8	41.2
25-29岁	42	45.2	54.8
30-34岁	56	41.1	58.9
35-39岁	51	68.6	31.4
40-44岁	31	35.5	64.5
45-49岁	26	76.9	23.1
50岁以上	45	62.2	37.8
女性	**293**	**66.6**	**33.4**
16-19岁	24	75.0	25.0
20-24岁	32	62.5	37.5
25-29岁	37	62.2	37.8
30-34岁	50	78.0	22.0
35-39岁	44	63.6	36.4
40-44岁	35	62.9	37.1
45-49岁	23	52.2	47.8
50岁以上	48	68.8	31.3

● 广州（Guangzhou）

	人数	买过	没买过
样本	**598**	**53.3**	**46.7**
男性	**281**	**45.9**	**54.1**
16-19 岁	30	43.3	56.7
20-24 岁	36	50.0	50.0
25-29 岁	35	45.7	54.3
30-34 岁	34	52.9	47.1
35-39 岁	40	50.0	50.0
40-44 岁	41	43.9	56.1
45-49 岁	26	46.2	53.8
50 岁以上	39	35.9	64.1
女性	**317**	**59.9**	**40.1**
16-19 岁	50	78.0	22.0
20-24 岁	45	60.0	40.0
25-29 岁	63	69.8	30.2
30-34 岁	46	52.2	47.8
35-39 岁	41	61.0	39.0
40-44 岁	30	53.3	46.7
45-49 岁	13	46.2	53.8
50 岁以上	29	31.0	69.0

● 重庆（Chongqing）

	人数	买过	没买过
样本	**599**	**26.5**	**73.5**
男性	**307**	**23.5**	**76.5**
16-19 岁	43	23.3	76.7
20-24 岁	52	21.2	78.8
25-29 岁	43	18.6	81.4
30-34 岁	38	28.9	71.1
35-39 岁	39	25.6	74.4
40-44 岁	30	26.7	73.3
45-49 岁	25	24.0	76.0
50 岁以上	37	21.6	78.4
女性	**292**	**29.8**	**70.2**
16-19 岁	43	32.6	67.4
20-24 岁	53	35.8	64.2
25-29 岁	32	25.0	75.0
30-34 岁	33	36.4	63.6
35-39 岁	35	31.4	68.6
40-44 岁	32	25.0	75.0
45-49 岁	27	25.9	74.1
50 岁以上	37	21.6	78.4

3-9 理想品牌排名 / Ranking of the Ideal Brands

● 北京（Beijing）

排名	品	牌	人数	百分比
1	三元	Sanyuan	109	18.2
2	卡夫	Kraft	40	6.7
3	乐百氏	Robust	13	2.2
4	子母	Dutch Lady	11	1.8
4	VD 消毒奶	VDXiaodunai	11	1.8
6	三角	Sanjiao	8	1.3

n=600

● 上海（Shanghai）

排名	品	牌	人数	百分比
1	光明	Bright	375	62.5
2	全仕奶	Fuller	26	4.3
3	三岛	Sandao	23	3.8
4	达能	Danone	11	1.8
5	乐百氏	Robust	9	1.5
6	真元	Zhenyuan	6	1.0

n=600

● 广州（Guangzhou）

排名	品	牌	人数	百分比
1	香满楼	Flower Fresh	96	16.0
2	燕塘	Yantang	48	8.0
3	子母	Dutch Lady	23	3.8
4	达能	Danone	22	3.7
5	保利	Pauls	11	1.8
6	晨光	Chenguang	9	1.5
6	雀巢	Nestle	9	1.5

n=600

● 重庆（Chongqing）

排名	品	牌	人数	百分比
1	天友	Tianyou	101	16.8
2	乐百氏	Robust	10	1.7
3	双叉奶	Shuangcha	8	1.3
4	光明	Bright	4	0.7
4	均瑶	Junyao	4	0.7

n=600

3-10 样本总体、男性各年龄层、女性各年龄层的理想品牌 / The Ideal Brands by the Whole Sample, Age and Gender Groups

● 北京（Beijing）

	人数	第一品牌及百分比		第二品牌及百分比	
样本	**600**	**三元 18.2**		**卡夫 6.7**	
男性	**298**	**三元 17.8**		**卡夫 3.4**	
16-19 岁	26	三元 23.1		卡夫 11.5	
20-24 岁	36	三元 8.3	卡夫 8.3	乐百氏 5.6	
25-29 岁	41	三元 12.2		卡夫 7.3	
30-34 岁	47	三元 25.5		子母 2.1 活力 2.1	乐百氏 2.1
35-39 岁	43	三元 27.9		乐百氏 4.7	
40-44 岁	42	三元 19.0		子母 4.8	
45-49 岁	24	三元 12.5		卡夫 4.2 乐百氏 4.2	子母 4.2 全仕奶 4.2
50 岁以上	39	三元 10.3		乐百氏 2.6	VD 消毒奶 2.6
女性	**302**	**三元 18.5**		**卡夫 9.9**	
16-19 岁	23	卡夫 17.4		三元 8.7	
20-24 岁	35	卡夫 17.1		三元 11.4	
25-29 岁	36	卡夫 19.4		三元 16.7	
30-34 岁	49	三元 24.5		卡夫 10.2	
35-39 岁	45	三元 20.0		三角 8.9	
40-44 岁	40	三元 20.0		卡夫 7.5	
45-49 岁	26	三元 23.1		卡夫 7.7	三环 7.7
50 岁以上	48	三元 18.8		三角 4.2	VD 消毒奶 4.2

● 上海（Shanghai）

	人数	第一品牌及百分比	第二品牌及百分比	
样本	**600**	**光明 62.5**	**全仕奶 4.3**	
男性	**307**	**光明 61.9**	**全仕奶 4.9**	
16-19 岁	22	光明 77.3	达能 9.1	
20-24 岁	34	光明 47.1	全仕奶 5.9	
25-29 岁	42	光明 57.1	全仕奶 4.8	
30-34 岁	56	光明 62.5	三岛 5.4	全仕奶 5.4
35-39 岁	51	光明 68.5	全仕奶 7.8	
40-44 岁	31	光明 61.3	怡美 6.5	
45-49 岁	26	光明 61.5	全仕奶 7.7	
50 岁以上	45	光明 62.2	达能 4.4	上海 4.4
女性	**293**	**光明 63.1**	**三岛 5.8**	
16-19 岁	24	光明 62.5	三岛 8.3	
20-24 岁	32	光明 59.4	三岛 6.3	
25-29 岁	37	光明 56.8	乐百氏 5.4	全仕奶 5.4
30-34 岁	50	光明 64.0	三岛 14.0	
35-39 岁	44	光明 59.1	全仕奶 6.8	达能 6.8
40-44 岁	35	光明 62.9	全仕奶 11.4	
45-49 岁	23	光明 65.2		
50 岁以上	48	光明 72.9	三岛 6.3	

● 广州（Guangzhou）

	人数	第一品牌及百分比	第二品牌及百分比
样本	**600**	**香满楼 16.0**	**燕塘 8.0**
男性	**282**	**香满楼 16.3**	**燕塘 6.4**
16-19 岁	30	香满楼 23.3	
20-24 岁	36	香满楼 16.7	子母 11.1
25-29 岁	35	香满楼 25.7	子母 5.7
30-34 岁	34	香满楼 20.6	燕塘 11.8
35-39 岁	40	香满楼 12.5	燕塘 5.0
40-44 岁	41	香满楼 17.1	达能 4.9
45-49 岁	26	香满楼 7.7 燕塘 7.7 子母 7.7	
50 岁以上	40	燕塘 10.0	香满楼 7.5
女性	**318**	**香满楼 20.0**	**燕塘 9.4**
16-19 岁	50	香满楼 20.0	燕塘 14.0
20-24 岁	46	燕塘 15.2	香满楼 13.0
25-29 岁	63	香满楼 14.3	子母 9.5
30-34 岁	46	燕塘 13.0 香满楼 13.0	保利 4.3
35-39 岁	41	香满楼 17.1	燕塘 4.9 保利 4.9 晨光 4.9 风帆 4.9
40-44 岁	30	香满楼 23.3	
45-49 岁	13	燕塘 15.4 香满楼 15.4 达能 15.4	
50 岁以上	29	香满楼 13.8	燕塘 10.3

● 重庆（Chongqing）

	人数	第一品牌及百分比	第二品牌及百分比
样本	**600**	**天友 16.8**	**乐百氏 1.7**
男性	**308**	**天友 16.2**	**乐百氏 1.6**
16-19 岁	43	天友 18.6	乐百氏 4.7
20-24 岁	53	天友 26.4	均瑶 1.9 统一 1.9
25-29 岁	43	天友 16.3	乐百氏 2.3 均瑶 2.3 统一 2.3
30-34 岁	38	天友 18.4	
35-39 岁	39	天友 12.8	乐百氏 5.1 双叉奶 5.1
40-44 岁	30	天友 16.7	雪乔 6.7
45-49 岁	25	天友 8.0	双叉奶 4.0
50 岁以上	37	天友 5.4	双叉奶 2.7
女性	**292**	**天友 17.5**	**乐百氏 1.7**
16-19 岁	43	天友 23.3	乐百氏 2.3 双叉奶 2.3
20-24 岁	53	天友 20.8	子母 3.8
25-29 岁	32	天友 18.8	子母 3.1
30-34 岁	33	天友 15.2	乐百氏 9.1
35-39 岁	35	天友 17.1	
40-44 岁	32	天友 18.8	光明 3.1
45-49 岁	27	天友 14.8	夏进 3.7
50 岁以上	37	天友 8.1	双叉奶 5.4

3-11 样本总体、男性各年龄层、女性各年龄层购买时的考虑因素 / Considerations in Purchasing by the Whole Sample, Age and Gender Groups

注：本题为多选题，合计百分比超过 100%（Multiple answers）

● 北京（Beijing）

	人数	有名的牌子	价格适中	包装吸引人	广告影响	购买方便	口味好	有优惠条件	营养成分
样本	**356**	**17.1**	**34.8**	**2.0**	**3.4**	**39.6**	**34.3**	**1.1**	**34.0**
男性	**145**	**17.9**	**42.1**	**2.1**	**3.4**	**38.6**	**33.1**	**0.7**	**31.0**
16-19 岁	14	28.6	42.9	0.0	0.0	28.6	42.9	0.0	50.0
20-24 岁	18	5.6	33.3	11.1	16.7	22.2	33.3	0.0	22.2
25-29 岁	17	11.8	35.3	0.0	5.9	41.2	35.3	0.0	29.4
30-34 岁	24	16.7	41.7	0.0	0.0	45.8	25.0	4.2	29.2
35-39 岁	24	16.7	50.0	4.2	0.0	45.8	25.0	0.0	33.3
40-44 岁	17	23.5	47.1	0.0	0.0	41.2	35.3	0.0	29.4
45-49 岁	14	28.6	42.9	0.0	0.0	35.7	50.0	0.0	35.7
50 岁以上	17	17.6	41.2	0.0	5.9	41.2	29.4	0.0	23.5
女性	**211**	**16.6**	**29.9**	**1.9**	**3.3**	**40.3**	**35.1**	**1.4**	**36.0**
16-19 岁	17	23.5	11.8	0.0	5.9	17.6	52.9	0.0	35.3
20-24 岁	18	16.7	16.7	0.0	5.6	33.3	38.9	0.0	27.8
25-29 岁	28	25.0	21.4	0.0	3.6	42.9	32.1	0.0	17.9
30-34 岁	39	10.3	33.3	5.1	2.6	48.7	20.5	2.6	41.0
35-39 岁	36	8.3	33.3	0.0	0.0	47.2	36.1	2.8	36.1
40-44 岁	28	17.9	25.0	7.1	7.1	32.1	39.3	3.6	50.0
45-49 岁	17	11.8	35.3	0.0	0.0	41.2	35.3	0.0	41.2
50 岁以上	28	25.0	50.0	0.0	3.6	42.9	39.3	0.0	35.7

续上表（Continued）

	人数	售货员介绍	生产日期	朋友推荐	单位发的	别人送的	只是由于习惯	其他
样本	**356**	**0.6**	**20.2**	**1.1**	**0.6**	**1.1**	**13.8**	**2.0**
男性	**145**	**0.7**	**15.9**	**1.4**	**0.7**	**0.7**	**15.2**	**0.7**
16-19 岁	14	0.0	28.6	0.0	0.0	0.0	14.3	0.0
20-24 岁	18	0.0	16.7	5.6	0.0	0.0	33.3	0.0
25-29 岁	17	0.0	5.9	5.9	0.0	0.0	11.8	0.0
30-34 岁	24	0.0	12.5	0.0	0.0	0.0	12.5	0.0
35-39 岁	24	0.0	25.0	0.0	4.2	0.0	12.5	4.2
40-44 岁	17	5.9	17.6	0.0	0.0	5.9	5.9	0.0
45-49 岁	14	0.0	7.1	0.0	0.0	0.0	14.3	0.0
50 岁以上	17	0.0	11.8	0.0	0.0	0.0	17.6	0.0
女性	**211**	**0.5**	**23.2**	**0.9**	**0.5**	**1.4**	**12.8**	**2.8**
16-19 岁	17	0.0	11.8	0.0	0.0	5.9	17.6	5.9
20-24 岁	18	0.0	22.2	5.6	0.0	0.0	11.1	5.6
25-29 岁	28	0.0	21.4	0.0	3.6	0.0	14.3	3.6
30-34 岁	39	2.6	12.8	0.0	0.0	0.0	17.9	2.6
35-39 岁	36	0.0	19.4	0.0	0.0	2.8	16.7	0.0
40-44 岁	28	0.0	35.7	0.0	0.0	3.6	3.6	3.6
45-49 岁	17	0.0	35.3	0.0	0.0	0.0	17.6	5.9
50 岁以上	28	0.0	32.1	3.6	0.0	0.0	3.6	0.0

● 上海（Shanghai）

	人数	有名的牌子	价格适中	包装吸引人	广告影响	购买方便	口味好	有优惠条件	营养成分
样本	**384**	**37.8**	**36.2**	**2.6**	**2.3**	**21.9**	**45.6**	**3.4**	**43.5**
男性	**184**	**38.6**	**39.1**	**3.8**	**2.7**	**26.1**	**42.4**	**3.3**	**39.7**
16-19 岁	20	35.0	50.0	0.0	0.0	50.0	45.0	0.0	55.0
20-24 岁	23	39.1	34.8	0.0	0.0	30.4	56.5	0.0	17.4
25-29 岁	23	43.5	30.4	0.0	0.0	17.4	60.9	4.3	21.7
30-34 岁	26	53.8	46.2	7.7	0.0	3.8	42.3	7.7	19.2
35-39 岁	34	44.1	32.4	5.9	11.8	26.5	35.3	0.0	47.1
40-44 岁	11	18.2	54.5	0.0	0.0	18.2	18.2	0.0	54.5
45-49 岁	19	31.6	36.8	0.0	0.0	36.8	47.4	10.5	63.2
50 岁以上	28	28.6	39.3	10.7	3.6	28.6	28.6	3.6	50.0
女性	**200**	**37.0**	**33.5**	**1.5**	**2.0**	**18.0**	**48.5**	**3.5**	**47.0**
16-19 岁	19	10.5	31.6	0.0	0.0	15.8	73.7	5.3	52.6
20-24 岁	20	10.0	40.0	0.0	5.0	20.0	60.0	5.0	60.0
25-29 岁	23	39.1	30.4	0.0	4.3	21.7	47.8	0.0	39.1
30-34 岁	39	48.7	28.2	0.0	5.1	12.8	43.6	0.0	51.3
35-39 岁	29	55.2	37.9	6.9	0.0	17.2	34.5	10.3	44.8
40-44 岁	22	27.3	31.8	0.0	0.0	18.2	59.1	0.0	59.1
45-49 岁	13	46.2	46.2	0.0	0.0	15.4	46.2	0.0	38.5
50 岁以上	35	40.0	31.4	2.9	0.0	22.9	40.0	5.7	34.3

续上表（Continued）

	人数	售货员介绍	生产日期	朋友推荐	单位发的	别人送的	只是由于习惯	其他
样本	**384**	**0.5**	**21.1**	**0.5**	**1.6**	**0.5**	**6.0**	**1.3**
男性	**184**	**0.5**	**18.5**	**0.5**	**2.2**	**0.5**	**6.0**	**0.0**
16-19 岁	20	0.0	10.0	0.0	0.0	0.0	0.0	0.0
20-24 岁	23	0.0	8.7	0.0	4.3	4.3	8.7	0.0
25-29 岁	23	0.0	30.4	0.0	8.7	0.0	17.4	0.0
30-34 岁	26	3.8	19.2	3.8	0.0	0.0	0.0	0.0
35-39 岁	34	0.0	14.7	0.0	2.9	0.0	11.8	0.0
40-44 岁	11	0.0	27.3	0.0	0.0	0.0	0.0	0.0
45-49 岁	19	0.0	10.5	0.0	0.0	0.0	5.3	0.0
50 岁以上	28	0.0	28.6	0.0	0.0	0.0	0.0	0.0
女性	**200**	**0.5**	**23.5**	**0.5**	**1.0**	**0.5**	**6.0**	**2.5**
16-19 岁	19	0.0	21.1	0.0	0.0	0.0	15.8	0.0
20-24 岁	20	0.0	40.0	0.0	0.0	0.0	15.0	0.0
25-29 岁	23	0.0	13.0	0.0	0.0	0.0	4.3	4.3
30-34 岁	39	0.0	28.2	0.0	0.0	0.0	2.6	2.6
35-39 岁	29	0.0	17.2	3.4	3.4	3.4	3.4	0.0
40-44 岁	22	0.0	22.7	0.0	0.0	0.0	9.1	4.5
45-49 岁	13	0.0	15.4	0.0	7.7	0.0	0.0	7.7
50 岁以上	35	2.9	25.7	0.0	0.0	0.0	2.9	2.9

● 广州（Guangzhou）

	人数	有名的牌子	价格适中	包装吸引人	广告影响	购买方便	口味好	有优惠条件	营养成分
样本	**321**	**26.8**	**33.6**	**5.0**	**3.4**	**21.5**	**54.5**	**1.8**	**48.6**
男性	**130**	**31.5**	**40.0**	**3.8**	**3.1**	**22.3**	**47.7**	**0.0**	**43.1**
16-19 岁	11	9.1	45.5	9.1	0.0	27.3	72.7	0.0	45.5
20-24 岁	17	35.3	29.4	5.9	5.9	17.6	52.9	0.0	35.3
25-29 岁	19	36.8	57.9	0.0	5.3	26.3	47.4	0.0	47.4
30-34 岁	18	38.9	33.3	5.6	5.6	22.2	33.3	0.0	33.3
35-39 岁	21	28.6	38.1	4.8	0.0	23.8	47.6	0.0	38.1
40-44 岁	18	27.8	33.3	5.6	0.0	22.2	33.3	0.0	55.6
45-49 岁	11	45.5	54.5	0.0	9.1	18.2	36.4	0.0	36.4
50 岁以上	15	26.7	33.3	0.0	0.0	20.0	66.7	0.0	53.3
女性	**191**	**23.6**	**29.3**	**5.8**	**3.7**	**20.9**	**59.2**	**3.1**	**52.4**
16-19 岁	39	15.4	28.2	5.1	5.1	28.2	76.9	2.6	28.2
20-24 岁	30	26.7	20.0	3.3	6.7	23.3	53.3	6.7	53.3
25-29 岁	44	29.5	36.4	13.6	4.5	13.6	59.1	6.8	56.8
30-34 岁	24	33.3	29.2	4.2	0.0	20.8	50.0	0.0	62.5
35-39 岁	23	21.7	13.0	4.3	0.0	30.4	52.2	0.0	56.5
40-44 岁	14	0.0	28.6	0.0	0.0	7.1	71.4	0.0	64.3
45-49 岁	6	33.3	33.3	0.0	0.0	33.3	33.3	0.0	66.7
50 岁以上	11	27.3	63.6	0.0	9.1	9.1	45.5	0.0	63.6

续上表（Continued）

	人数	售货员介绍	生产日期	朋友推荐	单位发的	别人送的	只是由于习惯	其他
样本	**321**	**0.3**	**19.3**	**2.5**	**0.6**	**0.9**	**6.9**	**1.6**
男性	**130**	**0.0**	**17.7**	**3.1**	**0.0**	**0.8**	**6.9**	**0.8**
16-19 岁	11	0.0	27.3	0.0	0.0	0.0	9.1	0.0
20-24 岁	17	0.0	5.9	0.0	0.0	5.9	5.9	0.0
25-29 岁	19	0.0	10.5	0.0	0.0	0.0	10.5	0.0
30-34 岁	18	0.0	16.7	16.7	0.0	0.0	11.1	0.0
35-39 岁	21	0.0	19.0	4.8	0.0	0.0	0.0	0.0
40-44 岁	18	0.0	38.9	0.0	0.0	0.0	5.6	5.6
45-49 岁	11	0.0	27.3	0.0	0.0	0.0	0.0	0.0
50 岁以上	15	0.0	0.0	0.0	0.0	0.0	13.3	0.0
女性	**191**	**0.5**	**20.4**	**2.1**	**1.0**	**1.0**	**6.8**	**2.1**
16-19 岁	39	2.6	23.1	5.1	0.0	2.6	5.1	2.6
20-24 岁	30	0.0	20.0	0.0	3.3	0.0	10.0	0.0
25-29 岁	44	0.0	15.9	2.3	2.3	2.3	4.5	0.0
30-34 岁	24	0.0	12.5	0.0	0.0	0.0	4.2	4.2
35-39 岁	23	0.0	13.0	0.0	0.0	0.0	8.7	4.3
40-44 岁	14	0.0	50.0	0.0	0.0	0.0	7.1	0.0
45-49 岁	6	0.0	50.0	16.7	0.0	0.0	16.7	0.0
50 岁以上	11	0.0	9.1	0.0	0.0	0.0	9.1	9.1

● 重庆（Chongqing）

	人数	有名的牌子	价格适中	包装吸引人	广告影响	购买方便	口味好	有优惠条件	营养成分
样本	**153**	**14.4**	**24.2**	**7.2**	**4.6**	**22.2**	**56.9**	**2.0**	**36.6**
男性	**74**	**20.3**	**27.0**	**8.1**	**6.8**	**24.3**	**55.4**	**2.7**	**29.7**
16-19 岁	12	25.0	25.0	8.3	0.0	33.3	83.3	0.0	25.0
20-24 岁	14	7.1	14.3	14.3	14.3	28.6	71.4	0.0	42.9
25-29 岁	8	37.5	37.5	25.0	0.0	25.0	37.5	0.0	12.5
30-34 岁	10	40.0	40.0	10.0	10.0	10.0	50.0	0.0	10.0
35-39 岁	10	10.0	10.0	0.0	0.0	40.0	30.0	0.0	50.0
40-44 岁	6	16.7	50.0	0.0	16.7	16.7	50.0	16.7	33.3
45-49 岁	6	0.0	16.7	0.0	0.0	16.7	50.0	0.0	33.3
50 岁以上	8	25.0	37.5	0.0	12.5	12.5	50.0	12.5	25.0
女性	**79**	**8.9**	**21.5**	**6.3**	**2.5**	**20.3**	**58.2**	**1.3**	**43.0**
16-19 岁	15	0.0	20.0	6.7	6.7	20.0	73.3	0.0	46.7
20-24 岁	16	0.0	25.0	6.3	0.0	6.3	56.3	6.3	37.5
25-29 岁	8	0.0	12.5	12.5	0.0	25.0	37.5	0.0	50.0
30-34 岁	10	20.0	30.0	20.0	0.0	30.0	40.0	0.0	40.0
35-39 岁	9	0.0	11.1	0.0	11.1	11.1	55.6	0.0	66.7
40-44 岁	8	37.5	12.5	0.0	0.0	25.0	50.0	0.0	25.0
45-49 岁	6	33.3	50.0	0.0	0.0	16.7	83.3	0.0	16.7
50 岁以上	7	0.0	14.3	0.0	0.0	42.9	71.4	0.0	57.1

续上表（Continued）

	人数	售货员介绍	生产日期	朋友推荐	单位发的	别人送的	只是由于习惯	其他
样本	**153**	**2.6**	**22.2**	**3.3**	**0.0**	**1.3**	**6.5**	**2.0**
男性	**74**	**1.4**	**25.7**	**4.1**	**0.0**	**2.7**	**5.4**	**1.4**
16-19 岁	12	0.0	25.0	0.0	0.0	0.0	8.3	0.0
20-24 岁	14	0.0	28.6	21.4	0.0	0.0	0.0	0.0
25-29 岁	8	0.0	37.5	0.0	0.0	0.0	25.0	0.0
30-34 岁	10	0.0	20.0	0.0	0.0	10.0	0.0	0.0
35-39 岁	10	0.0	20.0	0.0	0.0	10.0	0.0	0.0
40-44 岁	6	16.7	33.3	0.0	0.0	0.0	0.0	0.0
45-49 岁	6	0.0	16.7	0.0	0.0	0.0	16.7	0.0
50 岁以上	8	0.0	25.0	0.0	0.0	0.0	0.0	12.5
女性	**79**	**3.8**	**19.0**	**2.5**	**0.0**	**0.0**	**7.6**	**2.5**
16-19 岁	15	6.7	20.0	6.7	0.0	0.0	0.0	6.7
20-24 岁	16	6.3	18.8	0.0	0.0	0.0	12.5	0.0
25-29 岁	8	0.0	12.5	12.5	0.0	0.0	12.5	0.0
30-34 岁	10	0.0	20.0	0.0	0.0	0.0	0.0	0.0
35-39 岁	9	0.0	33.3	0.0	0.0	0.0	22.2	0.0
40-44 岁	8	12.5	0.0	0.0	0.0	0.0	12.5	0.0
45-49 岁	6	0.0	16.7	0.0	0.0	0.0	0.0	0.0
50 岁以上	7	0.0	28.6	0.0	0.0	0.0	0.0	14.3

3-12 北京不同消费群最常用品牌 / The Most Frequently Used Brands by Beijing Market Segments

	人数	第一品牌及百分比	第二品牌及百分比	第三品牌及百分比
样本	**340**	**三元 38.2**	**卡夫 10.9**	**乐百氏 4.1**
第一消费群	97	三元 34.0	卡夫 13.4	乐百氏 4.1
第二消费群	55	三元 34.5	卡夫 12.7	乐百氏 7.3
第三消费群	61	三元 41.0	VD 消毒奶 4.9	三角 3.3 北山 3.3
第四消费群	4	三元 50.0		
第五消费群	64	三元 37.5	卡夫 15.6	乐百氏 4.7
第六消费群	59	三元 45.8	卡夫 10.2	乐百氏 3.4 三环 3.4 VD 消毒奶 3.4

注：北京消费群的代表特征 / Characteristics of the Beijing Market Segments

		第一消费群	第二消费群	第三消费群	第四消费群	第五消费群	第六消费群
基本情况	性别	女	男	无明显偏向	男	无明显偏向	女
	年龄	30 — 34 岁	25 — 29 岁	35 — 44 岁	无明显偏向	16 — 24 岁	45 岁以上
	学历	大专/大本	大本	初中	大本及研究生	高中/中专/技校	初中及以下
	职业	科教卫生人员	一般企业职员	工人	管理人员/专门职业从事者/个体及私营企业主	学生	离退休人员
	月均收入	801 — 1500 元	1501 — 4000 元	800 元以下	4000 元以上	无收入	800 元以下
	婚姻	已婚	无明显偏向	已婚	已婚或离异	未婚	已婚
心理取向		注重学历 非积极进取	不循规传统 非单一电视娱乐	非田园倾向 新女性主张 金钱本位	注重经验 大男子主义 不保守稳定	非“大男子主义” 追随流行	非“新女性主张” 非浪漫新潮 单一电视娱乐

3-13 上海不同消费群最常用品牌 / The Most Frequently Used Brands by Shanghai Market Segments

	人数	第一品牌及百分比	第二品牌及百分比	第三品牌及百分比
样本	**379**	**光明 73.9**	**三岛 7.7**	**全仕奶 3.4**
第一消费群	101	光明 71.3	三岛 6.9	全仕奶 5.0
第二消费群	54	光明 77.8	三岛 5.6	
第三消费群	7	光明 71.4		
第四消费群	67	光明 68.7	三岛 11.9	乐百氏 4.5
第五消费群	53	光明 75.5	三岛 5.7	达能 3.8
第六消费群	97	光明 77.3	三岛 7.2	全仕奶 4.1

注：上海消费群的代表特征 / Characteristics of the Shanghai Market Segments

		第一消费群	第二消费群	第三消费群	第四消费群	第五消费群	第六消费群
基本情况	性别	无明显偏向	男	男	女	女	无明显偏向
	年龄	45 岁以上	20 — 29 岁	25 — 34 岁	35 — 44 岁	16 — 24 岁	30 — 39 岁
	学历	大本及以上	大专/大本	大专	初中及以下	高中/中专/技校	高中/中专/技校
	职业	科教卫生人员/离退休人员	一般企业职员	行政管理人员/个体及私营企业主/专门职业从事者	工人/下岗人员	学生	一般企业职员
	月均收入	801 — 1500 元	1001 — 3000 元	3000 元以上	800 元以下	无收入	1001 — 2000 元
	婚姻	已婚	未婚	未婚	已婚	未婚	已婚
心理取向		非浪漫时尚 非金钱本位 保守稳定	非家庭重心 田园倾向 休闲独立	不保守稳定 奔波忙碌 浪漫时尚	金钱本位 家庭重心 注重学历	新家庭观念 非休闲独立	不积极进取 不奔波忙碌

3-14 广州不同消费群最常用品牌 / The Most Frequently Used Brands by Guangzhou Market Segments

	人数	第一品牌及百分比	第二品牌及百分比	第三品牌及百分比
样本	**265**	**香满楼 37.7**	**燕塘 20.4**	**达能 7.2**
第一消费群	48	香满楼 37.5	燕塘 27.1	子母 6.3
第二消费群	44	香满楼 31.8	燕塘 20.5	达能 11.4
第三消费群	47	香满楼 44.7	燕塘 14.9	达能 10.6
第四消费群	47	香满楼 36.2	燕塘 19.1	子母 8.5
第五消费群	44	香满楼 31.8	燕塘 25.0	子母 11.4
第六消费群	35	香满楼 45.7	燕塘 14.3	达能 8.6

注：广州消费群的代表特征 / Characteristics of the Guangzhou Market Segments

		第一消费群	第二消费群	第三消费群	第四消费群	第五消费群	第六消费群
基本情况	性别	女	无明显偏向	女	男	女	男
	年龄	16 — 19 岁	40 岁以上	20 — 24 岁	35 — 44 岁	30 — 34 岁	25 — 29 岁
	学历	高中/中专/技校	无明显偏向	高中/中专/技校/大专	初中/高中/中专/技校	初中及以下	大专及以上
	职业	学生	工人	学生/待业人员	个体及私营企业主	家庭主妇	企业职员/管理人员/科教卫生人员/专门职业者
	月均收入	无收入	1500 元以下	无收入	801 — 1500 元	800 元以下	2000 元以上
	婚姻	未婚	已婚	未婚	已婚	已婚	无明显偏向
心理取向		不固守中式生活 田园倾向 非大男子主义	非新女性主张 不追随流行 非积极进取	独立自主 追随流行	积极进取 大男子主义 中式生活	单一电视娱乐 非独立自主 保守稳定	非单一电视娱乐 非家庭重心

3-15 重庆不同消费群最常用品牌 / The Most Frequently Used Brands by Chongqing Market Segments

	人数	第一品牌及百分比	第二品牌及百分比	第三品牌及百分比
样本	**141**	**天友 52.5**	**双叉奶 7.8**	**光明 4.3**
第一消费群	32	天友 56.3	双叉奶 12.5	乐百氏 6.3
第二消费群	33	天友 48.5	光明 12.1	双叉奶 6.1
第三消费群	36	天友 63.9	乐百氏 5.6 双叉奶 5.6	
第四消费群	9	天友 33.3		
第五消费群	25	天友 40.0	双叉奶 8.0	
第六消费群	6	天友 66.7		

注：重庆消费群的代表特征 / Characteristics of the Chongqing Market Segments

		第一消费群	第二消费群	第三消费群	第四消费群	第五消费群	第六消费群
基本情况	性别	无明显偏向	无明显偏向	无明显偏向	无明显偏向	无明显偏向	女
	年龄	16 — 19 岁	45 岁以上	20 — 29 岁	30 — 34 岁	40 岁以上	25 — 29 岁
	学历	高中/中专/技校	高中/中专/技校	大专/大本	高中/中专/技校/大本以上	初中及以下	初中
	职业	学生	行政管理人员/离退休人员	科教卫生人员/一般企业职员	个体及私营企业主	工人	专门职业从事者 下岗及其他
	月均收入	无收入	501 — 800 元	801 — 1500 元	1500 元以上	500 元以下	1001 — 1500 元
	婚姻	未婚	已婚	无明显偏向	已婚	已婚	已婚或离异
心理取向		浪漫新潮 注重学历 非现实家庭观	循规传统 奔波忙碌 保守稳定	新女性主张 非功利心态	功利心态 现实家庭观 都市情结	非浪漫新潮 非独立休闲	非新女性主张 不循规传统 独立休闲

4 饼干 / Biscuit

4-1 样本家庭最近三个月有无食用的比例 / Proportion of the Sample Consuming Biscuit in the Last Three Months

	北京（Beijing）	上海（Shanghai）	广州（Guangzhou）	重庆（Chongqing）
吃过	72.6	79.2	76.7	57.0
没吃过	27.4	20.8	23.3	43.0
有效样本量	599	600	600	600

4-2 家庭最常用品牌排名 / Ranking of the Most Frequently Consumed Brands

● 北京（Beijing）

排名	品牌		人数	百分比
1	乐之	Ritz	119	33.7
2	富丽	Marbu	85	24.1
3	奇宝	Keebler	41	11.6
4	奥利奥	Oreo	31	8.8
5	趣多多	Chips Ahoy	15	4.2
6	达能	Danone	13	3.7

n=353

● 上海（Shanghai）

排名	品牌		人数	百分比
1	奇宝	Keebler	67	18.3
2	达能	Danone	56	15.3
3	闲趣	Xianqu	40	10.9
4	康元	Khong Guan	36	9.8
5	甜趣	Tianqu	26	7.1
6	奥利奥	Oreo	21	5.7

n=367

● 广州（Guangzhou）

排名	品牌		人数	百分比
1	奇宝	Keebler	144	49.7
2	嘉顿	Garden	45	15.5
3	嘉士利	Jiashili	24	8.3
4	蓝罐	Kjeldsens	17	5.9
5	麦维他	Mevitie's	6	2.1
5	岭南	Lingnan	6	2.1

n=290

● 重庆（Chongqing）

排名	品牌		人数	百分比
1	嘉士利	Jiashili	25	10.1
2	早茶饼干	Zaocha	24	9.7
3	万得福	Wandefu	7	2.8
4	奥利奥	Oreo	6	2.4
5	奇宝	Keebler	5	2.0

n=248

注：在调查结果中，部分消费者对于“达能”与“闲趣”、“甜趣”区分不清，本书谨按照被访者的真实回答情况进行统计。

4-3 不同性别、年龄的样本所在家庭的主要食用者 / Users in the Household by Sex and Age Groups

注：本题为多选题，合计百分比超过 100%（Multiple answers）

● 北京（Beijing）

	人数	自己吃	孩子吃	全家人吃	其 他
样本	**435**	**31.0**	**32.4**	**50.3**	**1.6**
男性	**194**	**30.4**	**30.9**	**50.5**	**2.6**
16-19 岁	19	3.2	0.0	42.1	0.0
20-24 岁	21	52.4	4.8	47.6	4.8
25-29 岁	21	42.9	4.8	47.6	9.5
30-34 岁	38	21.1	50.0	44.7	2.6
35-39 岁	30	13.3	36.7	56.7	3.3
40-44 岁	28	21.4	53.6	50.0	0.0
45-49 岁	14	7.1	57.1	42.9	0.0
50 岁以上	23	34.8	21.7	69.6	0.0
女性	**241**	**31.5**	**33.6**	**50.2**	**0.8**
16-19 岁	20	65.0	5.0	40.0	0.0
20-24 岁	28	35.7	7.1	57.1	3.6
25-29 岁	31	38.7	32.3	45.2	0.0
30-34 岁	44	15.9	54.5	50.0	0.0
35-39 岁	33	36.4	45.5	8.5	0.0
40-44 岁	29	20.7	44.8	51.7	0.0
45-49 岁	20	20.0	30.0	55.0	5.0
50 岁以上	36	33.3	27.8	52.8	0.0

● 上海（Shanghai）

	人数	自己吃	孩子吃	全家人吃	其 他
样本	**475**	**32.8**	**21.9**	**61.9**	**0.4**
男性	**229**	**30.6**	**20.5**	**60.3**	**0.4**
16-19 岁	18	38.9	5.6	56.6	0.0
20-24 岁	27	55.6	0.0	48.1	0.0
25-29 岁	33	30.3	3.0	72.7	3.0
30-34 岁	36	41.7	33.3	38.9	0.0
35-39 岁	38	31.6	47.4	50.0	0.0
40-44 岁	24	4.2	33.3	70.8	0.0
45-49 岁	21	23.8	9.5	76.2	0.0
50 岁以上	32	15.6	15.6	78.1	0.0
女性	**246**	**35.0**	**23.2**	**63.4**	**0.4**
16-19 岁	21	33.3	4.8	66.7	4.8
20-24 岁	28	35.7	3.6	78.6	0.0
25-29 岁	28	42.9	21.4	60.7	0.0
30-34 岁	44	43.2	34.1	50.0	0.0
35-39 岁	39	30.8	41.0	53.8	0.0
40-44 岁	28	32.1	17.9	67.9	0.0
45-49 岁	20	25.0	25.0	75.0	0.0
50 岁以上	38	31.6	21.1	68.4	0.0

● 广州（Guangzhou）

	人数	自己吃	孩子吃	全家人吃	其 他
样本	**460**	**25.9**	**13.5**	**74.1**	**0.7**
男性	**197**	**23.9**	**13.7**	**74.1**	**0.5**
16-19 岁	20	45.0	0.0	60.0	0.0
20-24 岁	27	22.2	3.7	77.8	0.0
25-29 岁	22	27.3	13.6	72.7	0.0
30-34 岁	23	34.8	26.1	60.9	0.0
35-39 岁	31	16.1	16.1	80.6	3.2
40-44 岁	27	22.2	25.9	63.0	0.0
45-49 岁	19	15.8	5.3	89.5	0.0
50 岁以上	28	14.3	14.3	85.7	0.0
女性	**263**	**27.4**	**13.3**	**74.1**	**0.8**
16-19 岁	43	44.2	0.0	72.1	2.3
20-24 岁	40	50.0	7.5	60.0	0.0
25-29 岁	54	20.4	14.8	77.8	1.9
30-34 岁	35	20.0	20.0	80.0	0.0
35-39 岁	37	13.5	21.6	75.7	0.0
40-44 岁	21	14.3	9.5	85.7	0.0
45-49 岁	11	9.1	36.4	72.7	0.0
50 岁以上	22	27.3	13.6	72.7	0.0

● 重庆（Chongqing）

	人数	自己吃	孩子吃	全家人吃	其他
样本	**342**	**32.7**	**26.3**	**56.1**	**1.2**
男性	**162**	**34.6**	**24.7**	**55.6**	**1.9**
16-19 岁	21	61.9	0.0	52.4	0.0
20-24 岁	24	37.5	4.2	62.5	0.0
25-29 岁	24	50.0	0.0	58.3	4.2
30-34 岁	21	28.6	38.1	57.1	0.0
35-39 岁	23	21.7	47.8	47.8	0.0
40-44 岁	19	21.1	42.1	52.6	5.3
45-49 岁	15	26.7	46.7	53.3	0.0
50 岁以上	15	20.0	33.3	60.0	6.7
女性	**180**	**31.1**	**27.8**	**56.7**	**0.6**
16-19 岁	30	50.0	0.0	60.0	0.0
20-24 岁	36	61.1	8.3	47.2	0.0
25-29 岁	16	31.3	43.8	37.5	0.0
30-34 岁	25	12.0	44.0	68.0	0.0
35-39 岁	19	10.5	52.6	47.4	0.0
40-44 岁	17	5.9	52.9	64.7	0.0
45-49 岁	17	11.8	29.4	58.8	5.9
50 岁以上	20	30.0	25.0	70.0	0.0

4-4 样本家庭的品牌习惯 / Brand Habit of the Sample Households

注：1=固定饮用一个牌子，从不更改（Used in only one brand）；
2=比较固定地饮用一两个牌子，有时会变一下（Used in one or two brands）；
3=基本上没有固定哪个牌子，随机购买/食用（No brand preference）

● 北京（Beijing）

	人数	百分比
1	23	6.4
2	204	56.7
3	133	36.9

n=360

● 上海（Shanghai）

	人数	百分比
1	34	9.0
2	222	58.6
3	123	32.5

n=379

● 广州（Guangzhou）

	人数	百分比
1	27	8.8
2	142	46.3
3	138	45.0

n=307

● 重庆（Chongqing）

	人数	百分比
1	22	8.6
2	122	47.5
3	113	44.0

n=257

4-5 样本家庭食用的种类 / Types of Biscuit Consumed by the Sample Households

注：本题为多选题，合计百分比超过 100%（Multiple answers）

● 北京（Beijing）

	人数	百分比
夹心饼干	113	31.3
威化	46	12.7
曲奇	118	32.7
全麦饼干	40	11.1
梳打饼干	101	28.0
普通咸饼干	89	24.7
普通甜饼干	82	22.7
其他	2	0.6

n=361

● 上海（Shanghai）

	人数	百分比
夹心饼干	120	31.6
威化	41	10.8
曲奇	134	35.3
全麦饼干	18	4.7
梳打饼干	179	47.1
普通咸饼干	68	17.9
普通甜饼干	45	11.8
其他	6	1.6

n=380

● 广州（Guangzhou）

	人数	百分比
夹心饼干	90	29.2
威化	72	23.4
曲奇	73	23.7
全麦饼干	47	15.3
梳打饼干	164	53.2
普通咸饼干	47	15.3
普通甜饼干	18	5.8

n=308

● 重庆（Chongqing）

	人数	百分比
夹心饼干	109	42.2
威化	82	31.8
曲奇	71	27.5
全麦饼干	19	7.4
梳打饼干	41	15.9
普通咸饼干	18	7.0
普通甜饼干	47	18.2
其他	10	3.9

n=258

4-6 样本家庭食用的场合 / Settings of Consumption by the Sample Households

注：本题为多选题，合计百分比超过 100%（Multiple answers）

● 北京（Beijing）

	人数	百分比
早餐时	192	53.5
饭后甜点	26	7.2
加班时	13	3.6
宵夜时	32	8.9
肚子饿时	257	71.6
外出旅游时	55	15.3
其他	10	2.8

n=359

● 上海（Shanghai）

	人数	百分比
早餐时	130	34.0
饭后甜点	24	6.3
加班时	19	5.0
宵夜时	57	14.9
肚子饿时	319	83.5
外出旅游时	44	11.5
其他	8	2.1

n=382

● 广州（Guangzhou）

	人数	百分比
早餐时	84	27.5
饭后甜点	23	7.5
加班时	12	3.9
宵夜时	90	29.4
肚子饿时	231	75.5
外出旅游时	32	10.5
其他	13	4.2

n=306

● 重庆（Chongqing）

	人数	百分比
早餐时	99	38.2
饭后甜点	21	8.1
加班时	12	4.6
宵夜时	54	20.8
肚子饿时	166	64.1
外出旅游时	27	10.4
其他	15	5.8

n=259

4-7 样本总体、男性各年龄层、女性各年龄层最近三个月有无购买的比例 / Purchasing in the Last Three Months by the Whole Sample, Age and Gender Groups

● 北京（Beijing）

	人数	买过	没买过
样本	**600**	**68.3**	**31.7**
男性	**298**	**59.4**	**40.6**
16-19 岁	26	69.2	30.8
20-24 岁	36	50.0	50.0
25-29 岁	41	43.9	56.1
30-34 岁	47	72.3	27.7
35-39 岁	43	60.5	39.5
40-44 岁	42	66.7	33.3
45-49 岁	24	54.2	45.8
50 岁以上	39	56.4	43.6
女性	**302**	**77.2**	**22.8**
16-19 岁	23	87.0	13.0
20-24 岁	35	80.0	20.0
25-29 岁	36	75.0	25.0
30-34 岁	49	87.8	12.2
35-39 岁	45	71.1	28.9
40-44 岁	40	67.5	32.5
45-49 岁	26	80.8	19.2
50 岁以上	48	72.9	27.1

● 上海（Shanghai）

	人数	买过	没买过
样本	**600**	**75.2**	**31.7**
男性	**307**	**69.1**	**30.9**
16-19 岁	22	77.3	22.7
20-24 岁	34	76.5	23.5
25-29 岁	42	64.3	35.7
30-34 岁	56	60.7	39.3
35-39 岁	51	70.6	29.4
40-44 岁	31	71.0	29.0
45-49 岁	26	76.9	23.1
50 岁以上	45	66.7	33.3
女性	**293**	**81.6**	**18.4**
16-19 岁	24	83.3	16.7
20-24 岁	32	81.3	18.8
25-29 岁	37	73.0	27.0
30-34 岁	50	84.0	16.0
35-39 岁	44	86.4	13.6
40-44 岁	35	82.9	17.1
45-49 岁	23	82.6	17.4
50 岁以上	48	79.2	20.8

● 广州（Guangzhou）

	人数	买过	没买过
样本	**600**	**73.2**	**26.8**
男性	**282**	**64.9**	**35.1**
16-19 岁	30	56.7	43.3
20-24 岁	36	61.1	38.9
25-29 岁	35	57.1	42.9
30-34 岁	34	64.7	35.3
35-39 岁	40	80.0	20.0
40-44 岁	41	63.4	36.6
45-49 岁	26	57.7	42.3
50 岁以上	40	72.5	27.5
女性	**318**	**80.5**	**19.5**
16-19 岁	50	80.0	20.0
20-24 岁	46	82.6	17.4
25-29 岁	63	81.0	19.0
30-34 岁	46	78.3	21.7
35-39 岁	41	85.4	14.6
40-44 岁	30	66.7	33.3
45-49 岁	13	84.6	15.4
50 岁以上	29	86.2	13.8

● 重庆（Chongqing）

	人数	买过	没买过
样本	**600**	**55.8**	**44.2**
男性	**308**	**49.7**	**50.3**
16-19 岁	43	51.2	48.8
20-24 岁	53	41.5	58.5
25-29 岁	43	48.8	51.2
30-34 岁	38	52.6	47.4
35-39 岁	39	59.0	41.0
40-44 岁	30	56.7	43.3
45-49 岁	25	56.0	44.0
50 岁以上	37	37.8	62.2
女性	**292**	**62.3**	**37.7**
16-19 岁	43	69.8	30.2
20-24 岁	53	64.2	35.8
25-29 岁	32	50.0	50.0
30-34 岁	33	90.9	9.1
35-39 岁	35	57.1	42.9
40-44 岁	32	53.1	46.9
45-49 岁	27	63.0	37.0
50 岁以上	37	48.6	51.4

4-8 理想品牌排名 / Ranking of the Ideal Brands

● 北京（Beijing）

排名	品	牌	人数	百分比
1	乐之	Ritz	143	23.8
2	富丽	Marbu	75	12.5
3	奇宝	Keebler	51	8.5
4	奥利奥	Oreo	30	5.0
5	趣多多	Chips Ahoy	14	2.3
6	达能	Danone	12	2.0
7	义利	Yili	11	1.8

n=600

● 上海（Shanghai）

排名	品	牌	人数	百分比
1	达能	Danone	87	14.5
2	奇宝	Keebler	75	12.5
3	康元	Khong Guan	52	8.7
4	闲趣	Xianqu	42	7.0
5	奥利奥	Oreo	33	5.5
6	日清	Nissin	31	5.2
7	甜趣	Tianqu	30	5.0

n=600

● 广州（Guangzhou）

排名	品	牌	人数	百分比
1	奇宝	Keebler	179	29.8
2	嘉顿	Garden	61	10.2
3	嘉士利	Jiashili	26	4.3
4	蓝罐	Kjeldsens	18	3.0
4	岭南	Lingnan	18	3.0

n=600

● 重庆（Chongqing）

排名	品	牌	人数	百分比
1	嘉士利	Jiashili	26	4.3
2	早茶饼干	Zaocha	12	2.0
3	奇宝	Keebler	8	1.3
4	奥利奥	Oreo	7	1.2
4	万得福	Wandefu	7	1.2

n=600

4-9 样本总体、男性各年龄层、女性各年龄层的理想品牌 / The Ideal Brands by the Whole Sample, Age and Gender Groups

● 北京（Beijing）

	人数	第一品牌及百分比	第二品牌及百分比	第三品牌及百分比
样本	**600**	**乐之 23.8**	**富丽 12.5**	**奇宝 8.5**
男性	**298**	**乐之 24.2**	**富丽 11.1**	**奇宝 4.7**
16-19 岁	26	乐之 38.5	富丽 15.4	鬼脸嘟嘟 7.7
20-24 岁	36	乐之 22.2	奥利奥 5.6 富丽 5.6	奇宝 2.8 统泰 2.8 趣多多 2.8
25-29 岁	41	乐之 12.2 富丽 12.2	奥利奥 7.3	奇宝 4.9 义利 4.9
30-34 岁	47	乐之 25.5	富丽 17.0	奥利奥 6.4
35-39 岁	43	乐之 18.6	富丽 16.3	奇宝 7.0
40-44 岁	42	乐之 26.2	富丽 14.3	奥利奥 4.8 义利 4.8
45-49 岁	24	乐之 29.2	奥利奥 8.3	奇宝 4.2 蓝罐 4.2
50 岁以上	39	乐之 28.2	奇宝 5.1	奥利奥 2.6 富丽 2.6
女性	**302**	**乐之 23.5**	**富丽 13.9**	**奇宝 12.9**
16-19 岁	23	乐之 30.4	奇宝 17.4	富丽 8.7 达能 8.7 趣多多 8.7
20-24 岁	35	乐之 34.3	富丽 8.6 奇宝 8.6	奥利奥 5.7
25-29 岁	36	乐之 33.3	奇宝 16.7	富丽 8.3
30-34 岁	49	乐之 26.5	奇宝 16.3	富丽 8.2
35-39 岁	45	乐之 22.2	富丽 17.8	奇宝 6.7
40-44 岁	40	乐之 22.5	富丽 12.5	奥利奥 10.0
45-49 岁	26	富丽 23.1	奇宝 19.2	乐之 15.4
50 岁以上	48	富丽 22.9	奇宝 14.6	乐之 8.3

● 上海(Shanghai)

	人数	第一品牌及百分比	第二品牌及百分比	第三品牌及百分比
样本	**600**	**达能 14.5**	**奇宝 12.5**	**康元 8.7**
男性	**307**	**达能 14.0**	**奇宝 10.7**	**康元 7.8 闲趣 7.8**
16-19岁	22	奇宝 18.2 奥利奥 18.2	康元 13.6 甜趣 13.6	达能 9.1 趣多多 9.1
20-24岁	34	达能 32.4	闲趣 8.8	奇宝 5.9 乐之 5.9 日清 5.9
25-29岁	42	闲趣 11.9	奇宝 9.5 奥利奥 9.5	趣多多 7.1
30-34岁	56	达能 14.3	奇宝 8.9	日清 7.1 甜趣 7.1
35-39岁	51	康元 13.7	达能 11.8	闲趣 7.8
40-44岁	31	奇宝 12.9 康元 12.9 闲趣 12.9	王子 9.7 达能 9.7	统泰 3.2 泰康 3.2 蓝罐 3.2
45-49岁	26	奇宝 23.1	达能 11.5	日清 7.7 闲趣 7.7 金鸡 7.7
50岁以上	45	达能 17.8	奇宝 11.1	康元 8.9
女性	**293**	**达能 15.0**	**奇宝 14.3**	**康元 9.6**
16-19岁	24	奇宝 25.0	日清 12.5 达能 12.5	康元 8.3 泰康 8.3 奥利奥 8.3
20-24岁	32	奇宝 15.6 达能 15.6	王子 10.8 奥利奥 10.8	康元 6.3 统泰 6.3 趣多多 6.3
25-29岁	37	达能 21.6	奇宝 18.9	康元 10.8 奥利奥 10.8
30-34岁	50	奇宝 14.0 达能 14.0	日清 8.0 康元 8.0	闲趣 6.0 奥利奥 6.0
35-39岁	44	奇宝 11.4 闲趣 11.4 达能 11.4	王子 9.1	奥利奥 6.8
40-44岁	35	达能 22.9	康元 17.1	甜趣 14.3
45-49岁	23	康元 21.7	达能 13.0	闲趣 8.7 甜趣 8.7
50岁以上	48	奇宝 18.8	达能 10.4	日清 8.3

● 广州(Guangzhou)

	人数	第一品牌及百分比	第二品牌及百分比	第三品牌及百分比
样本	**600**	**奇宝 29.8**	**嘉顿 10.2**	**嘉士利 4.3**
男性	**282**	**奇宝 25.5**	**嘉顿 8.9**	**蓝罐 3.9 岭南 3.9**
16-19 岁	30	奇宝 26.7	蓝罐 10.0	乐之 6.7
20-24 岁	36	奇宝 33.3	岭南 8.3	嘉顿 5.6
25-29 岁	35	奇宝 25.7	嘉士利 5.7 蓝罐 5.7	嘉顿 2.9 港龙 2.9 岭南 2.9 HENEY 2.9
30-34 岁	34	奇宝 29.4	嘉顿 14.7	蓝罐 5.9
35-39 岁	40	奇宝 25.0	岭南 10.0	嘉顿 7.5
40-44 岁	41	奇宝 19.5	嘉顿 12.2	嘉士利 7.3
45-49 岁	26	奇宝 30.8.	嘉顿 15.4	蓝罐 3.8
50 岁以上	40	奇宝 17.5	嘉顿 10.0	岭南 7.5
女性	**318**	**奇宝 33.6**	**嘉顿 11.3**	**嘉士利 5.7**
16-19 岁	50	奇宝 32.0	嘉顿 12.0	嘉士利 4.0
20-24 岁	46	奇宝 39.1	嘉顿 13.0	蓝罐 8.7
25-29 岁	63	奇宝 38.1	嘉顿 15.9	嘉士利 11.1
30-34 岁	46	奇宝 41.3	蓝罐 4.3 岭南 4.3 达能 4.3	嘉顿 2.2 嘉士利 2.2 港龙 2.2 康元 2.2
35-39 岁	41	奇宝 31.7	嘉顿 9.8	嘉士利 7.3
40-44 岁	30	奇宝 30.0	嘉顿 10.0	嘉士利 6.7
45-49 岁	13	奇宝 46.2	嘉顿 7.7 嘉士利 7.7	
50 岁以上	29	嘉顿 17.2	奇宝 6.9 岭南 6.9	奥利奥 3.4 百胜 3.4

● 重庆(Chongqing)

	人数	第一品牌及百分比	第二品牌及百分比	第三品牌及百分比
样本	**600**	**嘉士利 4.3**	**早茶饼干 2.0**	**奇宝 1.3**
男性	**308**	**嘉士利 4.2**	**早茶饼干 1.9**	**奇宝 1.6**
16-19 岁	43	嘉士利 7.0 早茶饼干 7.0	奇宝 4.7	达能 2.3
20-24 岁	53	嘉士利 5.7	达能 1.9 天伦 1.9 鬼脸嘟嘟 1.9 万得福 1.9 纳贝斯克 1.9 统泰 1.9 美佳斯 1.9	
25-29 岁	43	嘉士利 4.7	宴会饼干 2.3 早茶饼干 2.3 万得福 2.3	
30-34 岁	38	嘉士利 2.6 威字 2.6 万得福 2.6 雅斯利 2.6		
35-39 岁	39	嘉士利 5.1		
40-44 岁	30	嘉士利 3.3 奥利奥 3.3 早茶饼干 3.3 万得福 3.3 威字 3.3 思朗 3.3		
45-49 岁	25	早茶饼干 4.0 美佳斯 4.0 冠生园 4.0 奇宝 4.0 统泰 4.0		
50 岁以上	37	奇宝 5.4	嘉士利 2.7 恒华什锦 2.7 嘉顿 2.7	
女性	**292**	**嘉士利 4.5**	**奥利奥 2.1 早茶饼干 2.1**	**纳贝斯克 1.4**
16-19 岁	43	统泰 7.0	奥利奥 4.7 嘉士利 4.7	利华 2.3 万得福 2.3 鬼脸嘟嘟 2.3
20-24 岁	53	嘉士利 5.7	达能 1.9 早茶饼干 1.9 奇宝 1.9 奥星 1.9 万得福 1.9 王子 1.9	
25-29 岁	32	奥利奥 3.1 嘉士利 3.1 奇宝 3.1 日清 3.1 威字 3.1 万得福 3.1		
30-34 岁	33	早茶饼干 6.1	达能 3.0 华生园 3.0 威字 3.0 纳贝斯克 3.0 万得福 3.0	
35-39 岁	35	嘉士利 8.6	奥利奥 2.9 早茶饼干 2.9	
40-44 岁	32	嘉士利 9.4	早茶饼干 3.1 鬼脸嘟嘟 3.1	
45-49 岁	27	奥利奥 7.4	奇宝 3.7 沁园 3.7	
50 岁以上	37	嘉士利 2.7 早茶饼干 2.7 鬼脸嘟嘟 2.7 广州苏打 2.7		

4-10 样本总体、男性各年龄层、女性各年龄层购买时的考虑因素 / Considerations in Purchasing by the Whole Sample, Age and Gender Groups

注：本题为多选题，合计百分比超过 100%（Multiple answers）

● 北京（Beijing）

	人数	有名牌子	价格适中	包装吸引人	广告影响	购买方便	口味好	生产日期
样本	**361**	**26.0**	**44.0**	**5.8**	**6.9**	**19.1**	**82.5**	**16.9**
男性	**161**	**25.5**	**47.8**	**5.0**	**5.0**	**19.9**	**81.4**	**18.0**
16-19 岁	15	26.7	46.7	6.7	6.7	13.3	93.3	20.0
20-24 岁	18	5.6	33.3	11.1	11.1	11.1	61.1	16.7
25-29 岁	19	26.3	63.2	10.5	5.3	15.8	89.5	21.1
30-34 岁	30	30.0	36.7	6.7	6.7	20.0	83.3	20.0
35-39 岁	26	34.6	38.5	0.0	7.7	26.9	76.9	11.5
40-44 岁	25	36.0	52.0	4.0	0.0	28.0	92.0	20.0
45-49 岁	12	0.0	66.7	0.0	0.0	25.0	75.0	16.7
50 岁以上	16	25.0	62.5	0.0	0.0	12.5	75.0	18.8
女性	**200**	**26.5**	**41.0**	**6.5**	**8.5**	**18.5**	**83.5**	**16.0**
16-19 岁	18	11.1	27.8	5.6	22.2	16.7	100.0	16.7
20-24 岁	22	27.3	31.8	9.1	0.0	13.6	86.4	22.7
25-29 岁	28	21.4	42.9	3.6	3.6	28.6	82.1	7.1
30-34 岁	38	23.7	36.8	10.5	7.9	21.1	81.6	7.9
35-39 岁	29	24.1	37.9	3.4	10.3	24.1	75.9	20.7
40-44 岁	20	40.0	60.0	10.0	10.0	10.0	95.0	15.0
45-49 岁	17	41.2	35.3	0.0	5.9	5.9	76.5	23.5
50 岁以上	28	28.6	53.6	7.1	10.7	17.9	78.6	21.4

续上表（continued）

	人数	有优惠条件	售货员介绍	朋友推荐	单位发的	别人送的	只是由于习惯	其他
样本	**361**	**2.5**	**1.1**	**2.2**	**0.0**	**2.5**	**7.2**	**1.9**
男性	**161**	**3.1**	**0.0**	**1.2**	**0.0**	**2.5**	**7.5**	**2.5**
16-19 岁	15	0.0	0.0	0.0	0.0	0.0	20.0	0.0
20-24 岁	18	0.0	0.0	0.0	0.0	11.1	16.7	5.6
25-29 岁	19	5.3	0.0	0.0	0.0	0.0	0.0	0.0
30-34 岁	30	6.7	0.0	3.3	0.0	0.0	3.3	0.0
35-39 岁	26	0.0	0.0	0.0	0.0	3.8	0.0	3.8
40-44 岁	25	4.0	0.0	4.0	0.0	0.0	12.0	0.0
45-49 岁	12	8.3	0.0	0.0	0.0	0.0	0.0	0.0
50 岁以上	16	0.0	0.0	0.0	0.0	6.3	12.5	12.5
女性	**200**	**2.0**	**2.0**	**3.0**	**0.0**	**2.5**	**7.0**	**1.5**
16-19 岁	18	5.6	0.0	5.6	0.0	0.0	11.1	0.0
20-24 岁	22	0.0	0.0	0.0	0.0	0.0	0.0	4.5
25-29 岁	28	3.6	0.0	7.1	0.0	3.6	14.3	0.0
30-34 岁	38	0.0	2.6	2.6	0.0	5.3	5.3	2.6
35-39 岁	29	3.4	0.0	3.4	0.0	3.4	17.2	0.0
40-44 岁	20	0.0	5.0	0.0	0.0	0.0	0.0	0.0
45-49 岁	17	0.0	0.0	0.0	0.0	0.0	0.0	0.0
50 岁以上	28	3.6	7.1	3.6	0.0	3.6	3.6	3.6

● 上海（Shanghai）

	人数	有名牌子	价格适中	包装吸引人	广告影响	购买方便	口味好	生产日期
样本	**383**	**27.2**	**41.5**	**7.8**	**9.9**	**17.5**	**76.8**	**18.0**
男性	**171**	**30.4**	**40.4**	**6.4**	**11.7**	**19.9**	**71.9**	**14.0**
16-19 岁	17	23.5	35.3	5.9	29.4	23.5	88.2	5.9
20-24 岁	21	42.9	28.6	9.5	9.5	23.8	76.2	9.5
25-29 岁	26	23.1	38.5	7.7	15.4	15.4	61.5	3.8
30-34 岁	29	27.6	51.7	6.9	6.9	24.1	69.0	6.9
35-39 岁	23	21.7	30.4	4.3	17.4	34.8	73.9	13.0
40-44 岁	13	38.5	23.1	7.7	7.7	7.7	69.2	30.8
45-49 岁	15	46.7	53.3	6.7	6.7	20.0	60.0	33.3
50 岁以上	27	29.6	51.9	3.7	3.7	7.4	77.8	22.2
女性	**212**	**24.5**	**42.5**	**9.0**	**8.5**	**15.6**	**80.7**	**21.2**
16-19 岁	16	12.5	25.0	12.5	31.3	0.0	93.8	18.8
20-24 岁	24	16.7	41.7	12.5	12.5	20.8	83.3	33.3
25-29 岁	24	37.5	29.2	12.5	8.3	12.5	79.2	8.3
30-34 岁	36	25.0	36.1	2.8	8.3	8.3	88.9	36.1
35-39 岁	32	31.3	43.8	15.6	6.3	9.4	78.1	12.5
40-44 岁	27	25.9	55.6	7.4	7.4	25.9	74.1	22.2
45-49 岁	18	22.2	61.1	0.0	5.6	22.2	83.3	11.1
50 岁以上	35	20.0	45.7	8.6	0.0	22.9	71.4	20.0

续上表（continued）

	人数	有优惠条件	售货员介绍	朋友推荐	单位发的	别人送的	只是由于习惯	其他
样本	**383**	**0.3**	**0.8**	**2.6**	**1.0**	**1.3**	**3.9**	**2.6**
男性	**171**	**0.0**	**0.6**	**3.5**	**1.2**	**1.8**	**2.9**	**2.3**
16-19 岁	17	0.0	0.0	0.0	0.0	0.0	0.0	5.9
20-24 岁	21	0.0	0.0	4.8	0.0	4.8	9.5	0.0
25-29 岁	26	0.0	0.0	3.8	3.8	0.0	0.0	7.7
30-34 岁	29	0.0	3.4	0.0	0.0	3.4	3.4	3.4
35-39 岁	23	0.0	0.0	4.3	0.0	0.0	8.7	0.0
40-44 岁	13	0.0	0.0	15.4	0.0	0.0	0.0	0.0
45-49 岁	15	0.0	0.0	6.7	6.7	6.7	0.0	0.0
50 岁以上	27	0.0	0.0	0.0	0.0	0.0	0.0	0.0
女性	**212**	**0.5**	**0.9**	**1.9**	**0.9**	**0.9**	**4.7**	**2.8**
16-19 岁	16	0.0	6.3	0.0	0.0	0.0	6.3	0.0
20-24 岁	24	0.0	0.0	0.0	0.0	0.0	4.2	0.0
25-29 岁	24	0.0	0.0	0.0	4.2	0.0	4.2	4.2
30-34 岁	36	0.0	0.0	5.6	2.8	2.8	0.0	0.0
35-39 岁	32	3.1	0.0	6.3	0.0	3.1	6.3	3.1
40-44 岁	27	0.0	0.0	0.0	0.0	0.0	3.7	3.7
45-49 岁	18	0.0	0.0	0.0	0.0	0.0	5.6	0.0
50 岁以上	35	0.0	2.9	0.0	0.0	0.0	8.6	8.6

● 广州（Guangzhou）

	人数	有名牌子	价格适中	包装吸引人	广告影响	购买方便	口味好	生产日期
样本	**311**	**27.7**	**36.0**	**8.0**	**7.7**	**16.1**	**79.4**	**19.6**
男性	**132**	**31.1**	**38.6**	**9.8**	**6.1**	**15.9**	**73.5**	**18.2**
16-19 岁	13	7.7	23.1	15.4	15.4	7.7	76.9	0.0
20-24 岁	18	38.9	27.8	5.6	11.1	5.6	77.8	5.6
25-29 岁	15	26.7	33.3	20.0	6.7	26.7	66.7	13.3
30-34 岁	18	27.8	33.3	11.1	0.0	11.1	55.6	33.3
35-39 岁	22	40.9	59.1	9.1	0.0	18.2	81.8	27.3
40-44 岁	19	31.6	36.8	0.0	0.0	31.6	63.2	15.8
45-49 岁	9	55.6	44.4	0.0	11.1	11.1	77.8	33.3
50 岁以上	18	22.2	44.4	16.7	11.1	11.1	88.9	16.7
女性	**179**	**25.1**	**34.1**	**6.7**	**8.9**	**16.2**	**83.8**	**20.7**
16-19 岁	31	19.4	35.5	12.9	19.4	12.9	93.5	16.1
20-24 岁	31	12.9	45.2	3.2	9.7	12.9	80.6	19.4
25-29 岁	35	34.3	34.3	8.6	2.9	14.3	80.0	28.6
30-34 岁	22	22.7	18.2	4.5	9.1	27.3	86.4	18.2
35-39 岁	27	22.2	33.3	3.7	11.1	22.2	74.1	29.6
40-44 岁	12	33.3	25.0	0.0	0.0	16.7	91.7	25.0
45-49 岁	6	16.7	33.3	16.7	0.0	33.3	83.3	16.7
50 岁以上	15	46.7	40.0	6.7	6.7	0.0	86.7	0.0

续上表（continued）

	人数	有优惠条件	售货员介绍	朋友推荐	单位发的	别人送的	只是由于习惯	其他
样本	**311**	**1.6**	**1.6**	**1.9**	**0.0**	**4.5**	**7.7**	**1.0**
男性	**132**	**2.3**	**1.5**	**1.5**	**0.0**	**5.3**	**9.1**	**0.8**
16-19 岁	13	7.7	0.0	0.0	0.0	23.1	7.7	0.0
20-24 岁	18	0.0	0.0	0.0	0.0	5.6	22.2	5.6
25-29 岁	15	0.0	6.7	6.7	0.0	6.7	6.7	0.0
30-34 岁	18	5.6	0.0	0.0	0.0	0.0	11.1	0.0
35-39 岁	22	0.0	4.5	0.0	0.0	0.0	9.1	0.0
40-44 岁	19	0.0	0.0	0.0	0.0	5.3	5.3	0.0
45-49 岁	9	11.1	0.0	11.1	0.0	11.1	0.0	0.0
50 岁以上	18	0.0	0.0	0.0	0.0	0.0	5.6	0.0
女性	**179**	**1.1**	**1.7**	**2.2**	**0.0**	**3.9**	**6.7**	**1.1**
16-19 岁	31	0.0	6.5	6.5	0.0	3.2	0.0	3.2
20-24 岁	31	0.0	0.0	0.0	0.0	6.5	0.0	3.2
25-29 岁	35	0.0	0.0	2.9	0.0	5.7	8.6	0.0
30-34 岁	22	4.5	4.5	0.0	0.0	4.5	9.1	0.0
35-39 岁	27	3.7	0.0	3.7	0.0	0.0	7.4	0.0
40-44 岁	12	0.0	0.0	0.0	0.0	0.0	16.7	0.0
45-49 岁	6	0.0	0.0	0.0	0.0	16.7	16.7	0.0
50 岁以上	15	0.0	0.0	0.0	0.0	0.0	13.3	0.0

● 重庆（Chongqing）

	人数	有名牌子	价格适中	包装吸引人	广告影响	购买方便	口味好	生产日期
样本	**258**	**19.0**	**34.1**	**10.5**	**5.0**	**15.1**	**83.7**	**26.0**
男性	**119**	**20.2**	**35.3**	**8.4**	**3.4**	**19.3**	**79.0**	**27.7**
16-19 岁	15	20.0	33.3	13.3	0.0	26.7	86.7	26.7
20-24 岁	18	22.2	27.8	11.1	5.6	22.2	94.4	38.9
25-29 岁	16	12.5	25.0	12.5	6.3	12.5	75.0	18.8
30-34 岁	18	27.8	27.8	16.7	0.0	33.3	66.7	27.8
35-39 岁	17	23.5	17.6	0.0	0.0	11.8	82.4	29.4
40-44 岁	14	7.1	64.3	7.1	7.1	21.4	78.6	14.3
45-49 岁	12	8.3	58.3	0.0	0.0	8.3	75.0	41.7
50 岁以上	9	44.4	44.4	0.0	11.1	11.1	66.7	22.2
女性	**139**	**18.0**	**33.1**	**12.2**	**6.5**	**11.5**	**87.8**	**24.5**
16-19 岁	23	8.7	39.1	21.7	8.7	13.0	95.7	13.0
20-24 岁	26	23.1	19.2	15.4	11.5	11.5	88.5	19.2
25-29 岁	14	14.3	28.6	28.6	0.0	7.1	92.9	42.9
30-34 岁	20	10.0	50.0	0.0	5.0	10.0	95.0	25.0
35-39 岁	11	27.3	27.3	9.1	9.1	18.2	90.9	27.3
40-44 岁	16	25.0	37.5	18.8	6.3	25.0	68.8	37.5
45-49 岁	12	16.7	25.0	0.0	0.0	0.0	75.0	25.0
50 岁以上	17	23.5	35.3	0.0	5.9	5.9	88.2	17.6

续上表（continued）

	人数	有优惠条件	售货员介绍	朋友推荐	单位发的	别人送的	只是由于习惯	其他
样本	**258**	**1.6**	**1.9**	**1.2**	**0.0**	**2.3**	**7.4**	**1.6**
男性	**119**	**0.8**	**1.7**	**0.0**	**0.0**	**3.4**	**7.6**	**3.4**
16-19 岁	15	0.0	0.0	0.0	0.0	0.0	6.7	0.0
20-24 岁	18	0.0	0.0	0.0	0.0	0.0	0.0	5.6
25-29 岁	16	0.0	0.0	0.0	0.0	12.5	18.8	0.0
30-34 岁	18	5.6	0.0	0.0	0.0	5.6	22.2	0.0
35-39 岁	17	0.0	5.9	0.0	0.0	0.0	0.0	11.8
40-44 岁	14	0.0	0.0	0.0	0.0	0.0	7.1	0.0
45-49 岁	12	0.0	8.3	0.0	0.0	8.3	0.0	8.3
50 岁以上	9	0.0	0.0	0.0	0.0	0.0	0.0	0.0
女性	**139**	**2.2**	**2.2**	**2.2**	**0.0**	**1.4**	**7.2**	**0.0**
16-19 岁	23	4.3	4.3	0.0	0.0	0.0	4.3	0.0
20-24 岁	26	0.0	0.0	3.8	0.0	3.8	7.7	0.0
25-29 岁	14	7.1	0.0	0.0	0.0	0.0	0.0	0.0
30-34 岁	20	0.0	0.0	5.0	0.0	0.0	10.0	0.0
35-39 岁	11	0.0	0.0	0.0	0.0	0.0	18.2	0.0
40-44 岁	16	0.0	6.3	0.0	0.0	0.0	12.5	0.0
45-49 岁	12	0.0	0.0	0.0	0.0	8.3	0.0	0.0
50 岁以上	17	5.9	5.9	5.9	0.0	0.0	5.9	0.0

4-11 北京不同消费群最常用品牌 / The Most Frequently Used Brands by Beijing Market Segments

	人数	第一品牌及百分比	第二品牌及百分比	第三品牌及百分比
样本	**353**	**乐之 33.7**	**富丽 24.1**	**奇宝 11.6**
第一消费群	92	乐之 38.0	富丽 20.7	奇宝 9.8
第二消费群	60	乐之 36.7	富丽 23.3	奇宝 13.3
第三消费群	61	富丽 32.8	乐之 23.0	奇宝 9.8 奥利奥 9.8
第四消费群	4	乐之 50.0	富丽 25.0 统泰 25.0	
第五消费群	76	乐之 35.5	富丽 18.4	奥利奥 13.2
第六消费群	60	乐之 31.7	富丽 28.3	奇宝 16.7

注：北京消费群的代表特征 / Characteristics of the Beijing Market Segments

		第一消费群	第二消费群	第三消费群	第四消费群	第五消费群	第六消费群
基本情况	性别	女	男	无明显偏向	男	无明显偏向	女
	年龄	30 — 34 岁	25 — 29 岁	35 — 44 岁	无明显偏向	16 — 24 岁	45 岁以上
	学历	大专/大本	大本	初中	大本及研究生	高中/中专/技校	初中及以下
	职业	科教卫生人员	一般企业职员	工人	管理人员/专门职业从事者/个体及私营企业主	学生	离退休人员
	月均收入	801 — 1500 元	1501 — 4000 元	800 元以下	4000 元以上	无收入	800 元以下
	婚姻	已婚	无明显偏向	已婚	已婚或离异	未婚	已婚
心理取向		注重学历 非积极进取	不循规传统 非单一电视娱乐	非田园倾向 新女性主张 金钱本位	注重经验 大男子主义 不保守稳定	非“大男子主义” 追随流行	非“新女性主张” 非浪漫新潮 单一电视娱乐

4-12 上海不同消费群最常用品牌 / The Most Frequently Used Brands by Shanghai Market Segments

	人数	第一品牌及百分比	第二品牌及百分比	第三品牌及百分比
样本	**367**	**奇宝 18.3**	**达能 15.3**	**闲趣 10.9**
第一消费群	95	奇宝 22.1	康元 8.4	甜趣 7.4
第二消费群	56	奇宝 23.2	闲趣 12.5 达能 12.5	王子 7.1 康元 7.1
第三消费群	5	奇宝 20.0 嘉顿 20.0 闲趣 20.0 王子 20.0 LU 20.0		
第四消费群	73	康元 15.1	达能 13.7	闲趣 11.0
第五消费群	46	奇宝 30.4	达能 21.7	康元 8.7 奥利奥 8.7
第六消费群	92	达能 17.4	甜趣 10.9	康元 9.8 闲趣 9.8

注：上海消费群的代表特征 / Characteristics of the Shanghai Market Segments

		第一消费群	第二消费群	第三消费群	第四消费群	第五消费群	第六消费群
基本情况	性别	无明显偏向	男	男	女	女	无明显偏向
	年龄	45 岁以上	20 — 29 岁	25 — 34 岁	35 — 44 岁	16 — 24 岁	30 — 39 岁
	学历	大本及以上	大专/大本	大专	初中及以下	高中/中专/技校	高中/中专/技校
	职业	科教卫生人员/离退休人员	一般企业职员	行政管理人员/个体及私营企业主/专门职业从事者	工人/下岗人员	学生	一般企业职员
	月均收入	801 — 1500 元	1001 — 3000 元	3000 元以上	800 元以下	无收入	1001 — 2000 元
	婚姻	已婚	未婚	未婚	已婚	未婚	已婚
心理取向		非浪漫时尚 非金钱本位 保守稳定	非家庭重心 田园倾向 休闲独立	不保守稳定 奔波忙碌 浪漫时尚	金钱本位 家庭重心 注重学历	新家庭观念 非休闲独立	不积极进取 不奔波忙碌

4-13 广州不同消费群最常用品牌 / The Most Frequently Used Brands by Guangzhou Market Segments

	人数	第一品牌及百分比	第二品牌及百分比	第三品牌及百分比
样本	**290**	**奇宝 49.7**	**嘉顿 15.5**	**嘉士利 8.3**
第一消费群	51	奇宝 43.1	嘉顿 11.8	岭南 5.9
第二消费群	48	奇宝 47.9	嘉顿 16.7	嘉士利 6.3
第三消费群	49	奇宝 53.1	嘉顿 12.2	嘉士利 6.1 蓝罐 6.1
第四消费群	56	奇宝 51.8	嘉顿 16.1	嘉顿 7.1 蓝罐 7.1
第五消费群	47	奇宝 48.9	嘉士利 19.1	嘉顿 17.0
第六消费群	39	奇宝 53.8	嘉顿 20.5	嘉士利 7.7 蓝罐 7.7

注：广州消费群的代表特征 / Characteristics of the Guangzhou Market Segments

		第一消费群	第二消费群	第三消费群	第四消费群	第五消费群	第六消费群
基本情况	性别	女	无明显偏向	女	男	女	男
	年龄	16 — 19 岁	40 岁以上	20 — 24 岁	35 — 44 岁	30 — 34 岁	25 — 29 岁
	学历	高中/中专/技校	无明显偏向	高中/中专/技校/大专	初中/高中/中专/技校	初中及以下	大专及以上
	职业	学生	工人	学生/待业人员	个体及私营企业主	家庭主妇	企业职员/管理人员/科教卫生人员/专门职业者
	月均收入	无收入	1500 元以下	无收入	801 — 1500 元	800 元以下	2000 元以上
	婚姻	未婚	已婚	未婚	已婚	已婚	无明显偏向
心理取向		不固守中式生活 田园倾向 非大男子主义	非新女性主张 不追随流行 非积极进取	独立自主 追随流行	积极进取 大男子主义 中式生活	单一电视娱乐 非独立自主 保守稳定	非单一电视娱乐 非家庭重心

4-14 重庆不同消费群最常用品牌 / The Most Frequently Used Brands by Chongqing Market Segments

	人数	第一品牌及百分比	第二品牌及百分比	第三品牌及百分比
样本	**248**	**嘉士利 10.1**	**早茶饼干 9.7**	**万得福 2.8**
第一消费群	52	嘉士利 15.4	早茶饼干 11.5	奥利奥 3.8
第二消费群	56	奇宝 7.1	早茶饼干 5.4	奥利奥 3.6 嘉士利 3.6 万得福 3.6 嘉顿 3.6 统泰 3.6
第三消费群	47	嘉士利 8.5	万得福 6.4	达能 4.3 早茶饼干 4.3
第四消费群	17	嘉士利 17.6	华生园 5.9 嘉顿 5.9 可喜 5.9 广州苏打 5.9 大伦 5.9	
第五消费群	62	早茶饼干 16.1	嘉士利 9.7	威宇 3.2 鬼脸嘟嘟 3.2
第六消费群	14	早茶饼干 21.4	嘉士利 14.3	鸳鸯 7.1

注：重庆消费群的代表特征 / Characteristics of the Chongqing Market Segments

		第一消费群	第二消费群	第三消费群	第四消费群	第五消费群	第六消费群
基本情况	性别	无明显偏向	无明显偏向	无明显偏向	无明显偏向	无明显偏向	女
	年龄	16 — 19 岁	45 岁以上	20 — 29 岁	30 — 34 岁	40 岁以上	25 — 29 岁
	学历	高中/中专/技校	高中/中专/技校	大专/大本	高中/中专/技校/大本以上	初中及以下	初中
	职业	学生	行政管理人员/离退休人员	科教卫生人员/一般企业职员	个体及私营企业主	工人	专门职业从事者下岗及其他
	月均收入	无收入	501 — 800 元	801 — 1500 元	1500 元以上	500 元以下	1001 — 1500 元
	婚姻	未婚	已婚	无明显偏向	已婚	已婚	已婚或离异
心理取向		浪漫新潮 注重学历 非现实家庭观	循规传统 奔波忙碌 保守稳定	新女性主张 非功利心态	功利心态 现实家庭观 都市情结	非浪漫新潮 非独立休闲	非新女性主张 不循规传统 独立休闲

5 方便面 / Instant Noodles

5-1 最近三个月有无食用的比例 / Proportion of the Sample Consuming Instant Noodles in the Last Three Months

	北京（Beijing）	上海（Shanghai）	广州（Guangzhou）	重庆（Chongqing）
吃过	80.5	72.5	71.2	65.0
没吃过	19.5	27.5	28.8	35.0
有效样本量	**600**	**599**	**598**	**600**

5-2 最常用品牌排名 / Ranking of the Most Frequently Consumed Brands

● 北京（Beijing）

排名	品牌		人数	百分比
1	康师傅	Kangshifu	242	50.1
2	美厨	Michi	131	27.1
3	统一	President	55	11.4
4	营多	Yingduo	36	7.5
5	福满多	Fumanduo	4	0.8
6	华丰	Huafeng	3	0.6

n=483

● 上海（Shanghai）

排名	品牌		人数	百分比
1	康师傅	Kangshifu	217	50.0
2	美厨	Michi	128	29.5
3	统一	President	46	10.6
4	营多	Yingduo	12	2.8
5	出前一丁	Nissin	11	2.5
6	皇品	Hoping	7	1.6

n=434

● 广州（Guangzhou）

排名	品牌		人数	百分比
1	康师傅	Kangshifu	214	51.1
2	华丰	Huafeng	66	15.8
3	统一	President	38	9.1
4	出前一丁	Nissin	20	4.8
5	来利	Laili	16	3.8
5	公仔面	Doll	16	3.8
7	多多妙	Totocat	10	2.4

n=419

● 重庆（Chongqing）

排名	品牌		人数	百分比
1	康师傅	Kangshifu	222	57.1
2	统一	President	104	26.7
3	营多	Yingduo	41	10.5
4	川王	Chuanwan	8	2.1
5	福满多	Fumanduo	4	1.0
6	阿三哥	Asange	3	0.8

n=389

5-3 理想品牌排名 / Ranking of the Ideal Brands

● 北京（Beijing）

排名	品	牌	人数	百分比
1	康师傅	Kangshifu	279	46.5
2	美厨	Michi	131	21.8
3	统一	President	65	10.8
4	营多	Yingduo	31	5.2
5	福满多	Fumanduo	4	0.7

n=600

● 上海（Shanghai）

排名	品	牌	人数	百分比
1	康师傅	Kangshifu	296	49.3
2	美厨	Michi	157	26.2
3	统一	President	53	8.8
4	营多	Yingduo	18	3.0
5	出前一丁	Nissin	12	2.0
7	皇品	Hoping	10	1.7

n=600

● 广州（Guangzhou）

排名	品	牌	人数	百分比
1	康师傅	Kangshifu	269	44.8
2	华丰	Huafeng	62	10.3
3	统一	President	49	8.2
4	出前一丁	Nissin	28	4.7
5	公仔面	Doll	23	3.8
6	来利	Laili	15	2.5
7	多多妙	Totocat	13	2.2
8	超力	Chewy	11	1.8

n=600

● 重庆（Chongqing）

排名	品	牌	人数	百分比
1	康师傅	Kangshifu	278	46.3
2	统一	President	136	22.7
3	营多	Yingduo	38	6.3
4	川王	Chuanwan	9	1.5
5	福满多	Fumamduo	6	1.0
6	阿三哥	Asange	3	0.5

n=600

5-4 样本总体、男性各年龄层、女性各年龄层的理想品牌 / The Ideal Brands by the Whole Sample, Age and Gender Groups

● 北京（Beijing）

	人数	第一品牌及百分比	第二品牌及百分比	第三品牌及百分比
样本	**600**	**康师傅 46.5**	**美厨 21.8**	**统一 10.8**
男性	**298**	**康师傅 46.3**	**美厨 18.8**	**统一 10.7**
16-19 岁	26	统一 34.6	康师傅 30.8	美厨 11.5
20-24 岁	36	康师傅 50.0	美厨 13.9	统一 8.3
25-29 岁	41	康师傅 46.3	美厨 22.0	统一 7.3
30-34 岁	47	康师傅 51.1	美厨 21.3	统一 8.5
35-39 岁	43	康师傅 48.8	美厨 18.6	统一 9.3
40-44 岁	42	康师傅 38.1	美厨 26.2	统一 7.1　营多 7.1
45-49 岁	24	康师傅 37.5	美厨 25.0	统一 12.5
50 岁以上	39	康师傅 59.0	美厨 10.3	统一 7.7
女性	**302**	**康师傅 46.7**	**美厨 24.8**	**统一 10.9**
16-19 岁	23	康师傅 30.4　美厨 30.4	统一 17.4	营多 8.7
20-24 岁	35	康师傅 45.7	美厨 31.4	营多 14.3
25-29 岁	36	康师傅 52.8	美厨 27.8	营多 2.8
30-34 岁	49	康师傅 61.2	美厨 16.3	统一 8.2
35-39 岁	45	康师傅 40.0	美厨 31.1	统一 11.1
40-44 岁	40	康师傅 40.0	统一 25.0	美厨 22.5
45-49 岁	26	康师傅 42.3	美厨 34.6	统一 11.5
50 岁以上	48	康师傅 50.0	美厨 14.6	统一 8.3

● 上海（Shanghai）

	人数	第一品牌及百分比	第二品牌及百分比	第三品牌及百分比
样本	**600**	**康师傅 49.3**	**美厨 26.2**	**统一 8.8**
男性	**307**	**康师傅 52.4**	**美厨 24.4**	**统一 8.5**
16-19 岁	22	康师傅 40.9	营多 27.3	美厨 18.2
20-24 岁	34	康师傅 38.2	美厨 29.4	统一 17.6
25-29 岁	42	康师傅 50.0	美厨 23.8	统一 9.5
30-34 岁	56	康师傅 51.8	美厨 17.9	统一 8.9
35-39 岁	51	康师傅 70.6	美厨 15.7	统一 5.9
40-44 岁	31	康师傅 45.2	美厨 41.9	统一 6.5
45-49 岁	26	康师傅 50.0	美厨 34.6	统一 7.7
50 岁以上	45	康师傅 57.8	美厨 24.4	统一 4.4
女性	**293**	**康师傅 46.1**	**美厨 28.0**	**统一 9.2**
16-19 岁	24	美厨 41.7	康师傅 16.7	统一 12.5　出前一丁 12.5
20-24 岁	32	康师傅 43.8	美厨 25.0	统一 12.5
25-29 岁	37	康师傅 40.5	美厨 35.1	统一 10.8
30-34 岁	50	康师傅 60.0	美厨 20.0	统一 8.0
35-39 岁	44	康师傅 52.3	美厨 27.3	统一 6.8
40-44 岁	35	康师傅 42.9	美厨 28.6	统一 8.6　出前一丁 8.6
45-49 岁	23	康师傅 43.5	美厨 39.1	统一 4.3　出前一丁 4.3
50 岁以上	48	康师傅 50.0	美厨 20.8	统一 10.4

● 广州（Guangzhou）

	人数	第一品牌及百分比	第二品牌及百分比	第三品牌及百分比
样本	**600**	**康师傅 44.8**	**华丰 10.3**	**统一 8.5**
男性	**282**	**康师傅 45.4**	**华丰 10.6**	**统一 10.3**
16-19 岁	30	康师傅 43.3	华丰 13.3	统一 6.7 出前一丁 6.7
20-24 岁	36	康师傅 58.3	统一 19.4	华丰 8.3
25-29 岁	35	康师傅 45.7	统一 17.1	华丰 8.6 出前一丁 8.6
30-34 岁	34	康师傅 55.9	统一 5.9 华丰 5.9	来利 2.9
35-39 岁	40	康师傅 50.0	华丰 12.5	统一 10.0
40-44 岁	41	康师傅 39.0	华丰 14.6	多多妙 9.8
45-49 岁	26	康师傅 34.6	华丰 7.7 统一 7.7 公仔面 7.7	
50 岁以上	40	康师傅 35.0	华丰 12.5 统一 12.5	公仔面 5.0
女性	**318**	**康师傅 44.3**	**华丰 10.1**	**统一 6.9**
16-19 岁	50	康师傅 44.0	公仔面 10.0	华丰 6.0 出前一丁 6.0 统一 6.0
20-24 岁	46	康师傅 34.8	统一 13.0	公仔面 10.9 出前一丁 10.9
25-29 岁	63	康师傅 49.2	华丰 11.1 统一 11.1	多多妙 3.2 公仔面 3.2 合味道 3.2
30-34 岁	46	康师傅 50.0	华丰 8.7	出前一丁 4.3
35-39 岁	41	康师傅 41.5	华丰 12.2	出前一丁 9.8
40-44 岁	30	康师傅 43.3	华丰 13.3	统一 6.7
45-49 岁	13	康师傅 53.8	来利 23.1	出前一丁 7.7 超力 7.7
50 岁以上	29	康师傅 41.4	华丰 20.7	公仔面 6.9

● 重庆（Chongqing）

	人数	第一品牌及百分比	第二品牌及百分比	第三品牌及百分比
样本	**600**	**康师傅 46.3**	**统一 22.7**	**营多 6.3**
男性	**308**	**康师傅 48.1**	**统一 21.1**	**营多 7.5**
16-19 岁	43	康师傅 48.8	统一 34.9	营多 9.3
20-24 岁	53	康师傅 39.6	统一 32.1	营多 3.8
25-29 岁	43	康师傅 55.8	统一 20.9	营多 4.7
30-34 岁	38	康师傅 60.5	营多 18.4	统一 5.3
35-39 岁	39	康师傅 51.3	统一 12.8	营多 5.1
40-44 岁	30	康师傅 50.0	统一 20.0	营多 6.7
45-49 岁	25	康师傅 48.0	统一 12.0 营多 12.0	川王 4.0
50 岁以上	37	康师傅 32.4	统一 21.6	营多 2.7 福满多 2.7
女性	**292**	**康师傅 44.5**	**统一 24.3**	**营多 5.1**
16-19 岁	43	统一 37.2	康师傅 34.9	营多 9.3
20-24 岁	53	康师傅 52.8	统一 28.3	营多 1.9 福满多 1.9 阿三哥 1.9
25-29 岁	32	康师傅 34.4	统一 28.1	营多 3.1 川王 3.1
30-34 岁	33	康师傅 51.5	统一 18.2	营多 9.1
35-39 岁	35	康师傅 42.9	统一 25.7	营多 8.6
40-44 岁	32	康师傅 53.1	统一 9.4	营多 6.3
45-49 岁	27	康师傅 29.6	统一 22.2	营多 3.7
50 岁以上	37	康师傅 51.4	统一 18.9	

5-5 样本总体、男性各年龄层、女性各年龄层最近三个月有无购买的比例 / Purchasing in the Last Three Months by the Whole Sample, Age and Gender Groups

● 北京(Beijing)

	人数	买过	没买过
样本	**600**	**77.5**	**22.5**
男性	**298**	**70.8**	**29.2**
16-19 岁	26	80.8	19.2
20-24 岁	36	66.7	33.3
25-29 岁	41	68.3	31.7
30-34 岁	47	61.7	38.3
35-39 岁	43	69.8	30.2
40-44 岁	42	73.8	26.2
45-49 岁	24	87.5	12.5
50 岁以上	39	69.2	30.8
女性	**302**	**84.1**	**15.9**
16-19 岁	23	87.0	13.0
20-24 岁	35	91.4	8.6
25-29 岁	36	80.6	19.4
30-34 岁	49	83.7	16.3
35-39 岁	45	88.9	11.1
40-44 岁	40	82.5	17.5
45-49 岁	26	88.5	11.5
50 岁以上	48	75.0	25.0

● 上海（Shanghai）

	人数	买过	没买过
样本	**600**	**71.8**	**28.2**
男性	**307**	**71.7**	**28.3**
16-19 岁	22	90.9	9.1
20-24 岁	34	85.3	14.7
25-29 岁	42	73.8	26.2
30-34 岁	56	62.5	37.5
35-39 岁	51	76.5	23.5
40-44 岁	31	61.3	38.7
45-49 岁	26	80.8	19.2
50 岁以上	45	57.8	42.2
女性	**293**	**72.0**	**28.0**
16-19 岁	24	83.3	16.7
20-24 岁	32	75.0	25.0
25-29 岁	37	67.6	32.4
30-34 岁	50	76.0	24.0
35-39 岁	44	77.3	22.7
40-44 岁	35	77.1	22.9
45-49 岁	23	65.2	34.8
50 岁以上	48	58.3	41.7

● 广州（Guangzhou）

	人数	买过	没买过
样本	**600**	**71.0**	**29.0**
男性	**282**	**72.3**	**27.7**
16-19 岁	30	66.7	33.3
20-24 岁	36	75.0	25.0
25-29 岁	35	74.3	25.7
30-34 岁	34	73.5	26.5
35-39 岁	40	70.0	30.0
40-44 岁	41	80.5	19.5
45-49 岁	26	65.4	34.6
50 岁以上	40	70.0	30.0
女性	**318**	**69.8**	**30.2**
16-19 岁	50	74.0	26.0
20-24 岁	46	76.1	23.9
25-29 岁	63	66.7	33.3
30-34 岁	46	67.4	32.6
35-39 岁	41	68.3	31.7
40-44 岁	30	66.7	33.3
45-49 岁	13	61.5	38.5
50 岁以上	29	72.4	27.6

● 重庆（Chongqing）

	人数	买过	没买过
样本	**600**	**66.2**	**33.8**
男性	**308**	**64.0**	**36.0**
16-19 岁	43	72.1	27.9
20-24 岁	53	71.7	28.3
25-29 岁	43	69.8	30.2
30-34 岁	38	73.7	26.3
35-39 岁	39	56.4	43.6
40-44 岁	30	73.3	26.7
45-49 岁	25	52.0	48.0
50 岁以上	37	35.1	64.9
女性	**292**	**68.5**	**31.5**
16-19 岁	43	79.1	20.9
20-24 岁	53	77.4	22.6
25-29 岁	32	68.8	31.3
30-34 岁	33	93.9	6.1
35-39 岁	35	74.3	25.7
40-44 岁	32	50.0	50.0
45-49 岁	27	40.7	59.3
50 岁以上	37	51.4	48.6

5-6 样本总体、男性各年龄层、女性各年龄层的食用频率 / Frequencies of Consuming Instant Noodles by the Whole Sample, Age and Gender Groups

● 北京（Beijing）

	人数	1 周 3 次以上	1 周 1 次左右	1 个月 2 或 3 次左右	1 个月 1 次或以下	没有吃
样本	**600**	**19.5**	**30.7**	**20.2**	**10.2**	**19.5**
男性	**298**	**19.8**	**27.9**	**20.1**	**7.4**	**24.8**
16-19 岁	26	26.9	26.9	26.9	7.7	11.5
20-24 岁	36	27.8	22.2	19.4	2.8	27.8
25-29 岁	41	14.6	34.1	26.8	0.0	24.4
30-34 岁	47	19.1	17.0	21.3	8.5	34.0
35-39 岁	43	18.6	25.6	23.3	9.3	23.3
40-44 岁	42	23.8	23.8	14.3	9.5	28.6
45-49 岁	24	25.0	41.7	12.5	8.3	12.5
50 岁以上	39	7.7	38.5	15.4	12.8	25.6
女性	**302**	**19.2**	**33.4**	**20.2**	**12.9**	**14.2**
16-19 岁	23	26.1	26.1	26.1	17.4	4.3
20-24 岁	35	22.9	34.3	25.7	11.4	5.7
25-29 岁	36	16.7	33.3	16.7	16.7	16.7
30-34 岁	49	6.1	40.8	22.4	18.4	12.2
35-39 岁	45	17.8	42.2	22.2	4.4	13.3
40-44 岁	40	22.5	32.5	17.5	10.0	17.5
45-49 岁	26	38.5	19.2	19.2	11.5	11.5
50 岁以上	48	16.7	29.2	14.6	14.6	25.0

● 上海（Shanghai）

	人数	1 周 3 次以上	1 周 1 次左右	1 个月 2 或 3 次左右	1 个月 1 次或以下	没有吃
样本	**599**	**14.2**	**25.2**	**23.4**	**9.7**	**27.5**
男性	**306**	**13.7**	**25.5**	**21.9**	**11.4**	**27.5**
16-19 岁	22	22.7	31.8	27.3	9.1	9.1
20-24 岁	34	20.6	26.5	26.5	11.8	14.7
25-29 岁	42	14.3	23.8	26.2	14.3	21.4
30-34 岁	56	8.9	28.6	19.6	8.9	33.9
35-39 岁	51	19.6	23.5	11.8	17.6	27.5
40-44 岁	30	6.7	26.7	26.7	6.7	33.3
45-49 岁	26	15.4	23.1	26.9	11.5	23.1
50 岁以上	45	6.7	22.2	20.0	8.9	42.2
女性	**293**	**14.7**	**24.9**	**24.9**	**7.8**	**27.6**
16-19 岁	24	12.5	25.0	37.5	8.3	16.7
20-24 岁	32	0.0	37.5	18.8	15.6	28.1
25-29 岁	37	5.4	32.4	21.6	10.8	29.7
30-34 岁	50	22.0	22.0	24.0	10.0	22.0
35-39 岁	44	15.9	34.1	25.0	2.3	22.7
40-44 岁	35	34.3	20.0	22.9	2.9	20.0
45-49 岁	23	21.7	17.4	17.4	4.3	39.1
50 岁以上	48	6.3	12.5	31.3	8.3	41.7

● 广州（Guangzhou）

	人数	1周3次以上	1周1次左右	1个月2或3次左右	1个月1次或以下	没有吃
样本	**598**	**15.1**	**22.6**	**18.1**	**15.6**	**28.8**
男性	**281**	**13.9**	**23.8**	**18.5**	**16.7**	**27.0**
16-19岁	30	6.7	23.3	16.7	16.7	36.7
20-24岁	36	19.4	16.7	19.4	19.4	25.0
25-29岁	34	23.5	26.5	11.8	14.7	23.5
30-34岁	34	14.7	20.6	23.5	17.6	23.5
35-39岁	40	12.5	22.5	15.0	25.0	25.0
40-44岁	41	22.0	31.7	14.6	12.2	19.5
45-49岁	26	0.0	26.9	19.2	15.4	38.5
50岁以上	40	7.5	22.5	27.5	12.5	30.0
女性	**317**	**16.1**	**21.5**	**17.7**	**14.5**	**30.3**
16-19岁	50	18.0	24.0	24.0	12.0	22.0
20-24岁	46	19.6	30.4	21.7	6.5	21.7
25-29岁	63	9.5	27.0	14.3	19.0	30.2
30-34岁	46	17.4	13.0	15.2	17.4	37.0
35-39岁	41	14.6	12.2	24.4	17.1	31.7
40-44岁	29	17.2	17.2	6.9	20.7	37.9
45-49岁	13	15.4	23.1	15.4	15.4	30.8
50岁以上	29	20.7	20.7	13.8	6.9	37.9

● 重庆（Chongqing）

	人数	1周3次以上	1周1次左右	1个月2或3次左右	1个月1次或以下	没有吃
样本	**600**	**11.8**	**18.3**	**20.3**	**14.5**	**35.0**
男性	**308**	**12.3**	**18.8**	**18.2**	**14.3**	**36.4**
16-19岁	43	23.3	18.6	18.6	14.0	25.6
20-24岁	53	22.6	20.8	11.3	17.0	28.3
25-29岁	43	9.3	25.6	14.0	20.9	30.2
30-34岁	38	2.6	26.3	28.9	15.8	26.3
35-39岁	39	7.7	23.1	17.9	7.7	43.6
40-44岁	30	20.0	16.7	16.7	20.0	26.7
45-49岁	25	4.0	12.0	20.0	12.0	52.0
50岁以上	37	2.7	2.7	21.6	5.4	67.6
女性	**292**	**11.3**	**17.8**	**22.6**	**14.7**	**33.6**
16-19岁	43	16.3	20.9	20.9	16.3	25.6
20-24岁	53	11.3	18.9	26.4	24.5	18.9
25-29岁	32	3.1	18.8	34.4	6.3	37.5
30-34岁	33	15.2	24.2	36.4	18.2	6.1
35-39岁	35	14.3	20.0	22.9	11.4	31.4
40-44岁	32	9.4	21.9	6.3	12.5	50.0
45-49岁	27	7.4	7.4	11.1	11.1	63.0
50岁以上	37	10.8	8.1	18.9	10.8	51.4

5-7 样本总体、男性各年龄层、女性各年龄层购买时的考虑因素 / Considerations in Purchasing by the Whole Sample, Age and Gender Groups

注：本题为多选题，合计百分比超过 100%（Multiple answers）

● 北京（Beijing）

	人数	有名的牌子	价格适中	包装吸引人	广告影响	购买方便	口味好	生产日期
样本	**483**	**36.4**	**44.5**	**1.4**	**8.5**	**23.6**	**79.3**	**18.0**
男性	**224**	**34.4**	**45.1**	**1.8**	**12.1**	**23.7**	**76.3**	**15.2**
16-19 岁	23	34.8	34.8	0.0	34.8	4.3	87.0	13.0
20-24 岁	26	15.4	38.5	3.8	11.5	23.1	73.1	19.2
25-29 岁	31	25.8	38.7	3.2	19.4	25.8	77.4	16.1
30-34 岁	31	41.9	35.5	0.0	12.9	19.4	80.6	12.9
35-39 岁	33	42.4	48.5	3.0	3.0	33.3	66.7	12.1
40-44 岁	30	40.0	60.0	0.0	10.0	20.0	73.3	10.0
45-49 岁	21	38.1	47.6	4.8	0.0	28.6	81.0	14.3
50 岁以上	29	34.5	55.2	0.0	6.9	31.0	75.9	24.1
女性	**259**	**38.2**	**44.0**	**1.2**	**5.4**	**23.6**	**81.9**	**20.5**
16-19 岁	22	18.2	27.3	0.0	13.6	22.7	77.3	13.6
20-24 岁	33	30.3	45.5	0.0	0.0	27.3	78.8	15.2
25-29 岁	30	46.7	36.7	0.0	13.3	16.7	80.0	20.0
30-34 岁	43	44.2	27.9	4.7	4.7	23.3	88.4	16.3
35-39 岁	39	38.5	53.8	2.6	2.6	15.4	84.6	23.1
40-44 岁	33	45.5	51.5	0.0	0.0	24.2	84.8	18.2
45-49 岁	23	17.4	56.5	0.0	13.0	30.4	82.6	34.8
50 岁以上	36	50.0	52.8	0.0	2.8	30.6	75.0	25.0

续上表（continued）

	人数	有优惠条件	售货员介绍	朋友推荐	单位发的	别人送的	只是由于习惯	其他
样本	**483**	**2.9**	**0.0**	**0.6**	**1.9**	**0.2**	**7.9**	**0.0**
男性	**224**	**4.0**	**0.0**	**0.4**	**1.8**	**0.0**	**8.9**	**0.0**
16-19 岁	23	0.0	0.0	0.0	4.3	0.0	8.7	0.0
20-24 岁	26	3.8	0.0	0.0	3.8	0.0	11.5	0.0
25-29 岁	31	0.0	0.0	0.0	3.2	0.0	9.7	0.0
30-34 岁	31	6.5	0.0	0.0	0.0	0.0	12.9	0.0
35-39 岁	33	3.0	0.0	3.0	3.0	0.0	15.2	0.0
40-44 岁	30	3.3	0.0	0.0	0.0	0.0	6.7	0.0
45-49 岁	21	9.5	0.0	0.0	0.0	0.0	0.0	0.0
50 岁以上	29	6.9	0.0	0.0	0.0	0.0	3.4	0.0
女性	**259**	**1.9**	**0.0**	**0.8**	**1.9**	**0.4**	**6.9**	**0.0**
16-19 岁	22	4.5	0.0	4.5	9.1	0.0	18.2	0.0
20-24 岁	33	0.0	0.0	0.0	3.0	0.0	6.1	0.0
25-29 岁	30	3.3	0.0	0.0	0.0	0.0	6.7	0.0
30-34 岁	43	0.0	0.0	0.0	0.0	2.3	2.3	0.0
35-39 岁	39	5.1	0.0	0.0	2.6	0.0	7.7	0.0
40-44 岁	33	3.0	0.0	0.0	0.0	0.0	9.1	0.0
45-49 岁	23	0.0	0.0	0.0	0.0	0.0	8.7	0.0
50 岁以上	36	0.0	0.0	2.8	2.8	0.0	2.8	0.0

● 上海（Shanghai）

	人数	有名的牌子	价格适中	包装吸引人	广告影响	购买方便	口味好	生产日期
样本	**434**	**30.6**	**41.9**	**1.8**	**15.9**	**22.1**	**74.2**	**16.8**
男性	**223**	**32.3**	**43.0**	**1.8**	**18.4**	**23.3**	**69.1**	**14.8**
16-19 岁	20	30.0	50.0	0.0	20.0	40.0	80.0	5.0
20-24 岁	29	31.0	31.0	6.9	24.1	20.7	79.3	24.1
25-29 岁	33	27.3	39.4	0.0	27.3	6.1	54.5	9.1
30-34 岁	37	35.1	35.1	2.7	8.1	21.6	70.3	13.5
35-39 岁	37	18.9	48.6	0.0	18.9	21.6	73.0	13.5
40-44 岁	21	33.3	42.9	0.0	19.0	33.3	71.4	33.3
45-49 岁	20	45.0	70.0	5.0	15.0	25.0	60.0	15.0
50 岁以上	26	46.2	38.5	0.0	15.4	30.8	65.4	7.7
女性	**211**	**28.9**	**40.8**	**1.9**	**13.3**	**20.9**	**79.6**	**19.0**
16-19 岁	20	30.0	45.0	0.0	25.0	20.0	90.0	5.0
20-24 岁	23	4.3	39.1	8.7	13.0	17.4	82.6	34.8
25-29 岁	25	28.0	48.0	0.0	16.0	20.0	80.0	8.0
30-34 岁	39	35.9	35.9	0.0	10.3	17.9	84.6	15.4
35-39 岁	34	41.2	32.4	2.9	11.8	14.7	73.5	20.6
40-44 岁	28	28.6	53.6	0.0	17.9	21.4	82.1	25.0
45-49 岁	14	28.6	64.3	0.0	7.1	21.4	85.7	7.1
50 岁以上	28	25.0	25.0	3.6	7.1	35.7	64.3	28.6

续上表（continued）

	人数	有优惠条件	售货员介绍	朋友推荐	单位发的	别人送的	只是由于习惯	其他
样本	**434**	**5.3**	**0.7**	**1.8**	**1.4**	**0.5**	**4.8**	**0.2**
男性	**223**	**4.9**	**0.9**	**0.9**	**1.3**	**0.4**	**6.3**	**0.0**
16-19 岁	20	5.0	0.0	0.0	0.0	0.0	10.0	0.0
20-24 岁	29	6.9	3.4	0.0	3.4	0.0	0.0	0.0
25-29 岁	33	3.0	0.0	0.0	3.0	0.0	15.2	0.0
30-34 岁	37	8.1	2.7	0.0	2.7	0.0	2.7	0.0
35-39 岁	37	2.7	0.0	0.0	0.0	0.0	5.4	0.0
40-44 岁	21	0.0	0.0	4.8	0.0	4.8	4.8	0.0
45-49 岁	20	10.0	0.0	5.0	0.0	0.0	10.0	0.0
50 岁以上	26	3.8	0.0	0.0	0.0	0.0	3.8	0.0
女性	**211**	**5.7**	**0.5**	**2.8**	**1.4**	**0.5**	**3.3**	**0.5**
16-19 岁	20	0.0	0.0	5.0	0.0	0.0	10.0	0.0
20-24 岁	23	8.7	0.0	4.3	0.0	0.0	0.0	4.3
25-29 岁	25	4.0	0.0	4.0	0.0	0.0	0.0	0.0
30-34 岁	39	5.1	2.6	7.7	5.1	0.0	2.6	0.0
35-39 岁	34	5.9	0.0	0.0	0.0	0.0	0.0	0.0
40-44 岁	28	0.0	0.0	0.0	0.0	0.0	3.6	0.0
45-49 岁	14	0.0	0.0	0.0	7.1	0.0	7.1	0.0
50 岁以上	28	17.9	0.0	0.0	0.0	3.6	7.1	0.0

● 广州（Guangzhou）

	人数	有名的牌子	价格适中	包装吸引人	广告影响	购买方便	口味好	生产日期
样本	**425**	**32.9**	**44.9**	**4.2**	**9.6**	**26.6**	**73.2**	**11.5**
男性	**203**	**36.5**	**45.3**	**3.9**	**9.4**	**28.6**	**69.5**	**9.9**
16-19 岁	18	11.1	50.0	5.6	33.3	5.6	72.2	11.1
20-24 岁	27	40.7	29.6	3.7	14.8	33.3	74.1	3.7
25-29 岁	27	44.4	40.7	3.7	11.1	25.9	66.7	11.1
30-34 岁	26	30.8	34.6	3.8	7.7	23.1	69.2	3.8
35-39 岁	28	57.1	50.0	0.0	3.6	25.0	60.7	10.7
40-44 岁	33	21.2	42.4	3.0	6.1	39.4	69.7	12.1
45-49 岁	16	43.8	81.3	6.3	0.0	43.8	56.3	18.8
50 岁以上	28	39.3	50.0	7.1	3.6	28.6	82.1	10.7
女性	**222**	**29.7**	**44.6**	**4.5**	**9.9**	**24.8**	**76.6**	**13.1**
16-19 岁	39	5.1	48.7	2.6	10.3	25.6	87.2	12.8
20-24 岁	36	22.2	30.6	2.8	5.6	22.2	86.1	22.2
25-29 岁	44	34.1	43.2	9.1	9.1	22.7	77.3	13.6
30-34 岁	29	34.5	44.8	10.3	20.7	20.7	65.5	6.9
35-39 岁	28	35.7	53.6	0.0	14.3	32.1	60.7	10.7
40-44 岁	19	36.8	42.1	0.0	5.3	36.8	73.7	10.5
45-49 岁	9	44.4	33.3	11.1	0.0	0.0	88.9	11.1
50 岁以上	18	55.6	61.1	0.0	5.6	27.8	72.2	11.1

续上表（continued）

	人数	有优惠条件	售货员介绍	朋友推荐	单位发的	别人送的	只是由于习惯	其他
样本	**425**	**1.6**	**0.7**	**2.6**	**0.5**	**0.2**	**7.1**	**0.7**
男性	**203**	**0.5**	**0.5**	**1.5**	**0.0**	**0.0**	**5.9**	**0.0**
16-19 岁	18	0.0	0.0	11.1	0.0	0.0	11.1	0.0
20-24 岁	27	0.0	0.0	0.0	0.0	0.0	18.5	0.0
25-29 岁	27	3.7	3.7	0.0	0.0	0.0	0.0	0.0
30-34 岁	26	0.0	0.0	3.8	0.0	0.0	7.7	0.0
35-39 岁	28	0.0	0.0	0.0	0.0	0.0	7.1	0.0
40-44 岁	33	0.0	0.0	0.0	0.0	0.0	3.0	0.0
45-49 岁	16	0.0	0.0	0.0	0.0	0.0	0.0	0.0
50 岁以上	28	0.0	0.0	0.0	0.0	0.0	0.0	0.0
女性	**222**	**2.7**	**0.9**	**3.6**	**0.9**	**0.5**	**8.1**	**1.4**
16-19 岁	39	5.1	0.0	7.7	2.6	0.0	12.8	2.6
20-24 岁	36	5.6	0.0	2.8	0.0	2.8	8.3	0.0
25-29 岁	44	2.3	2.3	9.1	0.0	0.0	2.3	4.5
30-34 岁	29	0.0	0.0	0.0	0.0	0.0	10.3	0.0
35-39 岁	28	3.6	0.0	0.0	0.0	0.0	7.1	0.0
40-44 岁	19	0.0	5.3	0.0	0.0	0.0	10.5	0.0
45-49 岁	9	0.0	0.0	0.0	0.0	0.0	11.1	0.0
50 岁以上	18	0.0	0.0	0.0	5.6	0.0	5.6	0.0

● 重庆（Chongqing）

	人数	有名的牌子	价格适中	包装吸引人	广告影响	购买方便	口味好	生产日期
样本	**390**	**35.1**	**35.9**	**2.8**	**16.2**	**25.9**	**76.4**	**15.4**
男性	**196**	**39.3**	**38.8**	**3.1**	**15.8**	**28.6**	**75.5**	**15.8**
16-19 岁	32	28.1	31.3	9.4	9.4	40.6	78.1	6.3
20-24 岁	38	39.5	34.2	2.6	23.7	34.2	89.5	7.9
25-29 岁	30	53.3	33.3	0.0	23.3	16.7	70.0	23.3
30-34 岁	28	46.4	39.3	3.6	14.3	32.1	71.4	21.4
35-39 岁	22	50.0	36.4	4.5	4.5	18.2	81.8	22.7
40-44 岁	22	45.5	36.4	0.0	13.6	22.7	68.2	18.2
45-49 岁	12	8.3	66.7	0.0	16.7	33.3	75.0	16.7
50 岁以上	12	16.7	66.7	0.0	16.7	25.0	50.0	16.7
女性	**194**	**30.9**	**33.0**	**2.6**	**16.5**	**23.2**	**77.3**	**14.9**
16-19 岁	32	21.9	25.0	3.1	21.9	18.8	81.3	12.5
20-24 岁	43	34.9	18.6	2.3	14.0	23.3	79.1	7.0
25-29 岁	20	30.0	50.0	0.0	20.0	25.0	70.0	20.0
30-34 岁	31	32.3	35.5	6.5	16.1	19.4	87.1	9.7
35-39 岁	24	41.7	33.3	0.0	8.3	16.7	62.5	16.7
40-44 岁	16	6.3	37.5	6.3	25.0	37.5	68.8	31.3
45-49 岁	10	30.0	40.0	0.0	20.0	20.0	80.0	40.0
50 岁以上	18	44.4	50.0	0.0	11.1	33.3	83.3	11.1

续上表（continued）

	人数	有优惠条件	售货员介绍	朋友推荐	单位发的	别人送的	只是由于习惯	其他
样本	**390**	**2.3**	**0.5**	**2.3**	**1.5**	**1.3**	**5.4**	**1.0**
男性	**196**	**2.0**	**1.0**	**1.5**	**1.0**	**1.5**	**3.1**	**1.5**
16-19 岁	32	3.1	3.1	6.3	0.0	0.0	0.0	0.0
20-24 岁	38	2.6	0.0	0.0	0.0	0.0	2.6	0.0
25-29 岁	30	0.0	0.0	0.0	0.0	3.3	3.3	0.0
30-34 岁	28	3.6	3.6	0.0	3.6	3.6	3.6	0.0
35-39 岁	22	0.0	0.0	0.0	0.0	4.5	4.5	4.5
40-44 岁	22	0.0	0.0	4.5	4.5	0.0	9.1	4.5
45-49 岁	12	8.3	0.0	0.0	0.0	0.0	0.0	0.0
50 岁以上	12	0.0	0.0	0.0	0.0	0.0	0.0	8.3
女性	**194**	**2.6**	**0.0**	**3.1**	**2.1**	**1.0**	**7.7**	**0.5**
16-19 岁	32	9.4	0.0	3.1	3.1	3.1	6.3	0.0
20-24 岁	43	4.7	0.0	9.3	2.3	0.0	4.7	0.0
25-29 岁	20	0.0	0.0	0.0	5.0	0.0	10.0	0.0
30-34 岁	31	0.0	0.0	3.2	0.0	0.0	9.7	0.0
35-39 岁	24	0.0	0.0	0.0	4.2	0.0	12.5	4.2
40-44 岁	16	0.0	0.0	0.0	0.0	0.0	12.5	0.0
45-49 岁	10	0.0	0.0	0.0	0.0	0.0	0.0	0.0
50 岁以上	18	0.0	0.0	0.0	0.0	5.6	5.6	0.0

5-8 样本总体、男性各年龄层、女性各年龄层的品牌习惯 / Brand Habit in Consuming Instant Noodles by the Whole Sample, Age and Gender Groups

注： 1=固定饮用一个牌子，从不更改（ Used in only one brand ）；
2=比较固定地饮用一两个牌子，有时会变一下（ Used in one or two brands ）；
3=基本上没有固定哪个牌子，随机购买/食用（ No brand preference ）

● 北京（ Beijing ）

	人数	1	2	3
样本	**483**	**18.2**	**67.9**	**13.9**
男性	**224**	**20.1**	**65.6**	**14.3**
16-19 岁	23	21.7	65.2	13.0
20-24 岁	26	15.4	65.4	19.2
25-29 岁	31	22.6	64.5	12.9
30-34 岁	31	19.4	64.5	16.1
35-39 岁	33	18.2	69.7	12.1
40-44 岁	30	20.0	70.0	10.0
45-49 岁	21	28.6	66.7	4.8
50 岁以上	29	17.2	58.6	24.1
女性	**259**	**16.6**	**69.9**	**13.5**
16-19 岁	22	9.1	63.6	27.3
20-24 岁	33	30.3	57.6	12.1
25-29 岁	30	20.0	66.7	13.3
30-34 岁	43	7.0	69.8	23.3
35-39 岁	39	20.5	66.7	12.8
40-44 岁	33	9.1	84.8	6.1
45-49 岁	23	17.4	73.9	8.7
50 岁以上	36	19.4	75.0	5.6

● 上海（ Shanghai ）

	人数	1	2	3
样本	**433**	**21.7**	**65.8**	**12.5**
男性	**222**	**22.5**	**64.9**	**12.6**
16-19 岁	20	30.0	60.0	10.0
20-24 岁	29	20.7	69.0	10.3
25-29 岁	33	18.2	69.7	12.1
30-34 岁	36	25.0	61.1	13.9
35-39 岁	37	29.7	56.8	13.5
40-44 岁	21	28.6	57.1	14.3
45-49 岁	20	15.0	75.0	10.0
50 岁以上	26	11.5	73.1	15.4
女性	**211**	**20.9**	**66.8**	**12.3**
16-19 岁	20	30.0	45.0	25.0
20-24 岁	23	8.7	65.2	26.1
25-29 岁	25	8.0	76.0	16.0
30-34 岁	39	20.5	71.8	7.7
35-39 岁	34	20.6	76.5	2.9
40-44 岁	28	35.7	57.1	7.1
45-49 岁	14	28.6	71.4	0.0
50 岁以上	28	17.9	64.3	17.9

● 广州（Guangzhou）

	人数	1	2	3
样本	**425**	**16.7**	**56.0**	**27.3**
男性	**203**	**19.2**	**59.6**	**21.2**
16-19 岁	18	16.7	61.1	22.2
20-24 岁	26	15.4	65.4	19.2
25-29 岁	27	40.7	44.4	14.8
30-34 岁	26	11.5	50.0	38.5
35-39 岁	29	20.7	65.5	13.8
40-44 岁	33	15.2	66.7	18.2
45-49 岁	16	6.3	50.0	43.8
50 岁以上	28	21.4	67.9	10.7
女性	**222**	**14.4**	**52.7**	**32.9**
16-19 岁	39	10.3	48.7	41.0
20-24 岁	36	11.1	50.0	38.9
25-29 岁	45	6.7	55.6	37.8
30-34 岁	28	21.4	53.6	25.0
35-39 岁	28	17.9	50.0	32.1
40-44 岁	19	10.5	68.4	21.1
45-49 岁	9	22.2	55.6	22.2
50 岁以上	18	33.3	44.4	22.2

● 重庆（Chongqing）

	人数	1	2	3
样本	**390**	**21.0**	**64.9**	**14.1**
男性	**196**	**24.5**	**64.8**	**10.7**
16-19 岁	32	28.1	56.3	15.6
20-24 岁	38	21.1	73.7	5.3
25-29 岁	30	16.7	73.3	10.0
30-34 岁	28	35.7	64.3	0.0
35-39 岁	22	22.7	68.2	9.1
40-44 岁	22	36.4	54.5	9.1
45-49 岁	12	8.3	66.7	25.0
50 岁以上	12	16.7	50.0	33.3
女性	**194**	**17.5**	**64.9**	**17.5**
16-19 岁	32	18.8	53.1	28.1
20-24 岁	43	14.0	65.1	20.9
25-29 岁	20	5.0	80.0	15.0
30-34 岁	31	12.9	74.2	12.9
35-39 岁	24	33.3	50.0	16.7
40-44 岁	16	25.0	62.5	12.5
45-49 岁	10	10.0	70.0	20.0
50 岁以上	18	22.2	72.2	5.6

5-9 样本总体、男性各年龄层、女性各年龄层的食用种类 / Types of Instant Noodles Consumed by the Whole Sample, Age and Gender Groups

注：本题为多选题，合计百分比超过 100%（Multiple answers）

● 北京（Beijing）

	人数	牛肉	鸡肉	排骨	海鲜	炸酱	三鲜
样本	**483**	**73.1**	**21.3**	**20.9**	**33.3**	**11.6**	**1.7**
男性	**224**	**77.2**	**20.1**	**17.9**	**30.4**	**13.8**	**0.9**
16-19 岁	23	69.6	26.1	30.4	30.4	13.0	0.0
20-24 岁	26	76.9	11.5	15.4	34.6	7.7	3.8
25-29 岁	31	80.6	16.1	25.8	12.9	25.8	0.0
30-34 岁	31	90.3	22.6	6.5	22.6	16.1	0.0
35-39 岁	33	69.7	21.2	27.3	30.3	9.1	0.0
40-44 岁	30	66.7	26.7	10.0	50.0	0.0	0.0
45-49 岁	21	81.0	23.8	19.0	28.6	9.5	0.0
50 岁以上	29	82.8	13.8	10.3	34.5	27.6	3.4
女性	**259**	**69.5**	**22.4**	**23.6**	**35.9**	**9.7**	**2.3**
16-19 岁	22	68.2	31.8	36.4	27.3	0.0	4.5
20-24 岁	33	66.7	18.2	24.2	27.3	12.1	3.0
25-29 岁	30	73.3	13.3	26.7	23.3	10.0	0.0
30-34 岁	43	67.4	20.9	23.3	41.9	16.3	4.7
35-39 岁	39	69.2	23.1	28.2	28.2	10.3	0.0
40-44 岁	33	72.7	27.3	15.2	48.5	9.1	0.0
45-49 岁	23	69.6	30.4	17.4	47.8	4.3	0.0
50 岁以上	36	69.4	19.4	19.4	41.7	8.3	5.6

● 上海（Shanghai）

	人数	牛肉	鸡肉	排骨	海鲜	炸酱	三鲜
样本	**433**	**75.1**	**9.9**	**19.4**	**30.3**	**13.6**	**1.8**
男性	**222**	**73.9**	**9.5**	**19.8**	**30.2**	**14.4**	**2.3**
16-19 岁	20	65.0	5.0	20.0	25.0	30.0	5.0
20-24 岁	29	79.3	17.2	17.2	27.6	6.9	3.4
25-29 岁	33	66.7	9.1	27.3	21.2	15.2	0.0
30-34 岁	37	81.1	8.1	18.9	27.0	16.2	2.7
35-39 岁	37	75.7	5.4	13.5	40.5	8.1	0.0
40-44 岁	21	76.2	4.8	9.5	23.8	23.8	9.5
45-49 岁	20	75.0	10.0	30.0	50.0	5.0	0.0
50 岁以上	25	68.0	16.0	24.0	28.0	16.0	0.0
女性	**211**	**76.3**	**10.4**	**19.0**	**30.3**	**12.8**	**1.4**
16-19 岁	20	75.0	20.0	20.0	20.0	25.0	0.0
20-24 岁	23	78.3	8.7	4.3	21.7	26.1	4.3
25-29 岁	25	88.0	0.0	8.0	36.0	8.0	0.0
30-34 岁	39	76.9	7.7	33.3	30.8	10.3	2.6
35-39 岁	34	79.4	20.6	5.9	26.5	5.9	0.0
40-44 岁	28	71.4	3.6	25.0	35.7	10.7	0.0
45-49 岁	14	71.4	21.4	21.4	35.7	7.1	0.0
50 岁以上	28	67.9	7.1	28.6	35.7	14.3	3.6

● 广州（Guangzhou）

	人数	牛肉	鸡肉	排骨	海鲜	炸酱	三鲜
样本	**425**	**62.4**	**23.5**	**17.9**	**32.9**	**14.4**	**3.1**
男性	**202**	**59.9**	**23.8**	**18.8**	**35.1**	**8.4**	**2.0**
16-19 岁	17	64.7	23.5	11.8	35.3	23.5	0.0
20-24 岁	27	44.4	18.5	29.6	37.0	7.4	3.7
25-29 岁	28	60.7	17.9	14.3	42.9	14.3	0.0
30-34 岁	26	65.4	26.9	23.1	23.1	7.7	0.0
35-39 岁	28	78.6	25.0	21.4	25.0	3.6	0.0
40-44 岁	32	43.8	28.1	15.6	34.4	6.3	6.3
45-49 岁	16	68.8	31.3	18.8	37.5	6.3	0.0
50 岁以上	28	60.7	21.4	14.3	46.4	3.6	3.6
女性	**223**	**64.6**	**23.3**	**17.0**	**30.9**	**19.7**	**4.0**
16-19 岁	39	79.5	28.2	5.1	46.2	5.1	7.7
20-24 岁	36	47.2	19.4	22.2	36.1	25.0	8.3
25-29 岁	45	64.4	24.4	20.0	24.4	17.8	4.4
30-34 岁	29	58.6	20.7	31.0	31.0	24.1	0.0
35-39 岁	28	67.9	14.3	7.1	25.0	25.0	3.6
40-44 岁	19	84.2	15.8	15.8	21.1	36.8	0.0
45-49 岁	9	77.8	33.3	11.1	11.1	11.1	0.0
50 岁以上	18	44.4	38.9	22.2	33.3	16.7	0.0

● 重庆（Chongqing）

	人数	牛肉	鸡肉	排骨	海鲜	炸酱	三鲜
样本	**389**	**83.8**	**6.2**	**12.9**	**13.9**	**28.3**	**2.8**
男性	**195**	**82.6**	**6.2**	**12.3**	**14.4**	**29.2**	**3.1**
16-19 岁	32	90.6	6.3	9.4	15.6	18.8	3.1
20-24 岁	38	81.6	5.3	10.5	10.5	39.5	2.6
25-29 岁	29	86.2	6.9	3.4	6.9	51.7	0.0
30-34 岁	28	85.7	7.1	10.7	32.1	17.9	0.0
35-39 岁	22	77.3	4.5	22.7	13.6	9.1	9.1
40-44 岁	22	77.3	9.1	13.6	18.2	27.3	9.1
45-49 岁	12	75.0	8.3	16.7	8.3	33.3	0.0
50 岁以上	12	75.0	0.0	25.0	0.0	33.3	0.0
女性	**194**	**85.1**	**6.2**	**13.4**	**13.4**	**27.3**	**2.6**
16-19 岁	32	75.0	6.3	9.4	12.5	43.8	6.3
20-24 岁	43	81.4	2.3	20.9	18.6	27.9	0.0
25-29 岁	20	85.0	0.0	20.0	5.0	40.0	0.0
30-34 岁	31	87.1	12.9	9.7	16.1	32.3	0.0
35-39 岁	24	91.7	4.2	0.0	8.3	12.5	4.2
40-44 岁	16	93.8	0.0	18.8	12.5	6.3	6.3
45-49 岁	10	100.0	0.0	10.0	10.0	20.0	0.0
50 岁以上	18	83.3	22.2	16.7	16.7	16.7	5.6

5-10 样本总体、男性各年龄层、女性各年龄层食用的包装形式 / Types of Package of the Consumed Instant Noodles by the Whole Sample, Age and Gender Groups

注：本题为多选题，合计百分比超过 100%（Multiple answers）

● 北京（Beijing）

	人数	大碗装	普通碗装	大袋装	普通袋装	杯装	其他
样本	**483**	**9.3**	**17.4**	**14.5**	**83.0**	**1.2**	**0.0**
男性	**224**	**10.3**	**15.2**	**15.2**	**81.7**	**1.8**	**0.0**
16-19 岁	23	8.7	13.0	21.7	78.3	4.3	0.0
20-24 岁	26	3.8	3.8	15.4	73.1	7.7	0.0
25-29 岁	31	9.7	19.4	16.1	80.6	3.2	0.0
30-34 岁	31	19.4	16.1	19.4	77.4	0.0	0.0
35-39 岁	33	3.0	21.2	15.2	84.8	0.0	0.0
40-44 岁	30	3.3	13.3	6.7	90.0	0.0	0.0
45-49 岁	21	14.3	23.8	14.3	81.0	0.0	0.0
50 岁以上	29	20.7	10.3	13.8	86.2	0.0	0.0
女性	**259**	**8.5**	**19.3**	**13.9**	**84.2**	**0.8**	**0.0**
16-19 岁	22	9.1	4.5	9.1	90.9	0.0	0.0
20-24 岁	33	3.0	27.3	6.1	84.8	0.0	0.0
25-29 岁	30	10.0	33.3	6.7	80.0	0.0	0.0
30-34 岁	43	20.9	16.3	11.6	83.7	0.0	0.0
35-39 岁	39	2.6	17.9	23.1	79.5	0.0	0.0
40-44 岁	33	6.1	15.2	24.2	81.8	0.0	0.0
45-49 岁	23	0.0	8.7	17.4	87.0	8.7	0.0
50 岁以上	36	11.1	25.0	11.1	88.9	0.0	0.0

● 上海（Shanghai）

	人数	大碗装	普通碗装	大袋装	普通袋装	杯装	其他
样本	**434**	**14.1**	**21.9**	**9.4**	**78.3**	**1.4**	**0.2**
男性	**223**	**13.0**	**26.0**	**9.0**	**77.6**	**0.4**	**0.4**
16-19 岁	20	10.0	35.0	10.0	75.0	5.0	5.0
20-24 岁	29	24.1	13.8	6.9	72.4	0.0	0.0
25-29 岁	33	15.2	18.2	9.1	63.6	0.0	0.0
30-34 岁	37	16.2	24.3	8.1	73.0	0.0	0.0
35-39 岁	37	10.8	40.5	8.1	81.1	0.0	0.0
40-44 岁	21	9.5	23.8	19.0	81.0	0.0	0.0
45-49 岁	20	5.0	20.0	10.0	90.0	0.0	0.0
50 岁以上	26	7.7	30.8	3.8	92.3	0.0	0.0
女性	**211**	**15.2**	**17.5**	**10.0**	**79.1**	**2.4**	**0.0**
16-19 岁	20	10.0	15.0	25.0	75.0	10.0	0.0
20-24 岁	23	8.7	17.4	8.7	78.3	4.3	0.0
25-29 岁	25	20.0	16.0	8.0	72.0	4.0	0.0
30-34 岁	39	25.6	20.5	7.7	74.4	2.6	0.0
35-39 岁	34	11.8	14.7	11.8	85.3	0.0	0.0
40-44 岁	28	10.7	17.9	17.9	85.7	0.0	0.0
45-49 岁	14	7.1	28.6	0.0	92.9	0.0	0.0
50 岁以上	28	17.9	14.3	0.0	75.0	0.0	0.0

● 广州（Guangzhou）

	人数	大碗装	普通碗装	大袋装	普通袋装	杯装	其他
样本	**424**	**15.1**	**25.7**	**12.3**	**69.3**	**7.5**	**0.2**
男性	**203**	**15.8**	**23.2**	**10.8**	**68.5**	**6.9**	**0.5**
16-19 岁	18	33.3	16.7	22.2	50.0	11.1	0.0
20-24 岁	27	7.4	33.3	14.8	63.0	11.1	0.0
25-29 岁	27	25.9	25.9	14.8	59.3	3.7	0.0
30-34 岁	26	19.2	23.1	3.8	73.1	7.7	0.0
35-39 岁	29	20.7	17.2	6.9	65.5	10.3	0.0
40-44 岁	32	6.3	28.1	9.4	78.1	3.1	0.0
45-49 岁	16	12.5	18.8	12.5	68.8	6.3	0.0
50 岁以上	28	7.1	17.9	7.1	82.1	3.6	3.6
女性	**221**	**14.5**	**28.1**	**13.6**	**70.1**	**8.1**	**0.0**
16-19 岁	39	7.7	38.5	15.4	64.1	15.4	0.0
20-24 岁	36	25.0	19.4	8.3	80.6	5.6	0.0
25-29 岁	44	25.0	22.7	18.2	56.8	4.5	0.0
30-34 岁	29	6.9	31.0	6.9	82.8	6.9	0.0
35-39 岁	27	11.1	29.6	22.2	59.3	11.1	0.0
40-44 岁	19	10.5	31.6	10.5	68.4	5.3	0.0
45-49 岁	9	0.0	22.2	11.1	100.0	0.0	0.0
50 岁以上	18	11.1	27.8	11.1	77.8	11.1	0.0

● 重庆（Chongqing）

	人数	大碗装	普通碗装	大袋装	普通袋装	杯装	其他
样本	**389**	**11.3**	**16.2**	**18.5**	**72.5**	**2.6**	**0.8**
男性	**196**	**15.3**	**12.2**	**23.0**	**68.4**	**2.6**	**0.0**
16-19 岁	32	15.6	12.5	25.0	62.5	6.3	0.0
20-24 岁	38	10.5	13.2	26.3	73.7	0.0	0.0
25-29 岁	30	13.3	13.3	36.7	56.7	0.0	0.0
30-34 岁	28	14.3	14.3	7.1	78.6	3.6	0.0
35-39 岁	22	31.8	9.1	18.2	63.6	0.0	0.0
40-44 岁	22	18.2	13.6	22.7	63.6	4.5	0.0
45-49 岁	12	8.3	8.3	25.0	83.3	8.3	0.0
50 岁以上	12	8.3	8.3	16.7	75.0	0.0	0.0
女性	**193**	**7.3**	**20.2**	**14.0**	**76.7**	**2.6**	**1.6**
16-19 岁	32	9.4	21.9	15.6	78.1	6.3	0.0
20-24 岁	43	9.3	18.6	14.0	67.4	7.0	0.0
25-29 岁	20	15.0	30.0	20.0	75.0	0.0	0.0
30-34 岁	31	0.0	25.8	9.7	87.1	0.0	0.0
35-39 岁	24	8.3	16.7	12.5	75.0	0.0	4.2
40-44 岁	16	12.5	18.8	12.5	75.0	0.0	6.3
45-49 岁	10	0.0	20.0	20.0	80.0	0.0	0.0
50 岁以上	17	0.0	5.9	11.8	82.4	0.0	5.9

5-11 样本总体、男性各年龄层、女性各年龄层的食用方式 / Ways of Consuming Instant Noodles by the Whole Sample, Age and Gender Groups

● 北京（Beijing）

	人数	冲泡	煮	干吃
样本	**483**	**25.7**	**72.3**	**2.1**
男性	**224**	**27.7**	**70.1**	**2.2**
16-19 岁	23	47.8	52.2	0.0
20-24 岁	26	26.9	69.2	3.8
25-29 岁	31	25.8	71.0	3.2
30-34 岁	31	22.6	77.4	0.0
35-39 岁	33	27.3	63.6	9.1
40-44 岁	30	10.0	90.0	0.0
45-49 岁	21	52.4	47.6	0.0
50 岁以上	29	20.7	79.3	0.0
女性	**259**	**23.9**	**74.1**	**1.9**
16-19 岁	22	40.9	59.1	0.0
20-24 岁	33	24.2	75.8	0.0
25-29 岁	30	23.3	76.7	0.0
30-34 岁	43	18.6	74.4	7.0
35-39 岁	39	7.7	89.7	2.6
40-44 岁	33	21.2	75.8	3.0
45-49 岁	23	34.8	65.2	0.0
50 岁以上	36	33.3	66.7	0.0

● 上海（Shanghai）

	人数	冲泡	煮	干吃
样本	**434**	**58.8**	**39.9**	**1.4**
男性	**223**	**66.8**	**32.7**	**0.4**
16-19 岁	20	60.0	40.0	0.0
20-24 岁	29	69.0	31.0	0.0
25-29 岁	33	66.7	33.3	0.0
30-34 岁	37	70.3	29.7	0.0
35-39 岁	37	75.7	24.3	0.0
40-44 岁	21	47.6	47.6	4.8
45-49 岁	20	70.0	30.0	0.0
50 岁以上	26	65.4	34.6	0.0
女性	**211**	**50.2**	**47.4**	**2.4**
16-19 岁	20	50.0	40.0	10.0
20-24 岁	23	43.5	56.5	0.0
25-29 岁	25	48.0	48.0	4.0
30-34 岁	39	56.4	43.6	0.0
35-39 岁	34	47.1	50.0	2.9
40-44 岁	28	60.7	35.7	3.6
45-49 岁	14	35.7	64.3	0.0
50 岁以上	28	50.0	50.0	0.0

● 广州（Guangzhou）

	人数	冲泡	煮	干吃
样本	**424**	**77.4**	**22.4**	**0.2**
男性	**202**	**77.2**	**22.3**	**0.5**
16-19 岁	18	83.3	16.7	0.0
20-24 岁	26	92.3	7.7	0.0
25-29 岁	27	66.7	33.3	0.0
30-34 岁	25	72.0	24.0	4.0
35-39 岁	29	75.9	24.1	0.0
40-44 岁	33	87.9	12.1	0.0
45-49 岁	16	81.3	18.8	0.0
50 岁以上	28	60.7	39.3	0.0
女性	**222**	**77.5**	**22.5**	**0.0**
16-19 岁	39	84.6	15.4	0.0
20-24 岁	36	66.7	33.3	0.0
25-29 岁	44	86.4	13.6	0.0
30-34 岁	29	79.3	20.7	0.0
35-39 岁	28	82.1	17.9	0.0
40-44 岁	19	73.7	26.3	0.0
45-49 岁	9	66.7	33.3	0.0
50 岁以上	18	61.1	38.9	0.0

● 重庆（Chongqing）

	人数	冲泡	煮	干吃
样本	**388**	**73.5**	**26.0**	**0.5**
男性	**194**	**73.7**	**26.3**	**0.0**
16-19 岁	32	71.9	28.1	0.0
20-24 岁	37	86.5	13.5	0.0
25-29 岁	30	70.0	30.0	0.0
30-34 岁	27	77.8	22.2	0.0
35-39 岁	22	63.6	36.4	0.0
40-44 岁	22	72.7	27.3	0.0
45-49 岁	12	58.3	41.7	0.0
50 岁以上	12	75.0	25.0	0.0.
女性	**194**	**73.2**	**25.8**	**1.0**
16-19 岁	32	75.0	18.8	6.3
20-24 岁	43	74.4	25.6	0.0
25-29 岁	20	80.0	20.0	0.0
30-34 岁	31	64.5	35.5	0.0
35-39 岁	24	66.7	33.3	0.0
40-44 岁	16	93.8	6.3	0.0
45-49 岁	10	70.0	30.0	0.0
50 岁以上	18	66.7	33.3	0.0

5-12 重度消费者的人口分布 / Demographics of the Heavy Consumers

● 北京（Beijing）

	人数	16-19 岁	20-24 岁	25-29 岁	30-34 岁	35-39 岁	40-44 岁	45-49 岁	50 岁以上
样本	**301**	**8.6**	**12.6**	**12.6**	**13.3**	**15.3**	**14.0**	**10.3**	**13.3**
男性	**142**	**9.9**	**12.7**	**14.1**	**12.0**	**13.4**	**14.1**	**11.3**	**12.7**
1 周 3 次以上	59	11.9	16.9	10.2	15.3	13.6	16.9	10.2	5.1
1 周 1 次左右	83	8.4	9.6	16.9	9.6	13.3	12.0	12.0	18.1
女性	**159**	**7.5**	**12.6**	**11.3**	**14.5**	**17.0**	**13.8**	**9.4**	**13.8**
1 周 3 次以上	58	10.3	13.8	10.3	5.2	13.8	15.5	17.2	13.8
1 周 1 次左右	101	5.9	11.9	11.9	19.8	18.8	12.9	5.0	13.9

● 上海（Shanghai）

	人数	16-19 岁	20-24 岁	25-29 岁	30-34 岁	35-39 岁	40-44 岁	45-49 岁	50 岁以上
样本	**236**	**8.9**	**11.9**	**12.7**	**18.2**	**18.6**	**12.3**	**8.1**	**9.3**
男性	**120**	**10.0**	**13.3**	**13.3**	**17.5**	**18.3**	**8.3**	**8.3**	**10.8**
1 周 3 次以上	42	11.9	16.7	14.3	11.9	23.8	4.8	9.5	7.1
1 周 1 次左右	78	9.0	11.5	12.8	20.5	15.4	10.3	7.7	12.8
女性	**116**	**7.8**	**10.3**	**12.1**	**19.0**	**19.0**	**16.4**	**7.8**	**7.8**
1 周 3 次以上	43	7.0	0.0	4.7	25.6	16.3	27.9	11.6	7.0
1 周 1 次左右	73	8.2	16.4	16.4	15.1	20.5	9.6	5.5	8.2

● 广州（Guangzhou）

	人数	16-19 岁	20-24 岁	25-29 岁	30-34 岁	35-39 岁	40-44 岁	45-49 岁	50 岁以上
样本	**225**	**13.3**	**16.0**	**17.8**	**11.6**	**11.1**	**14.2**	**5.3**	**10.7**
男性	**106**	**8.5**	**12.3**	**16.0**	**11.3**	**13.2**	**20.8**	**6.6**	**11.3**
1 周 3 次以上	39	5.1	17.9	20.5	12.8	12.8	23.1	0.0	7.7
1 周 1 次左右	67	10.4	9.0	13.4	10.4	13.4	19.4	10.4	13.4
女性	**119**	**17.6**	**19.3**	**19.3**	**11.8**	**9.2**	**8.4**	**4.2**	**10.1**
1 周 3 次以上	51	17.6	17.6	11.8	15.7	11.8	9.8	3.9	11.8
1 周 1 次左右	68	17.6	20.6	25.0	8.8	7.4	7.4	4.4	8.8

● 重庆（Chongqing）

	人数	16-19 岁	20-24 岁	25-29 岁	30-34 岁	35-39 岁	40-44 岁	45-49 岁	50 岁以上
样本	**181**	**18.8**	**21.5**	**12.2**	**13.3**	**13.3**	**11.6**	**4.4**	**5.0**
男性	**96**	**18.8**	**24.0**	**15.6**	**11.5**	**12.5**	**11.5**	**4.2**	**2.1**
1 周 3 次以上	38	26.3	31.6	10.5	2.6	7.9	15.8	2.6	2.6
1 周 1 次左右	58	13.8	19.0	19.0	17.2	15.5	8.6	5.2	1.7
女性	**85**	**18.8**	**18.8**	**8.2**	**15.3**	**14.1**	**11.8**	**4.7**	**8.2**
1 周 3 次以上	33	21.2	18.2	3.0	15.2	15.2	9.1	6.1	12.1
1 周 1 次左右	52	17.3	19.2	11.5	15.4	13.5	13.5	3.8	5.8

5-13 关于北京消费群 / The Beijing Market Segments

5-13-1 不同消费群最常用品牌 / The Most Frequently Consumed Brands by Market Segments

	人数	第一品牌及百分比		第二品牌及百分比		第三品牌及百分比	
样本	**483**	**康师傅 50.1**		**美厨 27.1**		**统一 11.4**	
第一消费群	109	康师傅 52.3		美厨 24.8		统一 14.7	
第二消费群	79	康师傅 55.7		美厨 21.5		统一 11.4	
第三消费群	90	康师傅 47.8		美厨 33.3		统一 8.9	
第四消费群	4	康师傅 50.0	美厨 50.0				
第五消费群	110	康师傅 36.4		美厨 29.1		统一 16.4	
第六消费群	91	康师傅 61.5		美厨 25.3		统一 4.4	营多 4.4

5-13-2 重度消费者的消费群构成 / The Composition of the Heavy Consumers

	人数	第一消费群	第二消费群	第三消费群	第四消费群	第五消费群	第六消费群
样本	**301**	**20.6**	**13.6**	**22.3**	**1.0**	**23.3**	**19.3**
1 周 3 次以上	117	17.1	12.0	27.4	0.9	25.6	17.1
1 周 1 次左右	184	22.8	14.7	19.0	1.1	21.7	20.7

注：北京消费群的代表特征 / Characteristics of the Beijing Market Segments

		第一消费群	第二消费群	第三消费群	第四消费群	第五消费群	第六消费群
基本情况	性别	女	男	无明显偏向	男	无明显偏向	女
	年龄	30 — 34 岁	25 — 29 岁	35 — 44 岁	无明显偏向	16 — 24 岁	45 岁以上
	学历	大专/大本	大本	初中	大本及研究生	高中/中专/技校	初中及以下
	职业	科教卫生人员	一般企业职员	工人	管理人员/专门职业从事者/个体及私营企业主	学生	离退休人员
	月均收入	801 — 1500 元	1501 — 4000 元	800 元以下	4000 元以上	无收入	800 元以下
	婚姻	已婚	无明显偏向	已婚	已婚或离异	未婚	已婚
心理取向		注重学历 非积极进取	不循规传统 非单一电视娱乐	非田园倾向 新女性主张 金钱本位	注重经验 大男子主义 不保守稳定	非"大男子主义" 追随流行	非"新女性主张" 非浪漫新潮 单一电视娱乐

5-14 关于上海消费群 / The Shanghai Market Segments

5-14-1 不同消费群最常用品牌 / The Most Frequently Consumed Brands by Market Segments

	人数	第一品牌及百分比	第二品牌及百分比	第三品牌及百分比
样本	**434**	**康师傅 50.0**	**美厨 29.5**	**统一 10.6**
第一消费群	90	康师傅 52.2	美厨 28.9	统一 7.8
第二消费群	68	康师傅 44.1	美厨 26.5	统一 14.7
第三消费群	10	康师傅 70.0	美厨 10.0 统一 10.0 皇品 10.0	
第四消费群	97	康师傅 49.5	美厨 30.9	统一 10.3
第五消费群	58	康师傅 37.9	美厨 34.5	统一 15.5
第六消费群	111	康师傅 56.8	美厨 29.7	统一 8.1

5-14-2 重度消费者的消费群构成 / The Composition of the Heavy Consumers

	人数	第一消费群	第二消费群	第三消费群	第四消费群	第五消费群	第六消费群
样本	**236**	**19.1**	**14.4**	**1.7**	**22.5**	**13.1**	**29.2**
1 周 3 次以上	85	21.2	10.6	2.4	23.5	12.9	29.4
1 周 1 次左右	151	17.9	16.6	1.3	21.9	13.2	29.1

注：上海消费群的代表特征 / Characteristics of the Shanghai Market Segments

		第一消费群	第二消费群	第三消费群	第四消费群	第五消费群	第六消费群
基本情况	性别	无明显偏向	男	男	女	女	无明显偏向
	年龄	45 岁以上	20 — 29 岁	25 — 34 岁	35 — 44 岁	16 — 24 岁	30 — 39 岁
	学历	大本及以上	大专/大本	大专	初中及以下	高中/中专/技校	高中/中专/技校
	职业	科教卫生人员/离退休人员	一般企业职员	行政管理人员/个体及私营企业主/专门职业从事者	工人/下岗人员	学生	一般企业职员
	月均收入	801 — 1500 元	1001 — 3000 元	3000 元以上	800 元以下	无收入	1001 — 2000 元
	婚姻	已婚	未婚	未婚	已婚	未婚	已婚
心理取向		非浪漫时尚 非金钱本位 保守稳定	非家庭重心 田园倾向 休闲独立	不保守稳定 奔波忙碌 浪漫时尚	金钱本位 家庭重心 注重学历	新家庭观念 非休闲独立	不积极进取 不奔波忙碌

5-15 关于广州消费群 / The Guangzhou Market Segments

5-15-1 不同消费群最常用品牌 / The Most Frequently Consumed Brands by Market Segments

	人数	第一品牌及百分比	第二品牌及百分比	第三品牌及百分比
样本	**419**	**康师傅　51.1**	**华丰　15.8**	**统一　9.1**
第一消费群	70	康师傅　42.9	华丰　18.6	统一　8.6　公仔面　8.6
第二消费群	80	康师傅　53.8	华丰　21.3	来利　8.8
第三消费群	66	康师傅　48.5	统一　12.1	华丰　9.1
第四消费群	80	康师傅　55.0	华丰　12.5	统一　7.5
第五消费群	65	康师傅　46.2	华丰　24.6	统一　9.2
第六消费群	58	康师傅　60.3	统一　15.5	华丰　6.9

5-15-2 重度消费者的消费群构成 / The Composition of the Heavy Consumers

	人数	第一消费群	第二消费群	第三消费群	第四消费群	第五消费群	第六消费群
样本	**225**	**18.2**	**20.0**	**16.4**	**16.9**	**13.8**	**14.7**
1 周 3 次以上	90	22.2	21.1	12.2	20.0	14.4	10.0
1 周 1 次左右	135	15.6	19.3	19.3	14.8	13.3	17.8

注：广州消费群的代表特征 / Characteristics of the Guangzhou Market Segments

		第一消费群	第二消费群	第三消费群	第四消费群	第五消费群	第六消费群
基本情况	性别	女	无明显偏向	女	男	女	男
	年龄	16 － 19 岁	40 岁以上	20 － 24 岁	35 － 44 岁	30 － 34 岁	25 － 29 岁
	学历	高中/中专/技校	无明显偏向	高中/中专/技校/大专	初中/高中/中专/技校	初中及以下	大专及以上
	职业	学生	工人	学生/待业人员	个体及私营企业主	家庭主妇	企业职员/管理人员/科教卫生人员/专门职业者
	月均收入	无收入	1500 元以下	无收入	801 － 1500 元	800 元以下	2000 元以上
	婚姻	未婚	已婚	未婚	已婚	已婚	无明显偏向
心理取向		不固守中式生活 田园倾向 非大男子主义	非新女性主张 不追随流行 非积极进取	独立自主 追随流行	积极进取 大男子主义 中式生活	单一电视娱乐 非独立自主 保守稳定	非单一电视娱乐 非家庭重心

5-16 关于重庆消费群 / The Chongqing Market Segments

5-16-1 不同消费群最常用品牌 / The Most Frequently Consumed Brands by Market Segments

	人数	第一品牌及百分比		第二品牌及百分比		第三品牌及百分比	
样本	**389**	**康师傅**	**57.1**	**统一**	**26.7**	**营多**	**10.5**
第一消费群	97	康师傅	49.5	统一	29.9	营多	12.4
第二消费群	70	康师傅	62.9	统一	24.3	营多	7.1
第三消费群	91	康师傅	46.2	统一	39.6	营多	9.9
第四消费群	18	康师傅	55.6	营多	27.8	统一	11.1
第五消费群	84	康师傅	70.2	统一	15.5	营多	8.3
第六消费群	29	康师傅	65.5	统一	24.1	营多	10.3

5-16-2 重度消费者的消费群构成 / The Composition of the Heavy Consumers

	人数	第一消费群	第二消费群	第三消费群	第四消费群	第五消费群	第六消费群
样本	**181**	**28.2**	**16.6**	**22.7**	**6.1**	**18.8**	**7.7**
1 周 3 次以上	71	32.4	16.9	18.3	8.5	16.9	7.0
1 周 1 次左右	110	25.5	16.4	25.5	4.5	20.0	8.2

注：重庆消费群的代表特征 / Characteristics of the Chongqing Market Segments

		第一消费群	第二消费群	第三消费群	第四消费群	第五消费群	第六消费群
基本情况	性别	无明显偏向	无明显偏向	无明显偏向	无明显偏向	无明显偏向	女
	年龄	16 — 19 岁	45 岁以上	20 — 29 岁	30 — 34 岁	40 岁以上	25 — 29 岁
	学历	高中/中专/技校	高中/中专/技校	大专/大本	高中/中专/技校/大本以上	初中及以下	初中
	职业	学生	行政管理人员/离退休人员	科教卫生人员/一般企业职员	个体及私营企业主	工人	专门职业从事者下岗及其他
	月均收入	无收入	501 — 800 元	801 — 1500 元	1500 元以上	500 元以下	1001 — 1500 元
	婚姻	未婚	已婚	无明显偏向	已婚	已婚	已婚或离异
心理取向		浪漫新潮 注重学历 非现实家庭观	循规传统 奔波忙碌 保守稳定	新女性主张 非功利心态	功利心态 现实家庭观 都市情结	非浪漫新潮 非独立休闲	非新女性主张 不循规传统 独立休闲

6 冰淇淋 / Ice-cream

6-1 最近三个月有无食用的比例 / Proportion of the Sample Consuming Ice-cream in the Last Three Months

	北京（Beijing）	上海（Shanghai）	广州（Guangzhou）	重庆（Chongqing）
吃过	81.1	75.5	74.5	60.3
没吃过	18.9	24.5	25.5	39.7
有效样本量	**599**	**597**	**597**	**600**

6-2 最常用品牌排名 / Ranking of the Most Frequently Consumed Brands

● 北京（Beijing）

排名	品牌		人数	百分比
1	和路雪	Wall's	208	42.7
2	伊利	Yili	77	15.8
3	新大陆	New Continent	70	14.4
4	美登高	Meadow Gold	58	11.9
5	雀巢	Dairy Farm	32	6.6
6	北冰洋	Beibingyang	19	3.9
7	八喜	Bud's	11	2.3

n=487

● 上海（Shanghai）

排名	品牌		人数	百分比
1	曼登琳	Mountain Cream	214	48.4
2	和路雪	Wall's	94	21.3
3	光明	Bright	85	19.2
4	冷狗	Colddog	14	3.2
5	雀巢	Dairy Farm	13	2.9
6	爱贝	AB	5	1.1
6	金鸡	Jinji	5	1.1

n=442

● 广州（Guangzhou）

排名	品牌		人数	百分比
1	五羊	Five Rams	231	53.7
2	美登高	Meadow Gold	80	18.6
3	和路雪	Wall's	46	10.7
4	明治	Mingzhi	35	8.1
5	雀巢	Dairy Farm	23	5.3
6	新地	Sundae	8	1.9
7	曼登琳	MountainCream	4	0.9

n=430

● 重庆（Chongqing）

排名	品牌		人数	百分比
1	新大陆	New Continent	210	57.9
2	美登高	Meadow Gold	74	20.4
3	美怡乐	Mciyilc	19	5.2
4	雀巢	Dairy Farm	15	4.1
5	雪乔	Xueqiao	12	3.3
6	和路雪	Wall's	6	1.7
6	玉米王	Yumiwang	6	1.7

n=363

6-3 理想品牌排名 / Ranking of the Ideal Brands

●北京（Beijing）

排名	品牌		人数	百分比
1	和路雪	Wall's	201	33.5
2	新大陆	New Continent	63	10.5
3	伊利	Yili	54	9.0
4	美登高	Meadow Gold	39	6.5
5	雀巢	Dairy Farm	37	6.2
6	八喜	Bud's	23	3.8

n=600

●上海（Shanghai）

排名	品牌		人数	百分比
1	曼登琳	Mountain Cream	224	37.3
2	和路雪	Wall's	110	18.3
3	光明	Bright	104	17.3
4	圣麦乐	Sanmarlo	35	5.8
5	雀巢	Dairy Farm	15	2.5
6	冷狗	Colddog	7	1.2

n=600

●广州（Guangzhou）

排名	品牌		人数	百分比
1	五羊	Five Rams	242	40.3
2	美登高	Meadow Gold	61	10.2
3	明治	Mingzhi	54	9.0
4	和路雪	Wall's	42	7.0
5	雀巢	Dairy Farm	23	3.8
6	曼登琳	MountainCream	10	1.7

n=600

●重庆（Chongqing）

排名	品牌		人数	百分比
1	新大陆	New Continent	189	31.5
2	美登高	Meadow gold	54	9.0
3	伊利	Yili	30	5.0
4	美怡乐	Meiyile	16	2.7
5	雪乔	Xueqiao	11	1.8
6	和路雪	Wall's	7	1.2

n=600

6-4 样本总体、男性各年龄层、女性各年龄层的理想品牌 / The Ideal Brands by the Whole Sample, Age and Gender Groups

● 北京（Beijing）

	人数	第一品牌及百分比		第二品牌及百分比		第三品牌及百分比			
样本	**600**	**和路雪**	**33.5**	**新大陆**	**10.5**	**伊利**	**9.0**		
男性	**298**	**和路雪**	**26.8**	**伊利**	**9.1**	**新大陆**	**8.7**		
16-19 岁	26	和路雪	34.6	雀巢	19.2	美登高	11.5		
20-24 岁	36	和路雪	30.6	新大陆	8.3	伊利	5.7	八喜	5.7
25-29 岁	41	和路雪	29.3	新大陆	12.2	美登高	9.8	八喜	9.8
30-34 岁	47	和路雪	21.3	伊利	12.8	新大陆	8.5	雀巢	8.5
						北冰洋	8.5		
35-39 岁	43	和路雪	25.6	新大陆	11.6	伊利	9.3		
40-44 岁	42	和路雪	23.8	伊利	9.5	新大陆	7.1		
45-49 岁	24	和路雪	29.2	新大陆	12.5	伊利	8.3		
50 岁以上	39	和路雪	25.6	新大陆	5.1				
女性	**302**	**和路雪**	**40.1**	**新大陆**	**12.3**	**伊利**	**8.9**		
16-19 岁	23	和路雪	43.5	雀巢	21.7	伊利	13.0		
20-24 岁	35	和路雪	51.4	新大陆	17.1	雀巢	8.6		
25-29 岁	36	和路雪	52.8	雀巢	11.1	美登高	8.3		
30-34 岁	49	和路雪	36.7	新大陆	14.3	伊利	12.2		
35-39 岁	45	和路雪	37.8	新大陆	15.6	美登高	8.9		
40-44 岁	40	和路雪	45.0	伊利	12.5	雀巢	10.0	美登高	10.0
						新大陆	10.0		
45-49 岁	26	和路雪	30.8	新大陆	19.2	美登高	11.5		
50 岁以上	48	和路雪	27.1	伊利	10.4	美登高	8.7	新大陆	8.7

● 上海（Shanghai）

	人数	第一品牌及百分比		第二品牌及百分比				第三品牌及百分比			
样本	**600**	**曼登琳**	**37.3**	**和路雪**	**18.3**			**光明**	**17.3**		
男性	**307**	**曼登琳**	**35.5**	**光明**	**18.9**			**和路雪**	**17.3**		
16-19 岁	22	曼登琳	45.5	和路雪	18.2			光明	9.1	哈根达斯	9.1
20-24 岁	34	曼登琳	32.4	光明	17.6			和路雪	14.7		
25-29 岁	42	曼登琳	38.1	和路雪	21.4			光明	7.1		
30-34 岁	56	曼登琳	39.3	和路雪	19.6			光明	16.1		
35-39 岁	51	曼登琳	45.1	光明	25.5			和路雪	9.8		
40-44 岁	31	光明	29.0	曼登琳	22.6			和路雪	19.4		
45-49 岁	26	曼登琳	30.8	光明	23.1	和路雪	23.1	圣麦乐	7.7		
50 岁以上	45	曼登琳	26.7	光明	22.2			和路雪	15.6		
女性	**293**	**曼登琳**	**39.2**	**和路雪**	**19.5**			**雀巢**	**15.7**		
16-19 岁	24	和路雪	58.3	曼登琳	16.7			爱贝	8.3		
20-24 岁	32	和路雪	43.8	曼登琳	34.4			雀巢	6.3	圣麦乐	6.3
								光明	6.3		
25-29 岁	37	曼登琳	40.5	和路雪	18.9			光明	10.8		
30-34 岁	50	曼登琳	42.0	光明	16.0			和路雪	12.0		
35-39 岁	44	曼登琳	34.1	光明	15.9			和路雪	11.4	圣麦乐	11.4
40-44 岁	35	曼登琳	51.4	光明	28.6			和路雪	13.0		
45-49 岁	23	曼登琳	52.2	光明	26.1			和路雪	13.0		
50 岁以上	48	曼登琳	39.6	光明	18.8			和路雪	12.5		

● 广州（Guangzhou）

	人数	第一品牌及百分比		第二品牌及百分比			第三品牌及百分比		
样本	**600**	**五羊**	**40.3**	**美登高**	**10.2**		**明治**	**9.0**	
男性	**282**	**五羊**	**36.2**	**美登高**	**11.0**		**明治**	**7.4**	
16-19 岁	30	五羊	26.7	美登高	16.7		明治	13.3	和路雪 13.3
20-24 岁	36	五羊	30.6	明治	16.7		和路雪	11.1	美登高 11.1
25-29 岁	35	五羊	28.6	美登高	14.3		明治	8.6	
30-34 岁	34	五羊	35.3	美登高	14.7		明治	8.8	
35-39 岁	40	五羊	42.5	美登高	10.0		明治	5.0	
40-44 岁	41	五羊	39.0	美登高	12.2		雀巢	7.3	
45-49 岁	26	五羊	42.3	明治	7.7	和路雪 7.7	美登高	3.8	
50 岁以上	40	五羊	42.5	美登高	5.0				
女性	**318**	**五羊**	**44.0**	**明治**	**10.4**		**美登高**	**9.4**	
16-19 岁	50	五羊	28.0	明治	22.0	和路雪 22.0	美登高	10.0	
20-24 岁	46	五羊	39.1	明治	15.2		曼登琳	10.9	
25-29 岁	63	五羊	50.8	明治	9.5	和路雪 9.5	雀巢	4.8	
				美登高	9.5				
30-34 岁	46	五羊	32.6	明治	10.9	美登高 10.9	和路雪	8.7	
35-39 岁	41	五羊	61.0	美登高	14.6		和路雪	4.9	
40-44 岁	30	五羊	50.0	美登高	10.0				
45-49 岁	13	五羊	53.8	美登高	15.4		和路雪	7.7	
50 岁以上	29	五羊	48.3	美怡乐	6.9				

● 重庆（Chongqing）

	人数	第一品牌及百分比		第二品牌及百分比			第三品牌及百分比		
样本	**600**	**新大陆**	**31.5**	**美登高**	**9.0**		**伊利**	**5.0**	
男性	**308**	**新大陆**	**24.4**	**美登高**	**6.8**		**伊利**	**6.5**	
16-19 岁	43	新大陆	32.6	伊利	11.6		美登高	9.3	
20-24 岁	53	新大陆	35.8	美登高	13.2		伊利	7.5	
25-29 岁	43	新大陆	23.3	和路雪	4.7	美登高 4.7	火炬	2.3	
30-34 岁	38	新大陆	23.7	伊利	7.9		美登高	5.3	
35-39 岁	39	新大陆	20.5						
40-44 岁	30	新大陆	26.7	伊利	10.0		和路雪	3.3	美登高 3.3
45-49 岁	25	新大陆	12.0	美登高	8.0		伊利	4.0	玉米王 4.0
							明治	4.0	
50 岁以上	37	新大陆	10.8	伊利	8.1		美登高	5.4	
女性	**292**	**新大陆**	**39.0**	**美登高**	**11.3**		**美怡乐**	**4.1**	
16-19 岁	43	新大陆	41.9	美登高	20.9		美怡乐	7.0	
20-24 岁	53	新大陆	54.7	美登高	13.2		雪乔	5.7	
25-29 岁	32	新大陆	34.4	伊利	12.5		美登高	9.4	
30-34 岁	33	新大陆	51.5						
35-39 岁	35	新大陆	31.4	美登高	17.1		美怡乐	5.7	
40-44 岁	32	新大陆	40.6	美登高	9.4		美怡乐	3.1	伊利 3.1
							明治	3.1	
45-49 岁	27	新大陆	29.6						
50 岁以上	37	新大陆	18.9	美登高	8.1		美怡乐	5.4	

6-5 样本总体、男性各年龄层、女性各年龄层最近三个月有无购买的比例 / Purchasing in the Last Three Months by the Whole Sample, Age and Gender Groups

● 北京（Beijing）

	人数	买过	没买过
样本	**599**	**81.0**	**19.0**
男性	**298**	**73.5**	**26.5**
16-19 岁	26	76.9	23.1
20-24 岁	36	77.8	22.2
25-29 岁	41	73.2	26.8
30-34 岁	47	72.3	27.7
35-39 岁	43	79.1	20.9
40-44 岁	42	76.2	23.8
45-49 岁	24	75.0	25.0
50 岁以上	39	59.0	41.0
女性	**301**	**88.4**	**11.6**
16-19 岁	23	95.7	4.3
20-24 岁	35	97.1	2.9
25-29 岁	35	97.1	2.9
30-34 岁	49	89.8	10.2
35-39 岁	45	93.3	6.7
40-44 岁	40	85.0	15.0
45-49 岁	26	73.1	26.9
50 岁以上	48	77.1	22.9

● 上海（Shanghai）

	人数	买过	没买过
样本	**600**	**76.2**	**23.8**
男性	**307**	**66.8**	**33.2**
16-19 岁	22	81.8	18.2
20-24 岁	34	61.8	38.2
25-29 岁	42	61.9	38.1
30-34 岁	56	66.1	33.9
35-39 岁	51	68.6	31.4
40-44 岁	31	67.7	32.3
45-49 岁	26	80.8	19.2
50 岁以上	45	57.8	42.2
女性	**293**	**86.0**	**14.0**
16-19 岁	24	100.0	0.0
20-24 岁	32	87.5	12.5
25-29 岁	37	86.5	13.5
30-34 岁	50	86.0	14.0
35-39 岁	44	88.6	11.4
40-44 岁	35	74.3	25.7
45-49 岁	23	95.7	4.3
50 岁以上	48	79.2	20.8

● 广州（Guangzhou）

	人数	买过	没买过
样本	**600**	**76.2**	**23.8**
男性	**282**	**67.7**	**32.3**
16-19 岁	30	83.3	16.7
20-24 岁	36	66.7	33.3
25-29 岁	35	54.3	45.7
30-34 岁	34	79.4	20.6
35-39 岁	40	70.0	30.0
40-44 岁	41	68.3	31.7
45-49 岁	26	61.5	38.5
50 岁以上	40	60.0	40.0
女性	**318**	**83.6**	**16.4**
16-19 岁	50	98.0	2.0
20-24 岁	46	89.1	10.9
25-29 岁	63	87.3	12.7
30-34 岁	46	69.6	30.4
35-39 岁	41	90.2	9.8
40-44 岁	30	83.3	16.7
45-49 岁	13	69.2	30.8
50 岁以上	29	62.1	37.9

● 重庆（Chongqing）

	人数	买过	没买过
样本	**600**	**64.0**	**36.0**
男性	**308**	**53.9**	**46.1**
16-19 岁	43	72.1	27.9
20-24 岁	53	58.5	41.5
25-29 岁	43	46.5	53.5
30-34 岁	38	60.5	39.5
35-39 岁	39	48.7	51.3
40-44 岁	30	50.0	50.0
45-49 岁	25	68.0	32.0
50 岁以上	37	27.0	73.0
女性	**292**	**74.7**	**25.3**
16-19 岁	43	93.0	7.0
20-24 岁	53	81.1	18.9
25-29 岁	32	81.3	18.8
30-34 岁	33	90.9	9.1
35-39 岁	35	65.7	34.3
40-44 岁	32	71.9	28.1
45-49 岁	27	48.1	51.9
50 岁以上	37	54.1	45.9

6-6 样本总体、男性各年龄层、女性各年龄层的食用频度 / Frequencies of Consuming Ice-cream by the Whole Sample, Age and Gender Groups

● 北京（Beijing）

	人数	天天吃	1 周 3 次以上	1 周 1 次左右	1 个月 2 或 3 次左右	1 个月 1 次或以下	没有吃
样本	**599**	**15.5**	**33.1**	**20.2**	**8.2**	**4.2**	**18.9**
男性	**298**	**11.1**	**29.9**	**19.8**	**8.1**	**5.4**	**25.8**
16-19 岁	26	19.2	23.1	23.1	11.5	3.8	19.2
20-24 岁	36	2.8	41.7	19.4	5.6	5.6	25.0
25-29 岁	41	7.3	29.3	17.1	17.1	9.8	19.5
30-34 岁	47	12.8	27.7	19.1	6.4	8.5	25.5
35-39 岁	43	4.7	37.2	23.3	7.0	2.3	25.6
40-44 岁	42	21.4	31.0	21.4	4.8	2.4	19.0
45-49 岁	24	25.0	29.2	12.5	4.2	4.2	25.0
50 岁以上	39	2.6	17.9	20.5	7.7	5.1	46.2
女性	**301**	**19.9**	**36.2**	**20.6**	**8.3**	**3.0**	**12.0**
16-19 岁	23	43.5	34.8	13.0	4.3	0.0	4.3
20-24 岁	35	11.4	54.3	14.3	14.3	2.9	2.9
25-29 岁	35	14.3	42.9	25.7	11.4	2.9	2.9
30-34 岁	49	20.4	36.7	28.6	4.1	2.0	8.2
35-39 岁	45	24.4	42.2	15.6	11.1	0.0	6.7
40-44 岁	40	20.0	27.5	25.0	10.0	5.0	12.5
45-49 岁	26	15.4	19.2	23.1	3.8	3.8	34.6
50 岁以上	48	16.7	29.2	16.7	6.3	6.3	25.0

● 上海（Shanghai）

	人数	天天吃	1 周 3 次以上	1 周 1 次左右	1 个月 2 或 3 次左右	1 个月 1 次或以下	没有吃
样本	**597**	**14.2**	**31.2**	**20.3**	**7.4**	**2.5**	**24.5**
男性	**304**	**8.2**	**28.0**	**21.1**	**5.9**	**2.3**	**34.5**
16-19 岁	22	13.6	36.4	22.7	9.1	0.0	18.2
20-24 岁	34	5.9	26.5	29.4	5.9	0.0	32.4
25-29 岁	40	7.5	20.0	25.0	10.0	2.5	35.0
30-34 岁	56	8.9	23.2	17.9	7.1	7.1	35.7
35-39 岁	50	10.0	38.0	8.0	4.0	2.0	38.0
40-44 岁	31	6.5	32.3	16.1	6.5	0.0	38.7
45-49 岁	26	11.5	34.6	26.9	3.8	0.0	23.1
50 岁以上	45	4.4	20.0	28.9	2.2	2.2	42.2
女性	**293**	**20.5**	**34.5**	**19.5**	**8.9**	**2.7**	**14.0**
16-19 岁	24	25.0	50.0	16.7	8.3	0.0	0.0
20-24 岁	32	12.5	40.6	25.0	12.5	3.1	6.3
25-29 岁	37	29.7	21.6	18.9	18.9	0.0	10.8
30-34 岁	50	34.0	40.0	14.0	0.0	0.0	12.0
35-39 岁	44	18.2	40.9	9.1	13.6	2.3	15.9
40-44 岁	35	11.4	37.1	20.0	0.0	2.9	28.6
45-49 岁	23	26.1	30.4	30.4	4.3	4.3	4.3
50 岁以上	48	8.3	20.8	27.1	12.5	8.3	22.9

● 广州（Guangzhou）

	人数	天天吃	1周3次以上	1周1次左右	1个月2或3次左右	1个月1次或以下	没有吃
样本	**597**	**3.2**	**21.8**	**28.0**	**14.1**	**7.5**	**25.5**
男性	**281**	**2.1**	**16.7**	**27.0**	**11.4**	**7.8**	**34.9**
16-19 岁	30	6.7	26.7	23.3	16.7	16.7	10.0
20-24 岁	36	0.0	13.9	33.3	16.7	5.6	30.6
25-29 岁	35	2.9	8.6	28.6	8.6	8.6	42.9
30-34 岁	34	0.0	17.6	35.3	2.9	11.8	32.4
35-39 岁	40	2.5	12.5	35.0	10.0	5.0	35.0
40-44 岁	41	0.0	26.8	24.4	9.8	2.4	36.6
45-49 岁	26	0.0	19.2	15.4	11.5	11.5	42.3
50 岁以上	39	5.1	10.3	17.9	15.4	5.1	46.2
女性	**316**	**4.1**	**26.3**	**28.8**	**16.5**	**7.3**	**17.1**
16-19 岁	50	0.0	38.0	44.0	14.0	4.0	0.0
20-24 岁	46	8.7	21.7	32.6	23.9	6.5	6.5
25-29 岁	62	3.2	24.2	33.9	12.9	14.5	11.3
30-34 岁	45	2.2	31.1	13.3	13.3	6.7	33.3
35-39 岁	41	2.4	34.1	29.3	14.6	2.4	17.1
40-44 岁	30	6.7	10.0	23.3	36.7	6.7	16.7
45-49 岁	13	0.0	23.1	30.8	0.0	7.7	38.5
50 岁以上	29	10.3	17.2	13.8	10.3	6.9	41.4

● 重庆（Chongqing）

	人数	天天吃	1周3次以上	1周1次左右	1个月2或3次左右	1个月1次或以下	没有吃
样本	**600**	**9.2**	**21.2**	**16.5**	**8.5**	**5.0**	**39.7**
男性	**308**	**4.9**	**17.9**	**14.6**	**8.4**	**4.5**	**49.7**
16-19 岁	43	0.0	25.6	20.9	18.6	7.0	27.9
20-24 岁	53	1.9	24.5	11.3	13.2	3.8	45.3
25-29 岁	43	2.3	14.0	20.9	4.7	4.7	53.5
30-34 岁	38	7.9	15.8	13.2	2.6	10.5	50.0
35-39 岁	39	10.3	20.5	5.1	2.6	0.0	61.5
40-44 岁	30	10.0	10.0	20.0	6.7	0.0	53.3
45-49 岁	25	0.0	20.0	24.0	12.0	8.0	36.0
50 岁以上	37	8.1	8.1	5.4	5.4	2.7	70.3
女性	**292**	**13.7**	**24.7**	**18.5**	**8.6**	**5.5**	**29.1**
16-19 岁	43	18.6	32.6	30.2	7.0	4.7	7.0
20-24 岁	53	11.3	26.4	20.8	15.1	9.4	17.0
25-29 岁	32	6.3	28.1	28.1	9.4	6.3	21.9
30-34 岁	33	15.2	30.3	21.2	9.1	0.0	24.2
35-39 岁	35	22.9	25.7	5.7	8.6	2.9	34.3
40-44 岁	32	18.8	18.8	15.6	6.3	3.1	37.5
45-49 岁	27	14.8	3.7	7.4	3.7	11.1	59.3
50 岁以上	37	2.7	24.3	13.5	5.4	5.4	48.6

6-7 样本总体、男性各年龄层、女性各年龄层购买时的考虑因素 / Considerations in Purchasing by the Whole Sample, Age and Gender Groups

注：本题为多选题，合计百分比超过 100%（ Multiple answers ）

● 北京（ Beijing ）

	人数	有名的牌子	价格适中	包装吸引人	广告影响	购买方便	口味好	有优惠条件
样本	**487**	**35.7**	**41.9**	**3.5**	**7.8**	**23.8**	**84.0**	**2.9**
男性	**222**	**34.2**	**44.1**	**3.2**	**7.2**	**25.2**	**79.7**	**2.7**
16-19 岁	21	38.1	38.1	4.8	19.0	19.0	85.7	4.8
20-24 岁	27	11.1	29.6	0.0	3.7	22.2	85.2	0.0
25-29 岁	34	29.4	47.1	5.9	14.7	17.6	79.4	8.8
30-34 岁	35	37.1	42.9	5.7	5.7	22.9	74.3	2.9
35-39 岁	32	50.0	40.6	3.1	3.1	28.1	75.0	0.0
40-44 岁	34	35.3	44.1	0.0	5.9	41.2	85.3	0.0
45-49 岁	18	33.3	55.6	5.6	5.6	22.2	77.8	5.6
50 岁以上	21	38.1	61.9	0.0	0.0	23.8	76.2	0.0
女性	**265**	**37.0**	**40.0**	**3.8**	**8.3**	**22.6**	**87.5**	**3.0**
16-19 岁	22	27.3	31.8	0.0	13.6	4.5	81.8	0.0
20-24 岁	34	23.5	26.5	2.9	14.7	23.5	85.3	0.0
25-29 岁	34	35.3	32.4	8.8	8.8	23.5	85.3	0.0
30-34 岁	45	37.8	37.8	2.2	6.7	24.4	86.7	2.2
35-39 岁	42	31.0	45.2	0.0	7.1	35.7	88.1	2.4
40-44 岁	35	45.7	37.1	8.6	0.0	14.3	100.0	2.9
45-49 岁	17	64.7	52.9	5.9	0.0	23.5	88.2	0.0
50 岁以上	36	41.7	58.3	2.8	13.9	22.2	83.3	13.9

续上表（ continued ）

	人数	售货员介绍	朋友推荐	单位发的	别人送的	只是由于习惯	其他
样本	**487**	**0.6**	**1.8**	**0.6**	**0.6**	**4.3**	**1.4**
男性	**222**	**0.9**	**1.4**	**0.9**	**0.9**	**2.3**	**2.3**
16-19 岁	21	0.0	4.8	0.0	4.8	9.5	0.0
20-24 岁	27	0.0	0.0	0.0	0.0	3.7	7.4
25-29 岁	34	0.0	2.9	0.0	0.0	2.9	0.0
30-34 岁	35	0.0	2.9	2.9	2.9	0.0	0.0
35-39 岁	32	0.0	0.0	0.0	0.0	0.0	0.0
40-44 岁	34	5.9	0.0	0.0	0.0	2.9	2.9
45-49 岁	18	0.0	0.0	5.6	0.0	0.0	0.0
50 岁以上	21	0.0	0.0	0.0	0.0	0.0	9.5
女性	**265**	**0.4**	**2.3**	**0.4**	**0.4**	**6.0**	**0.8**
16-19 岁	22	0.0	4.5	0.0	0.0	9.1	0.0
20-24 岁	34	0.0	0.0	2.9	0.0	5.9	0.0
25-29 岁	34	0.0	5.9	0.0	0.0	0.0	0.0
30-34 岁	45	0.0	2.2	0.0	0.0	4.4	2.2
35-39 岁	42	0.0	0.0	0.0	2.4	9.5	0.0
40-44 岁	35	0.0	5.7	0.0	0.0	8.6	2.9
45-49 岁	17	0.0	0.0	0.0	0.0	5.9	0.0
50 岁以上	36	2.8	0.0	0.0	0.0	5.6	0.0

● 上海（Shanghai）

	人数	有名的牌子	价格适中	包装吸引人	广告影响	购买方便	口味好	有优惠条件
样本	**454**	**36.8**	**39.4**	**6.6**	**15.9**	**17.6**	**73.1**	**2.2**
男性	**201**	**39.8**	**41.3**	**7.0**	**17.4**	**16.9**	**68.2**	**3.0**
16-19 岁	18	44.4	33.3	11.1	33.3	16.7	88.9	0.0
20-24 岁	23	43.5	34.8	8.7	17.4	21.7	73.9	4.3
25-29 岁	27	40.7	51.9	11.1	11.1	14.8	55.6	0.0
30-34 岁	36	38.9	22.2	8.3	22.2	11.1	66.7	0.0
35-39 岁	32	40.6	40.6	9.4	12.5	18.8	78.1	0.0
40-44 岁	19	42.1	47.4	5.3	21.1	15.8	63.2	5.3
45-49 岁	20	20.0	65.0	0.0	20.0	25.0	70.0	15.0
50 岁以上	26	46.2	46.2	0.0	7.7	15.4	53.8	3.8
女性	**253**	**34.4**	**37.9**	**6.3**	**14.6**	**18.2**	**77.1**	**1.6**
16-19 岁	24	25.0	45.8	16.7	16.7	16.7	87.5	0.0
20-24 岁	30	30.0	46.7	6.7	20.0	13.3	83.3	6.7
25-29 岁	33	27.3	36.4	9.1	21.2	18.2	66.7	3.0
30-34 岁	45	31.1	26.7	8.9	20.0	22.2	82.2	0.0
35-39 岁	37	48.6	40.5	2.7	8.1	10.8	67.6	0.0
40-44 岁	25	40.0	40.0	0.0	12.0	24.0	92.0	0.0
45-49 岁	22	31.8	45.5	4.5	13.6	18.2	81.8	0.0
50 岁以上	37	37.8	32.4	2.7	5.4	21.6	64.9	2.7

续上表（continued）

	人数	售货员介绍	朋友推荐	单位发的	别人送的	只是由于习惯	其他
样本	**454**	**1.3**	**1.1**	**1.1**	**0.9**	**4.6**	**0.9**
男性	**201**	**1.5**	**1.5**	**1.5**	**0.0**	**6.0**	**0.5**
16-19 岁	18	0.0	0.0	0.0	0.0	5.6	0.0
20-24 岁	23	0.0	0.0	4.3	0.0	8.7	0.0
25-29 岁	27	3.7	0.0	0.0	0.0	0.0	0.0
30-34 岁	36	2.8	0.0	0.0	0.0	5.6	0.0
35-39 岁	32	3.1	6.3	3.1	0.0	9.4	0.0
40-44 岁	19	0.0	0.0	0.0	0.0	10.5	0.0
45-49 岁	20	0.0	0.0	5.0	0.0	0.0	5.0
50 岁以上	26	0.0	3.8	0.0	0.0	7.7	0.0
女性	**253**	**1.2**	**0.8**	**0.8**	**1.6**	**3.6**	**1.2**
16-19 岁	24	0.0	0.0	0.0	4.2	4.2	0.0
20-24 岁	30	0.0	0.0	3.3	3.3	0.0	3.3
25-29 岁	33	0.0	0.0	0.0	0.0	0.0	3.0
30-34 岁	45	4.4	0.0	2.2	0.0	6.7	2.2
35-39 岁	37	0.0	0.0	0.0	2.7	2.7	0.0
40-44 岁	25	0.0	0.0	0.0	0.0	8.0	0.0
45-49 岁	22	4.5	4.5	0.0	0.0	0.0	0.0
50 岁以上	37	0.0	2.7	0.0	2.7	5.4	0.0

● 广州（Guangzhou）

	人数	有名的牌子	价格适中	包装吸引人	广告影响	购买方便	口味好	有优惠条件
样本	**447**	**27.3**	**44.5**	**8.5**	**8.1**	**26.2**	**70.7**	**1.8**
男性	**183**	**33.3**	**42.1**	**7.1**	**9.3**	**27.3**	**62.3**	**2.2**
16-19 岁	27	22.2	37.0	0.0	25.9	18.5	77.8	3.7
20-24 岁	25	28.0	36.0	20.0	16.0	28.0	56.0	4.0
25-29 岁	20	35.0	50.0	10.0	0.0	30.0	60.0	0.0
30-34 岁	23	43.5	30.4	0.0	13.0	17.4	47.8	0.0
35-39 岁	25	48.0	40.0	8.0	4.0	32.0	56.0	0.0
40-44 岁	26	30.8	53.8	7.7	3.8	46.2	57.7	0.0
45-49 岁	15	26.7	46.7	6.7	6.7	26.7	66.7	6.7
50 岁以上	22	31.8	45.5	4.5	0.0	18.2	77.3	4.5
女性	**264**	**23.1**	**46.2**	**9.5**	**7.2**	**25.4**	**76.5**	**1.5**
16-19 岁	50	12.0	42.0	22.0	14.0	26.0	84.0	2.0
20-24 岁	43	18.6	37.2	9.3	4.7	18.6	67.4	2.3
25-29 岁	56	23.2	42.9	5.4	7.1	33.9	83.9	1.8
30-34 岁	31	25.8	48.4	9.7	3.2	38.7	64.5	3.2
35-39 岁	34	32.4	50.0	8.8	5.9	29.4	70.6	0.0
40-44 岁	25	28.0	56.0	4.0	8.0	8.0	72.0	0.0
45-49 岁	8	25.0	37.5	0.0	12.5	37.5	87.5	0.0
50 岁以上	17	35.3	70.6	0.0	0.0	0.0	88.2	0.0

续上表（continued）

	人数	售货员介绍	朋友推荐	单位发的	别人送的	只是由于习惯	其他
样本	**447**	**0.7**	**2.2**	**1.3**	**0.4**	**9.2**	**1.1**
男性	**183**	**1.1**	**1.1**	**2.2**	**0.5**	**8.7**	**2.2**
16-19 岁	27	0.0	0.0	3.7	0.0	0.0	3.7
20-24 岁	25	4.0	4.0	4.0	4.0	12.0	4.0
25-29 岁	20	0.0	0.0	0.0	0.0	15.0	0.0
30-34 岁	23	0.0	4.3	0.0	0.0	17.4	0.0
35-39 岁	25	4.0	0.0	4.0	0.0	4.0	0.0
40-44 岁	26	0.0	0.0	0.0	0.0	7.7	3.8
45-49 岁	15	0.0	0.0	6.7	0.0	6.7	6.7
50 岁以上	22	0.0	0.0	0.0	0.0	9.1	0.0
女性	**264**	**0.4**	**3.0**	**0.8**	**0.4**	**9.5**	**0.4**
16-19 岁	50	2.0	6.0	0.0	0.0	8.0	0.0
20-24 岁	43	0.0	4.7	0.0	2.3	9.3	0.0
25-29 岁	56	0.0	1.8	0.0	0.0	12.5	1.8
30-34 岁	31	0.0	0.0	0.0	0.0	16.1	0.0
35-39 岁	34	0.0	0.0	2.9	0.0	8.8	0.0
40-44 岁	25	0.0	8.0	4.0	0.0	4.0	0.0
45-49 岁	8	0.0	0.0	0.0	0.0	12.5	0.0
50 岁以上	17	0.0	0.0	0.0	0.0	0.0	0.0

● 重庆（Chongqing）

	人数	有名的牌子	价格适中	包装吸引人	广告影响	购买方便	口味好	有优惠条件
样本	**365**	**16.4**	**32.3**	**5.8**	**7.9**	**24.4**	**80.0**	**1.6**
男性	**158**	**20.3**	**32.3**	**4.4**	**8.2**	**28.5**	**78.5**	**2.5**
16-19 岁	31	22.6	16.1	6.5	16.1	25.8	87.1	3.2
20-24 岁	30	16.7	23.3	0.0	6.7	33.3	80.0	3.3
25-29 岁	20	30.0	25.0	10.0	5.0	15.0	80.0	0.0
30-34 岁	20	30.0	30.0	10.0	10.0	35.0	70.0	10.0
35-39 岁	16	31.3	50.0	0.0	12.5	25.0	75.0	0.0
40-44 岁	14	14.3	42.9	0.0	7.1	28.6	78.6	0.0
45-49 岁	16	0.0	50.0	6.3	0.0	25.0	87.5	0.0
50 岁以上	11	9.1	54.5	0.0	0.0	45.5	54.5	0.0
女性	**207**	**13.5**	**32.4**	**6.8**	**7.7**	**21.3**	**81.2**	**1.0**
16-19 岁	40	10.0	27.5	12.5	7.5	20.0	87.5	0.0
20-24 岁	44	15.9	25.0	2.3	13.6	20.5	79.5	0.0
25-29 岁	24	12.5	37.5	4.2	8.3	29.2	79.2	0.0
30-34 岁	26	7.7	46.2	7.7	15.4	11.5	69.2	0.0
35-39 岁	23	17.4	21.7	4.3	0.0	21.7	91.3	0.0
40-44 岁	20	25.0	35.0	10.0	5.0	30.0	75.0	5.0
45-49 岁	11	18.2	27.3	9.1	0.0	18.2	81.8	0.0
50 岁以上	19	5.3	47.4	5.3	0.0	21.1	84.2	5.3

续上表（continued）

	人数	售货员介绍	朋友推荐	单位发的	别人送的	只是由于习惯	其他
样本	**365**	**2.2**	**3.6**	**0.0**	**0.8**	**6.8**	**1.4**
男性	**158**	**1.9**	**3.2**	**0.0**	**1.3**	**5.7**	**1.3**
16-19 岁	31	0.0	3.2	0.0	0.0	6.5	0.0
20-24 岁	30	0.0	0.0	0.0	0.0	6.7	0.0
25-29 岁	20	5.0	5.0	0.0	0.0	15.0	5.0
30-34 岁	20	10.0	15.0	0.0	0.0	0.0	0.0
35-39 岁	16	0.0	0.0	0.0	0.0	6.3	0.0
40-44 岁	14	0.0	0.0	0.0	7.1	0.0	0.0
45-49 岁	16	0.0	0.0	0.0	0.0	6.3	0.0
50 岁以上	11	0.0	0.0	0.0	9.1	0.0	9.1
女性	**207**	**2.4**	**3.9**	**0.0**	**0.5**	**7.7**	**1.4**
16-19 岁	40	2.5	5.0	0.0	2.5	5.0	2.5
20-24 岁	44	2.3	2.3	0.0	0.0	11.4	2.3
25-29 岁	24	4.2	4.2	0.0	0.0	8.3	0.0
30-34 岁	26	0.0	3.8	0.0	0.0	7.7	0.0
35-39 岁	23	4.3	4.3	0.0	0.0	13.0	4.3
40-44 岁	20	0.0	5.0	0.0	0.0	10.0	0.0
45-49 岁	11	0.0	0.0	0.0	0.0	0.0	0.0
50 岁以上	19	5.3	5.3	0.0	0.0	0.0	0.0

6-8 样本总体、男性各年龄层、女性各年龄层的品牌习惯 / Brand Habit in Consuming Ice-cream by the Whole Sample, Age and Gender Groups

注：1=固定饮用一个牌子，从不更改（Used in only one brand）；
2=比较固定地饮用一两个牌子，有时会变一下（Used in one or two brands）；
3=基本上没有固定哪个牌子，随机购买/食用（No brand preference）

● 北京（Beijing）

	人数	1	2	3
样本	**484**	**9.9**	**62.0**	**28.1**
男性	**219**	**10.5**	**62.1**	**27.4**
16-19 岁	21	0.0	57.1	42.9
20-24 岁	27	14.8	63.0	22.2
25-29 岁	33	9.1	63.6	27.3
30-34 岁	35	11.4	60.0	28.6
35-39 岁	32	12.5	75.0	12.5
40-44 岁	32	12.5	62.5	25.0
45-49 岁	18	11.1	55.6	33.3
50 岁以上	21	9.5	52.4	38.1
女性	**265**	**9.4**	**61.9**	**28.7**
16-19 岁	22	13.6	68.2	18.2
20-24 岁	34	11.8	61.8	26.5
25-29 岁	34	5.9	70.6	23.5
30-34 岁	45	6.7	62.2	31.1
35-39 岁	42	7.1	50.0	42.9
40-44 岁	35	8.6	74.3	17.1
45-49 岁	17	5.9	64.7	29.4
50 岁以上	36	16.7	50.0	33.3

● 上海（Shanghai）

	人数	1	2	3
样本	**453**	**10.8**	**61.1**	**28.0**
男性	**201**	**10.9**	**57.7**	**31.3**
16-19 岁	18	5.6	72.2	22.2
20-24 岁	23	8.7	52.2	39.1
25-29 岁	27	3.7	74.1	22.2
30-34 岁	36	8.3	52.8	38.9
35-39 岁	32	21.9	46.9	31.3
40-44 岁	19	21.1	47.4	31.6
45-49 岁	20	10.0	65.0	25.0
50 岁以上	26	7.7	57.7	34.6
女性	**252**	**10.7**	**63.9**	**25.4**
16-19 岁	24	12.5	62.5	25.0
20-24 岁	30	3.3	66.7	30.0
25-29 岁	33	12.1	48.5	39.4
30-34 岁	44	15.9	68.2	15.9
35-39 岁	37	8.1	81.1	10.8
40-44 岁	25	4.0	68.0	28.0
45-49 岁	22	22.7	50.0	27.3
50 岁以上	37	8.1	59.5	32.4

● 广州（Guangzhou）

	人数	1	2	3
样本	**445**	**11.9**	**58.9**	**29.2**
男性	**182**	**13.2**	**58.2**	**28.6**
16-19 岁	27	18.5	44.4	37.0
20-24 岁	25	8.0	64.0	28.0
25-29 岁	20	25.0	40.0	35.0
30-34 岁	22	13.6	72.7	13.6
35-39 岁	26	3.8	65.4	30.8
40-44 岁	26	15.4	65.4	19.2
45-49 岁	14	7.1	42.9	50.0
50 岁以上	22	13.6	63.6	22.7
女性	**263**	**11.0**	**59.3**	**29.7**
16-19 岁	50	14.0	44.0	42.0
20-24 岁	43	4.7	53.5	41.9
25-29 岁	56	8.9	64.3	26.8
30-34 岁	31	9.7	71.0	19.4
35-39 岁	33	15.2	66.7	18.2
40-44 岁	25	8.0	60.0	32.0
45-49 岁	8	12.5	50.0	37.5
50 岁以上	17	23.5	70.6	5.9

● 重庆（Chongqing）

	人数	1	2	3
样本	**362**	**11.9**	**56.1**	**32.0**
男性	**155**	**10.3**	**59.4**	**30.3**
16-19 岁	31	16.1	61.3	22.6
20-24 岁	29	3.4	72.4	24.1
25-29 岁	20	15.0	40.0	45.0
30-34 岁	19	5.3	57.9	36.8
35-39 岁	15	20.0	60.0	20.0
40-44 岁	14	14.3	57.1	28.6
45-49 岁	16	6.3	68.8	25.0
50 岁以上	11	0.0	45.5	54.5
女性	**207**	**13.0**	**53.6**	**33.3**
16-19 岁	40	17.5	47.5	35.0
20-24 岁	44	11.4	59.1	29.5
25-29 岁	25	0.0	48.0	52.0
30-34 岁	25	4.0	68.0	28.0
35-39 岁	23	13.0	39.1	47.8
40-44 岁	20	25.0	60.0	15.0
45-49 岁	11	9.1	45.5	45.5
50 岁以上	19	26.3	57.9	15.8

6-9 样本总体、男性各年龄层、女性各年龄层食用的包装形式 / Types of Package of the Consumed Ice-cream by the Whole Sample, Age and Gender Groups

● 北京（Beijing）

	人数	冰棒	蛋筒	盒/杯装	袋装	其他
样本	**486**	**43.4**	**13.2**	**27.8**	**14.6**	**1.0**
男性	**221**	**38.5**	**12.7**	**32.1**	**15.8**	**0.9**
16-19 岁	21	33.3	28.6	23.8	14.3	0.0
20-24 岁	27	40.7	22.2	33.3	3.7	0.0
25-29 岁	33	33.3	18.2	24.2	21.2	3.0
30-34 岁	35	28.6	17.1	42.9	8.6	2.9
35-39 岁	32	40.6	6.3	31.3	21.9	0.0
40-44 岁	34	44.1	0.0	38.2	17.6	0.0
45-49 岁	18	55.6	5.6	27.8	11.1	0.0
50 岁以上	21	38.1	4.8	28.6	28.6	0.0
女性	**265**	**47.5**	**13.6**	**24.2**	**13.6**	**1.1**
16-19 岁	22	45.5	22.7	13.6	18.2	0.0
20-24 岁	34	41.2	11.8	26.5	14.7	5.9
25-29 岁	34	35.3	29.4	23.5	11.8	0.0
30-34 岁	45	51.1	13.3	28.9	6.7	0.0
35-39 岁	42	50.0	4.8	26.2	19.0	0.0
40-44 岁	35	65.7	2.9	22.9	8.6	0.0
45-49 岁	17	47.1	17.6	35.3	0.0	0.0
50 岁以上	36	41.7	13.9	16.7	25.0	2.8

● 上海（Shanghai）

	人数	冰棒	蛋筒	盒/杯装	袋装	其他
样本	**446**	**24.2**	**19.5**	**40.6**	**14.3**	**1.3**
男性	**196**	**25.0**	**23.0**	**38.3**	**11.7**	**2.0**
16-19 岁	18	22.2	22.2	22.2	33.3	0.0
20-24 岁	23	39.1	17.4	30.4	8.7	4.3
25-29 岁	26	38.5	30.8	26.9	3.8	0.0
30-34 岁	35	17.1	28.6	37.1	17.1	0.0
35-39 岁	31	19.4	6.5	67.7	6.5	0.0
40-44 岁	19	15.8	26.3	47.4	5.3	5.3
45-49 岁	19	42.1	15.8	15.8	21.1	5.3
50 岁以上	25	12.0	36.0	44.0	4.0	4.0
女性	**250**	**23.6**	**16.8**	**42.4**	**16.4**	**0.8**
16-19 岁	24	12.5	25.0	29.2	33.3	0.0
20-24 岁	29	20.7	10.3	48.3	20.7	0.0
25-29 岁	33	24.2	18.2	33.3	24.2	0.0
30-34 岁	44	29.5	11.4	43.2	15.9	0.0
35-39 岁	36	30.6	27.8	36.1	5.6	0.0
40-44 岁	25	16.0	8.0	48.0	28.0	0.0
45-49 岁	22	22.7	13.6	54.5	4.5	4.5
50 岁以上	37	24.3	18.9	48.6	5.4	2.7

● 广州（Guangzhou）

	人数	冰棒	蛋筒	盒/杯装	袋装	其他
样本	**440**	**28.4**	**36.4**	**28.4**	**6.1**	**0.7**
男性	**182**	**25.3**	**34.6**	**33.0**	**7.1**	**0.0**
16-19 岁	27	33.3	37.0	18.5	11.1	0.0
20-24 岁	25	28.0	28.0	36.0	8.0	0.0
25-29 岁	19	15.8	47.4	26.3	10.5	0.0
30-34 岁	22	36.4	36.4	18.2	9.1	0.0
35-39 岁	26	15.4	38.5	42.3	3.8	0.0
40-44 岁	26	30.8	34.6	30.8	3.8	0.0
45-49 岁	15	26.7	33.3	33.3	6.7	0.0
50 岁以上	22	13.6	22.7	59.1	4.5	0.0
女性	**258**	**30.6**	**37.6**	**25.2**	**5.4**	**1.2**
16-19 岁	49	22.4	40.8	26.5	8.2	2.0
20-24 岁	43	30.2	41.9	20.9	7.0	0.0
25-29 岁	56	37.5	33.9	21.4	7.1	0.0
30-34 岁	29	27.6	37.9	31.0	0.0	3.4
35-39 岁	34	32.4	32.4	26.5	8.8	0.0
40-44 岁	24	29.2	37.5	33.3	0.0	0.0
45-49 岁	8	37.5	37.5	25.0	0.0	0.0
50 岁以上	15	33.3	40.0	20.0	0.0	6.7

● 重庆（Chongqing）

	人数	冰棒	蛋筒	盒/杯装	袋装	其他
样本	**357**	**21.6**	**16.2**	**50.7**	**10.6**	**0.8**
男性	**153**	**20.3**	**15.0**	**49.7**	**15.0**	**0.0**
16-19 岁	31	16.1	19.4	51.6	12.9	0.0
20-24 岁	29	31.0	6.9	44.8	17.2	0.0
25-29 岁	20	20.0	15.0	60.0	5.0	0.0
30-34 岁	19	15.8	31.6	36.8	15.8	0.0
35-39 岁	15	26.7	6.7	46.7	20.0	0.0
40-44 岁	14	14.3	14.3	50.0	21.4	0.0
45-49 岁	16	12.5	6.3	62.5	18.8	0.0
50 岁以上	9	22.2	22.2	44.4	11.1	0.0
女性	**204**	**22.5**	**17.2**	**51.5**	**7.4**	**1.5**
16-19 岁	40	20.0	15.0	57.5	5.0	2.5
20-24 岁	41	17.1	9.8	68.3	2.4	2.4
25-29 岁	25	20.0	32.0	40.0	8.0	0.0
30-34 岁	25	24.0	20.0	44.0	12.0	0.0
35-39 岁	23	21.7	21.7	47.8	8.7	0.0
40-44 岁	20	35.0	10.0	55.0	0.0	0.0
45-49 岁	11	18.2	0.0	54.5	18.2	9.1
50 岁以上	19	31.6	26.3	26.3	15.8	0.0

6-10 样本、男性各年龄层、女性各年龄层的购买地点 / Locations of Purchasing by the Whole Sample, Age and Gender Groups

● 北京（Beijing）

	人数	街头冷柜	冷饮店	餐厅	小卖部	批发部	其他
样本	**486**	**39.3**	**32.5**	**0.6**	**21.2**	**4.7**	**1.6**
男性	**221**	**40.3**	**33.0**	**0.9**	**19.5**	**3.6**	**2.7**
16-19 岁	21	42.9	38.1	0.0	19.0	0.0	0.0
20-24 岁	27	59.3	18.5	0.0	18.5	0.0	3.7
25-29 岁	33	48.5	33.3	0.0	12.1	0.0	6.1
30-34 岁	35	45.7	31.4	0.0	14.3	5.7	2.9
35-39 岁	32	25.0	50.0	0.0	21.9	3.1	0.0
40-44 岁	34	32.4	44.1	0.0	17.6	5.9	0.0
45-49 岁	18	50.0	11.1	0.0	27.8	5.6	5.6
50 岁以上	21	19.0	23.8	9.5	33.3	9.5	4.8
女性	**265**	**38.5**	**32.1**	**0.4**	**22.6**	**5.7**	**0.8**
16-19 岁	22	45.5	13.6	0.0	18.2	18.2	4.5
20-24 岁	34	52.9	29.4	0.0	17.6	0.0	0.0
25-29 岁	34	38.2	26.5	0.0	32.4	2.9	0.0
30-34 岁	45	35.6	35.6	0.0	24.4	2.2	2.2
35-39 岁	42	42.9	35.7	0.0	19.0	2.4	0.0
40-44 岁	35	34.3	42.9	2.9	20.0	0.0	0.0
45-49 岁	17	35.3	41.2	0.0	11.8	11.8	0.0
50 岁以上	36	25.0	27.8	0.0	30.6	16.7	0.0

● 上海（Shanghai）

	人数	街头冷柜	冷饮店	餐厅	小卖部	批发部	其他
样本	**446**	**35.2**	**44.2**	**0.4**	**14.8**	**3.1**	**2.2**
男性	**196**	**33.7**	**46.4**	**0.0**	**13.3**	**3.6**	**3.1**
16-19 岁	18	33.3	55.6	0.0	11.1	0.0	0.0
20-24 岁	23	30.4	52.2	0.0	13.0	4.3	0.0
25-29 岁	27	51.9	29.6	0.0	11.1	3.7	3.7
30-34 岁	33	30.3	48.5	0.0	15.2	6.1	0.0
35-39 岁	31	29.0	48.4	0.0	22.6	0.0	0.0
40-44 岁	19	42.1	47.4	0.0	5.3	0.0	5.3
45-49 岁	20	35.0	40.0	0.0	20.0	5.0	0.0
50 岁以上	25	20.0	52.0	0.0	4.0	8.0	16.0
女性	**250**	**36.4**	**42.4**	**0.8**	**16.0**	**2.8**	**1.6**
16-19 岁	24	41.7	37.5	0.0	20.8	0.0	0.0
20-24 岁	30	60.0	33.3	0.0	6.7	0.0	0.0
25-29 岁	33	36.4	45.5	0.0	15.2	0.0	3.0
30-34 岁	44	27.3	47.7	2.3	15.9	4.5	2.3
35-39 岁	36	41.7	36.1	2.8	19.4	0.0	0.0
40-44 岁	25	24.0	44.0	0.0	28.0	0.0	4.0
45-49 岁	21	33.3	42.9	0.0	14.3	9.5	0.0
50 岁以上	37	29.7	48.6	0.0	10.8	8.1	2.7

● 广州（Guangzhou）

	人数	街头冷柜	冷饮店	餐厅	小卖部	批发部	其他
样本	**424**	**50.5**	**11.6**	**1.4**	**33.3**	**3.3**	**0.0**
男性	**177**	**57.1**	**12.4**	**1.1**	**27.7**	**1.7**	**0.0**
16-19 岁	25	40.0	4.0	0.0	56.0	0.0	0.0
20-24 岁	23	52.2	17.4	4.3	26.1	0.0	0.0
25-29 岁	20	80.0	5.0	0.0	15.0	0.0	0.0
30-34 岁	23	52.2	21.7	0.0	26.1	0.0	0.0
35-39 岁	26	57.7	15.4	0.0	23.1	3.8	0.0
40-44 岁	24	66.7	8.3	0.0	25.0	0.0	0.0
45-49 岁	15	66.7	6.7	0.0	26.7	0.0	0.0
50 岁以上	21	47.6	19.0	4.8	19.0	9.5	0.0
女性	**247**	**45.7**	**10.9**	**1.6**	**37.2**	**4.5**	**0.0**
16-19 岁	46	26.1	15.2	2.2	47.8	8.7	0.0
20-24 岁	38	47.4	15.8	0.0	28.9	7.9	0.0
25-29 岁	55	56.4	7.3	1.8	29.1	5.5	0.0
30-34 岁	30	43.3	10.0	6.7	40.0	0.0	0.0
35-39 岁	32	53.1	9.4	0.0	34.4	3.1	0.0
40-44 岁	22	50.0	4.5	0.0	45.5	0.0	0.0
45-49 岁	8	62.5	12.5	0.0	25.0	0.0	0.0
50 岁以上	16	37.5	12.5	0.0	50.0	0.0	0.0

● 重庆（Chongqing）

	人数	街头冷柜	冷饮店	餐厅	小卖部	批发部	其他
样本	**357**	**53.2**	**21.0**	**0.6**	**20.7**	**4.5**	**0.0**
男性	**154**	**58.4**	**17.5**	**0.6**	**19.5**	**3.9**	**0.0**
16-19 岁	31	54.8	29.0	0.0	16.1	0.0	0.0
20-24 岁	29	58.6	17.2	0.0	20.7	3.4	0.0
25-29 岁	20	80.0	15.0	0.0	5.0	0.0	0.0
30-34 岁	19	52.6	15.8	5.3	26.3	0.0	0.0
35-39 岁	15	40.0	13.3	0.0	33.3	13.3	0.0
40-44 岁	14	50.0	14.3	0.0	28.6	7.1	0.0
45-49 岁	15	80.0	6.7	0.0	13.3	0.0	0.0
50 岁以上	11	45.5	18.2	0.0	18.2	18.2	0.0
女性	**203**	**49.3**	**23.6**	**0.5**	**21.7**	**4.9**	**0.0**
16-19 岁	40	47.5	17.5	0.0	27.5	7.5	0.0
20-24 岁	42	52.4	23.8	2.4	19.0	2.4	0.0
25-29 岁	25	52.0	28.0	0.0	16.0	4.0	0.0
30-34 岁	23	47.8	43.5	0.0	8.7	0.0	0.0
35-39 岁	23	47.8	17.4	0.0	26.1	8.7	0.0
40-44 岁	20	40.0	25.0	0.0	30.0	5.0	0.0
45-49 岁	11	63.6	18.2	0.0	18.2	0.0	0.0
50 岁以上	19	47.4	15.8	0.0	26.3	10.5	0.0

6-11 重度消费者的人口分布 / Demographics of the Heavy Consumers

● 北京（Beijing）

	人数	16-19 岁	20-24 岁	25-29 岁	30-34 岁	35-39 岁	40-44 岁	45-49 岁	50 岁以上
样本	**412**	**9.2**	**12.4**	**12.4**	**17.0**	**15.8**	**14.6**	**7.5**	**11.2**
男性	**181**	**9.4**	**12.7**	**12.2**	**15.5**	**15.5**	**17.1**	**8.8**	**8.8**
天天吃	33	15.2	3.0	9.1	18.2	6.1	27.3	18.2	3.0
1 周 3 次以上	89	6.7	16.9	13.5	14.6	18.0	14.6	7.9	7.9
1 周 1 次左右	59	10.2	11.9	11.9	15.3	16.9	15.3	5.1	13.6
女性	**231**	**9.1**	**12.1**	**12.6**	**18.2**	**16.0**	**12.6**	**6.5**	**13.0**
天天吃	60	16.7	6.7	8.3	16.7	18.3	13.3	6.7	13.3
1 周 3 次以上	109	7.3	17.4	13.8	16.5	17.4	10.1	4.6	12.8
1 周 1 次左右	62	4.8	8.1	14.5	22.6	11.3	16.1	9.7	12.9

● 上海（Shanghai）

	人数	16-19 岁	20-24 岁	25-29 岁	30-34 岁	35-39 岁	40-44 岁	45-49 岁	50 岁以上
样本	**392**	**9.7**	**11.7**	**12.0**	**18.4**	**14.8**	**10.5**	**9.9**	**13.0**
男性	**174**	**9.2**	**12.1**	**12.1**	**16.1**	**16.1**	**9.8**	**10.9**	**13.8**
天天吃	25	12.0	8.0	12.0	20.0	20.0	8.0	12.0	8.0
1 周 3 次以上	85	9.4	10.6	9.4	15.3	22.4	11.8	10.6	10.6
1 周 1 次左右	64	7.8	15.6	15.6	15.6	6.3	7.8	10.9	20.3
女性	**218**	**10.1**	**11.5**	**11.9**	**20.2**	**13.8**	**11.0**	**9.2**	**12.4**
天天吃	60	10.0	6.7	18.3	28.3	13.3	6.7	10.0	6.7
1 周 3 次以上	101	11.9	12.9	7.9	19.8	17.8	12.9	6.9	9.9
1 周 1 次左右	57	7.0	14.0	12.3	12.3	7.0	12.3	12.3	22.8

● 广州（Guangzhou）

	人数	16-19 岁	20-24 岁	25-29 岁	30-34 岁	35-39 岁	40-44 岁	45-49 岁	50 岁以上
样本	**316**	**18.4**	**14.6**	**16.5**	**12.3**	**14.9**	**10.4**	**5.1**	**7.9**
男性	**129**	**13.2**	**13.2**	**10.9**	**14.0**	**15.5**	**16.3**	**7.0**	**10.1**
天天吃	6	33.3	0.0	16.7	0.0	16.7	0.0	0.0	33.3
1 周 3 次以上	47	17.0	10.6	6.4	12.8	10.6	23.4	10.6	8.5
1 周 1 次左右	76	9.2	15.8	13.2	15.8	18.4	13.2	5.3	9.2
女性	**187**	**21.9**	**15.5**	**20.3**	**11.2**	**14.4**	**6.4**	**3.7**	**6.4**
天天吃	13	0.0	30.8	15.4	7.7	7.7	15.4	0.0	23.1
1 周 3 次以上	83	22.9	12.0	18.1	16.9	16.9	3.6	3.6	6.0
1 周 1 次左右	91	24.2	16.5	23.1	6.6	13.2	7.7	4.4	4.4

● 重庆（Chongqing）

	人数	16-19 岁	20-24 岁	25-29 岁	30-34 岁	35-39 岁	40-44 岁	45-49 岁	50 岁以上
样本	**281**	**19.6**	**18.1**	**12.8**	**12.8**	**11.7**	**10.3**	**6.4**	**8.2**
男性	**115**	**17.4**	**17.4**	**13.9**	**12.2**	**12.2**	**10.4**	**9.6**	**7.0**
天天吃	15	0.0	6.7	6.7	20.0	26.7	20.0	0.0	20.0
1 周 3 次以上	55	20.0	23.6	10.9	10.9	14.5	5.5	9.1	5.5
1 周 1 次左右	45	20.0	13.3	20.0	11.1	4.4	13.3	13.3	4.4
女性	**166**	**21.1**	**18.7**	**12.0**	**13.3**	**11.4**	**10.2**	**4.2**	**9.0**
天天吃	40	20.0	15.0	5.0	12.5	20.0	15.0	10.0	2.5
1 周 3 次以上	72	19.4	19.4	12.5	13.9	12.5	8.3	1.4	12.5
1 周 1 次左右	54	24.1	20.4	16.7	13.0	3.7	9.3	3.7	9.3

6-12 关于北京消费群 / The Beijing Market Segments

6-12-1 不同消费群最常用品牌 / The Most Frequently Consumed Brands by Market Segments

	人数	第一品牌及百分比	第二品牌及百分比	第三品牌及百分比
样本	**487**	**和路雪 42.7**	**伊利 15.8**	**新大陆 14.4**
第一消费群	118	和路雪 48.3	新大陆 16.1	伊利 12.7
第二消费群	83	和路雪 51.8	美登高 13.3	新大陆 12.0 伊利 12.0
第三消费群	88	和路雪 33.0	伊利 19.3	美登高 14.8
第四消费群	4	和路雪 50.0 美登高 50.0		
第五消费群	109	和路雪 41.3	伊利 16.5	雀巢 13.8
第六消费群	85	和路雪 37.6	伊利 20.0	新大陆 18.8

6-12-2 重度消费者的消费群构成 / The Composition of the Heavy Consumers

	人数	第一消费群	第二消费群	第三消费群	第四消费群	第五消费群	第六消费群
样本	**412**	**24.0**	**16.0**	**19.4**	**0.5**	**22.6**	**17.5**
天天吃	93	22.6	10.8	24.7	0.0	23.7	18.3
1 周 3 次以上	198	21.7	18.7	19.2	0.5	25.8	14.1
1 周 1 次左右	121	28.9	15.7	15.7	0.8	16.5	22.3

注：北京消费群的代表特征 / Characteristics of the Beijing Market Segments

		第一消费群	第二消费群	第三消费群	第四消费群	第五消费群	第六消费群
基本情况	性别	女	男	无明显偏向	男	无明显偏向	女
	年龄	30 — 34 岁	25 — 29 岁	35 — 44 岁	无明显偏向	16 — 24 岁	45 岁以上
	学历	大专/大本	大本	初中	大本及研究生	高中/中专/技校	初中及以下
	职业	科教卫生人员	一般企业职员	工人	管理人员/专门职业从事者/个体及私营企业主	学生	离退休人员
	月均收入	801 — 1500 元	1501 — 4000 元	800 元以下	4000 元以上	无收入	800 元以下
	婚姻	已婚	无明显偏向	已婚	已婚或离异	未婚	已婚
心理取向		注重学历 非积极进取	不循规传统 非单一电视娱乐	非田园倾向 新女性主张 金钱本位	注重经验 大男子主义 不保守稳定	非“大男子主义” 追随流行	非“新女性主张” 非浪漫新潮 单一电视娱乐

6-13 关于上海消费群 / The Shanghai Market Segments

6-13-1 不同消费群最常用品牌 / The Most Frequently Consumed Brands by Market Segments

	人数	第一品牌及百分比	第二品牌及百分比	第三品牌及百分比
样本	**442**	**曼登琳 48.4**	**和路雪 21.3**	**光明 19.2**
第一消费群	101	曼登琳 52.5	光明 24.8	和路雪 15.8
第二消费群	65	曼登琳 49.2	和路雪 24.6	光明 13.8
第三消费群	7	和路雪 42.9	曼登琳 28.6 光明 28.6	
第四消费群	90	曼登琳 51.1	光明 31.1	和路雪 7.8
第五消费群	60	和路雪 41.7	曼登琳 36.7	光明 8.3
第六消费群	119	曼登琳 49.6	和路雪 22.7	光明 13.4

6-13-2 重度消费者的消费群构成 / The Composition of the Heavy Consumers

	人数	第一消费群	第二消费群	第三消费群	第四消费群	第五消费群	第六消费群
样本	**392**	**23.2**	**14.3**	**1.0**	**20.9**	**13.5**	**27.0**
天天吃	85	11.8	7.1	0.0	28.2	16.5	36.5
1 周 3 次以上	186	23.1	15.6	1.1	23.1	13.4	23.7
1 周 1 次左右	121	31.4	17.4	1.7	12.4	11.6	25.6

注：上海消费群的代表特征 / Characteristics of the Shanghai Market Segments

		第一消费群	第二消费群	第三消费群	第四消费群	第五消费群	第六消费群
基本情况	性别	无明显偏向	男	男	女	女	无明显偏向
	年龄	45 岁以上	20 － 29 岁	25 － 34 岁	35 － 44 岁	16 － 24 岁	30 － 39 岁
	学历	大本及以上	大专/大本	大专	初中及以下	高中/中专/技校	高中/中专/技校
	职业	科教卫生人员/离退休人员	一般企业职员	行政管理人员/个体及私营企业主/专门职业从事者	工人/下岗人员	学生	一般企业职员
	月均收入	801 － 1500 元	1001 － 3000 元	3000 元以上	800 元以下	无收入	1001 － 2000 元
	婚姻	已婚	未婚	未婚	已婚	未婚	已婚
心理取向		非浪漫时尚 非金钱本位 保守稳定	非家庭重心 田园倾向 休闲独立	不保守稳定 奔波忙碌 浪漫时尚	金钱本位 家庭重心 注重学历	新家庭观念 非休闲独立	不积极进取 不奔波忙碌

6-14 关于广州消费群 / The Guangzhou Market Segments

6-14-1 不同消费群最常用品牌 / The Most Frequently Consumed Brands by Market Segments

	人数	第一品牌及百分比	第二品牌及百分比	第三品牌及百分比
样本	**430**	**五羊 53.7**	**美登高 18.6**	**和路雪 10.7**
第一消费群	78	五羊 50.0	美登高 16.7	和路雪 15.4
第二消费群	70	五羊 70.0	美登高 15.7	明治 7.1
第三消费群	87	五羊 41.4	美登高 17.2	和路雪 16.1
第四消费群	70	五羊 57.1	美登高 21.4	雀巢 10.0
第五消费群	74	五羊 52.7	美登高 21.6	和路雪 9.5
第六消费群	51	五羊 54.9	美登高 19.6	和路雪 11.8

6-14-2 重度消费者的消费群构成 / The Composition of the Heavy Consumers

	人数	第一消费群	第二消费群	第三消费群	第四消费群	第五消费群	第六消费群
样本	**316**	**19.0**	**16.1**	**20.3**	**17.1**	**15.8**	**11.7**
天天吃	19	26.3	5.3	5.3	21.1	42.1	0.0
1 周 3 次以上	130	20.0	16.9	17.7	12.3	18.5	14.6
1 周 1 次左右	167	17.4	16.8	24.0	20.4	10.8	10.8

注：广州消费群的代表特征 / Characteristics of the Guangzhou Market Segments

		第一消费群	第二消费群	第三消费群	第四消费群	第五消费群	第六消费群
基本情况	性别	女	无明显偏向	女	男	女	男
	年龄	16 － 19 岁	40 岁以上	20 － 24 岁	35 － 44 岁	30 － 34 岁	25 － 29 岁
	学历	高中/中专/技校	无明显偏向	高中/中专/技校/大专	初中/高中/中专/技校	初中及以下	大专及以上
	职业	学生	工人	学生/待业人员	个体及私营企业主	家庭主妇	企业职员/管理人员/科教卫生人员/专门职业者
	月均收入	无收入	1500 元以下	无收入	801 － 1500 元	800 元以下	2000 元以上
	婚姻	未婚	已婚	未婚	已婚	已婚	无明显偏向
心理取向		不固守中式生活 田园倾向 非大男子主义	非新女性主张 不追随流行 非积极进取	独立自主 追随流行	积极进取 大男子主义 中式生活	单一电视娱乐 非独立自主 保守稳定	非单一电视娱乐 非家庭重心

6-15 关于重庆消费群 / The Chongqing Market Segments

6-15-1 不同消费群最常用品牌 / The Most Frequently Consumed Brands by Market Segments

	人数	第一品牌及百分比	第二品牌及百分比	第三品牌及百分比
样本	**363**	**新大陆 57.9**	**美登高 20.4**	**美怡乐 5.2**
第一消费群	97	新大陆 53.6	美登高 23.7	美怡乐 6.2
第二消费群	72	新大陆 63.9	美登高 22.2	美怡乐 5.6
第三消费群	83	新大陆 62.7	美登高 20.5	雪乔 6.0
第四消费群	16	新大陆 43.8	美登高 18.8	雪乔 12.5
第五消费群	72	新大陆 54.2	美登高 18.1	美怡乐 6.9
第六消费群	23	新大陆 60.9	美登高 17.4	美怡乐 8.7

6-15-2 重度消费者的消费群构成 / The Composition of the Heavy Consumers

	人数	第一消费群	第二消费群	第三消费群	第四消费群	第五消费群	第六消费群
样本	**281**	**26.3**	**19.6**	**22.8**	**5.0**	**19.9**	**6.4**
天天吃	55	21.8	21.8	12.7	7.3	21.8	14.5
1 周 3 次以上	127	29.1	19.7	20.5	3.9	22.0	4.7
1 周 1 次左右	99	25.3	18.2	31.3	5.1	16.2	4.0

注：重庆消费群的代表特征 / Characteristics of the Chongqing Market Segments

		第一消费群	第二消费群	第三消费群	第四消费群	第五消费群	第六消费群
基本情况	性别	无明显偏向	无明显偏向	无明显偏向	无明显偏向	无明显偏向	女
	年龄	16 — 19 岁	45 岁以上	20 — 29 岁	30 — 34 岁	40 岁以上	25 — 29 岁
	学历	高中/中专/技校	高中/中专/技校	大专/大本	高中/中专/技校/大本以上	初中及以下	初中
	职业	学生	行政管理人员/离退休人员	科教卫生人员/一般企业职员	个体及私营企业主	工人	专门职业从事者 下岗及其他
	月均收入	无收入	501 — 800 元	801 — 1500 元	1500 元以上	500 元以下	1001 — 1500 元
	婚姻	未婚	已婚	无明显偏向	已婚	已婚	已婚或离异
心理取向		浪漫新潮 注重学历 非现实家庭观	循规传统 奔波忙碌 保守稳定	新女性主张 非功利心态	功利心态 现实家庭观 都市情结	非浪漫新潮 非独立休闲	非新女性主张 不循规传统 独立休闲

7 巧克力 / Chocolate

7-1 最近三个月有无食用的比例 / Proportion of the Sample Consuming Chocolate in the Last Three Months

	北京（Beijing）	上海（Shanghai）	广州（Guangzhou）	重庆（Chongqing）
吃过	51.5	46.1	36.2	31.1
没吃过	48.5	53.9	63.8	68.9
有效样本量	**600**	**599**	**597**	**599**

7-2 最常用品牌排名 / Ranking of the Most Frequently Consumed Brands

● 北京（Beijing）

排名	品牌		人数	百分比
1	德芙	Dove	122	39.9
2	吉百利	Cadbury	56	18.3
3	义利	Yili	50	16.3
4	金帝	Le Coute	14	4.6
5	奇巧	Kit Kat	11	3.6
6	玛氏	M&M's	9	2.9
7	金莎	Ferrero Rocher	4	1.3
7	芳芳	Fangfang	4	1.3

n=306

● 上海（Shanghai）

排名	品牌		人数	百分比
1	德芙	Dove	120	45.3
2	申丰	Shenfu	42	15.8
3	金帝	Le Coute	19	7.2
4	上儿	Shanger	17	6.4
5	好时	Hershey's	14	5.2
6	吉百利	Cadbury	11	4.2
7	玛氏	M&M's	4	1.5
7	奇巧	Kit Kat	4	1.5

n=265

● 广州（Guangzhou）

排名	品牌		人数	百分比
1	金莎	Ferrero Rocher	57	27.7
2	德芙	Dove	52	25.2
3	玛氏	M&M's	23	11.2
4	吉百利	Cadbury	7	3.4
5	奇巧	Kit Kat	6	2.9
6	麦丽素	Mylikes	4	1.9
6	瑞士三角	Toblerone	4	1.9
6	瑞士莲	Swiss Thins	4	1.9

n=206

● 重庆（Chongqing）

排名	品牌		人数	百分比
1	金帝	Le Coute	70	38.5
2	德芙	Dove	29	15.9
3	黑马	Heima	4	2.2
4	金莎	Ferrero Rocher	2	1.1
4	义利	Yili	2	1.1
4	耀华	Yaohua	2	1.1
4	长城	Great Wall	2	1.1
4	威莎	Vo Chelle	2	1.1

n=182

7-3 理想品牌排名 / Ranking of the Ideal Brands

● 北京（Beijing）

排名	品牌		人数	百分比
1	德芙	Dove	169	28.2
2	吉百利	Cadbury	72	12.0
3	义利	Yili	50	8.3
4	金帝	Le Coute	22	3.7
5	奇巧	Kit Kat	11	1.8
6	玛氏	M&M's	10	1.7
7	威莎	Vo Chelle	5	0.8
8	金莎	Ferrero Rocher	4	0.7

n=600

● 上海（Shanghai）

排名	品牌		人数	百分比
1	德芙	Dove	217	36.2
2	申丰	Shenfu	65	10.8
3	金帝	Le Coute	41	6.8
4	上儿	Shang er	28	4.7
5	好时	Hershey's	24	4.0
6	吉百利	Cadbury	22	3.7
7	奇巧	Kit Kat	9	1.5
8	金莎	Ferrero Rocher	7	1.2

n=600

● 广州（Guangzhou）

排名	品牌		人数	百分比
1	金莎	Ferrero Rocher	88	14.7
2	德芙	Dove	76	12.7
3	玛氏	M&M's	23	3.8
4	瑞士三角	Toblerone	9	1.5
5	奇巧	Kit Kat	8	1.3
6	吉百利	Cadbury	7	1.2
7	麦丽素	Mylikes	6	1.0
8	瑞士莲	Swiss Thins	5	0.8
9	麦提莎	Martissa	4	0.7

n=600

● 重庆（Chongqing）

排名	品牌		人数	百分比
1	金帝	Le Coute	101	16.8
2	德芙	Dove	34	5.7
3	金莎	Ferrero Rocher	5	0.8
3	长城	Great Wall	5	0.8
5	黑马	Heima	4	0.7
5	熊猫	Panda	4	0.7

n=600

7-4 样本总体、男性各年龄层、女性各年龄层的理想品牌 / The Ideal Brands by the Whole Sample, Age and Gender Groups

● 北京（Beijing）

	人数	第一品牌及百分比	第二品牌及百分比	第三品牌及百分比
样本	**600**	**德芙 28.2**	**吉百利 12.0**	**义利 8.3**
男性	**298**	**德芙 21.1**	**吉百利 12.1**	**义利 8.1**
16-19 岁	26	德芙 23.1	吉百利 19.2	义利 11.5
20-24 岁	36	吉百利 22.2	德芙 19.4	义利 8.3
25-29 岁	41	德芙 26.8	吉百利 12.2	义利 2.4　金帝 2.4 维夫 2.4
30-34 岁	47	德芙 31.9	吉百利 6.4　义利 6.4	金帝 2.1　奇巧 2.1 鼠尔 2.1
35-39 岁	43	德芙 20.9	义利 14.0	吉百利 4.7　奇巧 4.7
40-44 岁	42	德芙 14.3	义利 11.9	吉百利 7.1
45-49 岁	24	德芙 25.0	吉百利 20.8	金帝 4.2
50 岁以上	39	吉百利 12.8	德芙 7.7　义利 7.7	金帝 5.1
女性	**302**	**德芙 35.1**	**吉百利 11.9**	**义利 8.6**
16-19 岁	23	德芙 39.1	吉百利 26.1	金帝 8.7
20-24 岁	35	德芙 37.1	吉百利 22.9	金帝 5.7
25-29 岁	36	德芙 58.3	金帝 8.3	瑞士莲 2.8　义利 2.8 金边 2.8
30-34 岁	49	德芙 34.7	吉百利 14.3	义利 12.2
35-39 岁	45	德芙 42.2	义利 13.3	吉百利 4.4
40-44 岁	40	德芙 32.5	吉百利 17.5	义利 5.0
45-49 岁	26	德芙 30.8	义利 15.4	吉百利 3.8　奇巧 3.8
50 岁以上	48	义利 14.6	德芙 12.5	吉百利 10.4

● 上海（Shanghai）

	人数	第一品牌及百分比	第二品牌及百分比	第三品牌及百分比
样本	**600**	**德芙 36.2**	**申丰 10.8**	**金帝 6.8**
男性	**307**	**德芙 31.9**	**申丰 11.4**	**金帝 6.2**
16-19 岁	22	德芙 45.5	好时 13.6	金帝 9.1
20-24 岁	34	德芙 47.1	吉百利 8.8	金帝 5.9 申丰 5.9
25-29 岁	42	德芙 35.7	好时 9.5	金帝 7.1
30-34 岁	56	德芙 30.4	申丰 12.5	金帝 5.4
35-39 岁	51	申丰 25.5	德芙 23.5	金帝 5.9 上儿 5.9
40-44 岁	31	德芙 16.1	申丰 12.9	上儿 6.5 益民 6.5
45-49 岁	26	德芙 42.3	金帝 11.5 上儿 11.5	好时 7.7
50 岁以上	45	德芙 26.7	申丰 11.1	上儿 8.9
女性	**293**	**德芙 40.6**	**申丰 10.2**	**金帝 7.5**
16-19 岁	24	德芙 58.3	好时 12.5	吉百利 4.2 上儿 4.2 大昌 4.2 奇巧 4.2
20-24 岁	32	德芙 56.3	金帝 9.4	吉百利 6.3 申丰 6.3 好时 6.3
25-29 岁	37	德芙 45.9	金莎 10.8	金帝 8.1
30-34 岁	50	德芙 46.0	申丰 16.0	金帝 8.0
35-39 岁	44	德芙 34.1	申丰 9.1	金帝 6.8
40-44 岁	35	德芙 42.9	吉百利 11.4	金帝 8.6 申丰 8.6
45-49 岁	23	德芙 30.4	申丰 21.7	吉百利 4.3 金帝 4.3 上儿 4.3 光明 4.3
50 岁以上	48	德芙 20.8	申丰 12.5	金帝 10.4

● 广州（Guangzhou）

	人数	第一品牌及百分比	第二品牌及百分比	第三品牌及百分比
样本	**600**	**金莎 14.7**	**德芙 12.7**	**玛氏 3.8**
男性	**282**	**金莎 11.7**	**德芙 11.0**	**玛氏 2.8**
16-19 岁	30	德芙 23.3	金莎 6.7 玛氏 6.7	瑞士三角 3.3 吉百利 3.3
20-24 岁	36	德芙 16.7	金莎 13.9	玛氏 5.6
25-29 岁	35	德芙 17.1	金莎 8.6	玛氏 5.7
30-34 岁	34	德芙 20.6	金莎 14.7	
35-39 岁	40	金莎 10.0	德芙 7.5	吉百利 2.5 玛氏 2.5 瑞士鹰牌 2.5 皇室 2.5
40-44 岁	41	金莎 14.6	德芙 4.9	
45-49 岁	26	金莎 11.5	吉百利 3.8 花街 3.8 瑞士三角 3.8	
50 岁以上	40	金莎 12.5	奇巧 5.0	吉百利 2.5 德芙 2.5 玛氏 2.5
女性	**318**	**金莎 17.3**	**德芙 14.2**	**玛氏 4.7**
16-19 岁	50	金莎 30.0	德芙 22.0	瑞士三角 6.0
20-24 岁	46	德芙 21.7	金莎 13.0	瑞士莲 6.5
25-29 岁	63	金莎 19.0	德芙 14.3	玛氏 7.9
30-34 岁	46	金莎 19.6	麦丽素 4.3 德芙 4.3 玛氏 4.3	
35-39 岁	41	玛氏 12.2	德芙 9.8	金莎 7.3
40-44 岁	30	德芙 23.3	金莎 10.0	瑞士三角 3.3 玛氏 3.3 麦提莎 3.3
45-49 岁	13	金莎 30.8	麦提莎 7.7 德芙 7.7	
50 岁以上	29	金莎 10.3	麦丽素 3.4 德芙 3.4 奇巧 3.4 瑞士三角 3.4	

● 重庆（Chongqing）

	人数	第一品牌及百分比	第二品牌及百分比	第三品牌及百分比
样本	**600**	**金帝 16.8**	**德芙 5.7**	**金莎 0.8 黑马 0.8** **长城 0.8**
男性	**308**	**金帝 16.6**	**德芙 3.2**	**金莎 1.0**
16-19 岁	43	金帝 32.6	德芙 11.6	天马 2.3 长城 2.3
20-24 岁	53	金帝 20.8	德芙 5.7	金莎 1.9 卡夫 1.9 花雪 1.9 花皇 1.9
25-29 岁	43	金帝 16.3	金莎 2.3 玛氏 2.3	
30-34 岁	38	金帝 5.3	雅士利 2.6 金莎 2.6	
35-39 岁	39	金帝 15.4	吉百利 2.6 黑马 2.6 长城 2.6 金奖 2.6	
40-44 岁	30	金帝 20.0	野马 3.3	
45-49 岁	25	金帝 8.0	成都耀华 4.0 德芙 4.0	
50 岁以上	37	金帝 8.1	德芙 2.7	
女性	**292**	**金帝 17.1**	**德芙 8.2**	**黑马 1.0 长城 1.0**
16-19 岁	43	金帝 30.2	德芙 16.3	长城 4.7
20-24 岁	53	金帝 24.5	德芙 9.4	嘎小子 1.9 双喜 1.9 威莎 1.9
25-29 岁	32	金帝 18.8	德芙 9.4	黑马 3.1
30-34 岁	33	金帝 12.1	德芙 6.1	黑马 3.0 火炬 3.0
35-39 岁	35	金帝 8.6	德芙 5.7	金莎 2.9 白脱 2.9 黑马 2.9 威莎 2.9 沙丁 2.9 长城 2.9
40-44 岁	32	金帝 15.6	耀华 3.1 金莎 3.1 义利 3.1 达夫 3.1	
45-49 岁	27	金帝 22.2	德芙 11.1	
50 岁以上	37	德芙 5.4	北京 2.7	

7-5 样本总体、男性各年龄层、女性各年龄层最近三个月有无购买的比例 / Purchasing in the Last Three Months by the Whole Sample, Age and Gender Groups

● 北京（Beijing）

	人数	买过	没买过
样本	**600**	**49.2**	**50.8**
男性	**298**	**40.9**	**59.1**
16-19 岁	26	50.0	50.0
20-24 岁	36	38.9	61.1
25-29 岁	41	34.1	65.9
30-34 岁	47	40.4	59.6
35-39 岁	43	46.5	53.5
40-44 岁	42	40.5	59.5
45-49 岁	24	58.3	41.7
50 岁以上	39	28.2	71.8
女性	**302**	**57.3**	**42.7**
16-19 岁	23	65.2	34.8
20-24 岁	35	48.6	51.4
25-29 岁	36	69.4	30.6
30-34 岁	49	57.1	42.9
35-39 岁	45	64.4	35.6
40-44 岁	40	55.0	45.0
45-49 岁	26	53.8	46.2
50 岁以上	48	47.9	52.1

● 上海（Shanghai）

	人数	买过	没买过
样本	**600**	**45.7**	**54.3**
男性	**307**	**42.7**	**57.3**
16-19 岁	22	50.0	50.0
20-24 岁	34	47.1	52.9
25-29 岁	42	40.5	59.5
30-34 岁	56	35.7	64.3
35-39 岁	51	47.1	52.9
40-44 岁	31	48.4	51.6
45-49 岁	26	53.8	46.2
50 岁以上	45	31.1	68.9
女性	**293**	**48.8**	**51.2**
16-19 岁	24	75.0	25.0
20-24 岁	32	59.4	40.6
25-29 岁	37	40.5	59.5
30-34 岁	50	58.0	42.0
35-39 岁	44	52.3	47.7
40-44 岁	35	37.1	62.9
45-49 岁	23	39.1	60.9
50 岁以上	48	35.4	64.6

● 广州（Guangzhou）

	人数	买过	没买过
样本	**595**	**37.3**	**62.7**
男性	**279**	**32.3**	**67.7**
16-19 岁	30	30.0	70.0
20-24 岁	35	34.3	65.7
25-29 岁	35	40.0	60.0
30-34 岁	34	29.4	70.6
35-39 岁	40	27.5	72.5
40-44 岁	40	32.5	67.5
45-49 岁	25	32.0	68.0
50 岁以上	40	32.5	67.5
女性	**316**	**41.8**	**58.2**
16-19 岁	49	36.7	63.3
20-24 岁	46	54.3	45.7
25-29 岁	62	41.9	58.1
30-34 岁	46	47.8	52.2
35-39 岁	41	48.8	51.2
40-44 岁	30	26.7	73.3
45-49 岁	13	30.8	69.2
50 岁以上	29	31.0	69.0

● 重庆（Chongqing）

	人数	买过	没买过
样本	**599**	**36.4**	**63.6**
男性	**307**	**30.9**	**69.1**
16-19 岁	43	44.2	55.8
20-24 岁	53	32.1	67.9
25-29 岁	43	20.9	79.1
30-34 岁	37	32.4	67.6
35-39 岁	39	35.9	64.1
40-44 岁	30	46.7	53.3
45-49 岁	25	28.0	72.0
50 岁以上	37	8.1	91.9
女性	**292**	**42.1**	**57.9**
16-19 岁	43	55.8	44.2
20-24 岁	53	49.1	50.9
25-29 岁	32	37.5	62.5
30-34 岁	33	39.4	60.6
35-39 岁	35	51.4	48.6
40-44 岁	32	53.1	46.9
45-49 岁	27	25.9	74.1
50 岁以上	37	16.2	83.8

7-6 样本总体、男性各年龄层、女性各年龄层的食用频率 / Frequencies of Consuming Chocolate by the Whole Sample, Age and Gender Groups

● 北京（Beijing）

	人数	1周3次以上	1周1次左右	1个月2或3次左右	1个月1次或以下	没有吃
样本	**600**	**4.8**	**12.3**	**16.5**	**17.8**	**48.5**
男性	**298**	**4.7**	**11.4**	**13.1**	**13.4**	**57.4**
16-19岁	26	3.8	15.4	23.1	7.7	50.0
20-24岁	36	8.3	2.8	13.9	25.0	50.0
25-29岁	41	0.0	14.6	9.8	14.6	61.0
30-34岁	47	4.3	12.8	14.9	12.8	55.3
35-39岁	43	4.7	9.3	16.3	11.6	58.1
40-44岁	42	4.8	14.3	4.8	16.7	59.5
45-49岁	24	6.7	8.3	20.8	8.3	45.8
50岁以上	39	0.0	12.8	7.7	7.7	71.8
女性	**302**	**5.0**	**13.2**	**19.9**	**22.2**	**39.7**
16-19岁	23	0.0	13.0	47.8	21.7	17.4
20-24岁	35	2.9	2.9	25.7	20.0	48.6
25-29岁	36	5.6	16.7	25.0	22.2	30.6
30-34岁	49	4.1	10.2	24.5	20.4	40.8
35-39岁	45	4.4	28.9	13.3	22.2	31.1
40-44岁	40	5.0	17.5	15.0	22.5	40.0
45-49岁	26	3.8	11.5	11.5	19.2	53.8
50岁以上	48	10.4	4.2	8.3	27.1	50.0

● 上海（Shanghai）

	人数	1周3次以上	1周1次左右	1个月2或3次左右	1个月1次或以下	没有吃
样本	**598**	**4.3**	**9.2**	**12.9**	**19.7**	**53.8**
男性	**306**	**4.6**	**7.2**	**12.4**	**17.3**	**58.5**
16-19岁	22	9.1	18.2	18.2	18.2	36.4
20-24岁	34	2.9	2.9	8.8	35.3	50.0
25-29岁	42	4.8	2.4	16.7	11.9	64.3
30-34岁	56	0.0	8.9	10.7	12.5	67.9
35-39岁	50	6.0	10.0	10.0	18.0	56.0
40-44岁	31	3.2	6.5	19.4	19.4	51.6
45-49岁	26	15.4	7.7	7.7	19.2	50.0
50岁以上	45	2.2	4.4	11.1	11.1	71.1
女性	**292**	**4.1**	**11.3**	**13.4**	**22.3**	**49.0**
16-19岁	24	12.5	16.7	33.3	29.2	8.3
20-24岁	32	6.3	12.5	15.6	34.4	31.3
25-29岁	37	0.0	8.1	16.2	21.6	54.1
30-34岁	50	6.0	10.0	18.0	28.0	38.0
35-39岁	44	4.5	11.4	11.4	20.5	52.3
40-44岁	35	2.9	14.3	8.6	14.3	60.0
45-49岁	23	0.0	17.4	4.3	17.4	60.9
50岁以上	47	2.1	6.4	4.3	14.9	72.3

● 广州（Guangzhou）

	人数	1周3次以上	1周1次左右	1个月2或3次左右	1个月1次或以下	没有吃
样本	**597**	**3.4**	**6.9**	**12.4**	**13.6**	**63.8**
男性	**280**	**2.5**	**5.7**	**9.6**	**10.0**	**72.1**
16-19岁	30	0.0	13.3	3.3	23.3	60.0
20-24岁	36	0.0	5.6	11.1	8.3	75.0
25-29岁	35	5.7	8.6	5.7	8.6	71.4
30-34岁	33	9.1	9.1	9.1	3.0	69.7
35-39岁	40	2.5	5.0	12.5	7.5	72.5
40-44岁	41	0.0	0.0	12.2	7.3	80.5
45-49岁	25	0.0	0.0	12.0	20.0	68.0
50岁以上	40	2.5	5.0	10.0	7.5	75.0
女性	**317**	**4.1**	**7.9**	**14.8**	**16.7**	**56.5**
16-19岁	50	6.0	16.0	20.0	18.0	40.0
20-24岁	46	2.2	13.0	26.1	17.4	41.3
25-29岁	62	1.6	11.3	16.1	11.3	59.7
30-34岁	46	6.5	2.2	13.0	19.6	58.7
35-39岁	41	7.3	2.4	9.8	26.8	53.7
40-44岁	30	3.3	0.0	13.3	10.0	73.3
45-49岁	13	0.0	0.0	0.0	15.4	84.6
50岁以上	29	3.4	6.9	3.4	13.8	72.4

● 重庆（Chongqing）

	人数	1周3次以上	1周1次左右	1个月2或3次左右	1个月1次或以下	没有吃
样本	**599**	**2.5**	**7.5**	**10.7**	**10.4**	**68.9**
男性	**307**	**0.7**	**7.2**	**10.1**	**9.8**	**72.3**
16-19岁	43	0.0	4.7	23.3	16.3	55.8
20-24岁	52	1.9	9.6	5.8	15.4	67.3
25-29岁	43	0.0	4.7	11.6	4.7	79.1
30-34岁	38	0.0	5.3	5.3	13.2	76.3
35-39岁	39	0.0	20.5	2.6	2.6	74.4
40-44岁	30	3.3	3.3	26.7	10.0	56.7
45-49岁	25	0.0	8.0	0.0	12.0	80.0
50岁以上	37	0.0	0.0	5.4	2.7	91.9
女性	**292**	**4.5**	**7.9**	**11.3**	**11.0**	**65.4**
16-19岁	43	9.3	20.9	20.9	9.3	39.5
20-24岁	53	3.8	5.7	18.9	15.1	56.6
25-29岁	32	0.0	0.0	9.4	25.0	65.6
30-34岁	33	6.1	3.0	9.1	9.1	72.7
35-39岁	35	5.7	11.4	8.6	2.9	71.4
40-44岁	32	9.4	12.5	9.4	12.5	56.3
45-49岁	27	0.0	0.0	3.7	11.1	85.2
50岁以上	37	0.0	5.4	2.7	2.7	89.2

7-7 样本总体、男性各年龄层、女性各年龄层购买时的考虑因素 / Considerations in Purchasing by the Whole Sample, Age and Gender Groups

注：本题为多选题，合计百分比超过 100%（Multiple answers）

● 北京（Beijing）

	人数	有名的牌子	价格适中	包装吸引人	广告影响	购买方便	口味好	生产日期
样本	**309**	**41.4**	**30.1**	**6.1**	**9.1**	**15.2**	**80.6**	**11.7**
男性	**127**	**40.9**	**29.9**	**7.9**	**6.3**	**14.2**	**76.4**	**10.2**
16-19 岁	13	23.1	46.2	23.1	0.0	7.7	84.6	7.7
20-24 岁	18	27.8	16.7	5.6	11.1	16.7	83.3	16.7
25-29 岁	16	43.8	25.0	6.3	12.5	6.3	68.8	6.3
30-34 岁	21	42.9	9.5	14.3	0.0	4.8	71.4	0.0
35-39 岁	18	44.4	33.3	11.1	11.1	22.2	72.2	11.1
40-44 岁	17	41.2	35.3	0.0	11.8	11.8	82.4	11.8
45-49 岁	13	53.8	30.8	0.0	0.0	38.5	69.2	15.4
50 岁以上	11	54.5	63.6	0.0	0.0	9.1	81.8	18.2
女性	**182**	**41.8**	**30.2**	**4.9**	**11.0**	**15.9**	**83.5**	**12.6**
16-19 岁	19	31.6	15.8	5.3	15.8	5.3	84.2	10.5
20-24 岁	18	38.9	22.2	5.6	11.1	22.2	72.2	5.6
25-29 岁	25	44.0	24.0	0.0	12.0	8.0	92.0	8.0
30-34 岁	29	48.3	20.7	0.0	6.9	20.7	86.2	17.2
35-39 岁	31	29.0	35.5	6.5	9.7	25.8	77.4	22.6
40-44 岁	24	54.2	33.3	12.5	12.5	16.7	91.7	8.3
45-49 岁	12	41.7	58.3	0.0	25.0	8.3	75.0	8.3
50 岁以上	24	45.8	41.7	8.3	4.2	12.5	83.3	12.5

续上表（continued）

	人数	有优惠条件	售货员介绍	朋友推荐	单位发的	别人送的	只是由于习惯	其他
样本	**309**	**0.0**	**1.3**	**1.9**	**0.0**	**5.2**	**5.5**	**0.6**
男性	**127**	**0.0**	**1.6**	**3.9**	**0.0**	**4.7**	**6.3**	**0.8**
16-19 岁	13	0.0	0.0	0.0	0.0	7.7	15.4	0.0
20-24 岁	18	0.0	0.0	16.7	0.0	5.6	5.6	0.0
25-29 岁	16	0.0	6.3	6.3	0.0	6.3	0.0	0.0
30-34 岁	21	0.0	4.8	4.8	0.0	0.0	9.5	4.8
35-39 岁	18	0.0	0.0	0.0	0.0	11.1	0.0	0.0
40-44 岁	17	0.0	0.0	0.0	0.0	5.9	5.9	0.0
45-49 岁	13	0.0	0.0	0.0	0.0	0.0	15.4	0.0
50 岁以上	11	0.0	0.0	0.0	0.0	0.0	0.0	0.0
女性	**182**	**0.0**	**1.1**	**0.5**	**0.0**	**5.5**	**4.9**	**0.5**
16-19 岁	19	0.0	0.0	0.0	0.0	5.3	5.3	0.0
20-24 岁	18	0.0	0.0	0.0	0.0	5.6	5.6	5.6
25-29 岁	25	0.0	0.0	0.0	0.0	8.0	4.0	0.0
30-34 岁	29	0.0	0.0	0.0	0.0	3.4	3.4	0.0
35-39 岁	31	0.0	3.2	0.0	0.0	6.5	3.2	0.0
40-44 岁	24	0.0	0.0	4.2	0.0	8.3	0.0	0.0
45-49 岁	12	0.0	0.0	0.0	0.0	0.0	8.3	0.0
50 岁以上	24	0.0	4.2	0.0	0.0	4.2	12.5	0.0

● 上海（Shanghai）

	人数	有名的牌子	价格适中	包装吸引人	广告影响	购买方便	口味好	生产日期
样本	**276**	**38.8**	**30.8**	**10.1**	**13.0**	**13.0**	**80.1**	**14.5**
男性	**127**	**39.4**	**37.8**	**14.2**	**14.2**	**16.5**	**75.6**	**11.0**
16-19 岁	14	42.9	14.3	14.3	35.7	14.3	78.6	7.1
20-24 岁	17	35.3	23.5	23.5	23.5	5.9	82.4	0.0
25-29 岁	15	20.0	53.3	6.7	20.0	13.3	80.0	0.0
30-34 岁	18	44.4	38.9	16.7	11.1	5.6	72.2	5.6
35-39 岁	23	47.8	43.5	8.7	8.7	30.4	69.6	17.4
40-44 岁	14	28.6	50.0	21.4	0.0	7.1	71.4	35.7
45-49 岁	13	53.8	30.8	15.4	7.7	30.8	84.6	15.4
50 岁以上	13	38.5	46.2	7.7	7.7	23.1	69.2	7.7
女性	**149**	**38.3**	**24.8**	**6.7**	**12.1**	**10.1**	**83.9**	**17.4**
16-19 岁	22	31.8	27.3	4.5	9.1	4.5	100.0	31.8
20-24 岁	22	18.2	18.2	4.5	9.1	9.1	95.5	22.7
25-29 岁	17	41.2	23.5	5.9	17.6	0.0	70.6	11.8
30-34 岁	31	35.5	19.4	6.5	19.4	9.7	87.1	16.1
35-39 岁	21	57.1	19.0	14.3	14.3	0.0	76.2	9.5
40-44 岁	14	42.9	35.7	7.1	7.1	28.6	85.7	21.4
45-49 岁	9	44.4	44.4	0.0	0.0	22.2	77.8	11.1
50 岁以上	13	46.2	30.8	7.7	7.7	23.1	61.5	7.7

续上表（continued）

	人数	有优惠条件	售货员介绍	朋友推荐	单位发的	别人送的	只是由于习惯	其他
样本	**276**	**0.4**	**0.7**	**1.4**	**0.7**	**3.3**	**2.5**	**0.7**
男性	**127**	**0.0**	**0.8**	**1.6**	**0.8**	**1.6**	**2.4**	**1.6**
16-19 岁	14	0.0	0.0	0.0	7.1	7.1	0.0	0.0
20-24 岁	17	0.0	5.9	0.0	0.0	0.0	11.8	5.9
25-29 岁	15	0.0	0.0	6.7	0.0	0.0	6.7	0.0
30-34 岁	18	0.0	0.0	0.0	0.0	0.0	0.0	0.0
35-39 岁	23	0.0	0.0	0.0	0.0	0.0	0.0	0.0
40-44 岁	14	0.0	0.0	0.0	0.0	7.1	0.0	0.0
45-49 岁	13	0.0	0.0	7.7	0.0	0.0	0.0	0.0
50 岁以上	13	0.0	0.0	0.0	0.0	0.0	0.0	7.7
女性	**149**	**0.7**	**0.7**	**1.3**	**0.7**	**4.7**	**2.7**	**0.0**
16-19 岁	22	0.0	0.0	9.1	0.0	0.0	0.0	0.0
20-24 岁	22	0.0	0.0	0.0	0.0	4.5	0.0	0.0
25-29 岁	17	0.0	0.0	0.0	0.0	11.8	5.9	0.0
30-34 岁	31	3.2	3.2	0.0	0.0	6.5	0.0	0.0
35-39 岁	21	0.0	0.0	0.0	0.0	0.0	0.0	0.0
40-44 岁	14	0.0	0.0	0.0	7.1	0.0	0.0	0.0
45-49 岁	9	0.0	0.0	0.0	0.0	11.1	22.2	0.0
50 岁以上	13	0.0	0.0	0.0	0.0	7.7	7.7	0.0

● 广州（Guangzhou）

	人数	有名的牌子	价格适中	包装吸引人	广告影响	购买方便	口味好	生产日期
样本	**216**	**33.8**	**23.1**	**10.6**	**10.6**	**17.6**	**71.3**	**16.2**
男性	**78**	**39.7**	**24.4**	**12.8**	**11.5**	**20.5**	**71.8**	**17.9**
16-19 岁	12	33.3	16.7	33.3	33.3	0.0	66.7	8.3
20-24 岁	9	33.3	22.2	22.2	11.1	22.2	77.8	11.1
25-29 岁	10	60.0	20.0	10.0	10.0	30.0	70.0	10.0
30-34 岁	10	60.0	20.0	20.0	0.0	10.0	80.0	30.0
35-39 岁	11	45.5	27.3	0.0	9.1	18.2	63.6	9.1
40-44 岁	8	37.5	25.0	0.0	12.5	25.0	75.0	37.5
45-49 岁	8	37.5	50.0	0.0	0.0	25.0	50.0	25.0
50 岁以上	10	10.0	20.0	10.0	10.0	40.0	90.0	20.0
女性	**138**	**30.4**	**22.5**	**9.4**	**10.1**	**15.9**	**71.0**	**15.2**
16-19 岁	30	23.3	23.3	6.7	13.3	6.7	86.7	3.3
20-24 岁	27	29.6	22.2	14.8	11.1	14.8	66.7	11.1
25-29 岁	25	28.0	16.0	12.0	4.0	20.0	80.0	24.0
30-34 岁	19	36.8	26.3	10.5	10.5	26.3	63.2	21.1
35-39 岁	19	31.6	36.8	5.3	5.3	21.1	42.1	10.5
40-44 岁	8	37.5	0.0	12.5	25.0	12.5	75.0	12.5
45-49 岁	2	50.0	0.0	0.0	0.0	0.0	100.0	50.0
50 岁以上	8	37.5	25.0	0.0	12.5	12.5	75.0	37.5

续上表（continued）

	人数	有优惠条件	售货员介绍	朋友推荐	单位发的	别人送的	只是由于习惯	其他
样本	**216**	**1.4**	**0.5**	**4.6**	**0.0**	**8.8**	**5.1**	**0.9**
男性	**78**	**0.0**	**1.3**	**1.3**	**0.0**	**5.1**	**2.6**	**2.6**
16-19 岁	12	0.0	0.0	0.0	0.0	16.7	0.0	0.0
20-24 岁	9	0.0	0.0	0.0	0.0	0.0	11.1	0.0
25-29 岁	10	0.0	0.0	0.0	0.0	0.0	10.0	10.0
30-34 岁	10	0.0	0.0	0.0	0.0	10.0	0.0	0.0
35-39 岁	11	0.0	9.1	0.0	0.0	0.0	0.0	0.0
40-44 岁	8	0.0	0.0	0.0	0.0	0.0	0.0	12.5
45-49 岁	8	0.0	0.0	0.0	0.0	12.5	0.0	0.0
50 岁以上	10	0.0	0.0	10.0	0.0	0.0	0.0	0.0
女性	**138**	**2.2**	**0.0**	**6.5**	**0.0**	**10.9**	**6.5**	**0.0**
16-19 岁	30	0.0	0.0	10.0	0.0	23.3	10.0	0.0
20-24 岁	27	3.7	0.0	11.1	0.0	11.1	7.4	0.0
25-29 岁	25	4.0	0.0	4.0	0.0	12.0	0.0	0.0
30-34 岁	19	0.0	0.0	0.0	0.0	0.0	10.5	0.0
35-39 岁	19	5.3	0.0	5.3	0.0	0.0	5.3	0.0
40-44 岁	8	0.0	0.0	12.5	0.0	12.5	0.0	0.0
45-49 岁	2	0.0	0.0	0.0	0.0	0.0	50.0	0.0
50 岁以上	8	0.0	0.0	0.0	0.0	12.5	0.0	0.0

● 重庆（Chongqing）

	人数	有名的牌子	价格适中	包装吸引人	广告影响	购买方便	口味好	生产日期
样本	**187**	**26.7**	**25.7**	**10.2**	**4.8**	**18.7**	**72.7**	**16.6**
男性	**86**	**33.7**	**27.9**	**5.8**	**4.7**	**20.9**	**70.9**	**19.8**
16-19 岁	19	31.6	15.8	5.3	5.3	15.8	100.0	10.5
20-24 岁	18	38.9	11.1	11.1	11.1	5.6	66.7	22.2
25-29 岁	9	55.6	22.2	0.0	0.0	0.0	55.6	33.3
30-34 岁	9	22.2	33.3	0.0	11.1	44.4	66.7	33.3
35-39 岁	10	50.0	50.0	0.0	0.0	20.0	80.0	20.0
40-44 岁	13	23.1	38.5	7.7	0.0	46.2	53.8	7.7
45-49 岁	5	20.0	40.0	0.0	0.0	40.0	60.0	20.0
50 岁以上	3	0.0	66.7	33.3	0.0	0.0	33.3	33.3
女性	**101**	**20.8**	**23.8**	**13.9**	**5.0**	**16.8**	**74.3**	**13.9**
16-19 岁	26	23.1	23.1	7.7	0.0	15.4	76.9	7.7
20-24 岁	23	30.4	13.0	26.1	4.3	13.0	69.6	13.0
25-29 岁	11	36.4	27.3	9.1	18.2	9.1	72.7	18.2
30-34 岁	9	11.1	22.2	11.1	22.2	0.0	44.4	0.0
35-39 岁	10	10.0	50.0	20.0	0.0	0.0	80.0	10.0
40-44 岁	14	7.1	21.4	14.3	0.0	50.0	78.6	28.6
45-49 岁	4	0.0	0.0	0.0	0.0	25.0	100.0	0.0
50 岁以上	4	25.0	50.0	0.0	0.0	25.0	100.0	50.0

续上表（continued）

	人数	有优惠条件	售货员介绍	朋友推荐	单位发的	别人送的	只是由于习惯	其他
样本	**187**	**0.5**	**1.6**	**5.3**	**0.0**	**3.7**	**6.4**	**0.0**
男性	**86**	**1.2**	**1.2**	**4.7**	**0.0**	**2.3**	**4.7**	**0.0**
16-19 岁	19	0.0	0.0	5.3	0.0	0.0	5.3	0.0
20-24 岁	18	0.0	5.6	5.6	0.0	0.0	0.0	0.0
25-29 岁	9	0.0	0.0	11.1	0.0	0.0	22.2	0.0
30-34 岁	9	0.0	0.0	0.0	0.0	22.2	0.0	0.0
35-39 岁	10	0.0	0.0	10.0	0.0	0.0	0.0	0.0
40-44 岁	13	7.7	0.0	0.0	0.0	0.0	0.0	0.0
45-49 岁	5	0.0	0.0	0.0	0.0	0.0	20.0	0.0
50 岁以上	3	0.0	0.0	0.0	0.0	0.0	0.0	0.0
女性	**101**	**0.0**	**2.0**	**5.9**	**0.0**	**5.0**	**7.9**	**0.0**
16-19 岁	26	0.0	0.0	3.8	0.0	11.5	11.5	0.0
20-24 岁	23	0.0	0.0	17.4	0.0	0.0	4.3	0.0
25-29 岁	11	0.0	0.0	9.1	0.0	0.0	9.1	0.0
30-34 岁	9	0.0	11.1	0.0	0.0	11.1	11.1	0.0
35-39 岁	10	0.0	0.0	0.0	0.0	0.0	10.0	0.0
40-44 岁	14	0.0	7.1	0.0	0.0	0.0	0.0	0.0
45-49 岁	4	0.0	0.0	0.0	0.0	25.0	0.0	0.0
50 岁以上	4	0.0	0.0	0.0	0.0	0.0	25.0	0.0

7-8 样本总体、男性各年龄层、女性各年龄层的品牌习惯 / Brand Habit in Consuming Chocolate by the Whole Sample, Age and Gender Groups

注：1=固定食用一个牌子，从不更改（Used in only one brand）
2=比较固定地食用--两个牌子，有时会变一下（Used in one or two brands）
3=基本上没有固定哪个牌子，随机购买/食用（No brand preference）

● 北京（Beijing）

	人数	1	2	3
样本	**309**	**17.5**	**57.0**	**25.6**
男性	**127**	**18.9**	**55.1**	**26.0**
16-19 岁	13	7.7	61.5	30.8
20-24 岁	18	22.2	33.3	44.4
25-29 岁	16	18.8	56.3	25.0
30-34 岁	21	14.3	47.6	38.1
35-39 岁	18	27.8	50.0	22.2
40-44 岁	17	23.5	64.7	11.8
45-49 岁	13	30.8	53.8	15.4
50 岁以上	11	0.0	90.9	9.1
女性	**182**	**16.5**	**58.2**	**25.3**
16-19 岁	19	21.1	57.9	21.1
20-24 岁	18	11.1	72.2	16.7
25-29 岁	25	12.0	68.0	20.0
30-34 岁	29	17.2	51.7	31.0
35-39 岁	31	12.9	51.6	35.5
40-44 岁	24	20.8	62.5	16.7
45-49 岁	12	0.0	66.7	33.3
50 岁以上	24	29.2	45.8	25.0

● 上海（Shanghai）

	人数	1	2	3
样本	**275**	**16.7**	**59.3**	**24.0**
男性	**127**	**13.4**	**59.8**	**26.8**
16-19 岁	14	14.3	64.3	21.4
20-24 岁	17	11.8	41.2	47.1
25-29 岁	15	6.7	80.0	13.3
30-34 岁	18	11.1	72.2	16.7
35-39 岁	22	27.3	45.5	27.3
40-44 岁	15	6.7	53.3	40.0
45-49 岁	13	15.4	76.9	7.7
50 岁以上	13	7.7	53.8	38.5
女性	**148**	**19.6**	**58.8**	**21.6**
16-19 岁	22	22.7	50.0	27.3
20-24 岁	22	9.1	68.2	22.7
25-29 岁	17	35.3	41.2	23.5
30-34 岁	30	23.3	50.0	26.7
35-39 岁	21	9.5	76.2	14.3
40-44 岁	14	14.3	64.3	21.4
45-49 岁	9	22.2	66.7	11.1
50 岁以上	13	23.1	61.5	15.4

● 广州（Guangzhou）

	人数	1	2	3
样本	**215**	**9.8**	**46.5**	**43.7**
男性	**78**	**11.5**	**50.0**	**38.5**
16-19 岁	12	0.0	50.0	50.0
20-24 岁	9	11.1	55.6	33.3
25-29 岁	10	20.0	40.0	40.0
30-34 岁	10	20.0	60.0	20.0
35-39 岁	11	9.1	54.5	36.4
40-44 岁	8	0.0	50.0	50.0
45-49 岁	8	0.0	37.5	62.5
50 岁以上	10	30.0	50.0	20.0
女性	**137**	**8.8**	**44.5**	**46.7**
16-19 岁	30	16.7	36.7	46.7
20-24 岁	27	3.7	51.9	44.4
25-29 岁	25	4.0	48.0	48.0
30-34 岁	18	5.6	66.7	27.8
35-39 岁	19	15.8	31.6	52.6
40-44 岁	8	0.0	37.5	62.5
45-49 岁	2	0.0	0.0	100.0
50 岁以上	8	12.5	37.5	50.0

● 重庆（Chongqing）

	人数	1	2	3
样本	**185**	**16.8**	**46.5**	**36.8**
男性	**84**	**16.7**	**50.0**	**33.3**
16-19 岁	19	15.8	63.2	21.1
20-24 岁	16	12.5	31.3	56.3
25-29 岁	9	22.2	66.7	11.1
30-34 岁	9	11.1	44.4	44.4
35-39 岁	10	20.0	40.0	40.0
40-44 岁	13	23.1	53.8	23.1
45-49 岁	5	20.0	60.0	20.0
50 岁以上	3	0.0	33.3	66.7
女性	**101**	**16.8**	**43.6**	**39.6**
16-19 岁	26	23.1	34.6	42.3
20-24 岁	23	17.4	47.8	34.8
25-29 岁	11	0.0	45.5	54.5
30-34 岁	9	22.2	44.4	33.3
35-39 岁	10	20.0	40.0	40.0
40-44 岁	14	21.4	35.7	42.9
45-49 岁	4	0.0	100.0	0.0
50 岁以上	4	0.0	50.0	50.0

7-9 样本总体、男性各年龄层、女性各年龄层的食用种类 / Types of the Consumed Chocolate by the Whole Sample, Age and Gender Groups

注：本题为多选题，合计百分比超过 100%（Multiple answers）

● 北京（Beijing）

	人数	原味/黑巧克力	牛奶	果仁	薄荷	果味	威化	巧克力豆
样本	**309**	**36.9**	**32.7**	**46.9**	**1.3**	**4.9**	**20.1**	**13.3**
男性	**127**	**34.6**	**34.6**	**40.2**	**1.6**	**7.9**	**18.9**	**7.9**
16-19 岁	13	53.8	30.8	38.5	0.0	0.0	23.1	0.0
20-24 岁	18	27.8	44.4	61.1	5.6	0.0	22.2	0.0
25-29 岁	16	18.8	31.3	43.8	0.0	12.5	25.0	12.5
30-34 岁	21	9.5	52.4	38.1	0.0	0.0	9.5	9.5
35-39 岁	18	38.9	16.7	38.9	0.0	16.7	16.7	22.2
40-44 岁	17	35.3	23.5	35.3	5.9	11.8	23.5	0.0
45-49 岁	13	38.5	46.2	30.8	0.0	15.4	15.4	15.4
50 岁以上	11	81.8	27.3	27.3	0.0	9.1	18.2	0.0
女性	**182**	**38.5**	**31.3**	**51.6**	**1.1**	**2.7**	**20.9**	**17.0**
16-19 岁	19	47.4	21.1	47.4	0.0	0.0	21.1	5.3
20-24 岁	18	22.2	44.4	61.1	0.0	5.6	11.1	5.6
25-29 岁	25	52.0	24.0	64.0	4.0	0.0	28.0	8.0
30-34 岁	29	44.8	31.0	44.8	0.0	0.0	10.3	27.6
35-39 岁	31	35.5	35.5	51.6	3.2	6.5	19.4	16.1
40-44 岁	24	37.5	37.5	45.8	0.0	4.2	29.2	12.5
45-49 岁	12	33.3	25.0	41.7	0.0	0.0	25.0	41.7
50 岁以上	24	29.2	29.2	54.2	0.0	4.2	25.0	25.0

● 上海（Shanghai）

	人数	原味/黑巧克力	牛奶	果仁	薄荷	果味	威化	巧克力豆
样本	**275**	**46.2**	**46.5**	**34.2**	**3.6**	**4.7**	**10.5**	**8.4**
男性	**126**	**39.7**	**46.8**	**34.9**	**4.8**	**6.3**	**9.5**	**11.9**
16-19 岁	14	50.0	57.1	42.9	14.3	0.0	0.0	7.1
20-24 岁	17	58.8	41.2	29.4	5.9	0.0	5.9	5.9
25-29 岁	14	57.1	50.0	28.6	0.0	7.1	7.1	0.0
30-34 岁	18	33.3	38.9	55.6	0.0	5.6	5.6	16.7
35-39 岁	23	26.1	52.2	26.1	0.0	17.4	8.7	17.4
40-44 岁	15	20.0	53.3	33.3	6.7	13.3	13.3	13.3
45-49 岁	13	53.8	30.8	30.8	15.4	0.0	7.7	15.4
50 岁以上	12	25.0	50.0	33.3	0.0	0.0	33.3	16.7
女性	**149**	**51.7**	**46.3**	**33.6**	**2.7**	**3.4**	**11.4**	**5.4**
16-19 岁	22	45.5	50.0	36.4	4.5	4.5	18.2	0.0
20-24 岁	22	59.1	40.9	27.3	9.1	0.0	9.1	9.1
25-29 岁	17	52.9	47.1	29.4	0.0	0.0	11.8	0.0
30-34 岁	31	61.3	35.5	19.4	0.0	3.2	12.9	9.7
35-39 岁	21	52.4	57.1	47.6	0.0	0.0	4.8	0.0
40-44 岁	14	35.7	42.9	57.1	0.0	7.1	21.4	21.4
45-49 岁	9	44.4	55.6	22.2	0.0	11.1	11.1	0.0
50 岁以上	13	46.2	53.8	38.5	7.7	7.7	0.0	0.0

● 广州（Guangzhou）

	人数	原味/黑巧克力	牛奶	果仁	薄荷	果味	威化	巧克力豆
样本	**213**	**30.0**	**40.4**	**41.3**	**7.5**	**5.6**	**14.1**	**12.2**
男性	**76**	**32.9**	**35.5**	**39.5**	**7.9**	**5.3**	**15.8**	**11.8**
16-19 岁	11	45.5	36.4	36.4	9.1	0.0	9.1	18.2
20-24 岁	9	44.4	33.3	22.2	22.2	11.1	11.1	11.1
25-29 岁	10	40.0	30.0	60.0	20.0	10.0	10.0	10.0
30-34 岁	9	33.3	33.3	44.4	0.0	0.0	22.2	0.0
35-39 岁	11	27.3	27.3	54.5	9.1	9.1	18.2	0.0
40-44 岁	8	25.0	37.5	12.5	0.0	0.0	37.5	37.5
45-49 岁	8	12.5	50.0	62.5	0.0	0.0	12.5	0.0
50 岁以上	10	30.0	40.0	20.0	0.0	10.0	10.0	20.0
女性	**137**	**28.5**	**43.1**	**42.3**	**7.3**	**5.8**	**13.1**	**12.4**
16-19 岁	30	30.0	40.0	40.0	13.3	3.3	26.7	13.3
20-24 岁	27	25.9	51.9	37.0	3.7	7.4	11.1	3.7
25-29 岁	25	12.0	48.0	48.0	8.0	4.0	16.0	12.0
30-34 岁	19	26.3	47.4	42.1	0.0	15.8	5.3	15.8
35-39 岁	19	36.8	42.1	36.8	0.0	5.3	10.5	21.1
40-44 岁	8	50.0	25.0	50.0	12.5	0.0	0.0	12.5
45-49 岁	2	0.0	100.0	100.0	0.0	0.0	0.0	0.0
50 岁以上	7	57.1	0.0	42.9	28.6	0.0	0.0	14.3

● 重庆（Chongqing）

	人数	原味/黑巧克力	牛奶	果仁	薄荷	果味	威化	巧克力豆
样本	**187**	**38.5**	**31.6**	**29.9**	**3.2**	**9.6**	**11.2**	**18.7**
男性	**86**	**36.0**	**30.2**	**29.1**	**3.5**	**8.1**	**15.1**	**15.1**
16-19 岁	19	31.6	47.4	21.1	0.0	5.3	5.3	5.3
20-24 岁	18	27.8	16.7	44.4	5.6	22.2	22.2	11.1
25-29 岁	9	33.3	33.3	33.3	0.0	0.0	0.0	11.1
30-34 岁	9	44.4	11.1	44.4	0.0	0.0	22.2	44.4
35-39 岁	10	30.0	50.0	40.0	10.0	0.0	10.0	20.0
40-44 岁	13	38.5	30.8	7.7	7.7	7.7	30.8	15.4
45-49 岁	5	60.0	0.0	20.0	0.0	0.0	20.0	20.0
50 岁以上	3	66.7	33.3	0.0	0.0	33.3	0.0	0.0
女性	**101**	**40.6**	**32.7**	**30.7**	**3.0**	**10.9**	**7.9**	**21.8**
16-19 岁	26	42.3	38.5	30.8	3.8	11.5	3.8	15.4
20-24 岁	23	56.5	8.7	26.1	8.7	13.0	8.7	26.1
25-29 岁	11	54.5	36.4	54.5	0.0	9.1	0.0	9.1
30-34 岁	9	22.2	22.2	11.1	0.0	22.2	22.2	66.7
35-39 岁	10	20.0	50.0	40.0	0.0	10.0	10.0	10.0
40-44 岁	14	21.4	50.0	21.4	0.0	0.0	14.3	28.6
45-49 岁	4	50.0	25.0	25.0	0.0	0.0	0.0	0.0
50 岁以上	4	50.0	50.0	50.0	0.0	25.0	0.0	0.0

7-10 样本总体、男性各年龄层、女性各年龄层的食用场合 / Settings of Consumption by the Whole Sample, Age and Gender Groups

注：本题为多选题，合计百分比超过 100%（ Multiple answers ）

● 北京（ Beijing ）

	人数	平时闲着时	加班时	招待客人	肚子饿时	郊游、外出时	其他
样本	**309**	**69.3**	**3.9**	**13.6**	**25.6**	**26.2**	**2.3**
男性	**127**	**66.9**	**5.5**	**18.1**	**18.1**	**23.6**	**1.6**
16-19 岁	13	69.2	15.4	7.7	23.1	30.8	0.0
20-24 岁	18	61.1	0.0	11.1	22.2	33.3	5.6
25-29 岁	16	75.0	0.0	18.8	6.3	12.5	6.3
30-34 岁	21	66.7	4.8	14.3	4.8	28.6	0.0
35-39 岁	18	83.3	5.6	16.7	11.1	22.2	0.0
40-44 岁	17	47.1	5.9	11.8	41.2	17.6	0.0
45-49 岁	13	76.9	0.0	15.4	23.1	30.8	0.0
50 岁以上	11	54.5	18.2	63.6	18.2	9.1	0.0
女性	**182**	**70.9**	**2.7**	**10.4**	**30.8**	**28.0**	**2.7**
16-19 岁	19	63.2	0.0	10.5	21.1	42.1	5.3
20-24 岁	18	66.7	11.1	5.6	27.8	22.2	5.6
25-29 岁	25	84.0	0.0	8.0	48.0	24.0	0.0
30-34 岁	29	75.9	0.0	10.3	27.6	13.8	6.9
35-39 岁	31	64.5	3.2	6.5	25.8	29.0	3.2
40-44 岁	24	70.8	4.2	16.7	37.5	25.0	0.0
45-49 岁	12	75.0	0.0	8.3	25.0	33.3	0.0
50 岁以上	24	66.7	4.2	16.7	29.2	41.7	0.0

● 上海（ Shanghai ）

	人数	平时闲着时	加班时	招待客人	肚子饿时	郊游、外出时	其他
样本	**277**	**77.6**	**2.9**	**15.5**	**18.1**	**22.4**	**2.2**
男性	**128**	**73.4**	**3.1**	**18.0**	**17.2**	**21.9**	**1.6**
16-19 岁	14	85.7	7.1	0.0	7.1	50.0	0.0
20-24 岁	17	82.4	0.0	0.0	23.5	11.8	0.0
25-29 岁	15	86.7	0.0	26.7	6.7	13.3	0.0
30-34 岁	18	61.1	0.0	33.3	22.2	16.7	0.0
35-39 岁	23	65.2	4.3	26.1	8.7	30.4	0.0
40-44 岁	15	60.0	13.3	6.7	33.3	26.7	0.0
45-49 岁	13	76.9	0.0	15.4	30.8	7.7	7.7
50 岁以上	13	76.9	0.0	30.8	7.7	15.4	7.7
女性	**149**	**81.2**	**2.7**	**13.4**	**18.8**	**22.8**	**2.7**
16-19 岁	22	86.4	0.0	18.2	9.1	36.4	0.0
20-24 岁	22	90.9	0.0	4.5	22.7	13.6	4.5
25-29 岁	17	70.6	5.9	11.8	11.8	23.5	11.8
30-34 岁	31	80.6	6.5	9.7	25.8	12.9	0.0
35-39 岁	21	95.2	0.0	4.8	19.0	23.8	0.0
40-44 岁	14	85.7	0.0	14.3	21.4	35.7	0.0
45-49 岁	9	66.7	0.0	11.1	22.2	33.3	11.1
50 岁以上	13	53.8	7.7	46.2	15.4	15.4	0.0

● 广州（Guangzhou）

	人数	平时闲着时	加班时	招待客人	肚子饿时	郊游、外出时	其他
样本	**215**	**78.1**	**1.4**	**13.0**	**14.0**	**26.0**	**3.3**
男性	**78**	**74.4**	**2.6**	**16.7**	**12.8**	**24.4**	**3.8**
16-19 岁	12	91.7	0.0	8.3	0.0	25.0	0.0
20-24 岁	9	66.7	11.1	11.1	11.1	22.2	0.0
25-29 岁	10	60.0	10.0	30.0	20.0	30.0	0.0
30-34 岁	10	80.0	0.0	10.0	10.0	40.0	0.0
35-39 岁	11	81.8	0.0	18.2	18.2	9.1	9.1
40-44 岁	8	37.5	0.0	0.0	25.0	37.5	12.5
45-49 岁	8	87.5	0.0	37.5	0.0	12.5	12.5
50 岁以上	10	80.0	0.0	20.0	20.0	20.0	0.0
女性	**137**	**80.3**	**0.7**	**10.9**	**14.6**	**27.0**	**2.9**
16-19 岁	30	90.0	0.0	10.0	26.7	30.0	0.0
20-24 岁	27	77.8	3.7	7.4	25.9	22.2	3.7
25-29 岁	25	80.0	0.0	4.0	4.0	28.0	0.0
30-34 岁	19	73.7	0.0	10.5	10.5	26.3	10.5
35-39 岁	18	72.2	0.0	5.6	5.6	33.3	0.0
40-44 岁	8	75.0	0.0	25.0	0.0	25.0	0.0
45-49 岁	2	100.0	0.0	100.0	0.0	0.0	0.0
50 岁以上	8	87.5	0.0	25.0	12.5	25.0	12.5

● 重庆（Chongqing）

	人数	平时闲着时	加班时	招待客人	肚子饿时	郊游、外出时	其他
样本	**186**	**75.3**	**1.6**	**9.7**	**11.3**	**29.0**	**1.1**
男性	**85**	**68.2**	**3.5**	**10.6**	**9.4**	**31.8**	**1.2**
16-19 岁	18	72.2	5.6	0.0	5.6	33.3	0.0
20-24 岁	18	72.2	11.1	16.7	11.1	27.8	0.0
25-29 岁	9	77.8	0.0	11.1	11.1	22.2	0.0
30-34 岁	9	77.8	0.0	0.0	11.1	44.4	0.0
35-39 岁	10	70.0	0.0	0.0	20.0	30.0	0.0
40-44 岁	13	53.8	0.0	23.1	0.0	38.5	0.0
45-49 岁	5	60.0	0.0	20.0	20.0	40.0	0.0
50 岁以上	3	33.3	0.0	33.3	0.0	0.0	33.3
女性	**101**	**81.2**	**0.0**	**8.9**	**12.9**	**26.7**	**1.0**
16-19 岁	26	92.3	0.0	0.0	23.1	26.9	0.0
20-24 岁	23	78.3	0.0	13.0	8.7	34.8	0.0
25-29 岁	11	72.7	0.0	18.2	9.1	9.1	9.1
30-34 岁	9	88.9	0.0	11.1	0.0	33.3	0.0
35-39 岁	10	80.0	0.0	10.0	10.0	10.0	0.0
40-44 岁	14	71.4	0.0	7.1	14.3	35.7	0.0
45-49 岁	4	75.0	0.0	0.0	0.0	25.0	0.0
50 岁以上	4	75.0	0.0	25.0	25.0	25.0	0.0

7-11 重度消费者的人口分布 / Demographics of the Heavy Consumers

● 北京（Beijing）

	人数	16-19 岁	20-24 岁	25-29 岁	30-34 岁	35-39 岁	40-44 岁	45-49 岁	50 岁以上
样本	**103**	**7.8**	**5.8**	**13.6**	**14.6**	**20.4**	**16.5**	**9.7**	**11.7**
男性	**48**	**10.4**	**8.3**	**12.5**	**16.7**	**12.5**	**16.7**	**12.5**	**10.4**
1 周 3 次以上	14	7.1	21.4	0.0	14.3	14.3	14.3	28.6	0.0
1 周 1 次左右	34	11.8	2.9	17.6	17.6	11.8	17.6	5.9	14.7
女性	**55**	**5.5**	**3.6**	**14.5**	**12.7**	**27.3**	**16.4**	**7.3**	**12.7**
1 周 3 次以上	15	0.0	6.7	13.3	13.3	13.3	13.3	6.7	33.3
1 周 1 次左右	40	7.5	2.5	15.0	12.5	32.5	17.5	7.5	5.0

● 上海（Shanghai）

	人数	16-19 岁	20-24 岁	25-29 岁	30-34 岁	35-39 岁	40-44 岁	45-49 岁	50 岁以上
样本	**81**	**16.0**	**9.9**	**7.4**	**16.0**	**18.5**	**11.1**	**12.3**	**8.6**
男性	**36**	**16.7**	**5.6**	**8.3**	**13.9**	**22.2**	**8.3**	**16.7**	**8.3**
1 周 3 次以上	14	14.3	7.1	14.3	0.0	21.4	7.1	28.6	7.1
1 周 1 次左右	22	18.2	4.5	4.5	22.7	22.7	9.1	9.1	9.1
女性	**45**	**15.6**	**13.3**	**6.7**	**17.8**	**15.6**	**13.3**	**8.9**	**8.9**
1 周 3 次以上	12	25.0	16.7	0.0	25.0	16.7	8.3	0.0	8.3
1 周 1 次左右	33	12.1	12.1	9.1	15.2	15.2	15.2	12.1	9.1

● 广州（Guangzhou）

	人数	16-19 岁	20-24 岁	25-29 岁	30-34 岁	35-39 岁	40-44 岁	45-49 岁	50 岁以上
样本	**61**	**24.6**	**14.8**	**21.3**	**16.4**	**11.5**	**1.6**	**0.0**	**9.8**
男性	**23**	**17.4**	**8.7**	**21.7**	**26.1**	**13.0**	**0.0**	**0.0**	**13.0**
1 周 3 次以上	7	0.0	0.0	28.6	42.9	14.3	0.0	0.0	14.3
1 周 1 次左右	16	25.0	12.5	18.8	18.8	12.5	0.0	0.0	12.5
女性	**38**	**28.9**	**18.4**	**21.1**	**10.5**	**10.5**	**2.6**	**0.0**	**7.9**
1 周 3 次以上	13	23.1	7.7	7.7	23.1	23.1	7.7	0.0	7.7
1 周 1 次左右	25	32.0	24.0	28.0	4.0	4.0	0.0	0.0	8.0

● 重庆（Chongqing）

	人数	16-19 岁	20-24 岁	25-29 岁	30-34 岁	35-39 岁	40-44 岁	45-49 岁	50 岁以上
样本	**60**	**25.0**	**18.3**	**3.3**	**8.3**	**23.3**	**15.0**	**3.3**	**3.3**
男性	**24**	**8.3**	**25.0**	**8.3**	**8.3**	**33.3**	**8.3**	**8.3**	**0.0**
1 周 3 次以上	2	0.0	50.0	0.0	0.0	0.0	50.0	0.0	0.0
1 周 1 次左右	22	9.1	22.7	9.1	9.1	36.4	4.5	9.1	0.0
女性	**36**	**36.1**	**13.9**	**0.0**	**8.3**	**16.7**	**19.4**	**0.0**	**5.6**
1 周 3 次以上	13	30.8	15.4	0.0	15.4	15.4	23.1	0.0	0.0
1 周 1 次左右	23	39.1	13.0	0.0	4.3	17.4	17.4	0.0	8.7

7-12 关于北京消费群 / The Beijing Market Segments

7-12-1 不同消费群最常用品牌 / The Most Frequently Consumed Brands by Market Segments

	人数	第一品牌及百分比	第二品牌及百分比	第三品牌及百分比
样本	**306**	**德芙 39.9**	**吉百利 18.3**	**义利 16.3**
第一消费群	77	德芙 41.6	义利 16.9	吉百利 13.0
第二消费群	45	德芙 44.4	吉百利 17.8	金帝 6.7 奇巧 6.7 金莎 6.7
第三消费群	55	德芙 29.1	义利 25.5	吉百利 20.0
第四消费群	3	德芙 100.0		
第五消费群	70	德芙 50.0	吉百利 22.9	义利 8.6
第六消费群	56	德芙 28.6	义利 26.8	吉百利 19.6

7-12-2 重度消费者的消费群构成 / The Composition of the Heavy Consumers

	人数	第一消费群	第二消费群	第三消费群	第四消费群	第五消费群	第六消费群
样本	**103**	**23.3**	**15.5**	**23.3**	**1.9**	**14.6**	**21.4**
1 周 3 次以上	29	20.7	17.2	13.8	3.4	13.8	31.0
1 周 1 次左右	74	24.3	14.9	27.0	1.4	14.9	17.6

注：北京消费群的代表特征 / Characteristics of the Beijing Market Segments

		第一消费群	第二消费群	第三消费群	第四消费群	第五消费群	第六消费群
基本情况	性别	女	男	无明显偏向	男	无明显偏向	女
	年龄	30 — 34 岁	25 — 29 岁	35 — 44 岁	无明显偏向	16 — 24 岁	45 岁以上
	学历	大专/大本	大本	初中	大本及研究生	高中/中专/技校	初中及以下
	职业	科教卫生人员	一般企业职员	工人	管理人员/专门职业从事者/个体及私营企业主	学生	离退休人员
	月均收入	801 — 1500 元	1501 — 4000 元	800 元以下	4000 元以上	无收入	800 元以下
	婚姻	已婚	无明显偏向	已婚	已婚或离异	未婚	已婚
心理取向		注重学历 非积极进取	不循规传统 非单一电视娱乐	非田园倾向 新女性主张 金钱本位	注重经验 大男子主义 不保守稳定	非“大男子主义” 追随流行	非“新女性主张” 非浪漫新潮 单一电视娱乐

7-13 关于上海消费群 / The Shanghai Market Segments

7-13-1 不同消费群最常用品牌 / The Most Frequently Consumed Brands by Market Segments

	人数	第一品牌及百分比	第二品牌及百分比	第三品牌及百分比
样本	**265**	**德芙 45.3**	**申丰 15.8**	**金帝 7.2**
第一消费群	49	德芙 36.7	申丰 22.4	金帝 6.1 吉百利 6.1 上儿 6.1
第二消费群	43	德芙 53.5	申丰 7.0 金帝 7.0	玛氏 4.7 上儿 4.7 好时 4.7
第三消费群	5	德芙 60.0	上儿 20.0 申丰 20.0	
第四消费群	49	德芙 36.7	申丰 20.4	上儿 8.2
第五消费群	47	德芙 46.8	好时 12.8	申丰 10.6 吉百利 10.6
第六消费群	72	德芙 50.0	申丰 16.7	金帝 12.5

7-13-2 重度消费者的消费群构成 / The Composition of the Heavy Consumers

	人数	第一消费群	第二消费群	第三消费群	第四消费群	第五消费群	第六消费群
样本	**81**	**21.0**	**9.9**	**1.2**	**17.3**	**17.3**	**33.3**
1 周 3 次以上	26	26.9	7.7	3.8	11.5	15.4	34.6
1 周 1 次左右	55	18.2	10.9	0.0	20.0	18.2	32.7

注：上海消费群的代表特征 / Characteristics of the Shanghai Market Segments

		第一消费群	第二消费群	第三消费群	第四消费群	第五消费群	第六消费群
基本情况	性别	无明显偏向	男	男	女	女	无明显偏向
	年龄	45 岁以上	20 — 29 岁	25 — 34 岁	35 — 44 岁	16 — 24 岁	30 — 39 岁
	学历	大本及以上	大专/大本	大专	初中及以下	高中/中专/技校	高中/中专/技校
	职业	科教卫生人员/离退休人员	一般企业职员	行政管理人员/个体及私营企业主/专门职业从事者	工人/下岗人员	学生	一般企业职员
	月均收入	801 — 1500 元	1001 — 3000 元	3000 元以上	800 元以下	无收入	1001 — 2000 元
	婚姻	已婚	未婚	未婚	已婚	未婚	已婚
心理取向		非浪漫时尚 非金钱本位 保守稳定	非家庭重心 田园倾向 休闲独立	不保守稳定 奔波忙碌 浪漫时尚	金钱本位 家庭重心 注重学历	新家庭观念 非休闲独立	不积极进取 不奔波忙碌

7-14 关于广州消费群 / The Guangzhou Market Segments

7-14-1 不同消费群最常用品牌 / The Most Frequently Consumed Brands by Market Segments

	人数	第一品牌及百分比	第二品牌及百分比	第三品牌及百分比
样本	**206**	**金莎 27.7**	**德芙 25.2**	**玛氏 11.2**
第一消费群	46	德芙 34.8	金莎 23.9	玛氏 10.9
第二消费群	25	金莎 40.0	德芙 12.0 玛氏 12.0	自力 4.0 雀巢 4.0
第三消费群	43	金莎 32.6 德芙 32.6	玛氏 7.0	雀巢 4.7 瑞士三角 4.7 上海 4.7
第四消费群	29	金莎 31.0	德芙 24.1	玛氏 6.9
第五消费群	38	金莎 23.7	玛氏 15.8	德芙 10.5
第六消费群	25	德芙 32.0	金莎 16.0 玛氏 16.0	雀巢 4.0 飞鹰 4.0 瑞士莲 4.0 五羊 4.0 金帝 4.0 瑞士鹰牌 4.0

7-14-2 重度消费者的消费群构成 / The Composition of the Heavy Consumers

	人数	第一消费群	第二消费群	第三消费群	第四消费群	第五消费群	第六消费群
样本	**61**	**27.9**	**13.1**	**13.1**	**9.8**	**21.3**	**14.8**
1 周 3 次以上	20	20.0	15.0	5.0	15.0	35.0	10.0
1 周 1 次左右	41	31.7	12.2	17.1	7.3	14.6	17.1

注：广州消费群的代表特征 / Characteristics of the Guangzhou Market Segments

		第一消费群	第二消费群	第三消费群	第四消费群	第五消费群	第六消费群
基本情况	性别	女	无明显偏向	女	男	女	男
	年龄	16 — 19 岁	40 岁以上	20 — 24 岁	35 — 44 岁	30 — 34 岁	25 — 29 岁
	学历	高中/中专/技校	无明显偏向	高中/中专/技校/大专	初中/高中/中专/技校	初中及以下	大专及以上
	职业	学生	工人	学生/待业人员	个体及私营企业主	家庭主妇	企业职员/管理人员/科教卫生人员/专门职业者
	月均收入	无收入	1500 元以下	无收入	801 — 1500 元	800 元以下	2000 元以上
	婚姻	未婚	已婚	未婚	已婚	已婚	无明显偏向
心理取向		不固守中式生活 田园倾向 非大男子主义	非新女性主张 不追随流行 非积极进取	独立自主 追随流行	积极进取 大男子主义 中式生活	单一电视娱乐 非独立自主 保守稳定	非单一电视娱乐 非家庭重心

7-15 关于重庆消费群 / The Chongqing Market Segments

7-15-1 不同消费群最常用品牌 / The Most Frequently Consumed Brands by Market Segments

	人数	第一品牌及百分比	第二品牌及百分比	第三品牌及百分比
样本	**182**	**金帝 38.5**	**德芙 15.9**	**黑马 2.2**
第一消费群	61	金帝 45.9	德芙 19.7	长城 3.3
第二消费群	25	金帝 28.0	德芙 12.0	吉百利 4.0 义利 4.0 金莎 4.0
第三消费群	41	金帝 51.2	德芙 19.5	嘎小子 2.4 金莎 2.4 义利 2.4
第四消费群	10	黑马 20.0	德芙 10.0 金帝 10.0	
第五消费群	35	金帝 25.7	德芙 11.4	黑马 5.7
第六消费群	10	金帝 40.0	德芙 10.0 威莎 10.0 雅士利 10.0	

7-15-2 重度消费者的消费群构成 / The Composition of the Heavy Consumers

	人数	第一消费群	第二消费群	第三消费群	第四消费群	第五消费群	第六消费群
样本	**60**	**33.3**	**16.7**	**18.3**	**8.3**	**20.0**	**3.3**
1 周 3 次以上	15	40.0	0.0	13.3	20.0	20.0	6.7
1 周 1 次左右	45	31.1	22.2	20.0	4.4	20.0	2.2

注：重庆消费群的代表特征 / Characteristics of the Chongqing Market Segments

		第一消费群	第二消费群	第三消费群	第四消费群	第五消费群	第六消费群
基本情况	性别	无明显偏向	无明显偏向	无明显偏向	无明显偏向	无明显偏向	女
	年龄	16 — 19 岁	45 岁以上	20 — 29 岁	30 — 34 岁	40 岁以上	25 — 29 岁
	学历	高中/中专/技校	高中/中专/技校	大专/大本	高中/中专/技校/大本以上	初中及以下	初中
	职业	学生	行政管理人员/离退休人员	科教卫生人员/一般企业职员	个体及私营企业主	工人	专门职业从事者下岗及其他
	月均收入	无收入	501 — 800 元	801 — 1500 元	1500 元以上	500 元以下	1001 — 1500 元
	婚姻	未婚	已婚	无明显偏向	已婚	已婚	已婚或离异
心理取向		浪漫新潮 注重学历 非现实家庭观	循规传统 奔波忙碌 保守稳定	新女性主张 非功利心态	功利心态 现实家庭观 都市情结	非浪漫新潮 非独立休闲	非新女性主张 不循规传统 独立休闲

8 营养保健品 / Nutrition and Health Products

8-1 样本家庭最近三个月有无购买的比例 / Proportion of the Sample Purchasing These Products in the Last Three Months

	北京（Beijing）	上海（Shanghai）	广州（Guangzhou）	重庆（Chongqing）
买过	24.9	32.0	28.2	17.3
没买过	75.1	68.0	71.8	82.7
有效样本量	**599**	**600**	**600**	**600**

8-2 样本最近三个月有无食用的比例 / Proportion of the Sample Consuming These Products in the Last Three Months

	北京（Beijing）	上海（Shanghai）	广州（Guangzhou）	重庆（Chongqing）
喝过	19.2	23.6	22.6	13.0
没喝过	80.8	76.4	77.4	87.0
有效样本量	**598**	**598**	**597**	**600**

8-3 最常用品牌排名 / Ranking of the Most Frequently Consumed Brands

● 北京（Beijing）

排名	品 牌		人数	百分比
1	三株口服液	3 Strain	9	8.3
2	天狮高钙素	Tianshigaogaisu	6	5.5
3	中华乌鸡精	Zhong Hua Black Cock Essence	4	3.7
3	太太口服液	Taita	4	3.7
5	太阳神口服液	Apollo	3	2.8
5	北京蜂王浆	Beijing Royal Jelly	3	2.8
5	芦荟矿物晶	Luhuikuangwujing	3	2.8
5	多灵多	Dolindo	3	2.8
5	白兰氏	Brand's	3	2.8

n=109

● 上海（Shanghai）

排名	品 牌		人数	百分比
1	昂立 1 号	Only One	39	28.1
2	鹰牌西洋参	Eagle's	10	7.2
3	太阳神口服液	Apollo	8	5.8
4	太太口服液	Taita	7	5.0
4	给你美口服液	Bonny Boon	7	5.0
4	敖东安神补脑液	Aodong	7	5.0
7	高博特盐水瓶口服液	COBTT	6	4.3
8	施尔康	Theragran	5	3.6
8	上药牌珍珠粉	Shang Yao	5	3.6

n=139

● 广州（Guangzhou）

排名	品 牌		人数	百分比
1	太阳神口服液	Apollo	40	30.5
2	自然饮	Ziranyin	13	9.9
3	白兰氏	Brand's	11	8.4
4	太太口服液	Taita	9	6.9
5	生命 1 号	Shengmingyihao	5	3.8
5	鹰牌西洋参	Eagle's	5	3.8

n=131

● 重庆（Chongqing）

排名	品 牌		人数	百分比
1	三勒浆	Sanlejiang	7	9.1
2	三株口服液	3 Strain	6	7.8
3	田田珍珠口服液	Tiantian	5	6.5
4	太太口服液	Taita	4	5.2
5	美媛春口服液	Meiyuanchun	3	3.9
5	御苁蓉	Yucongrong	3	3.9

n=77

8-4 理想品牌排名 / Ranking of the Ideal Brands

● 北京（Beijing）

排名	品牌		人数	百分比
1	三株口服液	3 Strain	24	4.0
2	多灵多	Dolindo	11	1.8
3	太阳神口服液	Apollo	10	1.7
4	中华鳖精	Chinese Turtle Essence	8	1.3
5	太太口服液	Taita	7	1.2
5	天狮高钙素	Tianshigaigaisu	7	1.2
5	白兰氏	Brand's	7	1.2
8	三鸣养生王	Sanming	6	1.0

n=600

● 上海（Shanghai）

排名	品牌		人数	百分比
1	昂立 1 号	Only One	133	22.2
2	白兰氏	Brand's	35	5.8
3	太阳神口服液	Apollo	26	4.3
4	鹰牌西洋参	Eagle's	22	3.7
5	三株口服液	3 Strain	21	3.5
6	太太口服液	Taita	20	3.3
7	上药牌珍珠粉	Shang Yao	17	2.8
8	朵而胶囊	Duoer	13	2.2
9	高博特盐水瓶口服液	COBTT	11	1.8
9	神象人参	Shengxiang	11	1.8

n=600

● 广州（Guangzhou）

排名	品牌		人数	百分比
1	太阳神口服液	Apollo	91	15.2
2	白兰氏	Brand's	29	4.8
3	自然饮	Ziranyin	21	3.5
4	太太口服液	Taita	15	2.5
5	红桃 K	Hongtao K	13	2.2
6	生命 1 号	Shengmingyihao	9	1.5
7	三株口服液	3 Strain	8	1.3
8	美媛春口服液	Meiyuanchun	6	1.0
8	生命核能	Shengmingheneng	6	1.0

n=600

● 重庆（Chongqing）

排名	品牌		人数	百分比
1	三株口服液	3 Strain	25	4.2
2	红桃 K	Honhtao K	17	2.8
3	田田珍珠口服液	Tiantian	12	2.0
4	美媛春口服液	Meiyuanchun	10	1.7
5	太阳神口服液	Apollo	9	1.5
6	太太口服液	Taita	8	1.3
7	三勒浆	Sanlejiang	6	1.0

n=600

8-5 样本总体、男性各年龄层、女性各年龄层的理想品牌 / The Ideal Brands by the Whole Sample, Age and Gender Groups

● 北京（Beijing）

	人数	第一品牌及百分比		第二品牌及百分比	
样本	**600**	**三株口服液 4.0**		**多灵多 1.8**	
男性	**298**	**三株口服液 3.7**		**三鸣养生王 1.7**	
16-19 岁	26	三株口服液 15.4		中华鳖精 7.7	
20-24 岁	36	天狮高钙素 5.6		三株口服液 2.8	北京蜂王浆 2.8
				芬格欣 2.8	
				隆力奇纯蛇粉 2.8	鹰牌西洋参 2.8
25-29 岁	41	中华鳖精 4.9		太阳神口服液 2.4	北京蜂王浆 2.4
				天赐康 2.4	
				白兰氏 2.4	荣昌钙+D 2.4
30-34 岁	47	三鸣养生王 4.3		三株口服液 2.1	天狮高钙素 2.1
				白兰氏 2.1	巨人 2.1
35-39 岁	43	三株口服液 9.3		三鸣养生王 2.3	精灵鱼 2.3
				忘不了 2.3	
40-44 岁	42	太阳神口服液 2.4	中华乌鸡精 2.4		
		芦荟矿物晶 2.4	多灵多 2.4		
		华夏一宝 2.4	忘不了 2.4		
45-49 岁	24	10+8 4.2	绿宝 4.2		
50 岁以上	39	太阳神口服液 2.6	三株口服液 2.6		
		三鸣养生王 2.6	北京蜂王浆 2.6		
		天狮高钙素 2.6			
		阿尔发 2.6	钙奇尔 2.6		
		总统 2.6			
女性	**302**	**三株口服液 4.3**		**太太口服液 2.3**	
16-19 岁	23	多灵多 17.4		三株口服液 8.7	
20-24 岁	35	三株口服液 5.7	中华鳖精 5.7		
		同仁乌鸡白凤口服液 5.7			
25-29 岁	36	中华乌鸡精 5.6	太太口服液 5.6		
30-34 岁	49	太阳神口服液 6.1		三株口服液 4.1	芬格欣 4.1
35-39 岁	45	三株口服液 4.4	多灵多 4.4		
40-44 岁	40	太太口服液 7.5		三株口服液 5.0	
45-49 岁	26	多灵多 7.7		太阳神口服液 3.8	太太口服液 3.8
				仙妮蕾德 3.8	
				龙牡壮骨冲剂 3.8	深海鱼油 3.8
50 岁以上	48	三株口服液 6.3		芦荟矿物晶 4.2	

● 上海（Shanghai）

	人数	第一品牌及百分比	第二品牌及百分比
样本	**600**	**昂立1号 22.2**	**白兰氏 5.8**
男性	**307**	**昂立1号 24.1**	**白兰氏 5.9**
16-19岁	22	昂立1号 18.2	太阳神口服液 9.1 三株口服液 9.1 养生堂龟鳖丸 9.1 鹰牌西洋参 9.1
20-24岁	34	昂立1号 14.7	白兰氏 5.9 中华鳖精 5.9
25-29岁	42	昂立1号 19.0	太阳神口服液 7.1 三株口服液 7.1
30-34岁	56	昂立1号 14.3	白兰氏 7.1
35-39岁	51	昂立1号 37.3	太阳神口服液 5.9
40-44岁	31	昂立1号 22.6	太阳神口服液 9.7 三株口服液 9.7
45-49岁	26	昂立1号 38.5	白兰氏 7.7
50岁以上	45	昂立1号 28.9	白兰氏 6.7 神象人参 6.7
女性	**293**	**昂立1号 20.1**	**白兰氏 5.8 太太口服液 5.8**
16-19岁	24	太阳神口服液 12.5 昂立1号 12.5 太阳神猴头菇 12.5	白兰氏 8.3 鹰牌西洋参 8.3
20-24岁	32	朵而胶囊 21.9	昂立1号 15.6
25-29岁	37	太阳神口服液 8.1 昂立1号 8.1	隆力奇纯蛇粉 5.4 白兰氏 5.4 太太口服液 5.4
30-34岁	50	昂立1号 18.0	上药牌珍珠粉 16.0
35-39岁	44	昂立1号 25.0	太太口服液 9.1
40-44岁	35	昂立1号 31.4	太太口服液 5.7 神象人参 5.7
45-49岁	23	昂立1号 30.4	高博特盐水瓶口服液 8.7
50岁以上	48	昂立1号 20.8	白兰氏 8.3 鹰牌西洋参 8.3

● 广州（Guangzhou）

	人数	第一品牌及百分比				第二品牌及百分比			
样本	**600**	**太阳神口服液**	**15.2**			**白兰氏**	**4.8**		
男性	**282**	**太阳神口服液**	**17.7**			**白兰氏**	**4.6**		
16-19 岁	30	太阳神口服液	16.7			白兰氏	6.7	生命 1 号	6.7
20-24 岁	36	太阳神口服液	8.3	白兰氏	8.3	自然饮	5.6		
25-29 岁	35	太阳神口服液	37.1			三株口服液	2.9	白兰氏	2.9
						东阿阿胶	2.9	敖东安神补脑液	2.9
30-34 岁	34	太阳神口服液	14.7			自然饮	8.8		
35-39 岁	40	太阳神口服液	15.0			红桃 K	5.0		
40-44 岁	41	太阳神口服液	14.6			生命 1 号	4.9		
45-49 岁	26	白兰氏	15.4			太阳神口服液	11.5		
50 岁以上	40	太阳神口服液	22.5			自然饮	5.0		
女性	**318**	**太阳神口服液**	**12.9**			**白兰氏**	**5.0**		
16-19 岁	50	太阳神口服液	12.0			白兰氏	8.0		
20-24 岁	46	太阳神口服液	15.2			太太口服液	8.7		
25-29 岁	63	太阳神口服液	11.1			太太口服液	7.9		
30-34 岁	46	太阳神口服液	8.7			太太口服液	6.5		
35-39 岁	41	太阳神口服液	19.5			自然饮	4.9		
40-44 岁	30	自然饮	10.0			生命核能	6.7		
45-49 岁	13	太阳神口服液	23.1			中一健胃膏	7.7	白兰氏	7.7
						自然饮	7.7		
						美媛春口服液	7.7	红桃 K	7.7
50 岁以上	29	太阳神口服液	17.2			福寿仙	6.9		

● 重庆（Chongqing）

	人数	第一品牌及百分比				第二品牌及百分比			
样本	**600**	**三株口服液**	**4.2**			**红桃 K**	**2.8**		
男性	**308**	**三株口服液**	**4.5**			**红桃 K**	**1.9**		
16-19 岁	43	三株口服液	9.3	三勒浆	1.9	三勒浆	7.0		
20-24 岁	53	田田珍珠口服液	1.9	红桃 K	1.9				
		天狮高钙素	1.9	三株口服液	1.9				
		蜂王牌蜂王浆	1.9						
25-29 岁	43	田田珍珠口服液	6.7			三株口服液	4.0		
30-34 岁	38	太阳神口服液	2.8	红桃 K	2.8	美媛春口服液	1.4	三株口服液	1.4
						太太口服液	1.4	中华乌鸡精	1.4
35-39 岁	39	三株口服液	5.4			美媛春口服液	4.1		
40-44 岁	30	红桃 K	4.8			三株口服液	3.2		
45-49 岁	25	三株口服液	9.6			田田珍珠口服液	5.8		
50 岁以上	37	红桃 K	5.4			三株口服液	2.7	无限极	2.7
女性	**292**	**三株口服液**	**3.8**	**红桃 K**	**3.8**	**田田珍珠口服液**	**3.4**		
16-19 岁	43	美媛春口服液	4.7	红桃 K	4.7				
		三株口服液	4.7	太阳神口服液	4.7				
20-24 岁	53	美媛春口服液	3.8	太太口服液	3.8				
		田田珍珠口服液	3.8						
25-29 岁	32	田田珍珠口服液	12.5			三株口服液	6.3		
30-34 岁	33	红桃 K	6.1			美媛春口服液	3.0	太太口服液	3.0
						三株口服液	3.0		
35-39 岁	35	美媛春口服液	8.6			太太口服液	5.7		
40-44 岁	32	红桃 K	6.3			太阳神口服液	3.1	太太口服液	3.1
						三勒浆	3.1		
45-49 岁	27	三株口服液	14.8			田田珍珠口服液	11.1		
50 岁以上	37	红桃 K	5.4			田田珍珠口服液	2.7	天狮高钙素	2.7
						中华鳖精	2.7	无限极	2.7

8-6 所食用营养保健品的主要来源 / Sources of the Consumed Nutrition and Health Products

● 北京（Beijing）

	人数	百分比
自己买的	88	76.5
单位发的	3	2.6
别人送的	22	19.1
其他	2	1.7

n=115

● 上海（Shanghai）

	人数	百分比
自己买的	124	88.6
单位发的	2	1.4
别人送的	12	8.6
其他	2	1.4

n=140

● 广州（Guangzhou）

	人数	百分比
自己买的	119	88.1
单位发的	3	2.2
别人送的	9	6.7
其他	4	3.0

n=135

● 重庆（Chongqing）

	人数	百分比
自己买的	61	78.2
单位发的	3	3.8
别人送的	12	15.4
其他	2	2.6

n=78

8-7 样本总体、男性各年龄层、女性各年龄层购买时的考虑因素 / Considerations in Purchasing by the Whole Sample, Age and Gender Groups

注：本题为多选题，合计百分比超过 100%（ Multiple answers ）

● 北京（ Beijing ）

	人数	有名的牌子	价格适中	包装吸引人	广告影响	购买方便	功能
样本	**114**	**29.8**	**28.1**	**2.6**	**12.3**	**12.3**	**54.4**
男性	**41**	**34.1**	**24.4**	**0.0**	**17.1**	**14.6**	**51.2**
16-19 岁	5	40.0	20.0	0.0	0.0	0.0	40.0
20-24 岁	3	0.0	33.3	0.0	33.3	0.0	33.3
25-29 岁	3	33.3	33.3	0.0	0.0	0.0	100.0
30-34 岁	6	50.0	16.7	0.0	33.3	0.0	50.0
35-39 岁	2	0.0	0.0	0.0	0.0	100.0	50.0
40-44 岁	7	57.1	28.6	0.0	28.6	28.6	14.3
45-49 岁	5	40.0	0.0	0.0	0.0	0.0	20.0
50 岁以上	10	20.0	40.0	0.0	20.0	20.0	90.0
女性	**73**	**27.4**	**30.1**	**4.1**	**9.6**	**11.0**	**56.2**
16-19 岁	5	0.0	0.0	0.0	0.0	0.0	100.0
20-24 岁	6	66.7	33.3	0.0	33.3	0.0	50.0
25-29 岁	8	25.0	25.0	12.5	12.5	12.5	62.5
30-34 岁	13	15.4	7.7	7.7	7.7	15.4	38.5
35-39 岁	8	25.0	25.0	12.5	12.5	25.0	37.5
40-44 岁	5	20.0	0.0	0.0	0.0	20.0	80.0
45-49 岁	12	33.3	50.0	0.0	8.3	0.0	66.7
50 岁以上	16	31.3	56.3	0.0	6.3	12.5	50.0

续上表（ continued ）

	人数	有优惠条件	售货员介绍	朋友推荐	单位发的	别人送的	只是由于习惯	其他
样本	**114**	**4.4**	**3.5**	**15.8**	**1.8**	**14.9**	**4.4**	**3.5**
男性	**41**	**7.3**	**0.0**	**12.2**	**2.4**	**14.6**	**2.4**	**2.4**
16-19 岁	5	0.0	0.0	20.0	0.0	40.0	0.0	0.0
20-24 岁	3	33.3	0.0	0.0	0.0	33.3	0.0	33.3
25-29 岁	3	0.0	0.0	0.0	0.0	0.0	0.0	0.0
30-34 岁	6	16.7	0.0	33.3	0.0	16.7	0.0	0.0
35-39 岁	2	50.0	0.0	0.0	50.0	0.0	0.0	0.0
40-44 岁	7	0.0	0.0	14.3	0.0	0.0	14.3	0.0
45-49 岁	5	0.0	0.0	0.0	0.0	40.0	0.0	0.0
50 岁以上	10	0.0	0.0	10.0	0.0	0.0	0.0	0.0
女性	**73**	**2.7**	**5.5**	**17.8**	**1.4**	**15.1**	**5.5**	**4.1**
16-19 岁	5	0.0	0.0	0.0	0.0	40.0	0.0	0.0
20-24 岁	6	0.0	0.0	16.7	16.7	16.7	0.0	0.0
25-29 岁	8	0.0	12.5	25.0	0.0	0.0	0.0	12.5
30-34 岁	13	0.0	7.7	38.5	0.0	7.7	7.7	7.7
35-39 岁	8	0.0	12.5	0.0	0.0	12.5	25.0	0.0
40-44 岁	5	0.0	0.0	0.0	0.0	40.0	0.0	0.0
45-49 岁	12	8.3	8.3	25.0	0.0	16.7	0.0	0.0
50 岁以上	16	6.3	0.0	12.5	0.0	12.5	6.3	6.3

● 上海（Shanghai）

	人数	有名的牌子	价格适中	包装吸引人	广告影响	购买方便	功能
样本	**141**	**36.2**	**31.9**	**4.3**	**22.0**	**13.5**	**58.9**
男性	**68**	**38.2**	**35.3**	**1.5**	**25.0**	**11.8**	**61.8**
16-19 岁	4	25.0	25.0	0.0	50.0	0.0	100.0
20-24 岁	3	0.0	33.3	0.0	33.3	33.3	66.7
25-29 岁	10	30.0	40.0	0.0	30.0	10.0	60.0
30-34 岁	14	35.7	50.0	0.0	14.3	21.4	50.0
35-39 岁	6	33.3	33.3	0.0	0.0	16.7	66.7
40-44 岁	5	80.0	60.0	0.0	20.0	0.0	40.0
45-49 岁	9	55.6	22.2	0.0	44.4	22.2	66.7
50 岁以上	17	35.3	23.5	5.9	23.5	0.0	64.7
女性	**73**	**34.2**	**28.8**	**6.8**	**19.2**	**15.1**	**56.2**
16-19 岁	3	33.3	33.3	0.0	33.3	0.0	100.0
20-24 岁	7	28.6	42.9	0.0	0.0	0.0	57.1
25-29 岁	5	40.0	60.0	20.0	20.0	0.0	40.0
30-34 岁	13	30.8	15.4	7.7	23.1	7.7	61.5
35-39 岁	8	75.0	12.5	12.5	37.5	12.5	50.0
40-44 岁	9	22.2	55.6	0.0	11.1	33.3	66.7
45-49 岁	9	22.2	33.3	0.0	33.3	0.0	77.8
50 岁以上	19	31.6	15.8	10.5	10.5	31.6	36.8

续上表（continued）

	人数	有优惠条件	售货员介绍	朋友推荐	单位发的	别人送的	只是由于习惯	其他
样本	**141**	**5.7**	**2.8**	**12.1**	**1.4**	**4.3**	**7.1**	**2.8**
男性	**68**	**5.9**	**2.9**	**10.3**	**1.5**	**5.9**	**2.9**	**1.5**
16-19 岁	4	0.0	0.0	25.0	0.0	0.0	0.0	0.0
20-24 岁	3	33.3	0.0	0.0	0.0	0.0	0.0	0.0
25-29 岁	10	0.0	10.0	0.0	10.0	10.0	0.0	0.0
30-34 岁	14	14.3	0.0	7.1	0.0	0.0	7.1	0.0
35-39 岁	6	0.0	0.0	16.7	0.0	0.0	0.0	0.0
40-44 岁	5	0.0	0.0	0.0	0.0	0.0	0.0	0.0
45-49 岁	9	0.0	0.0	22.2	0.0	11.1	11.1	0.0
50 岁以上	17	5.9	5.9	11.8	0.0	11.8	0.0	5.9
女性	**73**	**5.5**	**2.7**	**13.7**	**1.4**	**2.7**	**11.0**	**4.1**
16-19 岁	3	0.0	0.0	33.3	0.0	0.0	0.0	0.0
20-24 岁	7	0.0	14.3	0.0	0.0	0.0	14.3	0.0
25-29 岁	5	0.0	0.0	0.0	0.0	0.0	0.0	20.0
30-34 岁	13	7.7	0.0	7.7	0.0	0.0	15.4	0.0
35-39 岁	8	25.0	0.0	25.0	0.0	0.0	0.0	0.0
40-44 岁	9	11.1	0.0	0.0	0.0	0.0	33.3	0.0
45-49 岁	9	0.0	0.0	11.1	0.0	22.2	11.1	0.0
50 岁以上	19	0.0	5.3	26.3	5.3	0.0	5.3	10.5

● 广州（Guangzhou）

	人数	有名的牌子	价格适中	包装吸引人	广告影响	购买方便	功能
样本	**136**	**38.2**	**21.3**	**1.5**	**14.7**	**16.2**	**61.0**
男性	**48**	**39.6**	**31.3**	**2.1**	**20.8**	**20.8**	**50.0**
16-19 岁	3	33.3	33.3	0.0	0.0	33.3	66.7
20-24 岁	6	50.0	16.7	16.7	16.7	16.7	50.0
25-29 岁	7	42.9	28.6	0.0	42.9	14.3	57.1
30-34 岁	6	50.0	33.3	0.0	33.3	16.7	33.3
35-39 岁	9	33.3	55.6	0.0	0.0	22.2	55.6
40-44 岁	3	33.3	0.0	0.0	33.3	66.7	100.0
45-49 岁	5	20.0	40.0	0.0	0.0	40.0	20.0
50 岁以上	9	44.4	22.2	0.0	33.3	0.0	44.4
女性	**88**	**37.5**	**15.9**	**1.1**	**11.4**	**13.6**	**67.0**
16-19 岁	14	28.6	14.3	0.0	28.6	0.0	92.9
20-24 岁	8	12.5	0.0	12.5	12.5	0.0	75.0
25-29 岁	25	32.0	12.0	0.0	20.0	24.0	64.0
30-34 岁	13	53.8	30.8	0.0	0.0	15.4	61.5
35-39 岁	8	62.5	25.0	0.0	0.0	0.0	62.5
40-44 岁	7	28.6	14.3	0.0	0.0	42.9	57.1
45-49 岁	5	40.0	0.0	0.0	0.0	0.0	40.0
50 岁以上	8	50.0	25.0	0.0	0.0	12.5	62.5

续上表（continued）

	人数	有优惠条件	售货员介绍	朋友推荐	单位发的	别人送的	只是由于习惯	其他
样本	**136**	**3.7**	**0.0**	**15.4**	**1.5**	**3.7**	**4.4**	**5.1**
男性	**48**	**2.1**	**0.0**	**12.5**	**2.1**	**0.0**	**2.1**	**2.1**
16-19 岁	3	0.0	0.0	0.0	0.0	0.0	0.0	0.0
20-24 岁	6	0.0	0.0	16.7	0.0	0.0	0.0	16.7
25-29 岁	7	0.0	0.0	14.3	14.3	0.0	0.0	0.0
30-34 岁	6	0.0	0.0	50.0	0.0	0.0	0.0	0.0
35-39 岁	9	0.0	0.0	11.1	0.0	0.0	0.0	0.0
40-44 岁	3	0.0	0.0	0.0	0.0	0.0	0.0	0.0
45-49 岁	5	20.0	0.0	0.0	0.0	0.0	0.0	0.0
50 岁以上	9	0.0	0.0	0.0	0.0	0.0	11.1	0.0
女性	**88**	**4.5**	**0.0**	**17.0**	**1.1**	**5.7**	**5.7**	**6.8**
16-19 岁	14	0.0	0.0	14.3	7.1	7.1	7.1	0.0
20-24 岁	8	0.0	0.0	12.5	0.0	25.0	0.0	12.5
25-29 岁	25	0.0	0.0	28.0	0.0	4.0	12.0	8.0
30-34 岁	13	0.0	0.0	7.7	0.0	0.0	0.0	7.7
35-39 岁	8	12.5	0.0	12.5	0.0	0.0	0.0	0.0
40-44 岁	7	14.3	0.0	0.0	0.0	0.0	14.3	0.0
45-49 岁	5	40.0	0.0	20.0	0.0	20.0	0.0	20.0
50 岁以上	8	0.0	0.0	25.0	0.0	0.0	0.0	12.5

● 重庆（Chongqing）

	人数	有名的牌子	价格适中	包装吸引人	广告影响	购买方便	功能
样本	**78**	**24.4**	**20.5**	**1.3**	**21.8**	**9.0**	**51.3**
男性	**36**	**22.2**	**25.0**	**0.0**	**22.2**	**13.9**	**44.4**
16-19 岁	6	0.0	33.3	0.0	66.7	33.3	50.0
20-24 岁	4	25.0	0.0	0.0	0.0	0.0	0.0
25-29 岁	5	60.0	20.0	0.0	0.0	0.0	60.0
30-34 岁	3	33.3	33.3	0.0	33.3	0.0	33.3
35-39 岁	7	14.3	0.0	0.0	28.6	28.6	57.1
40-44 岁	2	50.0	50.0	0.0	0.0	0.0	50.0
45-49 岁	4	25.0	25.0	0.0	0.0	25.0	50.0
50 岁以上	5	0.0	60.0	0.0	20.0	0.0	40.0
女性	**42**	**26.2**	**16.7**	**2.4**	**21.4**	**4.8**	**57.1**
16-19 岁	6	16.7	16.7	0.0	33.3	16.7	83.3
20-24 岁	7	14.3	14.3	0.0	28.6	0.0	42.9
25-29 岁	5	0.0	20.0	0.0	20.0	20.0	80.0
30-34 岁	4	75.0	0.0	0.0	25.0	0.0	50.0
35-39 岁	5	20.0	20.0	20.0	20.0	0.0	20.0
40-44 岁	3	66.7	33.3	0.0	0.0	0.0	33.3
45-49 岁	4	25.0	0.0	0.0	25.0	0.0	50.0
50 岁以上	8	25.0	25.0	0.0	12.5	0.0	75.0

续上表（continued）

	人数	有优惠条件	售货员介绍	朋友推荐	单位发的	别人送的	只是由于习惯	其他
样本	**78**	**2.6**	**5.1**	**14.1**	**5.1**	**9.0**	**7.7**	**1.3**
男性	**36**	**5.6**	**8.3**	**16.7**	**2.8**	**11.1**	**8.3**	**0.0**
16-19 岁	6	0.0	16.7	0.0	0.0	0.0	0.0	0.0
20-24 岁	4	0.0	0.0	50.0	0.0	50.0	0.0	0.0
25-29 岁	5	0.0	0.0	20.0	0.0	0.0	60.0	0.0
30-34 岁	3	0.0	0.0	33.3	0.0	33.3	0.0	0.0
35-39 岁	7	0.0	14.3	14.3	14.3	0.0	0.0	0.0
40-44 岁	2	50.0	0.0	0.0	0.0	0.0	0.0	0.0
45-49 岁	4	25.0	0.0	0.0	0.0	0.0	0.0	0.0
50 岁以上	5	0.0	20.0	20.0	0.0	20.0	0.0	0.0
女性	**42**	**0.0**	**2.4**	**11.9**	**7.1**	**7.1**	**7.1**	**2.4**
16-19 岁	6	0.0	0.0	0.0	0.0	0.0	0.0	0.0
20-24 岁	7	0.0	0.0	14.3	0.0	14.3	0.0	0.0
25-29 岁	5	0.0	0.0	20.0	20.0	20.0	0.0	0.0
30-34 岁	4	0.0	0.0	0.0	25.0	0.0	0.0	0.0
35-39 岁	5	0.0	20.0	20.0	20.0	20.0	0.0	0.0
40-44 岁	3	0.0	0.0	0.0	0.0	0.0	33.3	0.0
45-49 岁	4	0.0	0.0	25.0	0.0	0.0	0.0	0.0
50 岁以上	8	0.0	0.0	12.5	0.0	0.0	25.0	12.5

8-8 样本总体、男性各年龄层、女性各年龄层的品牌习惯 / Brand Habit by the Whole Sample, Age and Gender Groups

注：1=固定饮用一个牌子，从不更改（Used in only one brand）

2=比较固定地饮用一两个牌子，有时会变一下（Used in one or two brands）；

3=基本上没有固定哪个牌子，随机购买/食用（No brand preference）

● 北京（Beijing）

	人数	1	2	3
样本	**115**	**27.0**	**38.3**	**34.8**
男性	**42**	**23.8**	**40.5**	**35.7**
16-19 岁	5	40.0	20.0	40.0
20-24 岁	3	33.3	33.3	33.3
25-29 岁	3	33.3	33.3	33.3
30-34 岁	6	16.7	16.7	66.7
35-39 岁	3	0.0	66.7	33.3
40-44 岁	7	28.6	71.4	0.0
45-49 岁	5	20.0	20.0	60.0
50 岁以上	10	20.0	50.0	30.0
女性	**73**	**28.8**	**37.0**	**34.2**
16-19 岁	5	40.0	40.0	20.0
20-24 岁	6	16.7	83.3	0.0
25-29 岁	8	12.5	25.0	62.5
30-34 岁	13	46.2	7.7	46.2
35-39 岁	8	12.5	37.5	50.0
40-44 岁	5	0.0	40.0	60.0
45-49 岁	12	41.7	41.7	16.7
50 岁以上	16	31.3	43.8	25.0

● 上海（Shanghai）

	人数	1	2	3
样本	**140**	**40.0**	**45.0**	**15.0**
男性	**68**	**32.4**	**45.6**	**22.1**
16-19 岁	4	25.0	75.0	0.0
20-24 岁	3	100.0	0.0	0.0
25-29 岁	10	10.0	50.0	40.0
30-34 岁	14	28.6	50.0	21.4
35-39 岁	6	33.3	33.3	33.3
40-44 岁	5	20.0	60.0	20.0
45-49 岁	9	33.3	55.6	11.1
50 岁以上	17	41.2	35.3	23.5
女性	**72**	**47.2**	**44.4**	**8.3**
16-19 岁	3	66.7	0.0	33.3
20-24 岁	7	57.1	42.9	0.0
25-29 岁	5	80.0	0.0	20.0
30-34 岁	13	53.8	38.5	7.7
35-39 岁	7	28.6	57.1	14.3
40-44 岁	9	44.4	55.6	0.0
45-49 岁	9	22.2	66.7	11.1
50 岁以上	19	47.4	47.4	5.3

● 广州（Guangzhou）

	人数	1	2	3
样本	**135**	**32.6**	**42.2**	**25.2**
男性	**48**	**41.7**	**39.6**	**18.8**
16-19 岁	3	33.3	33.3	33.3
20-24 岁	6	50.0	50.0	0.0
25-29 岁	7	57.1	14.3	28.6
30-34 岁	6	83.3	16.7	0.0
35-39 岁	9	44.4	44.4	11.1
40-44 岁	3	0.0	0.0	100.0
45-49 岁	5	0.0	80.0	20.0
50 岁以上	9	33.3	55.6	11.1
女性	**87**	**27.6**	**43.7**	**28.7**
16-19 岁	14	42.9	35.7	21.4
20-24 岁	8	0.0	37.5	62.5
25-29 岁	24	25.0	45.8	29.2
30-34 岁	13	30.8	46.2	23.1
35-39 岁	8	37.5	50.0	12.5
40-44 岁	7	14.3	57.1	28.6
45-49 岁	5	20.0	40.0	40.0
50 岁以上	8	37.5	37.5	25.0

● 重庆（Chongqing）

	人数	1	2	3
样本	**78**	**28.2**	**41.0**	**30.8**
男性	**36**	**27.8**	**44.4**	**27.8**
16-19 岁	6	16.7	83.3	0.0
20-24 岁	4	0.0	25.0	75.0
25-29 岁	5	40.0	40.0	20.0
30-34 岁	3	0.0	66.7	33.3
35-39 岁	7	42.9	14.3	42.9
40-44 岁	2	0.0	100.0	0.0
45-49 岁	4	50.0	50.0	0.0
50 岁以上	5	40.0	20.0	40.0
女性	**42**	**28.6**	**38.1**	**33.3**
16-19 岁	6	33.3	16.7	50.0
20-24 岁	7	0.0	71.4	28.6
25-29 岁	5	20.0	40.0	40.0
30-34 岁	4	25.0	25.0	50.0
35-39 岁	5	40.0	20.0	40.0
40-44 岁	3	33.3	66.7	0.0
45-49 岁	4	50.0	0.0	50.0
50 岁以上	8	37.5	50.0	12.5

8-9 样本总体、男性各年龄层、女性各年龄层食用的种类 / Types of the Products Consumed by the whole Sample, Age and Gender Groups

● 北京（Beijing）

	人数	美容/养颜的	提神补脑的	调节人体器官功能的	补血的	其他
样本	**113**	**11.5**	**24.8**	**51.3**	**6.2**	**6.2**
男性	**40**	**5.0**	**27.5**	**55.0**	**5.0**	**7.5**
16-19 岁	5	0.0	40.0	40.0	0.0	20.0
20-24 岁	2	0.0	50.0	50.0	0.0	0.0
25-29 岁	3	0.0	0.0	66.7	33.3	0.0
30-34 岁	6	0.0	33.3	50.0	16.7	0.0
35-39 岁	3	33.3	0.0	66.7	0.0	0.0
40-44 岁	7	0.0	57.1	42.9	0.0	0.0
45-49 岁	4	25.0	0.0	50.0	0.0	25.0
50 岁以上	10	0.0	20.0	70.0	0.0	10.0
女性	**73**	**15.1**	**23.3**	**49.3**	**6.8**	**5.5**
16-19 岁	5	0.0	80.0	20.0	0.0	0.0
20-24 岁	6	33.3	16.7	16.7	16.7	16.7
25-29 岁	8	50.0	12.5	25.0	12.5	0.0
30-34 岁	13	7.7	23.1	61.5	7.7	0.0
35-39 岁	8	37.5	12.5	37.5	12.5	0.0
40-44 岁	5	20.0	40.0	20.0	20.0	0.0
45-49 岁	12	0.0	25.0	58.3	0.0	16.7
50 岁以上	16	0.0	12.5	81.3	0.0	6.3

● 上海（Shanghai）

	人数	美容/养颜的	提神补脑的	调节人体器官功能的	补血的	其他
样本	**140**	**16.4**	**14.3**	**66.4**	**2.1**	**0.7**
男性	**67**	**7.5**	**13.4**	**74.6**	**3.0**	**1.5**
16-19 岁	4	0.0	50.0	50.0	0.0	0.0
20-24 岁	3	0.0	0.0	66.7	33.3	0.0
25-29 岁	9	0.0	11.1	77.8	0.0	11.1
30-34 岁	14	7.1	0.0	85.7	7.1	0.0
35-39 岁	6	16.7	0.0	83.3	0.0	0.0
40-44 岁	5	0.0	20.0	80.0	0.0	0.0
45-49 岁	9	11.1	33.3	55.6	0.0	0.0
50 岁以上	4	11.8	11.8	76.5	0.0	0.0
女性	**73**	**24.7**	**15.1**	**58.9**	**1.4**	**0.0**
16-19 岁	3	0.0	66.7	33.3	0.0	0.0
20-24 岁	7	0.0	28.6	71.4	0.0	0.0
25-29 岁	5	60.0	20.0	20.0	0.0	0.0
30-34 岁	13	38.5	0.0	61.5	0.0	0.0
35-39 岁	8	37.5	25.0	37.5	0.0	0.0
40-44 岁	9	33.3	0.0	66.7	0.0	0.0
45-49 岁	9	22.2	11.1	66.7	0.0	0.0
50 岁以上	19	10.5	15.8	68.4	5.3	0.0

● 广州（Guangzhou）

	人数	美容/养颜的	提神补脑的	调节人体器官功能的	补血的	其他
样本	**130**	**16.2**	**34.6**	**40.0**	**6.9**	**2.3**
男性	**48**	**2.1**	**41.7**	**50.0**	**6.3**	**0.0**
16-19 岁	3	0.0	66.7	0.0	33.3	0.0
20-24 岁	6	0.0	50.0	50.0	0.0	0.0
25-29 岁	7	0.0	85.7	14.3	0.0	0.0
30-34 岁	6	16.7	16.7	66.7	0.0	0.0
35-39 岁	9	0.0	11.1	77.8	11.1	0.0
40-44 岁	3	0.0	33.3	66.7	0.0	0.0
45-49 岁	5	0.0	40.0	40.0	20.0	0.0
50 岁以上	9	0.0	44.4	55.6	0.0	0.0
女性	**82**	**24.4**	**30.5**	**34.1**	**7.3**	**3.7**
16-19 岁	14	21.4	57.1	7.1	7.1	7.1
20-24 岁	7	42.9	42.9	14.3	0.0	0.0
25-29 岁	25	20.0	24.0	44.0	12.0	0.0
30-34 岁	10	50.0	10.0	20.0	10.0	10.0
35-39 岁	8	25.0	25.0	50.0	0.0	0.0
40-44 岁	6	16.7	33.3	50.0	0.0	0.0
45-49 岁	4	0.0	0.0	50.0	25.0	25.0
50 岁以上	8	12.5	37.5	50.0	0.0	0.0

● 重庆（Chongqing）

	人数	美容/养颜的	提神补脑的	调节人体器官功能的	补血的	其他
样本	**77**	**11.7**	**29.9**	**49.4**	**7.8**	**1.3**
男性	**35**	**5.7**	**34.3**	**57.1**	**2.9**	**0.0**
16-19 岁	6	0.0	83.3	16.7	0.0	0.0
20-24 岁	4	25.0	25.0	50.0	0.0	0.0
25-29 岁	4	0.0	50.0	50.0	0.0	0.0
30-34 岁	3	0.0	0.0	100.0	0.0	0.0
35-39 岁	7	0.0	14.3	85.7	0.0	0.0
40-44 岁	2	50.0	0.0	50.0	0.0	0.0
45-49 岁	4	0.0	25.0	75.0	0.0	0.0
50 岁以上	5	0.0	40.0	40.0	20.0	0.0
女性	**42**	**16.7**	**26.2**	**42.9**	**11.9**	**2.4**
16-19 岁	6	16.7	50.0	33.3	0.0	0.0
20-24 岁	7	42.9	0.0	14.3	28.6	14.3
25-29 岁	5	20.0	40.0	40.0	0.0	0.0
30-34 岁	4	0.0	25.0	75.0	0.0	0.0
35-39 岁	5	20.0	60.0	20.0	0.0	0.0
40-44 岁	3	0.0	33.3	33.3	33.3	0.0
45-49 岁	4	25.0	0.0	50.0	25.0	0.0
50 岁以上	8	0.0	12.5	75.0	12.5	0.0

8-10 样本总体、男性各年龄层、女性各年龄层食用的场合 / Settings of the Consumption by the Whole Sample, Age and Gender Groups

注：本题为多选题，合计百分比超过 100%（Multiple answers）

● 北京（Beijing）

	人数	疲劳时	熬夜时	考试前后	睡觉前	长期服用	其他
样本	**115**	**37.4**	**7.0**	**12.2**	**13.0**	**40.0**	**6.1**
男性	**42**	**38.1**	**9.5**	**16.7**	**11.9**	**31.0**	**7.1**
16-19 岁	5	20.0	20.0	60.0	0.0	20.0	20.0
20-24 岁	3	33.3	0.0	33.3	0.0	66.7	0.0
25-29 岁	3	33.3	0.0	33.3	0.0	33.3	0.0
30-34 岁	6	33.3	16.7	0.0	16.7	16.7	16.7
35-39 岁	3	66.7	33.3	0.0	0.0	0.0	0.0
40-44 岁	7	42.9	14.3	0.0	0.0	57.1	0.0
45-49 岁	5	60.0	0.0	40.0	20.0	20.0	0.0
50 岁以上	10	30.0	0.0	0.0	30.0	30.0	10.0
女性	**73**	**37.0**	**5.5**	**9.6**	**13.7**	**45.2**	**5.5**
16-19 岁	5	20.0	0.0	60.0	0.0	40.0	0.0
20-24 岁	6	66.7	33.3	16.7	16.7	0.0	16.7
25-29 岁	8	37.5	0.0	12.5	12.5	62.5	0.0
30-34 岁	13	23.1	0.0	0.0	15.4	69.2	7.7
35-39 岁	8	37.5	0.0	25.0	25.0	25.0	12.5
40-44 岁	5	80.0	0.0	0.0	20.0	0.0	0.0
45-49 岁	12	41.7	8.3	0.0	16.7	33.3	8.3
50 岁以上	16	25.0	6.3	0.0	6.3	68.8	0.0

● 上海（Shanghai）

	人数	疲劳时	熬夜时	考试前后	睡觉前	长期服用	其他
样本	**140**	**32.9**	**5.7**	**6.4**	**29.3**	**41.4**	**2.9**
男性	**67**	**40.3**	**7.5**	**9.0**	**23.9**	**29.9**	**4.5**
16-19 岁	4	25.0	0.0	50.0	25.0	25.0	0.0
20-24 岁	3	33.3	0.0	0.0	0.0	66.7	0.0
25-29 岁	10	80.0	0.0	0.0	10.0	10.0	10.0
30-34 岁	13	46.2	15.4	0.0	46.2	15.4	0.0
35-39 岁	6	66.7	16.7	0.0	16.7	33.3	0.0
40-44 岁	5	40.0	0.0	20.0	20.0	40.0	0.0
45-49 岁	9	22.2	11.1	33.3	22.2	11.1	11.1
50 岁以上	17	17.6	5.9	0.0	23.5	52.9	5.9
女性	**73**	**26.0**	**4.1**	**4.1**	**34.2**	**52.1**	**1.4**
16-19 岁	3	0.0	33.3	0.0	0.0	66.7	0.0
20-24 岁	7	0.0	0.0	14.3	28.6	57.1	0.0
25-29 岁	5	20.0	0.0	20.0	20.0	40.0	20.0
30-34 岁	13	23.1	7.7	0.0	23.1	76.9	0.0
35-39 岁	8	37.5	0.0	0.0	50.0	37.5	0.0
40-44 岁	9	33.3	11.1	0.0	44.4	44.4	0.0
45-49 岁	9	11.1	0.0	11.1	44.4	66.7	0.0
50 岁以上	19	42.1	0.0	0.0	36.8	36.8	0.0

● 广州（Guangzhou）

	人数	疲劳时	熬夜时	考试前后	睡觉前	长期服用	其他
样本	**132**	**34.1**	**14.4**	**15.9**	**28.0**	**24.2**	**4.5**
男性	**48**	**41.7**	**20.8**	**14.6**	**20.8**	**25.0**	**2.1**
16-19 岁	3	66.7	0.0	33.3	0.0	0.0	0.0
20-24 岁	6	50.0	50.0	33.3	0.0	16.7	0.0
25-29 岁	7	71.4	42.9	14.3	28.6	0.0	0.0
30-34 岁	6	16.7	16.7	0.0	50.0	33.3	0.0
35-39 岁	9	33.3	11.1	11.1	22.2	44.4	11.1
40-44 岁	3	33.3	0.0	0.0	33.3	66.7	0.0
45-49 岁	5	20.0	20.0	20.0	20.0	20.0	0.0
50 岁以上	9	44.4	11.1	11.1	11.1	22.2	0.0
女性	**84**	**29.8**	**10.7**	**16.7**	**32.1**	**23.8**	**6.0**
16-19 岁	14	21.4	0.0	64.3	21.4	7.1	0.0
20-24 岁	8	37.5	37.5	12.5	37.5	0.0	12.5
25-29 岁	25	28.0	12.0	8.0	44.0	24.0	8.0
30-34 岁	12	33.3	16.7	0.0	16.7	33.3	16.7
35-39 岁	7	14.3	14.3	0.0	42.9	28.6	0.0
40-44 岁	6	16.7	0.0	16.7	16.7	50.0	0.0
45-49 岁	5	60.0	0.0	0.0	20.0	60.0	0.0
50 岁以上	7	42.9	0.0	14.3	42.9	14.3	0.0

● 重庆（Chongqing）

	人数	疲劳时	熬夜时	考试前后	睡觉前	长期服用	其他
样本	**77**	**39.0**	**5.2**	**9.1**	**29.9**	**28.6**	**7.8**
男性	**36**	**50.0**	**5.6**	**11.1**	**27.8**	**19.4**	**8.3**
16-19 岁	6	50.0	0.0	50.0	16.7	16.7	0.0
20-24 岁	4	75.0	0.0	25.0	0.0	25.0	0.0
25-29 岁	5	60.0	0.0	0.0	20.0	60.0	0.0
30-34 岁	3	33.3	0.0	0.0	33.3	0.0	33.3
35-39 岁	7	42.9	14.3	0.0	28.6	14.3	14.3
40-44 岁	2	50.0	0.0	0.0	100.0	0.0	0.0
45-49 岁	4	50.0	0.0	0.0	0.0	25.0	25.0
50 岁以上	5	40.0	20.0	0.0	60.0	0.0	0.0
女性	**41**	**29.3**	**4.9**	**7.3**	**31.7**	**36.6**	**7.3**
16-19 岁	6	16.7	0.0	33.3	0.0	66.7	0.0
20-24 岁	7	42.9	0.0	14.3	14.3	42.9	14.3
25-29 岁	5	40.0	20.0	0.0	40.0	40.0	20.0
30-34 岁	4	25.0	0.0	0.0	50.0	0.0	25.0
35-39 岁	5	20.0	20.0	0.0	40.0	20.0	0.0
40-44 岁	3	33.3	0.0	0.0	66.7	33.3	0.0
45-49 岁	4	25.0	0.0	0.0	50.0	25.0	0.0
50 岁以上	7	28.6	0.0	0.0	28.6	42.9	0.0

8-11 北京不同消费群最常用品牌 / The Most Frequently Consumed Brands by the Beijing Market Segments

	人数	第一品牌及百分比	第二品牌及百分比
样本	**109**	**三株口服液 8.3**	**天狮高钙素 5.5**
第一消费群	29	三株口服液 6.9　北京蜂王浆 6.9 中华乌鸡精 6.9	
第二消费群	12	太阳神口服液 8.3　中华鳖精 8.3 三株口服液 8.3　白兰氏 8.3 北京蜂王浆 8.3　鹰牌西洋参 8.3 10+8 8.3　阿拉斯加鱼油 8.3 同仁乌鸡白凤丸 8.3	
第三消费群	22	三株口服液 13.6	太太口服液 9.1　中华乌鸡精 9.1
第四消费群	0		
第五消费群	20	太阳神口服液 10.0　多灵多 10.0 天狮高钙素 10.0　金王纯花粉 10.0	
第六消费群	26	天狮高钙素 11.5	三株口服液 7.7　龙牡壮骨冲剂 7.7

注：北京消费群的代表特征 / Characteristics of the Beijing Market Segments

		第一消费群	第二消费群	第三消费群	第四消费群	第五消费群	第六消费群
基本情况	性别	女	男	无明显偏向	男	无明显偏向	女
	年龄	30 — 34 岁	25 — 29 岁	35 — 44 岁	无明显偏向	16 — 24 岁	45 岁以上
	学历	大专/大本	大本	初中	大本及研究生	高中/中专/技校	初中及以下
	职业	科教卫生人员	一般企业职员	工人	管理人员/专门职业从事者/个体及私营企业主	学生	离退休人员
	月均收入	801 — 1500 元	1501 — 4000 元	800 元以下	4000 元以上	无收入	800 元以下
	婚姻	已婚	无明显偏向	已婚	已婚或离异	未婚	已婚
心理取向		注重学历 非积极进取	不循规传统 非单一电视娱乐	非田园倾向 新女性主张 金钱本位	注重经验 大男子主义 不保守稳定	非“大男子主义” 追随流行	非“新女性主张” 非浪漫新潮 单一电视娱乐

8-12 上海不同消费群最常用品牌 / The Most Frequently Consumed Brands by the Shanghai Market Segments

	人数	第一品牌及百分比	第二品牌及百分比
样本	**139**	**昂立 1 号 28.1**	**鹰牌西洋参 7.2**
第一消费群	45	昂立 1 号 26.7	白兰氏 11.1
第二消费群	23	昂立 1 号 39.1	三株口服液 8.7　神象人参 8.7 养生堂龟鳖丸 8.7
第三消费群	2	太阳神口服液 50.0 安娜 50.0	
第四消费群	23	昂立 1 号 21.7	太太口服液 13.0
第五消费群	9	太阳神口服液 22.2	昂立 1 号 11.1　多灵多 11.1　脑力健 11.1 养生堂龟鳖丸 11.1　朵而胶囊 11.1 鹰牌西洋参 11.1　高博特盐水瓶口服液 11.1
第六消费群	37	昂立 1 号 32.4	鹰牌西洋参 10.8

注：上海消费群的代表特征 / Characteristics of the Shanghai Market Segments

		第一消费群	第二消费群	第三消费群	第四消费群	第五消费群	第六消费群
基本情况	性别	无明显偏向	男	男	女	女	无明显偏向
	年龄	45 岁以上	20 — 29 岁	25 — 34 岁	35 — 44 岁	16 — 24 岁	30 — 39 岁
	学历	大本及以上	大专/大本	大专	初中及以下	高中/中专/技校	高中/中专/技校
	职业	科教卫生人员/离退休人员	一般企业职员	行政管理人员/个体及私营企业主/专门职业从事者	工人/下岗人员	学生	一般企业职员
	月均收入	801 — 1500 元	1001 — 3000 元	3000 元以上	800 元以下	无收入	1001 — 2000 元
	婚姻	已婚	未婚	未婚	已婚	未婚	已婚
心理取向		非浪漫时尚 非金钱本位 保守稳定	非家庭重心 田园倾向 休闲独立	不保守稳定 奔波忙碌 浪漫时尚	金钱本位 家庭重心 注重学历	新家庭观念 非休闲独立	不积极进取 不奔波忙碌

8-13 广州不同消费群最常用品牌 / The Most Frequently Consumed Brands by the Guangzhou Market Segments

	人数	第一品牌及百分比		第二品牌及百分比			
样本	**131**	**太阳神口服液**	**30.5**	**自然饮**	**9.9**		
第一消费群	22	太阳神口服液	31.8	无限极	9.1		
第二消费群	24	太阳神口服液	33.3	自然饮	16.7	白兰氏	16.7
第三消费群	23	太阳神口服液	26.1	太太口服液	17.4		
第四消费群	25	太阳神口服液	32.0	自然饮	16.0	白兰氏	16.0
第五消费群	21	太阳神口服液	38.1	自然饮	14.3		
第六消费群	16	太阳神口服液	18.8	敖东安神补脑液	12.5		
		太太口服液	18.8				

注：广州消费群的代表特征 / Characteristics of the Guangzhou Market Segments

		第一消费群	第二消费群	第三消费群	第四消费群	第五消费群	第六消费群
基本情况	性别	女	无明显偏向	女	男	女	男
	年龄	16 — 19 岁	40 岁以上	20 — 24 岁	35 — 44 岁	30 — 34 岁	25 — 29 岁
	学历	高中/中专/技校	无明显偏向	高中/中专/技校/大专	初中/高中/中专/技校	初中及以下	大专及以上
	职业	学生	工人	学生/待业人员	个体及私营企业主	家庭主妇	企业职员/管理人员/科教卫生人员/专门职业者
	月均收入	无收入	1500 元以下	无收入	801 — 1500 元	800 元以下	2000 元以上
	婚姻	未婚	已婚	未婚	已婚	已婚	无明显偏向
心理取向		不固守中式生活 田园倾向 非大男子主义	非新女性主张 不追随流行 非积极进取	独立自主 追随流行	积极进取 大男子主义 中式生活	单一电视娱乐 非独立自主 保守稳定	非单一电视娱乐 非家庭重心

8-14 重庆不同消费群最常用品牌 / The Most Frequently Consumed Brands by the Chongqing Market Segments

	人数	第一品牌及百分比	第二品牌及百分比
样本	**77**	**三勒浆 9.1**	**三株口服液 7.8**
第一消费群	12	三勒浆 41.7	中华乌鸡精 8.3 仙妮蕾德 8.3 巨人脑黄金 8.3
第二消费群	22	田田珍珠口服液 9.1	太太口服液 4.5 三勒浆 4.5 中华鳖精 4.5 忱中健脑液 4.5 御苁蓉 4.5 中华乌鸡精 4.5 广汉人参蜂王浆 4.5
第三消费群	16	美媛春口服液 18.8 三株口服液 18.8	田田珍珠口服液 6.3 太太口服液 6.3 御苁蓉 6.3 白兰氏 6.3
第四消费群	4	太阳神口服液 25.0 田田珍珠口服液 25.0 白兰氏 25.0	
第五消费群	17	三株口服液 17.6	太太口服液 11.8
第六消费群	6	三勒浆 16.7 田田珍珠口服液 16.7 御苁蓉 16.7 宫宝 16.7	

注：重庆消费群的代表特征 / Characteristics of the Chongqing Market Segments

		第一消费群	第二消费群	第三消费群	第四消费群	第五消费群	第六消费群
基本情况	性别	无明显偏向	无明显偏向	无明显偏向	无明显偏向	无明显偏向	女
	年龄	16 — 19 岁	45 岁以上	20 — 29 岁	30 — 34 岁	40 岁以上	25 — 29 岁
	学历	高中/中专/技校	高中/中专/技校	大专/大本	高中/中专/技校/大本以上	初中及以下	初中
	职业	学生	行政管理人员/离退休人员	科教卫生人员/一般企业职员	个体及私营企业主	工人	专门职业从事者 下岗及其他
	月均收入	无收入	501 — 800 元	801 — 1500 元	1500 元以上	500 元以下	1001 — 1500 元
	婚姻	未婚	已婚	无明显偏向	已婚	已婚	已婚或离异
心理取向		浪漫新潮 注重学历 非现实家庭观	循规传统 奔波忙碌 保守稳定	新女性主张 非功利心态	功利心态 现实家庭观 都市情结	非浪漫新潮 非独立休闲	非新女性主张 不循规传统 独立休闲

《1997-1998 IMI 消费行为与生活形态年鉴》读者意见征询问卷

年鉴的读者朋友：您好！

请您根据您对年鉴的使用情况填写下面问卷，便于我们在下一次年鉴编辑中进行改进。谢谢！

	非常满意	比较满意	一般	比较不满意	非常不满意	不满意部分的补充说明
对全书的整体评价	5	4	3	2	1	
1. 第一篇 四城市基本状况与样本结构	5	4	3	2	1	
2. 第二篇 消费者分析	5	4	3	2	1	
3. 第三篇 消费者日常生活形态	5	4	3	2	1	
4. 第四篇 媒介分析	5	4	3	2	1	
5. 第五篇 食品、营养保健品	5	4	3	2	1	
6. 第六篇 饮料、酒类	5	4	3	2	1	
7. 第七篇 日用品	5	4	3	2	1	
8. 第八篇 家用电器、摄影器材	5	4	3	2	1	
9. 第九篇 电脑、通讯工具	5	4	3	2	1	
10. 第十篇 饮食、购物场所	5	4	3	2	1	
11. 第十一篇 住房、家用汽车、旅游	5	4	3	2	1	

A. 在将来的 IMI 年鉴中 您最希望增加的产品类别有：	
B. 在将来的 IMI 年鉴中 您最希望增加的研究城市有：	
C. 其他改进意见	

请留下您和贵单位的联系方式，我们将为您及时提供 IMI 项目研究的相关资料：

您的姓名：__________ 职务：__________ 公司名称：____________________

联系电话：__________ 传真：__________ 公司地址：____________________

电子邮件：____________________ ____________________（邮编：__________）

请将该问卷填答以后通过邮寄或传真给 IMI 年鉴编辑部：

地址：北京广播学院培训中心 201 室 IMI 年鉴编辑部（邮编：100024）

电话：8610-6577-9823 传真：8610-6576-8137 E-mail：imibj@public.bta.net.cn

IMI Beijing Dec.1997

《 1997-1998 IMI Consumer Behaviors & Life Patterns Yearbook 》
Readership Survey

Thank you for using this edition of IMI yearbook. To help us improve the editing level, please complete the questionnaire with your opinions on this book. Any of your suggestions will be appreciated. Thank you for your cooperation.

	Perfect	Good	Fair	Weak	Poor	Areas you hope IMI yearbook to improve (Please specify)
Evaluation of the whole book	5	4	3	2	1	
Part 1 The General Market Conditions of the Four Cities and Sample Compositions	5	4	3	2	1	
Part 2 Consumer Analysis	5	4	3	2	1	
Part 3 Consumers Everyday Life	5	4	3	2	1	
Part 4 Media Exposure	5	4	3	2	1	
Part 5 Food, Nutrition and Health Products	5	4	3	2	1	
Part 6 Beverage and Alcohol Products	5	4	3	2	1	
Part 7 Household Necessities	5	4	3	2	1	
Part 8 Home Electronic Products	5	4	3	2	1	
Part 9 Personal Computer and Telecommunications	5	4	3	2	1	
Part 10 Restaurant and Shopping Places	5	4	3	2	1	
Part 11 Housing, Automobile, and Travel	5	4	3	2	1	

A. **Product categories** you hope to be added in IMI yearbook :	
B. **Cities** you hope to be added in IMI yearbook :	
C. **Other suggestions**: (Please specify)	

Please Send Us the Address of Yours or Your Company. We Will Provide the Related Materials When Available.

Name : ____________ Title : ____________ Name of your company : ____________

Tel : ____________ Fax : ____________ Address : ____________

E-mail Address : ____________ ____________ (Postal code : ______)

Please Mail or Fax Your Reply to *The Editorial Department of IMI Yearbook*:

Address : Training Center 201. Beijing Broadcasting Institute Postal Code: 100024

Tel : 8610-6577-9823 Fax : 8610-6576-8137 E-mail Address : imibj @ public. bta. net. cn

IMI Beijing Dec.1997